KB104504

회
남
자 · 하

동양학총서
東洋學叢書
63

회남자 · 하

淮南子

諸子百家
集成
제자백가의 집성과 통일

유안劉安 편찬
이준영 해역

자유문고

회남자淮南子는 어떤 책인가?

『회남자淮南子』는 한漢나라를 개국한 유방劉邦의 막내아들인 회남려왕淮南厲王 유장劉長의 아들 유안劉安이 식객들을 두고 저술케 한 잡가雜家에 소속된 도가서道家書이기도 하다.

이것은 마치 진秦나라 때 재상인 여불위呂不偉가 3천여 식객을 모아 『여씨춘추』12기十二紀, 8람八覽, 6론六論을 저술케 한 것과 흡사한 방법이다.

반고班固가 지은 『한서예문지漢書藝文志』 잡가편雜家篇에 보면 유안은 회남내서淮南內書 21편과 회남외서淮南外書 33편과 회남중서淮南中書 8편의 저서가 있다고 했다.

유안은 회남려왕의 아들로 고조高祖의 손자인데 무제武帝의 원수元狩 원년에 모반했다가 주살 당했다.

유안의 열전列傳은 『한서』제44권에 게재되어 있다. 유안이 독서를 좋아하고 빈객을 초청하니 문하門下에는 방술(方術: 의술, 점술 따위의 잡기)하는 사士들이 수천 명이나 모여들었다. 그 중에 소비蘇飛, 이상李尙, 진창晉昌, 좌오左吳, 전유田由, 뇌피雷被, 모피毛被, 오피伍被 등 8명이 가장 저명했고 그들을 회남 8공八公이라고 했다. 유안은 이 8명과 대산大山과 소산小山 등의 일당과 강론해 회남내서 21편, 회남외서 33편, 회남중서 8편을 저술했다. 지금은 회남내서 21편만 존재하는

데, 마지막 편인 요략편은 그 총서總序이다.

회남내서의 주요 내용이 도가언道家言, 유가언儒家言, 음양가언陰陽家言, 법가언法家言, 명가언名家言, 농가언農家言, 병가언兵家言을 포괄하고 있으므로 잡가류에 넣었다. 그러나 도가언이 주류를 이룬다.

회남내서는 본래 '홍렬鴻烈'이라고 했는데 '홍鴻은 크다, 열烈은 밝다'의 뜻으로 크게 도를 밝힌다는 뜻이었다. 그런데 유향劉向이 교서校書할 때 회남淮南으로 바꾸었다고 한다.

지금 책 이름을 『회남자』라고 부르는 것은 뒤에 도가 쪽에서 자子자를 붙인 것이라고 했다.

또 안사고顔師古의 주석에서는 회남외서의 내편은 도를 논했고, 외편은 잡설雜說이라고 했다. 회남외서와 회남중서가 없어지고 현재는 오직 '회남내서'로써 『회남자』라고 한다고 했다.

이처럼 『회남자』가 오랜 역사를 거치면서도 소실되지 않은 것은 여러 학설을 수집해 논한 것들이 다른 어떤 저서보다는 뛰어난 점이 있기 때문이다. 특히 도가의 입장에서는 노자의 '무위無爲'의 설명이 좀 더 진일보한 경향이 나타난다.

지금 전하는 『회남자』는 천문天文, 지리地理, 인사人事, 시칙時則, 주술主術 등과 신화神話, 전설傳說 등과 또 병법兵法을 포함해 유가儒家의 학설, 도가의 학설, 법가法家, 명가名家, 음양가陰陽家까지 포함해 제가諸家의 학설을 총망라했으므로 잡가雜家로 분류된 것일 것이다.

『회남자』를 읽어보는 것은 저술될 당시인 한漢나라 때의 시대상황도 자세히 엿볼 수 있는 기회가 될 것이다.

일러두기

이 번역서는 상해서점上海書店의 고유高誘 주석본과, 상해고적출판사上海古籍出版社의 고유高誘 주注에, 청나라 건륭乾隆 무신戊申 53년 3월 3일에 무진장武進莊 규길逵吉의 교정본을 기준해 번역했다.

한漢나라 고유高誘의 서목敍目

회남자淮南子의 이름은 안安이고, 한漢나라 회남려왕 유장劉長의 아들
이다.

장長은 고조(高祖: 劉邦)의 막내아들이며, 그의 어머니는 조왕趙王인
장오張敖의 미인美人이었으며, 그 당시 조씨趙氏 집안의 딸이었다.

고황제 7년에 한신(韓信: 韓王信)을 동제銅鞮에서 토벌하는데 한왕
신이 도망해 흉노匈奴로 들어갔다.

이때 고조가 드디어 북쪽으로 누번樓煩에 이르렀다가 돌아오면서
조나라를 지나가는데 조왕을 예우하지 않자 조왕이 미인 조씨를 고조에
게 바쳤다. 미인 조씨가 고조의 하룻밤 총애를 얻어 임신을 했다.
조왕이 감히 그녀를 궁宮으로 들이지 못하고 밖에 관사를 짓고 기거하도
록 했다. 이때 조왕의 신하인 관고貫高 등이 모반을 일으키려다 발각되
었다. 모두가 함께 체포되어 반역의 죄에 엮이어 왕에게까지 치죄함이
미쳐서 왕가王家와 미인들을 모두 몰수당했다. 이때 조씨의 딸 또한
함께했다.

관리가 조씨의 딸이 총애를 얻어 임신한 사실을 고조에게 알렸다.
고조가 바야흐로 조왕을 꾸짖기만 하고 치죄하지 않았다. 조미인의
아우인 겸兼이 벽양후辟陽侯 심이기審食其를 추종했다. 이에 그러한
내용을 여후呂后에게 말했다. 여후가 투기하고 아뢰기를 즐겨하지

않았다. 벽양후 심이기도 강력히 간하지 않았다.

조씨의 딸이 사내아이를 낳고 원망하고 자살했다. 관리가 사내아이를 받들어 주상인 고조에게 이르자 고조가 거두어 여후에게 주면서 어머니가 되라고 명했으며 그를 봉해 회남왕淮南王으로 삼았다.

세월이 흘러 효문제孝文帝가 즉위하자 회남왕인 유장이 아우로서 글을 올려 서로 만나보기를 원했다. 이에 효문제가 불러 장안長安에 이르게 해 날마다 연회를 베풀고 함께 노니 교만함이 집안의 형제와 같았다. 이때 벽양후 심이기가 자신의 어머니를 여후에게 간하지 않은 것을 원망하고 망치를 꺼내어 때려 죽였다. 효문제가 나쁘다고 하자 대궐문에서 한쪽 어깨를 드러내고 사죄를 했다. 효문제가 4개의 현縣을 삭감하고 돌아가 귀국하도록 했다.

회남왕이 돌아가서는 황옥黃屋에 좌도左纛를 하고 동제東帝라고 칭했다. 연좌되어 촉蜀의 엄도嚴道로 유배 가던 중 옹雍 땅에서 굶어 죽었다. 효문제가 민망하게 여기고 그의 네 아들을 봉해서 열후列侯로 삼았다. 당시의 백성들이 노래해 말했다.

"한 자의 비단만으로도 아름답게 꾸미고/ 한 되의 곡식만으로도 배불리 먹는데/ 형제 두 사람이 능히 서로 용납하지 못하네."

효문제가 듣고 말했다.

"내가 그의 땅을 탐한 것인가?"

이에 후작인 4명의 아들을 불러서 봉했는데 그 중 한 사람은 병으로 죽었다. 장長의 아들 안安이 회남왕에 봉해져 이어 받았다. 다음 아들은 형산왕衡山王이 되었고, 그 다음 아들은 여강왕廬江王이 되었다.

태부太傅인 가의賈誼가 간해서 말했다.

"원한이 있는 사람을 귀하게 하는 것은 불가합니다."

뒤에 회남왕과 형산왕이 결국은 배반했으니 가의의 말처럼 되었다.

처음에 유안은 밝게 통달하고 글을 잘 지었다. 황제皇帝는 그에게 있어서 종부從父가 되었다. 그가 자주 글을 올렸는데 효문제가 불러서 보고 매우 귀하게 여겼다. 사신에게 조서를 내려 이소부離騷賦를 만들라고 하자 아침에 조서를 받고 하루의 식사를 마치면서 끝마쳤다. 주상이 아끼고 신기하게 여겼다.

천하의 방술方術하는 선비들이 많이 모여 들었다. 이에 드디어 소비蘇飛, 이상李尙, 좌오左吳, 전유田由, 뇌피雷被, 모피毛被, 오피伍被, 진창晉昌 등의 8명과 여러 선비인 대산大山과 소산小山의 무리가 이르러 함께 도덕을 강론하고 인의仁義를 거느려 이 『회남자』를 만들었다.

그 뜻은 노자老子에 가까워 담박淡泊하고 무위無爲하며 허虛를 밟고 정靜을 지켜 떳떳한 도로써 출입하게 했다.

그 거대한 것을 말하면 하늘을 덮고 땅을 실으며, 그 미세한 것을 말하면 표현할 수 없는 것들까지 함축해 지금이나 옛날이나 다스려지고 어지러워지며 존재하고 멸망하며 재앙이나 복이나 세상의 이상야릇한 것이나 기괴한 일에 이르러서는 그 뜻이 나타나고 그 문文이 풍부해 사물의 종류가 기재되지 않는 것이 없었다.

그러나 그 대강은 도道에 돌아가므로 '홍렬鴻烈'이라고 불렀다.

홍鴻은 크다, 열烈은 밝다이다. 크게 밝은 도道를 말한 것이다. 그러므로 학자는 회남淮南을 논하지 않으면 대도大道의 깊이를 알지 못한다고 했다. 이 때문에 선현先賢이나 통달한 유학자나 기술하는 선비들이 가까이 끌어 써 채록해서 경전으로 경험하고 또 사용하고자 했다. 또한 아버지의 이름이 장長이라 장자長字는 수자脩字로 하지 않을 수가 없었다. 그러므로 저작한 곳의 모든 장長자는 모두 '수脩'자로 했다.

광록대부光祿大夫 유향劉向의 교정에 뽑혀 갖추어진 이름을 회남淮南
이라고 했다. 또 19편을 둔 것은 회남 외편外篇이라고 이른다.

고유高誘는 어려서부터 옛 시중侍中인 같은 현縣의 노군盧君을 따라서
그의 구독句讀을 받고 모든 대의大義를 외웠다. 때마침 전쟁의 재난을
만나 천하가 대치함을 당해 전하는 글을 상실하고 폐해 찾아 닦지
못한 것이 20여 년이었다. 한나라 헌제獻帝의 건안建安 10년에 사공연司
空掾으로 부름을 받아 동군東君의 복양현령濮陽縣令에 제수되었다. 당
시의 사람들이 젊어서 현령이 되어『회남자』를 보는 것을 보고 능지처참
凌遲處斬될 것을 두려워했다. 이 때문에 아침이나 저녁에 일을 마치고
난 사이에는 깊이 선사先師들의 교훈을 생각하고, 경전에 도가道家의
말들을 참고하고, 그 일들을 비교해 주해注解를 만들었다. 모든 본문을
싣고 모든 음독音讀을 아울렀다. 전농중랑장典農中郞將 변읍弁揖이 8권
을 가차해서 비난했다. 때마침 변읍이 모임을 갖는데 자신을 잃고
드디어 도망쳐 얻지 못했다.

17년에 이르러 하동河東을 감독하러 옮겨서 다시 보충해서 채웠으나
얕은 학문과 좁은 견문으로 다 갖추지 못했다. 그 통달하지 못한 바는
주석에서도 듣지 못한 것이다. '오직 사물에 박통한 군자君子가 본다면
자세할 것이며, 후학자後學者에게 권하는 바이다.'라고 청건륭清乾隆
무신戊申 53년에 규길逵吉이 찬찬撰해서 말했다.

淮南子名安 厲王長子也 長 高皇帝之子也 其母趙氏女 爲趙王張敖美
人 高皇帝七年 討韓信於銅鞮 信亡走匈奴 上遂北至樓煩 還過趙 不禮
趙王 趙王獻美女趙氏女 得幸 有身 趙王不敢內之於宮 爲築舍於外
及貫高等謀反發覺 幷逮治王 盡收王家及美人 趙氏女亦與焉 吏以得幸

有身聞上 上方怒趙王 未理也 趙美人弟兼因辟陽侯審食其言之呂后
呂后不肯白 辟陽侯亦不强爭 及趙美人生男 恚而自殺 吏奉男詣上 上
命呂后母之 封爲淮南王 曁孝文皇帝卽位 長弟上書願相見 詔至長安
日從遊宴 驕蹇如家人兄弟 怨辟陽侯不爭其母於呂后 因椎殺之 上非之
肉袒北闕謝罪 奪四縣 還歸國 爲黃屋左纛 稱東帝 坐徙蜀嚴道 死於雍
上閿之 封其四子爲列侯 時民歌之曰 一尺繒 好童童 一升粟 飽蓬蓬
兄弟二人 不能相容 上聞之曰 以我貪其地邪 乃召四侯而封之 其一人
病薨 長子安襲封淮南王 次爲衡山王 次爲廬江王 太傅賈誼諫曰 怨讎
之人 不可貴也 後淮南衡山卒反 如賈誼言 初 安爲辨達 善屬文 皇帝爲
從父 數上書召見 孝文皇帝甚重之 詔使爲離騷賦 自旦受詔 日早食已
上愛而秘之 天下方術之士 多往歸焉 於是遂與蘇飛李尙左吳田由雷被
毛被伍被晉昌等八人 及諸儒大山小山之徒 共講論道德 總統仁義 而著
此書 其旨近老子 淡泊無爲 蹈虛守靜 出入經道 言其大也 則燾天載地
說其細也 則淪於無垠 及古今治亂 存亡禍福 世間詭異瓌奇之事 其義
也著 其文也富 物事之類 無所不載 然其大較 歸之於道 號曰鴻烈 鴻大
也 烈明也 以爲大明道之言也 故夫學者不論淮南 則不知大道之深也
是以先賢通儒述作之士 莫不援采以驗經傳 以父諱長 故其所著諸長字
皆曰脩 光祿大夫劉向校定撰具 名之淮南 又有十九篇者 謂之淮南外篇
自誘之少 從故侍中同縣盧君受其句讀 誦擧大義 會遭兵災 天下棋峙
亡失書傳 廢不尋脩 二十餘載 建安十年 辟司空掾 除東郡濮陽令 覩時
人少爲淮南者 懼遂凌遲 於是以朝餔事畢之間 乃深思先師之訓 參以經
傳道家之言 比方其事 爲之注解 悉載本文 幷擧音讀 典農中郎將弁揖
借八卷刺之 會揖身喪 遂亡不得 至十七年 遷監河東 復更補足 淺學寡
見 未能備悉 其所不達 注以未聞 唯博物君子 覽而詳之 以勸後學者云爾

제
11
권

제
속
훈齊俗訓

제齊는 가지런하다. 한결같다.

속俗은 풍습이다.

곧 사방四方의 나라의 풍속과

세상의 모든 이치를 모두 그 풍습과 섞어

하나의 도道로 삼은 것을 말한 것이다.

그러므로 제속齊俗라고 일렀다.

1. 인의仁義가 서면 도덕道德이 옮겨진다

성性을 거느려서 행동하는 것을 도道라고 이른다. 하늘이 준 성性을 얻은 것을 덕德이라고 이른다. 성性을 잃은 연후에 인仁을 귀하게 여겼다. 도를 잃은 연후에 의義를 귀하게 여겼다. 이런 까닭으로 인의仁義가 세워지자 도덕道德이 옮겨졌다. 예와 음악이 꾸며지자 순박함이 흩어졌다. 옳은 것과 그른 것이 나타나자 백성들의 눈이 어지러워졌다. 구슬과 옥玉이 높여지자 천하에서는 다투게 되었다.

　무릇 이상의 네 가지는 쇠약했던 세상에서 만들어졌고 말세에서 사용되었다.

　예란 높음과 낮음을 구별하고 귀한 것들과 천한 것들을 다르게 하는 것이다. 의義란 군주와 신하, 아버지와 아들, 형과 동생, 남편과 아내, 벗과 벗들의 관계를 합당하게 하는 것이다.

　지금의 세상에서 예를 행하는 자는 공경한다고 하면서 해를 끼치고, 의를 행하는 자들은 가난한 자들에게 베풀어 주면서 덕으로 여기게 하고 있다. 군주와 신하들은 서로 그르다고 여기고, 골육骨肉들은 원망을 만들어 예의의 근본을 잃었다. 그러므로 권력으로 서로 얽혀서 서로 사귀고 권세가 다하면 그의 책임도 많아졌다.

　대개 물이 고이게 되면 서로가 서로를 잡아먹는 물고기가 생기게 되고 흙이 많아지게 되면 저절로 따르는 짐승이 태어나게 된다.

　예의가 꾸며지게 되면 거짓을 숨기는 근본이 생겨난다. 재를 불면서 눈에 티가 안 들어가게 하려고 하고 물을 건너면서 옷이 안 젖게 하려

하면 그것을 얻지 못할 것이다.

옛날의 백성들은 어린아이와 같아서 동쪽이나 서쪽을 알지 못했다. 안색은 정情을 그르치지 않았고 말은 행동에서 벗어나지 않았다. 그들의 의복은 따뜻했고 문채가 없었다. 그들의 병기들은 무디어 날이 없었다. 그들의 노래나 음악은 변화가 없었다. 그들이 곡을 하는데 슬퍼하되 소리를 내지 않았다. 우물을 파서 마시고 밭을 갈아서 먹었으며 그 아름다움을 가꾸는 것이 없었다. 또한 구해 얻지 못해도 친척들이 서로 헐뜯지도 않았으며 칭찬하지도 않았고 벗끼리 서로 덕을 원망하지도 않았다.

예의가 생겨나자 재물들을 귀하게 여기게 되었고 거짓을 꾸미는 것들이 싹터 일어났다. 비난과 칭찬이 서로 어지럽게 되고 원망하는 것들과 덕으로 여기는 것들이 함께 행해졌다.

이에 증삼曾參과 효기孝己의 아름다움이 있게 되었고 도척盜跖과 장교莊蹻의 사특한 것이 발생하게 되었다. 그러므로 천자가 타는 대로大路에는 용기龍旂를 세우고 깃으로 만든 덮개를 덮고 끈을 늘어뜨리고 네 마리의 말을 결박해 끌게 하고 기마를 연결시키는 것이 있게 했다. 이에 반해 구멍을 뚫고 물건을 훔치거나 자물쇠를 당기어 부수고 훔치거나 키를 쥐고 담을 넘는 나쁜 일들이 있게 되었다. 또 괴상한 문채와 번거롭게 수놓은 옷과 고운 베옷과 흰 비단옷이 있게 되자 반드시 짚신을 신고 짝발을 가진 자나 거친 무명 베옷도 제대로 갖춰 입지 못한 자들도 있게 되었다. 그러므로 높은 이와 아래에 있는 자들이 서로 기울어지게 되었고 짧고 긴 것들이 서로 나타낸 모양들이 또한 역력해졌다.

대개 두꺼비가 메추라기가 되고 잠자리의 유충인 수채水蠆가 잠자리

가 되는 것은 모두 그 종류가 아닌 것에서 태어난 것이다. 오직 성인만이
그 변화를 아는 것이다.

또 오랑캐인 호인胡人들은 삼씨를 보고도 그것으로 베를 짜는 것을
알지 못했고, 월나라 사람들은 가는 솜털을 보고도 그것으로 모직물을
만든다는 것을 알지 못했다. 그러므로 사물에 통달하지 못한 자와는
더불어 변화를 말하기가 어렵다는 것이다.

率性而行謂之道 得其天性謂之德 性失然後貴仁 道失然後貴義 是故仁
義立而道德遷矣 禮樂飾則純樸散矣 是非形則百姓眩矣 珠玉尊則天下
爭矣 凡此四者 衰世之造也 末世之用也 夫禮者所以別尊卑 異貴賤
義者所以合君臣父子兄弟夫妻朋友之際也 今世之爲禮者 恭敬而忮[1]
爲義者 布施而德 君臣以相非 骨肉以生怨 則失禮義之本也 故搆而多
責[2] 夫水積則生相食之魚 土積則生自宂[3]之獸 禮義飾則生僞匿之本 夫
吹灰而欲無眯 涉水而欲無濡 不可得也 古者民童蒙不知東西 貌不羨乎
情 而言不溢乎行 其衣致煖而無文 其兵戈銖而無刃[4] 其歌樂而無轉 其
哭哀而無聲 鑿井而飮 耕田而食 無所施其美 亦不求得 親戚不相毁譽
朋友不相怨德 及至禮義之生 貨財之貴 而詐僞萌興 非譽相紛怨德並行
於是乃有曾參孝己之美 而生盜跖莊蹻之邪 故有大路龍旂 羽蓋垂綏[5] 結
馹連騎 則必有穿窬拊楗 抽箕踰備[6]之姦 有詭文繁繡 弱緆羅紈[7] 必有菅
屬跐蹻 短褐[8]不完者 故高下之相傾也 短脩之相形也 亦明矣 夫蝦蟆爲
鶉[9] 水蠆爲蟌蟌[10] 皆生非其類 唯聖人知其化 夫胡人見黂[11] 不知其可以
爲布也 越人見毳[12] 不知其可以爲旃也 故不通於物者 難與言化

※

1 忮(기): 해치다. 해롭다.

2 搆而多責(구이다책): 권력으로 서로 얽히어 사귀고 권세가 다하면 그의
책임도 많아진다는 뜻.

3 自宂(자용): 저절로 따르다. 곧 흙이 많아지게 되면 따라서 사는 짐승이
태어난다는 뜻.

4 銖而無刃(수이무인): 무디어 칼날이 없다는 뜻. 수銖는 초나라에서 칼날이
무딘 것을 뜻한다고 했다.

5 大路龍旂羽蓋垂緌(대로룡기우개수유): 대로大路는 천자가 타는 수레. 용기
龍旂는 천자가 꽂는 깃발. 우개羽蓋는 새 깃으로 장식한 덮개. 수유垂緌는
아름다운 끈을 늘어뜨린 장식.

6 穿窬衉楗抽箕踰備(천유부건추기유비): 천유穿窬는 구멍을 뚫고 들어가
도둑질하는 작은 도둑. 부건衉楗은 자물쇠를 뜯고 들어가는 도둑. 추기抽箕는
키를 밟고 넘는 것. 유비踰備는 뒷담을 넘어 들어가는 도둑.

7 詭文繁繡弱緆羅紈(궤문번수약석라환): 궤문詭文은 이상한 문양. 번수繁繡
는 요란스럽게 장식한 수식. 약석弱緆은 고운 베. 나환羅紈은 흰 비단.

8 菅屩跂踦短褐(관갹자기단갈): 관갹菅屩은 짚신. 자기跂踦는 짝발의 사람.
단갈短褐은 거친 베옷.

9 蝦蟇爲鶉(하마위순): 두꺼비가 변해 메추라기가 된다는 뜻.

10 水蠆爲蟌蟊(수채위모망): 수채水蠆는 잠자리의 알. 모망蟌蟊은 잠자리를
뜻한다.

11 黂(분): 삼씨.

12 毳(취): 가는 털.

2. 노魯나라를 어떻게 다스리겠는가?

옛날에 태공망太公望과 주공단周公旦은 제후의 영토를 받게 되자 서로
만나 보았다.

태공망이 주공단에게 물었다

"어떠한 방법으로 노魯나라를 다스리겠습니까?"

주공단이 말했다.

"높은 이를 높이고 친한 이를 친히 하는 것으로 하겠습니다."

태공망이 말했다.

"노나라에서 이를 따르면 장차는 허약해질 것입니다."

주공단이 태공망에게 물었다.

"어떤 방법으로 제齊나라를 다스리겠습니까?"

태공망이 말했다.

"어진 이를 등용하고 공로를 으뜸으로 하겠습니다."

주공단이 말했다.

"제나라는 후세에 이르러 반드시 겁박해 죽임을 당하는 군주가 있게 될 것입니다."

그 뒤에 제나라는 날로 거대해져 패자霸者가 되는데 이르렀으며 24대를 걸쳐 전씨田氏가 국가를 대신해 군주가 되었다.

노나라는 날로 땅을 약탈당해 32대를 거치자 망했다. 그러므로 『주역』의 곤괘坤卦 초육初六 효사에 이르기를 '찬 서리를 밟으면 곧 단단한 얼음이 언다.'라고 했다.

성인聖人들이 되돌아보는 마침과 시작의 미묘한 말씀들이다. 그러므로 술지게미가 쌓인 언덕에서 상아 젓가락이 생겨났고 뜨거운 국자에서 포락炮烙의 형벌이 생겨났다.

자로子路가 물에 빠진 자를 건져 주고 그 사람에게서 소를 사례로 받았다. 공자孔子가 말하기를 "노魯나라에서는 반드시 남의 환란을 구제하기를 좋아하게 될 것이다."라고 했다.

자공(子贛: 子貢)은 사람이 팔려 가자 돈을 대신 내주고는 그 돈을 국고에서 받지 않았다. 공자가 말하기를 "노나라에서는 다시는 사람이 팔려 가는데 그의 돈을 대신 내주려는 자가 없을 것이다."라고 했다.

자로는 사례를 받고 덕을 권장시켰고, 자공은 사양하고도 선을 중지시켰다.

공자의 현명한 것은 작은 것으로써 큰 것을 알았고 가까운 것으로써 먼 것을 알았다. 논리에 달통한 것이었다. 이러한 것들로 말미암아 관찰해보면 청렴한 것이라도 살피는 바에 따라서 공적으로 행하지 못할 것이 있다. 그러므로 행동이 풍속과 한결같으면 가히 따르게 되고 일이 능력과 두루 하면 쉽게 하는 것이다.

거짓된 것을 높여 세상을 현혹시키고 교만한 행동으로 모든 사람에게 반감을 사는 것들은 성인이 백성들의 풍속으로 삼지 않는 것이다.

거대한 집에 넓은 방과 넓은 정원과 연이어진 방은 사람들이 편안하게 여기는 곳이지만 새가 들어오면 걱정되는 곳이다. 높은 산과 험난한 곳과 깊은 수풀과 우거진 수풀 속은 호랑이와 표범이 즐기는 곳이지만 사람들이 들어가는 것을 두려워하는 곳이다.

개울이나 산골짜기가 언덕과 통하고 물이 모이고 깊은 샘들은 자라와 악어가 편안하게 여기는 곳이지만 사람이 들어가면 죽는 곳이다.

황제黃帝임금의 음악인 함지咸池나 승운承雲과 순임금의 음악인 구소九韶와 전욱顓頊임금의 음악인 육영六英 등은 사람들이 즐거워하는 바이지만 새와 짐승이 들으면 놀라는 것이다.

깊은 골짜기와 가파른 언덕이나 높은 나무와 긴 가지들은 긴팔원숭이들이 즐거워하는 곳이지만 사람들이 오르면 두려워 떠는 곳이다.

형체가 다르고 성품이 다르면 즐거움으로 삼는 것이라도 이에 슬픔이 되기도 하는 것이며 편안한 것으로 여기는 것이라도 위태한 것으로 여기기도 하는 것이다.

이에 하늘과 땅이 덮어 주고 실어 주는 바와 해와 달이 비추어 경계하는 바에 이르게 되면 각자가 그 본성에 편안하고 그의 거처에 편안해하며 그의 마땅한 곳에 처하고 그의 능력을 위하게 되는 것이다. 그러므로 어리석은 자라도 장점이 있게 되고 지혜로운 자라도 부족한 것들이 있게 되는 것이다.

기둥으로는 이를 쑤실 수가 없고 광주리로는 집을 삼을 수가 없다. 말은 무거운 것을 싣지 못하고 소는 빨리 추격하지 못한다. 납으로는 칼을 만들지 못하고 구리로는 쇠뇌를 만들지 못한다. 쇠로는 배를 만들 수가 없고 나무로는 가마솥을 만들지 못한다. 각각의 쓰임에 적당한 것이 있고 베풂에 그 마땅한 바가 있다. 곧 만물은 한결같은 것으로 서로 넘치는 것을 따르는 바가 없다.

대개 밝은 거울은 형상을 비추는 데는 편리하지만 음식을 넣는 것으로는 대로 만든 밥그릇만 같지 못하다. 희생으로 쓰는 소는 순수한 털이라야 사당의 희생으로 마땅하지만 비를 이르게 하는 데는 신령스런 뱀만 같지 못하다.

이러한 것으로 말미암아 살펴보건대 사물에는 귀함과 천함이 없다. 그 귀한 바를 따라서 귀하게 여기므로 만물은 귀하지 않은 것이 없다. 그 천한 바를 따라서 천하게 여기므로 만물이 천하지 않은 것도 없다.

옥박(玉璞: 거친 옥)은 두터운 것을 싫어하지 않고 각교(角觻: 삐뚤어진 뿔)는 엷은 것을 싫어하지 않고 칠은 검은 것을 싫어하지 않고 분은 흰 것을 싫어하지 않는다. 이상 네 가지는 서로 상반되는데도 중요한 바도 균일하고 그 쓰임새도 동일하다.

지금 갖옷이나 도롱이는 무엇이 더 중요한가? 비를 만나게 되면 갖옷은 사용되지 않고 당堂에 오르면 도롱이는 쓰이지 않게 된다. 이것은 가름하는데 따라서 떳떳함이 되는 것이다. 비유컨대 배와 수레와 방패와 나막신과 궁색한 집도 예로부터 적당한 바가 있었다. 그러므로 노자는 말하기를 "어진 이를 높이지 않아야 한다."라고 했다. 이것은 물고기는 물에 이르러야 하고 새는 연못에 빠지지 않는다는 것을 말한 것이다.

昔太公望周公旦受封而相見 太公問周公曰 何以治魯 周公曰 尊尊親親 太公曰 魯從此弱矣 周公問太公曰 何以治齊 太公曰 擧賢而上功 周公曰 後世必有劫殺之君[1] 其後齊日以大 至於霸 二十四世而田氏代之[2] 魯日以削 至三十二世而亡[3] 故易曰 履霜堅冰至 聖人之見 終始微言 故糟邱生乎象櫡[4] 炮烙生乎熱斗[5] 子路撜溺而受牛謝[6] 孔子曰 魯國必好救人於患 子贛贖人 而不受金於府[7] 孔子曰 魯國不復贖人矣 子路受而勸德 子贛讓而止善 孔子之明 以小知大 以近知遠 通於論者也 由此觀之 廉有所在 而不可公行也 故行齊於俗 可隨也 事周於能 易爲也 矜僞以惑世 伉行以違衆 聖人不以爲民俗 廣廈闊屋 連闥通房 人之所安也 鳥入之而憂 高山險阻 深林叢薄 虎豹之所樂也 人入之而畏 川谷通原 積水重泉 黿鼉之所便也 人入之而死 咸池承雲 九韶六英 人之所樂也 鳥獸聞之而驚 深谿峭岸 峻木尋枝 猨狖之所樂也 人上之而慄 形殊性詭 所以爲樂者 乃所以爲哀 所以爲安者 乃所以爲危也 乃至天地之所覆載 日月之所照䜣 使各便其性 安其居 處其宜 爲其能 故愚者有所脩 智者有所不足 柱不可以摘齒 筐不可以持屋 馬不可以服重 牛不可以追速 鉛不可以爲刀 銅不可以爲弩 鐵不可以爲舟 木不可以爲釜 各用之於其所適 施之於其所宜 卽萬物一齊 而無由相過 夫明鏡便於照形 其

於以函食 不如簞 犧牛粹毛 宜於廟牲 其於以致雨 不若黑蜧[8] 由此觀之
物無貴賤 因其所貴而貴之 物無不貴也 因其所賤而賤之 物無不賤也
夫玉璞不厭厚 角觡不厭薄 漆不厭黑 粉不厭白 此四者相反也 所急則
均 其用一也 今之裘與蓑孰急 見雨則裘不用 升堂則蓑不御 此代爲常
者也 譬若舟車楯肆窮廬 故有所宜也 故老子曰 不上賢者[9] 言不致魚於
水 鳥沈於淵

※

1 刦殺之君(겁살지군): 겁박해 죽임을 당하는 군주.

2 田氏代之(전씨대지): 제齊나라의 신하인 전씨田氏가 군주의 자리를 빼앗다.

3 亡(망): 노魯나라는 녹봉이 공실에서 떠나고 초楚나라의 효열왕孝烈王에게
멸망당했다.

4 糟邱生乎象樗(조구생호상저): 주紂가 밤을 지새우며 먹은 술지게미가 쌓여
서 언덕을 이루고 그로 말미암아 상아 젓가락을 만들게 되었다는 뜻.

5 炮烙生乎熱斗(포락생호열두): 주紂는 요리사가 국자를 뜨겁게 달구어 오자
뜨거운 국자를 이유로 요리사를 죽였고 그것을 기화로 포락의 형벌을 만들었
다는 뜻.

6 子路撜溺而受牛謝(자로증닉이수우사): 자로가 물에 빠진 사람을 구해 주고
사례로 소를 받은 일.

7 子贛贖人而不受金於府(자공속인이불수금어부): 자공이 노나라 사람이 타
국으로 팔려어 가자 속금을 대신 내주고 노나라의 조정에서 돈을 받지 않은
일을 말한다.

8 黑蜧(흑려): 신령스런 검은 뱀.

9 老子曰不上賢者(노자왈불상현자): 『노자도덕경』 3장에 있는 문장.

3. 요임금 때 순舜임금이 사도司徒가 되다

요임금이 천하를 다스릴 때에는 순舜이 사도司徒가 되었고 설契이 사마司馬가 되었으며, 우禹가 사공司空이 되었고 후직后稷이 대전사大田師가 되었으며, 해중奚仲이 공工이 되어 모든 백성을 인도했다.

물가에 사는 자들은 물고기를 잡게 했고 산에 사는 자들은 나무를 하게 했으며 계곡에 사는 자들은 목축업을 하게 했고 뭍(육지)에 사는 자들은 농사를 짓게 했는데, 땅은 그 일에 알맞도록 했다. 일은 그 기계에 알맞도록 했다. 기계는 그 용도에 맞게 했다. 사용하는 것들은 그 사람들에게 알맞도록 했다.

연못이나 늪지대에서는 그물을 짜게 했다. 언덕의 비탈진 곳에서는 밭을 갈아 얻은 것들을 없는 것과 바꾸게 했으며 공인들은 교묘한 것을 서툰 것과 바꾸게 했다.

이런 까닭으로 떠나고 배반하는 자는 적었고 듣고 따르는 자는 많았다. 비유하자면 바둑알을 땅에 뿌린 것과 같아서 둥근 것은 연못으로 굴러가고 모난 것들은 높은 곳에 그대로 있어서 각자가 그들이 편안한 곳을 따르게 한 것이다. 어떤 것들이 높고 낮음이 있겠는가?

마치 바람이 퉁소를 만난 것과 같아 갑자기 감응해 각각 맑은 것들과 탁한 것들로 응대하는 것과 같았다.

긴팔원숭이는 무성한 나무를 얻으면 버리지 않고 집으로 삼으며 오소리는 단단한 제방을 얻으면 버리지 않고 의지한다.

사물들도 그 이로운 바를 피해 그들에게 해로운 곳으로 나아가지 않는다. 이런 까닭으로 이웃 나라들이 서로 바라보았고 닭울음소리나 개 짖는 소리가 서로 들렸으며 발자취가 제후의 국경에 닿지 않았고 수레바퀴가 천 리 밖으로 모이지 않았다. 이것은 모두 각각이 그 편안한 바를 얻었기 때문이다.

그러므로 어지러운 나라는 성대한 것처럼 보이고 다스려진 나라는 허한 것처럼 보이며, 망하는 나라는 부족한 것처럼 보이고 존재해 있는 나라는 여유로움이 있는 것처럼 보인다.

허虛하다는 것은 사람이 없는 것이 아니다. 모두가 그의 직분을 지키는 것이다. 성대하다는 것은 사람이 많은 것이 아니라 모두가 말단만을 구하는 것이다. 여유로움이 있다는 것은 재물이 많은 것이 아니라 제때의 일을 적게 하고자 하는 것이다. 부족하다는 것은 재물이 없는 것이 아니라 백성들이 조급해 낭비가 많은 것이다. 그러므로 선왕의 법적法籍들은 만들어진 것이 아니라 따르는 바이다. 그 금지와 처벌은 만든 것이 아니라 지키는 것이다.

대개 사물로 사물을 다스리는 자는 사물로써 하지 않는 것이다. 화목으로 화목을 다스리는 자는 화목으로써 하지 않는 것이다. 사람으로 사람을 다스리는 자는 사람으로써 하지 않는 것이다. 군주로 군주를 다스리는 자는 군주로써 하지 않는 것이다. 욕심으로 욕심을 다스리는 자는 욕심으로써 하지 않는 것이다. 성性으로 성을 다스리는 자는 성性으로 하지 않는 것이다. 덕으로 덕을 다스리는 자는 덕으로써 하지 않고 도道로써 하는 것이다. 사람의 성에 근본 해 황폐해져 맑고 밝은 것을 얻지 못한 자는 사물이 혹은 먼지일 것이다.

동쪽의 오랑캐 강羌이나 남쪽의 오랑캐 저氐나 서쪽의 오랑캐 북僰이나 북쪽의 오랑캐 적翟의 어린아이들도 태어날 때는 모두 똑같은 울음소리로 운다.

그들이 성장함에 이르러 거듭 통역하고 다시 통역해 능히 그와 말이 통하지 않게 되면 가르침의 풍속도 다르게 된다. 지금 태어난 지 3개월 된 어린아이를 국가를 옮겨 바꾸면 능히 그 옛날의 풍속을 알지 못하게 된다. 이러한 것으로 인해서 관찰하게 되면 의복이나 예의와 습속이란 인간의 본성이 아니라 밖에서 받는 것이다.

대나무의 성질은 물에 뜨는 것인데 쪼개서 서첩을 만들고 묶어서 물에 던지면 가라앉는다. 그의 바탕을 잃었기 때문이다. 쇠의 성질은 가라앉는 것인데 배 위에 그것을 올려놓으면 뜬다. 그것은 형세에 의지하는 바가 있기 때문이다.

대개 흰 비단의 바탕은 흰데 검은 것으로 물들이면 검어진다. 생비단의 성질은 누런데 붉은 단사丹砂로 물들이면 붉어진다.

사람의 본성도 본래는 사특함이 없는데 오래도록 풍속에 젖어 있으면 바뀌고, 바뀌면 근본을 잃게 되고 그것이 본성과 같이 합쳐진다. 그러므로 해와 달이 밝고자 하나 뜬 구름이 덮게 되고 하수河水가 맑고자 하나 모래와 돌이 더럽히게 되는 것과 같은 것이다.

사람의 본성도 고요하고자 하나 즐기고자 하는 욕심이 해치는 것이다. 오직 성인聖人만이 능히 사물을 버리고 자신으로 돌아오는 것이다.

배를 타고 가다가 의심해 헷갈려 하는 자는 동쪽과 서쪽을 알지 못하기 때문인데 이때 북두칠성을 보면 깨닫게 된다. 인간의 성품도 또한 사람의 북두칠성이다. 스스로를 보는 것이 있게 되면 사물의 정을 잃지 않는 것이다. 스스로를 보지 못한다면 동요해 미혹되고 어지러워진다. 비유하자면 농서隴西 지방에서 헤엄치는 것과 같은 것이며 더욱 허우적거리면서 더욱 가라앉는 것과 같은 이치이다.

공자孔子가 안회顔回에게 일러 말했다.

"나는 내가 따르는 것을 잊었다. 너도 나에게 따르는 것을 또한

잊어라. 비록 그러나 네가 비록 잊을지라도 나는 오히려 잊지 못할
것이 있어서 존재할 것이다."

　공자孔子는 그의 근본을 안 것이다.

故堯之治天下也 舜爲司徒 契爲司馬 禹爲司空 后稷爲大田師 奚仲爲
工[1] 其導萬民也 水處者漁 山處者木 谷處者牧 陸處者農 地宜其事 事宜
其械 械宜其用 用宜其人 澤皐織綱 陵阪耕田 得以所有易所無 以所工
易所拙 是故離叛者寡 而聽從者衆 譬若播棊丸於地 員者走澤 方者處
高 各從其所安 夫有何上下焉 若風之遇簫[2] 忽然感之 各以淸濁應矣
夫猨狄得茂木 不舍而穴 狟狢得埵防[3] 弗去而緣 物莫避其所利 而就其
所害 是故鄰國相望 雞狗之音相聞 而足迹不接諸侯之境 車軌不結千里
之外者 皆各得其所安 故亂國若盛 治國若虛 亡國若不足 存國若有餘
虛者 非無人也 皆守其職也 盛者 非多人也 皆徼於末也 有餘者 非多財
也 欲節事寡也 不足者 非無貨也 民躁而費多也 故先王之法籍 非所作
也 其所因也 其禁誅 非所爲也 其所守也 凡以物治物者不以物 以睦治
睦者不以睦 以人治人者不以人 以君治君者不以君 以欲治欲者不以欲
以性治性者不於性 以德治德者不以德 以道原人之性 蕪濊而不得淸明
者 物或堁[4]之也 羌氏僰翟[5] 嬰兒生皆同聲 及其長也 雖重象狄鞮[6] 不能
通其言 敎俗殊也 今三月嬰兒生而徙國 則不能知其故俗 由此觀之 衣
服禮俗者 非人之性也 所受於外也 夫竹之性浮 殘以爲牒[7] 束而投之水
則沈 失其禮也 金之性沈 託之於舟上則浮 勢有所支也 夫素之質白
染之以涅則黑 縑[8]之性黃 染之以丹則赤 人之性無邪 久湛於俗則易 易
而忘本 合於若性 故日月欲明 浮雲蓋之 河水欲淸 沙石濊之 人性欲平
嗜欲害之 惟聖人能遺物而反己 夫乘舟而惑者 不知東西 見斗極[9]則寤

矣 夫性亦人之斗極也 有以自見也 則不失物之情 無以自見 則動而惑
營[10] 譬若隴西之游[11] 愈躁愈沈 孔子謂顔回[12]曰 吾服汝也忘 而汝服於我
也亦忘 雖然 汝雖忘乎 吾猶有不忘者存 孔子知其本也

※

1 舜爲司徒~奚仲爲工(순위사도~해중위공): 요堯임금이 순舜을 사도司徒로
삼았고, 설契을 사마司馬로 삼았으며, 우禹를 사공司空으로 삼았고, 후직后稷
을 대전사大田師로 삼았으며, 해중奚仲을 공工으로 삼았다는 것. 사도는
교육을 맡고 사공은 토목을 관장하고 대전사는 농사를 관장하고 공은 공장工
匠을 관장하는 것이다. 해중은 요임금 시대의 인물이 아닌 듯싶다고 했다.

2 簫(소): 퉁소를 뜻한다.

3 埵防(타방): 흙을 단단히 다져 굳혀 쌓아 놓은 제방.

4 堁(과): 먼지.

5 羌氐獒翟(강저북적): 羌光은 동쪽의 융戎. 저氐는 남쪽의 이夷. 북獒은 서쪽의
오랑캐. 적翟은 북쪽의 호胡.

6 重象狄鞮(중상적제): 중상重象은 거듭 통역해 오는 야만인. 적제狄鞮는 오랑캐
들의 통역인들.

7 牒(첩): 대쪽을 종이 대신 쓰는 것.

8 縑(겸): 생사生絲로 짜는 비단은 원래 색이 누렇다.

9 斗極(두극): 북두칠성을 뜻한다.

10 惑營(혹영): 현혹되어 어지럽다의 뜻.

11 隴西之游(농서지유): 농서지방은 늪지대가 많은 지역이다. 그러므로 한
번 빠지면 빠져나오기가 힘든 곳을 뜻한다.

12 孔子謂顔回(공자위안회): 이 이야기는 『장자』의 전자방田子方편에 나오는
이야기이다.

4. 사람이 본성을 잃게 되면…

대개 사사로운 욕망을 누르지 않고 제멋대로 해 본성本性을 잃게 되면
활동하는 것이 항상 올바르지 못한 것이다. 이로써 몸을 다스리면
위태해지고 이로써 국가를 다스리면 어지러워지고 이로써 전장에 들어
가면 깨부수어지게 된다.

이런 까닭으로 도를 듣지 못한 자는 본성으로 돌아갈 수가 없는
것이다. 그러므로 옛날의 성왕은 도를 자신에게서 얻었다. 그러한
뒤에 명령이 행해지고 금지 사항이 실행되어 이름이 후세에 전해지고
덕이 온 세상에 베풀어졌다.

이런 이유로 대개 장차 일을 추진할 때는 반드시 먼저 마음을 평화롭
게 하고 정신을 맑게 했다. 정신을 맑게 하고 뜻을 평화롭게 하면
사물이 이에 바르게 되어 마치 도장을 찰흙에 찍은 것과 같아진다.
도장을 바르게 찍으면 봉함도 바르게 되지만 기울어지게 찍으면 봉하는
것도 삐뚤어지게 되는 것이다.

요임금이 순임금을 등용할 때는 눈으로 보고 결단을 했고, 제나라
환공이 영척을 선택할 때는 귀로 듣고 결정을 했을 따름이다. 이러한
것은 술수術數를 버리고 귀와 눈에 맡긴 것으로 그 어지러움은 반드시
심할 것이다.

대개 귀와 눈으로만 판단을 하는 것은 정情과 본성에 반대되는 것이
다. 듣는 것은 비난이나 칭찬에 빠지고, 눈은 채색된 것에 빠져 일의
바른 것을 얻고자 하더라도 어려울 것이다.

슬픔이 가득한 자는 노랫소리를 들으면 운다. 즐거움이 가득한 자는
곡하는 자를 보면 웃는다. 슬픈데 가히 즐거워하는 자나 웃는데 가히

슬퍼하는 자는 그렇게 시키는 것이 마음에 가득하기 때문이다.

이런 까닭으로 허虛한 것을 귀하게 여기는 것이다. 물이 격렬하게 움직이면 파도가 일어나고 기氣가 어지러워지면 지혜가 어두워진다. 지혜가 어두워지면 정사를 하지 못하게 되고 물에 파도가 일면 고요해지지 않는다. 그러므로 성왕은 하나를 잡아서 만물의 정을 다하는 것을 잃지 않는 것이며 사방의 오랑캐와 중국 전체가 복종하게 하는 것이다.

하나〔一〕라는 것은 지극히 귀하고 천하에는 대적할 만한 것이 없다. 성인은 상대할 것이 없는 것에 의탁한다. 그러므로 백성들의 명이 매어 있다.

인을 하는 자는 반드시 슬퍼하고 즐거워하는 것으로 논하고 의를 하는 자는 반드시 취하고 주는 것으로써 밝히는 것이다.

눈이 보는 바는 십 리 밖을 벗어나지 못하는데 온 천하의 백성들을 두루 비추어 주고자 하지만 슬퍼하고 즐거워하는 것도 능히 넉넉하게 하지 못하는 것이다. 천하에서 맡겨 놓은 재산이 없는데도 온 백성을 두루 구제하고자 하나 이로움이 능히 족하지 못한 것이다.

또 기뻐하고 노여워하고 슬퍼하고 즐거워하는 것은 감정이 있어서 스스로 그러는 것이다. 그러므로 모두 마음속에서 발동하고 밖에서 형용한 것이다. 비유하자면 물이 아래로 흐르는 것과 같고 연기가 위를 향해 오르는 것과 같은 것인데 누가 추진하려는 자가 있겠는가? 그러므로 억지로 곡하는 자는 비록 병이 들었더라도 슬퍼하지 않은 것이며 억지로 친한 자는 비록 웃더라도 화락하지 않은 것이다.

정情은 속에서 발동하는 것이고 소리는 밖에서 응하는 것이다. 그러므로 희부기釐負羈가 진晉나라 공자公子 중이重耳에게 주었던 한 그릇의 밥은 진晉나라 헌공獻公의 수극垂棘의 보옥보다 좋았다.

조선맹趙宣孟이 주었던 한 묶음의 육포肉脯는 지백智伯의 대종大鐘보
다 나은 것이었다. 그러므로 예물이 풍성해도 사랑을 나타내기에는
부족하고 진실한 마음만이 먼 곳까지 품을 수 있는 것이다. 그래서
공자의 제자인 공서화公西華가 어버이를 봉양하는 것을 친구를 상대하
듯이 했고, 증삼曾參이 어버이를 봉양하는 것에 엄한 군주와 맹렬한
군주를 섬기듯이 했는데 그 봉양하는 것은 한결같은 것이었다.

그러므로 호인胡人들은 사람의 해골을 두드렸고, 월越나라 사람들은
팔뚝을 끊어서 맹세했으며, 중국 사람들은 피를 마시며 맹세했는데
그 말미암는 바가 각각 달랐으나 그 믿음으로 삼는 데는 한결같은
것이었다.

삼묘三苗의 사람들은 모시로 머리를 묶었고 강인羌人들은 옷깃을
묶었으며 중국인들은 관을 쓰고 비녀를 꽂았으며 월인越人들은 귀밑머
리를 잘랐는데 그 복종하는 것은 한결같은 것이었다.

제왕인 전욱顓頊의 법에는 부인이 길에서 남자를 피해 가지 않으면
사방으로 통한 거리에서 추방케 했는데 지금의 나라의 도읍에서는
남자와 여자가 길에서 다리와 어깨를 부딪치며 가는데도 그의 풍속은
한결같은 것이다.

그러므로 사방의 오랑캐의 예의는 동일하지 않아도 모두가 그의
군주를 높이고 그의 어버이를 사랑하고 그의 형을 공경하는데 험윤獫狁
의 풍속만은 이와 다르게 했다. 그렇지만 그들의 자식은 사랑하고
그 위에는 엄하게 했다.

새가 날아 무리를 이루고 짐승들이 살면서 무리를 이루는 것들은
누가 가르치겠는가? 그러므로 노魯나라에서는 유자儒者의 예를 따르는
자들은 공자孔子의 술법術法을 행했는데도 국토를 빼앗겼고 명예는

떨어져 가까운 곳을 친하게 하지도 못하고 먼 곳을 오게 하지도 못했다.

월越나라의 구천句踐은 머리를 자르고 몸에는 문신을 했으며 사슴가 죽으로 만든 관과 홀笏을 꽂은 조복도 없었고 예법대로 행동하는 용모도 없었다. 그러나 오吳나라의 부차夫差를 오호五湖에서 이기고 남면南面 해 천하의 패자霸者가 되었으며, 사수泗水 위의 12제후들은 모두 구이九 夷를 거느리고 조회를 했다.

호胡와 맥貉과 흉노匈奴의 나라가 제멋대로 한 몸체와 풀어 헤친 머리에 다리를 뻗고 비꼬는 말투에도 국가가 망하지 않았던 것은 반드시 예가 없었던 것은 아니었기 때문이다.

초楚나라의 장왕莊王은 큰 옷자락에 넓은 웃옷을 입고 명령을 천하에 행해 드디어 제후들의 패자가 되었다. 진晉나라의 문공文公은 거친 옷에 양가죽옷을 입고 거친 가죽띠에 칼을 차고도 위엄이 해내海內에 확립되 었다. 어찌 반드시 추鄒 땅과 노魯 땅의 예禮만이 예라고 이르겠는가?

이런 이유로 그 나라에 들어가는 자는 그 나라의 풍속을 따르고 그 집에 들어간 자는 그 집안의 휘諱한 것을 피하고 금지를 범하지 않고 들어가고 거스르지 않고 나아간다. 비록 이적의 나라에 가고 나체로 사는 나라에 가더라도 결국 먼 나라의 밖을 따르게 되면 곤욕스 런 바가 없을 것이다.

夫縱欲而失性 動未嘗正也 以治身則危 以治國則亂 以入軍則破 是故 不聞道者 無以反性 故古之聖王 能得諸己 故令行禁止 名傳後世 德施 四海 是故凡將擧事 必先平意淸神 神淸意平物乃可正 若璽之抑埴[1] 正 與之正[2] 傾與之傾故堯之擧舜也 決之於目 桓公之取審戚也 斷之於耳 而已矣 爲是釋術數而任耳目 其亂必甚矣 夫耳目之可以斷也 反情性也

聽失於誹譽 而目淫於采色 而欲得事正 則難矣 夫載哀者聞歌聲而泣
載樂者見哭者而笑 哀可樂者 笑可哀者 載使然也 是故貴虛 故水激則
波興 氣亂則智昏 智昏不可以爲政 波水不可以爲平 故聖王執一 而勿
失萬物之情旣矣 四夷九州服矣 夫一者至貴無適於天下 聖人託於無適
故民命繫矣 爲仁者必以哀樂論之 爲義者必以取予明之 目所見不過十
里 而欲徧照海內之民 哀樂弗能給也 無天下之委財 而欲徧瞻萬民 利
不能足也 且喜怒哀樂 有感而自然者也 故哭之發於口 涕之出於目 此
皆憤於中而形於外者也 譬若水之下流 烟之上尋也 夫有孰推之者 故强
哭者 雖病不哀 强親者 雖笑不和 情發於中而聲應於外 故釐負羈之壺
餐[3] 愈於晉獻公之垂棘[4] 趙宣孟之束脯[5] 賢於智伯之大鐘[6] 故禮豐不足
以效愛 而誠心可以懷遠 故公西華[7]之養親也 若與朋友處 曾參[8]之養親
也 若事嚴主烈君 其於養一也 故胡人彈骨 越人契臂 中國歃血[9]也 所由
各異 其於信一也 三苗髽首[10] 羌人括領[11] 中國冠笄[12] 越人劗鬋[13] 其於服
一也 帝顓頊[14]之法 婦人不辟 男子於路者 拂於四達之衢 今之國都 男女
切踦 肩摩於道 其於俗一也 故四夷之禮不同 皆尊其主而愛其親 敬其
兄 獫狁[15]之俗相反 皆慈其子而嚴其上 夫鳥飛成行 獸處成群 有孰敎之
故魯國服儒者之禮 行孔子之術 地削名卑 不能親近來遠 越王句踐 劗
髮文身 無皮弁搢笏[16]之服 拘罷拒折之容[17] 然而勝夫差於五湖[18] 南面而
霸天下 泗上十二諸侯 皆率九夷以朝 胡貉匈奴之國 縱體拖髮[19] 箕倨反
言[20] 而國不亡者 未必無禮也 楚莊王裾衣博袍[21] 令行乎天下 遂霸諸侯
晉文君大布之衣[22] 牂羊之裘 韋以帶劍 威立於海內 豈必鄒魯之禮[23]之
謂禮乎 是故入其國者從其俗 入其家者避其諱 不犯禁而入 不忤逆而進
雖之夷狄徒倮之國[24] 結軌乎遠方之外 而無所困矣

※

1 璽之抑埴(새지억치) : 도장을 찰흙에 찍다의 뜻.

2 正與之正(정여지정) : 도장을 바르게 찍으면 봉하는 것도 바르게 되다의
뜻.

3 釐負覉之壺餐(희부기지호찬) : 조曹나라의 희부기가 진晉나라의 공자 중이
重耳에게 호리병에 넣은 밥을 준 것.

4 晉獻公之垂棘(진헌공지수극) : 진晉나라의 헌공이 수극의 보옥을 우공虞公
에게 주고 길을 빌려 괵虢나라를 정벌하고, 돌아오면서 우虞나라도 정벌한
일을 말한다.

5 趙宣孟之束脯(조선맹지속포) : 진晉나라의 조선맹이 한 묶음의 육포로 영첩
靈輒을 살려주고 도움을 받은 일. 조선맹은 조돈趙盾이다.

6 智伯之大鐘(지백지대종) : 지백智伯은 진晉나라의 대부이며 진나라의 실권
자였는데 구유九由의 군주에게 대종을 바치고 그것을 이용해서 구유를 멸망
시켰다. 『여씨춘추』의 권훈勸勳편에 내용이 있다.

7 公西華(공서화) : 공자의 제자.

8 曾參(증삼) : 공자의 제자 증자曾子.

9 胡人彈骨越人契臂中國歃血(호인탄골월인계비중국삽혈) : 오랑캐인 호인
胡人들은 맹세할 때 해골을 두드리면서 맹세했고, 월인越人들은 팔뚝을 끊어
서 맹세했고, 중국인들은 피를 마시고 맹세를 했다는 것.

10 三苗髽首(삼묘좌수) : 삼묘三苗는 남방의 오랑캐. 좌수髽首는 부인이 상중에
하는 결발을 뜻한다.

11 羌人括領(강인괄령) : 강인羌人들은 옷깃을 묶는다는 뜻.

12 冠笄(관계) : 관을 쓰고 비녀를 꽂는 것.

13 劗髮(전전) : 귀밑머리를 자르다.

14 顓頊(전욱) : 고대 제왕의 이름.

15 獫狁(험윤) : 북방의 오랑캐. 곧 호인胡人들.

16 皮弁搢笏(피변진홀) : 피변皮弁은 사슴가죽으로 만든 관. 진홀搢笏은 홀笏을
조복에 꽂는 것.

17 抱罷拒折之容(포파거절지용): 예의를 행하는 행동의 표시를 뜻한 것.

18 夫差於五湖(부차어오호): 오나라의 부차가 오호五湖에서 승리한 일.

19 胡貉匈奴之國縱體拖髮(호맥흥노지국종체타발): 호胡, 맥貉, 흥노의 나라에서는 몸을 멋대로 꾸미고 머리를 풀어 헤쳐 멋대로 하는 것을 뜻함.

20 箕倨反言(기거반언): 기거箕倨는 다리를 뻗는 것. 반언反言은 비꼬는 말투.

21 裾衣博袍(거의박포): 큰 옷자락에 넓은 웃옷을 입은 것.

22 文君大布之衣(문군대포지의): 문군文君은 진晉나라의 문공文公. 대포大布는 거친 옷.

23 鄒魯之禮(추로지례): 추鄒는 맹자孟子가 사는 땅. 노魯는 공자의 나라. 곧 공자와 맹자의 예절을 뜻한다.

24 徒倮之國(도라지국): 나체로 사는 사람들의 나라.

5. 예는 진실의 문채이다

예禮는 진실의 꾸밈(문채)이고 인仁은 은혜의 나타남이다. 그러므로 예는 사람의 정情을 따라 적절하게 꾸미고 훌륭하게 만드는 것이며, 인은 안색에 발동시켜 용모에 나타나게 하는 것이다.

예禮란 진실에서 벗어나지 않는 것이고 인仁이란 은혜가 넘치지 않게 하는 것이며 세상을 다스리는 도道이다.

대개 3년의 상喪은 사람들이 미치지 못하는 것을 강제로 해 거짓으로 정情을 돕게 하는 것이다.

3개월의 상복을 입는 것은 애통함을 단절해 성性을 박절迫切하게 하는 것이다.

유가儒家나 묵가墨家는 인정人情의 끝남과 시작에서 근원하지 않고 행동이 상반되는 제도에 힘쓰게 한 것들이다.

다섯 종류의 상복은 비참하고 슬픈 것을 정情에 품고 장사지내 묻는 것을 봉양에 알맞게 하고 사람이 능히 하지 못하는 바를 강제로 하지 않고 사람이 능히 중지하는 것들을 단절시키기 위한 것은 아니다.

너그럽게 용납하는 것이 적당함을 잃지 않게 하고 비난과 칭찬들이 말미암아 생겨나는 바가 없게 한 것들이다.

옛날에는 오르고 내리고 중지하고 두루 도는 예절을 번거롭게 하고 채제采齊나 사하肆夏의 음악에 맞추어 춤추는 것을 알지 못했던 것이 아니었다. 쓸데없는 데 시간을 보내고 백성들을 번거롭게 하는 데 사용하는 것이 없었다. 그러므로 예를 제정하는 것은 진실을 도와서 뜻을 깨우쳐 줄 따름이었다.

옛날이라고 해 종과 북을 진열하고 피리와 퉁소를 성대히 갖추고 간干이나 척戚을 거양하고 우羽와 모旄를 일으켜서 즐기지 않았던 것은 아니다.

이것들이 재물을 소비시키고 정사를 어지럽힌다고 여겼기 때문이다. 음악을 제재한 것은 기쁜 것이 합하고 뜻이 베풀어지게 할 따름이었으며 기쁨이 음악을 바르지 않게 하는 것은 아니었다.

국가의 힘을 소진시키고 백성들을 궁하게 하며 창고를 텅 비게 하고 재물을 소진하며 죽은 자의 입에 구슬을 물리고 옥으로 만든 옷을 입히고 솜으로 막고 마디를 묶어서 죽은 이를 송별하지 않는 것은 아니었다.

이것은 백성들을 궁하게 하고 사업을 단절시켜 뼈가 마르고 살이 썩는데 도움이 되지 않는다고 여겼기 때문이다. 그러므로 장사를 지내는 데는 족히 거두어 묶고 덮어 감추었을 뿐이었다.

옛날에 순임금을 창오산蒼梧山에 장사를 지냈는데 시장에서는 가게 문을 닫지 않았다. 우임금을 회계산會稽山에 장사를 지냈는데 농사짓던 백성들이 그의 밭이랑을 바꾸지 않았다.

살고 죽는 구분을 밝게 하고 사치와 검소의 적당함을 통하게 했다. 어지러운 나라는 그러하지가 않았다.

말과 행동이 서로 어그러지고 정情과 용모가 서로 반대되고 예절을 번거롭게 하고 음악은 여유로워서 음란하고 죽은 이를 높이는데 살아 있는 이들을 해롭게 하고 상의 기간을 오래하고 행사로 거행했다. 이 때문에 세상의 풍속이 혼탁해지고 비난과 칭찬이 조정에서 싹텄다. 이런 까닭으로 성인이 폐하고 사용하지 않았다.

의義란 이치를 따라서 마땅한 것을 행하는 것이다. 예란 정情을 체득해 꾸밈을 제정하는 것이다. 의義란 마땅한 것이고 예란 체득하는 것이다.

옛날에 유호씨有扈氏가 의義를 행하다가 망한 것은 의義를 알기는 했지만 마땅한 것을 알지 못했기 때문이다. 노魯나라에서는 예禮를 익혔으나 국토를 약탈당한 것은 예는 알았지만 체득하는 것을 알지 못했기 때문이다.

유우씨有虞氏의 제사는 그의 사社에는 봉토의 흙을 사용했고 중류(中霤: 방 가운데)에 제사를 지냈고 장례는 밭이랑에서 이루어졌다. 그의 음악은 함지咸池와 승운承雲과 구소九韶를 연주했다. 그의 의복은 황색黃色을 높였다.

하후씨(夏后氏: 禹)는 그의 사社에는 소나무를 사용했고 호戶에 제사를 지냈으며 장사는 담을 쌓아 지내고 관棺을 두었다. 그의 음악은 하약夏籥은 구성九成으로 마치고 육일六佾은 육렬六列로 하고 육영六英을 연주했고 그의 의복은 청색靑色을 높였다.

은殷나라 사람들의 예禮는 그 사社에는 돌을 사용했고 문門에 제사를 지냈으며 장사에는 소나무를 심었다. 그 음악은 대호大濩와 신로晨露를 연주했고 그 의복은 백색白色을 숭상했다.

주周나라 사람들의 예는 그 사社에는 밤나무를 사용했고 부뚜막에 제사를 지냈으며 장사에는 잣나무를 심었다. 그 음악은 대무大武와 삼상三象과 극하棘下를 연주했고 의복은 적색을 높였다.

예의와 음악이 서로 다르고 복장의 제도도 서로 반대되었다. 그러나 모두가 친하고 소원한 은혜나 위와 아래의 차례를 잃지는 않았다.

지금 한 군주의 법전을 쥐고 대대로 전해오는 풍속이 그르다고 여기는 것은 비유하자면 기러기발을 아교로 고정시킨 채 비파를 조절한다는 것과 같은 것이다. 그러므로 현명한 군주는 예의를 제정해 의복을 만들고 절도와 행동을 분류해 의복의 띠로 삼는 것이다.

의복이 족히 형체를 덮어서 삼황三皇과 오제五帝의 법도를 따랐다. 순종하고 문란해지는 것을 비워 신체를 편안하게 했다. 행보를 적당하게 하고 뛰어나게 아름다운 용모나 한쪽의 귀퉁이가 삭감되는 것들에는 힘쓰지 않았다.

옷의 띠는 끈을 매고 옷깃을 거두고 단단히 묶어 굳게 연결하는데 족했다. 신발의 코를 꾸미고 맨발에 꾸미는 신을 만드는 것을 급하게 하지 않았다. 그러므로 예의를 제정하고 지덕至德을 행하며 유가儒家와 묵가墨家에 구애받지 않는 것이었다.

禮者實之文也 仁者恩之效也 故禮因人情而爲之節文 而仁發忻¹以見
容 禮不過實 仁不溢恩也 治世之道也 夫三年之喪 是强人所不及也
而以僞輔情也 三月之服² 是絶哀而迫切之性也 夫儒墨不原人情之終
始 而務以行相反之制 五縗之服³ 悲哀抱於情 葬薶稱於養 不强人之所

不能爲 不絶人之所能已 度量不失於適 誹譽無所由生 古者非不知繁升
降槃還之禮也 蹀采齊肆夏⁴之容也 以爲曠日煩民而無所用 故制禮足
以佐實喩意而已矣 古者非不能陳鐘鼓 盛筦簫 揚干戚 奮羽旄 以爲費
財亂政 制樂足以合歡宣意而已 喜不羨於音 非不能竭國糜民 虛府殫財
含珠鱗施 綸組節束⁵ 追送死也 以爲窮民絶業 而無益於槁骨腐肉也 故
葬薶足以收斂蓋藏而已 昔舜葬蒼梧 市不變其肆⁶ 禹葬會稽之山 農不
易其畝⁷ 明乎生死之分 通乎侈儉之適者也 亂國則不然 言與行相悖 情
與貌相反 禮飾以煩 樂優以淫 崇死以害生 久喪以招行 是以風俗濁於
世 而誹譽萌於朝 是故聖人廢而不用也 義者循理而行宜也 禮者體情制
文者也 義者宜也 禮者體也 昔有扈氏⁸爲義而亡 知義而不知宜也 魯治
禮而削 知禮而不知體也 有虞氏之祀 其社用土 祀中霤 葬成畝⁹ 其樂咸
池承雲九韶¹⁰ 其服尚黃 夏后氏其社用松 祀戶 葬牆置翣¹¹ 其樂夏籥
九成六佾六列六英¹² 其服尚靑 殷人之禮 其社用石 祀門¹³ 葬樹松 其樂
大濩晨露¹⁴ 其服尚白 周人之禮 其社用栗 祀竈¹⁵ 葬樹柏 其樂大武三象
棘下¹⁶ 其服尚赤 禮樂相詭 服制相反 然而皆不失親疏之恩 上下之倫
今握一君之法籍 以非傳代之俗 譬由膠柱而調瑟也 故明王制禮義而爲
衣 分節行而爲帶 衣足以覆形 從典墳 虛循撓¹⁷ 便身體 適行步 不務於奇
麗之容 隅眥之削¹⁸ 帶足以結紐收衽 束牢連固 不亟於爲文句疏短之鞿¹⁹
故制禮義 行至德 而不拘於儒墨

※

1 姘(팡): 색色의 뜻과 같다. 얼굴빛.

2 三月之服(삼월지복): 3개월의 복. 우禹임금 시대에는 3개월 동안 상복을
입었다.

3 五縗之服(오최지복): 3년의 복, 기년朞年의 복, 9개월의 복, 5개월의 복,

3개월의 복 등 다섯 등급의 상복을 입은 예를 뜻한다.

4 采齊肆夏(채제사하): 채제와 사하는 음악의 이름.

5 含珠鱗施綸組節束(함주린시윤조절속): 함주含珠는 죽은 사람의 입안에 구슬을 넣는 것. 인시鱗施는 옥의 끈으로 묶는 것. 윤조綸組는 솜으로 귀를 막는 것. 절속節束은 마디마디를 묶는 것.

6 舜葬蒼梧市不變其肆(순장창오시불변기사): 순임금이 죽어 창오산에 장사를 지냈는데 시장의 상인들이 가게 문을 닫지 않았다.

7 禹葬會稽之山農不易其畝(우장회계지산농불역기묘): 우임금을 회계산에 장사를 지냈는데 농사꾼들이 밭일을 중지하지 않았다.

8 有扈氏(유호씨): 하夏나라 계啓의 서형庶兄이다. 요순은 어진 이를 천거해 천하를 주었는데 우禹가 홀로 아들인 계啓에게 천하를 주자 계啓를 정벌했다. 이에 계가 도망했다.

9 祀中霤葬成畝(사중류장성묘): 제사는 방안의 중앙에 지내고 장사는 밭고랑에 지낸다는 뜻. 중류中霤는 방의 중앙을 뜻함.

10 咸池承雲九韶(함지승운구소): 함지咸池와 승운承雲과 구소九韶는 모두 음악의 이름. 함지와 승운은 황제의 음악. 구소는 순임금의 음악.

11 夏后氏其社用松祀戶葬牆置翣(하후씨기사용송사호장장치삽): 하후씨는 우禹임금이다. 사社는 토신土神. 호戶는 문짝. 장장葬牆은 담을 쌓아서 시신을 넣는다는 뜻.

12 夏籥九成六佾六列六英(하약구성육일육렬육영): 하약夏籥은 음악의 이름. 구성九成은 9장으로 이루어진 것. 육일육렬六佾六列은 여섯 줄이고, 육영六英은 우임금이 사용한 전욱의 음악 이름.

13 祀門(사문): 문에 제사를 지내는 것.

14 大濩晨露(대호신로): 대호와 신로는 탕왕湯王의 음악.

15 祀竈(사조): 부뚜막의 신에게 제사를 지내는 것.

16 大武三象棘下(대무삼상극하): 대무大武와 삼상三象과 극하棘下는 모두 음악 이름.

17 從典墳虛循撓(종전분허순요): 전분典墳은 삼황三皇과 오제五帝의 법으로 삼전三典과 오분五墳이라고 한다. 순요循撓는 순종하고 어지러워진 것.

18 奇麗之容隅眥之削(기려지용우제지삭): 기려奇麗는 뛰어나게 아름다운 용모. 우제지삭隅眥之削은 한쪽이 삭감된 것.

19 文句疏短之鞵(문구소단지혜): 문구文句는 문구文絇로 신발의 코를 장식하는 일. 소단疏短은 맨발에 꾸미는 것을 뜻함. 혜鞵는 신발.

6. 몸은 도道가 의탁하는 곳이다

이른바 밝다는 것은 저것을 보는 것을 이르는 바는 아니다. 스스로 볼 따름이다. 이른바 총명하다는 것은 저것을 듣는 것이 아니라 스스로 들을 따름이다. 이른바 통달했다는 것은 저것을 아는 것을 이르는 바가 아니라 스스로 알 따름이다. 이런 까닭으로 몸이란 도道가 의탁하는 바이다. 몸이 얻으면 도도 얻는 것이다.

도를 얻어서 보면 밝아지고, 도를 얻어서 들으면 총명해지고, 도를 얻어서 말을 하면 공평해지고, 도를 얻어서 행하면 따르게 된다. 그러므로 성인이 사물을 제재하는 것은 마치 목수가 나무를 깎고 장부를 깎는 것과 같고 요리사가 베고 자르고 분별하는 것과 같은 것으로 지극히 그 마땅한 것을 얻어 꺾거나 손상시키지 않는 것이다.

서투른 목수는 그렇지가 못하다. 크게 하면 막혀 들어가지 않고 작게 하면 가늘어 주밀하지 않게 된다. 마음은 동요하고 손은 떨려서 더욱 추해질 뿐이다.

성인이 물건을 깎는 경우에는 쪼개고 갈라 나누고 분산시켜 이미 넘치고 이미 놓쳤으나 다시 헤아려 하나로 하는 것이다. 이미 그 근본에서 나와 다시 그 문에 우뚝 선다. 이미 새기고 이미 갈아서 도리어 질박함으로 돌아간다.

합치면 도덕이 되고 분리시키면 의표儀表가 되어 둥글면 현명玄冥으로 들어가고 흩어지면 형체가 없는 것과 응한다.

예의와 절행節行이 또 어찌 지극한 다스림의 근본을 다하겠는가?

세상에서 사업에 밝은 자들은 모두가 도덕의 근본을 떠나서 말하기를 "예의는 족히 천하를 다스린다."라고 하는데 이들과는 가히 술術을 말하지 못할 것이다.

이른바 예의禮義란 것은 오제五帝와 삼왕三王의 법적法籍이다. 풍속은 한 세대의 자취이다.

비유컨대 추구芻狗와 토룡土龍이 처음으로 이루어진 것과 같은 것이다. 청색과 황색으로 문채를 하고 수놓은 비단으로 꾸미고 붉은 실로 묶는다. 시동이나 축관은 성대하게 꾸미는 검은 옷을 입고 대부는 단면端冕을 하고 보내고 맞이한다. 이미 사용하고 난 뒤에 이르게 되면 이것들은 흙이나 지푸라기일 따름이다. 누가 귀하게 여기겠는가?

그러므로 순舜임금 시대에는 삼묘三苗가 복종하지 않았다. 이에 순임금이 정사를 닦고 군사를 휴식시켜 방패와 도끼를 가지고 춤을 추었다.

우禹임금 때에는 천하에 큰비가 내렸는데 우임금이 흙을 모아 제방을 쌓게 하고 땔나무를 쌓게 하고 언덕을 선택해 거처하게 했다.

무왕武王이 주紂를 정벌하는데 문왕文王의 위패를 수레에 싣고 출동해 천하가 안정되지 않았다. 그러므로 3년의 상을 처음으로 거행하지 않았다.

우임금이 홍수의 재난에 부딪치자 방죽을 막는 일을 했다. 그러므로

아침에 죽으면 저녁에 장사를 치렀다. 이것은 모두 성인聖人들이 시대
에 응하고 변화에 대처하며 형상을 보고 마땅한 것을 베푼 것이었다.

지금 방패와 도끼를 수리하고 큰 괭이를 비웃으며 3년 상만을 알고
하룻날을 비웃는 것은 이것은 소를 따르면서 말이 아니라고 하고 치음徵
音으로 우음羽音을 비웃는 것과 같은 것이다. 이러한 것으로 변화에
응하는 것은 하나의 줄만으로 연주하면서 극하棘下의 음악을 한 줄의
음정에 연주해서 이루어 내라고 하는 것과 다를 것이 없다.

한 시대의 변화로써 변화에 응하고 때에 응하고자 하는 것은 비유컨대
겨울에는 갈포옷을 입고 여름에는 갖옷을 입으라는 것과 같은 것이다.

한 번을 조준해 백 번을 발사하지는 못한다. 한 벌의 옷으로 해마다
나다니지는 못한다. 조준하는 것은 반드시 높음과 낮음에 응해야 하고
옷은 반드시 추위와 더위에 적당해야 한다.

이런 까닭으로 세상이 다르게 되면 일도 변화하고 시대가 바뀌면
풍속도 바뀐다. 성인은 세상을 논하고 법을 세우며 시대를 따르고
일을 행하는 것이다. 옛날의 왕들을 높이고 태산泰山을 봉하고 양보梁父
에서 봉선封禪을 했으나 70여 명의 성인聖人들의 법도가 동일하지
않은 것은 서로 상반된 것에 힘쓴 것이 아니라 시대가 달랐기 때문이었
다. 그런 까닭으로 이미 이루어진 법을 법으로 삼지 않았고 만든 법을
법으로 삼은 것이다. 만든 법이란 함께 변화해 미루어 바꾼 것이다.

능히 함께 변화하고 미루어 옮긴 것은 사람 된 자들이 지극히 귀하게
있었기 때문이다. 그러므로 호량狐梁의 노래를 가히 따라 하지만 그가
노래한 바를 가히 위해 주지는 못하는 것이다. 성인聖人의 법은 가히
살피지만 그 법을 만든 바는 가히 근원하지 못하는 것이다.

말 잘하는 선비의 말은 가히 듣지만 그가 말하는 바를 흉내 내지는

못한다. 순균淳均의 검劍은 아끼지 않지만 구야자歐冶子의 기술은 귀하
게 여기는 것이다.

왕교王喬나 적송자赤誦子는 불고 토해 내고 내쉬고 들이마시는 호흡
법으로 옛 것을 토해 내고 새로운 것을 들이며 형체를 버리고 지혜를
제거하며 본질을 안고 진실로 돌아와서 현묘玄眇에서 노닐며 위로는
구름과 하늘에 통했다.

지금 그의 도道를 배우고자 하면 그가 기를 기르고 신명에 처하는
것을 얻지 못하면서도 한 번은 토해 내고 한 번은 들이마시는 것을
멋대로 하고 제때에 굽히고 제때에 펴도 능히 구름을 타고 위로 오르지
못하는 것은 또한 명백한 것이다.

오제五帝나 삼왕三王은 천하를 가볍게 여기고 모든 사물을 자잘하게
보고 죽음과 삶을 같은 것으로 여기고 변화를 함께하며 대성인大聖人의
마음으로 감싸고 모든 사물의 정을 살폈다. 위로는 신명神明과 함께해
벗이 되었고 아래로는 조화와 함께해 사람이 되었다.

지금 그 도를 배우고자 하는 자들이 그 맑고 밝으며 가장 뛰어난
성스러운 것을 얻지도 못한 채 그의 법이나 국가의 법만을 지켜 능히
다스리지 못하는 것 또한 명백한 것이다.

그러므로 이르기를 "10개의 날카로운 칼을 얻는 것은 구야자歐冶子의
기술을 얻는 것만 같지 못하고 잘 달리는 1백 마리의 말을 얻는 것은
백락伯樂의 술수術數를 얻는 것만 같지 못하다."라고 했다.

所謂明者 非謂其見彼也 自見而已 所謂聽者 非謂聞彼也 自聞而已
所謂達者 非謂知彼也 自知而已 是故身者道之所託 身得則道得矣 道
之得也 以視則明 以聽則聰 以言則公 以行則從 故聖人財制物也 猶工

匠之斲削鑿柄[1]也 宰庖之切割[2]分別也 曲得其宜而不折傷 拙工則不然
大則塞而不入 小則窕而不周 動於心 枝於手而愈醜 夫聖人之斲削物也
剖之判之 離之散之 已淫已失 復揆以一 旣出其根 復歸其門 已雕已琢
還反於樸 合而爲道德 離而爲儀表 其轉入玄冥 其散應無形 禮義節行
又何以窮至治之本哉 世之明事者 多離道德之本 曰 禮義足以治天下
此未可與言術也 所謂禮義者 五帝三王之法籍 風俗一世之迹也 譬若芻
狗土龍[3]之始成 文以靑黃 絹[4]以綺繡 纏以朱絲 尸祝袀袨 大夫端冕[5] 以
送迎之 及其已用之後 則壤土草薊而已 夫有執貴之 故當舜之時 有苗
不服 於是舜修政偃兵 執干戚而舞之 禹之時 天下大雨 禹令民聚土積
薪 擇邱陵而處之 武王伐紂 載尸而行[6] 海內未定 故不爲三年之喪始[7]
禹遭洪水之患 陂塘之事 故朝死而暮葬[8] 此皆聖人之所以應時耦變 見
形而施宜者也 今之修干戚而笑钁挿[9] 知三年 非一日 是從牛非馬 以徵
笑羽也[10] 以此應化 無以異於彈一弦而會棘下[11] 夫以一世之變 欲以耦
化應時 譬猶冬被葛而夏被裘 夫一儀不可以百發[12] 一衣不可以出歲 儀
必應乎高下 衣必適乎寒暑 是故世異則事變 時移則俗易 故聖人論世而
立法 隨時而擧事 尙古之王 封於泰山 禪於梁父 七十餘聖 法度不同
非務相反也 時世異也 是故不法其已成之法 而法其所以爲法 所以爲法
者 與化推移者也 夫能與化推移 爲人者 至貴在焉爾 故狐梁之歌 可隨
也 其所以歌者 不可爲也 聖人之法 可觀也 其所以作法 不可原也 辯士
言可聽也 其所以言 不可形也 澅均之劍[13] 不可愛也 而歐冶之巧[14] 可貴
也 今夫王喬赤誦子 吹嘔呼吸 吐故內新[15] 遺形去智 抱素反眞 以游玄眇
上通雲天 今欲學其道 不得其養氣處神 而放其一吐一吸 時詘時伸 其
不能乘雲升假 亦明矣 五帝三王 輕天下 細萬物 齊死生 同變化 抱大聖
之心 以鏡萬物之情 上與神明爲友 下與造化爲人 今欲學其道 不得其

淸明玄聖 而守其法籍憲令 不能爲治亦明矣 故曰 得十利劍 不若得歐
冶之巧 得百走馬 不若得伯樂[16]之數

※

1 工匠之斲削鑿枘(공장지착삭착예): 공장工匠은 유능한 목수. 착삭斲削은
  깎고 다듬는 일. 착예鑿枘는 집을 지을 때 나무의 끝을 구멍에 맞추어 박기
  위해 가늘게 깎는 것. 예枘는 장부.

2 宰庖之切割(재포지절할): 재포宰庖는 요리사. 절할切割은 자르고 다듬는
  요리사의 기술.

3 芻狗土龍(추구토룡): 추구芻狗는 풀로 만든 인형. 토룡土龍은 흙으로 만든
  토우土偶. 추구는 허물을 사죄하고 복을 빌 때 쓰며 토룡은 비를 청할 때
  쓴다.

4 絹(견): 어떤 본에는 식飾으로 되어 있다.

5 尸祝袀袨大夫端冕(시축균현대부단면): 시축尸祝은 시동이나 축관. 균현袀
  袨은 검고 고운 옷이며 시동이나 축관이 입는다. 대부大夫는 고관高官. 단면端
  冕은 면류관을 뜻한다. 곧 대부가 쓰는 관.

6 載尸而行(재시이행): 곧 신주를 수레에 싣고 행하다. 주나라 무왕이 주紂를
  정벌하는데 장례를 치르지 않고 신주를 수레에 싣고 주紂를 정벌하는데
  나섰다는 뜻.

7 不爲三年之喪始(불위삼년지상시): 주周나라 무왕 때에 3년의 상이 처음으로
  시행되지 않았다는 뜻.

8 朝死而暮葬(조사이모장): 아침에 죽으면 저녁때에 장사를 지내다. 우禹임금
  때에 그랬다는 뜻.

9 钁挿(곽삽): 큰 괭이.

10 以徵笑羽也(이치소우야): 치음徵音이 우음羽音을 비웃다.

11 彈一弦而會棘下(탄일현이회극하): 극하의 음악을 한 줄 악기에 연주해서
  이루어 내라고 한다는 뜻.

12 一儀不可以百發(일의불가이백발): 한 번의 조준으로 백 번을 쏠 수 없다는

뜻이다.

13 洰均之劍(순균지검): 옛날의 유명한 검 이름.

14 歐冶之巧(구야지교): 구야자의 기술. 곧 춘추시대의 명검을 잘 만드는 기술자.

15 王喬赤誦子吹嘔呼吸吐故內新(왕교적송자취구호흡토고내신): 왕교王喬 는 촉蜀 땅의 무양武陽 사람이며 신선이 되었다고 한다. 적송자赤誦子는 상곡上谷 사람인데 나병에 걸려 산에 들어갔다가 도인술導引術을 배워서 몸이 가벼워져 하늘에 올랐다는 선인仙人. 취구吹嘔는 불어 내고 토해 내다. 호흡呼吸은 들이마시는 일. 토고내신吐故內新은 옛 것을 토해 내고 새로운 것을 안으로 들이다의 뜻. 모두 양생술養生術의 일종이다. 적송자는 다른 저서에는 적송자赤松子로 되어 있다.

16 伯樂(백락): 말을 잘 감별하는 옛 사람.

7. 근본은 지극히 커서 형체가 없다

박(樸: 근본)은 지극히 커서 형체가 없고 도道는 지극히 미묘해 헤아릴 수가 없다. 그러므로 하늘이 둥글어도 그림쇠로는 잴 수가 없고 땅이 모나도 곱자로는 잴 수가 없다.

옛날이 가고 지금이 온 것을 주宙라고 이르고, 사방과 상하上下를 우宇라고 이른다.

도道는 그 사이에 있는데도 그곳을 알지 못한다. 그러므로 멀리까지 보지 못하는 자와는 가히 더불어 큰 것을 말할 수가 없는 것이고 그 지혜가 넓지 않은 자와는 가히 더불어 지극한 것을 논하지 못하는 것이다.

옛날에 풍이馮夷는 도道를 얻고 큰 개울에 잠수했다. 겸저鉗且는 도를 얻고 곤륜산崑崙山에 거처했다. 편작扁鵲은 병을 치료했고 조보造

父는 말을 몰았으며 예羿는 활을 쏘았고 수倕는 나무를 잘 다루었다.

하는 일들은 각각 달랐으나 이르는 바는 한결같았다.

대개 도道를 받고 사물에 통달한 자는 서로를 비난하지 않는다. 비유컨대 방죽을 함께해 논밭에 물을 대어 그 물을 받는 것이 동일한 것과 같은 것이다.

지금 소를 잡아 고기를 삶았는데 어떤 이는 신맛을 더하고 어떤 이는 단맛을 더해 불로 볶고 지지고 굽기도 하면 여러 가지의 맛이 고른데 그 근본은 한 마리의 소의 몸체일 뿐이다.

편楄나무나 녹나무나 예장豫樟나무를 베어서 쪼개고 나누어 놓으면 어떤 이는 관을 만들고 어떤 이는 기둥이나 들보를 만든다.

결을 따라 자르고 결을 따라 쪼개 놓으면 쓰이는 곳이 다양해진다. 그러나 그것들은 한 그루의 나무에서 근본 한 것들이다. 그러므로 많은 학자들이 가리켜서 말하는 것이 서로 반대되는 것 같지만 그것들이 도道에 합치되는 것은 하나인 것이다.

비유컨대 현악기와 관악기와 기타의 악기들이 모여서 함께 음악이 이루어지는 것과 같은 것이다.

그 곡조는 집안을 다르게 하지만 몸체에서 벗어나지 않는다.

백락伯樂이나 한풍韓風이나 진아秦牙나 관청管青이 말을 감상하는 방법은 각각 서로 다르지만 그 말을 잘 감정한다는 것은 동일한 것이다. 그러므로 삼황三皇과 오제五帝의 법령은 방법이 다르지만 그들이 민심을 얻은 것은 균일한 것이다. 그러므로 탕왕이 하夏나라에 쳐들어가 그의 법을 사용했다. 주나라의 무왕武王은 은나라에 쳐들어가 그의 예를 행했다. 이것이 걸주桀紂는 망한 것이었고, 탕왕과 무왕은 다스린 것이었다.

그러므로 조각칼이나 무쇠톱이 진열되어 있어도 뛰어난 기술자가 아니면 나무를 필요에 따라 재단하지 못한다. 풍구나 쇠를 녹이는 야로나 주형鑄形이 설치되어 있어도 유능한 대장장이가 아니면 능히 쇠를 다루지 못하는 것이다.

제나라의 도우土屠牛吐는 하루아침에 아홉 마리의 소를 해체했어도 칼로 털을 깎았다. 포정庖丁이라는 요리사는 칼을 19년 동안 사용했는데도 칼날이 새로 숫돌에 갈아 놓은 칼날과 같았다. 무엇 때문이었는가? 칼날이 모든 공허한 사이에서 놀았기 때문이었다.

그림쇠와 곱자와 먹줄은 교묘한 것을 만드는 도구이지 교묘한 것을 만들어 내는 것은 아니다. 그러므로 거문고에 줄이 없으면 비록 사문師文과 같은 악사樂士라도 능히 곡조를 연주할 수가 없다. 또 무턱대고 줄만 있다고 해 슬픈 것을 만들어 내는 것은 아니다. 그러므로 거문고의 줄은 슬픔의 도구이지 슬픈 것을 만들어 내는 것은 아니다.

목수가 물건을 만들 때는 낫을 사용하고 서로 통하게 한다. 홀로 닫고 현란하게 꾸미고 은은하고 미묘한 것으로 신의 조화의 극치를 다한다. 또 마음과 손을 모든 허한 사이에 집중시켜 놀리며 사물과 사이가 되는 것이 없게 한다. 이러한 기술을 아버지라고 해서 자식에게 가르쳐 주지는 못하는 것이다.

장님의 악사樂師가 마음대로 사물을 도와 신비한 것을 묘사해 더욱 춤을 추게 하는 것을 현弦에 나타내는데, 이러한 연주 방식을 형이라고 해서 아우에게 깨우쳐 줄 수는 없는 것이다.

樸[1]至大者無形狀 道至眇者無度量 故天之圓也不得規 地之方也不得 矩 往古來今謂之宙 四方上下謂之宇 道在其間而莫知其所 故其見不遠

者 不可與語大 其智不閡者 不可與論至 昔者馮夷得道[2] 以潛大川 鉗且
得道[3] 以處昆侖 扁鵲以治病[4] 造父以御馬 羿[5]以之射 倕以之斲[6] 所爲者
各異 而所道者一也 夫稟道以通物者 無以相非也 譬若同陂而漑田 其
受水均也 今屠牛而烹其肉 或以爲酸 或以爲甘 煎熬燎炙[7] 齊味萬方
其本一牛之體 伐梗枏豫樟[8] 而剖梨之 或爲棺椁 或爲柱梁 披斷撥檀[9]
所用萬方 然一木之樸也 故百家之言 指奏相反 其合道一體也 譬若絲
竹金石之會[10]樂同也 其曲家異 而不失於體 伯樂韓風秦牙管靑[11] 所相
各異 其知馬一也 故三皇五帝 法籍殊方 其得民心均也 故湯入夏而用其
法 武王入殷而行其禮 桀紂之所以亡 而湯武之所以爲治 故剞劂銷鋸[12]
陳 非良工不能以制木 鑪橐埵坊[13]設 非巧冶不能以治金 屠牛吐[14]一朝
解九牛 而刀可以剃毛 庖丁[15]用刀十九年 而刀如新剖硎 何則 游乎衆虛
之閒 若夫規矩鉤繩者 此巧之具也 而非所以巧也 故瑟無弦 雖師文[16]不
能以成曲 徒弦則不能悲 故弦悲之具也 而非所以爲悲也 若夫工匠之爲
連鐖運開 陰閉眩錯[17] 入於冥冥之眇 神調之極 游乎心手衆虛之閒 而莫
與物爲際者 父不能以敎子 瞽師之放意相物 寫神愈舞 而形乎弦者 兄
不能以喩弟

※

1 樸(박): 근본의 뜻. 본래의 음은 박樸으로 한다.

2 馮夷得道(풍이득도): 풍이가 도를 얻다. 풍이馮夷는 하백河伯이다. 화음華陰은
동향潼鄕 제수리隄首里 사람. 여덟 섬의 물을 마시고 수선水仙이 되었다고
한다.

3 鉗且得道(겸저득도): 겸저가 도를 얻다. 겸저鉗且가 도를 얻고 곤륜산에서
거처했다고 했다. 겸저鉗且는 흠부欽負라고 했다. 어느 때 사람인지 확실하지
않다.

4 扁鵲以治病(편작이치병): 편작扁鵲은 노盧나라 사람. 성은 진秦이고 이름은

월인越人. 조간자趙簡子 때의 사람. 유명한 의원.

5 羿(예): 활을 잘 쏜 명사수이며 군주이기도 했다.

6 倕以之斲(수이지착): 수倕는 요임금 때의 유명한 목수.

7 煎熬燎炙(전오료적): 달이고 볶고 지지고 굽는 것.

8 梗枏豫樟(편염예장): 편나무, 녹나무, 예장나무는 거대한 나무를 뜻한다.

9 披斷撥檖(피단발수): 피단披斷은 나무를 결로 끊는 일. 발수撥檖는 나무의
  결을 따라서 쪼개는 것.

10 絲竹金石之會(사죽금석지회): 사죽금석絲竹金石은 모든 악기의 총칭. 회會
  는 모이다.

11 伯樂韓風秦牙管靑(백락한풍진아관청): 백락과 한풍과 진아와 관청은 모두
  말을 잘 고르는 사람들.

12 刜劂銷鋸(기궐소거): 기궐刜劂은 새기는 칼. 소거銷鋸는 무쇠 톱.

13 鑪橐埵坊(노탁타방): 노탁鑪橐은 풍구. 타방埵坊은 쇠를 녹이는 그릇과
  주형을 뜻한다.

14 屠牛吐(도우토): 제齊나라 때 소를 잘 잡은 백정.

15 庖丁(포정): 요리를 잘하는 사람. 제齊나라 때의 백정.

16 師文(사문): 악사樂師 이름.

17 連鐵運開陰閉眩錯(연기운개음폐현착): 연기連鐵는 연장을 연결하다. 운개
  運開는 서로 통하다. 음폐陰閉는 홀로 닫다. 현착眩錯은 현란하게 꾸미다.

8. 먹줄은 곧은 것을 만든다

대개 평평하게 만드는 것은 수준기이다. 곧게 만드는 것은 먹줄이다.
만약에 먹줄이나 기준기의 속에 있지 않는 것이라도 평평하고 곧게
할 수 있는 것이 있다고 한다면 이것은 함께하지 못하는 계책인 것이다.

　이 때문에 궁음宮音을 두드리면 궁음宮音이 응하고 각음角音을 타면

각음角音이 움직이는 것은 같은 음이 서로 응하는 것이다. 그런데 오음五音에서 견주는 것이 없는 것으로 25현二十五弦이 모두 응하게 하는 것은 전수하지 못하는 도道인 것이다. 그러므로 소조蕭條라는 것은 형체의 군주이고, 적막寂寞이란 것은 음의 주인이다.

천하에 옳은 것과 그른 것은 정해진 것이 없다. 각자가 옳게 여기는 것을 옳다고 하는 것이고 그르게 여기는 바를 그르다고 하는 것이다.

이른바 옳은 것과 그른 것이 각각 다른 것은 모두가 자신은 옳고 남은 그르다고 여기기 때문이다.

이러한 것으로 말미암아 살펴보면 일이 자신에게 합당하더라도 처음부터 옳았던 것은 아니었다. 마음에 거슬리는 것이 있었어도 처음부터 그른 것은 아니었다.

그러므로 옳은 것을 구하는 자는 도리를 구한 것이 아니고 자신에게 합당한 것을 구한 것이다. 그른 것을 버리는 것은 사특하고 왜곡된 것을 쳐낸 것이 아니라 마음에 거슬려서 버린 것이다.

나에게 거슬리는 것이라고 반드시 남에게 합당하지 않는 것은 아니다. 나에게 합당한 것이라고 해서 반드시 세속에서 나쁘지 않다고 여기지는 못할 것이다.

옳은 것을 옳다고 하는데 이르면 그른 것이 없고, 그른 것을 그르다고 하는데 이르면 옳은 것이 없다. 이것이 진실로 옳고 그른 것들이다.

여기에서 옳은 것이 저곳에서는 그르고 이곳에서 그른 것이 저곳에서는 옳은 것, 이러한 것을 한 번은 옳고 한 번은 그르다고 이르는 것이다. 이러한 한 번은 옳고 한 번은 그르다고 하는 것을 우곡隅曲이라고 한다.

한 번은 옳고 한 번은 그른 것은 우주宇宙이다. 지금 나는 옳은 곳을 가려서 살고 그른 곳을 가려서 떠나고자 한다면 세상에서 이른바 옳은 것과 그른 것을 알지 못할 것이며 누가 옳은지 누가 그른지도 알지 못할 것이다.

노자老子는 말했다.

"큰 나라를 다스리는 것은 작은 생선을 삶는 것과 같다."

그런데 관대함을 위하는 자는 말했다.

"자주 움직이지 말라."

박정한 자는 말했다.

"짠맛과 신맛이 이르게 할 따름이다."

진晉나라의 평공平公이 말을 하는데 합당하지가 않았다. 악사인 사광師曠이 거문고를 들어서 타려는데 거문고가 평공의 옷자락을 스쳐 쓰러지면서 궁중의 벽을 넘어뜨렸다. 좌우의 신하들이 넘어진 곳을 수리하고자 했다.

평공이 말했다. "놓아두어라. 이것으로써 과인寡人의 실수로 삼을 것이다."

공자孔子가 듣고 말했다.

"평공이라고 그의 몸이 아픈 것을 느끼지 못한 것이 아니겠지만 간하는 사람이 계속 오라고 그렇게 했던 것이다."

한비자韓非子는 이 이야기를 듣고 말했다.

"모든 신하가 예를 잃고도 처벌되지 않은 것은 이러한 일은 과실을 멋대로 한 것이다. 이 때문에 평공이 패자霸者가 되지 못했던 것이다."

오래 된 손님이 복자천(宓子賤: 공자의 제자)에게 어떤 사람을 만나보 도록 했는데 손님이 나가자 복자천이 말했다.

"그대의 손님은 유독 세 가지의 과실이 있습니다. 나를 바라보고 웃었는데 이것은 업신여긴 것이요, 말을 하면서 스승을 일컫지 않았는데 이것은 배반한 것이요, 사귐이 일천한 상태에서 깊은 말을 했는데 이것은 어지럽힌 것입니다."

손님이 말했다.

"그대를 바라보고 웃은 것은 드러내 보인 것입니다. 말을 할 때 스승을 일컫지 않은 것은 통달한 것입니다. 사귐이 얕은데 깊은 말을 한 것은 정성을 다한 것입니다."

이런 이유로 손님의 용모는 한 몸인데도 어떤 이는 군자君子로 여기기도 하고 어떤 이는 소인小人으로 여기기도 하는 것은 스스로 살피는 바가 다르기 때문이다.

그러므로 취하는 것과 버리는 것이 합하면 곧 언어가 충실해지고 더욱 친해지며 자신과 소원해지면 곧 마땅한 것을 꾀해도 의심을 나타내는 것이다.

친어머니가 그의 자식을 위해 머리 위의 종기를 짜서 피가 귀까지 흐르면 보는 자들은 그 사랑이 지극하다고 할 것이다. 그러나 가령 계모가 그렇게 했다면 지나가는 자들은 미워해 그러는 것이라고 여길 것이다.

또 성 위에 올라서 소를 살피면 양과 같고 양을 살피면 돼지와 같은 것은 높은 곳에서 보았기 때문이다.

쟁반의 물에 얼굴을 들여다보면 둥글게 보이고 술잔에 얼굴을 들여다보면 둥글고 길쭉한 것처럼 보인다. 얼굴의 형태는 옛날과 변한 게 없는데도 둥글게 보이고 타원형으로 보이는 것은 스스로 보는 바의 물건이 다르기 때문이다.

지금 내가 비록 몸을 바르게 하고자 해 사물을 기다릴지라도 어찌 갑자기 세상에서 스스로 나를 엿보는 자들이 이를 알겠는가? 만약 변화해 세상과 함께 경주하는 것은 비유컨대 비를 맞지 않으려고 도망하는 것과 같아 도망한다고 해 젖지 않을 수는 없을 것이다.

항상 허虛한 상태에 마음이 있고자 한다면 허한 상태에 마음을 두는 것도 능히 하지 못할 수가 있다.

허한 상태를 위하지 않아도 스스로 허해지는 자는 이를 생각하는 바를 능히 이루지 못한 것이다. 그러므로 도에 통달한 자는 수레바퀴의 굴대와 같아서 자신이 운전하지 않아도 바퀴와 함께 천 리에 이르러 끝이 없는 근본에까지 굴러가는 것이다.

도에 통달하지 못한 자는 미혹된 자와 같아 동쪽과 서쪽과 남쪽과 북쪽을 알려 주면 그것만을 깨닫고 한 번 굽어지면 다시 사특해진다. 그러나 갑자기 다시 미혹되지는 않는다.

그러므로 자신을 마칠 때까지 남의 종이 되는 것은 비유하자면 바람개비가 바람을 기다리는 것과 같은 것이며 잠깐의 사이도 없이 결정되는 것이다.

성인聖人은 도를 체득하고 성性으로 돌아온다. 변화되지 않는 것으로 변화되는 것을 기다리게 되면 이 세상에서 어려움을 벗어나는데 가까워지게 될 것이다.

今夫爲平者準也 爲直者繩也 若夫不在於繩準之中 可以平直者 此不共之術也 故叩宮而宮應 彈角而角動 此同音之相應也 其於五音無所比而二十五弦皆應 此不傳之道也 故蕭條[1]者 形之君 而寂寞[2]者 音之主也 天下是非無所定 世各是其所是 而非其所非 所謂是與非各異 皆自是而非人 由此觀之 事有合於己者 而未始有是也 有忤於心者 而未始有非

也 故求是者 非求道里也 求合於己者也 去非者 非批邪施[3]也 去忤於心
者也 忤於我 未必不合於人也 合於我 未必不非於俗也 至是之是無非
至非之非無是 此眞是非也 若夫是於此而非於彼 非於此而是於彼者
此之謂一是一非也 此一是非 隅曲也 夫一是非 宇宙也 今吾欲擇是而
居之 擇非而去之 不知世之所謂是非者 不知孰是孰非 老子曰 治大國
若烹小鮮[4] 爲寬裕者曰勿數撓 爲刻削者曰致其鹹酸而已矣 晉平公出
言而不當 師曠擧琴而撞之 跌衽宮壁[5] 左右欲塗之 平公曰 舍之 以此爲
寡人失 孔子聞之曰 平公非不痛其體也 欲來諫者也 韓子[6]聞之曰 群臣
失禮而弗誅 是縱過也 有以也夫平公之不霸也 故賓有見人於宓子者[7]
賓出 宓子曰 子之賓獨有三過 望我而笑 是擁也 談語而不稱師 是反也
交淺而言深 是亂也 賓曰 望君而笑 是公也 談語而不稱師 是通也 交淺
而言深 是忠也 故賓之容 一體也 或以爲君子 或以爲小人 所自視之異
也 故趣舍合 卽言忠而益親 身疏 卽謀當而見疑 親母爲其子治扢禿[8]
而血流至耳 見者以爲其愛之至也 使在於繼母 則過者以爲嫉也 事之情
一也 所從觀者異也 從城上視牛如羊 視羊如豕 所居高也 窺面於盤水
則員 於杯則隋 面形不變其故 有所員有所隋者 所自窺之異也 今吾雖
欲正身而待物 庸遽[9]知世之所自窺我者乎 若轉化而與世競走 譬猶逃
雨也 無之而不濡 常欲在於虛 則有不能爲虛矣 若夫不爲虛而自虛者
此所慕而不能致也 故通於道者如車軸 不運於己 而與轂致千里 轉無窮
之原也 不通於道者若迷惑 告以東西南北 所居聆聆[10] 一曲而辟 然忽不
得 復迷惑也 故終身隷於人 辟若倪之見風[11]也 無須臾之閒定矣 故聖人
體道反性 不化以待化 則幾於免矣

※

1 蕭條(소조): 깊고 고요한 것.

2 寂寞(적막) : 미세한 음音은 적막에서 발생한다는 뜻.

3 邪施(사시) : 미곡微曲의 뜻. 곧 사특한 것을 뜻한다.

4 治大國若烹小鮮(치대국약팽소선) :『노자도덕경』60장에 나오는 말.

5 趹衽宮壁(질임궁벽) : 옷자락을 스쳐 궁 안의 벽을 넘어뜨리다.

6 韓子(한자) : 한비자韓非子. 이름은 비非이다.

7 宓子者(복자자) : 공자孔子의 제자인 복자천宓子賤이다.

8 扢秃(홀독) : 머리에 난 종기를 짜다.

9 庸遽(용거) : 어찌 갑자기.

10 聆聆(영령) : 깨닫는 모양.

11 倪之見風(현지견풍) : 바람개비가 바람을 기다리는 것.

9. 다스려진 세상의 형태는 지키기 쉽다

다스려진 세상의 형태는 지키기도 쉽고 사업을 하기도 쉽고 예절을
행하기도 쉽고 책임을 지기도 쉽다. 이 때문에 사람들은 관직을 겸하지
않는 것이다. 관직은 사업을 겸하지 않는 것이다.

  사士와 농農과 공工과 상商은 고향을 나누고 주州를 다르게 했다.
이런 까닭으로 농민은 농민과 함께 힘써 일하는 것을 말했다. 사士는
사士와 함께 행실을 말했다. 공인工人은 공인과 함께 기교를 말했다.
상인商人은 상인과 함께 술수術數를 말했다. 이 때문에 사士들은 행동에
실수가 없었다. 농민은 공로를 무너뜨리는 일이 없었다. 공인工人은
고통스러운 일이 없었다. 상인商人은 값을 깎는 일이 없었다.

  각각 그의 본성에 편안해 하고 서로 간섭하지 않았다. 그러므로
은殷나라의 이윤伊尹이 토공土功을 일으켜 정강이가 긴 사람은 가래질
을 시켰고 척추가 강한 자는 흙을 지게 했다. 애꾸눈인 자는 기준기를

바라보도록 시켰고 곱사등이는 벽을 바르도록 했다.

각각의 마땅한 바가 있게 해 사람의 성性도 가지런하게 했다.

호인胡人은 말 타는 것을 편리하게 여겼고 월인越人은 배 타는 것을 편리하게 여겼다. 체형이 다르고 인종이 달라서 일을 바꾸면 어그러졌고 살 곳을 잃으면 천해졌으며 세력을 얻으면 귀해졌다. 성인聖人들은 이것들을 총괄해 사용했는데 그 술수는 한결같은 것이었다.

먼저 알고 먼 곳까지 보며 천 리를 보고 통달한 것은 사람의 재주가 뛰어난 것이지만 다스려진 세상에서는 백성에게서 구하지 않았다.

널리 듣고 기억력이 좋으며 언변이 좋고 뛰어난 것은 사람의 지혜의 아름다움이지만 명철한 군주는 아래에서 구하지 않았다.

세상을 깔보고 사물을 가벼이 여기며 풍속에 더럽혀지지 않는 것은 선비의 교만한 행동이지만 다스려진 세상에서는 이들로 백성을 교화시키려고 하지는 않았다.

신묘한 계략을 몰래 감추고 조각을 했는데도 흔적이 없는 것 같은 것은 사람의 교묘한 기교이지만 다스려진 세상에서는 백성들의 생업으로 삼지는 않았다.

그러므로 장홍萇弘이나 사광師曠은 먼저 재앙이나 복을 알고 말로 남긴 계책이 없고 무리와 함께 직분을 함께하지 못했다. 공손룡公孫龍은 변론자를 꺾고 언사에 대항하며 동이同異를 구분하고 견백堅白을 나누었으나 무리와 함께 도道를 함께하지는 못했다. 북인무택北人無擇이란 사람은 순舜임금을 비난하고 스스로 청령연淸泠淵에 몸을 던졌으나 세상의 의표는 되지 못했다. 노魯나라의 공수반公輸般이나 묵자墨子는 나무로 연鳶을 만들어 하늘에 날려 3일 동안 떨어지지 않게 했으나 공인工人으로 삼지는 않았다.

그러므로 너무 높아서 미칠 수 없는 것은 사람의 국량으로 삼지 못하는 것이며, 행동이 미치지 못할 것은 국가의 풍속으로 삼지 못하는 것이다.

가벼운 것과 무거운 것을 가지런히 하는 수銖와 양兩이 저울눈을 잃지 않는다 하더라도 성인은 이용하지 않고 전형(銓衡: 저울)에 달아 보는 것이다. 높은 것과 낮은 것을 살펴 한 자나 한 치의 차이가 나지 않더라도 명철한 군주는 그것에 맡기지 않고 완준浣準으로 재어 보는 것이다.

무엇 때문인가? 사람의 재주는 오롯하게 사용하는 것이 불가지만 자와 되는 대대로 전할 수 있기 때문이다. 그러므로 국가가 다스려지면 어리석은 자와 함께 지키는 것이 가하고 군사의 제도는 권도權道와 함께 사용하는 것이 가한 것이다.

대개 요뇨騕褭와 비토飛兎를 기다려서 수레에 채우려 한다면 세상에서는 수레를 타지 못할 것이며, 서시西施와 모장毛嬙을 기다려서 배우자로 삼으려 한다면 세상을 마칠 때까지도 가정을 이루지 못할 것이다. 따라서 옛날의 영웅을 기다리지 않더라도 사람들은 스스로 충족되고 있는 바를 따라 함께 등용되는 것이다.

기기騏驥는 천 리를 하루에 통과한다. 노마駑馬는 300리를 10일이면 또한 도착한다. 이러한 것으로 말미암아 보건대 사람의 재주만을 오로지 믿어서는 안 되고 도술道術만을 공공연히 행하는 것이 가한 것이다.

어지러운 세상의 법은 고상한 것을 헤아림으로 삼아 미치지 못하면 죄를 주고, 무거운 임무를 주어 감당하지 못하면 처벌하며, 위험하고도 꺼려하는 일을 시켜 감히 하지 못하면 처벌을 한다.

백성들은 세 가지의 책임에 괴로워하며 지혜를 짜서 위를 속이며 사특한 일을 저질러 면하기를 바란다. 그러므로 비록 엄한 법과 엄한 형벌이라도 그 간사한 것을 금지시키지 못하게 되는 것이다. 무엇 때문인가? 힘이 부족하기 때문이다. 그러므로 속담에 말하기를 '새도 궁하면 쪼고 짐승도 궁하면 뿔로 받고 사람이 궁하면 속인다.'라고 했는데 이러한 것을 이른 것이다.

治世之體易守也 其事易爲也 其禮易行也 其責易償也 是以人不兼官 官不兼事 士農工商 鄕別州異 是故農與農言力 士與士言行 工與工言巧 商與商言數 是以士無遺行 農無廢功 工無苦事 商無折貨 各安其性 不得相干 故伊尹之興土功也 脩脛者使之跖鐵[1] 强脊者使之負土 眇者使之準[2] 傴者使之塗[3] 各有所宜 而人性齊矣 胡人便於馬 越人便於舟 異形殊類 易事而悖 失處而賤 得勢而貴 聖人總而用之 其數一也 夫先知遠見 達視千里 人才之隆也 而治世不以責於民 博聞强志 口辯辭給 人智之美也 而明主不以求於下 敖世輕物 不汙於俗 士之伉行也 而治世不以爲民化 神機陰閉 剞劂無迹 人巧之妙也 而治世不以爲民業 故萇弘師曠 先知禍福 言無遺策 而不可與衆同職也 公孫龍[4]折辯抗辭 別同異 離堅白[5] 不可與衆同道也 北人無擇[6]非舜而自投淸泠之淵 不可以爲世儀 魯般[7]墨子以木爲鳶而飛之 三日不集 而不可使爲工也 故高不可及者 不可以爲人量 行不可逮者 不可以爲國俗 夫弆輕重不失銖兩[8] 聖人弗用 而縣之乎銓衡 視高下不差尺寸 明主弗任 而求之乎浣準[9] 何則 人才不可專用 而度量可世傳也 故國治可與愚守也 而軍制可與權用也 夫待騕褭飛兔[10]而駕之 則世莫乘車 待西施毛嬙[11]而爲配 則終身不家矣 然非待古之英俊而人自足者 因所有而竝用之 夫騏驥千里 一日而通 駑馬十舍 旬亦至之 由是觀之 人材不足專恃 而道術可公行也 亂世

之法 高爲量而罪不及 重爲任而罰不勝 危爲禁而誅不敢 民困於三責
則飾智而詐上 犯邪而干免 故雖峭法嚴刑 不能禁其姦 何者 力不足也
故諺曰 鳥窮則啄 獸窮則觡 人窮則詐 此之謂也

※

1 跖钁(척곽): 가래질을 하게 하는 것. 키가 큰 사람을 시킨다는 뜻.

2 眇者使之準(묘자사지준): 애꾸눈인 사람에게 기준기를 보라고 시킨다는
  뜻이다.

3 傴者使之塗(구자사지도): 곱사등이에게 흙손으로 벽을 바르도록 시킨다는
  뜻이다.

4 公孫龍(공손룡): 조趙나라 사람으로 전국시대의 궤변가. 백마론白馬論과
  견백론堅白論의 논리로 유명함.

5 別同異離堅白(별동이리견백): 견백동이지설堅白同異之說이며 궤변론을 뜻
  한다.

6 北人無擇(북인무택): 옛날의 은사隱士이며 순임금의 덕이 쇠약하다고 비난
  했다.

7 魯般(노반): 노魯나라의 공수반公輸般. 기계를 잘 만든 사람.

8 銖兩(수량): 저울의 눈금과 양兩. 곧 미세한 차이도 구별한다는 뜻.

9 浣準(완준): 물처럼 평평한 것을 나타내는 뜻. 곧 기준기.

10 騕裏飛兔(요뇨비토): 요뇨騕裏는 하루에 1만 8천 리를 달린다는 말. 비토飛
   兔는 요뇨의 새끼. 모두 1만 리를 간다는 것.

11 西施毛嬙(서시모장): 옛날의 미인들.

10. 도덕은 해와 달과 같은 것이다

도덕을 논하는 것은 비유하자면 해와 달과 같은 것이다.

강남江南이나 하북河北은 그 가리키는 방향을 바꾸지 못하고 천

리를 달려가도 그 위치는 바뀌지 않는다.

예의와 습속에 나아가고 머무르는 것은 집 안에서 사는 것과 같은 것이다. 동쪽 집에서는 서쪽 집이라고 부르며 서쪽 집에서는 동쪽 집이라고 이른다. 비록 순임금의 신하인 고요皐陶가 판단을 하더라도 그 사는 곳을 다시 정하지는 못할 것이다. 그러므로 나아가고 머무르는 것이 동일하더라도 비난과 칭찬은 세속에 있는 것이며 뜻과 행동이 균등하더라도 빈궁과 영달은 시대에 있는 것이다.

탕왕이나 무왕武王이 거듭 행해 선을 쌓은 것은 제왕의 도道에 가히 이른 것인데 걸桀이나 주紂의 세상을 만난 것은 하늘이 준 시기였다.

지금 탕왕이나 무왕의 의도가 있고 걸桀이나 주紂의 시대가 없었다면 패업霸業을 성취하고자 하나 또한 바라지 못할 것이다.

옛날에 무왕이 창과 도끼를 가지고 주紂를 쳐서 은殷나라를 이기고 조복에 홀笏을 꽂고 몽둥이를 지팡이로 삼고 조회에 임했다.

무왕이 죽어버리자 은나라의 백성들이 배반했다. 주공周公이 황태자의 지위를 밟아 승석乘石을 밟고 천자의 지위를 대신해 병풍을 등지고 제후들을 조회했다.

자신의 형인 채숙蔡叔을 추방하고 동생인 관숙管叔을 처단하고 은나라의 백성들을 물리치고 상商을 무찌르고 문왕文王을 명당明堂에서 제사 지내고 정사를 맡은 지 7년 만에 정사를 성왕成王에게 넘겨주었다.

대개 무왕은 무武를 먼저 사용하고 문文을 뒤에 했는데 뜻이 바뀐 것이 아니라 시대에 응한 것이었다.

주공은 형을 추방하고 아우를 처단했는데 불인不仁해서가 아니라 어지러운 국가를 광정한 것이다. 그러므로 사업을 세상에 공평하게 하면 공로가 이루어지고 힘쓰는 것을 시대에 합치시키면 명예가 서게 되는 것이다.

옛날에 제나라의 환공이 제후들을 규합할 때에는 평상시의 수레를 타고 갔으며 물러나 국가를 징벌할 때에는 부월斧鉞로써 했다.

진晉나라의 문공文公이 제후들을 규합할 때에는 전차를 타고 갔으며 물러나 국가로 행할 때에는 예의로써 했다.

제나라의 환공은 앞에서는 부드럽게 하고 뒤에서는 강력하게 했다. 진나라의 문공은 앞에서는 강력하게 하고 뒤에서는 부드럽게 했다. 그러나 명령이 천하에 행해지고 권세로 제후들을 제재한 것이 균등한 것은 세력의 변화를 살폈기 때문이다.

안합顔闔은 노魯나라의 군주가 상相으로 삼고자 했으나 즐겨하지 않았다. 사람을 보내서 폐백을 들고 먼저 찾게 했는데 집의 뒷담을 뚫고 도망쳤다. 천하에서는 무武를 나타냈다고 했다. 이러한 것들이 가령 전국시대에 상앙商鞅이나 신불해申不害의 시대를 만났다면 형벌이 삼족三族을 멸하는데 이르렀을 것인데 또 하물며 자신에게 있어서 이겠는가?

세상에서는 많이 옛 사람을 일컫고 그의 행동을 높이는데 같은 세상에서 같은 행동을 한 자가 있어도 귀한 것을 알지 못했다. 재능이 낮아서가 아니라 시대가 마땅하지 않은 것이다.

그러므로 기기騏驥를 여섯 마리로 하고 준마를 네 마리로 해 강수江水와 하수河水를 건넌다고 하더라도 속이 빈 나무로 배를 만들어 건너는 편안함만 같지 못한 것은 처한 세상이 그러하기 때문이다.

이런 까닭으로 공로를 세운 사람은 행동이 간단하고 시대에 조심하는 것이다.

지금 세속의 사람들은 공로를 성취하면 현명한 사람으로 여기고,

우환을 이겨내면 지혜로운 사람으로 여기고, 어려움을 만나면 우매한 사람으로 여기고, 절개에 따라 죽으면 어리석은 사람으로 여기는데 나의 생각하는 바는 각각이 그 지극한 바를 이루었을 따름이라고 여길 뿐이다.

은殷나라의 왕자 비간王子比干은 기자箕子가 머리를 풀어 헤치고 거짓으로 미친 척해 죽음에서 벗어날 수 있는 것을 알지 못했던 것이 아니었다. 곧은 행동과 충성을 다해 절개로 죽는 것을 즐겼기 때문이었다. 그러므로 하지 않은 것이다.

백이와 숙제는 녹봉을 받고 관직에 임명되어 공로를 성취하는데 능하지 못했던 것이 아니었다. 세상을 떠나 고결한 행동으로 모든 이와 단절함을 즐겼기 때문이었다. 그러므로 힘쓰지 않은 것이다.

순임금 때 허유許由와 선권善卷이 천하를 어루만지고 해내海內를 편안하게 해 백성들에게 덕으로 베푸는 것에 능하지 않았던 것은 아니었다. 사물로써 화평을 다스리는 것을 부끄러워했기 때문이었다. 그러므로 받지 않았던 것이다.

예양豫讓이나 요리要離가 가정에서 즐기고 아내와 자식을 편안하게 하는 삶을 탐내지 않은 것이 아니었다. 성실하게 행동을 추진해 반드시 군주를 위해 죽는 것을 즐거워했기 때문이다. 그러므로 머무르지 않았던 것이다.

지금 기자箕子의 행적을 따라 왕자 비간의 행적을 살펴보면 우매한 짓이다. 왕자 비간의 행적을 따라 기자를 살펴보면 비굴한 것이다. 관중管仲과 안영晏嬰의 행동을 따라 백이를 살펴보면 어리석은 짓이다. 백이의 행적을 따라 관중과 안영을 살펴보면 탐욕인 것이다. 나아감과 머무름을 서로 비난하고 기호하고자 하는 욕심이 서로 반대되는데 각각 그의 힘쓰는 바를 즐겼으니 장차 누가 바르게 시키겠는가?

증자曾子가 말하기를 "물속에서 배를 두드리면 새가 듣고 높이 날고 물고기가 듣고 연못 깊숙이 숨는다."라고 했다. 그러므로 따르는 바가 각각 다르지만 모두가 편안한 바를 얻은 것이다. 이런 이유로 혜자惠子가 1백 대의 수레를 따르게 하고 맹제孟諸를 지나가는데 장자莊子가 보고는 그가 먹던 물고기를 버렸다. 제호鵜胡는 수 말[斗]의 물을 마셔도 부족하지만 선유鱣鮪는 입으로 이슬 같은 것이 들어가기만 해도 죽어 버린다.

진晉나라의 지백智伯은 삼진三晉을 가지고도 만족하지 못했는데 임류林類와 영계기榮啓期는 옷으로 도롱이를 걸치고 있어도 마음에 한탄하지 않았다.

이러한 것들을 관찰해 보건대 지향하는 행동이 각각 다른 것이거늘 어찌 서로 그르다고 할 것인가?

대개 삶을 중하게 여기는 자는 이로운 것 때문에 자신을 해치지 않는다. 절개를 세우는 자는 어려운 것을 보고 구차하게 면하려 하지 않는다. 녹봉을 탐하는 자는 이로운 것을 보고 자신을 돌아보지 않는다. 명예를 좋아하는 자는 의가 아니면 구차하게 얻으려 하지 않는다. 이러한 것을 서로 논論하는 것은 비유하자면 얼음과 숯과 곱자와 먹줄 같은 것인데 어느 때에나 합하겠는가?

만약 성인에게 알맞은 것을 만들게 한다면 겸해 덮어 함께해도 가히 옳고 그른 것이 있지 않을 것이다.

道德之論 譬猶日月也 江南河北 不能易其指 馳騖千里 不能易其處
趨舍禮俗 猶室宅之居也 東家謂之西家 西家謂之東家 雖皋陶爲之理

不能定其處 故趨舍同 誹譽在俗 意行鈞 窮達在時 湯武之累行積善
可及也 其遭桀紂之世 天授也 今有湯武之意 而無桀紂之時 而欲成霸
王之業 亦不幾矣 昔武王執戈秉鉞以伐紂勝殷 搢笏杖殳[1]以臨朝 武王
既沒 殷民叛之 周公踐東宮 履乘石[2] 攝天子之位 負扆而朝諸候 放蔡叔
誅管叔[3] 克殷殘商[4] 祀文王于明堂 七年而致政成王 夫武王先武而後文
非意變也 以應時也 周公放兄誅弟 非不仁也 以匡亂也 故事周於世則
功成 務合於時則名立 昔齊桓公合諸侯以乘車 退誅於國以斧鉞 晉文公
合諸侯以革車 退行於國以禮義 桓公前柔而後剛 文公前剛而後柔 然而
令行乎天下 權制諸侯鈞者 審於勢之變也 顔闔魯君欲相之[5]而不肯 使
人以幣先焉 鑿培[6]而遁之 爲天下顯武 使遇商鞅申不害 刑及三族[7] 又況
身乎 世多稱古之人而高其行 竝世有與同者 而弗知貴也 非才下也 時
弗宜也 故六騏驥 駬駃騠[8] 以濟江河 不若蔽木[9]便者 處世然也 是故立功
之人 簡於行而謹於時 今世俗之人 以功成爲賢 以勝患爲智 以遭難爲
愚 以死節爲戇 吾以爲各致其所極而已 王子比干 非不知箕子被髮伴狂
以免其身也 然而樂直行盡忠以死節 故不爲也 伯夷叔齊 非不能受祿任
官 以致其功也 然而樂離世优行以絶衆 故不務也 許由善卷[10] 非不能撫
天下 寧海內 以德民也 然而羞以物滑和 故弗受也 豫讓要離[11] 非不知樂
家室 安妻子 以偸生也 然而樂推誠行 必以死主 故不留也 今從箕子視
比干 則愚矣 從比干視箕子 則卑矣 從管晏[12]視伯夷 則戇矣 從伯夷視管
晏 則貪矣 趨舍相非 嗜欲相反 而各樂其務 將誰使正之 曾子曰 擊舟水
中 鳥聞之而高翔 魚聞之而淵藏 故所趨各異 而皆得所便 故惠子[13]從車
百乘 以過孟諸 莊子[14]見之 弃其餘魚 躲胡[15]飮水數斗而不足 鱣鮪[16]入口
若露而死 智伯有三晉而欲不澹[17] 林類榮啓期[18] 衣若縣衰而意不慊[19] 由
此觀之 則趣行各異 何以相非也 夫重生者不以利害己 立節者見難不苟

免 貪祿者見利不顧身 而好名者非義不苟得 此相爲論 譬猶冰炭鉤繩也
何時而合 若以聖人爲之中 則兼覆而幷之 未有可是非者也

※

1 搢笏杖殳(진홀장수): 조복에 홀을 꽂고 몽둥이를 짚다. 지팡이로 삼다의
　 뜻이다.

2 東宮履乘石(동궁리승석): 동궁東宮은 태자의 궁. 승석乘石은 옛날에 대군大
　 君이 수레에 올라 탈 때에 밟고 오르는 돌이다.

3 放蔡叔誅管叔(방채숙주관숙): 채숙蔡叔과 관숙管叔은 주周나라 주공단의
　 형과 동생. 은殷나라의 유민과 난을 일으키자 주공이 처단했다.

4 克殷殘商(극은잔상): 은나라의 유민들을 토벌해 승리하고 주왕紂王의 아들
　 녹보祿父를 처단한 일.

5 顔闔魯君欲相之(안합노군욕상지): 안합顔闔은 노나라의 은사隱士이며 노나
　 라 군주가 재상으로 삼으려고 했다는 뜻.

6 鑿培(착배): 뒷담을 뚫다의 뜻.

7 商鞅申不害刑及三族(상앙신불해형급삼족): 상앙商鞅과 신불해申不害는 전
　 국시대의 형명가刑名家이다. 삼족三族은 처족妻族, 외족外族, 자기의 집안을
　 뜻한다.

8 駃騠(결제): 잘 달리는 준마 이름.

9 窾木(관목): 속이 빈 나무. 곧 배를 뜻한다.

10 許由善卷(허유선권): 허유와 선권은 모두 요임금이 나라를 전하려고 했던
　 사람.

11 豫讓要離(예양요리): 예양豫讓은 지백의 원수를 갚으려고 했던 사람. 요리
　 要離는 오吳나라의 왕 합려闔閭의 신하.

12 管晏(관안): 관중管仲과 안영晏嬰으로 모두 제나라의 재상.

13 惠子(혜자): 이름은 시施. 양梁나라의 재상이 되어 1백 대의 수레를 거느리고
　 도 마음에 차지 않아 했다. 변설가.

14 莊子(장자): 이름은 주周. 『장자』라는 저서가 있다.

15 鵜胡(제호): 사다새. 사닷새과에 속하는 큰 물새.

16 鱓鮪(선유): 선鱓은 두렁허리. 유鮪는 다랑어. 여기서는 다른 뜻이 있는
  것 같다.

17 智伯有三晉而欲不瞻(지백유삼진이욕부담): 지백智伯이 진晉나라의 범씨
  范氏와 중행씨中行氏의 땅을 차지하고도 부족하다고 했다는 뜻.

18 林類榮啓期(임류영계기): 임류林類는 『열자』의 천서편에 나오는 은자.
  영계기榮啓期는 은사隱士이며 앞에 나와 있다.

19 衰而意不慊(사이의불겸): 사衰는 도룡이의 뜻. 의불겸意不慊은 뜻에 한스러
  워하지 않다.

11. 새는 보금자리를 지킨다

대개 나는 새는 보금자리를 지키고 여우와 너구리는 굴을 지킨다.
보금자리란 둥지를 이루어서 휴식을 얻는 곳이다. 굴이란 굴이 완성되
면 삶을 얻는 곳이다.

나아가고 머무르면 의를 행하는 것 또한 사람이 휴식하고 삶을 사는
바이다. 각각이 그 편안한 바를 즐기고 그 이르는 바를 이루는 것을
성인成人이라고 한다. 그러므로 도道를 논하는 자들은 총괄해서 가지런
히 하는 것이다.

잘 다스려진 나라의 도道는 위에서는 가혹한 명령이 없고 관청에는
번거로운 정치가 없으며 선비는 거짓된 행동을 하지 않고 기술자들은
교묘하게 장식하지 않는다. 그 사업에는 질서가 있어서 소란스럽지
않고 기물들은 완비되어도 꾸미지 않는다.

어지러워진 국가는 그렇지가 못하다. 행동을 하는 자들은 서로 드러
내놓고 고상한 척하며, 예를 행하는 자들은 서로 허위를 자랑한다.

수레는 조탁雕琢을 화려하게 하고 사용하는 기물은 조각의 극치를 좇는다.

구하려는 재화는 얻기 어려운 것들을 보배로 여기고 서로 경쟁하고 문장을 들추어내어 번거롭고 소란스러운데 처하는 것을 슬기로움으로 여긴다.

다툼에는 궤변만을 일삼고 오래도록 헤아릴 뿐 결론을 내지 못해 다스림에는 보탬이 없다. 기술자들은 기이한 기물을 만들려고 여러 해를 거쳐서 완성시키지만 두루 사용되지 못한다. 신농씨의 법에 이르기를 '정장(丁壯: 힘센 남자)들이 농사를 짓지 않으면 천하에서는 굶주리는 자가 있게 되고, 부인婦人들이 해마다 길쌈을 하지 않으면 천하에서는 추위에 고통 받는 자가 있게 된다.'라고 했다. 그러므로 자신은 몸소 농사를 짓고 아내는 몸소 길쌈을 하게 해 천하에서 솔선수범을 보여 백성들을 인도한 것이다. 또 얻기 어려운 재화를 귀하게 여기지 않았고 사용할 수 없는 기물은 그릇으로 인정하지 않았다.

이런 까닭으로 농사에 힘쓰지 않는 자들은 삶을 기를 수가 없었고, 길쌈에 힘쓰지 않는 자들은 자신의 몸을 가릴 수가 없었다. 여유가 있고 부족한 것들은 각각 그들 자신에게 돌아가게 해 의복과 식량이 넘쳐났으며 간사한 일이 발생하지 않고 안락하고 무사해 천하가 고르게 평화로웠다. 그러므로 공자孔子와 증자曾子라도 그들이 선善을 베풀 바가 없었고, 맹분孟賁이나 성형成荊이라도 그들의 위엄을 행할 곳이 없었다.

쇠약한 세상의 풍속은 교묘한 지식과 속이는 일로써 무리에게 쓸데없는 것들을 꾸미게 하고 먼 지방의 재물을 귀하게 여기고 얻기 어려운 재물을 보배로 여기며 삶을 기르는 도구들을 저축하지 않았다. 천하에 후한 것들은 박하게 하고 천하에 질박한 것들은 부수었다. 외양간에 말과 소를 기르는 것을 값어치 있게 여겼다. 많은 백성을 혼란하게 해 맑은 것을 탁한 것이라 여기고 성명性命을 제멋대로 해 모두 어지럽게 혼란시켰다. 마음이 곧고 믿음이 있는 것을 너무 멀게 여겨 사람들이 그의 마음을 잃게 되었다. 이에 비취翡翠와 물소와 상아와 보불黼黻과 문장은 사람의 눈을 어지럽게 하고 추환芻豢과 서량黍粱과 형荊과 오吳의 향기로운 음식은 그들의 입을 게걸스럽게 했다.

종과 북과 관악기와 현악기와 금석金石의 모든 악기는 그들의 귀를 음란하게 했다. 나아가고 머무르고 의를 행하고 예의가 절도에 맞게 하는 것을 헐뜯는 소리로 여겨 그들의 마음을 어지럽게 했다. 이에 백성들은 죽이 끓는 것처럼 소란하고 어지러워 몰래 행동해 이익만을 쫓아 뒤섞이고 천박해져 법法과 의義가 서로 그르다고 여기고 행동과 이익이 서로 반대되게 했다. 비록 10명의 관중管仲이 있다고 하더라도 능히 다스리지 못할 것이다.

또 부자들은 수레를 화려한 비단으로 꾸미고 말을 장식하고 상아 깃발을 붙이고 천막과 깔개는 화려한 수를 놓고 인끈을 드리워 푸르고 노란 것들이 서로 교차해 말로 형용할 수가 없었다.

가난한 사람들은 여름에는 갈포옷을 입고 노끈으로 띠를 하며 콩을 먹고 물을 마시며 창자를 채워 더위를 버티었다. 겨울에는 양가죽이 너덜너덜 떨어진 것에 짧은 갈포옷으로 몸을 가리지 못하고 부뚜막에서 불을 쬐었다.

그러므로 민간으로 편입시켜 균등한 백성으로 삼은 것은 별다를 것이 없겠으나 가난한 것과 부유한 것의 서로의 거리는 마치 군주와 노예와 같은 처지로서 논하기에는 부족한 것들이었다.

夫飛鳥主巢 狐狸主穴 巢者巢成而得棲焉 穴者穴成而得宿焉 趨舍行義
亦人之所棲宿也 各樂其所安 致其所蹠[1] 謂之成人 故以道論者 總而齊
之 治國之道 上無苛令 官無煩治 士無僞行 工無淫巧 其事經而不擾
其器完而不飾 亂世則不然 爲行者相揭以高 爲禮者相矜以僞 車輿極於
雕琢 器用逐於刻鏤 求貨者爭難得以爲寶 詆文者處煩撓以爲慧 爭爲佹
辯 久稽而不訣 無益于治 工爲奇器 歷歲而後成 不周於用 故神農之法
曰 丈夫丁壯而不耕 天下有受其飢者 婦人當年而不織 天下有受其寒者
故身自耕 妻親織 以爲天下先 其導民也 不貴難得之貨 不器無用之物
是故其耕不强者 無以養生 其織不强者 無以揜形 有餘不足 各歸其身
衣食饒溢 姦邪不生 安樂無事 而天下均平 故孔丘曾參[2] 無所施其善
孟賁成荊[3] 無所行其威 衰世之俗 以其知巧詐僞 飾衆無用 貴遠方之貨
珍難得之財 不積於養生之具 澆天下之淳[4] 析天下之樸 犧服馬牛以爲
牢 滑亂萬民 以淸爲濁 性命飛揚 皆亂以營 貞信漫瀾[5] 人失其情性 於是
乃有翡翠犀象黼黻文章 以亂其目 刍豢黍粱荊吳芬馨 以嗛[6]其口 鐘鼓
管簫絲竹金石 以淫其耳 趨舍行義禮節謰謱 以營其心 於是百姓糜沸豪
亂[7] 暮行逐利 煩挐澆淺[8] 法與義相非 行與利相反 雖十管仲 弗能治也
且富人則車輿衣纂錦 馬飾傅旄象 帷幕茵席 綺繡絛組 靑黃相錯 不可
爲象 貧人則夏被褐帶索 含菽飮水以充腸 以支暑熱 冬則羊裘解札[9] 短
褐不掩形 而煬竈口 故其爲編戶[10]齊民無以異 然貧富之相去也 猶人君
與僕虜 不足以論之

※

1 蹠(척): 이르다의 뜻.

2 孔丘曾參(공구증삼): 공자孔子와 증자曾子.

3 成荊(성형): 맹분과 함께 옛날의 용사勇士이다.

4 澆天下之淳(요천하지순): 요澆는 박하게 하다. 순淳은 순수한 것.

5 貞信漫瀾(정신만란): 정신貞信은 마음이 곧고 신의가 있다. 만란漫瀾은 너무 멀게 느끼다. 또는 너무 멀게 여기다.

6 芻豢黍粱荊吳芬馨以噛(추환서량형오분형이람): 추환芻豢은 소와 말, 돼지, 양의 희생. 곧 좋은 음식의 뜻. 서량黍粱은 기장. 형오荊吳는 초楚나라와 오吳나라. 분형芬馨은 형나라와 오나라의 맛있는 음식의 뜻. 남噛은 게걸스럽게 먹다.

7 糜沸豪亂(미불호란): 미불糜沸은 죽이 끓듯 소란스러운 것. 호란豪亂도 어지러운 모양.

8 煩挐澆淺(번나요천): 번나煩挐는 뒤섞임. 요천澆淺은 천박한 것.

9 解札(해찰): 너덜너덜 찢어진 것을 뜻한다.

10 編戶(편호): 민간의 호적에 편입시키다의 뜻.

12. 세상이 어지러워지면 군자라도 간사해진다

기이한 것을 이용하고 거짓된 재능으로 사특한 것을 베푸는 자들은 스스로 한 세대의 사이에서 만족한다.

바른 것을 지키고 도리를 닦고 구차하게 얻지 않는 자들은 굶주림과 추위에 떠는 근심에서 벗어나지 못한다.

백성들이 말단을 버리고 근본으로 돌아오고자 하더라도 이로 말미암아 그 근본이 피어나는데도 그 흐름을 막아 버리는 것이다.

옥을 새기고 쪼고 조각하는 것은 농사일을 훼손시키는 것이다. 화려한 비단옷과 아로새겨진 끈은 여자가 하는 일을 방해하는 것이다.

농사가 무너지고 여자가 하는 일이 훼손되면 굶주림의 근본이 되고 추위에 떠는 근원이 되는 것이다.

굶주림과 추위가 함께 이르면 능히 법을 범하고 처벌을 간구하지 않는 자들을 옛날이나 지금이나 듣지 못했다. 그러므로 벼슬을 하는 것과 천하게 되는 것은 시대의 운에 있고 행동에 있지 않으며 이로운 것과 해로운 것은 하늘의 명에 있고 지혜에 있지 않는 것이다.

싸움에 패배한 군대의 졸병은 용맹함이 있어도 한 번 도망치면 장군도 능히 중지시키지 못한다. 승리한 군대의 진지에서는 비겁한 자에게 사형이 행해져도 두려워하고 능히 달아나지 못한다. 그러므로 강수나 하수가 터져 한 고을이 침몰되면 아버지와 아들이 서로 버리고 달아나 다투어 언덕 위로 오르고 높은 곳으로 오르려고 하는데 가장 가벼운 발을 가진 사람이 가장 먼저 올라가고 서로를 돌아보지 않는 것이다.

세상이 즐거워지고 뜻이 평화로워지면 이웃 나라의 사람들이 물에 빠진 것을 보고 오히려 애처롭게 여기는데 또 하물며 친척에 있어서랴! 그러므로 자신이 편안하면 은혜는 이웃 나라에까지 미치고, 뜻이 무너지고 자신이 위태하면 그의 친척도 망각하게 되는 것은 사람이 능히 풀지 못하는 것들이다.

헤엄을 치는 자가 물에 빠진 자를 구하지 못하는 것은 손과 발로 급히 젓기 때문이다. 불에 덴 자가 불을 끄지 못하는 것은 자신의 몸이 아프기 때문이다.

백성들은 여유가 있으면 사양하고 부족하면 다툰다. 사양하면 예의가 생겨나고 다투면 사납고 어지러운 일들이 일어난다.

문을 두드려 물을 구하면 주지 않는 자가 없는 것은 풍족하기 때문이다. 숲 속에서는 땔나무를 판매하지 않고 호수 위에서는 물고기를 팔지 않는 것은 여유가 있기 때문이다. 그러므로 사물이 풍부하면 욕심이 적어지고 구하는 것이 넉넉하면 다툼이 중지된다.

82

　진왕秦王 때에 어떤 사람이 자식을 죽여서 젓을 담갔는데 이로운 것들이 부족했기 때문이다. 한漢나라의 유방劉邦이 정치를 하게 되자 홀아비가 고아를 거두어 기른 것은 재산에 여유가 있었기 때문이다.

　그러므로 세상이 다스려지면 소인小人이 정사를 맡더라도 이로움으로 유혹하지 못하고, 세상이 어지러워지면 군자君子가 정사를 맡아 간사한 것들이 만들어져도 법으로 능히 금하지 못하는 것이다.

夫乘奇技僞邪施者 自足乎一世之間 守正脩理 不苟得者 不免乎飢寒之患 而欲民之去末反本 是由發其原而壅其流也 夫雕琢刻鏤[1] 傷農事者也 錦繡纂組 害女工者也 農事廢 女工傷 則飢之本而寒之原也 夫飢寒竝至 能不犯法干誅者 古今之未聞也 故仕鄙在時 不在行 利害在命 不在智 夫敗軍之卒 勇武遁逃 將不能止也 勝軍之陳 怯者死行 懼不能走也 故江河決沈一鄕 父子兄弟 相遺而走 爭升陵阪 上高邱 輕足先升 不能相顧也 世樂志平 見鄰國之人溺 尙猶哀之 又況親戚乎 故身安則恩及鄰國 志爲之滅 身危則忘其親戚 而人不能解也 游者不能拯溺[2] 手足有所急也 灼者不能救火 身體有所痛也 夫民有餘卽讓 不足則爭 讓則禮義生 爭則暴亂起 扣門求水 莫弗與者 所饒足也 林中不賣薪 湖上不鬻魚 所有餘也 故物豐則欲省 求澹則爭止 秦王之時[3] 或人葅子[4] 利不足也 劉氏[5]持政 獨夫收孤 財有餘也 故世治則小人守政 而利不能誘也 世亂則君子爲姦 而法弗能禁也

　　　　　　　　※

1 雕琢刻鏤(조탁각루): 조탁雕琢은 옥玉을 쪼고 새기는 것. 각루刻鏤는 조각하는 것.
2 拯溺(증닉): 물에 빠진 이를 건져 내다.

3 秦王之時(진왕지시): 진秦나라 시황제始皇帝 때의 뜻.

4 菹子(저자): 아들을 죽여서 젓을 담그다의 뜻.

5 劉氏(유씨): 한漢나라의 고조高祖인 유방劉邦을 뜻한다.

제
12
권

도응훈道應訓

도道는 방법, 길 또는 운용의 체이다.
응應은 사물과 응하는 것이다.
도道가 행하는 바에
사물이 동動해 응하고
재앙과 복으로 상고해
증험되는 상황을 아는 것을 뜻한다.
그러므로 '도응道應'이라고 했다.

1. 태청太淸이 무궁無窮에게 묻다

태청太淸이 무궁無窮에게 물었다.

"그대는 도道라는 것을 아는가?"

무궁이 대답했다.

"나는 알지 못한다네."

또 무위無爲에게 물었다.

"그대는 도라는 것을 아는가?"

무위가 대답했다.

"나는 도를 안다네."

"그대가 도를 알고 있다면 또한 술수術數가 있는가?"

무위가 대답했다.

"내가 도를 아는 데는 술수가 있다네."

"그 술수는 어떠한 것인가?"

무위가 대답했다.

"내가 도를 아는 것은 약한 것으로도 가하고 강한 것으로도 가하며, 부드러운 것으로도 가하고 굳센 것으로도 가하며, 음陰으로도 가하고 양陽으로도 가하며, 어두운 것으로도 가하고 밝은 것으로도 가하며, 하늘과 땅을 감싸는 것도 가하고 응대함이 방향이 없는 것도 가하네. 이것이 내가 도를 아는 술수라네."

태청太淸이 또 무시無始에게 물었다.

"방금 나는 무궁에게 도를 물었는데 무궁은 '알지 못한다.'고 했네.

또 다시 무위에게 묻자 무위가 이르기를 '나는 도를 안다.'라고 했네.
그러기에 다시 '그대가 도를 안다면 또한 술수가 있는가?'라고 했는데
무위가 말하기를 '내가 도를 아는 데는 술수가 있다.'라고 했네. 그래서
다시 '그 술수가 무엇인가?'라고 했더니 무위가 이르기를 '내가 도를
아는 것은 약한 것으로도 가하고 강한 것으로도 가하며, 부드러운
것으로도 가하고 굳센 것으로도 가하며, 음陰으로도 가하고 양陽으로도
가하며, 어두운 것으로도 가하고 밝은 것으로도 가하며, 하늘과 땅을
감싸는 것도 가하고 시대에 응대함이 방향이 없는 것도 가한 것이
내가 도를 아는 술수이다.'라고 했네. 이와 같다면 무위가 안다는 것과
무궁이 알지 못한다는 것은 누가 옳고 누가 그른 것인가?"

무시가 대답했다.

"알지 못한다고 한 것은 깊은 것이고, 안다고 한 것은 얕은 것이네.
알지 못한다고 한 것이 안[內]이고, 안다고 한 것이 밖이네. 알지
못한다고 한 것은 정묘한 것이고, 안다고 한 것은 거친 것일 뿐이네."

태청이 고개를 들고 탄식하며 말했다.

"그렇다면 알지 못하는 것이 이에 아는 것인가? 아는 것이 이에
알지 못하는 것인가? 누가 아는 것이 알지 못하는 것이 되며 알지
못하는 것이 아는 것이 되는 것을 알겠는가?"

무시가 말했다.

"도道는 귀로 들을 수가 없는 것이네. 듣는다는 것은 그른 것이네.
도는 눈으로 볼 수가 없는 것이네. 본다는 것은 그른 것이네. 도는
말로 할 수가 없는 것이네. 말로 할 수 있다는 것은 그른 것이네.
누가 형상이 형상이 아니라는 것을 알겠는가?"

그러므로 노자가 말하기를 "천하가 모두 선하다고 하면 선한 줄

알지만 이는 선하지 않은 것이다. 그러므로 아는 자는 말하지 않고 말하는 자는 알지 못한다."라고 했다.

백공승白公勝이 공자에게 물었다.

"사람이 미언微言을 할 수 있는 것입니까?"

공자가 응대하지 않았다. 백공승이 말했다.

"만약에 돌을 물속에 던지면 어떻게 되겠습니까?"

공자가 말했다.

"오吳나라나 월越나라에서 물속에 잘 들어가는 자는 능히 찾아올 것입니다."

"만약 물에다 물을 부으면 어떻겠습니까?"

공자가 대답했다.

"치수菑水와 승수澠水의 물을 합쳤는데 요리사인 역아易牙는 맛보고 알아냈습니다."

백공승이 말했다.

"그렇다면 사람은 굳이 함께 미언微言을 하는 것이 불가한 것입니까?"

공자가 말했다.

"어찌 불가하다고 이르겠습니까? 무엇을 지언知言이라고 이르는 것입니까? 지언知言이라고 이르는 것은 말로써 말하는 것이 아닙니다. 물고기를 잡으려는 자는 옷이 젖게 되고 짐승을 쫓으려는 자는 달려야 하는데 즐거워서 하는 것은 아닙니다. 그러므로 지언至言이란 말을 떠난 것이며, 지위至爲란 하는 것이 없는 것입니다. 얄팍한 지혜로 다투는 자들은 말단인 것입니다."

백공승이 터득하지 못했다. 그러므로 욕실浴室에서 죽임을 당했다. 그래서 노자는 『도덕경』 70장에서 '말에는 근원이 있고 일에는 주재자

가 있으니 오직 아는 것이 없는지라. 이 때문에 나를 알지 못한다.'라고
했다. 이는 백공승을 가리켜 이른 것이다.

太淸問於無窮¹曰 子知道乎 無窮曰 吾弗知也 又問於無爲²曰 子知道乎
無爲曰 吾知道³ 子之知道 亦有數乎 無爲曰 吾知道有數 曰 其數奈何
無爲曰 吾知道之可以弱 可以强 可以柔 可以剛 可以陰 可以陽 可以窈
可以明 可以包裹天地 可以應待無方 此吾所以知道之數也 太淸又問於
無始⁴曰 鄕者⁵吾問道於無窮 曰 吾弗知之 又問於無爲 無爲曰 吾知道
曰 子之知道 亦有數乎 無爲曰 吾知道有數 曰 其數奈何 無爲曰 吾知道
之可以弱 可以强 可以柔 可以剛 可以陰 可以陽 可以窈 可以明 可以包
裹天地 可以應待無方 吾所以知道之數也 若是 則無爲知與無窮之弗知
孰是孰非 無始曰 弗知之深 而知之淺 弗知內而知之外 弗知精而知之
粗 太淸仰而歎曰 然則不知乃知邪 知乃不知邪 孰知知之爲弗知 弗知
之爲知邪 無始曰 道不可聞 聞而非也 道不可見 見而非也 道不可言
言而非也 孰知形之不形者乎 故老子曰 天下皆知善之爲善 斯不善也
故知者不言 言者不知也 白公⁶問於孔子曰 人可以微言⁷ 孔子不應⁸ 白公
曰 若以石投水中 何如 曰 吳越之善沒者 能取之矣 曰 若以水投水 何如
孔子曰 菑澠⁹之水合 易牙嘗而知之 白公曰 然則人固不可與微言乎 孔
子曰 何謂不可 誰知言之謂者乎 夫知言之謂者 不以言言也 爭魚者濡
逐獸者趨 非樂之也 故至言去言 至爲無爲 夫淺知之所爭者 末矣 白公
不得也 故死於浴室¹⁰ 故老子曰 言有宗 事有君 夫唯無知 是以不吾知也
白公之謂也

※

1 太淸問於無窮(태청문어무궁): 태청太淸은 원기元氣의 청청자이다. 무궁無窮

은 무형無形을 뜻한다.

2 無爲(무위) : 형체가 있는데 하지 않는 것이다.

3 知道(지도) : 무위無爲는 형체가 있는 것이므로 도道를 아는 것이다.

4 無始(무시) : 처음이 있지 않았을 때에 기氣는 있었다는 뜻.

5 鄕者(향자) : 아까, 방금의 뜻. 지난번.

6 白公(백공) : 초楚나라 평왕平王의 손자인 태자 건太子建의 아들 승勝이다. 태자 건이 죽임을 당하자 백공승이 원망하고 원수를 갚고자 해 공자에게 미언을 물은 것이다.

7 微言(미언) : 비밀스런 말.

8 孔子不應(공자불응) : 백공승이 음모를 꾸미고 있음을 알고 대답하지 않음.

9 菑澠(치승) : 치菑는 치수菑水. 승澠은 승수澠水.

10 浴室(욕실) : 땅 이름.

2. 혜자惠子가 국가의 법을 만들다

혜자(惠子 : 惠施)가 양梁나라 혜왕惠王을 위해 국가의 법률을 만드는데 완성이 되자 여러 선생先生에게 보였다. 선생들이 모두 좋다고 해 혜왕에게 아뢰었다. 양나라 혜왕이 매우 기뻐하고 적전翟煎에게 보이자 그도 말하기를 "좋습니다."라고 했다. 이에 혜왕이 말했다.

"좋다면 시행해도 되겠는가?"

적전이 말했다.

"불가합니다."

혜왕이 물었다.

"좋다고 하면서 시행은 불가하다고 하는 것은 무슨 뜻인가?"

적전이 대답했다.

"큰 나무를 들어 올리는 자들은 앞에서 '이영차'를 외치면 뒤에서 또한 '이영차'로 응하는데 이것은 무거운 것을 들고 힘을 전하는 노래입니다. 어찌 정鄭나라와 위衛나라라고 초楚나라를 격동시키는 음악이 없겠습니까? 그러나 사용하지 않는 것은 이것의 마땅한 것만 같지 못하기 때문입니다. 국가를 다스리는 것은 예에 있지 문사文辭의 변설에 있지 않는 것입니다."

그러므로 노자는 『도덕경』 제57장에서 '법령이 더욱 밝아지면 도적이 많아지게 된다.'라고 했는데 이러한 것을 이른 것이다.

전변田駢이 도술道術로써 제왕齊王을 설득했다. 왕이 응해 말했다.

"과인寡人은 제나라를 두었다. 도술로는 환란을 제거하기가 어려운 것이다. 원컨대 나라의 정사에 관해 듣고자 한다."

전변이 대답해 말했다.

"신臣의 말에는 정사에 관한 것이 없지만 가히 정사를 할 수 있습니다. 비유하자면 수풀 속의 나무와 같아 재목이 없으면 재목을 만드는 것과 같습니다. 원컨대 왕께서 제가 일러드리는 바를 살피시고 스스로 제나라의 정사를 취할 따름입니다. 비록 그 근심과 해로움을 제거함이 없을지라도 하늘과 땅 사이와 상하 사방의 안에서 가히 도야하면 변화할 것입니다. 제나라의 정사를 어찌 족히 물으십니까?"

이것은 노담老聃이 말한 "무상無狀의 상狀이며 무물無物의 상象이다."라고 이르는 것이다.

왕이 질문한 바는 제齊나라였는데 전변이 일컬은 바는 재목이었다. 재목은 수풀에 이르지 못하고, 수풀은 비에 이르지 못하고, 비는 음과 양에 이르지 못하고, 음과 양은 화락에 이르지 못하고, 화락은 도道에 이르지 못하는 것이다.

惠子爲惠王[1]爲國法 已成而示諸先生 先生皆善之 奏之惠王 惠王甚說
之 以示翟煎 曰善 惠王曰 善可行乎 翟煎[2]曰 不可 惠王曰 善而不可行
何也 翟煎對曰 今夫擧大木者 前呼邪許[3] 後亦應之 此擧重勸力之歌也
豈無鄭衛激楚之音哉 然而不用者 不若此其宜也 治國有禮 不在文辯
故老子曰[4] 法令滋彰 盜賊多有 此之謂也 田騈[5]以道術說齊王 王應之曰
寡人所有齊國也 道術難以除患 願聞國之政 田騈對曰 臣之言 無政而
可以爲政 譬之若林木 無材而可以爲材 願王察其所謂 而自取齊國之政
焉已 雖無除其患害 天地之間 六合之內 可陶冶而變化也 齊國之政 何足
問哉 此老耼[6]之所謂無狀之狀 無物之象者也 若王之所問者 齊也 田騈
所稱者 材也 材不及林 林不及雨[7] 雨不及陰陽 陰陽不及和 和不及道

※

1 惠王(혜왕): 양梁나라 혜왕惠王을 뜻한다.

2 翟煎(적전): 혜왕의 신하. 기록이 없다.

3 邪許(사호): 여럿이 무거운 것을 들 때 외치는 소리. 곧 이영차.

4 老子曰(노자왈): 『노자도덕경』 57장에 나오는 문장.

5 田騈(전변): 제나라의 신하.

6 老耼(노담): 노자老子의 이름. 『노자도덕경』 14장에 있는 문장.

7 雨(우): 비가 온 뒤에 나무가 삶을 얻는 것을 뜻한다.

3. 백공승白公勝이 초나라를 빼앗다

백공승白公勝이 형(荊: 楚)나라를 손에 넣었지만 창고의 재물을 백성들
에게 나누어 주지 않은 채 7일이 되었다. 석을石乙이 들어와 말했다.

"불의不義로 얻었는데 또한 베풀지 않는다면 우환이 반드시 이를

것입니다. 남에게 주지 않으려면 불사르는 것만 같지 못할 것입니다. 그렇게 하면 남이 나를 해치지는 않을 것입니다."

백공승이 듣지 않았다.

9일째 되는 날에 섭공葉公이 쳐들어와 이에 대부(大府: 큰 창고)의 재물을 꺼내어 대중에게 주고 고고高庫의 병기를 방출해 백성들에게 나누어 주고 인해 공격했다.

19일째 되어 백공승을 사로잡았다.

대개 국가는 그가 둔 것이 아니라 두고자 했을 뿐으로 지극히 탐함에 이를 것이다. 남을 위하지도 못하고 또 스스로도 위함이 없었으니 가히 지극히 어리석다고 이를 것이다.

비유하자면 백공승의 인색함이 올빼미가 그의 새끼를 사랑하는 것과 무엇이 다르랴! 그러므로 노자는 『도덕경』9장에서 '가지고 채우는 것은 이를 그만두는 것만 같지 못하다. 두들겨 날카롭게 하면 오래도록 보존할 수가 없다.'라고 한 것이다.

조간자趙簡子가 양자襄子를 후계자로 삼자 동알우董閼于가 말했다.

"무휼(無恤: 襄子)은 미천한 출신인데 지금 후계자로 삼는 것은 무엇 때문입니까?"

조간자가 말했다.

"이 사람의 사람됨은 능히 국가를 위해 수모를 참을 수 있느니라."

다른 날에 지백智伯이 조양자趙襄子와 함께 술을 마시다가 조양자의 머리를 쳤다. 대부들이 지백을 죽이라고 청했다. 조양자가 말했다.

"선군(先君: 돌아가신 아버지)께서 나를 후계자로 세우시면서 말씀하시기를 '능히 사직(국가)을 위해 부끄러움을 참을 것이다.'라고 하셨는데 어찌 능히 사람을 찌른다고 이르겠습니까?"

그 후 10개월이 지나서 지백이 조양자를 진양晉陽에서 포위하자 조양자가 군대를 나누어 공격해 크게 지백을 무너뜨리고 그의 머리를 쪼개서 술잔으로 만들었다.

그러므로 노자는 『도덕경』 28장에서 '그 수컷을 알아 그 암컷을 지키면 천하의 골짜기가 된다.'라고 한 것이다.

설결齧缺이 피의被衣에게 도道를 물었다. 피의가 대답했다.

"그대의 몸을 바르게 하고 그대가 보는 것을 하나로 하면 하늘의 화함이 장차 이를 것이며, 그대가 아는 것을 가지고 그대의 헤아림을 바르게 하면 신명神明이 장차 와서 머무를 것이며 덕이 장차 와서 가까이할 것이며 아름다운 듯싶은 도가 장차 그대의 거처를 위할 것이다. 마치 새로 태어난 송아지와 같이 어리석게 그 옛날에서 구하지 말지어다."

피의의 말이 끝나지 않았는데도 설결이 계속해 뚫어지게 쳐다보았다. 이에 피의가 노래를 부르면서 떠나갔다.

"몸은 마른 해골과 같고 마음은 식은 재와 같네./ 곧은 진실을 알지 못하고 옛 것을 스스로 가졌네./ 어둡고 어두우며 넓고 넓어 생각이 없이 함께 꾀하니 저 사람은 어떤 사람인가?"

그러므로 노자는 『도덕경』 10장에서 '명백히게 알고 시방으로 통해도 능히 아는 것이 없는 것인가?'라고 한 것이다.

白公勝得荊國 不能以府庫分人 七日 石乙[1]入曰 不義得之 又不能布施 患必至矣 不能予人 不若焚之 毋令人害我 白公弗聽也 九日 葉公[2]入 乃發大府之貨[3]以予衆 出高庫之兵[4]以賦民 因而攻之 十有九日而禽白 公 夫國非其有也 而欲有之 可謂至貪也 不能爲人 又無以自爲 可謂至

愚矣 譬白公之嗇也 何以異於梟之愛其子也 故老子曰 持而盈之 不如
其已 揣而銳之 不可長保也 趙簡子以襄子爲後[5] 董閼于[6]曰 無胇賤 今以
爲後 何也 簡子曰 是爲人也 能爲社稷忍羞[7] 異日 知伯與襄子飮 而批襄
子之首 大夫請殺之 襄子曰 先君之立我也 曰能爲社稷忍羞 豈曰能刺
人哉 處十月 知伯圍襄子於晉陽 襄子疏隊[8]而擊之 大敗知伯 破其首以
爲飮器[9] 故老子曰 知其雄 守其雌 其爲天下谿 齧缺問道於被衣[10] 被衣
曰 正女形 壹女視 天和將至 攝女知 正女度 神將來舍 德將來附 若美而
道 將爲女居 蟄乎若新生之犢 而無求其故 言未卒 齧缺繼以讎夷[11] 被衣
行歌而去曰 形若槁骸 心如死灰 直實不知 以故自持 墨墨恢恢[12] 無心可
與謀 彼何人哉 故老子曰 明白四達 能無以知乎

※

1 石乙(석을): 백공승 무리의 한 사람.

2 葉公(섭공): 초楚나라 대부大夫인 자고子高이다. 방성方城의 밖에서 쳐들어와
   백공승을 살해했다.

3 大府之貨(대부지화): 큰 창고의 재화財貨

4 高庫之兵(고고지병): 고고에 들어 있는 병기. 고고高庫는 병기가 들어 있는
   창고의 이름.

5 趙簡子以襄子爲後(조간자이양자위후): 조간자趙簡子는 진晉나라의 대부.
   양자襄子는 조간자의 서자庶子. 위후爲後는 후계자로 삼다의 뜻.

6 董閼于(동알우): 조간자의 가신家臣.

7 羞(수): 치욕스러운 것.

8 疏隊(소대): 부대를 나누다의 뜻.

9 飮器(음기): 술그릇. 곧 술잔의 뜻.

10 齧缺問道於被衣(설결문도어피의): 설결齧缺은 요임금 때의 노인. 피의被衣
   도 요임금 때의 노인.

11 讎夷(수이): 눈을 뚫어지도록 응시하고 아무 말도 하지 않는 것.

12 墨墨恢恢(묵묵회회): 묵묵墨墨은 컴컴한 것. 회회恢恢는 넓고 넓은 것.

4. 하루아침에 2개의 성城을 함락시키다

조양자趙襄子는 적(翟: 오랑캐)을 공격해 승리하고 우尤 땅의 백성들과 종終 땅의 백성들을 빼앗았다.

사자가 와서 배알하자 조양자가 이제 막 식사를 하려다가 근심스런 낯빛을 했다. 이에 좌우의 신하들이 말했다.

"하루아침에 두 성城을 함락시켰으니 이것은 사람들이 기뻐하는 바입니다. 지금 군주께서는 근심스런 낯빛이 있으시니 무엇 때문입니까?"

조양자가 말했다.

"강수江水와 하수河水가 아무리 거대해도 물이 빠지는 데 3일을 지나지 않고 회오리바람과 폭우는 하루 중에 잠깐 있지 않느냐! 지금 조씨趙氏들이 덕행을 쌓은 바가 없는데 오늘 하루아침에 두 성을 함락시킨 것은 그것이 나를 망하게 할 것이다."

공자孔子가 듣고 말했다.

"조씨趙氏들은 번창할 것이다."

대개 근심한다는 것은 번창함이 되는 바이며, 기뻐하는 것은 망함이 되는 것이다. 승리하는 것이 어려운 것이 아니라 승리를 유지하는 것이 어려운 것이다. 현명한 군주는 이로운 것으로써 승리를 유지한다. 그러므로 그의 복이 후세에 이르렀다. 제나라와 초나라와 오나라와 월나라는 모두 일찍이 승리했었다. 그러나 마침내는 멸망을 취했다. 승리를 지탱하는데 통달하지 못했기 때문이다.

오직 도道를 가진 군주만이 승리를 유지하는 것이다.

공자孔子는 국가의 성문의 빗장을 당기는 굳센 힘이 있었는데도 힘센 것으로 알려지는 것을 즐겨하지 않았다. 묵자(墨子: 墨翟)는 공격으로부터 지켜 공수반公輸般을 굴복시켰으나 병법兵法으로 알려지는 것을 즐겨하지 않았다.

승리를 지탱하는데 뛰어난 자는 강한 것을 사용해 약한 것처럼 하는 것이다. 그러므로 노자는 『도덕경』 4장에서 '도道는 비어 있지만 이를 사용해도 또한 가득 차지는 않는다.'라고 했다.

혜맹惠盎이 송宋나라의 강왕康王을 만나 보는데 강왕이 제자리걸음을 하면서 기침까지 하고 말을 총알처럼 내뱉었다.

"과인이 좋아하는 것은 용맹하고 공로가 있는 사람들이고 인의를 위하는 자는 좋아하지 않는데 객客은 장차 무엇으로써 과인을 가르치겠는가?"

혜맹이 대답했다.

"신臣은 이에 도道를 가지고 있습니다. 사람이 비록 용맹한 자가 있어 찌른다 해도 들어가지 않을 것이며, 비록 교묘한 힘이 있어서 공격하더라도 적중하지 못할 것입니다. 대왕께서는 홀로 뜻한 바가 없으십니까?"

송宋 왕이 말했다.

"좋은 말씀입니다. 이러한 것은 과인이 듣고자 하는 바입니다."

혜맹이 말했다.

"대개 찔러도 들어가지 않고 공격해도 적중시키지 못하는 이것은 치욕과 같은 것입니다. 신臣은 이곳에 도道를 두었습니다. 사람을 시키면 비록 용맹함이 있더라도 감히 찌르지 못할 것이며 비록 힘이 있더라도 감히 공격하지 못할 것입니다. 감히 찌르지 못하고 감히 공격하지 못하는 것은 그의 뜻하는 것이 없지는 않을 것입니다.

신臣은 이곳에 도를 두었습니다. 이는 사람을 시켜 근본적으로 그런 의사가 없게 한 것입니다. 그런 의사가 없게 되면 이로움을 사랑하는 마음도 있지 않을 것입니다. 신臣은 이런 곳에 도를 두었습니다. 천하의 남자와 여자로 하여금 모두가 이로움을 사랑하게 하는 마음이 환연하게 하지 않음이 없습니다. 이것은 용맹스럽고 힘이 있는 것보다 현명하며 네 가지가 쌓여 있는 것보다 최고입니다. 대왕께서는 홀로 의향이 없으십니까?"

송宋 왕이 말했다.

"이것들은 과인이 얻고자 하는 바이오."

혜맹이 대답해 말했다.

"공자孔子와 묵적이 이들일 뿐입니다. 공자와 묵적은 한 평의 땅이 없으면서도 군주로 여겨졌고 관직이 없으면서도 어른이 되었습니다. 천하의 장부丈夫와 여자들을 목을 길게 뽑고 발뒤꿈치를 들어 올려 이로움에 편안하고자 아니함이 없었습니다. 지금 대왕께서는 만승萬乘의 군주이십니다. 진실로 그 뜻하는 것이 있다면 사방의 지역 안에서 모두 그 이로움을 얻을 것입니다. 이것이 공자와 묵자보다 현명하다는 것을 멀리하게 하는 것입니다."

송宋 왕이 응답하지 않았다. 혜맹이 이에 나가자 송宋 왕이 좌우의 신하들에게 일러 말하기를 "객客이 변설로써 과인을 설득해 이겼다."라고 했다.

그러므로 노자는 『도덕경』 73장에서 '감히 하지 못하는데 용감하게 하면 산다.'라고 했다. 이러한 것으로 살펴보건대 대용(大勇: 크게 용맹한 것)이란 도리어 용맹하지 않은 것일 뿐이다.

趙襄子攻翟而勝之 取尤人終人¹ 使者來謁之 襄子方將食 而有憂色 左
右曰 一朝而兩城下 此人之所喜也 今君有憂色 何也 襄子曰 江河之大
也 不過三日 飄風暴雨 日中不須臾 今趙氏之德行無所積 今一朝兩城
下 亡其及我乎 孔子聞之曰 趙氏其昌乎 夫憂所以爲昌也 而喜所以爲
亡也 勝非其難也 持之者其難也 賢主以此持勝 故其福及後世 齊楚吳
越 皆嘗勝矣 然而卒取亡焉 不通乎持勝也 唯有道之主能持勝 孔子勁
杓國門之關² 而不肯以力聞 墨子爲守攻 公輸般服 而不肯以兵知 善持
勝者 以强爲弱 故老子曰 道沖而用之 又弗盈也 惠孟³見宋康王⁴ 蹀足謦
欬疾言⁵曰 寡人所說者勇有功也 不說爲仁義者也 客將何以教寡人 惠
孟對曰 臣有道於此 人雖勇 刺之不入 雖巧有力 擊之不中 大王獨無意
邪 宋王曰 善 此寡人之所欲聞也 惠孟曰 夫刺之而不入 擊之而不中
此猶辱也 臣有道於此 使人雖有勇弗敢刺 雖有力不敢擊 夫不敢刺 不
敢擊 非無其意也 臣有道於此 使人本無其意也 夫無其意 未有愛利之
心也 臣有道於此 使天下丈夫女子 莫不歡然皆欲愛利之心 此其賢於勇
有力也 四累⁶之上也 大王獨無意邪 宋王曰 此寡人所欲得也 惠孟對曰
孔墨是已 孔丘墨翟 無地而爲君 無官而爲長 天下丈夫女子 莫不延頸
擧踵 而願安利之者 今大王萬乘之主也 誠有其志 則四境之內 皆得其
利矣 此賢於孔墨也遠矣 宋王無以應 惠孟出 宋王謂左右曰 辯矣 客之
以說勝寡人也 故老子曰 勇於不敢則活 由此觀之 大勇反爲不勇耳

※

1 尤人終人(우인종인): 우尤 땅과 종終 땅의 사람들. 곧 적翟나라의 땅. 적翟은
  오랑캐.

2 勁杓國門之關(경표국문지관) : 경표勁杓는 힘껏 당기다. 국문國門은 국가의 성문. 관關은 빗장.

3 惠孟(혜맹) : 혜맹은 『여씨춘추』 8람에는 혜앙惠盎으로 되어 있다. 송나라 사람.

4 宋康王(송강왕) : 송나라의 제후인 강왕康王이 제후가 된 지 11년 만에 참칭해 왕이 되다.

5 蹀足謦欬疾言(접족경해질언) : 제자리걸음하고 기침을 하면서 말을 빨리 하는 것을 뜻한다.

6 四累(사루) : 앞 단락에서 말한 네 가지 일을 뜻한다.

5. 사람의 자질을 잘 헤아려야 성공한다

옛날에 요임금은 9명이 보좌했다. 순임금은 7명이 보좌했다. 무왕은 5명이 보좌했다.

요임금과 순임금과 무왕은 9명이나 7명이나 5명의 신하에 비하면 한 가지 일도 능한 것이 없었다. 그런데도 팔짱을 끼고 앉아 성공을 얻은 것은 사람의 자질을 헤아리는 것을 잘했기 때문이었다.

그러므로 사람이 천리마를 쫓아서 달리면 천리마를 이기지 못하지만 수레 위에 의탁하게 되면 천리마는 능히 사람을 이기지 못하는 것이다.

북방에 사는 짐승이 있는데 그 이름을 궐蹶이라고 한다. 그 짐승의 앞다리는 쥐처럼 짧고 뒷다리는 토끼처럼 길어 종종걸음으로 가면 넘어지고 달리면 엎어진다. 궐蹶은 항상 공공거허蛩蛩駏驉를 위해 단풀을 뽑아다 준다. 궐에게 근심거리나 해로움이 있게 되면 공공거허는 반드시 업고 달린다. 이러한 것은 그 능한 것으로써 그 능하지 못한 것에 의탁하는 바이다.

그러므로 노자는 『도덕경』 74장에서 '대저 뛰어난 목수를 대신해 깎는 자는 손을 다치지 않는 자가 드물 것이다.'라고 한 것이다.

박의薄疑는 위衛나라의 사군嗣君을 왕자王者의 술術로써 설득했다. 사군이 응대해 말했다.

"내가 가지고 있는 것이 1천 승一千乘뿐이다. 원컨대 가르침을 받고자 한다."

박의가 대답해 말했다.

"오획烏獲은 3천 근을 들었는데 하물며 한 근쯤이야 어떻겠습니까?"

두혁杜赫이 천하를 편안하게 하려고 주周나라의 소문군昭文君에게 설명했다. 이에 소문군이 두혁에게 일러 말했다.

"원컨대 주나라를 편안하게 하는 바를 배우고자 합니다."

두혁이 대답해 말했다.

"신臣이 말하는 바가 불가하다면 주나라는 편안하지 못할 것입니다. 신이 말하는 바가 옳다면 주나라는 스스로 편안해질 것입니다."

이러한 것은 이른바 편안하지 않은 것을 편안하게 하는 것이다. 그러므로 노자는 『도덕경』 28장과 39장에서 '큰 제도는 가르지 않는다. 그러므로 자주 수레를 나누면 수레가 없어진다.'라고 한 것이다.

昔堯之佐九人¹ 舜之佐七人² 武王之佐五人³ 堯舜武王於九七五者 不能一事焉 然而垂拱受成功者 善乘人之資也 故人與驥逐走 則不勝驥 託於車上 則驥不能勝人 北方有獸 其名曰蹶 鼠前而兔後⁴ 趨則頓 走則顚 常爲蛩蛩駏驉⁵ 取甘草以與之 蹶有患害 蛩蛩駏驉必負而走 此以其能託其所不能 故老子曰 夫代大匠斲者 希不傷其手 薄疑說衛嗣君⁶以王術 嗣君應之曰 予所有者千乘也 願以受教 薄疑對曰 烏獲擧千鈞 又況

一斤乎 杜赫以安天下說周昭文君[7] 文君謂杜赫曰 願學所以安周 赫對
曰 臣之所言不可 則不能安周 臣之所言可 則周自安矣 此所謂弗安而
安者也 故老子曰 大制無割 故致數輿 無輿也

※

1 九人(구인): 우禹, 고요皋陶, 직稷, 설契, 백이伯夷, 수倕, 익益, 기夔, 용龍이다.

2 七人(칠인): 순舜임금이 요堯임금 시대 신하 7명과 함께한 것.

3 五人(오인): 주공단周公旦, 소공석召公奭, 태공망太公望, 필공畢公, 모공毛公
이다.

4 蟨鼠前而兎後(궐서전이토후): 궐蟨이란 짐승은 앞발은 쥐의 다리와 같고
뒷발은 토끼의 다리와 같다는 뜻.

5 蛩蛩駏驉(공공거허): 『산해경』에 나오는 짐승 이름. 『산해경』 참조.

6 薄疑說衛嗣君(박의설위사군): 『여씨춘추』 6론 무대편務大篇에 나오는 이야
기이다.

7 昭文君(소문군): 주周나라가 쇠약해져 동서東西로 분리되자 스스로 서서
군주가 된 사람.

6. 속금贖金하고 사례를 받지 않은 자공子贛

노魯나라의 법에는 노나라 사람이 다른 제후국에서 첩妾이나 종이
되어 있는데 능히 속금贖金을 주고 데려오는 자가 있게 되면 그 돈을
국고에서 지급 받도록 되어 있었다.

공자의 제자인 자공子贛이 노나라 사람을 제후국에서 속금贖金시켜
왔는데 사례금을 사양하고 받지 않았다.

공자가 말했다.

"사(賜: 자공)가 잘못했다. 성인聖人이 일을 거행하는 데는 가히 풍속

을 옮기고 풍습을 바꾸어 교화를 따라 받도록 해 후세에 베푸는 것은 유독 자신의 행동을 적당하게 하기 위해서가 아니다. 지금의 나라에는 부자는 적고 가난한 자는 많다. 돈을 주고 사람을 데려오고 돈을 받으면 청렴하지 않은 것이 되지만 그 돈을 받지 않게 되면 다시는 돈을 주고 사람을 빼내지 않을 것이다. 지금부터 이후로는 노나라 사람들이 다시는 제후국에서 돈을 주고 사람을 빼내어 오지는 않을 것이다."

공자는 또한 예를 알았다고 할 것이다.

그러므로 노자는 『도덕경』 52장에서 '작은 것을 보고도 밝다.'라고 한 것이다.

위魏나라의 무후武侯가 이극李克에게 물었다.

"오吳나라가 망한 바는 무엇 때문이었습니까?"

이극이 대답해 말했다.

"자주 싸웠고 자주 승리했기 때문입니다."

무후가 말했다.

"자주 싸우고 자주 승리했다면 국가의 복인데 유독 망했다고 하는 것은 무슨 연유입니까?"

이극이 대답해 말했다.

"자주 싸우면 백성이 피로해지고 군주는 교만해지며 군주가 교만해지면 백성을 피로하게 부리게 됩니다. 그렇게 하고도 나라가 망하지 않은 것은 천하에 적었습니다. 교만해지면 방자해지고 방자해지면 사물을 다하게 됩니다. 피곤해지면 원망하고 원망하게 되면 생각을 다합니다. 위와 아래가 함께 다하게 되니 오나라가 망한 것은 오히려 늦은 것입니다. 이에 부차夫差는 간수干遂에서 스스로 목을 매어 죽었습니다."

그래서 노자는 『도덕경』 9장에서 '공로가 이루어지고 명예가 이루어져 자신이 물러나는 것은 하늘의 도이다.'라고 한 것이다.

영월甯越은 제나라 환공이 자신을 써 주기를 바랐으나 곤궁해 스스로 통달할 수가 없었다. 이에 장사꾼이 되어 소가 끄는 수레에 짐을 싣고 제나라에 장사하러 갔다. 날이 저물어 성문 밖에서 노숙하는데 환공이 교외에서 빈객을 맞이하기 위해 밤인데도 성문을 열고 짐이 실려 있는 수레를 치우라고 했다. 화톳불이 활활 타오르고 따르는 자들이 매우 많았다. 영월이 소가 끄는 수레 밑에서 밥을 먹다가 환공을 바라보고 비참한 생각이 들어서 소의 뿔을 두드리며 바로 상가商歌를 불렀다.

환공이 듣고는 그를 따르는 자의 손을 어루만지면서 말하기를 "이상하다! 노래 부르는 자가 보통 사람은 아닐 것이다."라고 하고는 명해 뒤의 수레에 타게 했다.

환공이 궁에 이르자 종자從者가 환공에게 청해 의관을 하사케 하고 만나 보게 했다. 영월이 천하를 다스리는 방법을 설명했다. 환공이 크게 기뻐하고 장차 신하로 임명하려고 했다. 모든 신하들이 간해 말했다.

"객(客: 영월)은 위衛나라 사람입니다. 위나라는 제나라와 거리가 멀지 않습니다. 군주께서 사람을 보내 자세한 것을 살펴보는 것이 좋을 것입니다. 또 살펴서 현자라고 여기신다면 그 때 등용해도 늦지 않을 것입니다."

환공이 말했다.

"그렇지가 않다. 살펴본다는 것은 근심거리이며 작은 것이라도 나쁜 것이 있을 것이다. 남의 작은 나쁜 것 때문에 남의 큰 아름다움을 잊는다면 이것은 사람의 군주 된 자가 천하의 선비를 잃는 것이 되는 것이다.”

　대개 남의 말을 듣게 되면 반드시 증험하는 것이 있게 된다. 한 번 들으면 다시 묻지 않는 것은 그 사용하는 바에 합당한 것이다. 또 사람이란 진실로 합하기가 어려운 것이다. 권력이란 그의 장점을 사용할 따름이다. 이러한 등용은 합당한 것이고 환공은 얻은 것이다.

　그러므로 노자는 『도덕경』 25장에서 ‘하늘도 크고 땅도 크고 도道도 크고 왕도 역시 커서 지역 안에는 네 가지의 큰 것이 있는데 왕이 그 하나에 들어 있다.’라고 했다. 이것은 능히 포괄해 말한 것이다.

魯國之法 魯人爲人妾於諸侯 有能贖之者¹ 取金於府 子贛贖魯人於諸侯 來而辭不受金 孔子曰 賜失之矣 夫聖人之擧事也 可以移風易俗 而受敎順 可施後世 非獨以適身之行也 今國之富者寡而貧者衆 贖而受金 則爲不廉 不受金 則不復贖人 自今以來 魯人不復贖人於諸侯矣 孔子亦可謂知禮矣 故老子曰 見小曰明 魏武侯問於李克²曰 吳之所以亡者何也 李克對曰 數戰而數勝 武侯曰 數戰數勝 國之福 其獨以亡何故也 對曰 數戰則民罷 數勝則主憍 以憍主使罷民 而國不亡者 天下鮮矣 憍則恣 恣則極物 罷則怨 怨則極慮 上下俱極 吳之亡猶晚矣 夫差之所以自剄於干遂³也 故老子曰 功成名遂身退⁴ 天之道也 甯越欲干齊桓公 困窮無以自達 於是爲商旅將任車⁵ 以商於齊 暮宿於郭門之外 桓公郊迎客 夜開門 辟任車 爝火甚盛 從者甚衆 甯越⁶飯牛車下 望見桓公而悲 擊牛角而疾商歌 桓公聞之 撫其僕之手曰 異哉 歌者非常人也 命後車載之 桓公反至 從者以請 桓公贛之衣冠而見 說以爲天下 桓公大說 將任之 群臣爭之曰 客衛人也 衛之去齊不遠 君不若使人問之 問之而故賢者也 用之未晚 桓公曰 不然 問之患其有小惡也 以人之小

惡 而忘人之大美 此人主之所以失天下之士也 凡聽必有驗 一聽而弗復
問 合其所以也 且人固難合也 權而用其長者而已矣 當是擧也 桓公得
之矣 故老子曰 天大地大道大王亦大 域中有四大 而王處其一焉 以言
其能包裹之也

※

1 贖之者(속지자): 돈을 내고 죄를 사면 받다. 여기서는 팔려간 사람을 돈을
내주고 찾아오는 일.

2 李克(이극): 위魏나라 무후武侯의 재상.

3 干遂(간수): 땅 이름. 월越나라에서 오吳나라의 부차夫差를 정벌하자 부차가
간수 땅에서 자결했다.

4 功成名遂身退(공성명수신퇴): 『노자도덕경』 9장에는 '공수신퇴功遂身退'로
만 되어 있다.

5 商旅將任車(상려장임거): 상려商旅는 떠돌이 장사꾼. 임거任車는 소가 끄는
수레에 짐을 싣고 따르는 것.

6 寗越(영월): 영척寗戚이다.

7. 적인翟人이 국토를 요구하다

주周나라의 대왕 단보大王亶父가 빈邠 땅에 있을 때 적인翟人들이 공격해
왔다. 이에 가죽과 비단과 주옥珠玉을 바쳤는데 받지 않았다. 적인들이
바라는 것은 땅이었지 재물이 아니었기 때문이었다.

대왕 단보가 말했다.

"남의 형들과 함께 살면서 그의 아우를 죽이고 남의 부모와 함께
살면서 그의 아들을 죽이는 것을 나는 하지 않을 것이다. 모두들 사는
데 힘을 써라. 나의 신하나 적인翟人의 신하나 어찌 다른 것이 있겠느냐?

또 나는 들었다. 그 봉양하는 것으로써 그 봉양하는 바를 해치지 않는다고 했다."

이에 말을 채찍질해 떠나자 백성들이 서로 줄을 이어 따라 갔다. 드디어 기산岐山의 아래에서 나라를 이루었다.

대왕 단보는 능히 생명을 보존했다고 이를 것이다. 생명을 보존한 자는 비록 부귀하더라도 봉양하는 것으로써 자신을 상하지 않게 하고 비록 비천하더라도 이로운 것으로써 몸을 더럽히지 않는 것이다.

지금 그 선인先人의 작록을 받게 되면 잃어버리는 것을 반드시 중요하게 여기고 자신에게서 온 것은 잃는 것을 가볍게 여긴다. 어찌 의혹되지 않으랴!

그러므로 노자는 『도덕경』 13장에서 '자신을 귀하게 여기듯 천하를 위하면 천하에 의탁할 수가 있고 자신을 사랑하듯 천하를 위하면 천하를 부탁할 수가 있다.'라고 한 것이다.

중산국中山國의 공자公子인 모牟가 첨자詹子에게 일러 말했다.

"몸은 강가나 바닷가에 있는데 마음이 조정朝廷의 아래에 있게 되면 어떻게 해야 합니까?"

첨자가 말했다.

"삶을 중요하게 여겨야 합니다. 삶을 중요하게 여기게 되면 이로운 것을 가볍게 여기게 되는 것입니다."

중산국의 공자 모牟가 말했다.

"비록 알고 있으나 오히려 능히 스스로를 이겨내지 못합니다."

첨자가 말했다.

"스스로를 이겨내지 못한다면 그대로 따르십시오. 그대로 따르게 되면 마음에도 원망이 없을 것입니다. 스스로를 이겨내지 못하는데

억제하고 따르지 않게 되면 이것을 거듭 손상시키는 것이라고 이르는 것입니다. 거듭 손상시키는 사람은 오래 살기를 바랄 수 없는 것입니다."

그러므로 노자는 『도덕경』 52장과 55장에서 '화和를 아는 것은 떳떳한 것이라고 하고, 떳떳한 것을 아는 것은 명明이라고 한다. 생을 더하는 것은 재앙이라고 하고, 마음이 기氣를 부리는 것은 강강强이라고 한다. 이런 까닭으로 그 빛남을 써서 다시 그 밝음으로 되돌아간다.'라고 한 것이다.

초楚나라의 장왕莊王이 첨하詹何에게 물었다.

"어떻게 나라를 다스려야 합니까?"

첨하가 대답했다.

"첨하는 자신을 다스리는 데는 현명하지만 국가를 다스리는 데는 통달하지 못했습니다."

초나라의 장왕이 말했다.

"과인寡人은 종묘와 사직을 얻어 세웠는데 그의 지키는 바를 배우고자 합니다."

첨하가 대답해 말했다.

"저는 일찍이 자신을 다스리고 국가를 어지럽게 한 자가 있다는 소리를 듣지 못했습니다. 또 일찍이 자신을 어지럽게 하고 국가를 다스린 자가 있다는 것을 듣지 못했습니다. 이처럼 근본을 자신에게 맡기는 것이기 때문에 감히 말단末端으로 대답하지 않는 것입니다."

초나라의 장왕이 말했다.

"좋은 말씀입니다."

그러므로 노자는 『도덕경』 54장에서 '자신을 닦으면 그 덕이 이에 참되다.'라고 한 것이다.

大王亶父[1]居邠 翟人[2]攻之 事之以皮帛珠玉而弗受 曰 翟人之所求者地
無以財物爲也 大王亶父曰 與人之兄居而殺其弟 與人之父處而殺其子
吾弗爲 皆勉處矣 爲吾臣與翟人奚以異 且吾聞之也 不以其所養害其養
杖策而去 民相連而從之 遂成國於岐山之下 大王亶父可謂能保生矣
雖富貴 不以養傷身 雖貧賤 不以利累形 今受其先人之爵祿 則必重失
之 所自來者久矣 而輕失之 豈不惑哉 故老子曰 貴以身爲天下 焉可以
託天下 愛以身爲天下 焉可以寄天下矣 中山公子牟[3] 謂詹子[4]曰 身處江
海之上 心在魏闕之下[5] 爲之奈何 詹子曰 重生 重生則輕利 中山公子牟
曰 雖知之 猶不能自勝 詹子曰 不能自勝則從之 從之神無怨乎 不能自
勝而强弗從者 此之謂重傷 重傷之人 無壽類矣 故老子曰 知和曰常
知常曰明 益生曰祥 心使氣曰强 是故用其光 復歸其明也 楚莊王問詹
何[6]曰 治國奈何 對曰 何明於治身 而不明於治國 楚王曰 寡人得立宗廟
社稷 願學所以守之 詹何對曰 臣未嘗聞身治而國亂者也 未嘗聞身亂而
國治者也 故本任於身 不敢對以末 楚王曰 善 故老子曰 脩之身 其德乃
眞也

※

1 大王亶父(대왕단보): 대왕大王은 주周나라 태왕太王이며 문왕의 할아버지.
　단보亶父는 이름이다.

2 翟人(적인): 오랑캐 나라. 적국翟國을 가리킨다.

3 中山公子牟(중산공자모): 중산中山은 선우국鮮虞國을 뜻한다. 공자公子는
　선우국의 공자公子. 모牟는 공자의 이름.

4 詹子(첨자): 누구인지 기록이 없다. 첨하詹何라고도 했다.

5 魏闕之下(위궐지하): 대궐의 문 아래의 뜻. 곧 조정을 뜻한다.

6 楚莊王問詹何(초장왕문첨하): 초나라 장왕은 춘추시대 오패五霸의 한 사람.
　첨하는 첨자詹子라고도 했다.

8. 이로운 그릇은 남에게 보여서는 안 된다

제나라의 환공이 당堂에서 독서를 하고 있었다. 윤편輪扁이 당堂 아래에서 수레바퀴를 깎고 있다가 망치와 끌을 놓고 환공에게 질문했다.

"군주君主께서 읽으시는 것은 무슨 책입니까?"

환공이 말했다.

"성인聖人들의 책이다."

윤편이 말했다.

"그 사람들이 어디에 있었습니까?"

환공이 말했다.

"이미 죽었느니라."

윤편이 말했다.

"이 책은 곧 성인의 찌꺼기일 뿐입니다."

이에 환공이 불쑥 일어나 안색을 바꾸며 노해서 말했다.

"과인이 글을 읽는데 공인工人이 무엇을 안다고 비난하느냐? 설명을 할 수 있다면 괜찮으나 설명하지 못한다면 죽일 것이다."

윤편이 말했다.

"예! 그렇게 하겠습니다. 신은 신이 깎고 있는 수레바퀴로 견주어 말씀드리겠습니다. 아주 빨리 하면 팽팽해져 들어맞지 않고 너무 서서히 하면 늘어져 굳건하지 않습니다. 늘어지지도 않고 팽팽해지지도 않아 손에 응하고 마음이 싫어하지 않게 되면 지극히 정묘한데 이르게 되는데 이러한 것은 신臣이 저의 자식에게도 가르쳐 주지 못하고 신의 자식도 또한 신에게서 얻지 못하는 것입니다. 이 때문에 나이 70세에 늙어서도 수레바퀴를 만들고 있습니다. 지금 성인이 말씀한 바는 또한 그 진실을 가슴에 품고 다해 돌아갔고 오직 그 찌꺼기만 남아 있을 따름입니다."

그러므로 노자는 『도덕경』 1장에서 '도道를 가히 도라고 할 수 있는 것은 떳떳한 도가 아니요, 명名을 가히 명名이라고 할 수 있는 것은 떳떳한 이름이 아니다.'라고 한 것이다.

옛날에 사성자한司城子罕이 송나라의 재상이 되어 송나라 군주에게 말했다.

"대개 국가의 안전함과 위태함, 백성들의 다스려진 것들과 어지러운 것들은 군주가 상과 벌을 시행하는 데 있는 것입니다. 작위와 상을 내려 주는 것은 백성들이 좋아하는 바입니다. 군주께서는 스스로 행하십시오. 살육과 형벌은 백성들이 원망하는 바입니다. 신臣이 맡을 것을 청합니다."

송나라 군주가 말했다.

"좋은 말이다. 과인이 그 좋은 것을 담당하고 그대가 그 원망을 받는다면 과인이 저절로 알려져서 제후들의 웃음거리가 되지 않을 것이다."

이에 나라 사람들은 죽이고 살리는 일을 모두 자한子罕이 처리하고 있다는 것을 알고는 대신들은 자한을 가까이했고 백성들은 두려워했다. 사성司城에 재직한 지 1년이 되지 않았는데 자한이 드디어 송나라 군주를 물리치고 그 정사를 멋대로 했다.

그러므로 노자는 『도덕경』 36장에서 '물고기는 물을 벗어나지 못하고 국가에 이로운 그릇은 가히 남에게 보이지 않는 것이다.'라고 한 것이다.

왕수王壽는 책을 지고 가서 서풍徐馮을 주周나라에서 만나 보았다. 서풍이 말했다.

"일은 변화에 응해 움직이고 변화는 시대에서 발생한다. 그러므로 시대를 아는 자는 떳떳한 행동이 없다. 책은 말에서 나온 것이고, 말은 지자知者에서 나온 것이다. 지자는 책을 간직하는 것이다."

이에 왕수는 책을 불사르고 춤을 추었다.

그러므로 노자는 『도덕경』 5장에서 '말을 많이 하면 자주 궁하니 중中을 지키는 것만 같지 못하다.'라고 한 것이다.

桓公讀書於堂 輪扁[1]斲輪於堂下 釋其椎鑿 而問桓公曰 君之所讀者何書也 桓公曰 聖人之書 輪扁曰 其人焉在 桓公曰 已死矣 輪扁曰 是直聖人之糟粕[2]耳 桓公悖然[3]作色而怒曰 寡人讀書 工人焉得而議之哉 有說則可 無說則死 輪扁曰 然 有說 臣試以臣之斲輪於之 大疾則苦而不入 大徐則甘而不固 不甘不苦 應於手 厭於心 而可以至妙者 臣不能以敎臣之子 而臣之子亦不能得之於臣 是以行年七十 老而爲輪 今聖人之所言者 亦以懷其實 窮而死 獨其糟粕在耳 故老子曰 道可道 非常道 名可名 非常名 昔者司城子罕[4]相宋 謂宋君曰 夫國家之安危 百姓之治亂 在君行賞罰 夫爵賞賜子 民之所好也 君自行之 殺戮刑罰 民之所怨也 臣請當之 宋君曰 善 寡人當其美 子受其怨 寡人自知不爲諸侯笑矣 國人皆知殺戮之專制在子罕也 大臣親之 百姓畏之 居不至期年 子罕遂卻宋君而專其政 故老子曰 魚不可脫于淵 國之利器 不可以示人 王壽[5]負書而行 見徐馮[6]於周 徐馮曰 事者應變而動 變生於時 故知時者無常行 書者言之所出也 言出於知者 知者藏書 於是王壽乃焚書而舞之 故老子曰 多言數窮 不如守中

※

1 輪扁(윤편): 제齊나라 공인工人의 이름.

2 糟粕(조박): 찌꺼기의 뜻.

3 悖然(발연): 불쑥 일어나다의 뜻.

4 司城子罕(사성자한): 사성司城은 송宋나라의 관직 이름. 자한子罕은 송나라
  의 재상 이름.

5 王壽(왕수): 옛날에 책을 좋아하던 사람.

6 徐馮(서풍): 주周나라의 은자隱者.

9. 군자는 남의 이익에 편승하지 않는다

영윤令尹인 자패子佩가 초나라 장왕莊王을 연회에 초청했다. 장왕이
간다고 허락했다. 자패가 경대(京臺: 强臺)에서 장왕을 기다렸지만
장왕은 가지 않았다. 다음날 자패가 맨발로 나와 북면하고 전하殿下에
서서 말했다.

"어제는 군왕께서 허락하시고 오늘은 참으로 왕림하시지 않으셨습니
다. 뜻하건대 신에게 죄가 있습니까?"

장왕이 말했다.

"내 들으니 그대가 강대强臺에서 준비를 했다고 했소. 강대는 남쪽으
로는 요산料山이 바라보이고 방황方皇에 다다르는 곳이오. 왼쪽에는
강수江水가 있고 오른쪽에는 회수淮水가 있어서 그 즐거움이 죽음도
잊게 한다고 했소. 나같이 박덕한 사람이 이러한 즐거움을 감당한다는
것이 불가하오. 머무르면 돌아오지 못할까 두려웠소."

그러므로 노자는 『도덕경』 3장에서 '하고자 하는 것을 보이지 않으면
마음을 어지럽게 하지 않는다.'라고 한 것이다.

진쯤나라의 공자公子 중이重耳가 도망쳐 나갈 때 조曹나라를 지나치

는데 조曹나라에서 예의가 없었다. 이때 희부기釐負羈의 아내가 희부기에게 이르기를 "군주가 진공자晉公子에게 무례했습니다. 제가 그를 따르는 자들을 살펴보니 모두가 어진 사람들입니다. 만약에 그들이 도와서 공자가 진나라로 돌아가게 된다면 반드시 조曹나라를 정벌할 것입니다. 어찌 당신은 먼저 덕을 베풀지 않으십니까?"

이에 희부기가 항아리에 먹을 것들을 담아 보냈고 벽璧도 보태주었다. 중이는 음식은 받았지만 벽璧은 돌려보냈다. 중이가 진나라로 돌아가게 되자 군사를 일으켜 조나라를 정벌해 이기고 난 후 삼군三軍에게 명하기를 희부기가 사는 마을에는 들어가지 말라고 했다.

그러므로 노자는 『도덕경』 22장에서 '굽으면 온전하고 굽히면 바르다.'라고 한 것이다.

월越나라의 왕 구천句踐이 오吳나라와 싸워 승리하지 못했다. 국가는 무너지고 자신은 도망쳐 회계산會稽山에서 곤욕을 당했다. 성난 마음으로 담기를 키워 혈기가 물이 용솟음치는 듯했고 정예한 군사들을 선발해 단련시켜 불 속에라도 뛰어들어 죽을 각오가 되어 있었다.

그러나 자신은 오나라 왕의 신하되기를 청했고 아내를 첩으로 들여보냈으며 몸소 창을 가지고 오나라 왕의 병사보다 먼저 말을 달렸는데 그 결과 간수에서 오나라 왕을 사로잡았다.

그러므로 노자는 『도덕경』 78장에서 '부드러운 것이 굳센 것을 이기고 약한 것이 강한 것을 이긴다. 이것을 알지 못하는 자가 없으나 능히 행한 자는 없다.'라고 한 것이다.

월왕越王 구천은 몸소 행했다. 그러므로 중국의 패자霸者가 되었던 것이다.

조간자趙簡子가 죽어 장례를 치르지 않았는데 중모中牟가 제齊나라로 항복해 들어갔다. 조간자의 장례를 치른 지 5일 만에 조양자趙襄子가 군사를 일으켜 공격하고 포위했다. 아직 완전히 포위하지 않았는데도 성벽이 10장이나 붕괴되었다. 조양자가 징을 쳐서 군사들을 후퇴시켰다. 군관軍官이 간해 말했다.

"군주께서 중모 고을의 죄를 처단하려는데 성이 저절로 붕괴되었습니다. 이것은 하늘이 우리를 돕는 것입니다. 무슨 연고로 떠나시려고 합니까?"

조양자가 말했다.

"나는 숙향叔向에게 들었다. 그가 말하기를 '군자君子는 남의 이익에 편승해서는 안 되고 남의 위험을 다그치지 않는다.'라고 했다. 사람들을 시켜 중모 성을 수리하게 하고 성이 수리된 뒤에 다시 공격할 것이다."

중모 고을의 사람들이 조양자의 의義를 듣고는 이에 항복하기를 청했다.

그러므로 노자는 『도덕경』 22장에서 '대개 오직 다투지 않는다. 그러므로 천하가 능히 더불어 다투지 않는다.'라고 한 것이다.

令尹子佩請飮莊王[1] 莊王許諾[2] 子佩疏揖[3] 北面立於殿下 曰 昔者君王許之 今不果往 意者臣有罪乎 莊王曰 吾聞子具於强臺[4] 强臺者 南望料山 以臨方皇[5] 左江而右淮 其樂忘死 若吾薄德之人 不可以當此樂也 恐留而不能反 故老子曰 不見可欲 使心不亂 晉公子重耳出亡 過曹 無禮焉 釐負羈之妻謂釐負羈曰 君無禮於晉公子 吾觀其從者 皆賢人[6]也 若以相 夫子反晉國 必伐曹 子何不先加德焉 釐負羈遺之壺餐[7]而加璧焉 重耳受其餐而反其璧 及其反國 起師伐曹 尅之 令三軍無入釐負羈之里 故老子曰 曲則全 枉則正 越王句踐與吳戰而不勝 國破身亡 困於會稽

忿心張膽 氣如涌泉 選練甲卒 赴火若滅 然而請身爲臣 妻爲妾 親執戈
爲吳兵先馬走 果禽之於干遂 故老子曰 柔之勝剛也 弱之勝强也 天下
莫不知 而莫之能行 越王親之 故霸中國 趙簡子死 未葬 中牟入齊[8] 已葬
五日 襄子起兵攻圍之 未合而城自壞者十丈 襄子擊金[9]而退之 軍吏諫
曰 君誅中牟之罪而城自壞 是天助我 何故去之 襄子曰 吾聞之叔向[10]曰
君子不乘人於利 不迫人於險 使之治城 城治而後攻之 中牟聞其義 乃
請降 故老子曰 夫唯不爭 故天下莫能與之爭

※

1 令尹子佩請飮莊王(영윤자패청음장왕): 영윤令尹은 초나라의 관직 이름.
   자패子佩는 사람 이름. 청음請飮은 술을 갖추어 놓고 청하다. 곧 연회에
   청한 것. 장왕莊王은 초楚나라의 장왕. 오패의 한 사람이다.

2 許諾(허락): 허락하다. 이 두 글자 밑에 '자패기지우경대장왕불왕명일子佩期
   之于京臺莊王不往明日'의 열세 글자가 탈락했다고 했다.

3 疏揖(소읍): 맨발로 나와 읍을 하다.

4 强臺(강대): 대臺의 이름.

5 料山以臨方皇(요산이임방황): 요산料山은 산 이름. 방황方皇은 물 이름이라
   고 했다.

6 賢人(현인): 공자 중이를 따르는 호언狐偃과 조사趙衰의 무리들.

7 壺餕(호준): 단지 속에 들어 있는 음식물.

8 中牟入齊(중모입제): 중모 고을이 제나라로 들어가다. 곧 항복하고 제나라에
   복속하다.

9 擊金(격금): 군법에 징을 쳐서 퇴각시키고 북을 쳐서 진격시킨다고 했다.

10 叔向(숙향): 진晉나라의 양설힐羊舌肸이며 대부였다. 숙향은 그의 자.

10. 백락伯樂이 구방인을 천거하다

진秦나라의 목공穆公이 백락伯樂에게 일러 말했다.

"그대의 나이가 많구려. 그대의 자손 중에서 말을 감별할 수 있는 자가 있는가?"

백락이 대답해 말했다.

"좋은 말은 모양과 근육과 뼈를 보고 감상鑑賞하는 것입니다. 천하의 말을 감상하는 것은 없는 듯해 그 상을 보지 못하고 잠깐 나가고 잠깐 들어와 잃은 듯하며 비슷해 이르지 못하고 없는 듯이 하는 것입니다. 그 한결같은 것이 이와 같은 말은 먼지도 일으키지 않고 수레바퀴보다 빠릅니다. 신의 아들들은 모두가 하재下材여서 좋은 말을 아뢰올 수는 있으나 천하의 명마를 아는 것은 불가합니다. 신과 함께 짐을 메고 내려놓으며 땔나무를 하는 자로 구방인九方堙이라는 자가 있습니다. 이 사람이 말을 감별하는 것이 신보다 아래는 아닙니다. 불러서 만나보십시오."

진나라의 목공이 만나보고 명마를 구해 오라고 시켰다. 3개월째에 돌아와 보고해 말했다.

"이미 명마를 구했습니다. 사구沙邱 땅에 있습니다."

목공이 말했다.

"어떤 말인가?"

대답해 말했다.

"수말이고 누런색입니다."

사람을 보내서 취하게 했는데 암말이며 가라말이었다. 목공이 기뻐하지 않고 백락을 불러서 물어 말했다.

"실패했다. 그대가 천거해서 구한 자는 말의 털도, 암수의 구별도 능히 알지 못했다. 또 어떤 말을 능히 알겠는가?"

백락이 위연喟然히 탄식해 말했다.

"한결같은 것이 이에 이르렀군요. 이러한 것은 천만 명의 신臣이 있더라도 헤아릴 수가 없는 기술입니다. 구방인이 관찰한 바와 같은 것은 천기天機입니다. 그 정묘함을 얻고 그 거친 것을 잊었으며 안의 능력만 살피고 그의 밖인 외모를 잊었으며 그 보이는 것만을 보고 그 보이지 않는 바를 보지 못했으며 그 살피는 바만을 보고 그 보이지 않는 곳을 지나쳤습니다. 그가 말을 감상하는 바가 이와 같으니 말에는 귀함이 있을 것입니다."

말이 도착했는데 과연 천리마였다.

그러므로 노자는 『도덕경』 45장에서 '크게 곧은 것은 굽은 것과 같고 크게 교묘한 것은 서툰 것과 같다.'라고 한 것이다.

秦穆公謂伯樂[1]曰 子之年長矣 子姓[2]有可使求馬者乎 對曰 良馬者 可以形容筋骨相也 相天下之馬者 若滅若失若亡[3] 其一若此馬者 絶塵弭轍[4] 臣之子皆下材也 可告以良馬 而不可告以天下之馬 臣有所與供儋纆采薪者九方堙[5] 此其於馬 非臣之下也 請見之 穆公見之 使之求馬 三月而反報曰 已得馬矣 在於沙邱[6] 穆公曰 何馬也 對曰 牝而黃 使人往取之 牝而驪 穆公不說 召伯樂而問之曰 敗矣 子之所使求者 毛物牝牡弗能知 又何馬之能知 伯樂喟然大息曰 一至此乎 是乃其所以千萬臣而無數者也 若堙之所觀者 天機也 得其精而忘其粗 在內而忘其外 見其所見 而不見其所不見 視其所視 而遺其所不視 若彼之所相者 乃有貴乎馬者 馬至而果千里之馬 故老子曰 大直若屈 大巧若拙

※

1 秦穆公謂伯樂(진목공위백락): 진목공秦穆公은 춘추시대 오패의 한 사람.
   백락伯樂은 말을 잘 감정하는 사람.

2 子姓(자성): 자손의 뜻. 그대의 자손. 곧 백락의 아들을 뜻함.

3 若滅若失若亡(약멸약실약망): 약멸若滅은 그 말의 상에 나타나지 않는
   것. 약실若失은 잠깐 들어왔다 잠깐 나가는 것. 약망若亡은 방불해 미치지
   못하는 것.

4 絶塵弭轍(절진미철): 먼지를 일으키지 않고 달리는데 수레바퀴가 도는
   것보다 더욱 빠르다는 뜻. 곧 천리마의 달리는 모습.

5 九方堙(구방인): 사람 이름.

6 沙邱(사구): 땅 이름.

11. 국가의 치욕을 받는 자가 사직의 주인이다

오기吳起가 초나라의 영윤令尹이 되어 위魏나라로 가서 굴의약屈宜若에
게 물었다.

"초나라의 왕은 오기의 불초不肖함을 알지 못하고 영윤으로 삼았습니
다. 선생께서 시험 삼아 오기의 사람됨을 살펴주십시오."

굴의약이 말했다.

"장차 무엇을 할 것입니까?"

오기가 말했다.

"장차 초나라의 작위를 줄여서 녹봉의 제도를 공평하게 하고, 그
여유가 있는 것들을 덜어서 그 부족한 것들을 편안하게 하고, 군사들을
훈련시켜서 제때에 천하의 이로움을 다툴 것입니다."

굴의약이 대답했다.

"이 굴의약은 예로부터 국가를 잘 다스리는 자는 그 옛 제도를 변화시
키지 않고 그 떳떳한 것들을 바꾸지 않는다고 들었습니다. 지금 그대가
초나라의 관직을 줄이고 녹봉의 제도를 공평하게 하고 여유가 있는
것들을 덜어 부족한 것들을 편안하게 한다고 하는 것은 그 옛 것을
변화시키고 그 떳떳한 것들을 바꾸는 것입니다. 행하게 되면 이롭지
못할 것입니다. 굴의약이 듣건대 '노여워하는 자는 덕을 거역하는
것이며 군사는 흉한 무기이고 다투는 것은 사람의 근본이다.'라고
했습니다.

지금 그대는 몰래 덕을 거역하는 계략을 꾸미고 흉기를 쓰며 좋아했고
사람들이 다투는 바에서 시작해 거역함으로 이르는 것입니다. 또 그대
는 노魯나라의 군사를 사용해 제齊나라에 뜻을 얻는 것이 마땅하지
않았는데도 뜻을 얻었으며, 그대가 위魏나라의 군사를 사용해 진秦나라
에 뜻을 얻는 것이 마땅하지 않았는데도 뜻을 얻었습니다. 굴의약이
듣자니 '남에게 재앙을 가하지 않으면 재앙은 이루어지지 않는다.'라고
했습니다. 나는 진실로 우리 왕이 술수에 현혹되어 하늘의 도를 거역하
고 사람의 도리를 어기고도 지금에 이르러서 재앙을 당하지 않았기에
지금 그대를 기다린 것입니다."

오기가 두려워하며 말했다.

"오히려 고칠 수가 있겠습니까?"

굴의약이 말했다.

"형체가 성립된 무리는 아래에서 고칠 수가 없는 것입니다. 그대가
두터이 백성을 사랑하고 독실하게 행동하는 것만 같지 못할 것입니다."

그러므로 노자는 『도덕경』 4장에서 '그 날카로운 것을 꺾고 그 어지러
운 것을 풀며 그 광채를 고르게 하고 그 티끌을 함께한다.'라고 한

것이다.

진晉나라가 초楚나라를 정벌해 90리에 이르렀는데도 중지하지 않았다. 대부大夫들이 진나라를 공격할 것을 청하자 장왕莊王이 말했다.

"선군(先君: 돌아가신 군주) 때에는 진나라가 초나라를 정벌하지 않았다. 과인의 시대에 이르러 진晉나라가 초나라를 정벌하는데 이것은 과인의 허물이다. 왜 이 같은 수모를 당하는가?"

모든 대부들이 말했다.

"선군의 시대에는 진나라에서 초나라를 정벌하지 않는데 지금 신들의 시대에 진나라가 초나라를 정벌했습니다. 이것은 신하들의 죄 때문입니다. 청컨대 공격할 수 있게 해주십시오."

장왕이 고개를 숙이고 눈물을 흘려 옷깃을 적시더니 일어나 뭇 대부에게 절을 했다.

진晉나라 사람들이 듣고 말했다.

"군주와 신하가 앞다퉈 자신에게 허물이 있다고 하고 또 가볍게 그 신하들에게 몸을 낮추었으니 가히 정벌하지 못할 것이다."

이에 밤에 군사를 돌려서 돌아갔다.

그러므로 노자는 『도덕경』 78장에서 '능히 나라의 치욕을 받는 자, 이 사람이 사직의 주인이다.'라고 한 것이다.

吳起[1]爲楚令尹 適魏 問屈宜若[2]曰 王不知起之不肖 而以爲令尹 先生試觀起之爲人也 屈子曰 將奈何 吳起曰 將衰楚國之爵 而平其制祿 損其有餘 而綏其不足 砥礪甲兵 時爭利於天下 屈子曰 宜若聞之 昔善治國家者 不變其故 不易其常 今子將衰楚國之爵 而平其制祿 損其有餘 而綏其不足 是變其故 易其常也 行之者不利 宜若聞之曰 怒者逆德也

兵者凶器也 爭者人之所本也 今子陰謀逆德 好用凶器 始人之所本 逆
之至也 且子用魯兵 不宜得志於齊 而得志焉 子用魏兵 不宜得志於秦
而得志焉 宜若聞之 非禍人不能成禍 吾固惑吾王之數逆天道 戾人理
至今無禍 差須[3]夫子也 吳起愒然[4]曰 尙可更乎 屈子曰 成形之徒 不可更
也 子不若敦愛而篤行之 老子曰 挫其銳 解其紛 和其光 同其塵 晉伐楚
三舍[5]不止 大夫請擊之 莊王曰 先君之時 晉不伐楚 及孤之身 而晉伐楚
是孤之過也 若何其辱 群大夫曰 先臣之時 晉不伐楚 今臣之身 而晉伐
楚 此臣之罪也 請三[6]擊之 王俛而泣涕沾襟 起而拜群大夫 晉人聞之曰
君臣爭以過爲在己 且輕下其臣 不可伐也 夜還師而歸 老子曰 能受國
之垢 是謂社稷主

※

1 吳起(오기): 위魏나라 사람이며 병법가이다.

2 屈宜若(굴의약): 초나라의 대부이며 망명해 위나라에 있었다.

3 差須(차수): 기다리다의 뜻.

4 愒然(척연): 두려워하다.

5 三舍(삼사): 90리. 1사舍는 30리이다.

6 三(삼): 『태평어람』에는 이 글자가 없다고 했다.

12. 형혹성은 하늘의 징벌이다

송宋나라의 경공景公 때 형혹성(熒惑星: 화성)이 심수(心宿: 心星)에
있었다. 경공이 두려워하고 별을 주관하는 자위子韋를 불러 물었다.

"형혹성이 심수에 있는 것은 무엇 때문인가?"

자위가 대답해 말했다.

"형혹성이란 것은 하늘의 징벌입니다. 심수心宿는 송나라의 분야입

니다. 재앙은 또 군주에게 해당됩니다. 비록 그렇더라도 재상에게 넘길 수도 있습니다."

경공이 말했다.

"재상은 국가를 다스리는 직책인데 죽음을 넘긴다는 것은 상서롭지 못한 것이다."

자위가 말했다.

"백성들에게 넘길 수도 있습니다."

경공이 또 말했다.

"백성들이 죽으면 과인이 누구의 군주가 된다는 말인가? 차라리 홀로 죽을 것이다."

자위가 말했다.

"가히 한 해를 넘겨 흉년이 들게 할 수 있습니다."

경공이 말했다.

"한 해는 백성들의 생명인데 한 해를 굶주리게 하면 백성들이 반드시 죽을 것이다. 사람의 군주가 되어서 그의 백성들을 굶어 죽게 하고 자신만 살고자 한다면 그 누가 나를 군주로 삼겠는가? 이것은 과인의 운명이 진실로 이미 다한 것이다. 자위는 다시는 말하지 말라."

자위가 물러나 달려 북면하고 재배하면서 말했다.

"감히 군주께 경하 드리옵니다. 하늘은 높은 곳에 있어서 낮은 땅의 이야기를 듣습니다. 군주께서 사람의 군주 된 세 가지를 말씀하셨으니 하늘은 반드시 군주께 세 번의 상을 내리실 것입니다. 오늘 저녁에 별이 반드시 자리를 세 번 옮길 것이며 군주의 수명은 21년이 연장될 것입니다."

경공이 말했다.

"그대는 어떻게 알 수 있는 것인가?"

자위가 대답해 말했다.

"군주께서는 사람의 군주 된 세 가지를 말씀하셨습니다. 그러므로 세 번의 상이 있을 것이며, 별은 반드시 세 번 자리를 옮길 것입니다. 한 번 자리를 옮길 때 7리七里를 가는데 3×7은 21입니다. 그러므로 군주의 수명이 21세가 연장될 것입니다. 신은 폐하께서 엎드려 엿보시기를 청합니다. 별이 옮겨 가지 않게 된다면 신은 죽음을 청하겠습니다."

경공이 말했다.

"좋소."

그날 저녁에 별이 과연 세 번을 옮겨 갔다.

그러므로 노자는 『도덕경』 78장에서 '능히 국가의 상서롭지 못한 것을 받아들이는 자, 이 사람을 천하의 왕이라고 한다.'라고 한 것이다.

옛날에 공손룡公孫龍이 조趙나라에 있을 때 제자에게 일러 말했다.

"능력이 없는 자와는 공손룡이 교유할 수 없다."

이때 천박한 옷에 새끼로 띠를 맨 손님이 찾아와 뵙고 말했다.

"저는 능히 큰 소리를 칠 수가 있습니다."

공손룡이 돌아보고 제자들에게 일러 말했다.

"제자 중에서 짐짓 큰 소리로 외칠 사가 있느냐?"

제자들이 대답했다.

"없습니다."

이에 공손룡이 말했다.

"이 사람을 제자들의 명적에 넣어라."

그 뒤 수일 만에 연왕燕王에게 유세하러 가는데 하수河水 가에 이르렀다. 배는 강의 저쪽에 있었다. 이때 큰 소리로 잘 외치는 자를 시켜서 외치게 했다. 한 번 외쳤는데 배가 왔다.

　그래서 이르기를 '성인이 세상에 처함에는 기능이 있는 선비를 거역
하지 않는다.'라고 했다.

　그러므로 노자는 『도덕경』 28장에서 '사람을 잘 구하므로 사람을
버리는 일이 없고, 물건을 잘 구하므로 물건을 버리는 일이 없으니
이것을 일러 밝은 덕을 지녔다고 한다.'라고 한 것이다.

宋景公之時 熒惑在心 公懼 召子韋[1]而問焉 曰 熒惑在心 何也 子韋曰
熒惑 天罰也 心 宋分野 禍且當君 雖然 可移於宰相 公曰 宰相所使治國
家也 而移死焉 不祥 子韋曰 可移於民 公曰 民死 寡人誰爲君乎 寧獨死
耳 子韋曰 可移於歲[2] 公曰 歲 民之命 歲饑 民必死矣 爲人君而欲殺其民
以自活也 其誰以我爲君者乎 是寡人之命 固已盡矣 子韋無復言矣 子
韋還走 北面再拜曰 敢賀君 天之處高而聽卑 君有君人之言三 天必有
三賞君 今夕星必徙三舍 君延年二十一歲 公曰 子奚以知之 對曰 君有
君人之言三 故有三賞 星必三徙舍 舍行七里 三七二十一 故君移年二
十一歲 臣請伏於陛下以伺之 星不徙 臣請死之 公曰 可 是夕也 星果三
徙舍 故老子曰 能受國之不祥 是謂天下王 昔者公孫龍[3]在趙之時 謂弟
子曰 人而無能者 龍不能與游 有客衣褐帶索而見曰 臣能呼 公孫龍顧
謂弟子曰 門下故有能呼者乎 對曰 無有 公孫龍曰 與之弟子之籍 後數
日 往說燕王 至於河上 而航在一氾 使善呼者呼之 一呼而航來 故曰
聖人之處世 不逆有伎能之士 故老子曰 人無棄人 物無棄物 是謂襲明

＊

1 子韋(자위) : 송宋나라 경공 때 별자리를 관장하던 신하의 이름.
2 歲(세) : 본래 풍년을 뜻한다. 여기서는 흉년이 들게 한다는 뜻.

3 公孫龍(공손룡): 전국시대 때 변론가. 초楚나라 사람. 저서로는『공손룡자公
孫龍子』가 있다.

13. 자발子發이 채蔡나라를 공격하다

초나라의 자발子發이 채蔡나라를 공격해 승리했다. 선왕宣王이 교외까
지 마중 나가고 전답 1백경一百頃을 나누어 따로 떼어 주고 봉해 집규執圭
로 삼으려고 했다. 자발이 사양하고 받지 않으면서 말했다.

"나라를 다스리고 정치를 세워 제후들이 빈賓으로 들어오는 것,
이것은 군주의 덕입니다. 호령을 발동하고 명령을 시행해 적군과 대적
하기도 전에 적이 도망치는 것, 이것은 장군의 위엄입니다. 군대가
전법을 펴서 적군에게 승리하는 것, 이것은 백성들의 힘입니다. 대개
백성들의 공로에 편승해서 그들의 작위와 녹봉을 취하는 것은 인의仁義
의 도가 아닌 것입니다. 그러므로 사양하고 받지 않는 것입니다."

그러므로 노자는『도덕경』2장에서 '공로를 이루어도 지위에 머무르
지 않는다. 오직 머무르지 않는지라. 이 때문에 제거되지도 않는 것이
다.'라고 한 것이다.

진晉나라의 문공文公이 원읍原邑을 정벌하는데 대부들에게 3일의
기간을 주었다. 3일이 되었는데도 원읍이 항복하지 않았다. 문공이
군사를 퇴각시키라고 명령했다. 이때 군리軍吏가 말했다.

"원읍은 하루나 이틀이 지나지 않아서 장차 항복할 것입니다."
문공이 말했다.

"나는 원읍을 3일 만에 함락시키지 못한다는 것을 알지 못하고 대부들
과 약속을 했다. 약속한 기한이 다 지났는데도 중지하지 못했다. 신용을

잃으면서까지 원읍을 얻는 것을 나는 하지 않을 것이다."

원읍 사람들이 듣고 말했다.

"군주가 있는데 이와 같다면 가히 항복하지 않겠는가?"

드디어 항복했다. 온溫 땅 사람들도 듣고 또한 항복을 청했다. 그러므로 노자는 『도덕경』 21장과 62장에서 '깊고 아득하며 어두컴컴한 속에 정情이 있고 그 정은 매우 참되어 그 속에는 믿음이 있다. 그러므로 아름다운 말로 높은 지위와 신분을 살 수 있고 아름다운 행실로 사람에게 베풀 수 있다.'라고 한 것이다.

공의휴公儀休가 노나라의 재상이 되었는데 생선을 즐겨 먹었다. 나라 안에서 생선을 바치는 자가 있었다. 공의휴는 받지 않았다. 그의 제자가 간해 말했다.

"부자(夫子: 선생)께서는 생선을 좋아하시는데 왜 받지 않으십니까?

공의휴가 대답했다.

"생선을 좋아하므로 받지 않는 것이다. 생선을 받는다면 재상에서 면직될 것이다. 그러면 비록 생선을 좋아하더라도 능히 스스로 생선을 공급하지도 못할 것이다. 생선을 받지 않는다면 재상에서도 면직되지 않고 능히 오래도록 생선을 스스로 공급할 수 있을 것이다."

이는 남을 위하고 자신을 위하는 데 밝은 사람이다. 그러므로 노자는 『도덕경』 7장에서 '그 몸을 뒤로 해도 몸이 먼저가 되고 그 몸을 밖으로 해도 몸이 있게 된다. 사심이 없기 때문이 아닌가? 그러므로 능히 사사로운 마음을 이룬다.'라고 했고 또 44장에서는 '족함을 알게 되면 욕되지 않는다.'라고 한 것이다.

子發攻蔡 踰之[1] 宣王郊迎 列田百頃 而封之執圭 子發辭不受 曰 治國立

政 諸侯入賓 此君之德也 發號施令 師未合而敵遁 此將軍之威也 兵陳
戰而勝敵者 此庶民之力也 夫乘民之功勞 而取其爵祿者 非仁義之道也
故辭而弗受 故老子曰 功成而不居 夫惟不居 是以不去 晉文公伐原[2]
與大夫期三日 三日而原不降 文公令去之 軍吏曰 原不過一二日將降矣
君曰吾不知原三日而不可得下也 以與大夫期 盡而不罷 失信得原 吾弗
爲也 原人聞之曰 有君若此 可弗降也 遂降 溫人[3]聞 亦請降 故老子曰
窈兮冥兮 其中有精 其精甚眞 其中有信 故美言可以市尊 美行可以加
人 公儀休[4]相魯 而嗜魚 一國獻魚 公儀子不受 其弟子諫曰 夫子嗜魚
弗受何也 答曰 夫唯嗜魚 故弗受 夫受魚而免於相 雖嗜魚 不能自給魚
毋受魚而不免於相 則能長自給魚 此明於爲人爲己者也 故老子曰 後其
身而身先 外其身而身存 非以其無私邪 故能成其私 一曰 知足不辱

※

1 子發攻蔡踰之(자발공채유지): 자발子發은 초楚나라 선왕宣王 때의 장수. 유지
踰之는 이기다의 뜻.

2 伐原(벌원): 원읍原邑을 치다. 원읍은 본래 주周나라의 읍이었다. 양왕襄王이
문공에게 원읍을 하사했는데 원읍이 반역을 한 것이다.

3 溫人(온인): 온溫은 땅 이름이다. 본래 주나라의 읍이었는데 문공에게 하사했
다. 원읍과 함께 연대해 배반했다.

4 公儀休(공의휴): 노魯나라의 박사인데 당시 재상이 되었다.

14. 세 가지 원망이 있는 것을 아는가?

호구장인狐邱丈人이 손숙오孫叔敖에게 일러 말했다.

"사람에게는 세 가지의 원한을 사는 게 있는데 그대는 알고 있는가?"

손숙오가 말했다.

"무엇을 이르는 것입니까?"

호구장인이 대답해 말했다.

"작위가 높아지면 사(士: 선비)들이 투기하게 되고, 관직이 커지면 군주가 미워하게 되고, 녹봉이 많아지면 원망에 처하게 되는 것이네."

손숙오가 말했다.

"내 작위가 더욱 높아지면 나의 뜻을 더욱 낮추고, 내 관직이 더욱 커지면 나의 마음을 더욱 작게 하고, 내 녹봉이 더욱 많아지면 나는 베푸는 것을 더욱 넓게 할 것입니다. 이것으로써 세 가지의 원망을 면할 수 있을 것입니다."

그러므로 노자는 『도덕경』 39장에서 '귀한 것은 반드시 천한 것을 근본으로 삼고 높은 것은 반드시 낮은 것을 기본으로 삼는 것이다.'라고 한 것이다.

대사마大司馬 밑에서 쇠고리를 만드는 자는 나이가 80세인데도 쇠고리를 구멍에 끼우는데 실수가 없었다.

대사마가 말했다.

"그대의 솜씨가 교묘하구나! 도道가 있는가?"

쇠고리를 만드는 자가 말했다.

"신臣에게는 지키는 것이 있습니다. 저는 20세 때부터 쇠고리를 만드는 것을 좋아해 다른 물건은 쳐다보지도 않았고 쇠고리가 아니면 살펴보지 않았습니다."

이 때문에 사용하는 자는 반드시 사용하지 않는 것에 빌려서 길이 그 사용함을 얻는데 하물며 가져서 사용하지 못함이 없거늘 사물을 누가 구제하지 못하랴! 그러므로 노자는 『도덕경』 23장에서 '도道를 섬겨서 따르는 자는 도와 함께한다.'라고 한 것이다.

주周나라의 문왕이 덕을 연마하고 정치를 닦아 3년 만에 천하의 3분의 2가 그에게 돌아왔다. 주왕紂王이 듣고 근심해 말했다.

"내 일찍 일어나고 늦게 잠을 자며 함께 행동을 겨룬다면 마음이 괴롭고 몸이 피로할 것이며 놓아두고 방치한다면 나 한 사람을 정벌할까 두렵다."

숭후崇侯인 호虎가 말했다.

"주백周伯인 창昌은 인의를 행하고 계책이 뛰어납니다. 태자太子인 발發은 용감하고 주저함이 없습니다. 중자(中子: 가운데 아들)인 단旦은 공손하고 검소하며 때를 압니다. 함께 행동을 겨룬다면 그 재앙을 감당하지 못할 것입니다. 또 멋대로 하게 방치한다면 폐하께서는 반드시 위태해져 망할 것입니다. 관은 비록 해졌어도 반드시 머리에 쓰는 것입니다. 그들이 사업을 이루기 전에 도모하기를 청합니다."

이에 굴상屈商을 시켜 문왕을 유리羑里에 가두게 했다.

이때 산의생散宜生이 1천금을 가지고 천하의 진귀한 것들을 구했는데 추우騶虞와 계사雞斯 등의 말과 현옥玄玉 백공百工과 대패大貝 백붕百朋과 현표玄豹와 황비黃羆와 청안靑犴과 백호白虎의 문피천합文皮千合을 구해 주紂에게 바치고 비중費仲을 통해 주왕을 알현하자 기뻐했다. 이에 문왕을 풀어 주고 소를 잡아 하사했다.

문왕이 돌아와서는 옥문玉門을 만들고 영대靈臺를 쌓아 여자아이들과 함께 종과 북을 울리고 주紂의 실정을 기다렸다. 주왕이 이러한 소식을 듣고 말했다.

"주백 창昌이 도를 바꾸고 행동도 바꾸었으므로 나는 근심이 없다."

이에 포락炮烙의 형벌을 행하고 왕자 비간의 심장을 쪼개 보고 임신한 여자의 배를 갈라 보고 간하는 자를 죽이는 일을 했다.

　문왕이 이에 그의 계책을 성공시켰다. 그러므로 노자는『도덕경』
28장에서 '그 영화로움을 알고 그 욕됨을 지키면 천하의 계곡이 된다.'라
고 한 것이다.

狐邱丈人¹謂孫叔敖²曰 人有三怨 子知之乎 孫叔敖曰 何謂也 對曰 爵高
者士妒之 官大者主惡之 祿厚者怨處之 孫叔敖曰 吾爵益高 吾志益下
吾官益大 吾心益小 吾祿益厚 吾施益博 是以免三怨 可乎 故老子曰
貴必以賤爲本 高必以下爲基 大司馬捶鉤³者 年八十矣 而不失鉤芒⁴
大司馬曰 子巧邪 有道邪 曰 臣有守也 臣年二十好捶鉤 於物無視也
非鉤無察也 是以用之者 必假於弗用也 而以長得其用 而況持無不用者
乎 物孰不濟焉 故老子曰 從事於道者同於道 文王砥德⁵修政 三年而天
下二垂歸之 紂聞而患之曰 余夙興夜寐 與之競行 則苦心勞形 縱而置
之 恐伐余一人 崇侯虎⁶曰 周伯昌⁷行仁義而善謀 太子發⁸勇敢而不疑
中子旦⁹恭儉而知時 若與之從 則不堪其殃 縱而赦之 身必危亡 冠雖弊
必加於頭 及未成 請圖之 屈商¹⁰乃拘文王於羑里¹¹ 於是散宜生¹²乃以千
金求天下之珍怪 得騶虞雞斯之乘¹³ 玄玉百工 大貝百朋 玄豹黃羆青犴¹⁴
白虎文皮千合 以獻於紂 因費仲¹⁵而通 紂見而說之 乃免其身 殺牛而賜
之 文王歸 乃爲玉門 築靈臺 相女童 擊鐘鼓 以待紂之失也 紂聞之曰
周伯昌改道易行 吾無憂矣 乃爲炮烙 剖比干 剔孕婦 殺諫者 文王乃遂
其謀 故老子曰 知其榮 守其辱 爲天下谷

※

1 狐邱丈人(호구장인): 호구狐邱는 땅 이름. 장인丈人은 늙어서 남에게 의지하
　는 사람의 뜻.
2 孫叔敖(손숙오): 초楚나라의 유명한 재상. 양두사兩頭蛇의 이야기로 유명함.

3 大司馬捶鉤(대사마추구): 대사마大司馬는 관직 이름. 추구捶鉤는 쇠고리를 만드는 사람이라는 뜻.

4 鉤芒(구망): 쇠고리가 낚싯바늘의 혀처럼 생긴 것을 뜻한다.

5 砥德(지덕): 덕을 연마하다. 지砥는 힘쓰다의 뜻.

6 崇侯虎(숭후호): 주왕의 신하.

7 昌(창): 문왕의 이름.

8 發(발): 주나라 무왕의 이름.

9 旦(단): 주나라 주공의 이름.

10 屈商(굴상): 주왕의 신하.

11 羑里(유리): 하내河內 탕읍에 있는 지명.

12 散宜生(산의생): 문왕의 신하.

13 騶虞雞斯之乘(추우계사지승): 추우騶虞는 백호白虎. 검정 무늬가 있다. 인仁해 스스로 죽은 짐승만 먹는다. 하루에 천 리를 간다. 계사雞斯는 신마神馬이다. 승乘은 말의 뜻.

14 靑犴(청안): 호胡 땅에 사는 들개.

15 費仲(비중): 주紂의 아첨하는 신하.

15. 윤일尹佚과의 정치에 관한 문답

주周나라의 성왕成王이 정치에 대해 윤일尹佚에게 물어 말했다.

"내 어떤 덕으로 행해야 백성들이 위와 친하겠는가?"

윤일이 대답했다.

"제때에 부리고 공경해 따르게 해야 하는 것입니다."

성왕이 말했다.

"그 법도를 어떻게 살펴야 하는가?"

윤일이 대답했다.

"깊은 연못에 다다른 것처럼 하고 살얼음을 밟는 것처럼 해야 합니다."

성왕이 말했다.

"두렵구나! 사람의 왕이라는 것이."

윤일이 대답했다.

"하늘과 땅 사이와 사해四海의 안에서는 잘하면 나의 가축처럼 되지만 잘못하면 나의 원수가 되는 것입니다. 옛날에 하夏나라와 상商나라의 신하들은 도리어 걸桀과 주紂를 원수같이 여기고 탕왕과 무왕의 신하가 되었습니다. 또 숙사宿沙의 백성들은 모두가 스스로 그의 임금을 공격 하고 신농神農에게로 돌아갔습니다. 이러한 것은 세상에서 밝게 알려진 바입니다. 어찌 그것이 두렵지 않겠습니까?"

그러므로 노자는 『도덕경』 20장에서 '사람이 두려워하는 바를 두려워 하지 않을 수가 없다.'라고 한 것이다.

도척盜跖의 부하가 도척에게 물었다.

"도적에게도 도가 있습니까?"

도척이 대답했다.

"어느 곳이든 도가 없겠는가? 대개 마음으로 감춰진 것을 알아맞히는 것은 도둑의 성聖이다. 남보다 먼저 들어가는 것은 도둑의 용勇이다. 물러날 때 제일 뒤에 하는 것은 의義이다. 공평하게 분배하는 것은 도둑의 인仁이다. 일의 성패成敗를 아는 것은 도둑의 지智이다. 이상의 다섯 가지가 갖추어지지 않고 능히 대도大盜라는 이름을 성취한 자는 천하에는 없었다."

이러한 것으로 말미암아 살펴보건대 도적의 마음도 반드시 성인의 도에 의탁한 뒤에 가히 행해지는 것이다. 그러므로 노자는 『도덕경』 19장에서 '성聖을 끊고 지智를 버리면 백성들의 이익이 백 배나 된다.'라고 한 것이다.

초나라의 장군인 자발子發이 기도(技道: 특기)를 가진 선비를 구하는 것을 좋아했다. 초나라에 도둑질을 잘하는 사람이 있었다. 도둑이 자발을 찾아와서 만나보고 물었다.

"장군께서는 기도技道를 가진 선비를 구하신다고 하는데, 저는 시투市偸라는 도둑입니다. 원컨대 기술이 있으니 1명의 부하로 거두어 주십시오."

자발이 그의 말을 듣고는 옷에 띠도 매지 않고 관도 바로잡지 않고 나와서 보고는 예로써 맞았다. 좌우에서 간해 말했다.

"저 시투市偸는 천하의 도둑입니다. 무엇 때문에 예를 갖추시는 것입니까?"

장군이 말했다.

"이것은 좌우인 그대들이 알 바는 아니야!"

뒤에 얼마 안 되어 제齊나라에서 군사를 일으켜 초나라를 공격했다. 이때 자발이 군사를 이끌고 가서 대적했는데 군사들이 세 번이나 후퇴했다. 초나라의 현량과 대부들이 모두 그 계책을 다하고 그들의 정성을 다했으나 제나라의 군사는 더욱 강력해졌다. 이에 시투가 앞으로 나아가 청해 말했다.

"저에게는 보잘것없는 기술이 있습니다. 원컨대 장군을 위한 행동을 하는데 사용하게 해주십시오."

자발이 말했다.

"허락한다."

시투의 계획을 묻지도 않고 보냈다. 시투는 밤에 제나라 장군의 군막을 벗겨 자발에게 올렸다. 자발이 사람을 시켜 돌려보내면서 이렇게 말하도록 했다.

"졸병이 땔나무를 하러 나갔다가 장군의 군막을 얻어 집사를 시켜서 돌려보냅니다."

다음날 또 가서 제나라 장군의 베개를 가지고 왔다. 자발이 또 사람을 시켜 돌려보냈다. 다음날 또 다시 가서 장군의 비녀를 훔쳐 왔다. 자발이 다시 사자를 시켜 돌려보냈다. 제나라의 군사들이 소문을 듣고 는 크게 놀랐다. 장군이 그의 군사 참모들과 모의해서 말했다.

"오늘 안으로 철수하지 않으면 초나라 장수가 나의 머리를 베어 갈까 두렵다."

이에 군사를 돌려 퇴각했다. 그러므로 '가늘어도 능히 가벼이 여길 것이 없다.'라고 일렀다. 인군人君이 사용하는데 있을 따름이다.

그러므로 노자는 『도덕경』 28장에서 '불선인不善人은 선한 사람의 바탕이다.'라고 한 것이다.

成王問政於尹佚[1]曰 吾何德之行 而民親其上 對曰 使之時而敬順之 王曰 其度安在 曰 如臨深淵 如履薄冰 王曰 懼哉 王人乎 尹佚曰 天地之間 四海之內 善之則吾畜也 不善則吾讎也 昔夏商之臣 反讎桀紂而臣湯武 宿沙之民[2] 皆自攻其君而歸神農[3] 此世之所明知也 如何其無懼也 故老 子曰 人之所畏 不可不畏也 跖之徒問跖曰 盜亦有道乎 跖曰 奚適其無 道也 夫意而中藏者 聖也 入先者 勇也 出後者 義也 分均者 仁也 知可否 者 智也 五者不備 而能成大盜者 天下無之 由此觀之 盜賊之心 必託聖 人之道 而後可行 故老子曰 絶聖棄智 民利百倍 楚將子發好求技道之 士 楚有善爲偸者 往見曰 聞君求技道之士[4] 臣偸也 願以技齎一卒[5] 子發 聞之 衣不給帶 冠不暇正 出見而禮之 左右諫曰 偸者天下之盜也 何爲

之禮 君曰 此非左右之所得與 後無幾何 齊興兵伐楚 子發將師以當之
兵三卻 楚賢良大夫 皆盡其計而悉其誠 齊師愈强 於是市偸進請曰 臣
有薄技 願爲君行之 子發曰 諾 不問其辭而遣之 偸則夜解齊將軍之幬
帳而獻之 子發因使人歸之 曰 卒有出薪者 得將軍之帷 使歸之於執事
明又復往 取其枕 子發又使人歸之 明日 又復往取其簪 子發又使歸之
齊師聞之 大駭 將軍與軍吏謀曰 今日不去 楚君恐取吾頭 乃還師而去
故曰 無細而能薄 在人君用之耳 故老子曰 不善人 善人之資也

※

1 尹佚(윤일): 사일史佚이며 성왕의 신하.

2 宿沙之民(숙사지민): 복희씨伏犧氏와 신농씨神農氏 사이에 공공共工이 있어
　서 숙사 땅에서 패자가 되었다고 했다.

3 神農(신농): 상고시대 때 중국 고대의 제왕. 농사의 신이기도 하다.

4 技道之士(기도지사): 특기가 있는 사람의 뜻.

5 技齎一卒(기제일졸): 특기가 있으니 장군의 부하로 써달라는 뜻.

16. 안회顔回의 좌망坐忘이란…

안회顔回가 공자(孔子: 仲尼: 공자의 字)에게 일러 말했다.

"저는 더욱 진전했습니다."

공자가 말했다.

"무엇을 이르는 것이냐?"

"저 안회는 예와 음악을 잊었습니다."

공자가 말했다.

"잘했다. 그러나 아직은 부족하다."

다른 날에 다시 찾아뵙고 말했다.

"저 안회는 더욱 진전했습니다."

공자가 말했다.

"무엇을 이르는 것이냐?"

"저 안회는 인仁과 의義를 잊었습니다."

공자가 말했다.

"잘했다. 그러나 아직은 부족하다."

다른 날에 다시 찾아뵙고 말했다.

"저 안회는 좌망坐忘했습니다."

공자가 긴장하고 말했다.

"무엇을 좌망이라고 하느냐?"

안회가 말했다.

"사지를 타태하게 하고 총명한 것을 내쫓고 형체에서 떠나 아는 것들을 버리고 변화의 통달함을 꿰뚫었습니다. 이것을 좌망이라고 이르는 것입니다."

공자가 말했다.

"꿰뚫었다면 선이 없는 것이고 변화했으면 떳떳함이 없는 것이다. 대개 그대는 현인賢人에 들어간 것이구나. 나도 따라서 뒤에 하기를 청한다."

그러므로 노자는 『도덕경』 10장에서 '영백營魄을 싣고 하나를 안아 능히 떠나는 일이 없고 기운을 오롯이 하고 부드러움을 다해 능히 어린아이와 같다.'라고 한 것이다.

진秦나라의 목공穆公이 군사를 일으켜 장차 정鄭나라를 습격하려 하는데 건숙蹇叔이 말했다.

"불가합니다. 신이 듣건대 국가를 습격하는 것은 수레는 1백 대에 지나지 않고 사람은 30리를 지나지 않는다고 했습니다. 그래야 그 계획이 발설되지 않고 군사들의 장비가 무뎌지지도 않으며 양식이 떨어지는데 이르지 않고 백성들이 피곤해 병들지도 않습니다. 모두가 그의 기운이 높아지고 그의 힘이 왕성해져 이 때문에 적군을 범하면 능히 멸망시키는 것입니다. 지금 군사들이 수천 리를 행군하고 또 자주 제후들의 땅을 넘어 나라를 습격하는 것이 옳은지 신으로서는 알지 못하겠습니다. 군주께서는 신중하게 도모하십시오."

목공이 듣지 않았다. 건숙이 군사를 전송하면서 상복을 걸치고 곡을 했다. 군사가 드디어 출동했는데 주周나라를 거쳐 동쪽으로 갔다. 때마침 정鄭나라의 장사꾼인 현고弦高가 정나라 백작의 명령이라고 속이고 소 열두 마리를 잡아 진나라의 군사를 위로하고 손님으로 대접했다. 진秦나라의 세 장수가 이에 두려워하고 계획을 세워 말했다.

"우리 군사들은 수천 리 길을 행군해 남의 나라를 엄습하려 하는데 도착도 하기 전에 적들이 이미 알아차린 것입니다. 그들의 방비는 반드시 먼저 이루어졌을 것입니다. 가히 습격하지 못할 것입니다. 군사를 돌려서 떠나야 합니다."

이때에 진晉나라의 문공이 때마침 죽었는데 아직 장례를 치르지 않았다. 진晉나라 대부인 선진先軫이 양공襄公에게 말했다.

"옛날에 우리의 선군先君과 진秦나라의 목공穆公의 교제는 천하에 듣지 못한 이가 없으며 제후들도 알지 못하는 자가 없습니다. 이제 우리의 군주께서 돌아가셨고 아직 장례를 치르지 않았는데 우리의 상喪에 조문도 오지 않고 길을 빌려 달라는 말도 없으니 이것은 우리의 군주께서 돌아가셔서 우리를 고아의 유약한 처지로 보는 것입니다.

청컨대 공격하십시오."

양공이 허락했다. 선진이 군사를 일으켜 진秦나라의 군사를 효殽
땅에서 맞이해 싸워 3명의 장수를 사로잡아 돌아왔다.

진秦나라의 목공이 소식을 듣고 소복素服을 입고 사당에 나아가
백성들에게 해명했다.

그러므로 노자는 『도덕경』 71장에서 '알면서 알지 못한다고 하는
것은 최상이요, 알지 못하면서 안다는 것은 병이다.'라고 한 것이다.

제齊나라 왕王의 후后가 죽었다. 왕이 다시 후를 세우고자 했는데
아직 정해지지 않았다. 모든 신하에게 이 일을 의논하게 했다. 이때
설공薛公이 왕의 의중에 맞게 하기 위해 10개의 귀고리를 올렸는데
그 중에서 1개는 아주 아름다웠다.

다음날 아침 아름다운 귀고리의 소재를 찾게 하고 인해 세우라고
권해 왕후로 삼게 했다. 제나라 왕이 크게 기뻐하고 드디어 설공을
존중했다.

군주가 뜻하는 바를 밖으로 드러내면 신하들에게 제재 당하게 되는
것이다. 그러므로 노자는 『도덕경』 52장에서 '그 구멍을 막고 그 문을
닫으면 일평생 지치지 않는다.'라고 한 것이다.

顔囘謂仲尼曰 囘益矣 仲尼曰 何謂也 曰 囘忘禮樂[1]矣 仲尼曰 可矣 猶未
也 異日復見 曰 囘益矣 仲尼曰 何謂也 曰 囘忘仁義矣 仲尼曰 可矣
猶未也 異日復見 曰 囘坐忘[2]矣 仲尼遽然曰 何謂坐忘 顔囘曰 墮支體
黜聰明 離形去知 洞於化通 是謂坐忘 仲尼曰 洞則無善也 化則無常矣
而夫子薦賢[3] 丘請從之後 故老子曰 載營魄抱一 能無離乎 專氣至柔
能如嬰兒乎 秦穆公興師 將以襲鄭 蹇叔[4]曰 不可 臣聞襲國者 以車不過

百里 以人不過三十里 爲其謀未及發泄也 甲兵未及銳弊也 糧食未及乏
絶也 人民未及罷病也 皆以其氣之高 與其力之盛至 是以犯敵能威 今
行數千里 又數絶諸侯之地以襲國 臣不知其可也 君重圖之 穆公不聽
蹇叔送師 衰絰而哭之 師遂行 過周而東 鄭賈人弦高⁵矯鄭伯之命 以十
二牛勞秦師而賓之 三帥乃懼而謀曰 吾行數千里以襲人 未至而人已知
之 其備必先成 不可襲也 還師而去 當此之時 晉文公適薨未葬 先軫⁶言
於襄公⁷曰 昔吾先君與穆公交 天下莫不聞 諸侯莫不知 今吾君薨未葬
而不弔吾喪 而不假道 是死吾君而弱吾孤也 請擊之 襄公許諾 先軫擧
兵而與秦師遇於殽 大破之 禽其三帥以歸 穆公聞之 素服廟臨 以說於
衆 故老子曰 知而不知尙矣 不知而知病也 齊王后死 王欲置后而未定
使群臣議 薛公欲中王之意 因獻十珥而美其一 旦日因問美珥之所在
因勸立以爲王后 齊王大說 遂尊重薛公⁸ 故人主之意欲見於外 則爲人
臣之所制 故老子曰 塞其兌 閉其門 終身不勤

※

1 囘忘禮樂(회망례악): 안회가 예의와 음악을 잊고 성聖을 끊고 지智를 버리고
　무위無爲로 들어갔다는 뜻.
2 囘坐忘(회좌망): 안회가 앉아서 그 자신을 잊고 도道에 이르렀다는 뜻.
3 子薦賢(자천현): 자子는 안회이다. 천薦은 먼저의 뜻. 안회가 먼저 현賢으로
　들어갔다는 뜻.
4 蹇叔(건숙): 진秦나라 목공의 신하.
5 弦高(현고): 정鄭나라의 장사꾼.
6 先軫(선진): 진晉나라 문공文公의 신하.
7 襄公(양공): 진晉나라 문공의 아들.
8 薛公(설공): 제齊나라의 전영田嬰을 가리킨 것. 설공에 봉해졌다.

17. 노오盧敖가 놀 때 선비를 만나다

노오盧敖는 북해에서 놀 때 태음太陰을 지나 현궐玄闕로 들어가 몽곡蒙穀의 위에 이르러 선비 한 사람을 만났다.

그는 눈이 움푹 들어갔고 검은 귀밑머리에 땀을 흘리며 어깨는 위로 올라갔고 위쪽은 살졌으며 아래는 점점 좁아졌다. 그는 자신의 뜻을 얻은 것처럼 바야흐로 바람을 맞아 춤을 추었다.

그는 뒤돌아 노오를 보고는 춤을 그치고 그의 팔뚝을 내리며 도망쳐 비석 뒤로 몸을 숨겼다.

노오가 뒤를 쫓아가 살펴보니 이제 막 거북껍질 위에 걸터앉아 대합조개를 까서 먹고 있었다.

노오가 그에게 말을 했다.

"나는 모든 이들을 등지고 무리를 떠난 사람이오. 육합六合의 밖을 모두 본 자는 이 노오말고는 없을 것이오. 이 노오는 어려서부터 놀기를 좋아했는데 어른이 되어서도 변함이 없어 사방의 끝까지 두루 돌아다녔소. 오직 북음北陰 땅만을 살펴보지 못했소. 지금 때마침 부자(夫子: 그대)를 여기에서 보았소. 그대는 이 노오와 함께해 벗이 되겠습니까?"

이에 선비가 이를 드러내고 웃으면서 말했다.

"희嘻라! 그대는 중주(中州: 중국)의 백성이구려. 무엇을 즐기려고 먼 이곳에 이르렀소. 이곳은 오히려 해와 달이 빛나고 모든 별을 싣고 있으며, 음과 양이 행하고 사계절이 태어나는 곳이오. 불명不名의 땅에 비교한다면 오히려 방의 한 구석일 따름이오. 나는 남쪽으로는 강랑罔㝗의 들에서 놀고 북쪽으로는 침묵沈墨의 고을에서 쉬었소. 서쪽으로는 요명窅冥의 마을을 다 보고 동쪽으로는 홍몽鴻濛의 앞을 열었다오.

이곳의 그 아래에는 땅이 없고 위에는 하늘이 없으며 들으려 해도 들을 수 없고 보려고 해도 볼 수가 없소. 이곳의 밖에는 또 태옥汰沃의 범(氾: 물가)이 있고 그 나머지는 모두 합치면 1천만 리인데 나는 아직 그곳에는 가보지 못했소. 지금 그대는 유람을 이곳에서 시작해 모두 보았다고 말하는데 어찌 또한 요원하지 않는가? 그러나 그대는 여기에 머무르시오. 나는 한만汗漫과 구해九垓 밖에서 만나기로 약속했소. 나는 오래도록 머무르는 것이 불가하다오."

그 선비는 팔을 들어 몸을 솟구고는 드디어 구름 속으로 들어가 버렸다.

노오는 고개를 들어 쳐다보았지만 볼 수가 없었다. 이에 수레를 멈추었다. 마음에는 한이 서리고 잃은 것이 있는 것처럼 허전해져서 말했다.

"나는 그에게 비하면 하늘을 나는 누런 고니와 땅을 기어 다니는 벌레와 같을 뿐이다. 종일토록 가도 지척咫尺도 떠나지 못했는데 스스로 멀리 왔다고 여겼으니 어찌 슬프지 않으랴!"

그러므로 장자莊子가 말하기를 "소년은 대년大年에 이르지 못하고 소지小知는 대지大知에 이르지 못하고 조균朝菌은 달의 그믐과 초하루를 알지 못하고 매미는 봄과 가을을 알지 못한다."라고 했다.

이것은 밝음으로도 볼 수 없는 것이 있음을 말한 것이다.

계자(季子: 子賤: 공자의 제자)가 단보亶父를 다스린 지 3년이 되었다. 무마기巫馬期가 상복으로 거친 무명의 짧은 옷을 입고 용모를 바꾸고 교화를 살피러 갔다. 때마침 물고기를 놓아 주는 사람을 보고 무마기가 물어 말했다.

"대개 그대가 물고기를 잡는 것은 얻고자 함일 텐데 지금 잡았다

다시 놓아 주고 있으니 무슨 일이오?"

어부가 대답해 말했다.

"계자(季子: 자천)가 사람들에게 작은 물고기를 잡지 말라고 했기 때문입니다. 잡은 것이 작은 물고기였기 때문에 놓아 주었습니다."

무마기가 돌아와 공자에게 보고해 말했다.

"계자의 덕이 지극합니다. 사람들이 어둠 속에서 행동해도 엄한 형벌이 그 옆에 있는 것처럼 시키고 있으니 계자가 어떻게 여기에까지 이르게 한 것입니까?"

공자가 말했다.

"내가 일찍이 다스리는 방법을 계자에게 물었더니 '이곳에서 경계하면 저곳에서 본받는다.'라고 했는데 계자가 반드시 이 術術을 행한 것이리라."

그러므로 노자는 『도덕경』 12장과 38장에서 '저것을 버리고 이것에서 취한다.'라고 한 것이다.

盧敖¹游乎北海 經乎太陰 入乎玄闕² 至於蒙穀³之上 見一士焉 深目而玄鬢 涙注而鳶肩 豐上而殺下 軒軒然⁴方迎風而舞 顧見盧敖 慢然下其臂遯逃乎碑 盧敖就而視之 方倦龜殼而食蛤梨⁵ 盧敖與之語曰 唯敖爲背群離黨 窮觀於六合之外者 非敖而已乎 敖幼而好游 至長不渝 周行四極唯北陰之未闚 今卒睹夫子於是 子殆可與敖爲友乎 若士者齤然而笑⁶曰 嘻 子中州之民 甯宵而遠至此 此猶光乎日月而載列星 陰陽之所行四時之所生 其比夫不名之地 猶突奥⁷也 若我南游乎岡㝃之野 北息乎沈墨之鄉 西窮杳冥之黨⁸ 東開鴻濛之先 此其下無地而上無天 聽焉無聞 視焉無矚 此其外猶有汰沃之汜⁹ 其餘一擧而千萬里 吾猶未能之在

今子游始於此 乃語窮觀 豈不亦遠哉 然子處矣 吾與汗漫[10]期于九垓[11]
之外 吾不可以久駐 若士擧臂而竦身 遂入雲中 盧敖仰而視之弗見 乃
止駕杯治[12] 悖若有喪也 曰 吾比夫子 猶黃鵠與壤蟲也 終日行不離咫尺
而自以爲遠 豈不悲哉 故莊子[13]曰 小年不及大年 小知不及大知 朝菌不
知晦朔[14] 蟪蛄[15]不知春秋 此言明之有所不見也 季子治亶父三年 而巫
馬期絻衣短褐[16] 易容貌 往觀化焉 見得魚釋之 巫馬期問焉 曰 凡子所爲
魚者 欲得也 今得而釋之 何也 漁者對曰 季子不欲人取小魚也 所得者
小魚 是以釋之 巫馬期歸 以報孔子曰 季子之德至矣 使人闇行 若有嚴
刑在其側者 季子何以至於此 孔子曰 丘嘗問之以治言 曰 誠於此者刑
於彼 季子必行此術也 故老子曰 去彼取此

※

1 盧敖(노오): 燕연나라 사람. 진시황이 불러서 박사로 삼고 신선神仙을 구해
오라고 시켰는데 도망쳐 돌아오지 않았다.

2 經乎太陰入乎玄闕(경호태음입호현궐): 태음太陰은 북방을 뜻한다. 현궐玄
闕은 북쪽의 산 이름.

3 蒙穀(몽곡): 산 이름.

4 軒軒然(헌헌연): 득의한 모양.

5 蛤棃(합리): 대합조개를 까다의 뜻.

6 齤然而笑(권연이소): 이를 드러내고 웃는 모양.

7 不名之地猶突奧(불명지지유요오): 불명지지不名之地는 이름을 지을 수 없는
땅. 요오突奧는 한쪽의 모퉁이의 뜻.

8 黨(당): 소所의 뜻과 같다. 곳. 장소. 마을.

9 汰沃之氾(태옥지범): 태옥汰沃은 사해四海의 끝. 범氾은 물가의 뜻.

10 汗漫(한만): 알지 못할 곳의 뜻.

11 九垓(구해): 구천九天의 밖.

12 杯治(배치): 원한이 서리다의 뜻.

13 莊子(장자): 장주莊周이다.

14 朝菌不知晦朔(조균부지회삭): 조균朝菌은 그믐이나 초하루를 알지 못하다
  의 뜻. 조균은 아침에 났다가 저녁에 시들어 죽는다는 버섯.

15 蟪蛄(혜고): 씽씽매미. 털매미.

16 縓衣短褐(문의단갈): 문의縓衣는 상복. 단갈短褐은 무명으로 만든 짧은
  옷. 곧 천한 사람들이 입는 옷.

18. 망량罔兩이 그림자에게 물었다

망량罔兩이 그림자에게 물었다.

"밝고 밝은 것은 신명神明인가?"

그림자가 대답했다.

"아니다."

망량이 말했다.

"그대는 무엇으로 아는가?"

그림자가 말했다.

"부상扶桑이 햇빛을 받아 우주를 비추면 빛나고 빛나는 광채가 사해를
비추는데 그 때 문을 닫고 창문을 막으면 이로 말미암아 들어올 수가
없다. 만약에 신명神明이라면 사방으로 통달해 흘러들어 이르지 못할
곳이 없다. 위로는 하늘에 이르고 아래로는 땅으로 서려 만물을 조화시
켜 기르고도 상을 만들지 않아 엎드리고 우러러보는 사이에 사해四海의
밖을 어루만질 뿐이다. 밝고 밝은 것이 어찌 족히 밝히겠는가?"

이러한 이유로 노자는 『도덕경』 43장에서 '천하의 지극히 부드러운
것은 천하의 지극히 단단한 것으로 달려간다.'라고 한 것이다.

광요光耀가 무유無有에게 물었다.

"그대는 과연 있는 것인가? 그대는 과연 있지 않는 것인가?"

무유가 응대하지 않았다. 광요가 대답을 얻지 못하자 나아가 그의 얼굴의 생김새를 살펴보는데 어둡기도 하고 홀연忽然하기도 해 살펴보아도 그의 형체가 보이지 않고 들어 보아도 그의 소리가 들리지 않고 잡아 보아도 잡히지 않고 바라보아도 끝이 있지 않았다. 광요가 말했다.

"귀하다! 누가 능히 이에 이른다는 것인가? 나는 능히 무無가 있는데 무가 없다는 것에는 능하지 못했다. 그 무無가 없다는 것에 또 무엇을 따라서 이에 이르는 것이랴!"

그러므로 노자는 『도덕경』 43장에서 '없는 것과 있는 것은 틈이 없는데도 들어간다. 나는 이로써 무위無爲의 유익함을 아노라.'라고 한 것이다.

초楚나라의 백공승白公勝이 난을 꾀하던 중 조회를 파하고 일어날 때 말채찍을 거꾸로 잡아 채찍 끝의 침에 턱을 찔려 피가 흘러 땅에 떨어지는데도 알지를 못했다.

정鄭나라 사람이 듣고 말했다.

"턱도 잊고 있었다면 장차 무엇인들 잊지 못하겠는가?"

이것은 정신이 밖으로 넘쳐나고 지혜와 생각이 안으로 넘쳐나게 되면 그 몸을 다스려 보충하지 못할 것을 말한 것이다. 이런 까닭으로 정신이 쓰이는 바가 멀리 있으면 버리는 것은 가까이에 있는 것이다. 그러므로 노자는 『도덕경』 47장에서 '문을 나가지 않고도 천하를 알며 창문 틈으로 엿보지 않고도 하늘의 도를 엿본다. 그 나가는 것이 멀면 그 아는 것이 더욱 적다.'라고 한 것은 이러한 것을 이른 것이다.

진秦나라 황제皇帝가 천하를 얻고는 능히 지키지 못할까봐 두려워했다. 이에 변방에 수자리를 보내어 만리장성을 쌓고 관문과 다리를 건설하고 장벽과 성채를 쌓고 역전과 전차를 갖추고 변방에 관리를 두었다. 그러나 유씨劉氏가 자물쇠의 열쇠를 돌리듯이 해 탈취했다.

옛날에 무왕武王이 주紂를 정벌해 목야牧野에서 깨부수고 이에 왕자 비간의 묘지를 수리하고 상용商容의 마을을 표창했다. 기자箕子의 집안을 보호해 주고 성탕(成湯: 탕왕)의 사당을 참배하고 거교鉅橋의 곡식을 흩어 나누어 주고 녹대鹿臺의 돈을 나누어 주었다.

북을 부수고 북채를 꺾어 버렸으며 활을 풀고 시위를 끊었다. 군사들의 막사를 제거하고 노숙하게 해 평이함을 보였다. 검을 풀고 홀笏을 차게 해 원수가 없는 것을 보였다.

이에 천하에서는 노래를 부르고 즐거워했으며 제후들이 폐백을 가지고 서로 조회했다. 3대 동안 국가를 빼앗기지 않았다. 그러므로 노자는 『도덕경』27장에서 '잘 닫은 것은 열쇠가 없으면 열 수가 없고 잘 묶은 것은 노끈의 매듭이 없으면 풀 수가 없다.'라고 한 것이다.

罔兩問於景[1]曰 昭昭者神明也 景曰 非也 罔兩曰 子何以知之 景曰 扶桑受謝[2]日 照宇宙 昭昭之光 輝燭四海 闔戶塞牖 則無由入矣 若神明 四通竝流 無所不極 上際於天 下蟠於地 化育萬物 而不可爲象 俛仰之閒 而撫四海之外 昭昭何足以明之 故老子曰 天下之至柔 馳騁天下之至堅 光耀問於無有[3]曰 子果有乎 其果無有乎[4] 無有弗應也 光耀不得問 而就視其狀貌 冥然忽然 視之不見其形 聽之不聞其聲 搏之不可得 望之不可極也 光耀曰 貴矣哉 孰能至于此乎 予能有無矣 未能無無也 及其爲無無 又何從至於此哉 故老子曰 無有入于無閒 吾是以知無爲之有益也 白公勝慮亂[5] 罷朝而立 倒杖策 鋭上貫頤[6] 血流至地而弗知也 鄭人聞之

曰 頤之忘 將何不忘哉 此言精神之越於外 智慮之蕩於內 則不能漏[7]理
其形也 是故神之所用者遠 則所遺者近也 故老子曰 不出戶以知天下
不窺牖以見天道 其出彌遠 其知彌少 此之謂也 秦皇帝得天下 恐不能
守 發邊戍 築長城 修關梁 設障塞 具傳車 置邊吏 然劉氏奪之 若轉閉錘[8]
昔武王伐紂 破之牧野 乃封比干之墓 表商容之閭 柴[9]箕子之門 朝成湯
之廟 發鉅橋[10]之粟 散鹿臺[11]之錢 破鼓折枹 弛弓絶絃 去舍露宿 以示平
易 解劍帶笏 以示無仇 於此天下歌謠而樂之 諸侯執幣相朝 三十四世
不奪 故老子曰 善閉者無關鍵而不可開也 善結者無繩約而不可解也

※

1 罔兩問於景(망량문어경): 망량罔兩은 수水의 정물精物이다. 경景은 해와
달의 수水의 광채를 뜻한다.

2 扶桑受謝(부상수사): 부상扶桑은 해가 떠오르는 곳의 나무. 수사受謝는
햇빛을 받다의 뜻.

3 光耀問於無有(광요문어무유): 광요光耀는 가히 보이기만 하는 것이고 무유
無有는 공허한 것을 뜻한다.

4 子果有乎其果無有乎(자과유호기과무유호): 그대는 과연 있는가? 과연 있
는 것이 없는 것인가? 곧 형체는 무형에서 생겨나는데 무엇으로 능히 물物을
태어나게 하는 것인가? 그러므로 과연 있는 것이 없는 것인가를 물었다.

5 慮亂(여란): 반역을 계획하는 것.

6 錣上貫頤(철상관이): 채찍 끝의 쇠바늘에 턱을 찔리다.

7 漏(루): 보공補空의 뜻.

8 閉錘(폐추): 곧 관문을 여는 열쇠를 뜻한다.

9 柴(시): 보호하다의 뜻.

10 鉅橋(거교): 창고의 이름.

11 鹿臺(녹대): 은殷나라 보물창고의 이름.

19. 삶을 위하지 않는 것이 더 현명하다

윤수尹需는 수레 모는 법을 배웠는데 3년이 걸려도 터득하지 못했다. 스스로 고통스러워하고 잠을 자면서도 항상 생각을 했다. 한밤중 꿈속에서 추가秋駕의 술術을 스승에게서 받았다.

다음날 문안 인사를 갔는데 스승이 바라보면서 일러 말했다.

"내가 도道를 아껴서 그대에게 가르쳐 주지 않은 것이 아니라 그대가 못할까봐 두려워했던 것이다. 오늘은 그대에게 추가를 가르쳐 주겠다."

이에 윤수가 도리어 달려가서 북면하고 재배를 올리며 말했다.

"저에게는 하늘의 행운이 있습니다. 어젯밤에 진실로 꿈속에서 받았습니다."

그러므로 노자는 『도덕경』 16장에서 '허虛를 이루기를 지극히 하고 정靜을 지키기를 돈독히 하면 만물이 함께 일어나도 나는 그 돌아가는 바를 안다.'라고 한 것이다.

옛날에 손숙오孫叔敖가 세 번이나 초나라의 영윤슈尹이 되었는데도 기뻐하는 뜻이 없었다. 세 번이나 영윤의 자리에서 물러났는데도 근심하는 기색이 없었다. 연릉延陵의 계자季子는 오吳나라의 사람들이 한번만이라도 왕이 되기를 원했으나 즐거워하지 않았다. 허유許由는 요임금이 천하를 물려준다고 했지만 받지 않았다. 제나라의 안영晏嬰과 최저崔杼는 함께 맹세하고 사지死地에 다다라서도 그의 행동을 바꾸지 않았다.

이것은 모두 멀리 통하는 바가 있었기 때문이었다. 정신이 죽음과 삶을 통달하게 되면 사물이 무엇으로 능히 유혹하겠는가?

형(荊: 초)나라에 차비佽非라는 사람이 있었는데 보검을 간대干隊에서 얻었다. 돌아가는 길에 강수江水를 건너는데 강의 한가운데에 이르렀을 때 양후陽侯의 파도가 일고 두 마리의 교룡이 그 배를 에워쌌다. 차비가 노를 젓는 뱃사공에게 일러 말했다.

"일찍이 이와 같은 상황에서도 살아남을 수 있었습니까?"

뱃사공이 대답해 말했다.

"일찍이 보지 못했습니다."

이에 차비는 눈을 감고 있다 갑자기 어깨에 메고 있던 검을 뽑아 말했다.

"무사武士는 인의仁義의 예로써 설명하는 것이다. 겁탈해서 빼앗지는 못한다. 이것들은 강 속의 썩은 고기와 썩은 뼈다귀이다. 검을 버릴 뿐이다. 내 어찌 아끼겠는가?"

이에 강 속으로 뛰어들어 교룡을 찔러 죽이고 드디어 그 머리를 끊었다. 배 안의 사람들은 모두가 살 수 있었다. 파도도 모두 가라앉았다. 형나라에서는 집규執圭의 작위를 수여했다.

공자孔子가 듣고 말했다.

"대개 선하구나. 부육후골腐肉朽骨을 신고 검을 버린 자는 차비를 이른 것이다."

그러므로 노자는 『도덕경』75장에서 '오직 삶을 위하지 않는 것, 이것이 삶을 귀하게 여기는 것보다 현명하다.'라고 한 것이다.

제齊나라의 순우곤淳于髡은 합종책合縱策으로 위왕魏王에게 유세를 했는데 위왕이 달변으로 여겼다. 이에 수레 10대를 약속하고 장차 형(荊: 초)나라에 사신으로 보내려 했다. 그 말을 시행하려는데 어떤 사람이 합종책을 시행함이 부족하다고 했다. 다시 연횡설連衡說로써 유세했는데 그것도 그럴 듯 했다. 위왕이 그것을 시행하는 것을 중지시키고 그를 소원하게 대했다.

합종책도 뜻을 잃었고 또 연횡설도 성사되지 못했는데 이것이 고착되어버린 이유였다.

대개 말에는 종宗이 있고 일에는 근본이 있다. 그 종宗과 근본을 잃게 되면 비록 기능이 많더라도 적은 것만 같지 못하다. 그러므로 주周나라의 정(鼎: 솥)에 수倕가 그의 손가락을 깨물고 있는 것을 나타낸 것은 선왕先王이 크게 교묘한 재주는 불가하다는 것을 보인 것이다.

그러므로 신자愼子는 말하기를 "목수는 문을 만들 줄 알아 문을 만드는 데는 능하다. 그러나 사용하는 방법은 잘 알지 못한다. 그러므로 반드시 막아 놓은 연후에야 능히 문이 되는 것이다."라고 한 것이다.

尹需[1]學御 三年而無得焉 私自苦痛 常寢想之 中夜夢受秋駕於師 明日往朝 師望之 謂之曰 吾非愛道於子也 恐子不可予也 今日敎子以秋駕[2] 尹需反走 北面再拜曰 臣有天幸 今夕固夢受之 故老子曰 致虛極 守靜篤 萬物竝作 吾以觀其復也 昔孫叔敖三得令尹 無喜志 三去令尹 無憂色 延陵季子[3] 吳人願一以爲王而不肎 許由讓天下而弗受 晏子與崔杼盟 臨死地不變其儀 此皆有所遠通也 精神通於死生 則物孰能惑之 荊有佽非 得寶劍於干隊[4] 還反度江 至於中流 陽侯之波 兩蛟俠繞其船 佽非[5]謂枻船者曰 嘗有如此而得活者乎 對曰 未嘗見也 於是佽非瞑目 敫然攘臂拔劍曰 武士可以仁義之禮說也 不可刦而奪也 此江中之腐肉朽骨 棄劍而已 余有奚愛焉 赴江刺蛟 遂斷其頭 船中人盡活 風波畢除 荊爵爲執圭[6] 孔子聞之曰 夫善載腐肉朽骨棄劍者 佽非之謂乎 故老子曰 夫唯無以生爲者 是賢於貴生焉 齊人淳于髡[7]以從說[8]魏王 魏王辯之 約車十乘 將使荊 辭而行 人以爲從未足也 復以衡說[9] 其辭若然 魏王乃止其行而疏其身 失從心志 而又不能成衡之事 是其所以固也 夫言有宗

事有本 失其宗本 技能雖多 不若其寡也 故周鼎著倕而使齕其指 先王
以見大巧之不可也 故慎子曰 匠人知爲門 能以門 所以不知門也 故必
杜然後能門

※

1 尹需(윤수): 자세한 기록이 없다.

2 秋駕(추가): 수레를 운전하는 기술.

3 延陵季子(연릉계자): 춘추시대 오吳나라의 공자公子.

4 干隊(간대): 땅 이름.

5 佽非(차비): 자세한 기록이 없다.

6 荊爵爲執圭(형작위집규): 형荊은 초나라. 집규執圭는 작위의 이름.

7 淳于髡(순우곤): 제齊나라의 변설가.

8 從說(종설): 소진蘇秦의 합종설合縱說.

9 衡說(횡설): 장의張儀의 연횡설連衡說.

20. 그대의 술術로 무엇을 하겠는가?

묵가墨家에 소속된 전구田鳩라는 자가 있었다. 진秦나라의 혜왕惠王을
알현코자 해 수레를 묶어 놓고 끌채까지 동여매고 진나라에 머물렀다.

1년이 되었는데도 알현하지 못했다. 전구의 객客 중에 어떤 사람이
초나라 왕에게 전구에 관해 말해 초나라 왕을 알현했다.

초楚나라 왕이 매우 기뻐하고 전구에게 부절을 내주고 진秦나라에
사신으로 보내 진나라에 이르게 했다. 이로 인해 진나라의 혜왕을
알현하게 하려고 장군의 부절을 주었다. 혜왕이 전구를 만나보고 기뻐
했다. 전구가 궁에서 나오면서 위연喟然히 탄식하며 종자從者에게 고해
말했다.

"내가 진秦나라에 3년 동안 머물러 있었어도 알현하지 못했었다. 도道가 초楚나라를 따른다는 것을 알지 못했다. 사물은 가까운 것은 멀리 있고 먼 것은 가까이 있는 것이다. 그러므로 대인大人의 행동은 먹줄을 휘두르지 않아도 지극한 곳에 이를 따름이다."

이런 것을 이른바 관자管子가 말한 "올빼미는 날면서도 먹줄을 유지한다."라고 하는 것이다.

예수澧水의 깊이는 1천인一千仞인데도 먼지나 때가 끼지 않아서 쇠나 바늘을 던지면 형체가 물 밖에서도 보인다. 물이 깊고 맑지 않은 것이 아닌데 물고기와 자라와 용이나 뱀들이 즐겨 돌아가지 않는다.

이런 까닭으로 돌 위에서는 오곡五穀이 자라지 않고, 민둥산에서는 고라니와 사슴이 놀지 않는 것은 가려 덮어져 숨을 곳이 없기 때문이다.

옛날에 조문자趙文子가 숙향叔向에게 물었다.

"진晉나라에는 6명의 장군이 있는데, 그 중에서 누가 먼저 망하겠습니까?"

숙향이 대답해 말했다.

"중행씨中行氏와 지씨知氏일 것입니다."

조문자가 말했다.

"무슨 이유에서입니까?"

숙향이 대답했다.

"그들이 정사를 하는데 까다로운 것을 살피는 것이라 하고, 간절한 것을 밝은 것이라 하고, 아래에 각박한 것을 충성이라 하고, 계략이 많은 것을 공로라고 합니다. 비유하자면 가죽을 늘리는 것과 같은 것입니다. 늘리면 늘릴수록 찢어지는 도道입니다."

그러므로 노자는 『도덕경』 58장에서 '그 정치가 어둡고 어두우면 그의 백성들이 순박해지고 그 정치가 까다롭게 살피면 그의 백성들이 불안해한다.'라고 한 것이다.

제齊나라의 경공景公이 태복太卜에게 물어 말했다.

"그대의 도道는 어떤 것에 능한가?"

태복이 대답했다.

"땅을 진동시키는 데 능합니다."

안영(晏嬰: 안자)이 들어가서 경공을 뵈었다. 경공이 말했다.

"과인이 태복에게 묻기를 '그대의 도는 어떤 것에 능한가?'라고 했더니 대답하기를 '땅을 진동시키는 데 능합니다.'라고 하는데 땅을 진동시킬 수 있는 것입니까?"

안영이 묵연默然히 대답하지 않았다. 나가서 태복을 만나보고 말했다.

"지난번에 내가 구성(句星: 客星)이 방성房星과 심성心星 사이에 있는 것을 보았는데 땅이 진동하는 것입니까?"

태복이 말했다.

"그러합니다."

안자(안영)가 나가자 태복이 달려가 경공을 알현하고 말했다.

"신臣이 땅을 진동시키는 것이 아니오라 땅이 진실로 장차 움직일 것입니다."

전자양田子陽이 이 사실을 듣고 말했다.

"안영이 묵연히 대답하지 않은 것은 태복을 죽이고 싶지 않았기 때문이고, 가서 태복을 만나본 것은 경공이 속는 것을 두려워했기 때문이다."

안영은 가히 위에는 충성을 하고 아래에는 은혜를 베풀었다고 이를 것이다.

　그러므로 노자는 『도덕경』58장에서 '모나도 베지 않고 날카로워도 깎지 않는다.'라고 한 것이다.

　위魏나라 문후文侯가 곡양曲陽 땅에서 대부大夫들에게 연회를 열고 술잔을 돌렸다. 술에 취하자 문후가 위연히 탄식해 말했다.

　"나는 유독 예양豫讓과 같은 자를 신하로 삼을 수 없는 것일까?"

　건중蹇重이 술잔을 들어 문후에게 올리면서 말했다.

　"군주에게 벌주를 청하겠나이다."

　문후가 말했다.

　"무슨 이유 때문인가?"

　건중이 대답해 말했다.

　"신臣은 들었습니다. 명命을 둔 부모는 효자를 알지 못하고 도道를 둔 군주는 충신을 알지 못한다고 했습니다. 예양의 군주는 또한 어떠했습니까?"

　문후는 받은 술잔을 비웠지만 돌리지 않고 말했다.

　"관중管仲이나 포숙鮑叔을 신하로 여김이 없었다. 그러므로 예양의 공로가 있었을 것일 게야."

　그러므로 노자는 『도덕경』18장에서 '국가가 혼란스러우면 충신이 있다.'라고 한 것이다.

墨者有田鳩[1]者 欲見秦惠王 約車申轅[2] 留於秦 周年不得見 客有言之楚王者 往見楚王 楚王甚悅之 予以節 使於秦 至 因見 予之將軍之節 惠王見而說之 出舍 喟然而歎 告從者曰 吾留秦三年不得見 不識道之可以從楚也 物故有近之而遠 遠之而近者 故大人之行 不掩[3]以繩 至所極而已矣 此所謂筳子絫飛而維繩[4]者 澧水之深千仞 而不受塵垢 投金鐵鍼

焉 則形見於外 非不深且淸也 魚鼈龍蛇 莫之肯歸也 是故石上不生五
穀 禿山不游麋鹿 無所陰蔽隱也 昔趙文子問於叔向曰 晉六將軍[5] 其孰
先亡乎 對曰 中行知氏 文子曰 何乎 對曰 其爲政也 以苛爲察 以切爲明
以刻下爲忠 以計多爲功 譬之猶廓革者也 廓之大則大矣 裂之道也 故
老子曰 其政悶悶 其民純純 其政察察 其民缺缺 景公謂太卜曰 子之道
何能 對曰 能動地 晏子往見公 公曰 寡人問太卜曰 子之道何能 對曰
能動地 地可動乎 晏子默然不對 出見太卜曰 昔吾見句星在房心之閒[6]
地其動乎 太卜曰 然 晏子出 太卜走往見公曰 臣非能動地 地固將動也
田子陽[7]聞之曰 晏子默然不對者 不欲太卜之死 往見太卜者 恐公之欺
也 晏子可謂忠於上而惠於下矣 故老子曰 方而不割 廉而不劌 魏文侯
觴諸大夫於曲陽 飮酒酣 文侯喟然歎曰 吾獨無豫讓以爲臣乎 蹇重擧白[8]
而進之曰 請浮君[9] 君曰 何也 對曰 臣聞之 有命之父母 不知孝子 有道之
君 不知忠臣 夫豫讓之君 亦何如哉 文侯受觴而飮釂不獻 曰 無管仲鮑
叔[10]以爲臣 故有豫讓之功 故老子曰 國家昏亂有忠臣

※

1 墨者有田鳩(묵자유전구): 묵자墨者는 묵가墨家의 집단. 전구田鳩는 묵가
소속의 한 사람. 곧 묵자의 학문을 한 사람.

2 申轅(신원): 속원束轅의 뜻.

3 掩(엄): 휘휘揮揮의 뜻과 같다.

4 筦子梟飛而維繩(관자효비이유승): 관자筦子는 관자管子이며 관중管仲의
존칭. 올빼미는 날면서도 먹줄을 유지하다의 뜻.

5 晉六將軍(진육장군): 한씨韓氏, 조씨趙氏, 위씨魏氏, 범씨范氏, 중행씨中行
氏, 지백智伯 등이다.

6 句星在房心之閒(구성재방심지간): 구성句星은 객성客星이다. 방성은 4개의
별인데 구성이 경심庚心을 지키게 되면 땅이 진동한다고 했다.

7 田子陽(전자양): 제齊나라의 신하.

8 蹇重擧白(건중거백): 건중이 술잔을 들어 권하다의 뜻. 건중蹇重은 문후의
  신하이다.

9 請浮君(청부군): 군주에게 벌주를 청하다의 뜻.

10 鮑叔(포숙): 포숙아鮑叔牙. 관중의 친구이며 제나라 환공의 신하.

21. 공자孔子가 사당을 살피다

공자孔子는 환공桓公의 사당을 살펴보았다. 사당 안에는 그릇이 1개
있었는데 그것을 유치宥卮라고 이름 했다.

공자가 말했다.

"참 훌륭하도다! 내가 이 그릇을 얻어 볼 수 있다니."

그리고는 돌아보며 말했다.

"제자들아! 물을 가져오너라."

물이 도착하자 유치에 부었다. 물이 유치에 절반쯤 차자 똑바로
섰다. 물이 가득 차면 엎어졌다.

공자는 갑자기 안색을 바꾸면서 말했다.

"참 훌륭하도다! 가득 참을 유지하다니!"

자공子貢이 옆에 있다가 말했다.

"가득 찬 것을 유지하는 것을 묻고자 합니다."

"보태지면 덜어내야 하는 것이니라."

"무엇을 보태지면 덜어내야 한다고 이르는 것입니까?"

"대개 사물이 왕성하면 쇠약해지고 즐거움이 지극하면 슬퍼지고
해가 중천에 있으면 기울고 달이 차면 이지러진다. 이런 까닭으로

총명하고 예지가 있는 이는 어리석음으로써 지킨다. 많이 듣고 널리 사물에 통달하고 재변이 있는 이는 좁은 것으로써 지킨다. 힘을 가진 굳세고 용맹한 이는 두려움으로써 지킨다. 부귀하고 광대한 이는 검소한 것으로써 지킨다. 덕을 천하에 베푸는 이는 사양하는 것으로써 지키는 것이다. 이상의 다섯 가지는 선왕들이 천하를 지켜 잃지 않았던 것들이다. 이상의 다섯 가지를 위반하고 일찍이 위태하지 않았던 이는 없었느니라."

그러므로 노자는 『도덕경』 15장에서 '이 도를 보유한 자는 채우는 것을 바라지 않으며 오직 채우지 않는 고로 능히 낡아져서 다시 이루어 진다.'라고 한 것이다.

무왕武王이 태공太公에게 물었다.

"과인이 주紂의 천하를 정벌했는데 이것은 신하가 그의 군주를 죽이고 아래에서 위를 친 것입니다. 나는 후세에 군사를 부리는 것이 중지되지 않고 투쟁이 그치지 않을까 두렵습니다. 어찌해야 하겠습니까?"

태공이 말했다.

"왕께서 하신 질문은 매우 훌륭하십니다. 대개 사냥에서 짐승을 잡지 못한 자는 오직 상처가 작은 것을 두려워합니다. 이미 사냥감을 잡았다면 오직 상처 난 고기가 많은 것을 두려워합니다.

왕께서 만약에 오래도록 유지코자 하신다면 백성들의 귀와 눈과 입을 막고 무용無用한 일을 만들고 번잡한 교육으로 인도하십시오. 그러면 저들은 모두 그 업을 즐기고 그의 정을 갖추며 밝고 밝은 곳으로부터 어둡고 어두운 곳으로 인도될 것입니다. 이에 머리를 풀고 관을 쓰게 합니다. 그 검을 풀고 홀笏을 차게 하고 3년의 상사喪事를 만들어 종류들이 번성하지 않도록 합니다. 높은 곳에서도 사양하고 낮은 곳에서도 사양하며 백성들이 다투지 않게 합니다. 술과 고기로 서로 통하게 하고 피리와 거문고를 즐기게 하고 귀신들에게 두렵게 합니다. 번거로운 규칙과 많은 예의로 질박한 것을 덮고 후하게 장사를 지내고 오랫동안의 상례로 그의 가산을 다 들여 구슬을 물게 하고 솜과 끈을 베풀게 해 그들의 재산을 기울게 합니다. 높은 무덤은 깊이 파게 해 그들의 힘을 다하게 합니다. 집안이 가난해지고 종족이 적어지면 근심도 줄어들 것입니다. 이러한 것으로써 풍속을 옮기면 천하를 유지해 잃지 않을 것입니다."

그러므로 노자는 『도덕경』 37장에서 '변화해 욕심이 생겨나면 내 장차 이름이 없는 질박한 것으로 진압하리라.'라고 한 것이다.

孔子觀桓公[1]之廟 有器焉 謂之宥卮[2] 孔子曰 善哉 予得見此器 顧曰 弟子取水 水至灌之 其中則正[3] 其盈則覆 孔子造然革容曰 善哉 持盈者乎 子貢在側曰 請問持盈 曰 益而損之 曰 何謂益而損之 曰 夫物盛而衰 樂極則悲 日中而移 月盈而虧 是故聰明睿智 守之以愚 多聞博辯 守之以陋 代力毅勇 守之以畏 富貴廣大 守之以儉 德施天下 守之以讓 此五者 先王所以守天下而弗失也 反此五者 未嘗不危也 故老子曰 服此道者不欲盈 夫唯不盈 故能弊而不新成 武王問太公曰 寡人伐紂天下 是臣殺其主而下伐其上也 吾恐後世之用兵不休 鬪爭不已 爲之奈何 太公曰 甚善 王之問也 夫未得獸[4]者 唯恐其創[5]之小也 已得之 唯恐傷肉之多也 王若欲久持之 則塞民於兌[6] 道全爲無用之事 煩擾之敎 彼皆樂其業 供其情 昭昭而道冥冥 於是乃去其督而載之木[7] 解其劍而帶之笏 爲三年之喪 令類不蕃 高辭卑讓 使民不爭 酒肉以通之 竽瑟以娛之 鬼神以畏之 繁文滋禮以弇其質 厚葬久喪以亶其家 含珠鱗 施綸組[8] 以貧其財

深鑿高壟 以盡其力 家貧族少 慮患者貧 以此移風 可以持天下弗失
故老子曰 化而欲作 吾將鎭之以無名之樸也

※

1 桓公(환공): 노魯나라의 환공桓公.

2 宥卮(유치): 유좌지기宥坐之器이다. 곧 곁에 두고 스스로 경계하는 것을
게을리 하지 않게 하는 도구. 유宥는 좌우坐右에 있는 것.

3 其中則正(기중즉정): 물이 그릇의 중앙에 차면 바르게 된다는 뜻.

4 未得獸(미득수): 사냥에서 짐승을 잡지 못하다의 뜻.

5 創(창): 상처.

6 兌(태): 이목구비耳目口鼻의 뜻.

7 瞀而載之木(무이재지목): 瞀무는 머리를 풀다. 목木은 관을 뜻한다.

8 含珠鱗施綸組(함주린시륜조): 함주린含珠鱗은 죽은 이의 입안에 물리는
구슬. 윤조綸組는 솜과 끈. 죽은 이에게 쓰는 물건.

제 13권

범론훈氾論訓

범론훈氾論訓은
세상에서 옛날이나 지금의
얻은 것과 잃은 것을 넓게 설명하고,
도道로써 조화를 삼아서 하나[一]로
크게 돌아가는 것을 말했다.
그러므로 범론이라고 해 제13권의 이름으로
삼은 것이다.

1. 투구와 한 벌의 옷으로 왕자가 되다

옛날에 투구를 쓰고 한 벌의 옷을 걸치고 천하에 왕 노릇을 한 자가 있었다.

그 왕의 덕은 삶만을 영위하게 하고 형벌은 사용하지 않았으며 백성들에게 재산을 주기만 하고 그들에게서 빼앗지는 않았다. 천하가 그에게 복종하고 비난하지 않았으며 함께 그의 덕을 품었다.

이때에는 음과 양이 화평하고 바람과 비가 제때에 알맞고 만물이 번식했다. 까마귀와 까치의 둥지는 엎드리면 찾을 수 있었다. 새와 짐승들은 이끌어서 따르도록 했다. 어찌 반드시 화려한 복장과 넓은 띠와 둥근 깃과 위모관委貌冠과 장보관章甫冠이 있었겠는가?

옛날에는 백성들이 연못가에서 살았고 굴속에서 살았다. 겨울날에는 서리와 눈과 안개와 이슬을 이기지 못했다. 여름날에는 더위와 벌레와 모기들을 이기지 못했다.

성인聖人이 이에 일어나 흙을 쌓고 나무를 얽어서 궁실宮室을 만들었다. 위에는 기둥을 얹고 지붕을 얹어 바람과 비를 가리고 추위와 더위를 피하게 해 백성들이 편안해졌다.

백여伯余는 처음으로 옷을 만들었다. 삼을 쪼개서 실을 꼬아 손가락에 걸어 짰는데 그 만들어진 것이 그물과 같았다.

후세에는 베틀과 북을 만들어서 옷을 만들어 그 용도가 편리해졌으며 백성들이 몸을 가리고 추위를 막았다.

옛날에는 보습을 날카롭게 해 밭을 갈고 대합조개의 껍질을 갈아 김을 매었으며 나무를 구부려 낫을 만들어 나무를 하고 항아리를 안아서 물을 길었다. 백성들은 수고롭기만 하고 이로운 것은 박했다.

후세에는 쟁기와 보습과 곰방메와 호미를 만들고 도끼로 땔나무를 하고 두레박을 만들어 물을 길었다. 백성들은 편안해지고 이익도 많아 졌다.

옛날에는 큰 개울이나 이름 난 계곡이 도로를 끊어 왕래하지 못했다. 이에 나무를 파고 판자를 이어 배를 만들어 항해했다. 그러므로 땅의 형세에 따라 있는 것과 없는 것을 서로 얻고 자유롭게 보냈다. 가죽신을 만들어 신고 천릿길을 넘나들었고 어깨에 메고 등에 짊어지는 노동을 했다. 이에 나무를 휘어서 바퀴를 만들고 수레를 만들어 말이 끌게 하고 소가 끌게 해 먼 곳까지 이르러도 수고롭지가 않았다. 또 사나운 새나 사나운 짐승이 사람을 해치고 상처를 내도 막지 못했는데 쇠를 녹이고 단련시켜 병기를 만들어 맹수들이 해치지 못하게 되었다.

그러므로 백성들이 그 어려움이 닥치면 그 편함을 찾고 그들이 환란에 곤궁하면 준비를 갖추어 사람들이 각각 그들이 아는 바를 사용해 그들의 해로운 바를 제거하고 그들의 이로운 바로 나아가게 했다.

일상적인 일을 따르는 것이 불가하고 기계에 따르는 것이 불가한 것이지만 선왕의 법도에 본받는다면 쉽게 옮길 수가 있는 것이다.

古者有鍪而綣領[1] 以王天下者矣 其德生而不辱[2] 予而不奪[3] 天下不非其服[4] 同懷其德 當此之時 陰陽和平 風雨時節 萬物蕃息 烏鵲之巢 可俯而探也 禽獸可羈而從也 豈必襃衣博帶 句襟委章甫[5]哉 古者民澤處復穴冬日則不勝霜雪霧露 夏日則不勝暑蟄蟯蝱 聖人乃作爲之築土構木 以爲宮室 上棟下宇 以蔽風雨 以避寒暑 而百姓安之 伯余之初作衣也

緂麻索縷 手經指挂[6] 其成猶網羅 後世爲之機杼勝複[7] 以便其用 而民得
以揜形御寒 古者剡耜而耕 摩蜃而耨 木鉤而樵 抱甀而汲 民勞而利薄
後世爲之耒耜耰鉏 斧柯而樵 桔皐而汲[8] 民逸而利多焉 古者大川名谷
衝絶道路 不通往來也 乃爲窬木方版 以爲舟航 故地勢有無 得相委輸
乃爲鞉蹻[9]而超千里 肩荷負儋之勤也 而作爲之楺輪建輿 駕馬服牛 民
以致遠而不勞 爲鷙禽猛獸之害傷人 而無以禁御也 而作爲之鑄金鍛鐵
以爲兵刃 猛獸不能爲害 故民迫其難 則求其便 困其患 則造其備 人各
以其所知 去其所害 就其所利 常故不可循 器械不可因也 則先王之法
度 有移易者矣

※

1 鍪而綣領(무이권령): 투구를 쓰고 깃 없는 옷을 입다. 곧 권령綣領은 가죽의
   끝을 구부려 꿰맨 치장하지 않은 의복을 뜻한다. 『순자』에는 '뒤통수를
   덮고 목을 감싸다.'라고 했다.

2 生而不辱(생이불욕): 살게만 하고 형벌이 없었다. 곧 치욕이 없었다.

3 予而不奪(여이불탈): 주기만 하고 빼앗아가지 않았다.

4 非其服(비기복): 그에게 복종하고 비난하지 않다의 뜻.

5 褎衣博帶句襟委章甫(수의박대구금위장보): 수의褎衣는 소매가 큰 옷. 박대
   博帶는 큰 띠. 구금句襟은 옷깃이 접어진 것. 위위委는 위모관委貌冠. 장보章甫는
   장보관章甫冠.

6 緂麻索縷手經指挂(담마삭루수경지괘): 마를 갈라서 올을 꼬아 손에 걸어서
   얽다. 곧 조악한 옷을 만들다의 뜻.

7 機杼勝複(기저승복): 기저機杼는 베틀과 북. 승복勝複은 중복된 것.

8 桔皐而汲(길고이급): 두레박으로 물을 긷다.

9 鞉蹻(조갹): 가죽신.

2. 혼례에서는 주인을 일컫지 않는다

옛날에 혼례를 제정했는데 주인主人을 일컫지 않았다. 이에 순임금은 부모에게 고하지 않고 장가를 들었는데 이는 예가 아니었다.

자식을 세우는 것은 장자를 세우는데 문왕文王이 백읍고伯邑考를 버리고 무왕武王을 세운 것은 법도가 아니었다.

예禮에는 30세에 장가를 든다고 했는데 문왕文王은 15세에 무왕武王을 낳았다고 했으니 법도가 아니었다.

하후씨夏后氏는 동편의 섬돌 위에 빈소를 차렸고, 은殷나라 사람들은 당상堂上의 두 기둥 사이에 빈소를 차렸고, 주周나라 사람들은 서쪽의 섬돌 위에 빈소를 차렸는데 이처럼 예가 동일하지 않았다.

유우씨有虞氏는 질그릇 관을 사용했다. 하후씨夏后氏는 즐주塈周를 사용했다. 은殷나라 사람들은 곽槨을 사용했다. 주나라 사람들은 관에 깃털을 꽂았다. 이처럼 장례의 법이 동일하지 않았다.

하후씨는 어두울 때에 제사를 지냈다. 은나라 사람들은 동이 틀 무렵에 제사를 지냈다. 주나라 사람들은 해가 뜬 아침에 제사를 지냈다. 이처럼 제사 지내는 방법이 동일하지 않았다.

요임금의 음악은 대장大章이었고, 순임금의 음악은 구소九韶였다. 우임금의 음악은 대하大夏였고, 탕왕의 음악은 대호大濩였으며, 주나라 무왕의 음악은 상象이었다. 이처럼 음악도 동일하지 않았다.

오제五帝는 도를 달리했지만 덕은 천하를 덮었다. 삼왕三王은 사업을 달리했어도 명성이 후세에 전해졌다. 이것은 모두 시대의 변화에 따라 예악을 제정했기 때문이다. 비유하자면 진晉나라의 사광師曠이 금주琴柱를 옮기는 것과 같은 것이다. 금주를 밀어서 위나 아래로 옮기면 촌척寸尺의 법도도 없건만 음이 맞지 않는 것이 없다. 그러므로 예악의 정에 통달한 자가 능히 음악을 만들면 근본이 있어서 알맞게 주관해 법도에 두루 하는 바를 알게 되는 것이다.

노魯나라의 소공昭公은 자모(慈母: 유모)를 사랑했는데 자모가 죽었다. 이에 자모의 상을 입기 위해 연관練冠을 만들었다. 그러므로 자모의 상복이 있게 되었다.

양릉국陽陵國의 제후는 요후蓼侯를 살해하고 그의 부인을 도둑질했다. 그러므로 대향연大饗宴에 부인夫人이 참여하는 것을 폐지시켰다.

선왕의 제도가 마땅하지 않게 되면 폐지했고 말세의 일이라도 좋은 것이면 나타냈다. 이런 까닭으로 예악은 처음부터 떳떳함이 있지 않았다. 그러므로 성인聖人이 예악을 제정하기도 하지만 예악의 제재를 받지는 않는 것이다.

국가를 다스리는 데는 떳떳함이 있는데 백성들을 이롭게 하는 것을 근본으로 삼는다. 정치와 교육에는 떳떳함이 있는데 명령이 행해지는 것을 최상으로 삼는다.

진실로 백성들에게 이로운 것이라면 반드시 옛 것을 본받지는 않는 것이다. 진실로 사업에 두루 미치는 것이라면 반드시 옛 것을 따르지는 않는 것이다.

대개 하夏나라와 상商나라가 쇠약해질 때는 법을 바꾸지 않았는데도 멸망했다. 삼대三代인 하夏·은殷·주周가 일어난 것은 서로 답습하지 않았는데도 왕이 되었다. 그러므로 성인의 법은 시대와 함께 변화하고, 예는 풍속과 함께 변화하는 것이다.

의복과 기계는 각각 그 사용에 편리해야 하고 법도와 명령은 각각 그 마땅함에 따라야 한다. 그러므로 옛 것을 변화시키는 것은 그른 것이 아니고 풍속을 따르는 것은 좋은 것이 아니다.

온갖 시냇물은 근원을 달리했어도 모두 바다로 흘러간다. 모든 집안
은 사업을 달리했어도 모두 다스리는 것에 힘쓴다.

왕도王道가 없어지자 『시경』이 만들어졌다. 주나라 왕실이 무너지고
예의가 붕괴되자 『춘추』가 만들어졌다.

『시경』이나 『춘추』는 뛰어난 학문이지만 모두가 쇠약한 세상에서
만들어졌다. 유자儒者들이 따라서 세상을 가르쳐 인도했지만 어찌 삼대
三代의 성대함만 같겠는가?

『시경』과 『춘추』를 옛날의 도道로 삼아서 귀하게 여기는데 또 『시경』
이나 『춘추』가 만들어지지 않았을 때도 있었다.

대개 도가 없어진 것은 도가 온전한 것과 같지는 않다. 선왕의 시와
서書를 외는 것은 그의 말을 듣는 것과 같지 않다. 그의 말을 듣는
것은 그 말하는 뜻을 얻는 것과 같지 않다. 그 말하려는 뜻을 얻는
것보다는 말하지 못할 것을 말하는 것이다. 그러므로 노자는 『도덕경』
1장에서 '도道를 가히 도라고 할 수 있는 것은 떳떳한 도가 아니다.'라고
한 것이다.

古之制婚禮 不稱主人[1] 舜不告而娶[2] 非禮也 立子以長 文王舍伯邑考[3]而
用武王 非制也 禮三十而娶 文王十五而生武王 非法也 夏后氏殯於阼
階之上 殷人殯於兩楹之間 周人殯於西階之上 此禮之不同者也 有虞氏
用瓦棺 夏后氏堲周 殷人用梓 周人牆置翣 此葬之不同者也 夏后氏祭
於闇 殷人祭於陽 周人祭於日出以朝 此祭之不同者也 堯大章 舜九韶
禹大夏 湯大濩 周武象 此樂之不同者也 故五帝異道 而德覆天下 三王
殊事 而名施後世 此皆因時變而制禮樂者 譬猶師曠之施瑟柱也 所推移

上下者 無寸尺之度 而靡不中音 故通於禮樂之情者能作音 有本主於中
而以知榘彠之所周者也 魯昭公有慈母而愛之 死爲之練冠[4] 故有慈母
之服 陽侯殺蓼侯而竊其夫人 故大饗廢夫人之禮[5] 先王之制 不宜則廢
之 末世之事 善則著之 是故禮樂未始有常也 故聖人制禮樂 而不制於
禮樂 治國有常 而利民爲本 政教有經 而令行爲上 苟利於民 不必法古
苟周於事 不必循舊 夫夏商之衰也 不變法而亡 三代之起也 不相襲而
王 故聖人法與時變 禮與俗化 衣服器械 各便其用 法度制令 各因其宜
故變古未可非 而循俗未足多[6]也 百川異源 而皆歸於海 百家殊業 而皆
務於治 王道缺而詩作[7] 周室廢 禮義壞 而春秋作[8] 詩春秋 學之美者也
皆衰世之造也 儒者循之以教導於世 豈若三代之盛哉 以詩春秋爲古之
道而貴之 又有未作詩春秋之時 夫道之缺也 不若道其全也 誦先王之詩
書 不若聞得其言 聞得其言 不若得其所以言 得其所以言者 言弗能言
也[9] 故道可道者 非常道也

※

1 婚禮不稱主人(혼례불칭주인): 혼례의 당사자인 장가가는 사람의 이름을
  일컫지 않다. 부모나 형이나 스승이나 벗을 칭하다.

2 舜不告而娶(순불고이취): 순임금이 부모에게 고하지 않고 장가를 가다.
  곧 요임금이 순임금이 현명하다고 해 그의 두 딸을 아내로 삼아 주었다.
  이때 순임금이 고했으면 장가를 들지 못했다는 뜻.

3 文王舍伯邑考(문왕사백읍고): 주나라 문왕이 장자인 백읍고를 태자로 세우
  지 않은 일을 뜻함.

4 練冠(연관): 누빈 명주로 만든 관. 상사喪事에 쓰는 관.

5 大饗廢夫人之禮(대향폐부인지례): 큰 잔치에 부인이 참여하던 예를 폐지하
  다의 뜻.

6 多(다): 아름답다의 뜻.

7 詩作(시작):『시경』의 시가 지어지다의 뜻. 곧『시경』에 있는 시들이 그
  때 만들어진 것.

8 春秋作(춘추작): 공자孔子가『춘추』를 지은 것.

9 言弗能言也(언불능언야): 능히 말하지 못할 것을 말하다.

3. 이러한 것이 바른 다스림이다

주공周公이 문왕文王을 섬기는 행동에는 독단獨斷이 없었다. 사업은
자신에게서 비롯되는 일이 없었다. 몸은 옷의 무게도 이기지 못하는
것처럼 했고, 말도 자신의 입에서 나오지 않는 것처럼 했다. 문왕을
부축하고 모심에는 성실하고 전일해 장차 능하지 못하고 잃을까봐
두려운 것처럼 했다. 가히 능력이 있는 자식이라 이를 것이다.

  무왕武王이 붕어했을 때 성왕成王은 나이가 어렸다. 주공이 문왕의
사업을 계승하고 천자의 자리에 올라 천하의 정사를 듣고 이적夷狄의
난亂을 평정했다. 또 관숙管叔과 채숙蔡叔의 죄를 처벌하고 천자의
자리에서 병풍을 등지고 제후들의 조회를 받고 처벌과 포상을 결정하는
데 되돌아보고 묻는 것이 없었다.

  위엄이 하늘과 땅을 진동시키고 명성은 천하를 두렵게 했다. 가히
능란한 무용이라고 이를 것이다.

  성왕이 장성하자 주공이 국가의 도적圖籍을 돌려주고 정사를 바치고
북면해 자신을 맡기고 신하로서 섬겼다. 항상 일을 청한 후에 하고
아뢴 뒤에 시행했다. 멋대로 방자하게 하려는 뜻이 없었다. 공로를
자랑하려는 기색도 없었다. 가히 능란한 신하라고 이를 것이다.

  그러므로 한 사람의 몸이 세 번이나 변화한 것은 그때그때에 잘

적용한 것들이었다. 하물며 군주가 세상을 자주 바꾸고 국가가 군주를 자주 바꾸는데 있어서랴! 사람들이 그의 지위를 이용해 그가 좋아하고 미워하는 바에 통달하고 그의 위세로 기욕을 제공해 한 번 행하는 예와 한 번 정한 법으로 시대에 적응하고 변화에 대처하고자 한다면 권도權道에 알맞지 않는 것이 또한 명백한 것일 것이다.

이 때문에 성인이 겪고 지나온 바를 도道라고 이르고 일하는 바를 사事라고 이른다. 도道란 종鍾과 경쇠와 같아서 한 번 조율하면 고치지 않는 것이다. 사事란 거문고와 비파와 같아서 매양 줄을 고쳐서 조율하는 것이다.

법제와 예의는 사람을 다스리는 도구이지 다스림을 위한 것은 아니다. 그러므로 인仁을 경經으로 삼고 의義를 기기로 삼는 것이다. 이것이 만세 동안 바뀌지 않는 것들이다.

만약에 사람들이 그의 재능을 상고하고 때마다 그의 쓰임을 살핀다면 비록 날마다 변화하더라도 가한 것이다. 천하에 어찌 떳떳한 법이 있겠는가?

세상의 일에 합당하고 사람의 도리를 얻고 하늘과 땅이 따르고 귀신이 따르게 된다면 가히 바르게 다스렸다고 할 것이다.

周公事文王也 行無專制 事無由己 身若不勝衣 言若不出口 有奉持於
文王 洞洞屬屬[1] 而將不能 恐失之 可謂能子矣 武王崩 成王幼少 周公繼
文王之業 履天子之籍[2] 聽天下之政 平夷狄之亂 誅管蔡之罪 負扆而朝
諸侯[3] 誅賞制斷 無所顧問 威動天地 聲慴四海 可謂能武矣 成王旣壯
周公屬籍致政[4] 北面委質[5]而臣事之 請而後爲 復而後行 無擅恣之志
無伐矜之色 可謂能臣矣 故一人之身而三變者 所以應時矣 何況乎君數

易世 國數易君 人以其位 達其好憎 以其威勢供嗜欲 而欲以一行之禮
一定之法 應時偶變 其不能中權亦明矣 故聖人所由曰道 所爲曰事 道
猶金石 一調不更 事猶琴瑟 每絃改調 故法制禮義者 治人之具也 而非
所以爲治也 故仁以爲經 義以爲紀 此萬世不更者也 若乃人考其才 而
時省其用 雖日變可也 天下豈有常法哉 當於世事 得於人理 順於天地
祥[6]於鬼神 則可以正治矣

※

1 洞洞屬屬(동동촉촉)：진실하고 성실한 모양.

2 籍(적)：도圖이며 정치를 뜻함. 일설에는 조阼라고도 했다. 동쪽 계단.

3 負扆而朝諸侯(부의이조제후)：병풍을 등지고 제후의 조회를 받다. 곧 천자
　의 행동을 행한 것을 뜻함.

4 屬籍致政(속적치정)：호적을 반납하고 정사를 바치다. 곧 천자의 지위를
　돌려 주다의 뜻.

5 委質(위질)：자신을 왕에게 맡기다. 곧 인질이 되다의 뜻.

6 祥(상)：순順의 뜻과 같다.

4. 옛날은 순박한 세상이었다

옛날에는 사람들이 순수했고 공인工人들은 충실했으며 상인들은 질박
했고 여자들은 정조를 중히 여겼다. 이 때문에 정치와 교화가 쉽게
교화되어 풍속이 쉽게 변화했다.

　지금의 세상은 덕이 더욱 쇠약해지고 백성들의 풍속은 더욱 박해졌
다. 질박하고 무거운 법으로 이미 피폐해진 백성들을 다스리고자 했다.
이것은 재갈이나 채찍을 사용하지 않고 야생마를 몰려고 하는 것과
같은 것이다.

옛날에 신농씨는 제재하는 명령을 내리지 않았는데도 백성들이 따랐다. 당우(唐虞: 堯舜)의 시대에는 제재하는 명령은 있었지만 형벌은 없었다.

하후씨는 하늘의 말에 행동이 어긋나지 않았다. 은나라 사람들은 말로써 맹세를 했다. 주나라 사람들은 희생을 잡아 맹세를 했다.

지금의 세상에 이르러서는 꾸짖는 것도 참고 치욕스런 것을 가볍게 여기고 얻는 것을 탐하면서도 수치스러움이 적다.

신농씨의 도道로써 다스리고자 한다면 반드시 어지러워질 것이다.

백성자고伯成子高는 제후가 되는 것을 사양하고 밭을 갈았는데 천하에 사람들이 높이 받들었다.

오늘날의 사람들은 관직을 사양하고 숨어 산다고 하면 고을이나 읍에서 천시할 뿐이다. 어찌 동일한 것이겠는가?

옛날의 무기는 활과 칼뿐이었다. 나무로 된 창으로는 공격할 수가 없었고 창을 만들어도 찌르지 않았다. 근세의 병기는 우뚝 솟은 충격기로 공격하고 큰 수레휘장으로 지키고 연발되는 쇠뇌를 쏘고 무쇠로 만든 수레로 싸웠다.

옛날에 나라를 정벌할 때에는 어린아이는 죽이지 않았고 노인은 사로잡지 않았다. 이것을 옛날에는 의義로 여겼는데 지금은 이렇게 하면 웃음거리가 되었다.

옛날에는 영광으로 여겼던 것들이 지금은 치욕으로 여기게 되었다. 옛날에는 다스림으로 삼았던 것들이 지금에는 어지러운 바가 되었다.

신농씨나 복희씨伏義氏는 포상과 처벌을 시행하지 않았어도 백성들이 나쁜 짓을 하지 않았다. 그런데 정사를 세우는 자는 법을 폐지하고 백성들을 다스리지 못했다.

순임금이 간척干戚을 들고 양쪽 계단 사이에서 춤을 추어 유묘有苗를 복종시켰다. 그러나 정벌하는 자가 갑옷과 무기를 버린다면 강하고 포악한 것을 제재하지 못한다.

이러한 것으로 말미암아 살펴본다면 법도는 백성의 풍속을 논하고 완급을 조절하는 것이다. 기계는 시대의 변화를 따라 적당하게 제재하는 것이다. 성인聖人들이 법을 만들어 만물을 제재한 것이다.

어진 이가 예를 제정하자 불초한 자는 단속되었다. 법에 제재되는 백성은 가히 더불어 원대한 것을 들 수가 없었다. 예에 얽매인 사람은 변화에 응할 수가 없었다.

귀로 청탁(清濁: 음악)의 분별을 알지 못하는 자는 음정을 조절할 수가 없다. 마음으로 다스려지고 어지러워진 근원을 알지 못하는 자는 법령을 제정할 수가 없었다. 반드시 홀로 들을 수 있는 총명함과 홀로 관찰할 수 있는 명철함이 있은 연후에 능히 도를 멋대로 해 행할 것이다.

은殷나라는 하夏나라를 변화시켰다. 주周나라는 은나라를 변화시켰다. 『춘추』는 주周나라를 변화시켰다.

삼대三代의 예가 동일하지 않는데 무엇 때문에 옛날을 따르겠는가?

대인大人이 만들었다고 해 제자弟子라고 따라야 하겠는가? 법치法治가 인연해서 생겨나는 바를 알게 되면 시대에 응해 변화하는 것이다. 법치의 근원을 알지 못한다면 비록 옛날의 것을 따르더라도 마침내는 어지러워질 것이다.

지금 세상의 법도와 법전을 시대에 맞추어 변화시키고 예의를 풍속과 함께 바꾸어야 한다. 학자들은 선인들이 물려준 업적을 따라 전적에 의거하며 옛 가르침을 지켜 이것이 아니면 다스리지 못할 것이라고 여긴다. 이것은 마치 네모난 장부를 둥글게 깎은 나무에 넣는 것과

같은 것이다. 마땅한 것을 얻어서 적당하게 하고 단단한 것을 이루고자
하더라도 어려운 것이다.

지금의 유자儒者와 묵가墨家들은 삼대三代의 문무文武를 칭찬하면서
도 행동하지 않는다. 이것은 말로만 하고 행동을 하지 않는 것이다.

지금의 세상을 나쁘다고 하면서 고치지 않는다. 이것은 그 그른
것을 행하는 것이다. 옳은 것을 칭찬하면서 나쁜 것을 행한다. 이 때문에
종일토록 생각을 다해도 다스림에는 도움이 없는 것이다. 몸은 수고롭
고 지혜는 고갈되어 군주에게는 보탬이 없는 것이다.

화공畵工들은 도깨비를 그리는 것은 좋아하면서도 개나 말을 그리는
것은 싫어하는데 무엇 때문인가? 도깨비는 세상에 나타나지 않지만
개나 말은 날마다 볼 수 있기 때문이다.

위기를 살피고 어지러움을 다스리는 것은 지혜가 아니면 능히 이르지
못한다. 지나간 옛날을 일컬으면 비록 어리석은 자라도 여유로움이
있다. 그러므로 사용되지 않는 법은 성왕이라도 실행하지 않는다. 징험
되지 않는 말은 성왕이라도 들어주지 않는 것이다.

古者人醇工厖 商樸女重[1] 是以政敎易化 風俗易移也 今世德益衰 民俗
益薄 欲以樸重之法 治旣弊之民 是猶無鑷銜橜策錣 而御駻馬[2]也 昔者
神農無制令而民從 唐虞有制令而無刑罰 夏后氏不負言[3] 殷人誓[4] 周人
盟[5] 逮至當今之世 忍詢而輕辱 貪得而寡羞 欲以神農之道治之 則其亂
必矣 伯成子高[6]辭爲諸侯而耕 天下高之 今之時人辭官而隱處 爲鄕邑
之下 豈可同哉 古之兵 弓劍而已矣 槽矛[7]無擊 脩戟無刺 晩世之兵 隆衝
以攻 渠幨[8]以守 連弩以射 銷車以鬪 古之伐國 不殺黃口 不獲二毛[9]
於古爲義 於今爲笑 古之所以爲榮者 今之所以爲辱也 古之所以爲治者

178

今之所以爲亂也 夫神農伏羲 不施賞罰而民不爲非 然而立政者不能廢
法而治民 舜執干戚而服有苗 然而征伐者不能釋甲兵而制彊暴 由此觀
之 法度者 所以論民俗而節緩急也 器械者 因時變而制宜適也 夫聖人
作法 而萬物制焉 賢者立禮 而不肖者拘焉 制法之民 不可與遠擧 拘禮
之人 不可使應變 耳不知淸濁之分者 不可令調音 心不知治亂之源者
不可令制法 必有獨聞之耳 獨見之明 然後能擅道而行矣 夫殷變夏 周
變殷 春秋變周 三代之禮不同 何古之從 大人作而弟子循 知法治所由
生 則應時而變 不知法治之源 雖循古終亂 今世之法籍與時變 禮義與
俗易 爲學者循先襲業 據籍守舊敎 以爲非此不治 是猶持方柄而周員鑿
也 欲得宜 適致固焉 則難矣 今儒墨者 稱三代文武而弗行 是言其所不
行也 非今時之世而弗改 是行其所非也 稱其所是 行其所非 是以盡日
極慮而無益於治 勞形竭智而無補於主也 今夫圖工好畫鬼魅[10]而憎圖
狗馬者 何也 鬼魅不世出 而狗馬可日見也 夫存危治亂 非智不能道
而先稱古 雖愚有餘 故不用之法 聖王弗行 不驗之言 聖王弗聽

※

1 人醇工厖商樸女重(인순공롱상박녀중): 인순人醇은 사람은 순박하다의 뜻.
　공롱工厖은 공인은 충실하다의 뜻. 상박商樸은 상인은 질박하다의 뜻. 여중女
　重은 여인은 정조를 지키고 사특하지 않다의 뜻.

2 鏑銜橜策錣而御馯馬(적함궐책철이어한마): 적鏑은 대적하다. 함궐銜橜은
　말의 입에 물리는 재갈. 책철策錣은 말채찍 끝에 박은 쇠바늘. 한마馯馬는
　야생마.

3 不負言(불부언): 말로 맹세한 것을 배반하지 않았다는 뜻. 곧 말을 믿었다.

4 誓(서): 말로 중요한 것을 맹세해 어기지 않다.

5 盟(맹): 희생을 죽여 그 피를 마시며 맹세하다.

6 伯成子高(백성자고): 요임금 때의 사람.

7 槽矛(조모) : 나무를 깎아 만든 창.

8 渠幨(거첨) : 거대한 휘장.

9 不殺黃口不獲二毛(불살황구불획이모) : 황구黃口는 어린아이. 이모二毛는
　머리가 하얗게 센 늙은이.

10 鬼魅(귀매) : 도깨비.

5. 화和보다 큰 것이 없다

하늘과 땅의 기氣는 화和보다 큰 것이 없다.

　화和는 음과 양을 고르게 하고 낮과 밤을 나누고 만물을 태어나게
한다.

　춘분春分에 태어나고 추분秋分에 완성되는데 태어나고 완성되는
것은 반드시 화和의 정을 얻어야 한다. 그러므로 성인의 도는 너그러우
면서도 씩씩하고 엄하면서도 온화하고 부드러우면서도 곧고 사나우면
서도 인자하다.

　너무 강한 것은 꺾이고 너무 부드러운 것은 말린다. 성인은 바로
강한 것과 부드러움의 사이에 있어서 도道의 근원을 터득하고 있는
것이다.

　음陰은 쌓이면 침체되고 양陽은 쌓이면 날아오른다. 음과 양이 서로
접하면 이에 능히 화和를 이룬다.

　대개 먹줄을 자로 쓰려면 말았다가 펴고 당겨서 펴면 가히 곧게
바라볼 수 있다. 그러므로 성인은 몸으로 체득하는 것이다.

　대개 길어도 멋대로 하지 않고 짧아도 다하지 않고 곧아도 굳세지
않고 오래 되어도 잊지 않는 것은 오직 먹줄뿐이다.

그러므로 은혜롭게 일을 추진하면 나약해지고 나약해지면 위엄이 서지 않는다. 엄하게 추진하면 맹렬해지고 맹렬해지면 조화되지 않는다. 사랑으로 추진하면 방종해지고 방종해지면 명령이 서지 않는다. 형벌로 추진하면 모질어지고 모질게 하면 친함이 없어진다.

옛날에 제齊나라의 간공簡公은 국가의 권력을 내놓고 대신에게 전임하게 했다. 장군과 재상들이 위세를 겸하고 권세를 멋대로 했다. 사문私門에서는 당黨이 형성되고 공정한 도가 행해지지 않았다. 그러므로 진성자陳成子인 전상田常과 치이자피鴟夷子皮 등이 난難을 일으켰다. 여씨呂氏의 사직이 단절되고 진씨陳氏가 나라를 두게 되었다. 이것은 유약하고 나약한 것에서 생겨난 일이다.

정鄭나라의 자양子陽은 강직해 굴하지 않았으며, 형벌을 좋아해 그 형벌에 걸리면 놓아 주는 일이 없었다. 그의 사인舍人 중에 활을 부러뜨린 자가 있었는데 죄를 두려워하고 처벌을 두려워해 미친개가 놀라 날뛰는 소란을 틈타 자양을 살해했다. 이것은 강직해 굴하지 않는 것에서 이른 재앙이었다.

지금 도를 알지 못하는 자는 유약하고 나약한 자가 침해당하는 것을 보면 엄숙하고 강직해 굴하지 않으려고 한다. 강직해 굴하지 않는 자가 망하는 것을 보면 엄숙하고도 유약하고 나약해지려고 한다. 이러한 것은 본래 알맞은 것에 주관이 없고 보고 듣는 것이 어그러져 밖으로 달리는 것이기 때문이다. 그러므로 자신이 죽을 때까지 정해 따르는 바가 없는 것이다. 비유하자면 마치 음률을 알지 못하는 자가 노래를 부르는 것과 같은 것이다. 탁하게 하면 막힌 듯해서 구르는 맛이 없고 맑게 하면 괴로운 듯해서 조화되는 맛이 없는 것과 같다.

급기야 한아韓娥와 진청秦靑과 설담薛談이 합창을 하고 후동侯同과

만성曼聲이 노래하는데 이르게 되면 마음에서 발분한다. 안으로 가득 쌓여 소리를 내게 되면 음률에 가까워 사람의 마음에 화락하지 아니함이 없는 것이다.

왜냐하면 마음속에는 근본적인 주인이 있어서 청탁淸濁을 안정시키고 밖에서 받지 않으며 스스로 의표儀表가 되기 때문이다.

장님이 길을 가는데 사람이 왼쪽으로 가라고 하면 왼쪽으로 가고 오른쪽으로 가라고 하면 오른쪽으로 간다. 군자君子를 만난다면 쉬운 길로 가겠지만 소인을 만난다면 도랑에 빠질 것이다. 왜냐하면 눈으로 사물을 접할 수가 없기 때문이다. 그러므로 위魏나라의 문후文侯는 두 번이나 누적樓翟과 오기吳起 두 사람만을 등용해 서하西河를 잃었다. 제나라의 민왕湣王은 오로지 요치淖齒만을 등용해 동묘東廟에서 죽었다. 계략 없이 운용했기 때문이다.

문왕은 여망(呂望: 태공망)과 소공석召公奭 두 사람을 등용하고 왕이 되었다. 초楚나라의 장왕莊王은 오로지 손숙오孫叔敖만을 등용해 패자霸者가 되었다. 계략을 두고 운용했기 때문이다.

天地之氣 莫大於和[1] 和者陰陽調 日夜分而生物 春分而生 秋分而成 生之與成 必得和之精 故聖人之道 寬而栗 嚴而溫 柔而直 猛而仁 太剛則折 太柔則卷 聖人正在剛柔之間 乃得道之本 積陰則沈 積陽則飛 陰陽相接 乃能成和 夫繩之爲度也 可卷而伸也 引而伸之 可直而睎 故聖人以身體之 夫脩而不橫 短而不窮 直而不剛 久而不忘者 其唯繩乎 故恩推則懦 懦則不威 嚴推則猛 猛則不和 愛推則縱 縱則不令 刑推則虐 虐則無親 昔者齊簡公[2]釋其國家之柄 而專任其大臣 將相攝威擅勢 私門成黨 而公道不行 故使陳成田常鴟夷子皮[3] 得成其難 使呂氏[4]絶

祀而陳氏有國者 此柔懦所生也 鄭子陽[5]剛毅而好罰 其於罰也 執而無
赦 舍人[6]有折弓者 畏罪而恐誅 則因猲狗之驚 以殺子陽 此剛猛之所致
也 今不知道者 見柔懦者侵 則矜爲剛毅 見剛毅者亡 則矜爲柔懦 此本
無主於中 而見聞舛馳於外者也 故終身而無所定趨 譬猶不知音者之歌
也 濁之則鬱而無轉 淸之則燋而不謳[7] 及至韓娥秦靑薛談之謳[8] 侯同曼
聲之歌 愼於志 積於內 盈而發音 則莫不比於律 而和於人心 何則 中有
本主 以定淸濁 不受於外 而自爲儀表也 今夫盲者行於道 人謂之左則
左 謂之右則右 遇君子則易道 遇小人則陷溝壑 何則 目無以接物也
故魏兩用樓翟吳起[10]而亡西河 湣王專用淖齒 而死于東廟 無術以御之
也 文王兩用呂望召公奭[11]而王 楚莊王專任孫叔敖而霸 有術以御之也

※

1 和(화): 화락. 곧 화락하면 만물이 생겨난다는 뜻.

2 齊簡公(제간공): 제나라 도공悼公의 아들이다.

3 陳成田常鴟夷子皮(진성전상치이자피): 진성전상陳成田常은 진성자陳成子
에 봉해진 전상田常이란 사람. 치이자피鴟夷子皮는 도주공陶朱公인 범려范蠡
를 가리킨다.

4 呂氏(여씨): 제나라에서 여상呂尙인 강태공을 봉했기 때문이다.

5 鄭子陽(정자양): 정나라의 군주. 일설에는 정나라의 재상이라고도 했다.

6 舍人(사인): 관직 이름.

7 燋而不謳(초이불구): 애타게 괴로운 듯이 하고 화락하지 않다.

8 韓娥秦靑薛談之謳(한아진청설담지구): 한아, 진청, 설담은 모두 함께 합창
하는 사람들. 구謳는 합창하다.

9 侯同曼聲(후동만성): 후동과 만성은 노래를 부르는 사람. 지금의 가수.

10 樓翟吳起(누적오기): 누적과 오기는 위魏나라 문후文侯의 신하. 오기吳起는
병법가.

11 呂望召公奭(여망소공석): 여망呂望은 강태공을 가리킨다. 소공석召公奭은

『시경』에 감당甘棠의 노래가 있다.

6. 한쪽 모퉁이를 가리키는 것만을 보다

대개 현악기를 타면서 노래를 부르고 북을 치면서 춤을 추는 것을 음악으로 삼는다. 빙 돌고 읍을 하며 겸손한 것을 표시하는 것으로 예를 닦는다. 후하게 장례를 치르고 3년 동안 상복을 입고 죽은 이를 보내는 것은 공자가 세운 것들이다.

이러한 것들을 묵자墨子는 그르다고 했다. 겸해 사랑하고 어진 이를 높이며 귀신이 돕고 천명이 그르다고 한 것은 묵자가 세운 것들이다.

이러한 것들을 양자(楊子: 楊朱)는 그르다고 했다. 성性을 온전히 하고 참된 것을 보존하고 사물로써 형체에 누를 끼치지 않는다는 것은 양자가 세운 것들이다.

이러한 것들을 맹자(孟子: 孟軻)는 그르다고 했다.

이처럼 추종하는 것과 버리는 것이 사람마다 다르지만 각각이 마음에 깨달음이 있는 것이다. 그러므로 옳음과 그름은 처함이 있다. 그 처함을 얻으면 그른 것도 없고 그 처한 곳을 잃으면 옳은 것도 없다.

단혈丹穴이나 태몽太蒙이나 반종反踵이나 공동空同이나 대하大夏나 북호北戶나 기굉奇肱이나 수고脩股의 백성들은 옳은 것과 그른 것이 각각 다르고 익히는 풍속도 서로 반대되었다.

군주와 신하, 위와 아래, 지아비와 지어미, 아버지와 아들은 서로 부리는 것들이 있다. 이곳이 옳다고 저곳이 그른 것은 아니다. 이쪽의 그른 것이 저쪽의 그른 것도 아니다. 비유하자면 자귀와 도끼와 망치와 끌이 각각 쓰이는 바가 있는 것과 같은 것이다.

우禹임금 때에는 다섯 음으로 다스림을 청취했다. 종鐘과 북[鼓]과 경쇠와 목탁을 달아매고 땡땡이를 설치해 사방의 선비를 기다렸다. 호령을 해 이르기를 "과인寡人을 도道로써 가르칠 자는 북을 친다. 과인을 의義로써 깨우칠 자는 종을 친다. 과인에게 사업으로 고할 자는 목탁을 친다. 과인의 걱정거리를 말할 자는 경쇠를 친다. 옥송獄訟이 있는 자는 땡땡이를 흔든다."라고 했다.

이때에 우임금은 한 번 식사하는 동안에 열 번이나 일어났고 한 번 머리를 감는 동안에 세 번이나 머리털을 쥐고 나와서 천하의 백성들을 근심했다. 이에 선에 통달하지 못했고 충성을 본받지 못했다면 재주가 부족한 것이었다.

진秦나라 때에는 높은 대사(臺榭: 누대)를 만들었고 거대한 공원을 만들었으며 멀리까지 달릴 수 있는 치도馳道를 만들었다. 금인金人을 주조했으며 수자리 사는 군사를 보냈다. 소와 말의 먹이를 들이게 했으며 사람의 수대로 인두세를 신설하고 키를 까불 듯이 자주 부과해 소부少府로 보내게 했다.

장정이나 장부는 서쪽으로는 임조臨洮나 적도狄道에 이르게 했다. 동쪽으로는 회계會稽와 부석산浮石山에 이르게 했다. 남쪽으로는 예장豫章과 계림桂林에 이르게 했다. 북쪽으로는 비호飛狐와 양원陽原에 이르게 했다. 이에 도로에서 죽은 사람이 도랑에 가득 찼다.

이때에는 충성되게 간하는 자는 불길한 자라고 일렀다. 인의를 말하는 자는 미치광이라고 일렀다.

이에 한나라의 고조高祖 때에 이르러서는 없어진 나라를 보존하고 단절된 나라를 계승시켜 천하의 대의大義를 들어 올리고 자신은 스스로 소매를 걷어 올리고 예리한 병기를 가지고 백성들을 위해 황천皇天에

명을 청했다.

이때에 천하의 영웅과 호걸들이 들과 호숫가에서 사나움을 드러내고 앞에서는 화살과 돌을 무릅쓰고 뒤에서는 계곡으로 떨어졌다. 1백 번의 죽음에서 탈출해 한 번 삶에 이르러 천하의 권력을 다투었다. 무용을 떨치고 정성을 다해 하루아침에 운명을 결정지었다.

이때에는 헐렁한 옷에 큰 띠를 하고 유가儒家와 묵가墨家를 말하는 자는 불초한 자로 여겼다.

이윽고 사납고 어지러운 것을 이기게 되어 온 세상이 크게 안정되었다. 문왕文王의 사업을 계승하고 무왕의 공로를 세워 천자의 도적圖籍을 밝게 했다. 유씨劉氏의 위모관委貌冠을 만들고 추로鄒魯의 유자儒者들과 묵가墨家들을 모아 앞서간 성인들이 남긴 가르침을 통하게 했다. 천자의 깃발을 싣고 대로大路를 타고 구유九斿를 세우고 대종大鐘을 치고 명고鳴鼓를 두드리며 함지咸池를 연주하고 간척干戚을 손에 들고 춤을 추게 했다.

이때에는 무공을 세운 자가 있으면 괴이함을 보였다. 한 세대의 사이에 문文과 무武가 번갈아 자웅雌雄이 되어 시대에 따라 쓰이게 되었다.

지금 세상에서 무武를 위하는 자는 문文을 그르다고 여기고, 문을 위하는 자는 무가 그르다고 한다. 문과 무가 번갈아 서로 그르다고 하고 때마다 세상에 쓰이는 것을 알지 못하고 있다.

이것은 한쪽 모퉁이를 한 번 가리키는 것만을 보고 사방팔방이 얼마나 광대한 것인지를 알지 못하는 것이다. 그러므로 동쪽으로 얼굴을 돌려 바라보면 서쪽의 담은 보이지 않는다. 남쪽으로 얼굴을 돌려 살피면 북쪽을 보지 못한다. 오직 향하는 바가 없게 되면 통하지 아니할 곳이 없게 되는 것이다.

夫弦歌鼓舞以爲樂 盤旋揖讓以脩禮 厚葬久喪以送死 孔子之所立也
而墨子非之 兼愛尙賢 右鬼非命 墨子之所立也 而楊子非之 全性保眞
不以物累形 楊子[1]之所立也 而孟子非之 趨捨人異 各有曉心 故是非有
處 得其處則無非 失其處則無是 丹穴太蒙反踵空同大夏北戶奇肱脩股[2]
之民 是非各異 習俗相反 君臣上下 夫婦父子 有以相使也 此之是 非彼
之是也 此之非 非彼之非也 譬若斤斧椎鑿之各有所施也 禹之時 以五
音[3]聽治 懸鐘鼓磬鐸置鞀 以待四方之士 爲號曰 敎寡人以道者擊鼓 諭
寡人以義者擊鐘 告寡人以事者振鐸 語寡人以憂者擊磬 有獄訟者搖鞀
當此之時 一饋而十起 一沐而三捉髮 以勞天下之民 此而不能達善效忠
者 則才不足也 秦之時 高爲臺榭 大爲苑囿 遠爲馳道 鑄金人 發適戍
入芻藁 頭會箕賦 輸於少府[4] 丁壯丈夫 西至臨洮狄道 東至會稽浮石
南至豫章桂林 北至飛狐陽原 道路死人以溝量 當此之時 忠諫者謂之不
祥 而道仁義者謂之狂 逮至高皇帝[5] 存亡繼絶 擧天下之大義 身自奮袂
執銳 以爲百姓請命于皇天 當此之時 天下雄儁豪英 暴露于野澤 前蒙
矢石 而後墮谿壑 出百死而紿一生 以爭天下之權 奮武厲誠 以決一旦
之命 當此之時 豐衣博帶而道儒墨者 以爲不肖 逮至暴亂已勝 海內大
定 繼文之業 立武之功 履天子之圖籍 造劉氏之貌冠[6] 總鄒魯[7]之儒墨
通先聖之遺敎 戴天子之旗 乘大路 建九斿 撞大鐘 擊鳴鼓 奏咸池 揚干
戚[8] 當此之時 有立武者見疑[9] 一世之間 而文武代爲雌雄 有時而用也
今世之爲武者 則非文也 爲文者 則非武也 文武更相非 而不知時世之
用也 此見隅曲之一指 而不知八極[10]之廣大也 故東面而望 不見西牆
南面而視 不覩北方 唯無所嚮者 則無所不通

※

1 楊子(양자): 양주楊朱. 머리털 한 가닥이라도 천하를 위하는 데는 기여하지 않는다. 곧 자아自我만을 위한 자.

2 丹穴太蒙~奇肱脩股(단혈태몽~기굉수고): 단혈丹穴, 태몽太蒙, 반종反踵, 공동空同, 대하大夏, 북호北戶, 기굉奇肱, 수고脩股는 모두 나라 이름. 모두 중국의 구주九州 밖에 있는 나라.

3 五音(오음): 궁宮, 상商, 각角, 치徵, 우羽의 다섯 소리.

4 少府(소부): 관직 이름. 창고 업무를 담당.

5 高皇帝(고황제): 한漢나라의 유방劉邦. 자는 계季.

6 劉氏之貌冠(유씨지모관): 한나라 고조高祖가 신풍新豐 땅에서 만든 관 이름. 죽피관竹皮冠. 일명 위모관委貌冠이다.

7 鄒魯(추로): 공자가 태어난 노나라 지명.

8 乘大路~揚干戚(승대로~양간척): 천자가 시행하는 예법. 대로大路는 천자가 타는 수레. 구유九斿는 천자가 타는 수레에 꽂는 깃발. 대종大鐘은 큰 종. 명고鳴鼓는 큰 북. 함지咸池는 음악 이름. 간척干戚은 춤출 때 쓰는 방패와 도끼의 장식.

9 疑(의): 怪의 뜻과 같다.

10 八極(팔극): 사방팔방의 끝. 곧 광대함을 뜻한다.

7. 국가가 존재하는 것은 도덕 때문이다

국가가 존재하는 것은 도덕 때문이며, 집안이 망하는 것은 도리가 막혔기 때문이다.

요임금에게는 1백 호를 가진 성곽도 없었고, 순임금은 송곳으로 뚫을 땅조차 두지 못했다. 그런데 천하를 두었다.

우임금에게는 10명의 무리가 없었고, 탕왕에게는 7리七里의 봉지도 없었지만 제후들의 왕이 되었다.

문왕은 기주岐周의 사이에 살면서 사방이 1백 리도 못 되었지만
서서 천자가 된 것은 왕도王道를 가졌기 때문이었다.

하나라의 걸왕桀王이나 은나라의 주왕紂王이 한창 왕성할 때에는
사람의 발자국이 이르는 곳이나 배와 수레가 통하는 곳은 군郡이나
현縣으로 만들지 않은 곳이 없었다. 그런데도 자신은 남의 손에 죽어서
천하의 웃음거리가 된 것은 형체도 없었기 때문이었다.

이런 이유로 성인聖人은 변화를 보고 그 징후를 관찰한다. 덕이
성대해지거나 쇠약해지면 바람의 기가 먼저 싹이 튼다. 그러므로 왕도
王道를 얻은 자는 비록 작았더라도 반드시 성대해지고, 형체를 망가뜨
린 자는 비록 성대했더라도 반드시 무너지는 것이다.

대개 하나라가 장차 망하려 할 때에 태사령太史令인 종고終古가 먼저
상商나라로 도망했는데 3년 만에 걸왕이 멸망했다. 은나라가 장차
무너지려 할 때에 태사령인 상예向藝가 먼저 문왕에게 귀순했는데
1년 만에 주왕이 멸망했다. 그러므로 성인들이 존재와 멸망의 자취와
성공과 실패의 사이를 살펴보는 것은 명조鳴條의 들판이나 갑자甲子일
을 기다리지 않는 것이다.

지금은 강한 자만이 승리한다고 이른다면 영토를 측정하고 무리만을
계산할 것이다. 부자만이 이로워진다고 한다면 곡식만을 헤아리고
금金만을 일컬을 것이다.

이와 같이 한다면 천승千乘의 군주는 패자나 왕자가 되지 않을 수
없을 것이고, 만승萬乘의 나라는 깨부수어 멸망시키지 않는 것이 없을
것이다.

존속과 멸망의 자취가 이와 같이 알기 쉽다면 어리석은 자아비나

어리석은 지어미라도 모두 능히 논할 수 있다.

조양자趙襄子는 진양晉陽의 성城으로써 패자霸者가 되었고, 지백智伯은 삼진三晉의 땅을 가지고도 사로잡혔다. 민왕湣王은 대국大國인 제齊나라의 왕이었으나 망했고, 전단田單은 즉묵卽墨의 성을 지켜서 공로가 있었다. 그러므로 국가의 멸망은 비록 나라가 크더라도 믿지 못하는 것이다. 도道가 행해지면 비록 작더라도 가벼이 여기지 못하는 것이다.

이러한 것으로 말미암는 바를 관찰한다면 국가가 존재하는 이유는 도道를 얻는 데 있지 거대한 데 있지 않는 것이며, 멸망하는 이유는 도道를 잃는 데 있지 작은 데 있지 않는 것이다.

『시경』의 대아大雅 문왕의 시에 이르기를 '정성껏 서쪽을 돌아보시고 여기에 머무르시게 되었네.'라고 했다. 이것은 은나라를 떠나 주나라로 옮긴 것을 말할 것이다. 그러므로 어지러운 나라의 군주는 그 영토를 넓히는 데 힘쓰지 인의에는 힘쓰지 않는다. 그 지위가 높아지는 데는 힘쓰면서 도덕에는 힘쓰지 않는다. 이것은 그 존재하는 것을 놓고 그 망하는 바에 이르는 것이다.

그러므로 걸왕은 초문焦門에 갇혔는데도 스스로는 그 행동한 바가 그르다고 여기지 않았고 탕왕을 하대夏臺에서 죽이지 못한 것을 후회했다. 주왕은 선실宣室에 살면서 그의 과오를 반성하지 않았고 문왕을 유리羑里 땅에서 처단하지 못한 것을 후회했다.

걸왕이나 주왕이 강대하고 거대한 세력의 지위에 있으면서 인의의 도를 닦았더라면 탕왕이나 무왕이 죄를 구제하는 것도 미치지 못했을 텐데 어떤 계책으로 감히 대적했겠는가?

만약에 위로는 해와 달과 별인 삼광三光의 밝기를 어지럽히고 아래로는 만백성의 마음을 잃었다면 비록 탕왕이나 무왕이 아니더라도 누가 능히 빼앗지 못했겠는가?

지금 그 자신에게 있는 것들을 살피지 않고 도리어 천하의 사람들이 와서 처단한 것만 탓하고 있으니 천하는 한 사람의 탕왕이나 무왕이 아니더라도 한 사람을 죽이고 반드시 계승할 자가 있었을 것이다.

또 탕왕이나 무왕이 작고 약한 곳에 처해서도 능히 왕자가 된 것은 그들이 도道를 두었기 때문이었다. 걸왕이나 주왕이 강대한 곳에 처해 있으면서도 빼앗긴 것은 그들에게 도道가 없었기 때문이었다.

지금 사람들이 왕자가 되는 바를 시행하지 않는 것은 도리어 자신이 빼앗기는 것만을 보태는 것으로 이것은 멸망만을 따르는 도道이다.

무왕이 은나라를 이기고 궁실을 오행산五行山에 지으려고 했는데 주공周公이 말했다.

"불가합니다. 대개 오행산은 굳건한 요새이자 험준한 땅입니다. 우리의 덕으로 능히 덮어서 천하가 그 공물과 조공을 바치는 자는 돌아와야 합니다. 또 우리에게 사납고 어지러운 행동이 있을 때 천하에서 우리를 침략하기가 어려울 것입니다."

이러한 것은 주나라가 36세 동안에 걸쳐서 빼앗기지 않았던 이유이다. 주공은 가히 능히 가득한 것을 유지했다고 이를 것이다.

옛날에 『주서周書』에서 '위에서 말한 것을 아래에서 사용하고 아래에서 말한 것을 위에서 사용한다.'라고 했다. 위에서 말한 것은 떳떳함이요, 아래에서 말한 것은 계략이다. 이것은 존속과 멸망의 계략이다.

오직 성인만이 친히 권權을 아는 것이다.

國之所以存者 道德也 家之所以亡者 理塞也 堯無百戶之郭 舜無置錐之地 以有天下 禹無十人之衆 湯無七里之分 以王諸侯 文王處岐周之

間也 地方不過百里 而立爲天子者 有王道也 夏桀殷紂之盛也 人跡所
至 舟車所通 莫不爲郡縣 然而身死人手 而爲天下笑者 有亡形也 故聖
人見化以觀其徵 德有盛衰 風先萌焉 故得王道者 雖小必大 有亡形者
雖成必敗 夫夏之將亡 太史令終古[1]先奔於商 三年而桀乃亡 殷之將敗
也 太史令向藝[2]先歸文王 朞年而紂乃亡 故聖人之見存亡之迹 成敗之
際也 非待鳴條之野 甲子之日[3]也 今謂彊者勝 則度地計衆 富者利 則量
粟稱金 若此則千乘之君[4]無不霸王者 而萬乘之國[5]無不破亡者矣 存亡
之迹 若此其易知也 愚夫悏婦 皆能論之 趙襄子以晉陽之城霸 智伯以
三晉之地[6]禽 湣王以大齊亡[7] 田單以卽墨[8]有功 故國之亡也 雖大不足恃
道之行也 雖小不可輕 由此觀之 存在得道 而不在於大也 亡在失道
而不在於小也 詩云 乃眷西顧 此惟與宅 言去殷而遷于周也 故亂國之
君 務廣其地 而不務仁義 務高其位 而不務道德 是釋其所以存 而造其
所以亡也 故桀囚於焦門 而不能自非其所行 而悔不殺湯於夏臺 紂居於
宣室 而不反其過 而悔不誅文王於羑里 二君處彊大勢位 脩仁義之道
湯武救罪之不給 何謀之敢當 若上亂三光[9]之明 下失萬民之心 雖微湯
武 孰弗能奪也 今不審其在己者 而反備之于人 天下非一湯武也 殺一
人則必有繼之者也 且湯武之所以處小弱而能以王者 以其有道也 桀紂
之所以處彊大而見奪者 以其無道也 今不行人之所以王者 而反益己之
所以奪 是趨亡之道也 武王克殷 欲築宮於五行之山[10] 周公曰 不可 夫五
行之山 固塞險阻之地也 使我德能覆之 則天下納其貢職者迴也 使我有
暴亂之行 則天下之伐我難矣 此所以三十六世[11]而不奪也 周公可謂能
持滿矣 昔者周書[12]有言曰 上言者下用也 下言者上用也 上言者常也
下言者權也 此存亡之術也 唯聖人爲能知權

※

1 終古(종고): 하나라의 태사령太史令으로 탕왕에게 망명한 사람.

2 向藝(상예): 은나라의 태사령으로 문왕에게 망명한 사람. 태사령은 사관.

3 鳴條之野甲子之日(명조지야갑자지일): 명조鳴條는 탕왕이 걸桀을 정벌한 것. 갑자일甲子日은 무왕이 주紂를 정벌해 이긴 날.

4 千乘之君(천승지군): 수레 1천 대를 낼 수 있는 나라로 제후를 뜻한다.

5 萬乘之國(만승지국): 수레 1만 대를 낼 수 있는 나라로 천자의 나라라는 뜻이다.

6 三晉之地(삼진지지): 진晉나라를 지씨智氏와 범씨范氏와 중행씨中行氏가 차지한 것을 뜻한다.

7 湣王以大齊亡(민왕이대제망): 대국大國인 제나라의 민왕이 요치淖齒에게 죽임을 당한 것을 뜻한다.

8 田單以卽墨(전단이즉묵): 제나라의 전단이 즉묵을 지켜 공로를 세운 것.

9 三光(삼광): 해와 달과 별을 뜻한다.

10 五行之山(오행지산): 지금의 태항산太行山을 뜻한다.

11 三十六世(삼십육세): 주周나라가 36대 동안 왕을 한 것.

12 周書(주서): 일서逸書인 것 같다. 지금의 『서경』 주서에는 없는 내용.

8. 말에는 반드시 믿음이 있어야 한다

말에는 반드시 믿음이 있어야 하고 약속은 반드시 지켜야 하는 것이 천하의 뛰어난 행동이다.

직궁直躬은 그의 아버지가 양羊을 훔치자 아들로서 증언했다. 미생尾生은 부인婦人과 함께한 약속을 지키다가 물이 차서 죽었다. 정직해 아버지의 도둑질을 증언했고 약속을 지키다가 물에 빠져 죽었다. 비록 정직하고 신용이 있다고 하더라도 누가 이를 귀하게 여기겠는가?

대개 삼군三軍에서 명령을 사칭하는 것은 과실이 지극히 큰 것이다.

진秦나라의 목공穆公이 군사를 일으켜 정鄭나라를 습격하려고 주周나라를 지나 동쪽으로 가는데 정나라의 상인인 현고弦高가 서쪽으로 소를 팔러 가다가 진나라의 군사를 주나라와 정나라 사이의 길에서 만났다. 이에 정나라 백작의 명이라고 거짓으로 속이고 12마리의 소를 잡아 군사들을 위로하겠다고 하며 진나라의 군사들을 대접해 군사들을 돌려 돌아가게 했다. 이로써 정나라를 보존시켰다.

그러므로 일이란 이르는 바가 있어서 믿음이 도리어 허물이 되기도 하고 거짓이 도리어 공로가 되기도 한다.

예를 잃고도 큰 공로를 세운 것은 무엇을 이르는 것인가?

옛날에 초楚나라의 공왕恭王이 음릉陰陵에서 진晉나라와 싸울 때였다. 반왕潘尪과 양유기養由基와 황쇠미黃衰微와 공손병公孫丙 등 네 사람이 서로 함께해 사로잡혔던 공왕을 빼앗아 왔는데 공왕이 두려워하고 체신을 잃었다. 황쇠미가 발을 들어 왕의 몸을 걷어차자 공왕이 이에 깨어났다. 왕은 그의 실례에 노하고 분격해 몸을 일으켰으므로 네 사람의 대부가 수레에 싣고 탈출했다.

옛날에 창오요蒼吾繞는 아내를 맞아들였는데 아름다워서 형에게 양보했다. 이것은 이른바 지성으로 사랑했으나 행해서는 안 되는 것이었다.

이런 까닭으로 성인은 일의 형국에서는 굽음과 곧음을 논하고 굽히고 펴며 엎드리고 우러러보는 것을 함께해 떳떳한 의표가 없는 것이다.

때로는 굽히고 때로는 펴고 천하고 유약한 갈대와 부들같이 해도 두려워서 빼앗기지 않는 것이다. 굳세고 강하고 의지가 강해 불의에 굽히지 않고 뜻은 청운靑雲에 이르러도 근본을 자랑하지는 않는 것이며 시대를 타고 변화에 응하는 것이다.

이런 까닭으로 충성이 존재하는 바에는 예가 족히 어렵지 않게 하는 것이다.

효자가 어버이를 섬김에는 안색을 온화하게 하고 몸을 굽혀서 띠를 받들고 신발을 가지런히 돌려놓는다. 또 물에 빠지게 되면 그 머리털을 휘어잡아 건져낸다. 감히 교만해 업신여기는 것이 아니라 그 죽음에서 구제하고자 한 것이다. 그러므로 물에 빠지게 되면 아버지라도 움켜잡고, 제사 지낼 때에 축관이 거리낌 없이 군주의 이름도 부르는 것은 형세가 그런 것이다.

이것은 권權이 베풀어지는 바이다. 그러므로 공자가 말했다.

"가히 함께 배워도 가히 더불어 도道에 가지 못하며 가히 더불어 도에 가더라도 가히 더불어 서지 못하면 가히 더불어 뜻을 세웠더라도 가히 더불어 저울추와 같이 뜻을 맞추지는 못하는 것이다."

권權이란 성인만이 홀로 보는 것이다. 그러므로 정도에는 어그러졌다가 뒤에 합치되는 것을 일러 권權을 안다고 하는 것이다. 처음에는 합했다가 뒤에 어그러지는 것을 일러 권을 알지 못한다고 하는 것이다. 권을 알지 못하는 자는 선善이라도 도리어 추하게 되는 것이다. 그러므로 예란 진실의 꽃이요, 거짓의 문채인 것이다. 서두르고 갑작스런 속에 견주게 되면 사용할 것이 없게 된다.

이런 까닭으로 성인이 문채로써 세상과 사귀고 진실로써 일의 마땅함에 따르는 것이며 한 발자국이라도 진흙 속에 엉키고 막혀서 변화되지 않는 것이 얽혀지지 않는 것이다.

이 때문에 실패하는 일은 적고 성공하는 일이 많으며 호령은 천하에 행해져 능히 비난하는 것들이 없는 것이다.

言而必信 期而必當 天下之高行也 直躬[1]其父攘羊而子證之 尾生[2]與婦
人期而死之 直而證父 信而溺死 雖有直信 孰能貴之 夫三軍矯命[3] 過之
大者也 秦穆公興兵襲鄭 過周而東 鄭賈人弦高將西販牛 道遇秦師於周
鄭之間 乃矯鄭伯之命 犒以十二牛 賓秦師而卻之 以存鄭國 故事有所
至 信反爲過 誕反爲功 何謂失禮而有大功 昔楚恭王戰於陰陵[4] 潘尫養
由基黃衰微公孫丙[5]相與篡之 恭王懼而失體[6] 黃衰微擧足蹴其體 恭王
乃覺 怒其失禮 奮體而起 四大夫載而行 昔蒼吾繞[7]娶妻而美以讓兄 此
所謂忠愛而不可行者也 是故聖人論事之局曲直 與之屈伸偃仰 無常儀
表 時屈時伸 卑弱柔如蒲葦 非攝奪也 剛強猛毅 志厲靑雲 非本矜也
以乘時應變也 夫君臣之接 屈膝卑拜 以相尊禮也 至其迫於患也 則擧
足蹴其體 天下莫能非也 是故忠之所在 禮不足以難之也 孝子之事親
和顏卑體 奉帶運履[8] 至其溺也 則捽其髮而拯 非敢驕侮 以救其死也
故溺則捽父 祝則名君 勢不得不然也 此權之所設也 故孔子曰[9] 可以共
學矣 而未可以適道也 可與適道 未可以立也 可以立 未可與權 權者
聖人之所獨見也 故忤而後合者 謂之知權 合而後忤者 謂之不知權 不
知權者 善反醜矣 故禮者 實之華而僞之文也 方於卒迫窮遽[10]之中也
則無所用矣 是故聖人以文交於世 而以實從事於宜 不結於一迹之塗
凝滯而不化 是故敗事少而成事多 號令行于天下 而莫之能非矣

※

1 直躬(직궁) : 초楚나라의 섭葉 땅 사람. 직궁은 자신의 아버지가 양을 훔치자
 증인으로 서서 증언해 주었다고 한다.

2 尾生(미생) : 노魯나라 사람. 부인婦人과 다리 아래에서 만나기로 약속하고
 기다리고 있는데 비가 많이 와 다리가 물에 잠겨 익사한 고사.

3 三軍矯命(삼군교명) : 삼군三軍은 주周나라 때의 제도로 상군上軍, 중군中軍,
 하군下軍이며 대제후가 소유한 군대. 교명矯命은 명령을 사칭한 것.

4 楚恭王戰於陰陵(초공왕전어음릉): 공왕恭王이 진晉나라의 여왕厲王과 음릉 땅에서 싸울 때 여기呂錡가 활로 공왕의 눈을 맞혔다. 이로 인해 사로잡혔다.

5 潘尫養由基黃衰微公孫丙(반왕양유기황쇠미공손병): 반왕, 양유기, 황쇠 미, 공손병 등은 모두 초나라 대부들의 이름.

6 恭王懼而失體(공왕구이실체): 공왕이 두려워하고 체모를 잃다.

7 蒼吾繞(창오요): 노魯나라 사람. 공자 때 사람이다.

8 運履(운리): 신발을 가지런하게 돌려놓는 것.

9 孔子曰(공자왈): 『논어』 자한子罕편에 있는 문장.

10 卒迫窮遽(졸박궁거): 졸박卒迫은 서둘다. 궁거窮遽는 갑자기의 뜻.

9. 까치는 다가올 일을 안다

성성猩猩이는 지나간 일은 알지만 다가오는 일은 알지 못한다. 까치는 다가오는 일은 알지만 지나간 일은 알지 못한다. 이러한 것은 일장일단 의 분별이 있는 것이다.

옛날에 장굉萇宏은 주나라 왕실의 역법曆法을 집행했다. 그는 하늘과 땅의 기氣와 해와 달의 운행과 바람과 비의 변화와 율력律曆의 술수를 통달하지 않은 것이 없었다. 그러나 자신이 거열형車裂刑에 처해져 죽는 줄은 알지 못했다.

소진蘇秦은 걸어 다니는 하찮은 필부匹夫였다. 그는 짚신을 등에 지고 주머니를 차고 발을 덮고 돌아다녀 만승萬乘의 군주를 경영하고 제후들을 복종시켰다. 그러나 스스로는 거열형의 근심에서 벗어나지 못했다.

서徐나라의 언왕偃王은 의복을 입고 자혜慈惠로웠으며 몸소 인의를 행해 육지에서 조회한 자가 32개 국가나 되었다. 그러나 자신은 죽고 나라는 멸망해 자손의 종류도 없어졌다.

대부大夫 종종種은 월왕越王 구천句踐을 보좌해 원수를 갚고 치욕을 씻게 했으며 오왕 부차夫差를 사로잡고 국토를 수천 리를 넓혔다. 그러나 자신은 촉루검屬鏤劍 앞에 엎드려 죽었다.

이러한 것들은 모두가 다스림과 어지러움의 요체에는 통달했으나 자신의 본성을 온전하게 하는 도구는 알지 못했던 것들이다.

이 때문에 장굉은 하늘의 도는 알았지만 사람의 일은 알지 못했다. 소진은 권모술수는 알았지만 재앙과 복은 알지 못했다. 서나라의 왕은 인의는 알았지만 때는 알지 못했다. 대부 종은 충성은 알았지만 계책은 알지 못했다.

성인들은 그렇지가 않다. 세상을 논해 일을 만든다. 일을 저울질해 계책을 만든다. 이 때문에 천하에 펴더라도 미세하지가 않고 안으로는 평범한 것 같아도 막히지 않는 것이다.

천하가 크게 어지러워져 예의가 단절되고 기강이 무너졌다. 강한 것들과 약한 것들이 서로 다투어 힘으로 정벌하고 서로 빼앗았다. 신하와 군주가 구별이 없고 귀천의 질서가 없었다. 갑옷 속에는 이와 서캐가 자라고 막사에는 제비나 참새가 둥지를 틀 정도로 군사들을 휴식을 시키지 못했다. 이에 처음에는 근엄한 모습과 공손하고 검소한 예절에 복종하게 했지만 반드시 모두 멸망하고 꺾이어 일어나지 못한 것이다.

천하가 편안하고 정치와 교육이 화평해지고 백성들이 공경하고 화목하며 위와 아래가 서로 친목했다. 이에 처음부터 기력을 세우고 용력을 분기시키면 반드시 담당관리의 법망에서 벗어나지 못할 것이다.

이런 까닭으로 성인은 음과 양과 약한 것과 강한 것들에 능수능란하고

때에 따라 움직이고 정지한다. 재질에 따라 공로를 세운다. 사물의
움직임으로 그것이 되돌아오는 것을 안다. 일은 그 싹을 보고 그 변화를
살핀다. 변화하면 현상을 만들고 운용해 응대하는 것으로 삼는다. 이
때문에 종신토록 행동해도 곤욕스러운 바가 없는 것이다.

그러므로 사업에는 가히 행동하되 말하지 못할 것이 있고 가히 말은
하되 행동하지 못할 것이 있다. 하기는 쉽지만 성공하기는 어려운
것이 있는가 하면 성공하기는 어렵고 무너지기는 쉬운 것이 있다.

이른바 가히 행동하되 말하지 못할 것이란 나아가는 것과 머무르는
것이다. 가히 말은 하되 행동하지 못할 것이란 거짓이다. 하기는 쉽고
이루기가 어려운 것이란 사업이다. 이루기도 어렵고 무너지기도 쉬운
것이란 명예이다. 이상의 네 가지 계책은 성인만이 홀로 살피고 마음에
담아두는 것들이다.

猩猩[1]知往而不知來 乾鵠[2]知來而不知往 此脩短之分也 昔者萇宏 周室
之執數者也 天地之氣 日月之行 風雨之變 律曆之數 無所不通 然而不
能自知 車裂[3]而死 蘇秦[4] 匹夫徒步之人也 鞮蹻嬴蓋 經營萬乘之主 服諾
諸侯 然不自免於車裂之患 徐偃王[5]被服慈惠 身行仁義 陸地之朝者三
十二國 然而身死國亡 子孫無類 大夫種[6]輔翼越王句踐 而爲之報怨雪
恥 禽夫差之身 開地數千里 然而身伏屬鏤而死[7] 此皆達於治亂之機 而
未知全性之具者 故萇宏知天道而不知人事 蘇秦知權謀而不知禍福 徐
偃王知仁義而不知時 大夫種知忠而不知謀 聖人則不然 論世而爲之事
權事而爲之謀 是以舒之天下而不窕 內之尋常[8]而不塞 使天下荒亂 禮
義絶 綱紀廢 彊弱相乘 力征相攘 臣主無差 貴賤無序 甲冑生蟣蝨 燕雀
處帷幄 而兵不休息 而乃始服屬臾之貌[9] 恭儉之禮 則必滅抑而不能興

矣 天下安寧 政敎和平 百姓肅睦 上下相親 而乃始立氣矜 奮勇力 則必
不免於有司之法矣 是故聖人者 能陰能陽 能弱能彊 隨時而動靜 因資
而立功 物動而知其反 事萌而察其變 化則爲之象 運則爲之應 是以終
身行而無所困 故事有可行而不可言者 有可言而不可行者 有易爲而難
成者 有難成而易敗者 所謂可行而不可言者 趨舍也 可言而不可行者
僞詐也 易爲而難成者 事也 難成而易敗者 名也 此四策者 聖人之所獨
見而留意也

※

1 猩猩(성성): 북방의 짐승이고 사람의 얼굴에 짐승의 몸체를 가졌으며 황색이
  다. 이 동물은 지나간 일을 안다고 했다.

2 乾鵠(건곡): 까치의 별칭. 까치는 다가올 일을 안다고 했다.

3 車裂(거열): 사지를 수레에 묶어 사람의 몸을 찢어 죽이는 끔찍한 형벌.

4 蘇秦(소진): 전국시대의 변설가. 합종설을 주창했다.

5 徐偃王(서언왕): 서나라의 언왕.

6 大夫種(대부종): 월나라 왕 구천의 신하.

7 屬鏤而死(촉루이사): 구천이 내린 촉루검으로 자결한 것.

8 尋常(심상): 심尋은 여덟 자. 상常은 열여섯 자. 곧 얼마 되지 않는 것으로
  작은 것을 뜻한다.

9 屬臾之貌(촉유지모): 근신하는 모양의 뜻. 삼가는 모양.

10. 한 치를 굽혀 한 자를 펴다

한 치를 굽혀 한 자를 펴는 것이라면 성인聖人들은 실행한다. 작은
것을 굽혀 큰 것을 곧게 하는 것이라면 군자君子들은 실행한다.

　주나라의 주공周公은 형제인 관숙과 채숙을 살해했다는 오점이 있었

200

다. 제나라의 환공에게는 형제간에 국가를 다투었다는 오명污名이 있었다. 그러나 주공은 의義로써 결함을 보충했고 환공은 공로로써 더러운 것을 제거했다. 모두 현명한 이가 되었다.

지금 사람들이 조그마한 과실로 그 거대한 아름다움을 덮어 버린다면 천하에는 성왕이나 현명한 재상이 없었을 것이다. 그러므로 눈 안에 흉터가 있더라도 보는데 방해가 되지 않는다면 지져서는 안 되는 것이다. 목구멍 안에 병이 있더라도 숨을 쉬는데 방해가 되지 않는다면 찔러서는 안 되는 것이다.

하수河水 가에 묘지가 헤아릴 수 없이 많더라도 오히려 평탄하다고 할 것이며, 물이 거세지고 파도가 일어 높고 낮은 것들이 서로 다다라 여덟 자나 열여섯 자의 차이가 나더라도 오히려 평평하다고 할 것이다.

옛날에 조자曹子가 노나라를 위해 군사를 거느리고 세 번이나 싸웠지만 승리하지 못하고 1천 리의 땅을 잃었다. 가령 조자曹子가 뒤를 돌아보지 않고 계획을 세웠다면 발을 돌릴 틈도 없이 진중에서 목이 베어졌을 것이며 종신토록 군사를 깨부수고 사로잡힌 장수가 되었을 것이다. 그러나 조자曹子는 그가 패배한 것을 부끄럽게 여기지 않고 죽어 공로가 없는 것을 부끄러워했다. 이에 가柯 땅에서 맹세하는데 갔다. 세 자의 칼을 뽑아 환공의 가슴에 들이대며 세 번이나 싸워가며 잃었던 땅을 하루아침에 반환시켜 그의 용맹이 천하에 알려졌으며 공로를 노나라에 세웠다.

제나라의 관중管仲은 공자규公子糾를 보좌했으나 능히 성공하지 못했다. 가히 지혜 있는 자라고 이르지 못할 것이다. 또 도망쳐 달아나 어려움에서도 죽지 않았다. 가히 용맹하다고 이르지 못할 것이다. 잡혀서 구속되어 수갑과 차꼬를 차고 있었는데 크게 부끄럽게 여기고 숨기지 않았다. 가히 지조가 있다고 이르지 못할 것이다. 이상의 세 가지 행동에 해당하는 것이 있었으니 벼슬하지 않는 선비라도 친구로 삼지 않았을 것이며 군주는 신하로 삼지 않았을 것이다. 그러나 관중은 묶인 포승에서 풀려 나와 제나라의 정사를 세우고 제후들을 규합해 한 번에 천하를 바로잡았다.

가령 관중이 죽음으로 나아가 자신을 버리고 뒤를 도모하는 것을 돌아보지 않았다면 어찌 이와 같은 패업霸業의 공로가 있었겠는가?

지금 군주가 그의 신하를 논하는데 그의 큰 공로를 계산하지 않고 그의 대략적인 행동만을 모아 그들의 작은 선만을 구한다면 어진 이의 계책을 잃게 되는 것이다. 그러므로 사람에게 두터운 덕이 있으면 그의 사소한 것들은 묻지 않는 것이고, 거대한 명예가 있으면 그 하찮은 일들은 흠이 되지 않는 것이다.

대개 소 발자국에 고인 물에는 잉어나 다랑어 같은 큰 물고기는 살지 못하고 벌집에는 고니가 알을 낳지 못하는 것이다. 곧 작은 것은 족히 거대한 몸체를 포용하지 못하는 것이다.

사람의 정에는 단점이 있지 않은 이가 없는 것이다. 진실로 그의 대략적인 것이 옳으면 비록 하찮은 과실이 있더라도 족히 누가 되지 않는 것이다. 만약에 대략적인 것들이 그른 것이라면 비록 마을에서의 선행이 있더라도 족히 크게 등용하지는 않는 것이다.

안탁취顔啄聚는 양보梁父의 큰 도둑이었다. 그런데도 제나라의 충신이 되었다.

단간목段干木은 진晉나라의 큰 말 거간꾼이었는데 위魏나라 문후文侯의 스승이 되었다.

맹묘孟卯는 그의 형수를 아내로 맞아 5명의 자녀를 두었다. 그런데도 위魏나라의 재상이 되어 위태함을 편안케 하고 그 우환을 해결했다.

초나라의 경양景陽은 술로 세월을 보내고 머리를 풀어 헤치며 부인에게 끌려 다녔으나 위엄으로 제후들을 복종시켰다.

이상의 4명에게는 모두 단점이 있었다. 그러나 공로와 명예가 없어지지 않은 것은 그 대략적인 것을 얻었기 때문이다.

계양季襄과 진중자陳仲子는 절조를 세우고 행동을 고결하게 해 더러운 군주의 조정에 들어가지 않았고 어지러운 세상의 음식을 먹지 않았고 드디어 굶어 죽었다. 존재하는 것과 멸망하는 것과 계승하는 것과 단절되는 것에 능하지 못한 것은 무엇 때문인가?

작은 절개를 펴고 대략적인 것을 없앤 것이다. 그러므로 작은 것을 삼가는 자는 공로를 성공시키는 것이 없게 된다. 행동을 헐뜯는 자는 무리를 용납하지 못하는 것이다. 신체가 큰 자는 마디가 길고 발이 큰 사람은 보폭이 넓다.

예로부터 지금에 이르기까지 오제五帝와 삼왕三王이라도 그 행동이 완전한 자는 있지 않았다. 그러므로 『주역』의 소과小過 괘에 '소과小過는 형통하니 바르게 하는 것이 이롭다.'라고 한 것은 사람에게는 과오가 없을 수는 없지만 그 과실이 커서는 안 된다는 것을 말하는 것이다.

譎寸而伸尺 聖人爲之 小枉而大直 君子行之 周公有殺弟之累 齊桓有爭國之名 然而周公以義補缺 桓公以功滅醜 而皆爲賢 今以人之小過 揜其大美 則天下無聖王賢相矣 故目中有疵[1] 不害於視 不可灼也 喉中有病 無害於息 不可鑿也 河上之邱冢[2] 不可勝數 猶之爲易也 水激興波 高下相臨 差以尋常 猶之爲平 昔者曹子[3]爲魯將兵 三戰不勝 亡地千里 使曹子計不顧後 足不旋踵 刎頸於陳中 則終身爲破軍禽將矣 然而曹子

不羞其敗 恥死而無功 柯之盟 揄三尺之刃 造桓公之胸 三戰所亡 一朝
而反之 勇聞于天下 功立於魯國 管仲輔公子糾[4]而不能遂 不可謂智 遁
逃奔走 不死其難 不可謂勇 束縛桎梏 大諱其恥 不可謂貞 當此三行者
布衣弗友 人君弗臣 然而管仲免於累絏之中[5] 立齊國之政 九合諸侯[6]
一匡天下 使管仲出死捐軀 不顧後圖 豈有此霸功哉 今人君論其臣也
不計其大功 總其略行 而求其小善 則失賢之數也 故人有厚德 無問其
小節 而有大譽 無疵其小故 夫牛蹄之涔[7] 不能生鱣鮪 而蜂房不容鵠卵
小形不足以包大體也 夫人之情 莫不有所短 誠其大略是也 雖有小過
不足以爲累 若其大略非也 雖有閭里之行 未足大擧 夫顏啄聚[8] 梁父之
大盜也 而爲齊忠臣 段干木[9] 晉國之大駔[10]也 而爲文侯師 孟卯[11]妻其嫂
有五子焉 然而相魏 寧其危 解其患 景陽[12]淫酒 被髮而御於婦人 威服諸
侯 此四人者 皆有所短 然而功名不滅者 其略得也 季襄陳仲子 立節抗
行 不入洿君之朝 不食亂世之食 遂餓而死 不能存亡接絶者何 小節伸
而大略屈 故小謹者無成功 訾行者不容於衆 體大者節疏 蹎距者擧遠
自古及今 五帝三王 未有能全其行者也 故易曰 小過亨利貞 言人莫不
有過 而不欲其大也

※

1 疵(자) : 흠. 곧 상처.

2 邱冢(구총) : 묘지의 뜻.

3 曹子(조자) : 노魯나라의 장수이다.

4 公子糾(공자규) : 제나라의 공자로 관중이 보좌했던 양공襄公의 아들.

5 累絏之中(누설지중) : 감옥의 안.

6 九合諸侯(규합제후) : 주周나라를 대신해 제나라 환공이 제후들을 아홉
번이나 불러 모은 일.

7 牛蹄之涔(우제지잠) : 소 발자국에 괸 물을 뜻한다.

8 顔啄聚(안탁취) : 제나라의 충신.

9 段干木(단간목) : 위魏나라 문후文侯의 스승.

10 大駔(대조) : 큰 말 거간꾼.

11 孟卯(맹묘) : 제齊나라 사람. 위魏나라의 신하가 되어서 위기와 근심을
해결했다.

12 景陽(경양) : 초나라의 장수.

11. 요임금, 순임금도 작은 과실은 있었다

요임금과 순임금과 탕왕과 무왕은 군주로서 빼어났다. 제나라의 환공이
나 진晉나라의 문공文公은 오패五霸에서도 영웅호걸이었다.

그러나 요임금은 자애롭지 못한 군주라는 명성이 있었고, 순임금은
아버지를 비천하게 여겼다는 비방이 있었다. 탕왕과 무왕은 멋대로
군주를 시해한 일이 있었다. 오패五伯는 몹시 사납고 거친 모략이 있었
다. 이런 까닭으로 군자는 한 사람에게서 완벽한 것을 구하지는 않는다.

방정하다고 해치지 않았고 청렴하고 곧다고 해치지 않았으며 널리
통달했다고 헐뜯지 않았고 문무를 갖추었다고 책하지도 않았다.

한 사람에게 구해 사람의 능력에 맡기는 것이었다. 스스로를 닦는
것을 도덕으로써 하고 남을 책하는 것을 사람의 능력으로써 하는 것은
쉽게 보상할 수 있는 것이다. 스스로를 도덕으로 닦는 것은 하기가
어려운 것이다. 하기가 어려운 것은 고상한 것을 행하는 것이고 보상하
기가 쉬운 것은 담박한 것을 요구하는 것이다.

대개 하후씨의 패옥이라고 흠이 없지 않았고 명월주明月珠라고 흠이
없지 않았다. 그러나 천하의 보배로 여기는 것은 무엇 때문인가? 그
작은 흠집만으로는 아름다움에 크게 방해가 되지 않기 때문이다.

지금 남의 단점만을 마음에 두고 남의 장점을 잊게 된다면 어진 이를 천하에서 얻는 것은 어려울 것이다.

백리해百里奚가 소를 먹이고 이윤伊尹이 솥을 짊어지고 태공망太公望이 칼을 두드리고 영척甯戚이 상가商歌를 부른 것들은 그 아름다움이 존재해 있었다. 모든 사람이 그의 지위가 비천하고 하는 일이 더럽고 수치스럽다고 여겨서 그의 대략을 알지도 못하면서 불초不肖로 삼은 것들이다.

이들이 천자天子의 삼공三公이 되고 서서 제후와 어진 재상이 되자 이에 처음으로 대중과 다르다는 것을 믿게 된 것이다.

이윤은 솥과 도마들이 있는 주방의 사이에서 일어나고, 태공망은 짐승을 잡고 사고파는 곳에서 나오고, 관중은 감옥 속에서 풀려 나오고, 백리해는 소의 턱 밑에서 일어났으나 더러운 몸을 씻고 화톳불로 재앙을 털고 본조정의 위에 서서 삼공의 지위에 올랐다.

안으로는 국가에 부끄러움이 없었고 밖으로는 제후들에게 부끄러움이 없었으며 세력이 부합하고 안으로 합함이 있었기 때문이었다. 그러므로 공로가 있지 않았는데도 그가 어진 것을 알았다는 것은 요임금이 순임금을 알아본 것이다. 공로가 이루어지고 사업이 서서야 그가 어질다는 것을 안 것은 시장의 사람들이 순임금을 알아본 것이다. 이러한 것은 도수를 버리고 조정이나 초야의 안에서만 구하려고 한다면 그 사람을 잃는 일들이 반드시 많을 것이다. 왜냐하면 그 구하는 것을 본받으려고 해도 그 취하는 사람을 알지 못하기 때문이다.

夫堯舜湯武 世主之隆也 齊桓晉文 五霸之豪英也 然堯有不慈之名[1] 舜有卑父之謗[2] 湯武有放弑之事[3] 五伯有暴亂之謀 是故君子不責備於一

人 方正而不以割 廉直而不以切 博通而不以訾 文武而不以責 求於一
人 則任以人力 自脩則以道德 責人以人力 易償也 自脩以道德 難爲也
難爲則行高矣 易償則求澹矣 夫夏后氏之璜 不能無考 明月之珠 不能
無纇 然而天下寶之者何也 其小惡不足妨大美也 今志人之所短 而忘人
之所脩 而求得其賢於天下 則難矣 夫百里奚之飯牛 伊尹之負鼎[4] 太公
之鼓刀[5] 甯戚之商歌[6] 其美有存焉者矣 衆人見其位之卑賤 事之汚辱
而不知其大略 以爲不肖 及其爲天子三公 而立爲諸侯賢相 乃始信於異
衆也 夫發于鼎俎之間 出于屠酤之肆 解于累紲之中 興于牛領之下 洗
之以湯沐 祓之以爟火 立之于本朝之上 倚之于三公之位 內不慙於國家
外不愧於諸侯 符勢有以內合 故未有功而知其賢者 堯之知舜 功成事立
而知其賢者 市人之知舜也 爲是釋度數而求之於朝肆草莽之中 其失人
也必多矣 何則 能效其求 而不知其所以取人也

※

1 堯有不慈之名(요유부자지명): 요임금은 자애롭지 않다는 명성이 있다.
곧 요임금이 그의 아들인 단주丹朱에게 천하를 물려주지 않은 일.

2 舜有卑父之謗(순유비부지방): 순임금이 아버지를 비천하게 여겼다는 비방
이 있다. 순임금의 아버지는 맹인이었다.

3 湯武有放弑之事(탕무유방시지사): 탕왕과 무왕은 멋대로 시해한 일이 있었
다. 곧 탕왕은 걸왕을 남소로 추방했고 무왕은 주왕을 선실에서 죽였다.

4 百里奚之飯牛伊尹之負鼎(백리해지반우이윤지부정): 백리해는 소를 기르
고 이윤은 솥을 지고 주방에서 일한 것.

5 太公之鼓刀(태공지고도): 태공망이 백정이 되어 짐승을 잡았다고 함.

6 甯戚之商歌(영척지상가): 영척이 환공을 만나려고 다리 아래에서 상가商歌
를 부른 일.

12. 사람을 비교하는 일은 쉽지 않다

사물이 서로 비슷한 것 때문에 군주가 어지럽게 현혹당하는 것이고, 혐의스러운 초상肖象에 보통 사람들은 눈이 아찔해지는 것이다.

그러므로 패려궂은 자는 아는 것 같지만 알지 못하고 어리석은 자는 인仁한 것 같지만 인하지 않고 우직한 자는 용맹스러워 보이지만 용맹하지 않는 것이다.

가령 사람 간의 서로의 거리는 옥玉이 돌과 함께하는 것과 같고 아름다운 것이 추악한 것과 함께하는 것 같아서 사람을 논하기는 쉬운 것이다.

사람을 어지럽게 하는 것은 궁궁芎藭이가 고본藁本과 함께하고 사상蛇牀이 미무蘪蕪와 함께하는 것으로 이것은 모두가 서로 비슷한 것들이다.

그러므로 검을 만드는 기술자가 막야와 같은 검에 현혹당하는 것은 오직 구야歐冶만이 능히 그 종류를 잘 이름 짓는 것이고, 옥玉을 다듬는 기능공이 벽로碧盧와 같은 것에 현혹당하는 것은 오직 의돈猗頓만이 그 실정을 잃지 않기 때문이다.

암울한 군주는 간신에게 어지러워지고 소인은 군자를 의심하는데 오직 성인만이 능히 미세한 것을 보고 밝은 것을 아는 것이다. 그러므로 뱀이 머리를 한 자만 들어 올리면 긴지 짧은지를 알 수 있으며, 코끼리는 그 상아를 보면 큰지 작은지를 가히 논할 수 있는 것이다.

설薛 땅의 촉용자燭庸子는 칼집에 들어 있는 검만을 보고도 날카로운지 무딘지를 알았고 유아臾兒와 역아易牙는 치수淄水와 민수澠水의 물이 섞인 것도 일찍이 한 번 마셔보고는 그 물이 단지 쓴지를 알았다.

그러므로 성인들이 어진 이를 논하는 것도 그 한 가지의 행동을 보고 어진지 어질지 않은지를 분별하는 것이다.

공자孔子는 늠구廩邱 땅을 사양하고 끝까지 도구(刀鉤: 칼)를 훔치지 않았다. 허유許由는 천자天子의 자리를 사양하고 끝까지 제후에 봉해지는 것을 이롭게 여기지 않았다.

그러므로 뜨거운 불에 데는 것을 당하지 않았으나 감히 불을 잡지 못하는 것은 그 불이 활활 타는 것을 보았기 때문이며, 일찍이 상처를 입지 않았어도 가히 칼날을 쥐지 않는 것은 그것이 해치는 바가 있는 것을 보았기 때문이다.

이러한 것으로 관찰해 보면 보이는 것으로 발동하지 않았던 것을 논하고 조그마한 절개를 관찰하고 대체大體를 아는 것이다.

그러므로 사람의 도를 논하는데 귀한 이는 그가 거론하는 바를 관찰하고, 부자는 그가 베푸는 바를 관찰하고, 궁색한 이는 그가 받지 않는 바를 관찰하고, 천한 이는 그가 하지 않는 바를 관찰하고, 가난한 이는 그가 취하지 않는 바를 관찰하는 것이다. 그리고 다시 그의 어려움을 살펴서 그의 용기를 알고 기쁘고 즐거운 것으로 동요시켜서 그가 지키는 바를 관찰하는 것이다. 재물을 맡겨서 그의 인仁을 논하고 두려움에 떨게 해 그의 지조를 알게 된다면 사람의 정이 갖추어지는 것이다.

夫物之相類者 世主之所亂惑也 嫌疑肖象者 衆人之所眩耀 故狠者類知而非知 愚者類仁而非仁 戇者類勇而非勇 使人之相去也 若玉之與石美之與惡 則論人易矣 夫亂人者 芎藭之與藁本[1]也 蛇牀之與麋蕪[2]也此皆相似者 故劍工惑劍之似莫邪[3]者 唯歐冶[4]能名其種 玉工眩玉之似碧盧者 唯猗頓[5]不失其情 闇主亂于姦臣 小人之疑君子者 唯聖人能見

微以知明 故蛇擧首尺 而脩短可知也 象見其牙 而大小可論也 薛燭庸
子[6]見若狐甲於劍 而利鈍識矣 臾兒易牙[7] 淄澠之水合者 嘗一哈水而甘
苦知矣 故聖人之論賢也 見其一行 而賢不肖分矣 孔子辭廩邱 終不盜
刀鉤[8] 許由讓天子 終不利封侯 故未嘗灼而不敢握火者 見其有所燒也
未嘗傷而不敢握刃者 見其有所害也 由此觀之 見者可以論未發也 而觀
小節可以知大體矣 故論人之道 貴則觀其所擧 富則觀其所施 窮則觀其
所不受 賤則觀其所不爲 貧則觀其所不取 視其更難 以知其勇 動以喜
樂 以觀其守 委以財貨 以論其仁 振以恐懼 以知其節 則人情備矣

※

1 芎藭之與藁本(궁궁지여고본): 궁궁芎藭은 미나릿과에 속하는 다년초. 고본藁
本은 백합과에 속하는 다년초이며 궁궁이와 비슷하다.

2 蛇牀之與麋蕪(사상지여미무): 사상蛇牀은 돌미나리의 이름. 미무麋蕪는
미나릿과에 속하는 궁궁이. 한약재로도 쓰인다. 사상과 미무는 서로 비슷하
게 생겼다.

3 莫邪(막야): 명검의 이름.

4 歐冶(구야): 칼을 만드는 기술자.

5 猗頓(의돈): 노魯나라의 부자.

6 薛燭庸子(설촉용자): 설 땅에 사는 촉용자. 설薛은 땅 이름. 촉용자燭庸子는
날카로운 검의 감별에 통달한 자.

7 臾兒易牙(유아역아): 유아와 역아는 모두 제나라 사람으로 맛을 잘 아는
자들이다.

8 孔子辭廩邱終不盜刀鉤(공자사름구종부도도구): 늠구廩邱는 제나라 땅이
다. 제나라 경공이 공자를 늠구에 봉하려 하자 사양하고 받지 않은 일.
도구刀鉤는 칼의 뜻. 곧 권세의 뜻.

13. 조양자趙襄子는 상을 잘 주었다

옛날에 상을 잘 주는 자는 비용을 적게 쓰고도 많은 사람들을 권장시켰다. 벌을 잘 주는 자는 형벌을 줄이고도 간사한 것을 금지시켰다.

주기를 잘하는 자는 간략하게 쓰고도 덕이 되었다. 거두기를 잘하는 자는 들어오는 것이 많아도 원망이 없었다.

조양자趙襄子는 진양晉陽 땅에서 포위당했었다. 포위에서 풀려나자 공로가 있는 자 5명을 포상했다. 고혁高赫이란 자가 첫째 포상자가 되었다. 좌우의 모시는 자들이 말했다.

"진양 땅에서의 어려움에 고혁이 큰 공로가 없었는데도 지금 상에서 첫째가 된 것은 무슨 일입니까?"

조양자가 말했다.

"진양 땅에서 포위당해 과인의 사직이 위태로웠고 국가도 위태로웠는데 모든 신하들은 교만해 업신여기는 마음을 가지지 않은 이가 없었다. 오직 고혁만이 군주와 신하의 예의를 잃지 않았다."

이런 이유로 한 사람에게만 상을 주어 천하에 충성스런 신하를 만들어 그 군주에게 충성을 바라지 않는 것이 없게 했으니 이것은 상을 적게 주고도 선을 권한 것이 많은 것이다.

제齊나라의 위왕威王은 대정(大鼎: 큰 솥)을 궁 안에 설치하고 자주 무염無鹽의 영令에게 말했다.

"그대에 대한 칭찬이 날마다 나의 귀에 들리기에 그대의 일을 살펴보니 전답이 있는 들은 황폐해지고 창고는 비어 있고 감옥에는 죄수들이 가득하다고 한다. 그대는 간사하게 나를 섬기려는 것이다."

이에 솥에 삶아 죽였다.

제나라에 이러한 일이 있은 뒤로는 32년간 도로에 떨어진 물건도 주워 가는 일이 없었다. 이러한 것은 형벌을 줄여 간사한 것을 금지시킨 것이다.

진秦나라의 목공穆公이 유람을 나갔다가 수레가 부서지는 일을 당했다. 이에 오른쪽의 말이 도망쳐 야인野人들이 말을 잡았다. 목공이 추격해 기산岐山의 북쪽까지 이르렀을 때 야인들이 이제 막 잡아서 먹고 있었다.

목공이 말했다.

"준마駿馬의 고기를 먹고 도리어 술을 마시지 않는 자는 사람이 다친다고 했다. 나는 그대들이 다칠까 두렵구나."

이에 두루 술을 마시게 하고 떠나갔다. 1년 뒤에 진나라의 목공이 진晉나라의 혜공惠公과 함께 한원韓原 땅에서 싸우는데 진晉나라의 군사가 목공의 수레를 포위했다. 이때 양유미梁由靡가 목공의 참마驂馬를 건드리며 사로잡으려고 했다. 이때 말을 잡아 고기를 먹었던 자 3백여 명이 모두 죽기를 각오하고 목공을 위해 수레 밑에서 싸웠다. 드디어 진晉나라를 이기고 혜공을 포로로 잡아서 돌아왔다. 이러한 것은 간략하게 사용하고도 덕이 된 것이다.

제나라의 환공이 장차 정벌하고자 하는데 갑옷과 군사가 부족했다. 명령해 중죄를 지은 자는 물소가죽으로 만든 갑옷과 한 자루의 창을 내게 했고, 가벼운 죄를 지은 자는 쇠붙이를 바치게 했다. 송사해 이기지 못한 자는 한 다발의 화살을 내게 했다. 백성들이 모두 기뻐하고 이에 화살을 바로잡고 화살촉을 만들었으며 쇠를 주조하고 칼을 만들었다. 이로써 불의를 정벌하고 무도한 이를 정벌해 드디어 천하의 패자霸者가 되었다. 이것이 많이 거두어들여도 원망이 없는 것이다.

그래서 성인은 백성들이 기뻐하는 바를 따라서 선을 권장하는 것이고 백성들이 미워하는 바를 따라서 간사한 것을 금지시키는 것이다.

그러므로 한 사람에게만 상을 주어도 천하가 칭찬하고 한 사람에게만 벌을 주어도 천하가 두려워한다. 이런 이유로 지극한 상이란 남발하지 않는 것이고 지극한 형벌이란 넘치지 않는 것이다.

공자孔子는 소정묘少正卯를 처단해 노나라의 사특한 것을 막았다. 자산子産은 등석鄧析을 처단해 정나라의 간사한 것을 금지시켰다.

이것은 가까운 곳으로써 먼 곳을 깨우치고 작은 것으로써 큰 것을 알게 한 것이다. 그러므로 성인이 간략한 것들을 지켜 널리 다스린다고 한 것은 이러한 것을 이른 것이다.

古之善賞者 費少而勸衆 善罰者 刑省而姦禁 善予者 用約而爲德 善取者 入多而無怨 趙襄子圍於晉陽 罷圍而賞有功者五人 高赫爲賞首 左右曰 晉陽之難 赫無大功[1] 今爲賞首何也 襄子曰 晉陽之圍 寡人社稷危 國家殆 群臣無不有驕侮之心 唯赫不失君臣之禮 故賞一人而天下爲忠之臣者 莫不願忠於其君 此賞少而勸善者衆也 齊威王設大鼎於庭中 而數無鹽令曰 子之譽日聞吾耳 察子之事 田野蕪 倉廩虛 囹圄實 子以姦事我者也 乃烹之 齊以此三十二歲道路不拾遺 此刑省姦禁者也 秦穆公出遊而車敗 右服失馬[2] 野人得之 穆公追而及之岐山之陽 野人方屠而食之 穆公曰 夫食駿馬之肉 而不還飮酒者傷人 吾恐其傷汝等 徧飮而去之 處一年 與晉惠公爲韓之戰 晉師圍穆公之車 梁由靡[3]扣穆公之驂[4] 獲之 食馬肉者三百餘人 皆出死爲穆公戰於車下 遂克晉 虜惠公以歸 此用約而爲德者也 齊桓公將欲征伐 甲兵不足 令有重罪者 出犀甲一㦸 有輕罪者 贖以金分[5] 訟而不勝者[6] 出一束箭 百姓皆說 乃矯箭爲矢 鑄金

而爲刃 以伐不義而征無道 遂霸天下 此入多而無怨者也 故聖人因民之
所喜而勸善 因民之所惡而禁姦 故賞一人而天下譽之 罰一人而天下畏
之 故至賞不費 至刑不濫 孔子誅少正卯[7] 而魯國之邪塞 子産誅鄧析[8]
而鄭國之姦禁 以近喩遠 以小知大也 故聖人守約而治廣者 此之謂也

※

1 無大功(무대공) : 지백智伯이 조양자에게 땅을 요구했는데 조양자가 주지
  않았다. 이에 지백이 한위韓魏를 인솔하고 진양 땅을 3개월 동안 포위했는데
  이기지 못했다. 조양자의 신하인 장맹담張孟談이 몰래 한위와 통해 지백을
  모반하고 죽이게 했다. 이것은 장맹담의 능력이었다. 그러므로 고혁이 큰
  공이 없다는 것이다.

2 右服失馬(우복실마) : 수레의 오른쪽에 매어 있는 말을 잃었다는 뜻.

3 梁由靡(양유미) : 진晉나라의 대부이다.

4 驂(참) : 참마驂馬이다.

5 金分(금분) : 쇠붙이를 뜻한다.

6 不勝者(불승자) : 곧지 못한 자. 정직하지 못한 자.

7 少正卯(소정묘) : 소정少正은 관직 이름. 묘卯는 사람 이름. 공자 때 노나라의
  아첨하는 신하 이름.

8 鄧析(등석) : 정나라의 변설가이며 궤변가. 간사한 사람들의 영웅.

14. 선善만큼 하기 쉬운 것이 없다

천하에서 선善만큼 하기 쉬운 것이 없고 불선만큼 하기 어려운 것이
없다.

이른바 선을 한다는 것은 고요하고 하는 것이 없는 것처럼 무위無爲로
하는 것이다. 이른바 불선을 한다는 것은 초조해 하고 하고자 하는
것이 많은 것이다.

정情에 적당하게 하고 나머지를 사양하면 유혹당하지 않고 성性을 따라 진실을 보존하면 자신에게는 변화가 없는 것이다. 그러므로 선은 하기 쉬운 것이라고 했다.

성곽을 뛰어넘고 험난한 요새를 넘어 부절符節을 훔치고 창고의 금을 도둑질하고 군주를 시해하고 거짓을 꾸미는 것은 사람의 성품이 아니다. 그러므로 불선은 하기가 어렵다고 했다.

지금의 사람이 감옥에 가는 죄를 저지르고 형벌에 처해지는 근심에 빠지는 이유는 기욕嗜慾에 빠져 싫어할 줄 모르고 법도를 따르지 않았기 때문이다. 무엇으로 그러한 것을 알 것인가?

천하의 천자天子의 법에 이르기를 '묘지를 파헤치는 자는 처단하고 도둑질을 한 자는 형벌을 내린다.'라고 했다. 이것은 정사를 맡은 곳에서 집행하는 것이다.

법령은 간사한 것을 그물질해 다스려 거느리는 것이다. 그들의 종적을 추적하는 것이며 어리석은 지아비와 어리석은 지어미가 아니더라도 모두가 간사한 일을 하면 벗어나지 못한다는 것을 아는 것이다. 금지하는 것을 범하면 빠져 나가지 못한다는 것을 아는 것이다. 그러나 불량아들은 자신의 욕심을 이기지 못하고 사망하는 죄를 뒤집어쓰고 형벌의 부끄러움을 당하게 되는 것이다.

하지만 입추立秋 뒤에 사법관司法官의 무리가 옥문에서 뒤를 이어 나오게 되면 시장에서 죽은 사람들의 피가 길에 흘러내린다. 왜냐하면 재물의 이익을 얻는 것에만 현혹되어 죽는다는 근심이 가려졌기 때문이었다.

군사를 배치하고 병기를 갖추어 양쪽의 군사가 서로 대치하면 장수가 영을 시행해 말하기를 "적군의 머리를 베어 오는 자는 작위를 제수하고 적에게 굴복하는 자는 허리를 벤다."라고 한다. 그러나 부대 내의 졸병들은 모두가 앞으로 전진해 적군의 머리를 베는 공로를 이루지 못하고 이후에 허리를 베어 죽이는 형벌을 당하게 된다. 이것은 죽음의 공포에서 도망한 것이 반드시 죽음으로 나아간 것이다.

그러므로 이로운 것과 해로운 것이 서로 반대되는 것과 재앙과 복의 교차하는 곳은 가히 살피지 않을 수 없는 것이다.

일이란 혹 하고자 했던 것을 우연히 실패하기도 하고 혹은 피하고자 했던 것이 우연히 성취되기도 한다.

초楚나라 사람이 배를 탔다가 큰바람을 만나 파도가 덮치자 스스로 물속으로 뛰어들었다. 이는 살려고 욕심을 부리지 않은 것이 아니라 죽음만을 두려워했기 때문이었다. 죽음을 두려워하는데 현혹되어서 도리어 사는 것을 잊었던 것이다. 그러므로 사람의 기욕嗜慾이란 또한 이와 같은 것이다.

제나라 사람 중에 금金을 도둑질한 자가 있었다. 시장이 번잡한 때를 틈타서 노략질하고 달아났다가 관리에게 잡혔다. 관리가 그 까닭을 물었다.

"시중市中에서 금을 훔친 것은 무엇 때문인가?"

도둑이 대답해 말했다.

"나는 사람은 보지 못했고 자못 금만 보았을 뿐입니다."

하고 싶은 뜻이 있으면 그 하는 것이 무엇인지를 잊게 되는 것이다. 이런 까닭으로 성인은 동정의 변화를 살피고 받고 주는 것들의 법도를 적당하게 해 좋아하고 미워하는 정을 다스리고 기뻐하고 노여워하는 절도를 조화시키는 것이다.

대개 동정動靜을 얻게 되면 우환이 넘치지 않게 되고 받고 주는 것이 적당하면 죄에 연루되지 않고 좋아함과 미워함이 다스려지면 근심이 가까이하지 않고 기쁨과 노여움이 절도가 있게 되면 원망이 범하지 않는다. 그러므로 도에 통달한 사람은 구차하게 얻지 않고 복을 사양하지 않으며 버리지 않는 것이 있고 찾지 않는 것이 있지도 않는 것이다. 항상 가득 차도 넘치지 않고 항상 비어 있어 쉽게 만족하는 것이다.

낙숫물로도 병이나 통을 넘치게 할 수 있지만 강수江水나 하수河水로도 새는 술잔을 채우지는 못하는 것이다. 그러므로 사람의 마음도 이와 같은 것이다.

스스로 도술의 도량을 마주했더라도 먹을 것은 빈속을 채워 주고 의복은 추위를 막아 주며 자신의 7척七尺의 몸을 봉양하는데 족한 것이다.

만약에 도술의 도량이 없더라도 스스로 검약하면 만승의 천자의 세력도 족히 존귀함이 되지 못하고 천하의 부를 가졌더라도 족히 영화로움이 되지 못할 것이다.

초나라의 손숙오孫叔敖는 세 번이나 영윤令尹에서 물러났으나 근심하는 낯빛이 없었는데 작위와 녹봉에 능히 얽매이지 않았던 것이다.

형荊: 초나라의 차비伏非는 두 마리의 교룡이 배를 휘감고 위협했는데도 뜻을 움직이지 않았으니 괴물을 보고도 능히 놀라지 않았던 것이다. 성인은 마음이 고요하고 뜻이 평이해 정신이 안을 지켜 족히 현혹시키지 못하는 것이다.

술에 취한 자는 굽히고 성문으로 들어가면서 7척의 작은 문으로 여기고, 강수江水나 회수淮水를 건널 때에는 얼마 안 되는 깊이의 도랑으로 여긴다. 이것은 술이 그의 정신을 혼미하게 만들었기 때문이다.

겁이 있는 자는 밤에 세워져 있는 표식을 보고 귀신으로 여기고 쓰러져 있는 돌을 보고는 호랑이로 여기는데 두려움이 그의 기를 덮었기 때문이다. 하물며 하늘과 땅에는 괴물이 없다고 하는 것에 있어서랴!

天下莫易於爲善 而莫難於爲不善也 所謂爲善者 靜而無爲也 所謂爲不善者 躁而多欲也 適情辭餘 無所誘惑 循性保眞 無變於己 故曰爲善易 越城郭 踰險塞 姦符節 盜管金[1] 簒弑矯誣 非人之性也 故曰爲不善難 今人所以犯囹圄之罪 而陷於刑戮之患者 由嗜慾無厭 不循度量之故也 何以知其然 天下縣官法曰 發墓者誅 竊盜者刑 此執政之所司也 夫法令者網其姦邪 勒率[2]隨其蹤跡 無愚夫惷婦 皆知爲姦之無脫也 犯禁之不得免也 然而不材子[3]不勝其欲 蒙死亡之罪 而被刑戮之羞 然而立秋之後 司寇之徒[4] 繼踵於門 而死市之人 血流於路 何則 惑於財利之得 而蔽於死亡之患也 夫今陳卒設兵 兩軍相當 將施令曰 斬首拜爵 而屈撓者要斬 然而隊階之卒 皆不能前遂斬首之功 而後被要斬之罪 是去恐死而就必死也 故利害之反 禍福之接 不可不審也 事或欲之 適足以失之 或避之 適足以就之 楚人有乘船而遇大風者 波至而自投於水 非不貪生而畏死也 惑於恐死而反忘生也 故人之嗜慾 亦猶此也 齊人有盜金者 當市繁[5]之時 至掇而走 勒問其故曰 而盜金於市中何也 對曰 吾不見人 徒見金耳 志所欲則忘其爲矣 是故聖人審動靜之變 而適受與之度 理好憎之情 和喜怒之節 夫動靜得則患弗過也 受與適則罪弗累也 好憎理則憂弗近也 喜怒節則怨弗犯也 故達道之人 不苟得 不讓福 其有弗棄 非其有弗索 常滿而不溢 恆虛而易足 今夫霤水足以溢壺榼 而江河不能實漏巵 故人心猶是也 自當以道術度量 食充虛 衣禦寒 則足以養七尺之形矣 若無道術度量而以自儉約 則萬乘之勢不足以爲尊 天下之富

不足以爲樂矣 孫叔敖三去令尹而無憂色 爵祿不能累也 荊佽非兩蛟夾
繞其船而志不動 怪物不能驚也 聖人心平志易 精神內守 物莫足以惑之
夫醉者佚入城門 以爲七尺之閨也 超江淮 以爲尋常之溝也 酒濁其神也
怯者夜見立表[6]以爲鬼也 見寢石以爲虎也 懼揃其氣也 又況無天地之
怪物乎

✳

1 姦符節盜管金(간부절도관금): 부절符節은 군주가 신하를 사신이나 관리로
　임명할 때 사용하는 것. 곧 신표. 관금管金은 열쇠나 돈을 뜻한다.

2 勒率(늑솔): 잡아 다스리다. 곧 죄인을 잡아 취조하는 일.

3 不材子(부재자): 재주가 없는 자식. 곧 불량아의 뜻.

4 立秋之後司寇之徒(입추지후사구지도): 입추立秋는 가을이 시작되는 달.
　사구司寇는 죄인을 담당하는 관리.

5 市繁(시번): 시장이 번잡할 때. 곧 사람이 많은 것을 뜻함.

6 立表(입표): 일종의 말뚝과 같은 것.

15. 암컷과 수컷이 서로 교접하면…

대개 암컷과 수컷이 서로 교접하는 것은 음과 양이 서로 가까이하는
것이며, 날개가 있는 것은 새끼 새를 만들고 털이 있는 것은 망아지나
송아지를 만드는 것이다. 여기서 부드러운 것들은 가죽과 살이 되고
단단한 것들은 이와 뿔이 되는데 사람들은 괴이쩍게 여기지 않는다.
　물에서는 용蠪과 대합이 자라고 산에서는 금金과 옥玉이 생산되는데
도 사람들은 괴이쩍게 여기지 않는다. 늙은 느티나무는 불을 만들고
오래된 피는 도깨비불이 되는데도 사람들은 괴이쩍게 여기지 않는다.
　산에서 효양梟陽이 나오고 물에서 망상罔象이 나오고 나무에서 필방

畢方이 나오고 우물에서 분양墳羊이 나오게 되면 사람들은 괴이쩍게
여긴다.

이것은 듣고 본 것들이 적으며 사물을 아는 지식이 얕기 때문이다.

천하의 괴물은 성인만이 홀로 보는 것이며 이해가 반복되는 것은
지혜로운 자만이 홀로 밝게 통달하는 것이다. 같은 것들과 다른 것들을
미심쩍어하는 것은 세상 사람들이 현혹되는 것들이다.

보는 것을 천하에 펴서 보여 주지 못하는 것이며 듣는 것을 모든
백성에게 잘 들리게 해줄 수는 없는 것이다.

이런 까닭으로 귀신의 빌미와 상서로운 것을 따라서 금지시키는
것을 만들고 형상을 모으고 종류를 미루어 변화된 상으로 삼는 것이다.
무엇으로 그러한 것을 아는 것인가?

세속에서 말하기를 "조상에게 제사를 지내는 자는 돼지를 최고의
희생으로 삼는다. 죽은 사람을 장사지내는 자는 갖옷을 부장품으로
넣지 않는다. 서로 칼로 장난을 치는 자는 태조太祖께서 팔꿈치를 밀어
제치고 문지방을 베고 자는 자는 귀신이 그의 머리를 밟는다."라고
했다.

이러한 것들은 모두 법령에 나타나 있지도 않고 성인聖人들이 입으로
전한 것도 아니다.

조상에게 제사를 지내는데 돼지를 최고의 희생으로 삼는다고 한
것은 돼지를 야수인 고라니와 사슴보다 좋아해서가 아니다. 그런데
신명神明이 홀로 흠향한다는 것은 무엇 때문인가? 생각건대 돼지는
집 안에서 항상 기르며 쉽게 얻을 수 있기 때문일 것이다. 그러므로
그 편리함을 따라서 높인 것이다.

갖옷을 함께 무덤에 묻지 않는다는 것은 솜옷과 비단옷을 갖추어

몸을 따뜻하게 해서가 아니다. 세상에서 생각하기를 갖옷이란 값이 비싼 물건으로 얻기가 어려우며 또 후세에 전하지도 못하고 죽은 자에게는 족히 삶을 기르는데 도움이 안 된다고 여기기 때문이다. 그러므로 그 쓰임을 따라서 기피했던 것이다.

서로 칼날로 장난을 치면 태조가 팔꿈치를 밀어 제친다는 것은 대개 칼날로 서로 장난을 하면 반드시 과실이 있게 되고 과실은 서로를 다치게 해 그 근심이 반드시 큰 것이다. 피를 튀기며 싸울 원한이 없는데 다투고 분노해 싸우는 것은 조그마한 일 때문에 형벌이 안으로부터 하는데도 어리석은 자들은 꺼리는 것을 알지 못하는 바이다. 그러므로 태조를 인용해 그들이 마음으로 두렵게 하기 위한 것이다.

문지방을 베고 잠을 자면 귀신이 그의 머리를 밟는다고 한 것은 귀신들은 현묘한 변화에 능해 문지방을 넘는 것을 기다리지 않고도 빈 곳을 따라 드나들므로 또한 능히 밟을 까닭이 없다. 그러나 문지방이란 바람의 기가 들어가고 나가고 하는 곳이며 바람의 기는 음과 양이 서로 당기는 곳이다. 이곳에서 바람을 맞으면 반드시 병이 든다. 그러므로 귀신에 가탁해 경계를 한 것이다.

이와 같은 것들은 모두 서책죽백(書策竹帛: 서적)에 나타내어 관청에 보관할 것들은 아니다. 그러므로 길흉으로 밝혀 어리석은 자들이 그 해로움을 알지 못하는 것들을 위해 이에 귀신들의 위엄을 빌려 그 가르침으로 깨우친 그 유래가 오래 되었다. 어리석은 자들은 빌미와 상서로운 것으로 여길 것이고 패려궂은 자들은 그르다고 여길 것이다. 오직 도道가 있는 자만이 그 뜻에 능히 통하는 것이다.

夫雌雄相接 陰陽相薄 羽者爲雛鷇 毛者爲駒犢 柔者爲皮肉 堅者爲齒

角 人弗怪也 水生蠬蜄[1] 山生金玉 人弗怪也 老槐生火 久血爲燐[2] 人弗怪
也 山出梟陽[3] 水生罔象[4] 木生畢方[5] 井生墳羊[6] 人怪之 聞見鮮 而識物淺
也 天下之怪物 聖人之所獨見 利害之反覆 知者之所獨明達也 同異嫌
疑者 世俗之所眩惑也 夫見不可布於海內 聞不可明於百姓 是故因鬼神
禨祥[7] 而爲之立禁 總形推類 而爲之變象 何以知其然也 世俗言曰 饗大
高[8]者 而豕爲上牲 葬死人者 裘不可以藏 相戲以刃者 太祖軵其肘[9] 枕戶
橉而臥者 鬼神蹠其首 此皆不著於法令 而聖人之所不口傳也 夫饗大高
而豕爲上牲者 非豕能賢於野獸麋鹿也 而神明獨饗之 何也 以爲豕者家
人所常畜 而易得之物也 故因其便以尊之 裘不可以藏者 非能具綈綿曼
帛[10] 溫煖於身也 世以爲裘者難得貴賈之物也 而不可傳於後世 無益於
死者 而足以養生 故因其資以襲之[11] 相戲以刃 太祖軵其肘者 夫以刃相
戲 必爲過失 過失相傷 其患必大 無涉血之仇 爭忿鬪而以小事自內於
刑戮 愚者所不知忌也 故因太祖以累其心 枕戶橉而臥 鬼神履其首者
使鬼神能玄化 則不待戶牖之行 若循虛而出入 則亦無能履也 夫戶牖者
風氣之所從往來 而風氣者 陰陽相捔者也 離者必病 故託鬼神以伸誡之
也 凡此之屬 皆不可勝著於書策竹帛 而藏於官府者也 故以禨祥明之
爲愚者之不知其害 乃借鬼神之威以聲其敎 所由來者遠矣 而愚者以爲
禨祥 而狠者以爲非 唯有道者能通其志

※

1 蠬蜄(용신): 용蠬자는 자전字典에는 없다. 용과 대합조개인 듯하다.
2 老槐生火久血爲燐(노괴생화구혈위린): 노괴老槐는 늙은 느티나무. 곧 오래
  된 고목을 뜻하며 바람이 불어 서로 마찰이 일어나면 불이 일어난다. 구혈久血
  은 피가 땅에 떨어져 괸 것. 인燐은 도깨비의 뜻.
3 梟陽(효양): 산의 정기. 곧 사람의 형상을 하고 있어 장대한 얼굴에 흑색의
  몸에는 털이 있고 발은 뒤집혀 있다고 했다. 사람을 보면 웃는다고 했다.

4 罔象(망상): 물의 정기. 『국어國語』에 용망상龍罔象이라고 했다.

5 畢方(필방): 목木의 정기. 형상이 까마귀와 같고 푸른색을 띠며 붉은 색의 다리는 하나인데 오곡을 먹지 않는다고 했다.

6 墳羊(분양): 토土의 정기. 노魯나라의 계자季子가 우물을 팔 때 토부土缶를 얻었는데 그 안에 양羊이 있었다.

7 禨祥(기상): 빌미와 상서로운 것. 기禨는 빌미이며 흉한 것. 상祥은 길한 것.

8 大高(대고): 조상의 뜻.

9 軵其肘(부기주): 그 팔꿈치를 밀어 제치다.

10 綈綿曼帛(제면만백): 제면綈綿은 명주와 솜. 만백曼帛은 고운 비단.

11 資以讘之(자이섭지): 자資는 용用의 뜻과 같다. 섭讘은 꺼리다.

16. 우물, 부뚜막, 문, 빗자루에 제사를 지내는 이유

지금의 세상에서 우물과 부뚜막과 대문과 창문과 키와 빗자루와 절구와 절굿공이에 제사를 지내는 것은 그것들이 신神으로서 능히 제사를 받을 만하다고 여겨서는 아닌 것이다. 그것들의 덕에 의지해서 번뇌와 고통이 그치는 것이 없다는 것을 믿을 뿐이다. 이런 까닭으로 때마다 그 덕을 보이고 그 공로를 잊지 않는 바이다.

돌과 부딪쳐 나오고 손가락 사이를 합친 아침의 식사시간 동안에 천하에 비를 내리는 것은 오직 태산太山뿐이다.

풀과 나무가 나지 않은 지 3년인데도 흐르는 줄기가 단절되지 않고 혜택이 1백 리에 이르러 풀과 나무를 윤택하게 하는 것은 오직 강수江水와 하수河水뿐이다. 이 때문에 천자는 차례대로 제사를 지냈다.

원래 말이란 사람을 어려운 곳에서 벗어나게 해주었으니 그 말이 죽는다면 장사를 치러 주는 것이다. 소도 죽으면 대거大車로써 깔개를 삼아 장사를 지냈다. 소와 말이라도 공로가 있으면 오히려 잊지 않는 것인데 하물며 사람이겠는가?

이것은 성인이 인을 중요하게 여기고 은혜를 계승시켜 주는 것이다. 그러므로 염제炎帝는 화덕火德으로 왕을 해 죽어서는 부뚜막의 신이 되었고, 우임금은 천하를 위해 수고해 죽어서는 사신社神이 되었다. 후직后稷은 농사를 짓도록 만들었으며 죽어서는 직신稷神이 되었다.

예羿는 천하의 해로운 것을 제거했는데 죽어서는 종포宗布가 되었다. 이것이 귀신을 세우는 바가 되었다.

북쪽의 초楚나라에 호협한 기개를 가진 자가 있었다. 그의 자손들이 그만두라고 자주 간했는데 듣지 않았다.

현縣에 도적이 있게 되자 관청에서는 대대적으로 그의 집안을 수색했는데 일이 마침내 발각되었다. 이에 밤에 깜짝 놀라 도망했다 도중에 추격당하게 되자 그에게 덕을 입은 자들이 모두 싸워 벗어나는 것을 얻고 드디어 돌아왔다. 그가 아들에게 말했다.

"너는 자주 나에게 호협한 행동을 하는 것을 그만두라고 했다. 지금 어려운 일이 있었는데 과연 힘입어 몸이 빠져 나올 수 있었다. 나를 간해도 소용이 없다."

이것은 어려움에서 벗어난 것만을 알고 어려움을 없애게 하는 것을 알지 못한 것이다. 일을 논함이 이와 같다면 어찌 의혹되지 않겠는가?

송나라 사람 중에 딸을 시집보내는 자가 있었다. 그가 딸에게 고해 말했다.

"시집을 갔다고 반드시 이루어지는 것은 아니다. 만일 시집을 가게 되거든 사사로이 재물을 감추지 않을 수 없을 것이다. 사사로이 재물을 저축해 부자가 되면 다시 시집을 가기가 쉬워질 것이다."

그의 딸은 아버지의 계책을 듣고 몰래 재물을 숨겨두었다. 이에 그녀의 남편이 그녀가 재물을 도둑질한다는 것을 알고는 쫓아 버렸다. 그러나 그 딸의 아버지는 자신이 잘못 가르쳤다는 것을 인정하지 않고 도리어 그의 계책을 얻었다고 여겼다.

그 딸은 재물을 도둑질한 것으로 쫓겨나게 된 것을 알았지만 그 아버지는 재물을 도둑질함으로써 딸이 쫓겨나는 바를 알지 못한 것이다. 의논하는 것이 이와 같다면 어찌 어그러진 것이 아니겠는가?

수레를 세내어 짐을 싣는 자가 한 대의 수레에 짐을 가득 싣고 한 마리의 소에게 힘을 다하게 하면 수레의 굴대가 부러진다고만 여기게 된다. 만일에 끌채를 굴대 위에 조작하게 되면 굴대와 끌채가 나아가면서 굴대를 부러뜨린다는 것은 알지 못하는 것이다.

초나라의 왕이 패옥을 차고 토끼를 쫓는데 달릴 때마다 그 패옥이 쪼개졌다. 이에 따라 패옥을 2개를 만들어 준비한 패옥도 함께 찼다. 2개의 패옥이 서로 부딪쳐 부서지는 것이 더욱 빨라졌다. 어지러워진 나라의 다스림이란 이와 유사한 것이 있는 것이다.

대개 올빼미의 눈은 크지만 보는 것은 쥐만 같지 못하다. 노래기는 발이 많지만 달리는 것은 뱀만 같지 못하다. 사물이 진실로 크더라도 작은 것만 같지 못한 것이 있고 많은 것이라도 적은 것만 같지 못한 것이 있다.

강한 것이 약하게 되고 약한 것이 강하게 되며 위태한 것이 편안하게 되고 존재하는 것이 망하는 데 이른다는 것을 성인이 아니면 누가 능히 살피겠는가?

크고 작고 높고 낮은 것은 족히 논하지 못할 것들이다. 오직 도가 있는 자만이 귀함이 되는 것이다. 무엇으로 밝히겠는가?

천자가 교외의 역참에 거처하게 되면 구경九卿이 종종걸음으로 가고, 대부大夫들은 달려가고, 앉아 있는 자는 엎드리고, 기대고 있는 자는 자세를 바르게 하는 것이다.

이때에 명당明堂의 태묘太廟에서는 관을 걸어 놓고 칼을 풀어 놓고 띠를 느슨하게 하고 잠을 잔다. 이것은 교외의 역참이 크고 묘당廟堂이 협소해서 그런 것이 아니다. 지존至尊이 거처하고 있기 때문이다. 천도天道가 귀한 것은 특별히 천자가 높이는 것으로 삼아서가 아니다. 소재한 곳을 많은 사람들이 우러러보기 때문이다.

대개 동면에 들어가는 벌레나 까치집까지도 모두 하나같이 하늘을 향한 것은 지극히 화和함이 그곳에 있기 때문이다.

제왕帝王이란 진실로 능히 하늘에서 받은 도를 포용하고 지극히 화락한 것을 합하게 되면 새와 짐승과 풀과 나무까지도 그의 덕택을 입지 아니함이 없거늘 하물며 억조의 백성들이겠는가?

今世之祭井竈門戶箕箒臼杵者 非以其神爲能饗之也 恃賴其德 煩苦之無已也 是故以時見其德 所以不忘其功也 觸石而出 膚寸而合 不崇[1]朝而雨天下者 唯太山 赤地三年而不絶流 澤及百里而潤草木者 唯江河也 是以天子秩而祭之 故馬免人於難者 其死也葬之 牛其死也 葬以大車爲薦 牛馬有功 猶不可忘 又況人乎 此聖人所以重仁襲恩 故炎帝於火而死爲竈[2] 禹勞天下而死爲社[3] 后稷作稼穡而死爲稷[4] 羿除天下之害而死爲宗布[5] 此鬼神之所以立 北楚有任俠者 其子孫數諫而止之 不聽也 縣有賊 大搜其廬 事果發覺 夜驚而走 追道及之 其所施德者 皆爲之戰 得免而遂反 語其子曰 汝數止吾爲俠 今有難 果賴而免身 而諫我不可

用也 知所以免於難 而不知所以無難 論事如此 豈不惑哉 宋人有嫁子
者 告其子曰 嫁未必成也 有如出 不可不私藏 私藏而富 其於以復嫁易
其子聽父之計 竊而藏之 若公知其盜也 逐而去之 其父不自非也 而反
得其計 知爲出藏財 而不知藏財所以出也 爲論如此 豈不勃哉 今夫傲
載者[6] 救一車之任 極一牛之力 爲軸之折也 有如轅軸其上以爲造 不知
軸轅之趣軸折也 楚王之佩玦[7]而逐菟 爲走而破其玦也 因珮兩玦以爲
之豫 兩玦相觸 破乃逾疾 亂國之治 有似於此 夫鴟目大而眎不若鼠
蚈足衆而走不若蛇 物固有大不若小 衆不若少者 及至夫彊之弱 弱之彊
危之安 存之亡也 非聖人孰能觀之 大小尊卑 未足以論也 唯道之在者
爲貴 何以明之 天子處於郊亭[8] 則九卿趨 大夫走 坐者伏 倚者齊 當此之
時 明堂太廟 懸冠解劍 緩帶而寢 非郊亭大而廟堂狹小也 至尊居至也
天道之貴也 非特天子之爲尊也 所在而衆仰之 夫蟄蟲鵲巢 皆嚮天一者
至和在焉爾 帝者誠能包稟道 合至和 則禽獸草木 莫不被其澤矣 而況
兆民乎

✻

1 崇(숭): 終終의 뜻과 같다. 곧 새벽에서 조반을 먹을 때까지를 종조終朝라고
　한다. 아침 동안.

2 炎帝於火而死爲竈(염제어화이사위조): 염제炎帝는 신농씨神農氏이다. 화
　덕火德으로 천하에 왕을 하고 죽어 부뚜막의 신에 의탁했다.

3 禹勞天下而死爲社(우로천하이사위사): 우임금이 홍수를 다스린 공로로
　후토后土의 신에 의지해 제사를 받는다.

4 后稷作稼穡而死爲稷(후직작가색이사위직): 후직后稷은 주周나라의 시조인
　기棄이다. 죽어서 직신稷神이 되어 제사를 받는다.

5 羿除天下之害而死爲宗布(예제천하지해이사위종포): 예羿는 옛날의 제후이
　다. 하백河伯이 사람들을 익사시키자 예가 화살을 쏘아 그의 왼쪽 눈을 맞혔고,

풍백風伯이 사람들의 집을 무너뜨리자 예가 화살을 쏘아 그의 무릎을 맞혔다.
또 구영九嬰과 알유猰貐의 무리를 처단해 천하에 공로가 있어 죽어서는 종포宗
布에서 제사를 받는다. 곧 밭에 제사하는 것을 종포라고 한다. 일설에는
지금 사람들이 실중室中의 제사를 종포라고 한다고 했다. 어떤 이는 사명司命
이며 방포傍布라고 했다. 여기에서의 예는 요임금 때의 예羿이고 '유궁후예有
窮后羿'는 아니라고 했다.

6 僦載者(추재자): 수레를 임대해 짐을 실은 자의 뜻.

7 佩玦(패결): 패옥을 차다.

8 郊亭(교정): 교외의 역참 또는 교외의 정자. 어느 뜻이 맞는지 의문이다.

제
14
권

전언훈詮言訓

전詮은 이루다[就]의 뜻이다.
곧 만물이 가리키는 것을 이루어
그 미묘한 일을 말로써 한 것이다.
이른바 도道가 의지하는 곳이다.
그러므로 '전언詮言'이라고 말했다.

1. 이러한 사람을 진인眞人이라고 한다

진실한 것을 함께한 하늘과 땅은 혼돈混沌한 것을 순박한 것으로 삼아 제작하지 않아도 만물을 성취시키는 것을 태일太一이라고 이른다. 동일하게 하나[一]에서 나와 만들어지는 바는 각각이 다른 것이 있어 새도 있고 물고기도 있고 짐승도 있는 것을 분물分物이라고 이른다.

이것은 일정한 종류로써 분별하고 사물로써 무리를 나누는데 하늘이 부여한 성명이 동일하지가 않았다. 모두가 형체를 두고 간격이 있어 통하지 않고 분리되어 만물이 되었으나 능히 근본으로 이르지는 못했다. 그러므로 움직이는 것을 생(生: 삶)이라고 하고 죽은 것을 궁(窮: 다하다. 죽다)이라고 이르며 모두를 물物이라고 한다. 사물이 아닌 것을 각각의 사물[物物]로 여기지는 않는 것이다. 물물物物은 만물의 속에는 없었던 것이다.

옛날 태초의 일을 상고해 보면 사람은 무無에서 태어났고 유有에서 형체로 나타났다. 형체가 있어서 사물에 제재되었다. 능히 그 태어난 바로 돌아가고 형체가 있지 아니하는 것과 같이 하는 것을 진인眞人이라고 이른다.

진인眞人은 처음부터 태일太一을 분리하지 않았다.

성인聖人은 이름의 주인이 되지 않았고 계략의 부府가 되지도 않았고 사업을 맡지도 않았고 지혜의 주인이 되지도 않았다.

형체가 없는 곳에 숨고 행적이 없는 곳에 행하고 조짐이 없는 곳에서 놀고 복을 시작하지도 않고 재앙을 시작하지도 않았다. 허무한 데서 보호하고 부득이한 곳에서 움직였다.

복을 바라는 자는 혹은 재앙이 되고 이로운 것을 하고자 하는 자는 혹은 해로운 것을 만났다. 그러므로 무위無爲에서 편안한 자는 그 편안한 바를 잃게 되면 위태로워지고 무사無事하게 다스리는 자는 그 다스리는 바를 잃게 되면 어지러워진다.

별은 하늘에서 나란히 빛나고 있으므로 사람들이 가리킨다. 의는 덕의 차례대로 나타나므로 사람들이 보는 것이다.

사람이 가리키는 바가 움직이면 문채가 있게 되고 사람이 보는 바를 행동하게 되면 행적이 있게 되는 것이다.

행동해 문채가 있게 되면 말을 하고 행동해 행적이 있게 되면 의논을 하게 된다. 그러므로 성인은 밝은 것을 나타나지 않게 가리고 행적은 무위無爲로 감추었다.

왕자경기王子慶忌는 검劍에 의해 죽임을 당했고, 예羿는 복숭아나무 몽둥이에 의해 죽임을 당했다. 자로子路는 위衛나라에서 젓으로 담가졌고, 소진蘇秦은 입 때문에 죽었다.

사람들은 그가 둔 것들을 귀하게 여기고 그 단점을 천하게 여긴다. 그러나 모두가 그의 귀한 것에 빠져 그의 천한 바를 다하고 있다. 귀한 바는 형체가 있는데 천한 것들은 조짐이 없기 때문이다. 그러므로 호랑이와 표범은 힘이 강력하여 와서 화살에 맞고 원숭이들은 민첩해 와서 잡히게 되었다. 사람들이 그 천한 바를 귀중하게 여기고 그 귀한 바를 천하게 여긴다면 가히 더불어 지극한 의논을 말할 것이다.

洞同天地 渾沌爲樸 未造而成物 謂之太一[1] 同出於一 所爲各異 有鳥有魚有獸 謂之分物 方以類別 物以群分 性命不同 皆形於有 隔而不通

分而爲萬物 莫能及宗[2] 故動而謂之生 死而謂之窮 皆爲物矣 非不物而
物物者也 物物者 亡乎萬物之中 稽古太初 人生於無 形於有 有形而制
於物 能反其所生 若未有形 謂之眞人 眞人者 未始分於太一者也 聖人
不爲名尸[3] 不爲謀府 不爲事任 不爲智主 藏無形 行無迹 遊無朕[4] 不爲福
先 不爲禍始 保於虛無 動於不得已 欲福者或爲禍 欲利者或離害 故無
爲而寧者 失其所以寧則危 無事而治者 失其所以治則亂 星列於天而明
故人指之 義列於德而見 故人視之 人之所指 動則有章 人之所視 行則
有迹 動有章則詞 行有迹則議 故聖人揜明於不形 藏迹於無爲 王子慶
忌死於劍[5] 羿死於桃棓[6] 子路菹於衛[7] 蘇秦死於口[8] 人莫不貴其所有 而
賤其所短 然而皆溺其所貴 而極其所賤 所貴者有形 所賤者無朕也 故
虎豹之彊來射 蝯狄之捷來措 人能貴其所賤 賤其所貴 可與言至論矣

※

1 太一(태일): 원신元神이 만물을 거느리는 것을 뜻한다.

2 及宗(급종): 자신에게 이르는 성性으로 진실한 것에 함께 으뜸하다의 뜻.
종(宗)은 곧 근본. 으뜸의 뜻.

3 尸(시): 주主의 뜻과 같다.

4 無朕(무짐): 조兆와 같다.

5 王子慶忌死於劍(왕자경기사어검): 왕자경기는 오吳나라 왕 요僚의 제자이다.
합려가 요를 죽였는데 경기는 용맹하고 건장해 망명해 정나라에 있었다.
합려가 두려워하고 요리要離를 시켜 경기를 찔러 죽이게 했다.

6 羿死於桃棓(예사어도봉): 예羿는 복숭아나무 몽둥이에 의해 죽임을 당했다.
본래는 복숭아나무로 몽둥이를 만들어 예를 쳐 죽였다. 이로 말미암아 귀신이
복숭아나무를 두려워하게 되었다.

7 子路菹於衛(자로저어위): 자로가 위나라에서 죽어 젓으로 담가졌다.

8 蘇秦死於口(소진사어구): 소진이 입 때문에 거열형에 처해진 것.

2. 다스림은 백성을 편안하게 하는 것이다

스스로를 믿는 자는 비방과 칭찬으로 뜻을 바꾸게 할 수 없고 만족할 줄 아는 자는 세력과 이익으로 유인할 수가 없다.

그러므로 성품의 정情에 통달한 자는 성품에 없는 것을 하는 것에 힘쓰지 않고 명命의 정情에 통달한 자는 명命에 없는 바로 어찌 하는 바를 근심하지 않는다. 도道에 통달한 자는 사물이 족히 그의 조화에 다스려지지 않는 것이 없다.

첨하詹何가 말하기를 "일찍이 자신을 다스리고 나라를 어지럽힌 자가 있다는 것을 듣지 못했다. 일찍이 자신이 어지럽게 되고 국가를 다스린 자가 있다는 것을 듣지 못했다."라고 했다.

곱자가 바르지 않으면 모난 것을 만들지 못한다. 그림쇠가 바르지 않으면 둥그런 것을 그리지 못한다. 몸은 일에 있어서 곱자와 그림쇠이다. 자신을 굽혀 남을 바르게 했다는 것을 듣지 못했다.

하늘의 명에 근원하고 심술을 다스리고 좋아하는 것과 미워하는 것을 다스려 정과 성性에 적당하게 되면 다스리는 도가 통하는 것이다.

하늘의 명에 근원하면 재앙과 복에 현혹되지 않고 심술心術을 다스리면 기뻐하고 성내는데 망령되지 않고 좋아하는 것과 미워하는 것을 다스리면 쓸데없는 것을 탐내지 않는다. 정과 성性에 적당하게 하면 하고자 하는 것들이 절도를 지나치지 않게 하고자 하는 것이다.

재앙과 복에 현혹되지 않게 되면 움직임과 정지함이 이치를 따른다. 기뻐하고 노여워하는 것이 망령되지 않게 되면 포상과 처벌에 아첨하지 않게 된다. 쓸데없는 것을 탐하지 않게 되면 욕심을 사용해 성性을 해치지 않게 된다. 욕심이 절도를 넘지 않게 되면 본성을 기르고 족함을 알게 된다.

무릇 이상의 네 가지는 밖에서 구하는 것이 아니고 사람에게 빌리는 것도 아니며 자신을 반성해 얻는 것이다.

천하는 지혜로 하는 것도 아니고 슬기로움으로 아는 것도 아니며 일로 다스리는 것도 아니고 인仁으로 좇아 따르는 것도 아니며 강한 것으로 승리하는 것도 아니다.

이상의 다섯 가지는 모두 사람의 재주이다. 덕이 성대하지 않으면 능히 하나도 성취하지 못한다. 덕이 서게 되면 다섯 가지는 위태한 것이 없게 된다. 다섯 가지가 나타나게 되면 덕은 자리가 없게 된다. 그러므로 도를 얻으면 어리석은 자도 여유로움이 있고 도를 잃게 되면 지혜로운 자도 부족하게 되는 것이다.

물을 건너는데 수영 기술을 익히지 않았다면 비록 강하다 하더라도 반드시 침몰하게 된다. 수영 기술이 있으면 비록 고달프더라도 반드시 건널 수 있다. 하물며 떠다니는 배 위에 의탁하면 어떻겠는가?

다스림의 근본이 되는 것은 백성을 편안하게 하는 데 힘쓰는 것이다. 백성들을 편안하게 하는 근본은 만족하게 사용하게 하는 데 있다. 만족하게 사용하게 하는 근본은 제때에 일하는 시간을 빼앗지 않는 데 있다. 제때에 일하는 시간을 빼앗지 않는 근본은 일을 덜어 주는 데 있다. 일을 덜어 주는 근본은 욕심을 절제하는 데 있다. 욕심을 절제하는 근본은 본성으로 돌아가는 데 있다. 본성으로 돌아가게 하는 근본은 꾸미는 것을 제거하는 데 있다. 꾸미는 것을 제거하면 허해지고 허해지면 공평해진다.

공평이란 것은 도道의 바탕이다. 허虛란 것은 도가 머무르는 곳이다. 능히 천하를 둔 자는 반드시 그 나라를 잃지 않는 것이다. 그 국가를

둔 자는 반드시 그의 집안을 잃지 않는 것이다. 그의 집안을 잘 다스리는
자는 반드시 그의 몸을 버리지 않는 것이다. 그의 몸을 잘 닦는 자는
반드시 그의 마음을 잃지 않는 것이다. 그의 마음에 잘 근본 하는
자는 반드시 그의 성품을 이지러뜨리지 않는 것이다. 그의 성품을
잘 보전한 자는 반드시 도道에 현혹되지 않는 것이다. 그러므로 광성자廣
成子는 말했다.

"삼가 지켜 안으로 하고 두루 닫아 밖으로 하라. 많이 알면 무너지게
된다. 보지도 말고 듣지도 말라. 신기神氣를 감싸서 고요하게 하면
형체가 장차 스스로 바르게 된다. 부득이하게 능히 저것을 아는 것은
두지 못할 것들이다."

그러므로 『주역』의 곤괘坤卦 육사六四효사에 이르기를 '주머니를
여미듯이 하면 허물도 없으며 칭찬도 없을 것이다.'라고 했다.

패자霸者나 왕자王者의 업업業을 이룬 자는 반드시 승리를 얻은 것이다.
적에게 잘 승리하는 자는 반드시 강한 자이다. 능히 강한 자는 반드시
남의 힘을 쓰는 것이다. 남의 힘을 잘 쓰는 자는 반드시 사람의 마음을
얻는 것이다. 사람의 마음을 잘 얻는 자는 반드시 스스로를 얻은 자이다.
스스로를 잘 얻은 자는 반드시 유약한 것이다.

강강强한다고 자신과 같지 못한 이를 이겼는데 그와 동등한 위치에
이르게 되면 싸움에 이르는 것이다.

유(柔: 부드러운 것)는 자신에게서 나와 승리하는데 그 힘을 헤아릴
수가 없다. 그러므로 많아서 이기지 못할 것에 크게 승리하는 자는
오직 성인만이 가능한 것이다.

自信者 不可以誹譽遷也 知足者 不可以勢利誘也 故通性之情者 不務

性之所無以爲[1] 通命之情者 不憂命之所無奈何 通於道者 物莫不足滑
其調 詹何曰 未嘗聞身治而國亂者也 未嘗聞身亂而國治者也 矩不正
不可以爲方 規不正 不可以爲員 身者事之規矩也 未聞枉己而能正人者
也 原天命 治心術 理好憎 適情性 則治道通矣 原天命則不惑禍福 治心
術則不妄喜怒 理好憎則不貪無用 適情性則欲不過節 不惑禍福 則動靜
循理 不妄喜怒 則賞罰不阿 不貪無用 則不以欲用害性 欲不過節 則養
性知足 凡此四者 弗求於外 弗假於人 反己而得矣 天下不可以智爲也
不可以慧識也 不可以事治也 不可以仁附也 不可以强勝也 五者皆人才
也 德不盛 不能成一焉 德立則五無殆 五見則德無位矣 故得道則愚者
有餘 失道則智者不足 渡水而無游數 雖强必沈 有游數 雖羸必逐 又況
託於舟航之上乎 爲治之本 務在於安民 安民之本 在於足用 足用之本
在於勿奪時 勿奪時之本 在於省事 省事之本 在於節欲 節欲之本 在於
反性 反性之本 在於去載[2] 去載則虛 虛則平 平者道之素也 虛者道之舍
也 能有天下者 必不失其國 能有其國者 必不喪其家 能治其家者 必不
遺其身 能脩其身者 必不忘其心 能原其心者 必不虧其性 能全其性者
必不惑於道 故廣成子[3]曰 愼守而內 周閉而外 多知爲敗 毋視毋聽 抱神
以靜 形將自正 不得之已而能知彼者 未之有也 故易曰 括囊無咎無譽
能成霸王者 必得勝者也 能勝敵者 必强者也 能强者 必用人力者也
能用人力者 必得人心也 能得人心者 必自得者也 能自得者 必柔弱也
强勝不若己者 至於與同則格[4] 柔勝出於己者 其力不可度 故能以衆不
勝成大勝者 唯聖人能之

※

1 性之所無以爲(성지소무이위): 사람의 성性에 없는 것으로써 하는 것을
뜻한다.

2 去載(거재) : 천박하고 화려한 것들을 버리고 없는 것을 다스리다의 뜻.

3 廣成子(광성자) : 황제黃帝 때의 도인道人.

4 與同則格(여동즉격) : 같은 급의 힘에 이르면 싸우게 된다는 뜻.

3. 다 주면 또다시 얻는 것이다

수영을 잘하는 자는 배의 노 젓는 법을 배우지 않아도 배를 편리하게 사용한다. 굳센 근육을 가진 자는 말 타는 법을 배우지 않아도 말을 편리하게 사용한다.

천하를 가볍게 여기는 자는 자신이 사물에 누가 되지 않는다. 그러므로 천하의 일에 능히 대처하는 것이다.

주周나라의 태왕단보泰王亶父가 빈邠 땅에 사는데 적인(狄人: 오랑캐)이 공격해 왔다. 가죽의 폐백과 주옥珠玉으로 섬기려고 했는데 들어주지 않았다. 이에 늙은 장로들에게 사죄하고 기주岐周 땅으로 옮겼다. 백성들이 어린아이를 이끌고 노인들을 부축하며 뒤를 따랐다. 드디어 나라가 이루어졌다.

이러한 뜻을 미루어 생각해보면 주周나라가 4대 만에 천하를 두었다는 것이 또한 마땅한 것이 아니겠는가? 천하로써 위하고자 하지 않는 자는 반드시 천하를 잘 다스릴 자이다.

서리와 눈과 비와 이슬은 모든 사물을 살리기도 하고 죽이기도 하지만 하늘은 하는 것이 없어도 오히려 하늘을 귀하게 여긴다.

글을 가지고 법을 수고롭게 해 관청을 다스리고 백성들을 다스리는 것은 관리이고 군주는 일을 하지 않지만 오히려 군주를 높인다.

토지를 넓히고 풀을 개간한 자는 후직后稷이며, 하수를 트고 강수를

준설한 사람은 우禹이며, 옥사를 듣고 알맞게 제재한 자는 고요皐陶이지
만 성스런 이름이 있는 사람은 요堯임금이다.

그러므로 도道를 얻어서 운영하는 자는 자신이 비록 능력이 없더라도
반드시 능란하게 부려서 자신을 위해 쓰는 것이다. 그 도를 얻지 못하면
기예가 비록 많다고 하더라도 보탬이 되지 못하는 것이다.

바야흐로 배로 강을 건너는데 빈 배가 한쪽 방향에서 와 부딪쳐
전복되면 비록 해치려는 마음이 있었을지라도 원망하는 낯빛은 없게
된다. 한 사람이라도 그 배 안에 있어서 한 번은 해안에서 멀리 떨어지라
고 하고 한 번은 해안으로 가까이하라고 이르는데 두 번 세 번을 불러도
응대하지 않았다면 반드시 욕설을 해대며 그 뒤를 따를 것이다.

이전에는 화내지 않았다가 지금은 화를 내는 것은 이전에는 비어
있었고 지금은 실實했기 때문이다.

사람들이 자신을 비우고 세상에서 논다면 누가 헐뜯겠는가?

도道를 놓고 지혜에 맡기는 자는 반드시 위태해진다. 술수를 버리고
재주를 사용하는 자는 반드시 곤욕을 당하게 된다. 욕심이 많아서
망한 자는 있어도 욕심이 없어서 위태한 자는 있지 않았다. 다스리고자
해 어지럽게 한 자는 있었어도 평상을 지켜서 잃은 자는 있지 않았다.
그러므로 지혜는 족히 근심을 면하지 못하고 어리석음은 족히 편안한
것을 잃는데 이르지는 않는다.

그 분수를 지키고 그 도리를 따르고 잃어도 조심하지 않고 얻어도
기뻐하지 않는다. 그러므로 성공한 것은 만든 바가 아니고 얻은 것은
구한 바가 아니다. 들어오는 것은 받되 취하지 않았으며 나간 것은
주되 강제로 주지는 않는다.

봄을 따라 태어나게 되고 가을을 따라 죽게 되는데 태어나는 바를

구하지도 않고 죽는 바를 원망하지도 않게 되면 도道에 가까이한 것이다.

善游者 不學刺舟[1]而便用之 勁筋者 不學騎馬而便居之 輕天下者 身不
累於物 故能處之 泰王亶父處邠 狄人攻之 事之以皮幣珠玉而不聽 乃
謝耆老而徙岐周 百姓攜幼扶老而從之 遂成國焉 推此意 四世[2]而有天
下 不亦宜乎 無以天下爲者 必能治天下者 霜雪雨露 生殺萬物 天無爲
焉 猶之貴天也 厭文搔法[3] 治官理民者 有司也 君無事焉 猶尊君也 辟地
墾草者 后稷也 決河濬江者 禹也 聽獄制中者 皐陶也 有聖名者 堯也
故得道以御者 身雖無能 必使能者爲己用 不得其道 伎藝雖多 未有益
也 方船濟乎江 有虛船從一方來 觸而覆之 雖有忮心 必無怨色 有一人
在其中 一謂張之 一謂歙之[4] 再三呼而不應 必以醜聲隨其後 向不怒而
今怒 向虛而今實也 人能虛己以遊於世 孰能害之 釋道而任智者 必危
棄數而用才者 必困 有以欲多而亡者 未有以無欲而危者也 有以欲治而
亂者 未有以守常而失者也 故智不足免患 愚不足以至於失寧 守其分
循其理 失之不憂 得之不喜 故成者非所爲也 得者非所求也 入者有受
而無取 出者有授而無予 因春而生 因秋而殺 所生者弗得 所殺者非怨
則幾於道也

※

1 刺舟(척주): 배를 젓다의 뜻.

2 四世(사세): 태왕大王, 왕계王季, 문왕文王, 무왕武王의 4대.

3 厭文搔法(염문소법): 염厭은 따르다. 소搔는 수고의 뜻. 문文은 따라서
법을 적용하는 것.

4 一謂張之一謂歙之(일위장지일위흡지): 한 번은 해안으로 가까이하라고
이르고 한 번은 해안에서 멀리하라고 하는 것.

4. 성인聖人은 있는 것만을 지킨다

성인은 비난 받을 행동을 하지 않으며 남이 자신을 비난하는 것도 미워하지 않는다. 족히 칭찬 받을 덕을 닦고 남이 자신을 칭찬해 주기를 바라지 않는다.

재앙이 이르지 않도록 하지는 못하지만 자신이 맞이하지는 않는다는 것을 믿으며 복이 반드시 오게는 하지 못하지만 자신이 물리치지 않는다는 것을 믿을 뿐이다.

재앙이 이르러도 그가 살 바를 구하지 않는다. 그러므로 닥쳐도 근심하지 않는다. 복이 이르면 그가 성취하고자 하는 것을 구하지도 않는다. 그러므로 통달해도 자랑하지 않는다. 재앙과 복을 제재하는 것이 자신에게 있지 않다는 것을 알기 때문이다. 그러므로 한가하게 살면서 즐기고 하는 일이 없어도 다스려지게 되는 것이다.

성인은 그가 가진 것만을 지키고 얻지 못할 것을 구하지 않는다. 그 없는 것을 구하게 되면 있는 것도 없어지게 된다. 그 있는 것을 닦고 하고자 하는 바에 이른다. 그러므로 군사를 사용하는 자는 먼저 승리하지 못할 것을 만들어 놓고 적에게 가히 이길 것을 기다리는 것이다. 국가를 다스리는 자는 먼저 빼앗기지 않을 것을 만들어 놓고 적에게 가히 빼앗을 시기를 기다리는 것이다.

순임금은 역산歷山에서 닦았는데 천하가 교화에 따랐다. 문왕은 기주岐周에서 닦았는데 천하가 그 풍속을 바꿨다. 가령 순임금이 천하의 이로움을 따라서 자신을 닦는 도리를 망각했다면 자신도 오히려 보존하지 못했을 것인데 어찌 한 자의 땅을 두었겠는가?

그러므로 다스린다는 것은 진실로 어지러움이 없다는 것이 아닌데도

242

다스림만을 일삼는 자는 반드시 위태해진다. 행동은 진실로 비난이 없다는 것이 아닌데도 급하게 명예만을 구하는 자는 반드시 꺾이게 된다.

복은 재앙이 없는 것보다 더 큰 복은 없다. 이익은 잃지 않는 것보다 훌륭한 것이 없다. 활동해 사물을 위하는데 손해 보지 않으면 이익이 있고 성공하지 못하면 훼손되고 이롭지 못하면 괴로움으로 여기는 것은 모두가 위험한 것이다. 그런데도 이르는 자는 위험한 것이다. 그러므로 진秦나라는 융戎과 싸워서 승리하고도 효殽 땅에서 패배했다. 초楚나라는 제하諸夏와 싸워서 승리하고도 백거柏莒에서 패했다.

그러므로 도道를 권장해 이로움으로 나아가는 것은 할 수 없지만 편안하게 해로움을 피하는 것은 할 수 있는 것이다. 항상 재앙도 없고 항상 복도 없다. 항상 죄도 없고 항상 공로도 없다.

성인聖人은 생각하는 것이 없고 베풀어 쌓아 놓는 것도 없다. 오는 자를 맞이하지 않고 떠나는 자를 전송하지 않는다. 사람들이 비록 동서남북으로 서더라도 홀로 중앙中央에 선다.

그러므로 모든 굽은 것 속에 처해 있어도 그 곧음을 잃지 않고 천하가 모두 흘러가도 홀로 제단의 경계를 떠나지 않는다. 선을 위하지도 않고 더러운 것을 피하지도 않으며 하늘의 도를 따른다. 시작을 하지도 않고 제멋대로 하지도 않으며 하늘의 이치를 따른다. 미리 계획을 세우지도 않고 때를 버리지도 않으며 하늘과 함께 기약한다. 얻기를 바라지도 않고 얻은 것을 잃지도 않는다. 안으로는 재앙에 의지하는 것이 없고 밖으로는 복에 의지하는 것도 없다. 재앙과 복이 발생하지 않는데 어찌 사람들이 해치는 것이 있겠는가?

좋은 일을 하면 모든 사람이 우러러보게 되고 불선한 행동을 하면 모든 사람이 비난하게 된다. 우러러보게 되면 귀한 것이 생겨나고 비난을 받게 되면 근심이 생겨난다.

그러므로 도술道術은 진출해 명예를 구하는 것이 불가하고 물러나 몸을 닦는 것도 불가하고 이로움을 얻는 것도 불가하지만 해로운 것에서 떠나는 것은 가한 것이다. 그래서 성인은 행동으로써 명성을 구하지 않고 지혜로써 나타내고자 하지 않고 법대로 자연을 닦아 자신이 관여하는 바가 없었다.

생각은 수(數: 술수)를 이기지 못하고, 행동은 덕을 이기지 못하고, 일은 도道를 이기지 못한다. 하는 것은 이루지 못할 수도 있고 구하는 것은 얻지 못할 수도 있다. 사람은 다하는 것이 있지만 도는 통하지 않는 곳이 없다. 도와 함께 다투면 흉해진다. 그러므로 『시경』의 대아大雅 황의皇矣편에 이르기를 '알건 모르건 하늘의 법칙을 따르라 했네.'라고 했다.

聖人不爲可非之行 不憎人之非己也 脩足譽之德 不求人之譽己也 不能使禍不至 信己之不迎也 不能使福必來 信己之不攘也 禍之至也 非其求所生 故窮而不憂 福之至也 非其求所成 故通而弗矜 知禍福之制不在於己也 故閒居而樂 無爲而治 聖人守其所以有 不求其所未得 求其所無 則所有者亡矣 脩其所有 則所欲者至 故用兵者 先爲不可勝 以待敵之可勝也 治國者 先爲不可奪 以待敵之可奪也 舜脩之歷山 而海內從化 文王脩之岐周 而天下移風 使舜趨天下之利 而忘脩己之道 身猶弗能保 何尺地之有 故治未固於不亂[1] 而事爲治者必危 行未固於無非 而急求名者必剉也 福莫大無禍 利莫美不喪 動[2]之爲物 不損則益 不成則毀 不利則病 皆險也 道之者危 故秦勝乎戎 而敗乎殽[3] 楚勝乎諸夏

而敗乎柏莒[4] 故道不可以勸而就利者 而可以寧避害者 故常無禍 不常
有福 常無罪 不常有功 聖人無思盧 無設儲 來者弗迎 去者弗將[5] 人雖東
西南北 獨立中央 故處衆枉之中 不失其直 天下皆流 獨不離其壇域
故不爲善 不避醜 遵天之道 不爲始 不專己 循天之理 不豫謀 不棄時
與天爲期 不求得 不辭福 從天之則 不求所無 不失所得 內無刕禍 外無
刕福 禍福不生 安有人賊 爲善則觀[6] 爲不善則議 觀則生貴 議則生患
故道術不可以進而求名 不可以退而脩身 不可以得利 而可以離害 故聖
人不以行求名 不以智見譽 法脩自然 己無所與 慮不勝數 行不勝德
事不勝道 爲者有不成 求者有不得 人有窮而道無不通 與道爭則凶 故
詩曰 弗識弗知 順帝之則

✳

1 不亂(불란): 어지럽지 않은 것을 다스리는 일.

2 動(동): 하는 일이 있는 것.

3 秦勝乎戎而敗乎殽(진승호융이패호효): 진秦나라 목공穆公이 서융西戎과의
  싸움에서 승리했지만 진晉나라의 효殽 땅에서는 패배했다.

4 楚勝乎諸夏而敗乎柏莒(초승호제하이패호백거): 초楚나라의 소왕昭王이
  모든 중국을 굴복시키고도 오吳나라의 백거에게 패배한 일.

5 將(장): 송送의 뜻과 같다.

6 觀(관): 사람들이 쳐다보다. 곧 우러러보다.

5. 지혜를 쓰지 않는 것은 없는 것과 같다

지혜가 있는데도 쓰지 않는 것은 지혜가 없는 자와 더불어 도道가
동일하고, 능력이 있는데도 일이 없는 자는 능력이 없는 자와 더불어
덕이 동일한 것이다.

그 지혜라는 것은 알려서 이른 연후에 그가 활동하는 것을 깨닫게 되고 시키는 자가 이른 연후에 그가 하는 것을 깨닫게 되는 것이다.

지혜가 있어도 지혜가 없는 것처럼 하고 능력이 있어도 능력이 없는 것처럼 하면 도리가 바른 것이 된다. 그러므로 공로가 천하를 덮더라도 그 아름다운 것이 베풀어지지 않는다. 덕택이 후세에 이르러도 그 이름이 있지 않게 되는 것이다. 도리에 통하게 되면 사람들의 거짓된 것은 없어지는 것이다.

명名과 도道는 두 가지가 밝지 않는 것이다. 사람이 명을 받게 되면 도는 쓰이지 않게 되고, 도가 사람을 이기게 되면 명은 종식되는 것이다.

도道와 사람이 오래도록 다투게 되면 밝은 사람은 도를 휴식시키는 것이다. 사람이 밝아지고 도가 휴식되면 위태로움이 멀지 않은 것이다. 그러므로 세상에 성대한 명성이 있게 되면 쇠약해지는 것이 날마다 이른다.

명예를 주인으로 삼고자 하는 자는 반드시 선을 하고 선한 것을 하고자 하는 자는 반드시 일이 생겨난다. 일이 생겨나면 공적인 것을 버리고 사적인 것으로 나아가며 술수를 등지고 자신에게 맡긴다.

칭찬은 선을 하는데 보이고 명예는 본바탕으로 삼는데 세우고자 하면서 다스림은 옛 것을 닦지 않게 되고 사업은 때를 기다리지 않게 되는 것이다. 다스림이 옛 것을 닦지 않게 되면 책임이 많아지고 사업이 때를 기다리지 않게 되면 공로는 없게 된다.

책임은 많고 공로가 적어 막을 수가 없게 되면 망령되게 일을 일으켜 잘되기를 바라고 망령되게 일을 하면서 적중하기를 바란다. 공로가 이루어지더라도 책임을 보상하지 못하는데 사업이 실패한다면 몸을 바친다 해도 부족할 것이다.

그러므로 선을 하는 것을 무겁게 하는 것은 마치 그른 것을 하는 것도 무겁게 하는 것과 같이 한다면 도에 가까이할 것이다.

천하에 신의 있는 선비가 없는 것은 아니다. 그러나 재물을 대하고 재물을 분배함에 반드시 주산을 잡고서 나누는 것을 정하는 것은 이것은 마음을 공평하게 갖더라도 마치 마음이 없는 것과 같지 못하다고 여기기 때문이다.

천하에 청렴한 선비가 없는 것은 아니다. 그러나 귀중한 보배를 지키는 자가 반드시 문에 자물쇠를 채우고 완전하게 봉하는 것은 욕심이 청렴함을 가졌더라도 욕심이 없는 것과 같지 않다고 여기기 때문이다.

사람들은 그의 결점을 거론하고 남을 원망하지만 거울이 그의 추한 점을 나타내면 좋은 거울이라고 여긴다.

사람들이 사물과 접촉하고 자신의 욕심과 함께하지 않는다면 누累가 되는 것에서 벗어날 수 있다.

공손룡公孫龍은 언사를 빛내 이름을 바꾸었고 정鄭나라의 등석鄧析은 교묘한 변론으로 법을 어지럽혔다. 소진蘇秦은 유세를 잘해 멸망했다.

국가가 그의 도에 따르면 선善이 빛날 것이 없고 그 도리를 닦게 되면 교묘한 것에도 이름이 없게 된다. 그러므로 교묘한 것으로 힘써 싸우는 자는 양陽에서 시작하고 항상 음陰에서 마치게 된다. 슬기로움으로 국가를 다스리는 자는 다스림에서 시작해 항상 어지러움에서 끝마친다. 물을 아래로 흐르게 하는 것을 누가 능히 다스리지 못하겠는가? 격동시켜 역류시키는 것은 교묘한 기술이 아니면 능히 하지 못하는 것이다. 그러므로 문文이 승勝하면 질質이 가려지고 간사하고 교묘하면 바른 것들이 막히는 것이다.

덕은 스스로를 닦는 일은 할 수 있지만 사람을 시켜 포악하게 할 수는 없다. 도道는 스스로를 다스리는 일은 할 수 있지만 사람을 시켜 어지럽게 하는 것은 할 수 없는 것이다.

비록 성인이나 현인의 보배가 있더라도 포악하고 어지러운 세상을 만나지 않게 되면 자신을 온전하게 할 수는 있지만 패자나 왕자가 되는 것은 할 수 없는 것이다.

탕왕이나 무왕武王이 왕자王者가 될 수 있었던 것은 걸桀이나 주紂의 포악함을 만났기 때문이다. 걸이나 주는 탕왕이나 무왕이 현명했기 때문에 포악했던 것은 아니었다. 탕왕이나 무왕이 걸이나 주의 포악함을 만났기 때문에 왕자가 되었던 것이다. 그러므로 비록 어진 왕이라도 반드시 때를 만남을 기다리는 것이다.

때를 만난다는 것은 적절한 시기를 만나서 얻는 것이고 지혜로 능히 구해서 성취되는 것은 아니다.

有智而無爲 與無智者同道 有能而無事 與無能者同德 其智也 告之者 至 然後覺其動也 使之者至 然後覺其爲也 有智若無智 有能若無能 道理爲正也 故功蓋天下 不施其美 澤及後世 不有其名 道理通而人僞 滅也 名與道不兩明 人受名則道不用 道勝人則名息矣 道與人競長 章 人者 息道者[1]也 人章道息 則危不遠矣 故世有盛名 則衰之日至矣 欲尸 名者 必爲善 欲爲善者 必生事 事生則釋公而就私 背數而任己 欲見譽 於爲善 而立名於爲質 則治不脩故 而事不須時 治不脩故則多責 事不 須時則無功 責多功鮮 無以塞之 則妄發而邀當 妄爲而要中 功之成也 不足以更責[2] 事之敗也 不足以敝身 故重爲善若重爲非 而幾於道矣 天 下非無信士也 臨貨分財 必探籌而定分[3] 以爲有心者之於平 不若無心 者也 天下非無廉士也 然而守重寶者 必關戶而全封 以爲有欲者之於廉

不若無欲者也 人擧其疵則怨人 鑑見其醜則善鑑 人能接物而不與己[4]
焉 則免於累矣 公孫龍粲於辭而貿名[5] 鄧析巧辯而亂法[6] 蘇秦善說而亡[7]
國由其道 則善無章 脩其理 則巧無名 故以巧鬪力者 始於陽 常卒於陰
以慧治國者 始於治 常卒於亂 使水流下 孰弗能治 激而上之 非巧不能
故文勝則質揜 邪巧則正塞之也 德可以自脩 而不可以使人暴 道可以自
治 而不可以使人亂 雖有聖賢之寶 不遇暴亂之世 可以全身 而未可以霸
王也 湯武之王也 遇桀紂之暴也 桀紂非以湯武之賢暴也 湯武遭桀紂之
暴而王也 故雖賢王必待遇 遇者能遭於時而得之也 非智能所求而成也

※

1 章人者息道者(장인자식도자): 장章은 명明의 뜻과 같다. 식息은 지止의
　뜻과 같다.

2 更責(경책): 책임을 보상하다의 뜻.

3 探籌而定分(탐주이정분): 주산을 가지고 나누는 것을 정하다.

4 不與己(불여기): 자신의 사사로움과 함께하지 않는다.

5 公孫龍粲於辭而貿名(공손룡찬어사이무명): 공손룡公孫龍은 "백마는 말이
　아니다. 얼음은 차지 않다. 숯은 뜨겁지 않다."라고 했던 궤변가. 무명貿名은
　이름을 바꾸다. 곧 명칭을 새로 만든 것.

6 鄧析巧辯而亂法(등석교변이란법): 등석鄧析은 정나라의 궤변가. 정나라의
　법을 어지럽혀 자산子産에게 처형당했다.

7 蘇秦善說而亡(소진선세이망): 소진이 유세를 잘했는데도 제나라에서 거열
　형을 당한 일.

6. 하는 것이 없어도 스스로 다스려지는 것

군자君子는 행동을 닦아 선을 행해도 명예가 없고 보시를 해도 인으로
빛나는 것이 없다. 그러므로 사士는 선을 행해도 선이 말미암아 오는

곳을 알지 못하고 백성들을 이롭게 동요시켜도 이로움이 말미암아 나오는 바를 알지 못한다. 그래서 하는 것이 없어도 스스로 다스려지는 것이다.

선善이 빛나게 되면 선비들이 명예를 다투게 된다. 이로운 것이 근본이 있게 되면 백성들이 공로를 다투게 된다. 두 가지의 다툼이 생겨나면 비록 어진 이가 있더라도 능히 다스리지 못한다. 그러므로 성인은 선을 하는 자취를 가려 인仁을 행하는 명예를 그치게 하는 것이다.

외교를 맺어 구원하고 대국을 섬겨 편안한 것으로 삼아 안으로 다스리고 시기를 기다리는 것만 못한 것이다. 사람을 섬기는 것은 보배로운 패물로 하지 않고 반드시 겸손한 언사로 한다. 옥백玉帛으로 섬겨 재물이 바닥나게 되면 만족하지 않으려고 한다.

자신을 낮추고 언사를 손순하게 하면 더 기뻐하겠지만 사귐은 맺어지지 않는다. 약속과 맹세를 약정했더라도 배반하는 것은 시도 때도 없게 된다. 비록 국가의 영토를 조금 떼어서 그들을 섬기더라도 스스로 믿을 만한 도道가 없으면 온전하기에는 충분하지 않는 것이다.

진실로 밖으로는 외교 정책을 버리고 국경 안의 일을 삼가고 닦아 그 땅의 힘을 다하게 하는 것이다. 저축을 많이 하고 백성들은 죽을힘을 다하게 한다. 그 성을 견고하게 만들고 위와 아래가 한마음이 되고 군주와 신하가 뜻을 함께해 더불어 사직을 지키며 죽는 데 이른다. 그래도 백성들이 떠나지 않는다면 명예를 위하는 자는 죄가 없는 자를 정벌하지 않고 이익을 위하는 자는 승리하기 어려운 곳을 공격하지 않는 것이다. 이것이 반드시 안전한 도道이다.

백성들은 도道가 있으면 함께 도로 가는 것이며 법이 있으면 함께 지키는 것이다. 의義를 위해 서로 견고하지 못하게 하고 위엄으로 서로 반드시 하지 못하는 것이다. 그러므로 군주를 세워 하나의 백성으로 사용하고 군주는 하나〔一: 道〕를 가지고 다스리며 떳떳한 것이 없으면 어지러워지는 것이다.

군주의 도道는 다스리기 위한 것도 아니고 무위無爲로써 하는 것이다. 무엇을 무위라고 이르는 것인가?

지혜로운 자는 지위로써 일을 삼지 않으며 용맹한 자는 지위로써 포악을 행하지 않으며 인仁한 자는 지위로써 근심을 만들지 않는다. 이것을 가히 무위無爲라고 이르는 것이다.

대개 무위란 하나〔一〕를 얻은 것이다. 일一은 만물의 근본이다. 적敵이 없는 도道이다.

무릇 사람의 성품은 젊어서는 미쳐 날뛰고 장성하면 사납고 강성해지며 늙으면 이익을 좋아하게 된다. 한 사람의 몸이 이처럼 자주 변화하는 것이다. 또 하물며 군주가 자주 법을 바꾸고 국가가 자주 군주를 바꾸게 되면 사람들은 그의 지위를 이용해 좋아하고 미워하는 것을 통해서 지름길로 내려가게 되면 다스림으로는 이기지 못하는 것이다. 그러므로 군주가 일一을 잃게 되면 어지러운 것이 군주가 없을 때보다 심하게 되는 것이다.

이런 까닭으로 『시경』의 대아 가락假樂편의 시에 이르기를 '허물도 없고 실수도 없어 모두 옛 선왕의 법도를 따르네.'라고 한 것은 이러한 것을 이른 것이다.

君子脩行而使善無名 布施而使仁無章 故士行善而不知善之所由來 民
澹利而不知利之所由出 故無爲而自治 善有章則士爭名 利有本則民爭

功 二爭者生 雖有賢者弗能治 故聖人揜迹於爲善 而息名於爲仁也 外
交而爲援 事大而爲安 不若內治而待時 凡事人者 非以寶幣 必以卑辭
事以玉帛 則貨殫而欲不饜 卑體婉辭 則諭說而交不結 約束誓盟 則約
定而反無日[1] 雖割國之錙錘[2]以事人 而無自恃之道 不足以爲全 若誠外
釋交之策 而愼脩其境內之事 盡其地力 以多其積 厲其民死 以牢其城
上下一心 君臣同志 與之守社稷 斃死而民弗離 則爲名者不伐無罪 而
爲利者不攻難勝 此必全之道也 民有道所同道 有法所同守 爲義之不能
相固 威之不能相必也 故立君以一民 君執一則治 無常則亂 君道者
非所以爲也 所以無爲也 何謂無爲 智者不以位爲事 勇者不以位爲暴
仁者不以位爲患 可謂無爲矣 夫無爲則得於一也 一也者 萬物之本也
無敵之道也 凡人之性 少則猖狂 壯則暴强 老則好利 一人之身旣數變
矣 又況君數易法 國數易君 人以其位通其好憎 下之徑衢 不可勝理
故君失一 則亂甚於無君之時 故詩曰 不愆不忘 率由舊章 此之謂也

※

1 反無日(반무일): 배반하는 것이 시도 때도 없다. 아무 때나 배반한다는 뜻.
2 錙錘(치수): 육량六兩이 치錙이고, 육량의 갑절이 수錘이다. 곧 극소량.
  조금. 약간.

7. 지혜를 좋아하는 것은 술수가 다한 것이다

군주가 지혜를 좋아하게 되면 적절한 시기를 등지고 자신의 생각에
맡기게 되며 술수를 버리고 자신의 생각을 사용하게 된다.

천하의 사물은 넓고 지혜는 얕은 것이다. 얕은 것으로 넓은 것을
움직이는 자는 있지 않았다.

독단으로 그의 지혜에 맡기면 잃어버리는 것이 반드시 많을 것이다. 그러므로 지혜를 좋아하는 것은 술수를 다한 것이다.

용맹을 좋아하게 되면 적을 가볍게 여기고 방비를 간략하게 하며 스스로 자부하고 원조를 사양하게 된다. 한 사람의 힘으로 강력한 적을 막고 다수에 의지하지 않고 오로지 자신만을 사용한다면 재주는 반드시 감당하지 못할 것이다. 그러므로 용맹을 좋아하는 것은 위태한 術術인 것이다.

또 주는 것을 좋아하게 되면 정해진 분수가 없어지게 되고, 윗사람의 분수가 정해지지 않으면 아랫사람의 바라는 것이 중지되지 않게 된다.

만약 세금을 많이 부과하고 걷어서 창고를 채우게 되면 백성들과는 원수가 된다. 적게 걷고 많이 주게 되면 수량이 남아 있지 않게 된다. 그러므로 주는 것을 좋아하는 것은 원망을 사는 길만이 오는 것이다.

인지仁智와 용력勇力은 사람들의 훌륭한 재주이지만 족히 그것으로써 천하를 다스리지는 못하는 것이다. 이러한 것으로 말미암아 살펴본다면 현명한 이나 능력이 있는 이에게 맡길 것이 아니고 도술道術만을 닦아야 하는 것이 명백한 것이다.

성인聖人은 마음이 욕심을 이기고 중인衆人은 욕심이 마음을 이긴다. 군자는 바른 기氣로 행동하고 소인小人은 사특한 기로 행동한다.

안으로는 성性에 편안하고 밖으로는 의義에 합당하게 하며 이치를 따라 활동하고 사물에 얽매이지 않는 것이 바른 기氣이다. 좋은 맛을 중하게 여기고 음악과 여색에 빠지며 기쁨과 노여움을 발동하고 뒤의 근심을 돌아보지 않는 것들은 사기邪氣이다.

사邪와 정正이 서로를 손상시키고 욕欲과 성性이 서로를 해쳐서 두 가지는 서로 존립할 수가 없는 것이다. 한쪽을 두면 한쪽을 폐해야 한다. 그래서 성인은 욕심을 덜 내고 성性에 종사하는 것이다.

눈은 색을 좋아하고 귀는 소리를 좋아하고 입은 맛있는 것을 좋아한다. 접촉해서 기뻐하고 이로운 것과 해로운 것을 알지 못하는 것은 기욕嗜慾이다.

먹어서 몸에 편안하지 않고 들어서 도道에 합당하지 않고 보아서 성性에 편안하지 않을 때는 세 곳의 기관이 서로 다투는데, 이때 의義로써 제재하는 것은 마음이다.

부스럼이나 악창을 째면 아프다. 독약을 마시면 고통스럽다. 그러나 이러한 일을 하는 것은 몸에 유리하기 때문이다.

목이 마를 때 물을 마시면 상쾌하다. 굶주릴 때 많이 먹으면 만족한다. 그러나 하지 않는 것은 성性을 해치기 때문이다.

이상의 네 가지는 귀와 눈과 코와 입은 취하고 버리는 것을 알지 못하고 마음이 제재해서 각각 그것을 얻게 하는 것이다.

이러한 것으로 말미암아 관찰해 본다면 욕망이 승리하지 못할 것이라는 것이 명백하다.

무릇 자신을 다스리고 성性을 길러서 침실寢室에서 절제하고 음식을 적당하게 먹고 기뻐하는 것과 노여워하는 것을 고르게 하고 기거동작을 편리하게 하며 자신에게 있는 것을 얻게 되면 사기邪氣는 발생하지 않을 것인데, 어찌 상처를 입고 종기와 악창이 생기는 것들을 미리 근심해 대비하는 것과 같겠는가?

한 마리의 소를 솥에 넣고 끓이게 되면 파리떼는 감히 솥으로 들어가지 못한다. 곤륜산昆侖山의 옥으로 꾸민 것들은 먼지나 때가 능히 더럽히지 못한다.

성인은 버리려는 마음이 없어도 마음에 추한 것이 없고 아름다운 것을 취하지 않아도 아름다움을 잃지 않는 것이다.

그러므로 제사에는 어버이만을 생각하고 복을 구하지 않고 빈객을 대접하는 일에는 공경하는 것을 닦고 덕을 생각하지 않는 것이다. 오직 구하지 않는 자만이 능히 둘 수 있는 것이다.

높은 지위에 있는 자는 공적인 도道만을 두고 사사로운 설명을 하지 않는다. 그러므로 존경을 일컫고 어진 것을 일컫지 않는 것이다. 거대한 땅을 둔 자는 떳떳한 술術을 두고 검모鈐謀는 없다. 그러므로 공평을 일컫고 지혜를 일컫지 않는 것이다.

안으로는 포악한 일로 백성들이 원망하며 떠나는 일이 없고 밖으로는 어진 행동으로 제후들에게 꺼리는 것을 보이는 것이 없으며 위와 아래는 예절은 답습해 떠나지 않을 것이며 논란을 삼는 자도 막연해서 살펴볼 것을 보이지 않는 것이다.

이러한 것을 이른바 '형체가 없는 것을 감춘다.'라고 하는 것이다. 형체가 없어서 감추지 않는 것인데 누가 능히 형체로 할 것이겠는가?

君好智則倍時而任己 棄數而用慮 天下之物博而智淺 以淺澹博 未有能者也 獨任其智 失必多矣 故好智 窮術也 好勇則輕敵而簡備 自偵而辭助[1] 一人之力以禦强敵 不杖衆多而專用身才 必不堪也 故好勇 危術也 好與則無定分 上之分不定 則下之望無止 若多賦斂 實府庫 則與民爲讐 少取多與 數未之有也 故好與 來怨之道也 仁智勇力 人之美才也 而莫足以治天下 由此觀之 賢能之不足任也 而道術之可脩明矣 聖人勝心 衆人勝欲[2] 君子行正氣 小人行邪氣 內便於性 外合於義 循理而動 不繫於物者 正氣也 重於滋味 淫於聲色 發於喜怒 不顧後患者 邪氣也 邪與正相傷 欲與性相害 不可兩立 一置一廢 故聖人損欲而從事於性

目好色 耳好聲 口好味 接而說之 不知利害 嗜慾也 食之不寧於體 聽之不合於道 視之不便於性 三官[3]交爭 以義爲制者 心也 割痤疽 非不痛也 飮毒藥 非不苦也 然而爲之者 便於身也 渴而飮水 非不快也 饑而大飧 非不澹也 然而弗爲者 害於性也 此四者 耳目鼻口不知所取去 心爲之制 各得其所 由是觀之 欲之不可勝明矣 凡治身養性 節寢處 適飮食 和喜怒 便動靜 使在己者得 而邪氣因而不生 豈若憂瘕疵之與痤疽之發 而豫備之哉 夫函牛[4]之鼎沸 而蠅蚋弗敢入 昆山之玉瑱[5] 而塵垢弗能汚也 聖人無去之心 而心無醜 無取之美 而美不失 故祭祀思親 不求福 饗賓脩敬 不思德 唯弗求者能有之 處尊位者 以有公道而無私說 故稱尊焉 不稱賢也 有大地者 以有常術而無鈐謀[6] 故稱平焉 不稱智也 內無暴事以離怨於百姓 外無賢行以見忌於諸侯 上下之禮 襲而不離 而爲論者莫然不見所觀焉 此所謂藏無形者 非藏無形 孰能形

⁂

1 自偩而辭助(자부이사조): 자부自偩는 자신만을 믿다. 곧 자부하다. 사조辭助는 원조를 사양하다.

2 聖人勝心衆人勝欲(성인승심중인승욕): 성인은 마음이 사욕을 이기고 중인은 사욕이 마음을 이긴다는 뜻.

3 三官(삼관): 삼관은 삼관三關이고 먹고〔食〕 보고〔視〕 듣는〔聽〕 기관이다.

4 函牛(함우): 소 한 마리를 잡아서 담을 수 있는 솥.

5 昆山之玉瑱(곤산지옥전): 곤산昆山은 곤륜산. 옥전玉瑱은 옥으로 만든 물건. 전은 귀고리의 뜻도 있다.

6 鈐謀(검모): 권모술수로 운영하는 것.

8. 삼대의 도는 따르는 것이었다

삼대三代의 도道는 따르는 것이었다. 그러므로 우임금이 강수와 하수를 튼 것은 물의 길을 따랐던 것이다. 후직后稷이 씨를 뿌리고 곡식을 심은 것은 땅의 도를 따랐던 것이다. 탕왕과 무왕이 포악한 정치를 평정한 것은 때를 따랐던 것이다. 그러므로 천하는 가히 얻는 것이지 빼앗는 것은 불가한 것이다. 패왕霸王은 받는 것이지 구하는 것은 불가한 것이다.

지혜가 있게 되면 남과 더불어 송사를 하게 되고 힘이 있게 되면 남과 더불어 다투게 된다.

사람을 시켜서 지혜를 없앨 수는 없지만 남을 시켜서 그 지혜를 자신에게 못 쓰게 할 수는 있는 것이다. 남을 시켜서 힘이 없게 할 수는 없지만 남을 시켜서 그 힘을 자신에게 쓰지 않게 할 수는 있는 것이다.

이상의 두 가지는 항상 오래도록 나타나 있는 것들이다. 그러므로 군주가 어질다는 것을 보이지 않으면 제후들이 방비하지 않고 불초한 것이 나타나지 않으면 백성들은 원망하지 않는다. 백성들이 원망하지 않게 되면 백성들을 부릴 수가 있다. 제후들이 방비하지 않게 되면 천하는 때마다 가히 국가를 계승해 사업은 백성들과 함께하는 것이며 공로는 때와 더불어 성취하는 것이다. 성인은 없는 것이다. 그러므로 노자는 『도덕경』 50장에서 '범도 그 발톱을 둘 곳이 없고 외뿔소도 그 뿔을 던질 곳이 없다.'라고 한 것은 대개 이러한 것을 이른 것이다.

북은 소리를 없애지 않았다. 그러므로 능히 소리가 있는 것이다. 거울은 형상을 숨기지 않았다. 그러므로 능히 형상이 있는 것이다.

쇠와 돌에도 소리가 있으나 두드리지 않으면 울지 않는다. 피리와 퉁소에도 소리가 있으나 불지 않으면 소리를 내지 않는다.

성인은 안으로 감추어 사물에 앞서서 창도하지 않고 일이 오면 제재하고 사물이 이르면 응하는 것이다.

그 밖을 꾸미는 자는 그 안을 상하게 한다. 그 정을 붙잡는 자는 그 정신을 해롭게 한다. 그 문채를 나타내는 자는 그 바탕을 가린다. 잠깐이라도 본질을 위하는 것을 잃지 않는 자는 반드시 성性을 곤욕스럽게 한다.

1백 보를 걷는 중에도 그의 용모를 잃지 않는 자는 반드시 그의 형체에 누를 끼친다. 그러므로 날개가 아름다운 것은 골해(骨骸: 뼈)를 손상시킨다. 지엽枝葉이 아름다운 것은 뿌리와 줄기를 해친다. 두 가지가 모두 아름다운 것은 천하에는 없는 것이다.

하늘이 밝은 것을 둔 것은 백성들의 어두운 것을 근심해서가 아니지만 백성들은 문을 뚫고 격자창문을 뚫어 스스로 밝은 것을 취하는 것이다.

땅에 재물이 있는 것은 백성들이 가난한 것을 우려해서가 아니지만 백성들은 나무를 베고 풀을 베어 스스로 부자가 되려고 하는 것이다.

지극한 덕에 이르는 자는 산언덕과 같이 우뚝 솟아 움직이지 않고 행하는 자는 기약으로 삼는 것이다. 곧 산에는 이미 사물이 풍족해 사람에게 주지 않더라도 사용하는 자 또한 그 덕을 받지 않는다. 그러므로 편안하고 능히 오래도록 하는 것이다.

하늘과 땅은 주는 것이 없다. 그러므로 빼앗는 것도 없다. 해와 달은 덕이 없다. 그러므로 원망하는 것도 없다.

덕을 기뻐하는 자는 반드시 원망도 많다. 주는 것을 기뻐하는 자는 반드시 잘 빼앗는 것이다.

오직 종적을 무위無爲에서 없애고 하늘과 땅의 자연을 따르는 자는 오직 이치를 이기고 이름도 받게 되는 것이다.

이름이 일어나면 도가 행해진다. 도가 행해지면 사람은 지위도 없게 되는 것이다. 그러므로 칭찬이 생겨나면 헐뜯는 것이 따르는 것이다. 선善이 보이면 원망이 따르는 것이다.

이로운 것은 해침의 시작이 된다. 복은 재앙의 앞이 된다. 오직 이로운 것을 구하지 않는 자만이 해로운 것이 없게 되는 것이다. 오직 복을 구하지 않는 자만이 재앙이 없게 되는 것이다.

제후가 패자霸者가 되기를 바라는 자는 반드시 그 제후의 지위도 잃는 것이다. 패자가 왕자가 되기를 바라는 자는 반드시 그 패자의 지위도 잃게 되는 것이다. 그러므로 국가는 온전한 것을 떳떳한 것으로 삼고 패자나 왕자는 거기에 의지할 뿐이다.

자신이 삶을 떳떳한 것으로 삼는다면 부귀는 그곳에 의지할 뿐이다. 능히 천하로써 그의 국가를 훼손시키지 않고 국가로써 그 자신을 해치지 않는 자는 가히 천하에 의탁하는 것이 될 것이다.

도道를 알지 못하는 자는 이미 자신이 가진 것들을 놓아두고 그 얻지 못할 것들을 구하려 하며 마음을 괴롭게 하고 생각으로 근심하며 행동을 곡진하게 한다. 그러므로 복이 이르면 기뻐하고 재앙이 이르면 공포에 떠는 것이다. 정신은 계략으로 피로해지고 지혜는 일에 당황해 한다. 재앙과 복의 싹이 터도 자신이 죽을 때까지 후회하지 않으며 자신에게서 생겨난 것으로 도리어 남을 근심하게 하는 것이다. 기쁘지 않으면 근심하고 마음이 일찍이 평화롭지 못하게 되면 가진 것을 감독할 것이 없게 된다. 이러한 것을 '광생(狂生: 미친 사람)'이라고 이르는 것이다.

三代之所道者 因也 故禹決江河 因水也 后稷播種樹穀 因地也 湯武平
暴亂 因時也 故天下可得而不可取也 霸王可受而不可求也 在智則人與
之訟 在力則人與之爭 未有使人無智者 有使人不能用其智於己者也
未有使人無力者 有使人不能施其力於己者也 此兩者 常在久見 故君賢
不見諸侯不備 不肖不見 則百姓不怨 百姓不怨 則民用可得 諸侯弗備
則天下之時可承¹ 事所與衆同也 功所與時成也 聖人無焉 故老子曰 虎
無所措其爪 兕無所措其角 蓋謂此也 鼓不滅於聲 故能有聲 鏡不沒於
形 故能有形 金石有聲 弗叩弗鳴 管簫有音 弗吹無聲 聖人內藏 不爲物
先倡 事來而制 物至而應 飾其外者傷其內 扶其情者害其神 見其文者
蔽其質 無須臾忘爲質者 必困於性 百步之中 不忘其容者 必累其形
故羽翼美者傷骨骸 枝葉美者害根莖 能兩美者 天下無之也 天有明 不
憂民之晦也 百姓穿戶鑿牖自取照焉 地有財 不憂民之貧也 百姓伐木芟
草 自取富焉 至德道者若邱山 嵬然不動 行者以爲期也 直己²而足物
不爲人賜 用之者亦不受其德 故寧而能久 天地無予也 故無奪也 日月
無德也 故無怨也 喜德者必多怨 喜予者必善奪 唯滅迹於無爲 而隨天
地自然者 唯能勝理³ 而爲受名 名興則道行 道行則人無位矣 故譽生則
毀隨之 善見則怨從之 利則爲害始 福則爲禍先 唯不求利者爲無害 唯
不求福者爲無禍 侯而求霸者 必失其侯 霸而求王者 必喪其霸 故國以
全爲常 霸王其寄也 身以生爲常 富貴其寄也 能不以天下傷其國 而不
以國害其身者 爲可以託天下也 不知道者 釋其所已有 而求其所未得也
苦心愁慮 以行曲 故福至則喜 禍至則怖 神勞於謀 智遽於事 禍福萌生
終身不悔 己之所生 乃反愁人 不喜則憂 中未嘗平 持無所監 謂之狂生

※

---

1 承(승): 국가를 계승하는 것을 뜻한다.

2 근(기) : 곧 산山의 뜻. 산언덕과 같은 것을 가리킨다.

3 理(리) : 일의 이치이며 정욕情欲을 뜻한다.

9. 군주가 인仁을 좋아하게 되면…

군주가 인仁을 좋아하게 되면 곧 공로가 없는 자라도 상을 받게 되고 죄가 있는 자라도 석방하게 된다. 군주가 형벌을 좋아하게 되면 공로가 있는 자라도 무너지게 되고 죄가 없는 자라도 처벌받게 된다. 좋아하는 것이 없는데 이르게 되면 처벌해도 원망하는 것이 없게 되고 베풀어도 덕으로 여기지 않는 것이다.

법도로 이르고 법도만을 따라서 자신이 함께 일하는 것이 없고 하늘처럼 땅처럼 하면 무엇인들 덮어주고 싣지 못하겠는가? 그러므로 합해서 베푸는 자는 군주이고 제재해서 처벌하는 것은 법이다. 백성들이 이미 처벌을 받고 원망이 다하는 바가 없는 것을 '도道'라고 이르는 것이다.

도道가 승리하면 사람은 일이 없게 된다.

성인은 길거나 짧은 복장을 하지 않고 괴이한 행동을 하지 않는 것이다. 복장을 살펴보지 않고 행동을 관찰하지 않으며 언어도 의논하지 않는 것이다.

통달해도 화려하지 않고 궁해도 두려워하지 않고 영화로워도 나타나지 않고 숨어 있어도 궁색하지 않는 것이다. 남과 달라도 괴이하게 보이지 않고 용모는 백성들과 동일해 이름 할 것이 없다. 이러한 것을 일러 '대통大通'이라고 하는 것이다.

오르고 내리고 읍하고 사양하며 달려가고 빙 도는 것 등의 예의는 부득이해 하는 것이며 본성이 몸에 둔 바는 아닌 것이다. 정은 증거로

검사하는 것이 없는 것이다. 행동하는 것은 부득이한 일인 것이며 얽혀 있는 것을 풀지 못할 뿐이다. 어찌 일부러 하는 것을 더하겠는가?

그러므로 부득이하게 노래하는 자는 슬픔을 만드는 일을 하지 않고 부득이하게 춤을 추는 자는 아름다움을 만들어 자랑하지 않는다. 노래를 부르고 춤을 추는 자들이 슬픔을 만들고 화려함을 뽐내려고 하지 않는 자는 모두 하려고 하는 근본적인 마음이 있지 않는 것이다.

쌍륙을 잘하는 자는 크게 승리하고자 하지 않고 승리하지 못하는 것을 두려워하지 않는다. 마음을 평화롭게 하고 뜻을 안정시켜 잡아서 그 가지런한 것을 얻어 행동하는 것을 그의 이치로 말미암게 하는 것이다. 비록 반드시 승리하지 못하더라도 산가지를 얻는 것은 반드시 많게 되는 것이다. 왜냐하면 승리하는 것은 숫자에 있는 것이지 욕심에 있는 것이 아니기 때문이다.

말 달리기를 경쟁하는 자는 가장 먼저 가는 것을 탐하지 않고 홀로 뒤에 가는 것을 두려워하지 않는다. 완급을 손으로 조절해 마부의 마음이 말과 조화를 이루게 한다. 비록 반드시 선두에 오르지 않더라도 말의 힘을 반드시 다하게 한다. 왜냐하면 앞에 가는 것은 술수에 있는 것이지 욕심에 있지 않기 때문이다. 이런 까닭으로 욕심을 없애면 자주 승리하고 지혜를 버리면 도道가 서는 것이다.

장사꾼은 여러 가지를 손대면 가난하게 되고 기술자는 기술이 많으면 궁색하게 되는데 이것은 마음을 한결같게 하지 않기 때문이다. 그러므로 큰 나무는 그 가지를 해치게 되고 큰물은 그 깊은 것을 해치게 된다.

지혜가 있고 술術이 없으면 비록 깊이 연구하더라도 통달하지 못한다. 온갖 기술을 가졌어도 하나의 도道가 없으면 비록 얻더라도 능히

지키지 못한다. 그러므로 『시경』 조풍曹風 시구鳲鳩편의 시에 이르기를
'어지신 군자여! 그 거동이 한결같네. 거동이 한결같으니 마음은 변함이
없네.'라고 했다.

군자君子도 하나에 변함이 없는 것인가?

人主好仁 則無功者賞 有罪者釋 好刑 則有功者廢 無罪者誅 及無好者
誅而無怨 施而不德 放準循繩 身無與事 若天若地何不覆載 故合而舍
之者君也 制而誅之者法也 民已受誅 怨無所滅 謂之道 道勝則人無事
矣 聖人無屈奇之服[1] 無瑰異之行[2] 服不視 行不觀 言不議 通而不華
窮而不懾 榮而不顯 隱而不窮 異而不見怪 容而與衆同 無以名之 此之
謂大通 升降揖讓 趨翔周遊 不得已而爲也 非性所有 於身情無符檢[3]
行所不得已之事 而不解構耳 豈加故爲[4]哉 故不得已而歌者 不事爲悲
不得已而舞者 不矜爲麗 歌舞而不事爲悲麗者 皆無有根心者 善博[5]者
不欲車 不恐不勝 平心定意 捉得其齊 行由其理 雖不必勝 得籌必多
何則 勝在於數 不在於欲 馳[6]者不貪最先 不恐獨後 緩急調乎手 御心調
乎馬 雖不能必先載 馬力必盡矣 何則 先在於數 而不在於欲也 是故滅
欲則數勝 棄智則道立矣 賈多端則貧 工多技則窮 心不一也 故木之大
者害其條 水之大者害其深 有智而無術 雖鑽之不通 有百技而無一道
雖得之弗能守 故詩曰 淑人君子 其儀一也 其儀一也 心如結也 君子其
結於一乎

✻

1 屈奇之服(굴기지복): 짧고 긴 의복. 굴屈은 단短의 뜻과 같다. 기奇는 장長의
뜻과 같다.

2 瑰異之行(괴이지행): 괴이한 행동. 일상적이지 않은 행동.

3 符檢(부검): 증험해서 검사하는 것.

4 故爲(고위): 억지로 하는 것.

5 博(박): 쌍륙. 주사위를 던져서 하는 놀이.

6 馳(주): 말 달리기의 경주.

10. 조용한 것이 소란스런 것을 이긴다

순임금은 오현五絃의 거문고를 타고 남풍南風의 시를 노래하면서 천하를 다스렸다.

주공周公은 술안주로 삼는 정강이의 뼈를 앞에서 걷어내지 않았고 종과 북을 매달고 풀지 않았으며 성왕成王을 보좌해 천하를 평화롭게 했다.

필부匹夫는 1백묘一百畮의 토지를 한결같이 지키며 개척할 곳을 생각하지 않는 것은 옮겨 갈 곳이 없기 때문이었다.

한 사람은 천하를 겸해 청취하고 날마다 여유로운 것이 있는데도 다스림이 부족한 것은 사람을 시켜서 하기 때문이다.

높은 지위에 있는 자는 시동尸童과 같다. 관직을 지키는 자는 축문을 맡은 사람과 같다. 시동은 비록 개가죽을 벗기고 돼지고기를 구울 수도 있지만 하지 않는 것이다. 능히 하지 않아도 잘못되는 것이 없기 때문이다.

조두의 순서와 메기장이나 찰기장의 선후를 비록 알더라도 가르쳐 주지 않는 것은 해로움이 없기 때문이다.

축祝에 능하지 못한 자가 축이 되는 것은 불가하지만 시동이 되는 데에는 해로움이 없는 것이다.

수레를 몰지 못하는 자는 마부가 되는 데는 불가하지만 군주를 보좌하는 데는 해로움이 없는 것이다. 그러므로 지위가 더욱 높아지면 자신은 더욱 편안해지고 자신이 더욱 위대해지면 일은 더욱 적어진다.

비유하자면 거문고의 줄을 죄는데 가는 줄이 비록 팽팽해지더라도 굵은 줄은 반드시 느슨해지는 것과 같은 것이다.

무위無爲란 도道의 몸체이다. 집후執後란 도의 모양이다. 무위가 유위有爲를 제재하는 것은 술術이다. 집후執後가 앞을 제재하는 것은 수數이다. 술術에 의지하면 강해지고 수數를 살피면 편안해진다.

지금 남에게 변씨卞氏의 벽옥璧玉을 주었다면 받지 않는 것이 먼저이다. 구해서 이르렀다면 비록 원망하더라도 거역하지 않는 것은 뒤이다.

세 사람이 함께 머무르는데 두 사람이 서로 다투면 다투는 자들은 각자가 자신이 정직하다고 여기고 상대의 말을 들으려 하지 않는다. 한 사람이 비록 어리석더라도 반드시 곁에서 결정하게 된다. 이것은 지혜로워서가 아니라 다투고 있지 않았기 때문이다.

두 사람이 서로 다투는데 한 사람의 허약한 자라도 곁에 있어서 한 사람을 돕는다면 승리하고, 한 사람을 구제하면 벗어나는 것이다. 다투는 자가 비록 강하더라도 반드시 한 사람의 허약한 자에게 제압당한다. 이것은 용맹해서가 아니라 다투지 않았기 때문이다.

이러한 것으로 인해 관찰해 본다면 뒤에서 앞을 제재하고 조용한 것이 소란스런 것을 이기는 것은 수(數: 이치)이다.

이러한데도 도道를 배반하고 이치〔數〕를 버리고 구차스럽게 만나기를 바라고 떳떳한 것을 변화시키고 옛 것을 바꾸어 지혜로 차단하려고 요구한다.

지나치게 되면 스스로 그르다고 여기고 알맞으면 살피는 것으로 삼아 몰래 행하고 어긋나면 고쳐서 죽을 때까지 깨닫지 못한다. 이러한 것을 '광狂'이라고 이르는 것이다.

재앙이 있으면 굴복하고 복이 있으면 여유가 있고 허물이 있으면 후회하고 공로가 있으면 자랑하고 드디어 돌아올 줄을 모른다. 이러한 것을 '광인狂人'이라고 이르는 것이다.

舜彈五絃之琴[1] 而歌南風之詩[2] 以治天下 周公敵臑[3]不收於前 鐘鼓不解於縣 以輔成王而海內平 匹夫百晦一守[4] 不遑[5]啓處 無所移之也 以一人兼聽天下 日有餘而治不足 使人爲之也 處尊位者如尸 守官者如祝宰 尸雖能剝狗燒彘 弗爲也 弗能無虧 俎豆之列次 黍稷之先後 雖知弗教也 弗能害也 不能祝者 不可以爲祝 無害於爲尸 不能御者 不可以爲僕 無害於爲佐 故位愈尊而身愈佚 身愈大而事愈少 譬如張琴 小絃雖急 大絃必緩 無爲者 道之體也 執後者 道之容也 無爲制有爲 術[6]也 執後之制先 數也 放於術則强 審於數則寧 今與人卞氏之璧 未受者先也 求而致之 雖怨不逆者後也 三人同舍 二人相爭 爭者各自以爲直 不能相聽 一人雖愚 必從旁而決之 非以智 不爭也 兩人相鬪 一羸[7]在側 助一人則勝 救一人則免 鬪者雖强 必制一羸 非以勇也 以不鬪也 由此觀之 後之制先 靜之勝躁 數也 倍道棄數 以求苟遇 變常易故 以知要遮 過則自非 中則以爲候 闇行繆改 終身不寤 此之謂狂 有禍則詘 有福則羸 有過則悔 有功則矜 遂不知反 此謂狂人

※

1 五絃之琴(오현지금) : 옛날의 거문고는 다섯 줄로 되어 있었다. 주周나라 때에 이르러 칠률七律로써 칠현七絃이 되었다.

2 南風之詩(남풍지시) : 남풍南風은 화창한 바람. 곧 태평성대를 노래.

3 骰臑(효노): 효骰는 뼈를 발라 내지 않은 살. 노臑는 정강이살.

4 一守(일수): 일부일처一夫一妻를 한결같이 지키다.

5 遑(황): 가暇의 뜻과 같다.

6 術(술): 수단. 길.

7 羸(리): 파리하다의 뜻.

11. 많은 것을 거느리는데 불가한 것은…

둥그런 원圓은 그림쇠에 알맞게 되고 모난 사각형이 곱자에 알맞게 되어 있다. 행동하면 짐승과 같이 무리를 이루고 중지하면 문채를 이루어 작은 것을 거느리는 데는 가하지만 많은 것을 거느리는 데는 불가한 것이다.

여뀌와 채소를 나란히 심고 병이나 단지에는 받침대를 두고 곡식을 퍼서 방아에 찧고 쌀을 퍼 밥을 짓는 것들은 집안을 다스리는 데는 가하지만 국가를 다스리는 데는 불가한 것이다.

대접을 씻어서 먹고 술잔을 씻어서 마시고 씻은 뒤에 음식을 대접하는 것은 집안의 노인을 봉양하는 데는 가하지만 삼군三軍을 대접하는 데는 불가한 것이다.

편리하지 않으면 큰 것을 다스리지 못하고 간편하지 않으면 대중과는 합하지 못하는 것이다.

대악大樂은 반드시 평이하다. 대례大禮는 반드시 간편하다. 평이한 것이므로 하늘에 능하고 간편한 것이므로 땅에 능하다. 대악大樂은 원망이 없고 대례大禮는 책망이 없다.

사해(四海: 온 세상) 안에서는 이어서 거느리지 않는 것이 없는 것으로 능히 제왕이 되는 것이다.

마음에 근심이 있는 자는 네모난 평상이나 요를 깐 자리에도 능히
편안하지 못하고, 줄로 지은 밥이나 소고기 반찬이라도 맛있게 느끼지
못한다. 거문고와 비파나 피리 소리를 들어도 즐겁지 않다.

근심이 풀리고 걱정이 없어진 연후에는 먹는 것들이 맛있고 침소에서
도 편안하고 편안하게 살며 즐겁게 놀 수 있는 것이다. 이러한 것으로
살펴본다면 삶에는 즐거운 것들이 있고 죽음에는 슬픈 것들이 있는
것이다.

지금 본성을 즐겁지 않게 하는 것들에 더욱 힘쓰고 본성을 해치는
것으로 즐거워하고 있다. 그러므로 비록 부한 것으로 천하를 두고
귀한 것으로 천자가 되었더라도 슬픔을 가진 사람이 되는 것은 면하지
못하고 있다.

무릇 사람의 성性이란 편안한 것을 즐거워하고 괴로운 것을 미워하며
안일한 것을 즐거워하고 수고로운 것을 미워한다. 마음에 항상 욕심이
없는 것을 가히 편안한 것이라 이를 수 있고, 몸에 항상 일이 없는
것을 가히 안일한 것이라 이를 수 있다.

마음은 편안한 곳에서 놀고 몸은 안일한 곳에서 머무르며 하늘의
명을 기다리고 스스로 안에서 즐기고 밖에 급한 것이 없다면 비록
천하가 거대한 것이라도 하나로 아울러 바꾸지 않을 것이며 해와 달이
숨더라도 뜻에 관여함이 없을 것이다. 그러므로 비록 천하다고 하더라
도 귀한 것과 같고 비록 가난하다고 하더라도 부자와 같은 것이다.

대도大道는 형체가 없고 대인大仁은 친함이 없으며 대변大辯은 소리
가 없다. 대렴大廉은 겸손하지 않고 대용大勇은 자랑하지 않는다.

이상의 다섯 가지는 버리는 것이 없고 도로 향하는데 가까이하는

것이다.

員之中規 方之中矩 行成獸[1] 止成文 可以將少 而不可以將衆 蓼菜成行
瓶甌有堤[2] 量粟而舂 數米而炊 可以治家 而不可以治國 滌杯而食 洗爵
而飮 浣而後饋 可以養家老 而不可以饗三軍 非易不可以治大 非簡不
可以合衆 大樂必易 大禮必簡 易故能天 簡故能地 大樂無怨 大禮不責
四海之內 莫不繫統 故能帝也 心有憂者 筐牀衽席[3] 弗能安也 菰飯犓牛[4]
弗能甘也 琴瑟鳴竽弗能樂也 患解憂除 然後食甘寢寧 居安游樂 由是
觀之 生有以樂也 死有以哀也 今務益性之所不能樂 而以害性之所以樂
故雖富有天下 貴爲天子 而不免爲哀之人 凡人之性 樂恬而憎憫 樂佚
而憎勞 心常無欲 可謂恬矣 形常無事 可謂佚矣 遊心於恬 舍形於佚
以俟天命 自樂於內 無急於外 雖天下之大 不足以易其一槩[5] 日月廈而
無漑於志[6] 故雖賤如貴 雖貧如富 大道無形 大仁無親 大辯無聲 大廉不
嗛 大勇不矜 五者無棄 而幾鄕方矣

※

1 行成獸(행성수): 짐승들이 무리를 이루는 것과 같다는 뜻.

2 蓼菜成行瓶甌有堤(요채성행병구유제): 요채蓼菜는 여뀌나물과 채소. 성행
   成行은 줄을 이루다. 병구瓶甌는 병과 단지. 제堤는 받침대.

3 筐牀衽席(광상임석): 광상筐牀은 네모난 평상. 임석衽席은 요가 깔린 잠자리.

4 菰飯犓牛(고반추우): 고반菰飯은 줄로 지은 밥. 추우犓牛는 소고기로 만든
   반찬.

5 一槩(일개): 한데 아우르다의 뜻.

6 漑於志(관어지): 뜻에 관계하다. 마음에 두다의 뜻.

12. 명령을 많이 내리면 혼란스러워진다

군대에서 명령을 많이 내리면 혼란스러워진다. 술을 마시는데 약속하는 것이 많으면 변명하게 된다.

군대가 혼란스러워지면 항복하거나 패배하게 되고 술자리에서 변명하게 되면 서로를 해치게 된다.

그러므로 도시에서 시작된 것은 항상 시골에서 커지게 되고 즐거움에서 시작된 것은 항상 슬픔에서 커지게 된다. 그 시작은 간단한데 그마치는 근본은 반드시 고르다.

지금 맛좋은 술과 맛있는 술안주가 있어서 서로 잔치를 하는데 몸을 낮추고 언사를 순순하게 해 접대하는 것에 즐거워지려고 한다. 그런데 술잔이 찼냐 안 찼냐의 사이에서 다투어 도리어 싸움이 일어나게 된다. 싸움이 일어나면 서로 부상을 당한다. 이 때문에 모든 가족끼리 원한을 맺게 되고 도리어 미워하는 경우가 된다. 이것은 술의 재앙이다.

시詩의 과실은 편벽한 것이고, 음악의 과실은 풍자하는 것이고, 예절의 과실은 책망하는 것이다.

치음徵音에는 우羽의 소리가 있다. 우음羽音에는 치徵의 소리가 있다. 다섯 가지의 음이 소리가 있지 아니함이 없는데 치徵와 우羽로만 이름을 정한 것은 이기는 것으로써 한 것이다. 그러므로 인의지용仁義智勇은 성인聖人이 갖추고 있는 것이다.

그러나 모두 하나의 이름을 세운 것은 그 거대한 것을 말한 것이다.

양기陽氣는 동북쪽에서 일어났다가 서남쪽에서 소진된다. 음기陰氣는 서남쪽에서 일어났다가 동북쪽에서 소진된다.

음과 양의 시작은 알맞으며 적절한 것들이 서로 비슷하다. 날마다 그 종류별로 자라고 침범해 서로 멀어지는 것이다. 혹은 뜨거워 모래를 태우기도 하고 혹은 추워서 얼음으로 엉기기도 한다. 그러므로 성인은 그곳을 삼가고 조심하는 것이다.

모인 물은 산에서 나와 바다로 들어간다. 벼는 들에서 나와 창고에 저장된다. 시작하는 것을 보면 끝마치는 것을 알 수 있다.

까는 자리는 갈대로 만든 것을 제일로 치고, 술잔은 현준玄樽을 위에 놓고, 조(俎: 도마)는 생선을 제일로 치고, 두豆는 대갱(大羹: 泰羹)을 제일로 친다. 이것들은 모두 귀와 눈을 즐겁게 하지 못하고 입과 뱃속에도 적당하지 않은 것인데 선왕先王께서는 귀하게 여겼는데 근본을 앞에 하고 끝을 뒤에 한 것들이다.

성인들이 사물을 접하며 1천 번을 변화하고 1만 번을 회전시켜 반드시 변화하지 않는 것은 변화에 응하는 것이 있게 했다.

대개 추위는 따뜻한 것과는 서로 반대된다. 대한大寒에는 땅이 갈라지고 얼음이 얼어 엉긴다. 불은 그 더위를 약하게 하지 못한다. 대열大熱은 돌을 녹이고 금金을 녹이는데도 불은 그 맹렬한 것을 더하지는 못한다.

추위와 더위의 변화가 자신에게 보탬이 되거나 손해가 되는 것도 없는 것은 바탕이 있기 때문이다.

軍多令則亂 酒多約則辯 亂則降北 辯則相賊 故始於都者 常大於鄙 始於樂者 常大於悲 其作始簡者 其終本必調 今有美酒嘉肴以相饗 卑體婉辭以接之 欲以合歡 爭盈爵之間 反生鬪¹ 鬪而相傷 三族結怨 反其所憎 此酒之敗也 詩之失僻² 樂之失刺³ 禮之失責⁴ 徵音非無羽聲也 羽音非無徵聲也 五音莫不有聲 而以徵羽定名者 以勝者也 故仁義智勇 聖人之所備有也 然而皆立一名者 言其大者也 陽氣起於東北 盡於西南

陰氣起於西南 盡於東北 陰陽之始 皆調適相似 日長其類 以侵相遠
或熱焦沙 或寒凝水 故聖人謹愼其所 積水出於山 而入於海 稼生於野
而藏於廩 見所始則知終矣 席之先蘿葦[5] 樽之上玄樽[6] 俎之先生魚 豆之
先泰羹 此皆不快於耳目 不適於口腹 而先王貴之 先本而後末 聖人之
接物 千變萬軫[7] 必有不化而應化者 夫寒之與煖相反 大寒地坼水凝 火
弗爲衰其暑 大熱爍石流金 火弗爲益其烈 寒暑之變 無損益於己 質有
之也

※

1 反生鬪(반생투): 반대로 다툼이 일어나다의 뜻.

2 失僻(실벽): 시는 바른 것인데 시가 그 바른 것을 잃어 편벽되다.

3 失剌(실자): 잃어 풍자되었다. 음악은 바르게 되어야 하는데 군주를 비방하는
음악을 뜻한다.

4 失責(실책): 예를 잃어 꾸짖게 되다의 뜻.

5 蘿葦(환담): 갈대로 만든 돗자리.

6 玄樽(현준): 물그릇. 제사 때 쓰이는 술잔에 물을 따라 놓는 것.

7 軫(진): 회전하다의 뜻.

13. 성인은 뒤에 하고 앞서지 않는다

성인聖人은 항상 뒤에 하고 먼저 하지 않는다. 항상 응답할 뿐이고
앞장서 부르짖지 않는다. 나아가지 않고도 구하고 물러나지 않고도
사양한다. 때가 따르는 것은 3년이고 때가 떠나면 내가 먼저 하고
시대가 떠나는 것도 3년이며 때는 나의 뒤에 있는 것이다.

　떠나가는 것도 없고 나아가는 것도 없고 그곳에 알맞게 선다.

　하늘의 도는 친한 사람이 없고 오직 덕이 이와 함께할 뿐이다.

도道가 있는 자는 때를 잃지 않고 사람과 함께한다. 도가 없는 자는 때를 잃고 사람에게서 취한다. 자신을 곧게 하고 명을 기다리며 때가 이르러도 맞이해 되돌리려 하지 않는다. 차단하기를 요구하고 합하는 것을 구하지만 때가 떠나가면 따라가 붙잡지 못하는 것이다.

그러므로 '내가 생각하는 것이 없어서 천하가 멀어졌다.'라고 말하지도 못하고 '내가 하고자 하지 않아서 천하가 이르지 않았다.'라고 말하지 못하는 것이다.

옛날에 자신을 보존한 자는 덕을 즐거워하고 천박한 것을 잊었다. 그러므로 명성 때문에 뜻이 동요되지는 않았다. 도를 즐거워하고 가난을 잊었다. 그러므로 이익 때문에 마음이 동요되지 않았다.

명성과 이익이 천하에 가득 차도 뜻을 저울질하지 않았다. 그러므로 청렴하여 능히 즐거워했고 고요해서 능히 담담하게 했다. 그러므로 그의 몸을 다스리는 자는 가히 더불어 도를 말했다. 자신으로부터 이상은 황망한 것에 이르러 더욱 멀어졌다. 죽음으로부터도 천하는 끝이 없고 넓고 길었다.

수십 번의 갑자甲子를 도는 수명으로 천하의 어지러움을 근심하는 것은 마치 하수河水가 적은 것을 걱정해 눈물로써 보태려는 것과 같은 것이다.

거북은 3천 년을 살지만 부유(浮游: 하루살이)는 3일을 사는데 불과하다. 하루살이가 3천 년을 사는 거북을 위해 양생을 구비하는 것을 걱정한다면 사람들은 반드시 헛웃음을 칠 것이다.

그러므로 천하의 어지러움을 걱정하지 않고 그 자신의 다스림을 즐기는 자는 가히 더불어 도를 말할 수 있는 것이다.

군자는 선을 하지만 복을 반드시 오게 하지는 못하고, 나쁜 일을 하지는 않지만 재앙이 이르지 않게 하지는 못하는 것이다.

복이 이르는 것은 그가 구하는 바가 아니다. 그러므로 그 공로를 자랑하지 않는다. 재앙이 오는 것은 그가 생겨나게 한 바가 아니다. 그러므로 그 행동을 후회하지 않는다.

안으로 닦는 것을 다했는데 뜻밖의 재앙이 이른 것은 모두 하늘이 한 것이요 사람이 한 것은 아니다. 그러므로 중심이 항상 편안하고 조용하고 그 덕만을 거듭 쌓아 개가 짖더라도 놀라지 않고 스스로 그의 정만을 믿는다. 그러므로 도를 아는 자는 의혹되지 않고 명을 아는 자는 근심하지 않는 것이다.

만승(萬乘: 천자)의 군주가 죽으면 그의 유해를 광야의 가운데에 장사지내고 그의 귀신을 명당明堂 위에서 제사지내는데 이것은 신령이 형체보다 귀중하기 때문이다. 그러므로 정신이 제재되면 형체는 따르는 것이다. 형체가 이기면 정신은 궁해지는 것이다. 총명한 것을 비록 사용하더라도 반드시 모든 정신으로 돌아간다. 이것을 태충太沖이라고 이르는 것이다.

聖人常後而不先 常應而不唱 不進而求 不退而讓 隨時三年 時去我先 去時三年 時在我後 無去無就 中立其所 天道無親 唯德是與 有道者不 失時與人 無道者失於時而取人 直己而待命 時之至不可迎而反也 要遮 而求合 時之去不可追而援也 故不曰我無以爲而天下遠 不曰我不欲而 天下不至 古之存己者 樂德而忘賤 故名不動志 樂道而忘貧 故利不動 心 名利充天下 不足以槪志 故廉而能樂 靜而能澹 故其身治者 可與言 道矣 自身以上 至於荒芒爾遠[1]矣 自死而天下無窮爾滔[2]矣 以數雜[3]之壽 憂天下之亂 猶憂河水之少 泣而益之也 龜三千歲[4] 浮游[5]不過三日 以浮

游而爲龜憂養生之具 人必笑之矣 故不憂天下之亂 而樂其身之治者
可與言道矣 君子爲善 不能使福必來 不爲非 而不能使禍無至 福之至
也 非其所求 故不伐其功 禍之來也 非其所生 故不悔其行 內脩極而橫
禍至者 皆天也 非人也 故中心常恬漠 累積其德 狗吠而不驚 自信其情
故知道者不惑 知命者不憂 萬乘之主 卒葬其骸於廣野之中 祀其鬼神於
明堂之上 神貴於形也 故神制則形從 形勝則神窮 聰明雖用 必反諸神
謂之太沖[7]

※

1 荒芒爾遠(황망이원): 황망荒芒은 상고시대의 거칠고 어두운 것을 뜻한다.
  이원爾遠은 멀다의 뜻.

2 滔(도): 넓고 길다.

3 數雜(수잡): 자子에서 해亥까지 12년을 계속 회전하다. 곧 오래 살다.

4 龜三千歲(귀삼천세): 거북은 옛 것을 토해내고 새로운 것을 들여 3천 년을
  산다는 뜻.

5 浮游(부유): 하루살이. 부유蜉蝣.

6 神(신): 정신. 곧 정욕情欲을 뜻한다.

7 太沖(태충): 충沖은 조調의 뜻과 같다.

제15권

병략훈 兵略訓

여기서 병兵은 막는[防] 것이다.
어지러움의 싹을 막는다는 것은
책략과 계책을 풀어서 깨우쳐주고
지극한 의논을 거쳐 군사를 사용한다는 뜻에 있는 것이다.
그러므로 '병략훈兵略訓'이라고 이름했다.

1. 군사는 백성의 해로운 것을 제거한다

옛날에 군사를 사용하는 자는 토지를 확대시키는 이익을 탐내거나 금金과 옥玉을 탐해 약탈하려는 것이 아니었다. 장차 망하려는 나라를 존속시키고 끊어지려는 국가의 후사를 계승시켜 주며 천하의 난亂을 평정하고 만백성의 해로운 것들을 제거하기 위한 것이었다.

무릇 혈기血氣가 있는 벌레들은 이빨이 있고 뿔을 가지고 있으며 앞발에는 발톱이 있고 뒷발에는 며느리발톱이 있다.

뿔이 있는 것은 치받고 이빨이 있는 것들은 깨물고 독이 있는 것들은 쏘고 발굽이 있는 것들은 달린다. 기쁘면 서로 희롱하지만 노하면 서로 해친다. 이것이 하늘의 성性이다.

사람은 옷을 입고 음식을 먹는 정情이 있는데 사물은 능히 만족시키지 못한다. 그러므로 무리지어 살고 섞여 사는데도 나누는 것이 균등하지 못하고 구하는 것이 넉넉하지 못하면 다투게 된다. 다투게 되면 강한 것이 약한 것을 위협하고 용맹한 것이 나약한 것을 침범한다.

사람은 강한 근육과 뼈, 예리한 손톱이나 이도 없다. 그러므로 가죽을 갈라서 갑옷을 만들고 쇠를 녹여서 칼을 만들었다.

탐욕만을 일삼는 사람들이 천하에서 인의仁義를 해치게 되면 모든 백성을 소동시켜 그들이 사는 곳에서 편안한 바가 없게 되었다. 이에 성인이 발연勃然히 일어나 강포한 이를 토벌하고 어지러운 세상을 평정해 험한 것을 평이하게 하고 더러운 것을 제거했다. 탁한 것을 맑게 만들고 위태한 것을 편안하게 만들었다. 그러므로 중간에 단절되는 것을 얻지 않았다.

전쟁의 유래는 오래 되었다. 황제黃帝는 일찍이 염제炎帝와 싸웠다. 전욱顓頊은 일찍이 공공共工과 싸웠다. 그러므로 황제는 탁록涿鹿의 들판에서 싸웠고 요堯는 단수丹水의 포구에서 싸웠다. 순임금은 유묘有苗를 정벌했고 계啓는 유호有扈를 공격했다.

오제五帝로부터 능히 전쟁을 그만두게 하지 못했는데 또 하물며 쇠약한 세상에서이겠는가?

대개 전쟁은 포악한 것들을 금지시키고 어지러운 것을 토벌하는 것이다.

염제炎帝가 화재火災를 만들었다. 그러므로 황제黃帝가 사로잡았다. 공공共工이 수해水害를 만들었다. 그러므로 전욱顓頊이 처단했다.

도道로써 가르치고 덕으로써 인도해 듣지 않으면 권위와 무력으로 군림했다. 권위와 무력으로 군림해 따르지 않게 되면 무기와 갑주로 제재했다. 그러므로 성인의 군사를 사용하는 것은 마치 머리를 빗질하고 밭을 김매는 것과 같아 제거하는 것은 적어도 이로운 것은 많은 것이다.

죄가 없는 백성들을 죽이고 의義가 없는 군주를 양성한다면 해악이 이보다 더 큰 것은 없는 것이다. 천하의 재물을 다해 한 사람의 욕망을 충족시킨다면 재앙이 이보다 깊은 것은 없는 것이다.

가령 하夏나라의 걸왕이나 은殷나라의 주왕이 백성들에게 해를 끼쳐 곧바로 그 재앙을 당했다면 포락炮烙의 형벌이 시행되는 데는 이르지 않았을 것이다.

진晉나라의 여공厲公과 송宋나라의 강공康公이 한 번의 불의不義를 저질러 자신이 죽고 국가가 망했다면 침략하고 약탈하고 포악해지는

데 이르지는 않았을 것이다.

이 4명의 군주는 모두 작은 과실이 있었을 때에는 토벌되지 않았다. 그러므로 천하를 어지럽게 되었고 백성들을 해쳤다. 한 사람의 사특한 것을 멋대로 하게 해 천하의 재앙을 키웠다. 이것은 대륜大倫이 빼앗지 않는 바였다. 군주를 세운다는 것은 사나운 것을 금지시키고 어지러운 것을 토벌하는 것이었다.

지금 모든 백성의 힘을 업고 도리어 인의를 해치는 잔악한 짓을 하면 이것은 호랑이에게 날개를 달아 주는 것이 되는데 어찌 제거하지 않겠는가?

대개 연못에 물고기를 기르는 자는 반드시 수달을 제거해야 한다. 새나 짐승을 기르는 자는 반드시 승냥이와 이리를 제거해야 한다. 하물며 사람들을 다스림에 있어서이겠는가?

그러므로 패왕霸王의 군사는 의논하여 생각을 하며 계책을 사용해 도모하며 의로써 붙잡고 존재하는 것을 멸망시키려는 것이 아니라 장차 망하려는 것을 보존시키는 것이다. 그러므로 적국의 군주로서 백성들에게 학대를 가하는 자가 있다는 말을 들으면 군사를 일으켜 그 국경에 다가가 불의를 꾸짖고 지나친 행동을 비난한다. 또 군사가 그 교외에 이르면 군사들에게 명령을 내려 말한다.

"나무를 베지 말라. 분묘(묘지)를 파헤치지 말라. 오곡을 불태우지 말라. 쌓아 놓은 것들을 불사르지 말라. 백성들을 포로로 잡지 말라. 여섯 가지의 가축을 거두지 말라."

이에 호령을 발동시키고 명령을 시행시켜 말한다.

"그 나라의 군주는 하늘에 오만하고 귀신을 모독하고 죄 없는 자를 옥에 가두고 죄 없는 자를 살해했다. 이것은 하늘이 처벌하는 바이고 백성들이 원수로 여기는 바이다. 우리의 군사가 온 것은 불의를 폐지하고 다시 덕이 있게 하기 위한 것이다. 하늘의 도를 거역하고 백성들을 해치는 자를 위하는 자는 자신도 죽고 가족도 멸할 것이다. 가족으로써 명을 듣는 자는 가족에게 녹봉을 주고 마을로써 명을 듣는 자는 마을을 상으로 내릴 것이다. 고을로써 명을 듣는 자는 고을을 주고 봉할 것이다. 현縣으로써 명을 듣는 자는 현을 주고 제후로 봉할 것이다."

그 나라를 쳐서 승리하더라도 백성들에게는 피해가 이르지 않도록 하고 군주를 폐하고 정치를 바꾸며 빼어난 인재들을 높이고 어진 이를 등용하며 고아와 과부들을 진휼하고 그들의 가난한 것을 구제하고 감옥에서 모두 나가게 하고 공로가 있는 이에게는 상을 주는 것이다.

백성들은 문을 열어 두고 기다리며 쌀을 일어서 저장해 둔다. 오직 그들이 오지 않는 것을 두려워한다. 이러한 것이 탕왕과 무왕이 왕업을 이루게 한 것이며 제나라 환공이 패업을 성취하게 한 바이다.

그러므로 군주가 무도한 짓을 하면 백성들은 군사가 이르기를 마치 가뭄에 비를 바라고 목마름에 마실 것을 구하는 것처럼 하는 것이다. 대개 누구와 더불어 전쟁을 하고 무기로 싸울 것이겠는가?

그러므로 의병義兵이 이르면 싸우지 않고도 마음으로 복종해 전쟁이 그치게 되는 것이다.

古之用兵[1]者 非利土壤之廣 而貪金玉之略[2] 將以存亡繼絶[3] 平天下之亂 而除萬民之害也 凡有血氣之蟲 含牙帶角 前爪後距 有角者觸 有齒者 噬 有毒者螫 有蹄者趹 喜而相戲 怒而相害 天之性也 人有衣食之情 而物弗能足也 故群居雜處 分不均 求不澹則爭 爭則强脅弱而勇侵怯 人無筋骨之强 爪牙之利 故割革而爲甲 鑠鐵而爲刃 貪昧饕餮之人 殘

賊天下 萬人搔動 莫寧其所有 聖人勃然而起 乃討强暴 平亂世 夷險除
穢 以濁爲清 以危爲寧 故不得不中絶[4] 兵之所由來者遠矣 黃帝嘗與炎
帝戰矣[5] 顓頊嘗與共工爭矣[6] 故黃帝戰於涿鹿之野[7] 堯戰於丹水之浦[8]
舜伐有苗[9] 啓攻有扈[10] 自五帝而弗能偃也 又況衰世乎 夫兵者所以禁暴
討亂也 炎帝爲火災 故黃帝禽之 共工爲水害 故顓頊誅之 敎之以道
導之以德而不聽 則臨之以威武 臨之威武而不從 則制之以兵革 故聖人
之用兵也 若櫛髮耨苗 所去者少 而所利者多 殺無罪之民 而養無義之
君 害莫大焉 殫天下之財 而澹一人之欲 禍莫深焉 使夏桀殷紂 有害於
民而立被其患 不至於爲炮烙 晉厲宋康 行一不義而身死國亡 不至於侵
奪爲暴 此四君者 皆有小過而莫之討也 故至於攘[11]天下 害百姓 肆一人
之邪 而長海內之禍 此大倫之所不取也 所爲立君者 以禁暴討亂也 今
乘萬民之力 而反爲殘賊 是爲虎傅翼 曷爲弗除 夫畜池魚者必去猵獺
養禽獸者必去豺狼 又況治人乎 故霸王之兵 以論慮之 以策圖之 以義
扶之 非以亡存也 將以存亡也 故聞敵國之君 有加虐於民者 則擧兵而
臨其境 責之以不義 剌之以過行 兵至其郊 乃令軍師曰 毋伐樹木 毋抉
墳墓 毋爇五穀 毋焚積聚 毋捕民虜 毋收六畜[12] 乃發號施令曰 其國之君
傲天侮鬼 決獄不辜 殺戮無罪 此天之所以誅也 民之所以仇也 兵之來
也 以廢不義而復有德也 有逆天之道 帥[13]民之賊者 身死族滅 以家聽者
祿以家 以里聽者賞以里 以鄕聽者封以鄕 以縣聽者侯以縣 尅國不及其
民 廢其君而易其政 尊其秀士 而顯其賢良 振其孤寡 恤其貧窮 出其囹
圄 賞其有功 百姓開門而待之 淅[14]米而儲之 唯恐其不來也 此湯武之所
以致王 而齊桓之所以成霸也 故君爲無道 民之思兵也 若旱而望雨 渴
而求飮 夫有誰與交兵接刃乎 故義兵之至也 至於不戰而止

※

1 用兵(용병) : 군사를 사용하다의 뜻. 또는 전쟁을 하다의 뜻.

2 略(략) : 획득의 뜻.

3 存亡繼絶(존망계절) : 망하려는 나라를 보존시키고 후사가 끊어진 성인의 후예를 계승시켜 주는 일.

4 不中絶(부중절) : 중간에서 끊어지지 않게 하다의 뜻.

5 黃帝嘗與炎帝戰矣(황제상여염제전의) : 염제신농씨炎帝神農氏의 말세에 황제黃帝가 염제와 판천阪泉에서 싸워 멸망시켰다.

6 顓頊嘗與共工爭矣(전욱상여공공쟁의) : 공공과 전욱이 제위를 두고 다투어 부주산不周山에서 부딪쳤는데 천주天柱를 부러뜨렸다는 전설이 있다.

7 黃帝戰於涿鹿之野(황제전어탁록지야) : 황제가 치우蚩尤와 탁록의 들판에서 싸웠다.

8 堯戰於丹水之浦(요전어단수지포) : 요임금은 초백楚伯으로 명을 받아서 단수에서 불의를 멸망시켰다고 했다.

9 舜伐有苗(순벌유묘) : 순임금이 삼묘三苗를 정벌했다. 유묘有苗는 삼묘三苗를 가리킨다.

10 啓攻有扈(계공유호) : 계啓는 우禹임금의 아들. 계가 유호有扈를 감甘 땅에서 정벌했다.

11 攘(양) : 난亂의 뜻과 같다.

12 六畜(육축) : 소, 돼지, 말, 개, 양, 닭의 여섯 가지 가축.

13 帥(솔) : 위爲의 뜻과 같다.

14 淅(석) : 일다. 곧 정갈하게 해 놓는 것.

2. 남을 위하는 자는 모두가 따른다

만세(晩世 : 近世)의 전쟁에서는 군주가 비록 무도하더라도 성을 쌓고 해자를 파고 성가퀴를 세워서 지키지 않는 자가 없었다.

공격하는 자는 포악을 금지시키고 해악을 제거하려는 것이 아니었다. 땅을 빼앗고 토지를 넓히려고 한 것이다.

이런 이유로 시체가 쌓이고 피가 흘러내리는데 이르러 서로 여러 날을 버텨도 패왕霸王의 공로가 세상에 나오지 않는 것은 스스로를 위하기 때문이었다.

토지를 위해 싸우는 자는 왕업을 성취하지 못하고 자신을 위해 싸우는 자는 그 공로를 세우지 못한다. 남을 위해 일을 일으키는 자는 모든 이들이 따라 돕고, 자신을 위해 일을 일으키는 자는 대중이 떠나가는 것이다. 대중이 돕는 자는 비록 약하나 반드시 강해지고, 대중이 떠나가는 자는 비록 강대하나 반드시 멸망하는 것이다.

전쟁에서 도를 잃게 되면 약해지고 도를 얻게 되면 강해진다. 장군이 도를 잃으면 졸렬해지고 도를 얻으면 교묘해진다. 국가가 도를 얻으면 존재하고 도를 잃으면 망한다.

이른바 도道라는 것은 원圓을 본받고 방方을 법으로 하며, 음陰을 등에 지고 양陽을 껴안으며, 좌는 부드럽고 우는 강하며, 그윽한 것을 밟고 밝은 것을 위에 실으며, 변화무쌍하고 하나의 근원을 얻어 응대하는 것이 방향이 없다. 이러한 것을 신명神明이라고 이르는 것이다.

대개 원圓이란 것은 하늘이고 방方이란 것은 땅이다. 하늘은 둥글고 끝이 없다. 그러므로 가히 얻어서 보지 못한다. 땅은 모나서 가장자리가 없다. 그러므로 그 문門을 엿볼 수가 없다.

하늘은 만물을 화육化育시키는데도 형상이 없다. 땅은 만물을 태어나게 하고 성장시키는데도 계산해 헤아릴 수가 없다.

혼혼渾渾하고 침침沈沈한데 누가 그 감추어진 것들을 알겠는가?

무릇 사물에는 조짐이라는 것이 있지만 오직 도道에는 조짐이 없다. 조짐이 없다는 것은 그 일상적인 떳떳한 형세가 없다는 것이다. 바퀴가 돌아가듯이 끝이 없고 해와 달이 운행하는 것만을 본받았다.

마치 봄과 가을에 신진대사新陳代謝가 있는 것과 같고 해와 달에 낮과 밤이 있는 것과 같아 끝마치면 다시 시작하고 밝으면 다시 어두워져 그 실마리를 얻지 못하는 것이다.

형刑을 제재해도 형刑이 없다. 그러므로 공로가 이루어진다. 사물은 사물인데도 사물은 아니다. 그러므로 만물을 이기지만 굴복시키지는 않는 것이다.

군사의 지극한 것이란 형刑이 없는데 이르는 것을 가히 지극한 것이라고 이른다. 이런 이유로 많은 군사가 손상당하지 않고 귀신과 함께 통하는 것이다.

다섯 가지의 병기를 갈고 닦지 않았어도 천하에서 감히 대적하지 않을 것이며 큰 북을 창고에서 꺼내지 않았어도 제후들은 그곳에서 두려워하지 않는 것이 없고 의기소침해 할 것이다.

그러므로 묘전(廟戰: 조정의 계책)하는 자는 황제가 되고 신화神化하는 자는 왕자王者가 된다고 했다.

이른바 묘전廟戰이라고 하는 것은 하늘의 도를 본받는 것이다. 신화神化라고 하는 것은 사계절을 본받는 것이다.

국내에서 정사를 닦으면 먼 곳에서도 그의 덕을 사모해 싸우지 않고도 제압시켜 승리하고 제후들은 그의 위엄에 복종해 안으로 정사가 다스려지는 것이다.

옛날에 도를 얻은 자는 고요한 상태에서는 하늘과 땅을 본받고 활동해서는 해와 달을 따랐다.

기쁨과 노여움이 사계절과 합했고 외쳐 부를 때에는 뇌정(雷霆: 우레)에 견주었고 음기陰氣는 팔풍八風을 거역하지 않았다. 굽힘과

폄은 오행五行에 어긋나지 않았다.

아래로는 껍질이나 비늘이 있는 동물에 이르고 위로는 털이나 날개가 있는 동물에까지 이르러 법규를 닦고 관례를 관통해 모든 사물이나 온갖 종족이 근본으로 말미암아 끝에 이르기까지 차례가 있었다.

이런 까닭으로 좁은 곳에 들어가도 좁지 않았고 넓은 곳에 처해도 아늑하지 않았다. 이에 금석金石을 적시고 풀과 나무를 윤택하게 하고 천지 사방에 털끝만큼의 끝이라도 따라서 비교되지 않는 것이 없었다.

도道가 두루 적셔 진창처럼 가늘고 가늘어도 존재하지 않는 곳이 없다. 이 때문에 이기는 권한이 많았다.

활 쏘는 기술을 익혀서 얻지 못하면 과녁에 맞히지 못하는 것이며, 천리마라도 채찍을 한 번도 사용하지 않는다면 천 리에 이르지 못하는 것이다.

싸워서 승리하지 못하는 자는 군사를 진열하고 북을 쳐 싸우는 날에 관계된 것만은 아니다. 평소의 행동에 본받을 만한 행동이 없는 것이 오래 되었기 때문이다. 그러므로 도를 얻은 군사들은 수레바퀴의 끼목을 풀지 않았고 기병들은 말안장을 올리지 않았다. 북은 먼지를 털지 않았고 깃발은 말아 놓은 것을 풀지 않았으며 갑옷에서는 화살이 떠나지 않았다. 칼날은 피를 묻히지 않았고 조정에서는 지위를 바꾸지 않았다. 상인은 점포를 철거하지 않게 하고 농부는 들을 떠나지 않게 했으며 의를 들어 꾸짖을 뿐이었다.

대국大國은 반드시 조회에 들고 작은 성들은 반드시 투항했다. 백성들의 욕구를 따르고 백성들의 힘을 업고 그들을 위해 잔악을 제거하고 역적을 없애기 때문이다.

그러므로 이로움을 함께하면 서로 죽으려고 하고 정을 함께하면 성취하려고 하며 욕심을 함께하면 서로 돕는 것이다. 도를 따라 움직이게 되면 천하가 메아리와 같이 향하고 백성들이 따라 생각하며 천하를 위해 싸우는 것이다. 사냥하는 자는 새를 쫓고 수레는 달리고 사람은 뛰어 각각 그 힘을 다한다. 이것은 형벌의 위엄이 없는데도 서로 막힌 곳을 엿보고 차단할 곳을 구하는 것은 이로운 것을 함께하기 때문이다.

함께 배를 타고 강수江水를 건너는데 우연히 바람과 파도를 만나면 여러 종족의 아들인 생면부지라도 빨리 물건을 들어 주고 서로 잡아 주고 노 젓는 것을 마치 좌우의 손같이 하는데도 그것을 덕으로 여기지 않는 것은 그들이 근심하는 것이 똑같기 때문이다.

그러므로 현명한 왕의 군사 사용은 천하의 해악을 제거하고 모든 백성과 함께 그 이로움을 누리는 것이다.

백성들을 부리는 것은 마치 자식이 아버지를 위하고 아우가 형을 위하는 것처럼 한다. 그 위엄이 가해지는 것은 마치 산을 무너뜨리고 연못의 둑을 허무는 것과 같은데 적이라고 누가 감히 대적하겠는가?

그러므로 군사를 잘 사용하는 자는 모든 것을 자신의 것을 사용하는 것처럼 사용하는 것이다. 군사를 사용하는 것에 능하지 못한 자는 자신이 사용할 수 있는 것만을 사용하는 것이다.

그 자신의 것을 사용하는 것과 같이 사용하게 되면 천하에 사용하지 못할 것이 없는 것이다. 자신이 사용할 수 있는 것만을 사용하는 것은 얻는 바가 적을 것이다.

晚世之兵 君雖無道 莫不設渠漸傅堞而守[1] 攻者非以禁暴除害也 欲以侵地廣壤也 是故至於伏尸流血 相支以日 而霸王之功不世出者 自爲之故也 夫爲地戰者 不能成其王 爲身戰者 不能立其功 擧事以爲人者

衆助之 擧事以自爲者 衆去之 衆之所助 雖弱必强 衆之所去 雖大必亡
兵失道而弱 得道而强 將失道而拙 得道而工 國得道而存 失道而亡
所謂道者 體圓而法方 背陰而抱陽 左柔而右剛 履幽而戴明 變化無常
得一之原 以應無方 是謂神明 夫圓者天也 方者地也 天圓而無端 故不
可得而觀 地方而無垠 故莫能窺其門 天化育而無形象 地生長而無計量
渾渾沈沈[2] 孰知其藏 凡物有朕 唯道無朕[3] 所以無朕者 以其無常形勢也
輪轉而無窮 象日月之運行 若春秋有代謝 若日月有晝夜 終而復始 明
而復晦 莫能得其紀 制刑而無刑 故功可成 物物而不物 故勝而不屈
刑 兵之極也 至於無刑 可謂極之矣 是故大兵無創 與鬼神通 五兵[4]不厲
天下莫之敢當 建鼓不出庫 諸侯莫不懾憚沮膽[5]其處 故廟戰者帝 神化
者王 所謂廟戰者 法天道也 神化者 法四時也 脩政於境內 而遠方慕其
德 制勝於未戰 而諸侯服其威 內政治也 古得道者 靜而法天地 動而順
日月 喜怒而合四時 叫呼而比雷霆 音氣不戾八風[6] 詘伸不獲五度[7] 下至
介鱗 上及毛羽[8] 條脩葉貫 萬物百族 由本至末 莫不有序 是故入小而不
偪 處大而不窕 浸乎金石 潤乎草木 宇中六合 振豪之末[9] 莫不順比 道之
浸洽 淖溺纖微[10] 無所不在 是以勝權多也 夫射儀度[11]不得 則格的不中[12]
驥一節不用 而千里不至 夫戰而不勝者 非鼓之日也[13] 素行無刑久矣
故得道之兵 車不發軔[14] 騎不被鞍 鼓不振塵 旗不解卷[15] 甲不離矢 刃不
嘗血 朝不易位 賈不去肆 農不離野 招義而責之 大國必朝 小城必下
因民之欲 乘民之力 而爲之去殘除賊也 故同利相死 同情相成 同欲相
助 順道而動 天下爲嚮 因民而慮 天下爲鬪 獵者逐禽 車馳人趨 各盡其
力 無刑罰之威 而相爲斥闉要遮[16]者 同所利也 同舟而濟於江 卒遇風波
百族之子 捷捽招杼船 若左右手 不以相德 其憂同也 故明王之用兵也
爲天下除害 而與萬民共享其利 民之爲用 猶子之爲父 弟之爲兄 威之

所加 若崩山決塘 敵孰敢當 故善用兵者 用其自爲用也 不能用兵者
用其爲己用也 用其自爲用 則天下莫不可用也 用其爲己用 所得者鮮矣

※

1 渠壛傅堞而守(거참부첩이수): 거참渠壛은 성의 해자와 도랑. 부첩傅堞은
성 위에 가시를 설치해 넘어오지 못하게 하는 것. 수守는 지키다.

2 渾渾沈沈(혼혼침침): 혼혼渾渾은 흐린 모양. 침침沈沈은 조용한 모양.

3 朕(짐): 조짐, 징조의 뜻.

4 五兵(오병): 다섯 가지 무기. 과戈, 수殳, 극戟, 추모酋矛, 이모夷矛 또는
궁弓, 수殳, 모矛, 과戈, 극戟. 일설에는 도刀, 검劍, 모矛, 극戟, 시矢를 들기도
한다.

5 慴懪沮膽(습름저담): 두려워하고 담이 가라앉다. 곧 두려워하고 의기소침한
것을 말한다.

6 八風(팔풍): 팔방의 바람. 동북쪽의 염풍炎風, 동쪽의 조풍條風, 동남쪽의
경풍景風, 남쪽의 거풍巨風, 서남쪽의 양풍涼風, 서쪽의 요풍飂風, 서북쪽의
여풍麗風, 북쪽의 한풍寒風이다.

7 五度(오도): 금金, 목木, 수水, 화火, 토土의 오행五行이다.

8 下至介鱗上及毛羽(하지개린상급모우): 개린介鱗은 껍질과 비늘이 있는
동물. 곧 벌레나 물고기 등. 모우毛羽는 털과 깃으로 짐승이나 새를 뜻함.

9 宇中六合振豪之末(우중육합진호지말): 우중宇中은 사우四宇. 육합六合은
상하와 사방. 진호지말振豪之末은 털끝을 진동하다.

10 浸洽澗淖纖微(침흡가뇨섬미): 침흡浸洽은 두루 적시다. 가뇨澗淖는 진흙이
질어서 곤죽이 된 것. 곧 진창. 섬미纖微는 가늘고 가는 것. 곧 미세한 것.

11 射儀度(사의도): 활 쏘는 동작을 익히다.

12 格的不中(격적부중): 과녁을 맞히지 못한 것.

13 非鼓之日也(비고지일야): 군사를 진열하고 북을 쳐 싸우는 날에 관계된
것이 아니다의 뜻.

14 軔(인): 수레바퀴의 굄목.

15 卷(권) : 말다의 뜻. 깃대의 기를 말아 두는 것.

16 斥闉要遮(척인요체) : 막힌 곳을 살피고 차단할 곳을 구하다의 뜻.

3. 전쟁에는 세 가지 요체가 있다

군사를 사용하는 데에는 세 가지의 중요한 일이 있다.

국가를 다스리고 국토를 정비하고 인의仁義를 행하고 덕과 은혜를 베풀고 바른 법을 세우고 사특한 길을 차단한다. 모든 신하들이 친히 따르고 백성들이 화락하게 모이고 위와 아래가 한마음이 되고 군주와 신하들이 힘을 함께한다.

제후들이 그 위엄에 복종하고 사방에서 그 덕을 품고 정사를 묘당廟堂 위에서 닦아 천 리 밖을 절충하고 두 손을 맞잡고 지휘를 해도 천하는 메아리가 울려 퍼지듯 응한다. 이러한 것은 군사를 사용하는 상책上策인 것이다.

국토는 넓고 백성들은 많으며 군주는 현명하고 장군은 충성하며 국가는 부富하고 병력은 강하며 약속은 믿음이 있고 호령은 밝다. 양쪽의 군대가 서로 대치하는데 북이나 순(錞: 종의 일종)이 서로 바라보고 있으며 아직 교전을 하고 무기를 겨루는 데 이르지 않았는데도 적병들이 도망친다. 이러한 것은 군사를 사용하는 차선책인 것이다.

토지의 마땅한 것을 알고 험준하고 좁음의 이로움을 익힌다. 기습하고 정면공격하는 변화를 익힌다. 진지를 행하고 해산하고 계승하는 술수를 살핀다. 딱따기를 어깨에 메고 치며 흰 칼날이 맞부딪치고 날아오는 화살을 접한다. 피를 밟고 터져 나온 창자를 질질 끌며 죽은 자를 수레에 싣고 부상자를 부축하고 흐르는 피는 천 리를 이어진다.

해골들이 전쟁터에서 드러난 연후에야 승리를 결정한다. 이러한 것은 군사를 사용하는 하책下策인 것이다.

대저 천하는 모두 일에서 말단만을 다스릴 줄 알고 근본을 힘써 닦을 줄은 알지 못한다. 이것은 뿌리를 버리고 가지만을 심는 것이다. 군사를 운용함에 승리를 보좌하는 자들은 많은데 반드시 승리하는 바는 적다.

갑옷이 단단하고 병기가 예리하며 수레는 견고하고 말은 우수하며 식량의 비축도 풍족하고 사졸士卒들은 씩씩하게 수레에 타고 있다. 이러한 것은 군대의 거대한 자산이지만 승리할 수는 없는 것이다.

별들이나 해와 달의 운행과 형刑과 덕과 음양기해陰陽奇賷의 수數와 앞뒤와 좌우의 편리한 것에 밝아야 한다. 이것이 싸움에 도움이 되기는 하지만 온전할 수는 없는 것이다.

어진 장수가 반드시 승리하는 바는 항상 거듭하지 않는 지혜와 말할 수 없는 도를 두어서 어렵더라도 모든 병사와 함께하기 때문이다.

어진 이를 논하고 관리로 임명하는 것을 신중하게 하고 움직이는 것과 정지하는 것을 제때에 한다. 관리와 졸병을 나누고 병기와 갑옷을 정비하고 행오行伍를 바르게 한다. 십백什伯을 연계시키고 북과 깃발을 선명하게 한다. 이것은 위관尉官이 담당하는 것이다.

앞과 뒤의 험준한 곳과 평이한 곳을 알고 적을 보고 어려운지 쉬운지를 알고 선발대와 척후병을 망각하지 않는다. 이것은 후관候官이 맡는 것이다.

군대의 도로를 신속하게 정비하고 군수물자의 수송을 이행하고 부역으로 군대의 보루 높이를 균등하게 하고 군사를 집합시켜 거처케 하고 우물과 부엌이 통하게 한다. 이것은 사공관司空官이 맡는 것이다.

뒤에 있으면서 거두어서 깊이 저장하고 옮기고 머무르는 것이 분리되지 않게 하고 쓸모없는 수레가 없게 하고 군수물자도 버리는 것이 없게 한다. 이것은 여관輿官이 맡는 것이다.

대개 이상의 다섯 기능은 장군에게는 신체의 고굉股肱이나 수족手足과 같은 것이다. 반드시 그 사람을 선택하고 기량은 그의 재주에 능하게 하고 관리를 시켜 그의 임무를 맡게 하면 사람들이 그의 일에 능하게 한다.

그들에게 고해 정책을 알려 주고 군령을 펴서 부리는데 마치 호랑이와 표범이 발톱과 이빨이 있고 나는 새가 여섯 깃촉이 있는 것처럼 해 사용되지 않는 것이 없게 한다. 그러나 이 모두가 승리를 보좌하는 도구이지 반드시 승리하는 바는 아닌 것이다.

兵有三詆[1] 治國家 理境內 行仁義 布德惠 立正法 塞邪隧 群臣親附 百姓和輯 上下一心 君臣同力 諸侯服其威 而四方懷其德 脩政廟堂之上 而折衝千里之外 拱揖指撝[2] 而天下響應[3] 此用兵之上也 地廣民衆 主賢將忠 國富兵强 約束信 號令明 兩軍相當 鼓鐸[4]相望 未至兵交接刃 而敵人奔亡 此用兵之次也 知土地之宜 習險隘之利 明奇正之變 察行陳解瀆之數 維枹綰而鼓之[5] 白刃合 流矢接 涉血屬腸 輿死扶傷 流血千里 暴骸盈場 乃以決勝 此用兵之下也 今夫天下皆知事治其末 而莫知務脩其本 釋其根而樹其枝也 夫兵之所以佐勝者衆 而所以必勝者寡 甲堅兵利 車固馬良 畜積給足 士卒殷軫[6] 此軍之大資也 而勝亡焉 明於星辰日月之運 刑德奇賌[7]之數 背鄉左右之便 此戰之助也 而全亡焉 良將之所以必勝者 恆有不原之智 不道之道 難以衆同也 夫論除[8]謹 動靜時 吏卒辨 兵甲治 正行伍 連什伯[9] 明鼓旗 此尉之官也 前後知險易

見敵知難易 發斥不忘遺 此候之官也 隧路亟 行輜治 賦丈均¹⁰ 處軍輯
井竈通 此司空之官也 收藏於後 遷舍不離 無泆輿 無遺輜 此輿之官¹¹也
凡此五官¹²之於將也 猶身之有股肱手足也 必擇其人技能其才 使官勝
其任 人能其事 告之以政 申之以令 使之若虎豹之有爪牙 飛鳥之有六
翮 莫不爲用 然皆佐勝之具也 非所以必勝也

※

1 三詆(삼저): 세 가지의 중요한 일의 뜻.

2 拱揖指撝(공읍지휘): 손을 맞잡고 지휘하다. 곧 팔짱을 끼고 지휘하다.

3 響應(향응): 메아리가 울리는 것과 같다는 뜻.

4 錞(순): 악기의 일종으로 종과 같은 것.

5 枹縮而鼓之(부관이고지): 딱따기를 어깨에 메고 치는 일.

6 殷軫(은진): 수레에 가득 찬 것.

7 刑德奇賌(형덕기해): 형덕刑德은 오행五行의 상생相生과 상극相克을 뜻한다. 기해奇賌는 음양기비陰陽奇秘의 요체.

8 論除(논제): 어진 이를 논하고 관리로 임명하는 일.

9 什伯(십백): 10명 내지 1백 명의 군사의 일조一組를 이룬 대오.

10 賦丈均(부장균): 부역을 부과해 성문의 보수를 장丈으로 고르게 쌓는 일.

11 輿之官(여지관): 여輿는 중衆의 뜻으로 보병부대를 맡은 관리.

12 五官(오관): 위관尉官, 후관候官, 사공관司空官, 여관輿官이 사관四官인데 여기서는 장수를 포함해 오관인 것 같다.

4. 전쟁의 승패는 정치에 달려 있다

전쟁에서의 승리와 패배는 근본이 정치에 있다. 정치가 그 백성들을 이기면 아래에서 위를 따르게 되어 군사들은 강력해진다. 백성들이 그 정치를 이기면 아래에서 위를 배반하게 되어 군사들은 약해진다.

그러므로 덕의德義는 천하의 백성들을 품고 사업은 천하의 급한 것을 합당하게 하고 인재의 선발은 어진 선비들의 마음을 얻게 되는 것이며 계획은 강하고 약한 형세를 알게 되는 것이다. 이것이 반드시 승리하는 근본이다.

국토가 넓고 백성들이 많은 것은 족히 강한 것이 되지 못한다. 단단한 갑옷이나 예리한 병기는 승리하는 데는 부족한 것이다. 높은 성과 깊은 연못도 족히 견고한 것이 되지는 못한다. 엄한 명령이나 번잡한 형벌도 족히 위엄이 되지는 못한다.

보존되는 정치를 하는 자는 비록 작더라도 반드시 존재하고, 망하는 정치를 하는 자는 비록 크더라도 반드시 망한다.

옛날에 초나라 사람들의 땅은 남쪽으로는 원수沅水와 상수湘水를 굴복시켜 빼앗았고, 북쪽으로는 영수潁水와 사수泗水가 둘러쌌고, 서쪽으로는 파촉巴蜀을 포함했고, 동쪽으로는 담郯과 비邳 땅도 차지했다.

영수潁水와 여수汝水를 구혁溝洫으로 삼았고, 강수江水와 한수漢水로 해자를 만들었으며, 등림鄧林을 울타리로 삼았고, 방성方城을 울타리로 삼았다.

산은 높아 구름과 가까웠고 계곡은 깊어 그림자가 없었으며 땅이 이롭고 형세가 편리했으며 병졸들과 백성들은 용감했다.

교룡가죽과 물소와 들소로 갑옷을 만들었고 긴 창과 짧은 창을 가지고 가지런히 앞 행렬을 만들었다. 연속된 쇠뇌가 겹겹이 뒤에 했으며 쇠로 꾸민 수레가 곁을 호위했다. 그 빠르기가 화살과 같았으며 모이면 우레와 번개와 같았고 해산하면 바람과 비와 같았다. 그러나 수사垂沙 땅에서 위태해지고 군사들은 백거柏舉 땅에서 격파되었다.

초나라의 강대함은 거대한 땅에 수많은 군중과 천하의 절반을 차지했다. 그러나 초나라의 회왕은 북쪽의 맹상군孟嘗君을 두려워하고 사직을 지키는 것을 등졌다. 자신을 강력한 진秦나라에 맡겨 군사들은 꺾이고 국토는 삭감 당했으며 자신은 죽어서 돌아오지 못했다.

2세 황제(二世皇帝: 胡亥)는 세력은 천자가 되고 부富는 천하를 두어 사람의 발자취가 이르는 곳이나 배가 통과하는 곳이면 군郡이나 현縣이 되지 않은 곳이 없었다.

그러나 귀와 눈의 욕구를 멋대로 하고 사치의 변화를 다해 백성들이 굶주리고 추위에 떠는 궁핍한 것을 돌보지 않았다. 만승萬乘이나 되는 수레를 일으키고 아방궁阿房宮을 짓고 마을의 왼쪽에 사는 사람들을 수자리로 징발하고 태반의 세금을 거두었다.

백성들을 체포해 멋대로 형을 집행하고 수레를 끌게 해 수레 횡목을 베개 삼아 죽은 자들이 하루아침에 수천수만 명으로 헤아리지 못할 정도였다.

천하는 시끄럽기가 불타는 것 같았고 위태롭기가 더위에 고생하는 것 같았다. 위와 아래가 서로 편안하지 못했고 관리와 백성들도 서로 의지하지 못했다.

이때 수자리 살러 가던 진승陳勝이 대택大澤에서 일어나 소매를 걷고 오른쪽 어깨를 드러내고 일어나 대초大楚라고 일컫자 메아리가 울려 퍼지듯이 따라 응했다.

이때에 단단한 갑옷이나 예리한 병기나 굳센 쇠뇌나 강한 충거衝車를 가지고 있지 않았다. 메대추나무를 쳐서 창을 만들었고 송곳과 끌을 꽂아 칼을 만들었다. 날카로운 것으로 대나무를 베고 괭이를 메고 일어나 긴 창과 강력한 쇠뇌에 대적하고 성을 공격해 땅을 빼앗았는데 함락되지 않은 곳이 없었다. 천하는 죽이 끓고 개미가 움직이는 것처럼 되어 구름을 거두고 석권하기를 사방으로 수천 리를 했다.

권세도 지위도 지극히 천박했고 기계도 매우 불리했다. 그러나 한 사람이 창도하자 천하가 응한 것은 백성들에게 쌓인 원한이 있었기 때문이었다.

무왕이 주紂를 정벌하는데 동쪽에서는 태세(太歲: 寅)를 맞이했고 범수汜水에 이르러서는 홍수가 났고 공두산共頭山에 이르러서는 산사태가 있었고 때마침 혜성이 출현했다. 이것은 은나라에게 권력을 준 것이었다.

전쟁이 시작되자 10일 동안 하늘이 어지러워졌고 바람과 비가 가운데로 몰아쳤다. 그러나 전진해 어려움을 겪더라도 포상이 없었고 후퇴해 물러나더라도 형벌이 없었다.

칼날을 다 뽑지도 않았는데 천하를 얻었다. 이러한 까닭으로 수비를 잘하는 자는 다른 부대와 함께해 방어하지 않았고 싸움을 잘하는 자는 다른 부대와 함께해 싸우지 않았다.

금지하고 베풀고 열고 닫는 도에 밝은 자는 시세를 타고 백성들이 하고자 하는 것을 따라서 천하를 취하는 것이다.

정치를 잘하는 자는 그 덕을 쌓고 군사를 잘 운용하는 자는 그 분노를 쌓는다. 덕을 쌓으면 백성들을 부리는 것이고 분노를 쌓으면 위엄을 세우는 것이다.

문文을 더하는 바가 얕으면 세력으로 승리하는 바는 적고, 덕을 베푸는 바가 넓으면 위엄으로 제재하는 바는 넓다.

위엄으로 제재하는 바가 넓으면 아군은 강해지고 적군은 약해진다. 군사를 잘 운용하는 자는 먼저 적을 약하게 만든 뒤에 싸우는 것이다.

고로 비용은 절반이 안 되어도 공로는 갑절이 되는 것이다.

兵之勝敗 本在於政 政勝其民 下附其上 則兵强矣 民勝其政 下畔其上
則兵弱矣 故德義足以懷天下之民 事業足以當天下之急 選擧[1]足以得
賢士之心 謀慮足以知强弱之勢 此必勝之本也 地廣人衆 不足以爲强
堅甲利兵 不足以爲勝 高城深池 不足以爲固 嚴令繁刑 不足以爲威
爲存政者 雖小必存 爲亡政者 雖大必亡 昔者楚人地南卷沅湘 北繞潁
泗[2] 西包巴蜀 東裹郯邳[3] 潁汝以爲洫[4] 江漢以爲池 垣之以鄧林 縣之以
方城[5] 山高尋雲 谿肆無景[6] 地利形便 卒民勇敢 蛟革犀兕 以爲甲冑
脩鍛短鏦[7] 齊爲前行 積弩陪後 錯車衛兮 疾如錐矢 合如雷電 解如風雨
然而兵殆於垂沙 衆破於柏擧 楚國之强 大地計衆 中分天下 然懷王北
畏孟嘗君[8] 背社稷之守 而委身强秦[9] 兵挫地削 身死不還 二世皇帝[10]
勢爲天子 富有天下 人迹所至 舟檝所通 莫不爲郡縣 然縱耳目之欲
窮侈靡之變 不顧百姓之飢寒窮匱也 興萬乘之駕 而作阿房之宮[11] 發閭
左之戍 收太半之賦[12] 百姓之隨逮肆刑 挽輅首路死者[13] 一旦不知千萬
之數 天下赦然若焦熱 傾然若苦烈 上下不相寧 吏民不相慘[14] 戍卒陳勝
興於大澤 攘臂袒右[15] 稱爲大楚 而天下嚮應 當此之時 非有牢甲利兵
勁弩强衝也 伐棘棗而爲矜 周錐鑿而爲刀 剡摢茶 奮儋钁 以當脩戟强
弩 攻城略地 莫不降下 天下爲之麋沸螘動 雲徹席卷 方數千里 勢位至
賤 而器械甚不利 然一人唱而天下應之者 積怨在於民也 武王伐紂 東
面而迎歲 至汜而水 至共頭而墜[16] 彗星出而授殷人其柄[17] 當戰之時 十
日亂於上 風雨擊於中 然而前無蹈難之賞 而後無遁北之刑 白刃不畢拔
而天下得矣 是故善守者無與御 而善戰者無與鬪 明於禁舍開塞之道
乘時勢 因民欲 而取天下 故善爲政者積其德 善用兵者畜其怒 德積而

民可用 怒畜而威可立也 故文之所以加者淺 則勢之所勝者小 德之所施
者博 而威之所制者廣 威之所制者廣 則我强而敵弱矣 故善用兵者 先
弱敵而後戰者也 故費不半而功自倍也

※

1 選擧(선거): 인재를 선발하는 것을 뜻한다.

2 南卷沅湘北繞潁泗(남권원상북요영사): 권卷은 굴복시켜 취하다. 원상沅湘
은 원수沅水와 상수湘水를 뜻한다. 영사潁泗는 영수潁水와 사수泗水를 뜻한다.

3 東襄郊邳(동과담비): 과襄는 싸다. 담郊 땅과 비邳 땅을 포함하다.

4 潁汝以爲洫(영여이위혁): 영수潁水와 여수汝水로 도랑을 만들다.

5 垣之以鄧林縣之以方城(원지이등림면지이방성): 등림鄧林은 면수沔水 위의
험준한 곳. 면縣은 울타리. 방성方城은 초나라의 북쪽 요새.

6 谿肆無景(계사무영): 계곡이 깊어 그림자가 없다는 뜻.

7 脩鍛短鏦(수쇄단총): 긴 창과 짧은 창.

8 懷王北畏孟嘗君(회왕북외맹상군): 초나라의 회왕이 북쪽의 맹상군을 두려
워하다. 맹상군孟嘗君은 전국시대 제齊나라 사람인 전문田文이다. 3천 명의
식객을 거느렸다.

9 委身强秦(위신강진): 초나라의 회왕이 진秦나라로 들어가 의탁하자 진나라
에서는 남전藍田에 억류했다.

10 二世皇帝(이세황제): 진시황의 아들인 호해胡亥.

11 阿房之宮(아방지궁): 진秦나라의 왕궁 이름.

12 閭左之戍收太半之賦(여좌지수수태반지부): 여좌지수閭左之戍는 마을의
좌측에 사는 천민들을 수자리로 나가게 하는 것. 태반지부太半之賦는 수익의
절반을 세금으로 부과하는 것.

13 隨逮肆刑挽輅首路死者(수체사형만락수로사자): 수체사형隨逮肆刑은 멋
대로 체포하고 멋대로 형벌을 가하는 일. 만락수로사자挽輅首路死者는 짐수레
를 끌며 수레의 버팀목을 베고 자다. 길에서 죽은 자들을 뜻한다.

14 憭(료): 의지하다.

15 戌卒陳勝興於大澤攘臂袒右(수졸진승흥어대택양비단우): 수자리 살러 가
던 졸병인 진승이 대택에서 소매를 걷고 오른쪽 어깨를 드러내다. 곧 봉기를
했다는 뜻.

16 迎歲至氾而水至共頭而墜(영세지범이수지공두이추): 영세迎歲는 새해의
태세太歲를 맞이하다. 지범이수至氾而水는 범수에 이르자 홍수가 났다. 지공
두이추至共頭而墜는 공두산에 이르자 산사태가 있었다는 뜻.

17 彗星出而授殷人其柄(혜성출이수은인기병): 혜성이 출현해 동쪽에 있어
서쪽 사람을 청소한다고 해 은나라 사람에게 권력을 주었다는 뜻.

5. 사방 70리로 왕자王者가 되다

탕왕은 국토가 사방으로 70리뿐이었지만 왕자王者가 된 것은 덕을
닦았기 때문이다. 지백智伯이 1천 리의 땅을 가지고도 망한 것은 무력으
로만 다했기 때문이다.

그러므로 천승千乘의 나라라도 문文과 덕德을 행하면 왕자가 되고,
만승萬乘의 나라라도 군사 운용하기를 좋아하면 멸망한다. 온전한 전쟁
은 먼저 승리한 뒤에 싸우고, 패배하는 전쟁은 먼저 싸운 뒤에 승리를
구한다.

덕이 균등하다면 덕이 많은 자가 적은 자를 이기고, 힘으로 대적한다
면 지혜로운 자가 어리석은 이에게 승리하고, 지혜가 균등하다면 수數
를 가진 자가 수數 없는 자를 사로잡을 것이다.

무릇 군사를 사용하는 자는 반드시 먼저 조정에서부터 작전을 짠다.
군주는 누가 현명한가, 장군은 누가 능력이 있는가, 백성들은 누구에게
붙겠는가, 국가는 누가 잘 다스리는가, 군량미의 비축은 누가 많은가,
군사는 누가 더 정예병들인가, 갑옷과 병기는 누가 더 예리한가, 기물의

비축은 누가 더 편리한가를 논한다. 이에 조정 안에서 운수를 논하고 천리 밖의 승리를 결정하는 것이다.

형체의 경계가 있는 것은 천하가 공공연히 볼 수가 있고 서책으로 있는 것들은 세상 사람들이 전해 배우는 것이다. 이것이 모두 형체로써 서로를 이겼기 때문이다. 좋은 형체는 본받지 못하는 것이다. 도道를 귀하게 여기는 바는 그 형체가 없는 것을 귀하게 여기는 것이다.

형체가 없으면 제재해 압박하지 못하며 헤아리지도 못하고 거짓으로 꾸미지도 못하며 생각해 모방할 수도 없는 것이다.

지혜를 보이는 자는 남에게 계략을 만들게 하고 형체를 보이는 자는 남에게 공로를 만들게 하고 무리를 보이는 자는 남에게 복병伏兵을 만들게 하고 기계를 보이는 자는 남에게 방비를 하게 한다.

동작을 하고 두루 돌며 굽히고 펴는 것들을 거짓으로 꾸미게 하는 자는 모두가 뛰어난 것이 아니다.

뛰어난 자의 행동은 귀신같이 나가고 귀신같이 행동하며 별이 반짝이는 하늘을 따르며 나아가고 물러나고 굽히고 펴는 것을 조짐이나 흔적을 보이지 않는 것이다. 난새가 날고 기린이 움직이고 봉황이 날고 용이 오르는 것처럼 발동하는 것은 가을바람과 같고 빠르기는 놀란 물고기와 같다.

마땅히 살아 있는 것으로써 죽은 것을 공격하고 흥성한 것으로써 쇠퇴한 것을 이용하며 신속한 것으로써 더딘 것을 덮치며 배부른 것으로써 배고픈 것을 제재하면 마치 물로 불을 끄는 것과 같고 끓는 물을 눈에 붓는 것과 같아 어디를 가면 성취하지 못할 것이며 어디인들 사용하지 못하겠는가?

통달함은 마음이 허한 데 있고 정신은 밖의 아득한 곳에 있고 뜻은 무형無形에서 운용해 뜻하지 않는 곳에서 나가고 바람처럼 함께 가고 홀연히 함께 오며 그 가는 바를 알지 못하는 것이다.

길을 따라 나갔다가 샛길로 들어와 그 모이는 바를 알지 못한다. 갑작스런 것은 마치 번개와 우레와 같고 빠른 것은 바람과 비와 같다. 땅을 따라서 나오는 듯도 하고 하늘에서 내려오는 듯도 하다. 홀로 나갔다가 홀로 들어와 능히 응대해 막지도 못하고 빠르기는 화살과 같아서 누가 짝을 지어 이기겠는가? 한 번은 어둡고 한 번은 밝아서 누가 그 단서를 알겠는가? 출발하는 것을 보지도 못했는데 진실로 이미 이르렀다.

군사를 잘 운용하는 자는 적의 허점을 보고 그 틈을 타 여유를 주지 않고 추격해 놓치지 않고 압박해 떠나지 않는 것이다.

그들이 망설일 때 공격하고 그들이 우왕좌왕할 때 능멸하는 것을 빠른 우렛소리에 미처 귀를 막을 새도 주지 않고 갑자기 내리치는 번개에 미처 눈을 가릴 여유도 주지 않는 것처럼 한다.

군사를 잘 운용하는 것은 마치 소리가 울리는 것처럼 하고 종소리가 울리면 종고소리와 함께하는 것과 같이 한다. 눈에 티가 들어가도 눈을 비빌 여유도 없고 숨을 내쉬고 들이마실 여유도 없게 한다.

이때에 고개를 들어도 하늘을 보지 못하고 고개를 숙여도 땅을 보지 못한다. 손으로 창을 잡을 틈도 없고 무기를 다 뽑지도 못했는데 공격하는 것을 우렛소리처럼 하고 가까이하기를 바람같이 해 뜨겁기를 불같이 하고 능멸하기를 파도같이 한다.

적은 정지되어 그 지키는 바를 알지 못하고 움직여도 해야 할 바를 알지 못하게 된다. 그래서 북소리가 울리고 깃발이 휘날리면 대적한 자들은 쓰러져 쌓이고 죽지 않은 자가 없는 것이다.

천하에서 누가 감히 위엄을 떨치며 절개를 꺾어 그 앞에 대적할 자가 있겠는가? 그러므로 사람을 떨게 한 자는 승리하고, 사람을 기다리는 자는 무너지고, 사람에게 매인 자는 죽는다고 했다.

湯之地方七十里而王者 脩德也 智伯有千里之地而亡者 窮武也 故千乘之國 行文德者王 萬乘之國 好用兵者亡 故全兵先勝[1]而後戰 敗兵先戰而後求勝 德均則衆者勝寡 力敵則智者勝愚 智侔[2]則有數者禽無數 凡用兵者 必先自廟戰 主孰賢 將孰能 民孰附 國孰治 蓄積孰多 士卒孰精 甲兵孰利 器備孰便 故運籌於廟堂之上 而決勝乎千里之外矣 夫有形埒者 天下訟[3]見之 有篇籍者 世人傳學之 此皆以形相勝者也 善形者弗法也 所貴道者 貴其無形也 無形則不可制迫也 不可度量也 不可巧詐也 不可規慮也 智見者 人爲之謀 形見者 人爲之功 衆見者 人爲之伏 器見者 人爲之備 動作周還 倨句詘伸 可巧詐者 皆非善者也 善者之動也 神出而鬼行 星燿而玄逐 進退詘伸 不見朕垫[4] 鸞擧麟振 鳳飛龍騰 發如秋風 疾如駭龍[5] 當以生擊死 以盛乘衰 以疾掩遲 以飽制飢 若以水滅火 若以湯沃雪 何往而不遂 何之而不用 達在中虛 神在外漠 志運於無形 出於不意 與飄飄[6]往 與忽忽[7]來 莫知其所之 與條出 與間入 莫知其所集 卒如雷霆 疾如風雨 若從地出 若從天下 獨出獨入 莫能應圉 疾如鏃矢 何可勝偶 一晦一明 孰知其端緒 未見其發 固已至矣 故善用兵者 見敵之虛 乘而勿假也 追而勿舍也 迫而勿去也 擊其猶猶 陵其與與 疾雷不及塞耳 疾霆不暇掩目 善用兵若聲之與響 若鏜之與鞈[8] 睰不給撫 呼不給吸 當此之時 仰不見天 俯不見地 手不麾戈 兵不盡拔 擊之若雷 薄之若風 炎之若火 淩之若波 敵之靜不知其所守 動不知其所爲 故鼓鳴旗麾 當者莫不廢滯崩阤 天下孰敢厲威抗節而當其前者 故淩人者勝 待人

者敗 爲人杓⁹者死

※

1 先勝(선승) : 먼저 덕을 쌓아서 덕으로 이기다의 뜻.

2 侔(모) : 등等의 뜻과 같다.

3 訟(송) : 공公의 뜻과 같다.

4 朕垫(짐은) : 짐은朕垠과 같다. 조짐의 경계.

5 駭龍(해룡) : 놀란 물고기처럼. 용龍은 어魚의 뜻과 같다.

6 飄飄(표표) : 나부끼는 모양.

7 忽忽(홀홀) : 홀연히.

8 鐺之與鞳(당지여탑) : 종소리가 종고소리와 함께하는 것같이 하다.

9 杓(표) : 매이다.

6. 군사는 의심하면 패배하게 된다

군사들은 휴식을 취하면 단단해지고 한 곳으로 뜻을 모으면 위엄이
있게 되고 임무를 분담하면 용감해지고 마음에 의문이 있게 되면 패배하
고 힘을 나누면 약해진다.

남의 군사를 분산시키고 남의 마음에 의심을 만들면 소수의 병력으로
도 여유가 있다. 남의 군사를 분산시키지 못하고 남의 군사가 의심을
하지 않게 되면 갑절의 군사로도 부족하다.

이런 이유로 주왕紂王의 군사들은 1백만 명이었는데 1백만의 마음을
가졌고 무왕의 군사들은 3천 명이었는데 모두가 오로지 한결같았다.
그러므로 1천 명이 마음을 함께하면 1천 명의 힘이 되고 1만 명이라도
마음이 다르면 한 사람이라도 쓸 수가 없게 된다.

장군과 군졸, 관리와 백성들의 움직임과 정지함이 한 몸 같으면

적과 대응해 싸울 수가 있다. 고로 계획이 안정되면 발동하고 임무가 결정되면 움직여 장군은 의심스런 계략이 없고 졸병들은 두 마음이 없으며 움직이는데 태만한 기색이 없다. 입은 빈말을 하지 않고 일에는 시험하는 것이 없다. 적에게 대응하는 것은 반드시 민첩하고 발동하는 것은 반드시 신속하게 된다.

이에 장군은 백성들을 자신의 몸으로 삼고 백성들은 장군을 자신의 마음으로 삼는다.

마음이 진실하면 지체支體는 칼날을 친히 하고 적을 베지만 마음에서 의심하게 되면 지체가 흔들려서 패배한다. 마음이 전일하지 못하면 몸은 절도 있게 활동하지 못하고 장군의 마음이 진실하지 않으면 졸병들은 용감하게 싸우지 못한다.

그러므로 어진 장군의 졸병은 마치 호랑이의 이빨과 같고 들소의 뿔과 같고 새의 날개와 같고 노래기의 발과 같아 가히 행동하고 가히 들어 올리고 가히 물어뜯고 가히 부딪치는 것이다.

강력해서 서로 무너뜨리지 못하고 많아서 서로 해치지 못하는 것은 한결같은 마음으로 부리기 때문이다. 그러므로 백성들이 진실로 그의 명령을 따르게 되면 비록 숫자가 적더라도 두려워하지 않는다. 백성들이 명령을 따르지 않게 되면 비록 많은 숫자라도 적은 것이 되는 것이다.

아래가 위와 친하지 않게 되면 그들의 마음을 사용하지 못하고 졸병들이 장군을 두려워하지 않으면 그들의 형체로는 싸우지 못한다.

수비는 반드시 견고해야 하고 공격하면 반드시 승리해야 한다. 이렇게 되면 맞닥뜨려 싸우고 칼날이 접하는 것을 기다리지 않아도 존망存亡의 기틀이 확실하게 나타나는 것이다.

전략에서는 세 가지의 형세가 있고 두 가지의 권權이 있다.

세 가지의 세勢에는 기세氣勢와 지세地勢와 인세因勢가 있다. 장군은 용기가 충만해 적을 가볍게 여기고 졸병들은 용감해 싸우는 것을 즐긴다. 삼군三軍의 병사들은 1백만의 군사이고 의지는 청운靑雲에 이르고 기세는 회오리바람과 같고 함성은 우렛소리와 같고 정성이 쌓여서 넘치면 위엄이 적들에게 가해진다. 이러한 것을 기세氣勢라고 이른다.

좁은 길의 나루와 관문이며 큰 산의 이름 난 요새에 용이나 뱀이 똬리를 튼 것처럼 있다. 또 삿갓을 엎어 놓은 것과 같고 양의 창자처럼 구불구불한 길에 대나무로 엮은 통발처럼 출구가 없는 문은 한 사람이 좁은 곳을 지켜서 1천 명이 감히 지나가지 못하게 하는 곳이다. 이러한 것을 지세地勢라고 이른다.

피로와 권태와 혼란과 굶주림과 목마름, 추위와 더위에 지친 적군을 추격해 쓰러지려는 자들을 밀어 붙이고 뽑히려고 하는 자들을 물리친다. 이러한 것을 인세因勢라고 이른다.

첩자들을 잘 운용하고 규칙적인 계획을 잘 살펴서 숲 속에 복병을 배치하고 그 모습을 숨겨 불시에 출병시켜 적병이 대비할 수 없게 한다. 이러한 것을 지권知權이라고 한다.

진지의 군사들을 정돈하고 선봉을 선발하며 나아가고 물러나는 것을 함께하고 10명이나 5명을 묶어 앞과 뒤가 서로 밟지 않도록 하고 좌우가 서로 간여하지 않게 하면 칼을 받는 자는 적고 적군을 손상시킨 자는 많다. 이러한 것을 사권事權이라고 한다.

권權과 세勢가 반드시 형상을 이루고 관리와 군졸들은 전일하고 어진 이를 선발하고 재주 있는 자를 쓴다. 관리들은 사람을 얻어서 계획이 정해지고 계책이 결정되면 죽고 사는 것이 분명해진다. 시행하고 시행하지 않는데 따른 득실에 놀라지 않을 수가 없다.

그러므로 공격하는데 높은 곳을 공격할 수 있는 사다리를 기다리지 않고도 성을 빼앗을 수 있는 것이다. 싸우는데 군사들이 육박전을 해 칼날로 대적하지 않고도 적을 깨부순다. 공격하면 반드시 이긴다는 전략에 밝기 때문이다.

전쟁에서 반드시 승리한다고 할 수 없으므로 구차하게 칼을 휘둘러 적과 싸우지 않고, 공격해 반드시 빼앗는다고 할 수 없으므로 구차하게 출동하지 않는 것이다. 승리가 정해진 뒤에 싸움을 하고 명령이 내려진 뒤에 출동하는 것이다. 군사들이 집결해서는 아무것도 안 하고 해산하지 않고 군사들이 출동해서는 무턱대고 돌아오지 않는 것이다.

단 한 번이라도 함부로 출동을 하지 않지만 출동을 하면 하늘을 떨게 하고 땅을 진동시키며 태산을 들어 올리고 온 세상을 소탕해서 귀신들이 이사를 가고 새와 짐승들이 놀라기도 한다. 이와 같이 되면 들에는 싸우려는 적병이 없게 되고 국가에서는 성을 지키지 않아도 되는 것이다.

兵靜則固 專一則威 分決則勇 心疑則北 力分則弱 故能分人之兵 疑人之心 則錙銖有餘 不能分人之兵 疑人之心 則數倍不足 故紂之卒 百萬之心 武王之卒三千人 皆專而一 故千人同心 則得千人力 萬人異心 則無一人之用 將卒吏民 動靜如身 乃可以應敵合戰 故計定而發 分決而動 將無疑謀 卒無二心 動無墮容 口無虛言 事無嘗試 應敵必敏 發動必亟 故將以民爲體 而民以將爲心 心誠則支體親刃 心疑則支體撓北 心不專一 則體不節動 將不誠心 則卒不勇敢 故良將之卒 若虎之牙 若兕之角 若鳥之羽 若蚈之足[1] 可以行 可以擧 可以噬 可以觸 强而不相敗 衆而不相害 一心以使之也 故民誠從其令 雖少無畏 民不從令 雖衆

爲寡 故下不親上 其心不用 卒不畏將 其形不戰 守有必固 而攻有必勝
不待交兵接刃 而存亡之機 固以形矣 兵有三勢 有二權 有氣勢 有地勢
有因勢 將充勇而輕敵 卒果敢而樂戰 三軍之衆 百萬之師 志厲靑雲
氣如飄風 聲如雷霆 誠積踰而威加敵人 此謂氣勢 硤路津關[2] 大山名塞
龍蛇蟠[3] 卻笠居 羊腸道 發笱門[4] 一人守隘 而千人弗敢過也 此謂地勢
因其勞倦怠亂 飢渴凍暍 推其牆牆 擠其揭揭[5] 此謂因勢 善用間諜 審錯
規慮 設蔚施伏[6] 隱匿其形 出於不意 敵人之兵無所適備 此謂知權 陳卒
正 前行選 進退俱 什伍摶 前後不相撚 左右不相干 受刃者少 傷敵者衆
此謂事權 權勢必形 吏卒專精 選良用才 官得其人 計定謀決 明於死生
擧錯得失 莫不振驚 故攻不待衝隆雲梯[7]而城拔 戰不至交兵接刃而敵
破 明於必勝之攻也 故兵不必勝 不苟接刃 攻不必取 不爲苟發 故勝定
而後戰 鈴縣而後動 故衆聚而不虛散 兵出而不徒歸 唯無一動 動則淩
天振地 抗泰山 蕩四海 鬼神移徙 鳥獸驚駭 如此則野無校兵[8] 國無守城矣

⁂

1 蚈之足(견지족): 노래기의 발. 노래기는 발이 수십 개이다.

2 硤路津關(협로진관): 좁은 길의 나루터나`관문.

3 蟠(반): 서리다. 똬리를 틀다의 뜻.

4 笱門(구문): 구笱는 물고기를 잡기 위해서 만든 통발. 곧 통발의 문을 뜻한다.

5 推其牆牆擠其揭揭(추기암암제기게게): 암암牆牆은 쓰러지려고 하다. 게게
揭揭는 뽑히려고 하다. 암암牆牆은 옥편玉篇에 글자가 없다.

6 蔚施伏(울시복): 울창한 숲에 매복을 하다.

7 衝隆雲梯(충륭운제): 높은 곳을 공격할 수 있게 만든 사다리. 운제雲梯는
사다리.

8 校兵(교병): 적병敵兵이라고 했다.

7. 무형無形으로 유형有形을 제재한다

침묵으로 소란스러운 적과 대치하고 다스림으로 어지러운 적이 쳐들어
오는 것을 기다리며 무형無形으로 유형有形을 제재하고 무위無爲로써
변화에 대응하는 것이다. 비록 적에게 승리를 얻지 못한다 하더라도
적도 승리를 얻지 못하는 것이다.

적군이 아군보다 먼저 움직이면 이것은 그의 모습을 적에게 보인
것이다. 적군은 조급하고 아군은 침착하면 이것은 그들의 힘을 피곤하
게 하는 것이다.

적의 형세가 보이면 가히 제압해 승리할 수가 있고 힘이 피로해지면
위엄을 세울 수가 있다. 적군이 하는 바를 살피고 따라 함께 변화하며
그들의 나쁜 것과 바른 것을 관찰하고 그들의 명령을 제재한다.

적군이 탐하는 것들을 미끼로 내걸어 그들의 다리를 피로하게 만든
다. 저들이 만약에 틈을 보이면 급하게 그 틈새를 파고들어 변화를
다해 묶어 두고 절개를 다해 넘어뜨린다.

적군이 만약에 안정을 되찾으면 기책奇策을 만들어내 나오게 하고
적군이 아군의 꾀에 응대하지 않으면 홀로 조절을 다하며 적이 쳐들어오
기를 기다린다. 만약에 적이 움직여 응하게 되면 그들이 하는 바를
살펴보고 적이 뒤에서 움직이려 하면 함께 따라 움직인다.

적이 집합해 있는 곳에는 반드시 결점이 있다. 적의 정예병이 만약
좌측으로 이동하면 그 적의 오른쪽을 무너뜨린다. 적이 무너져 달아나
면 뒤에서 반드시 이동한다.

적이 압박해도 움직이지 않는 것을 이름 해 '엄지奄遲'라고 이른다.

공격하는 것은 우레가 치듯 하고 적을 참수하는 것은 풀과 나무를

베듯 하고 물리쳐 없애는 것은 번개와 같이 하며 빠르고 신속하게 해야 한다.

적의 병사들은 군용 솥이 있는 데 걸음이 이르지도 못하고 수레는 바퀴를 움직일 틈도 없고 병기는 나무가 서 있듯이 하고 쇠뇌는 양의 뿔처럼 놓여 있고 군사들이 비록 많고 많으나 형세가 감히 대항하지 못하게 한다.

모든 형상이 있는 것들은 승리하지 못할 것이 없고 모든 형체가 있는 것들은 응대하지 못할 것이 없다. 이 때문에 성인은 형상을 무無에 감추고 마음을 허虛에서 노닐게 하는 것이다. 비와 바람은 막고 가릴 수 있으나 추위와 더위에는 여닫을 수 없는 것은 형체가 없기 때문이다.

대개 정미하게 흘러내리는 것이 쇠나 돌을 뚫고 지극히 먼 곳까지 이르러 구천九天 위에 오르며 황로(黃盧: 黃泉)의 아래에서 서리는 것은 오직 무형無形뿐이다.

대개 군사를 잘 운용하는 자는 상대방이 혼란스러워졌을 때 공격하고 다스려졌을 때에는 공격하지 않는다. 이것은 위풍당당한 적군을 습격하지 않고 질서 정연한 깃발을 공격하지 않는 것이다.

적의 용태가 보이지 않으면 술수를 써서 서로 대치하고 저들이 죽을 기색을 보이면 따라서 제압한다. 적군이 술책을 가지고 활동하게 되면 몰래 나아가 적군의 허점을 실實로 대응하게 해 반드시 사로잡는다.

호랑이나 표범도 움직이지 않으면 함정에 빠지지 않는다. 고라니와 사슴도 움직이지 않으면 그물에 걸리지 않는다. 나는 새도 움직이지 않으면 그물에 걸리지 않는다. 물고기나 자라도 움직이지 않으면 대합 조개에게 잡히지 않는다. 사물은 움직이지 않으면 제재되지 않는다.

이런 까닭으로 성인聖人은 고요한 것을 귀하게 여긴다. 고요하면 능히 소란스러운 것에 대응할 수 있고 뒤에 있으면 능히 앞선 것을 대응할 수 있고 계획하면 소략한 것을 이길 수 있고 넓으면 부족한 것을 사로잡을 수 있는 것이다.

靜以合躁 治以持亂 無形而制有形 無爲而應變 雖未能得勝於敵 敵不可得 勝之道也 敵先我動 則是見其形也 彼躁我靜 則是罷其力也 形見則勝可制也 力罷則威可立也 視其所爲 因與之化 觀其邪正 以制其命 餌之以所欲 以罷其足 彼若有問 急塡其隙 極其變而束之 盡其節而仆之 敵若反靜 爲之出奇 彼不吾應 獨盡其調¹ 若動而應 有見所爲 彼持後節² 與之推移 彼有所積 必有所虧 精若轉左 陷其右陂³ 敵潰而走 後必可移 敵迫而不動 名之曰奄遲 擊之如雷霆 斬之若草木 爟之若火電 欲疾以遫 人不及步鐗⁴ 車不及轉轂 兵如植木 弩如羊角 人雖衆多 勢莫敢格 諸有象者 莫不可勝也 諸有形者 莫不可應也 是以聖人藏形於無 而遊心於虛 風雨可障蔽 而寒暑不可開閉 以其無形故也 夫能滑淖⁵精微 貫金石 窮至遠 放乎九天之上 蟠乎黃盧之下 唯無形者也 善用兵者 當擊其亂 不攻其治 是不襲堂堂之寇 不擊塡塡之旗⁶ 容未可見 以數相持 彼有死形 因而制之 敵人執數 動則就陰 以虛應實 必爲之禽 虎豹不動 不入陷阱 麋鹿不動 不離罝罘 飛鳥不動 不絓網羅 魚鼈不動 不擭蜃啄⁷ 物未有不以動而制者也 是故聖人貴靜 靜則能應躁 後則能應先 數則能勝疏 博則能禽缺

※

1 調(조): 조절을 다하다.

2 彼持後節(피지후절): 피彼는 적敵을 말한다. 지후절持後節은 적의 뒤에 있으므로 적이 먼저 하는 것을 보다의 뜻.

3 右陂(우피) : 서쪽의 뜻.

4 銷(견) : 군용 솥.

5 滑淖(활뇨) : 계속 흐르는 물줄기.

6 塡塡之旗(전전지기) : 질서 정연한 군대의 깃발들.

7 蜃喙(신훼) : 대합조개의 입.

8. 뛰어난 장수의 용병술

뛰어난 장수가 병사들을 쓸 때는 그들과 마음을 함께하고 그들과 힘을 하나로 한다. 용맹한 병사라도 홀로 돌진하지 못하게 하고 겁쟁이라도 홀로 후퇴하지 못하게 한다. 멈춰 서면 언덕진 산과 같고 출발하면 바람과 비와 같으며 두려워하는 곳은 반드시 깨부수고 파괴시키지 못하는 곳이 없다.

군사들이 움직일 때는 한 몸과 같아 응대해 막지 못한다. 이런 까닭으로 적을 손상시키는 자는 많고 장군이 직접 싸우는 일은 적은 것이다.

다섯 손가락으로 번갈아 치는 것은 주먹으로 한 번 치는 것과 같지 않고 1만 사람이 번갈아 한 번씩 나아가는 것은 1백 사람이 함께 이르는 것과 같지 않다.

호랑이와 표범은 날쌔고 곰과 말곰은 힘이 세다. 그러나 사람들이 그 고기를 먹고 그 가죽을 깔개로 사용하는 것은 그것들이 지혜를 통달하지 못했고 힘을 하나로 하지 못했기 때문이다.

물의 세력이 불을 이긴다고 하는데 장화대(章華臺: 초나라에 있는 높은 대)가 불에 탈 경우 되나 국자로 물을 뿌려서 구제하려고 한다면 비록 우물의 물을 마르게 하고 연못의 물을 다 써도 어찌 할 수가 없게 된다. 바가지나 물통이나 동이로 물을 퍼서 붓게 되면 불을 끄는 것은 가히 서서 기다릴 수가 있다.

지금은 사람이 사람과 함께하는 데는 물이 불을 이기는 것과 같은 것이 있지 않다. 적은 것으로 많은 것에 상대하고자 한다면 그 공로를 이루지 못할 것은 또한 명백한 것이다.

병가(兵家: 병법가)에 어떤 사람이 말하기를 "소수가 다수를 상대할 수 있다."라고 했는데 이것은 거느리는 바를 말한 것이지 싸우는 것을 말한 것이 아니다.

혹은 "많은 병사를 거느렸는데도 쓸 병사는 적다."라고 한 것은 세력이 고르지 않은 것이다. "적은 것을 거느렸어도 사용할 것이 많다."라고 한 것은 힘의 사용이 고르기 때문이다.

사람들이 그의 재주를 다하고 그의 힘을 모두 사용해 적은 것으로써 많은 것을 이긴다고 하는 것은 예로부터 지금까지 일찍이 들어보지 못했다.

신령스러운 것은 하늘보다 귀한 것이 없고 세력은 땅보다 편리한 것이 없고 활동하는 데는 시기보다 급한 것이 없고 사용하는 것은 사람보다 이로운 것이 없다.

무릇 이상의 네 가지는 전쟁의 근본이다. 그러나 반드시 도道를 기다린 뒤에 한결같이 사용하는 것이다.

지리地利는 천시天時를 이기고 계교를 드는 것은 지리를 이기고 기세는 사람을 이긴다. 그러므로 하늘에 맡기는 자는 가히 미혹되고 지리에 맡기는 자는 속박당하고 시세에 맡기는 자는 압박당하며 사람에게 맡기는 자는 의혹되는 것이다.

인仁과 용勇과 신信과 염廉은 사람의 아름다운 재주이다. 그러나

312

용맹한 자는 유인할 수 있고 인仁한 자는 빼앗을 수 있고 신信이 있는
자는 속이기가 쉽고 청렴한 자는 꾀하기가 쉽다. 많은 병력을 거느린
자는 한 번 보이는 것이 있게 되면 사람에게 사로잡히게 되는 것이다.

이러한 것으로 말미암아 살펴본다면 군사는 도리로 승리를 제재하고
인재의 지혜로 하지 않는다는 것이 또한 명백해진다.

이런 이유로 고라니와 사슴을 잡으려 하는 자라면 저부(罝罘: 토끼를
잡는 그물)를 설치하면 되고, 물고기와 자라를 잡으려 하는 자라면
망고網罟로 잡으면 되고, 기러기와 고니를 잡으려 하는 자라면 주살을
더하면 되는 것이다.

단 형체가 없는 것들은 가히 어찌 할 수가 없는 것이다.

이런 까닭으로 성인은 근본이 없는 곳에 감추므로 그 정情을 얻어
살피지 못하고 형체가 없게 움직이므로 그의 진정을 얻어서 잴 수가
없다. 법도도 없고 거동도 없어 오면 마땅히 하고 이름도 없고 형상도
없어 변화하면 형상으로 삼는다.

깊도다. 주주瞷瞷함이여! 멀도다. 유유悠悠함이여!

또 겨울인가 하면 또 여름이고 또 봄인가 하면 또 가을이다. 위로는
지극히 높은 끝을 다하고 아래로는 지극히 깊은 밑을 헤아려 변화하고
소식하는 것에 엉키고 막히는 것이 없다.

마음을 요명窈冥의 들에 세우고 뜻을 구선九旋의 연못에 감추어
비록 밝은 눈을 가졌더라도 누가 능히 그의 정情을 엿볼 수 있겠는가?

故良將之用卒也 同其心 一其力 勇者不得獨進 怯者不得獨退 止如邱
山 發如風雨 所淩必破 靡不毀沮 動如一體 莫之應圉 是故傷敵者衆
而手戰者寡矣 夫五指之更彈[1] 不若捲手之一挃[2] 萬人之更進 不如百人

之俱至也 今夫虎豹便捷[3] 熊羆多力 然而人食其肉而席其革者 不能通
其知而壹其力也 夫水勢勝火 章華之臺燒 以升勺沃而救之 雖涸井而竭
池 無奈之何也 擧壺檻盆盎[4]而以灌之 其滅可立而待也 今人之與人 非
有水火之勝也 而欲以少耦衆 不能成其功亦明矣 兵家或言曰 少可以耦
衆 此言所將 非言所戰也 或將衆而用寡者 勢不齊也 將寡而用衆者
用力諧也 若乃人盡其才 悉用其力 以少勝衆者 自古及今 未嘗聞也
神莫貴於天 勢莫便於地 動莫急於時 用莫利於人 凡此四者 兵之幹植
也 然必待道而後行 可一用也 夫地利勝天時 巧擧勝地利 勢勝人 故任
天者可迷也 任地者可束也 任時者可迫也 任人者可惑也 夫人勇信廉
人之美才也 然勇者可誘也 仁者可奪也 信者易欺也 廉者易謀也 將衆
者有一見焉 則爲人禽矣 由此觀之 則兵以道理制勝 而不以人才之賢
亦自明矣 是故爲麋鹿者 則可以罝罘設也 爲魚鼈者 則可以網罟取也
爲鴻鵠者 則可以矰繳加也 唯無形者 無可奈也 是故聖人藏於無原 故
其情不可得而觀 運於無形 故其陳不可得而經 無法無儀 來而爲之宜
無名無狀 變而爲之象 深哉瞯瞯[5] 遠哉悠悠[6] 且冬且夏 且春且秋 上窮至
高之末 下測至深之底 變化消息 無所凝滯 建心乎窈冥[7]之野 而藏志乎
九旋[8]之淵 雖有明目 孰能窺其情

※

1 更彈(경탄): 번갈아 치다.

2 捲手之一捵(권수지일질): 권수捲手는 주먹. 일질一捵은 한 번 치다.

3 便捷(편첩): 날쌔다.

4 壺檻盆盎(호합분앙): 호壺는 바가지. 합檻은 물통. 분앙盆盎은 물동이.

5 瞯瞯(주주): 깊고 깊다의 뜻.

6 悠悠(유유): 멀고멀다.

7 窈冥(요명): 어슴푸레한 모양. 이치가 깊은 모양.

8 九旋(구선): 아홉 번을 구비 도는 연못. 곧 깊은 것을 말한다.

9. 은밀히 논의하는 것은 천도天道이다

전쟁에서 은밀히 의논하는 것은 천도天道이고, 계획을 세우는 것은
지형地形이며, 분명하게 말하는 것은 인사人事이고, 승리를 결정하는
것은 검세鈐勢이다.

그러므로 최고의 장군이 군사를 쓸 때는 위로는 천도天道를 얻고
아래로는 지리地利를 얻고 중간에서는 인심을 얻어 이에 행동하는
것은 시기로써 하고 발동하는 것은 세력으로써 한다. 이 때문에 군대가
무너지고 병사들이 패배하는 일은 없게 된다.

중간에 속하는 장수에 이르러서는 위로는 천도를 알지 못하고 아래로
는 지리를 알지 못하며 오로지 사람과 세력만을 사용해 비록 반드시
만전萬全이라고 하지는 못할지라도 승리로 이끄는 것은 반드시 많을
것이다.

하급의 장수가 군사를 쓸 때는 널리 듣고 스스로 어지러워하며 많이
알고 스스로 의심하며 멈추면 두려워하고 출발하면 주저주저 한다.
이 때문에 행동하다가 적에게 사로잡히는 것이다.

지금 가령 두 사람이 칼을 맞대고 싸우는데 그 기량이 서로 엇비슷하
면 용맹한 사람이 반드시 승리하는 것은 어째서인가? 그 행동이 진실했
기 때문이다.

대개 큰 도끼로 오동나무 장작을 쪼갤 때는 이로운 때나 좋은 시기를
기다렸다 쪼개지는 않는다. 큰 도끼를 오동나무 땔감 위에 올려놓기만

하고 사람의 힘을 보태지 않는다면 비록 북두칠성을 따라 형덕(刑德: 간지)에 알맞더라도 능히 쪼개지지 않는 것은 그 세력이 없기 때문이다. 그러므로 물의 흐름을 세차게 하면 빨라지고 화살을 힘껏 당기면 멀리까지 간다.

기위淇衛와 균로箘簵로 전첨箭栝을 만들고 은과 주석으로 꾸민다면 비록 얇은 비단의 휘장이나 썩은 연 줄기로 만든 화살이 있어도 오히려 혼자서는 뚫지 못하는 것이다. 그러나 근각筋角의 힘과 활이나 쇠뇌의 세勢를 빌리게 되면 외뿔소 가죽도 뚫고 가죽 방패도 꿰뚫는다.

바람이 거세게 불면 지붕도 날아가고 나뭇가지도 꺾이게 된다. 그러나 빈 수레라도 아래로부터 높은 언덕으로 올라갈 때는 대단히 느리므로 사람이 밀어야 하는 것이다.

이런 까닭으로 용병用兵을 잘하는 자는 형세가 마치 물을 막아 놓은 천인千仞의 제방을 터뜨린 것과 같고 둥근 돌을 1만 장丈이나 되는 계곡에서 굴리는 것과 같은 것이다.

천하에 우리의 군사가 쓰이는 것을 꼭 나타내면 누가 감히 우리와 더불어 싸우겠는가?

그러므로 1백 명이 반드시 죽을 각오로 싸운다면 1만 명이 반드시 패배한다는 마음으로 싸우는 것보다 현명한데 하물며 삼군의 많은 병력으로 물이나 불에 들어가더라도 발길을 돌리지 않는다면 말할 필요도 없는 것이다. 갑자기 천하와 칼날을 합한다면 누가 감히 위에 있을 수 있겠는가?

兵之所隱議者 天道也 所圖畫者 地形也 所明言者 人事也 所以決勝者 鈐勢[1]也 故上將之用兵也 上得天道 下得地利 中得人心 乃行之以機

316

發之以勢 是以無破軍敗兵 及至中將 上不知天道 下不知地利 專用人
與勢 雖未必能萬全 勝鈐必多矣 下將之用兵也 博聞而自亂 多知而自
疑 居則恐懼 發則猶豫[2] 是以動爲人禽矣 今使兩人接刃 巧拙不異 而勇
士必勝者何也 其行之誠也 夫以巨斧擊桐薪 不待利時良日而後破之
加巨斧於桐薪之上 而無人力之奉 雖順招搖 挾刑德[3] 而弗能破者 以其
無勢也 故水激則悍 矢激則遠 夫栝淇衛箘簬[4] 載以銀錫[5] 雖有薄縞之幨
腐荷之矰[6] 然猶不能獨射[7]也 假之筋角之力 弓弩之勢 則貫兕甲而徑於
革盾矣 夫風之疾 至於飛屋折木 虛舉[8]之下 大遲自上高邱 人之有所推
也 是故善用兵者 勢如決積水於千仞之隄 若轉員石於萬丈之谿 天下見
吾兵之必用也 則孰敢與我戰者 故百人之必死也 賢於萬人之必北也
況以三軍之衆 赴水火而不還踵乎 雖誂[9]合刃於天下 誰敢在於上者

※

1 鈐勢(검세) : 어세御勢. 곧 세력을 운영하는 것을 뜻한다. 세력을 이끌다.

2 猶豫(유예) : 머뭇머뭇하다. 할까 말까 하다.

3 順招搖挾刑德(순초요협형덕) : 초요招搖는 북두칠성의 두표斗杓. 형刑은
  12진十二辰. 덕德은 10일의 뜻.

4 栝淇衛箘簬(첨기위균로) : 첨栝은 활고자. 기위淇衛와 균로箘簬는 화살을
  만드는 대가 나는 곳.

5 載以銀錫(재이은석) : 은과 주석으로 장식하다. 재載는 꾸미다.

6 薄縞之幨腐荷之矰(박호지첨부하지증) : 박호지첨薄縞之幨은 엷은 비단으로
  만든 천막. 부하지증腐荷之矰은 썩은 연 줄기로 만든 화살.

7 射(사) : 뚫다의 뜻.

8 虛舉(허거) : 수레에 소나 말을 매지 않은 것. 곧 빈 수레.

9 誂(조) : 별안간. 갑자기.

10. 하늘의 수는 좌청룡左靑龍 우백호右白虎이다

이른바 천수天數라는 것은 왼쪽에는 청룡靑龍이 자리하고 오른쪽에는
백호白虎가 자리하며, 앞에는 주작朱雀이 자리하고 뒤에는 현무玄武가
자리한 것을 뜻한다.

이른바 지리地利라는 것은 뒤쪽에는 생지(生地: 높은 곳)가 있고
앞쪽에는 사지(死地: 낮은 곳)가 있으며, 왼쪽에는 구릉邱陵이 있고
오른쪽에는 계곡이 있는 것이다.

이른바 인사人事라는 것은 상賞은 믿게 하고 형벌은 반드시 시행하며
동정動靜은 제때에 하고 들고 놓는 것들은 신속하게 하는 것이다.

이러한 것은 대대로 전해오는 의표儀表로 삼는 것으로 확고한 것들이
다. 그러나 의표에서 생겨난 것은 아니다. 때에 따라서 변화하는 것이
다. 이런 까닭으로 당상堂上의 그늘에 처해 해와 달의 차서次序를 알고
병 속의 물만 보고도 천하의 추위와 더위를 아는 것이다.

사물이 서로 형상하는 바는 미묘한 것이다. 오직 성인만이 그 이르는
것을 통달한 것이다.

그러므로 북은 오음五音과 함께하지 않지만 오음을 주관한다. 물은
오미五味와 함께하지 않지만 오미를 조화시킨다. 장군은 오관五官의
일에는 관여하지 않지만 오관을 감독한다.

그러므로 능히 오음을 조절하는 것은 오음과 함께하지 않는다. 능히
오미를 조절하는 것은 오미와 함께하지 않는다. 능히 오관의 일을
다스리는 것은 규탁揆度하지 않는다.

이런 까닭으로 장군의 마음은 도도滔滔하면 봄과 같고 넓고 넓으면
여름과 같고 맑고 조용하면 가을과 같고 항상 바르면 겨울과 같다.

형세를 따라 함께 변화하고 시기를 따라 함께 옮긴다.

그림자는 구부러진 물체를 곧게 하지 못하고 메아리는 맑은 것을 탁하게 하지 못한다. 저들이 오는 바를 관찰해 각각 그 승리하는 것으로 대응할 뿐이다.

이런 까닭으로 의를 붙잡아 움직이고 이치를 미루어 행하고 그 절개를 덮어서 단절시켜 바탕을 따라 공로를 성공시키는 것이다.

저들로 하여금 나의 나오는 바를 알게 하고 들어가는 바는 알지 못하게 한다. 나의 거동을 알게는 할지라도 나의 집합하는 곳을 알지 못하게 한다.

처음에는 여우나 이리처럼 하면 저들은 가볍게 여기고 온다. 마주쳐 싸울 때는 외뿔소나 호랑이처럼 하면 적들은 달아나게 된다.

나는 새가 움켜쥘 때는 그의 머리를 숙이고 사나운 짐승이 먹이를 포획할 때는 그의 발톱을 숨긴다.

호랑이나 표범은 그 발톱을 밖으로 내보이지 않고 깨물 때에도 이빨을 보이지 않는다. 그러므로 용병用兵의 도道는 보일 때는 부드럽게 하고 맞이할 때에는 굳세게 한다. 보이는 것은 약한 것으로 하고 기회를 타면 강한 것으로 한다. 하는 것은 줄어들게 하고 응대할 때에는 확장시켜서 한다.

장차 서쪽으로 간다면 동쪽으로 할 것처럼 보이고 앞에서는 어긋난 것처럼 하고 뒤에서는 합하게 한다. 앞에서는 어두운 것처럼 하고 뒤에서는 밝게 한다. 마치 귀신이 자취가 없는 것같이 하고 마치 물에 흔적이 없는 것같이 한다. 그러므로 향하는 바는 가는 곳이 아니고 보이는 것은 계획한 것이 아니다.

행동거지를 능히 알지 못하므로 마치 벼락이 치듯 해 대비하지 못하고 사용했던 계책은 다시 쓰지 않는다. 그러므로 백 번을 싸워서 백 번을 이기고 현명玄明과 통해서 그 문을 알지 못한다. 이러한 것을 '지신至神'이라고 이른다.

所謂天數者 左青龍 右白虎 前朱雀 後玄武¹ 所謂地利者 後生而前死 左牡而右牝² 所謂人事者 慶賞信而刑罰必 動靜時 舉錯疾 此世傳之所 以爲儀表者 固也 然而非所以生儀表者 因時而變化者也 是故處於堂上 之陰 而知日月之次序 見甁中之水 而知天下之寒暑 夫物之所以相形者 微 唯聖人達其至 故鼓不與於五音 而爲五音主 水不與於五味 而爲五 味調 將軍不與於五官之事 而爲五官督 故能調五音者 不與五音者也 能調五味者 不與五味者也 能治五官之事者 不可揆度者也 是故將軍之 心 滔滔如春 矗矗³如夏 湫漻⁴如秋 典凝⁵如冬 因形而與之化 隨時而與之 移 夫景不爲曲物直 響不爲淸音濁 觀彼之所以來 各以其勝應之 是故 扶義而動 推理而行 掩節而斷割⁶ 因資而成功 使彼知吾所出 而不知吾 所入 知吾所舉 而不知吾所集 始如狐狸 彼故輕來 合如兕虎 敵故奔走 夫飛鳥之摯也 俛其首 猛獸之攫也 匿其爪 虎豹不外其爪 而噬不見齒 故用兵之道 示之以柔 而迎之以剛 示之以弱 而乘之以强 爲之以歙 而應之以張 將欲西而示之以東 先忤而後合 前冥而後明 若鬼之無迹 若水之無創 故所鄉非所之也 所見非所謀也 舉措動靜 莫能識也 若雷 之擊 不可爲備 所用不復 故勝可百全 與玄明通 莫知其門 是謂至神

※

1 左青龍~後玄武(좌청룡~후현무) : 각항角亢의 별을 청룡靑龍으로 삼고, 삼정參井의 별을 백호白虎로 삼고, 성장星張의 별을 주작朱雀으로 삼고, 두우 斗牛의 별을 현무玄武로 삼는다. 전쟁에서 군사를 쓸 때 우右는 삼정參井으로,

좌左는 각항角亢으로, 배背는 두우斗牛로 향하는 쪽을 성장星張으로 하는
것은 북두北斗의 전형을 따르는 것이다.

2 後生而前死左牡而右牝(후생이전사좌모이우빈): 높은 곳은 생生이고 낮은
곳은 사死이며 구릉邱陵은 모牡가 되고 계곡은 빈牝이 되다.

3 曠曠(광광): 광광曠曠과 동일하다.

4 湫湙(추류): 맑고 조용한 것.

5 典凝(전응): 전典은 상常의 뜻과 같다. 응凝은 정正의 뜻과 같다. 항상 바른
것은 겨울과 같다.

6 掩節而斷割(엄절이단할): 엄掩은 복覆의 뜻과 같다. 곧 그 절개를 덮고
제재해 단절시키다.

11. 뛰어난 장수의 용병술

전쟁에서 강하게 하는 것은 백성이다. 백성들이 반드시 죽음으로써
하는 바는 의義에 있다. 의가 능히 행해지는 바는 위엄에 있다. 이런
까닭으로 문文으로써 합치고 무武로써 가지런히 하는 것이다. 이러한
것을 '필취(必取: 반드시 빼앗다)'라고 이른다.

예의에 알맞아 위엄 있는 행동이 함께 행해지는 것, 이것을 '지강至强'
이라고 이른다.

대개 사람이 좋아하는 것은 삶이고 싫어하는 것은 죽음이다. 그런데
높은 성이나 깊은 연못에 화살과 돌이 비 오듯이 쏟아지고 평지나
넓은 연못에서 시퍼런 칼날이 서로 맞부딪치는 속에서도 졸병들이
앞을 다투어 싸우는 것은 저들이 죽음을 가볍게 여기고 부상당하는
것을 즐겁게 여겨서가 아니다. 그것은 상을 주는 것과 형벌이 분명하기
때문이다.

　이런 까닭으로 위에서 아래를 살피는 것을 자식같이 하면 아래에서 위를 보는 것을 부모같이 한다. 위에서 아래 보는 것을 아우같이 하면 아래에서 위를 보기를 형과 같이 한다. 위에서 아래를 보살피기를 자식같이 하게 되면 반드시 천하에서 왕자가 되고 아래에서 위를 보기를 아버지같이 여기게 되면 반드시 천하를 바르게 할 것이다.

　위에서 아래와 친한 것을 아우같이 하면 위를 위해 죽는 것을 어렵게 여기지 않고 아래에서 위를 보기를 형같이 하면 그를 위해 멸망하는 것도 어렵게 여기지 않는다.

　아버지와 아들, 형제들의 도적이 함께 싸울 수 없는 것은 은혜를 쌓아서 먼저 베풀었기 때문이다.

　그러므로 네 마리의 말이 조화롭지 못하면 조보造父 같은 말몰이의 기술자라도 멀리 이르지 못하고 활과 화살이 고르지 못하면 예羿와 같은 명사수라도 능히 적중시키지 못한다. 군주와 신하가 마음이 어그러지면 손무(孫武: 孫子)와 같은 병법가라도 적군과 대응하지 못한다.

　이런 까닭으로 안으로는 그 정사를 닦아 그 덕을 쌓고 밖으로는 그 더러운 것을 막아 그 위엄에 굴복시켜 그들의 수고스러운 것과 편안한 것을 살펴 배가 부른지 굶주리는지를 알아야 하는 것이다. 이에 전쟁하는 날이 정해져 있으면 죽음을 보기를 집으로 돌아가는 것과 같이 여긴다. 그러므로 장수는 졸병들과 함께 즐거움과 고통을 같이 하고 굶주리고 추운 것을 함께한다. 그래서 그들이 사력을 다하게 하는 것이다.

　옛날의 뛰어난 장수는 반드시 그 몸이 앞장섰다. 더워도 일산을 치지 않았고 추위도 갖옷을 입지 않았다. 추위와 더위를 헤아리기 위해서이다.

험하고 좁은 길에서는 수레를 타지 않았고 언덕을 오를 때는 수레에서 반드시 내려서 수고와 편안한 것을 동등하게 한 것이다.

전군에 식사가 완비된 연후에야 식사를 하고 군대의 우물이 완성된 연후에야 마셨다. 이것은 굶주림과 목마름을 함께하기 위한 것이다.

양쪽의 군대가 정면으로 충돌해 싸울 때는 반드시 화살이 이르는 곳에 서 있었다. 이것은 안전한 것과 위태한 것을 함께하기 위한 것이다.

그러므로 뛰어난 장수의 용병은 항상 쌓아온 덕으로 원망이 쌓인 적을 공격하고 쌓아온 사랑으로 증오가 쌓인 적을 공격한다. 무슨 이유로 승리하지 못하겠는가?

兵之所以强者民也 民之所以必死者義也 義之所以能行者威也 是故合之以文 齊之以武 是謂必取 威儀竝行 是謂至强 夫人之所樂者生也 而所憎者死也 然而高城深池 矢石若雨 平原廣澤 白刃交接 而卒爭先合者 彼非輕死而樂傷也 爲其賞信而罰明也 是故上視下如子 則下視上如父 上視下如弟 則下視上如兄 上視下如子 則必王四海 下視上如父 則必正天下 上親下如弟 則不難爲之死 下視上如兄 則不難爲之亡 是故父子兄弟之寇 不可與鬪者 積恩先施也 故四馬不調 造父[1]不能以致遠 弓矢不調 羿[2]不能以必中 君臣乖心 則孫子[3]不能以應敵 是故內脩其政 以積其德 外塞其醜 以服其威 察其勞佚 以知其飽飢 故戰日有期 視死若歸 故將必與卒同甘苦 俟飢寒 故其死可得而盡也 故古之善將者 必以其身先之 暑不張蓋 寒不被裘 所以程寒暑也 險隘不乘 上陵必下 所以齊勞佚也 軍食孰 然後敢食 軍井通 然後敢飮 所以同飢渴也 合戰必立矢射之所及 以共安危也 故良將之用兵也 常以積德擊積怨 以積愛擊積憎 何故而不勝

❋

1 造父(조보) : 옛날에 수레를 잘 몬 자.

2 羿(예) : 옛날에 활을 잘 쏜 자.

3 孫子(손자) : 이름은 무武이고 오왕吳王 합려闔閭의 장수였다.

12. 군주가 백성에게 바라는 것 두 가지

군주가 백성들에게 바라는 것은 두 가지이다. 백성들이 자신을 위해 수고해 주기를 바라고 백성들이 자신을 위해 죽어 주기를 바란다.

백성들이 군주에게 바라는 것은 세 가지이다. 굶주린 자는 먹여 주고 수고하는 자는 쉬게 해주고 공로가 있는 자에게는 덕을 베풀어 달라는 것이다.

백성들이 그 두 가지의 바람을 갚았는데 군주가 그 세 가지의 바람을 잃었다면 국가가 비록 광대하고 사람이 비록 많더라도 군사들은 오히려 더 약해진다.

만약 고통을 당한 자들이라면 반드시 그 즐거움을 얻게 해주고 수고를 한 자라면 반드시 이익을 얻게 해주고 머리를 베어 온 공로가 있는 자라면 반드시 완전하게 보상해 주고 전쟁에서 죽은 자의 후손이라면 반드시 상을 준다.

이상의 네 가지를 백성들이 믿게 된다면 군주가 비록 구름 속의 새를 활로 쏘고 깊은 연못 속의 물고기를 낚시질하며 거문고와 비파를 타고 종소리와 피리소리를 들으며 육박六博을 즐기게 되고 투호投壺를 하더라도 군사들은 오히려 더 강해지고 명령은 오히려 더 잘 행해질 것이다.

이런 까닭으로 위에서 족히 우러러볼 만하면 아래에서도 가히 쓸 만하고 덕을 족히 사모할 만하면 위엄을 가히 세울 수 있는 것이라고 했다.

장군에게는 반드시 삼수三隧와 사의四義와 오행五行과 십수十守가 있어야 한다.

이른바 삼수三隧란 것은 위로는 천도天道를 알고 아래로는 지형地形을 익히며 중앙에서는 인정人情을 살피는 것이다.

이른바 사의四義란 것은 국가를 편안하게 하는 데는 군사들을 헤아리지 않고 군주를 위하는 데는 자신을 돌보지 않고 어려움을 당하면 죽음을 두려워하지 않고 의혹을 결정하는데 죄를 피하지 않는 것이다.

이른바 오행五行이란 것은 부드러우면서도 말리지 않는 것이며, 강하면서도 꺾이지 않는 것이며, 인仁하면서도 범하지 않는 것이며, 믿음이 있으면서도 속이지 않는 것이며, 용맹하면서도 능멸하지 않는 것이다.

이른바 십수十守란 것은 정신을 맑게 해 탁하지 않는 것이며, 계책을 원대하게 해 사모하지 않는 것이며, 지조를 굳게 해 옮기지 않는 것이며, 밝게 알아 가려지지 않는 것이며, 재물을 탐하지 않아 사물에 빠지지 않고 말을 지나치게 하지 않으며, 방술方術을 추진하지 않으며, 멋대로 기뻐하지도 않고 멋대로 화를 내지도 않는 것이다.

이러한 것을 일러 '깊고 조용하며 은미하고 은미한 곳에 이르렀다.'고 하는 것으로 누가 그 정상을 알겠는가?

발동하면 반드시 알맞은 것을 저울질하고, 말하면 반드시 이치에 맞고, 움직이면 반드시 때를 따르고, 해명할 때에는 반드시 조리에 알맞다.

활동하고 정지하는 기틀에 통달하고 열고 닫는 절도에 밝고 들고 놓는 이해利害를 살피는 것들이 부절符節과 합하는 것 같으며 신속한 것은 쇠뇌를 당기는 것과 같고 형세는 화살을 쏜 것과 같다.

한 번은 용이 되고 한 번은 뱀이 되어 움직여도 떳떳한 몸체가 없어서 그 알맞은 바를 보지 못하고 그 다한 바를 알지 못한다.

공격하면 지키지도 못하고 지키면 공격하지도 못한다.

대개 듣건대 용병을 잘하는 자는 반드시 자신을 먼저 닦고 뒤에 모든 사람에게 구하고 먼저 승리하지 않도록 하고 뒤에 승리를 바란다.

남에게 자신을 닦게 하고 적에게 승리하기를 바라며 자신은 능히 다스리지 못하면서 남의 어지러움을 공격한다면 이는 오히려 불로 불을 끄는 것이며 물로 물에 응대하는 것이다. 어떻게 능히 제재하겠는가?

지금 도공이 변화해 찰흙이 된다면 동이를 만들지 못하고 여공女工이 변화해 실이 된다면 무늬 있는 비단을 짜지 못한다. 같은 것끼리는 족히 서로 다스리지 못하는 것이다. 그러므로 다른 것으로써 기奇를 삼는 것이다.

두 마리의 참새가 서로 싸우면 죽지 않지만 송골매나 매가 이르면 쪼개지는데 그것은 종류가 다르기 때문이다.

그러므로 침묵은 소란스러운 것의 기奇가 되고, 다스림은 어지러운 것의 기가 되고, 배부른 것은 굶주림의 기가 되고, 편안한 것은 수고로운 것의 기가 된다. 기奇와 바른 것이 서로 응하는 것은 물과 불, 쇠와 나무가 번갈아 자웅이 되는 것과 같은 것이다.

主之所求於民者二 求民爲之勞也 欲民爲之死也 民之所望於主者三
飢者能食之 勞者能息之 有功者能德之 民以償其二積 而上失其三望

國雖大 人雖衆 兵猶且弱也 若苦者必得其樂 勞者必得其利 斬首之功
必全 死事之後必賞[1] 四者旣信於民矣 主雖射雲中之鳥 而釣深淵之魚
彈琴瑟 聲鐘竽 敦六博[2] 投高壺 兵猶且强 令猶且行也 是故上足仰則下
可用也 德足慕則威可立也 將者必有三隧四義五行十守 所謂三隧者
上知天道 下習地形 中察人情 所謂四義者 便國不負兵[3] 爲主不顧身
見難不畏死 決疑不辟罪 所謂五行者 柔而不可卷也 剛而不可折也 仁
而不可犯也 信而不可欺也 勇而不可陵也 所謂十守者 神淸而不可濁也
謀遠而不可慕也 操固而不可遷也 知明而不可蔽也 不貪於貨 不淫於物
不嗛於辯[4] 不推於方 不可喜也 不可怒也 是謂至於窈窈冥冥[5] 孰知其情
發必中銓 言必合數 動必順時 解必中揍[6] 通動靜之機 明開塞之節 審擧
措之利害 若合符節 疾如礦弩 勢如發矢 一龍一蛇 動無常體 莫見其所
中 莫知其所窮 攻則不可守 守則不可攻 蓋聞善用兵者 必先脩諸己
而後求諸人 先爲不可勝 而後求勝 脩己於人 求勝於敵 己未能治也
而攻人之亂 是猶以火救火 以水應水也 何所能制 今使陶人化而爲埴
則不能成盆盎 工女化而爲絲 則不能織文錦 同莫足以相治也 故以異爲
奇[7] 兩爵相與鬪 未有死者也 鸇鷹至則爲之解 以其異類也 故靜爲躁奇
治爲亂奇 飽爲飢奇 佚爲勞奇 奇正之相應 若水火金木之代爲雌雄也

※

1 死事之後必賞(사사지후필상): 사사死事는 군사軍事에서 죽는 일. 후後는
후계자.

2 敦六博(돈육박): 육박六博은 노름의 일종. 돈敦은 치致의 뜻과 같다.

3 負兵(부병): 정병程兵의 뜻. 곧 군사를 헤아리는 것.

4 嗛於辯(함어변): 함嗛은 남濫의 뜻이라고 했다. 지나치게 말을 잘하는 것을
뜻한다.

5 窈窈冥冥(요요명명): 요요窈窈는 깊고 조용하다. 명명冥冥은 은미하다.

6 楑(주): 이理의 뜻과 같다. 이치.

7 奇(기): 기이한 것. 곧 기도奇道이다.

13. 오살五殺로 응대하는 용병술

용병用兵에 뛰어난 자는 오살(五殺: 五行)을 가지고 대응한다. 그러므로 그 승리를 온전하게 한다.

용병에 뒤진 자는 오사五死에 처해도 욕심을 부린다. 그러므로 움직이면 적에게 사로잡히게 된다.

병법에서는 계략을 추측하지 못하게 하고 정황을 숨겼다 갑자기 출동해 방어에 대비하지 못하게 하는 것을 중요하게 여긴다.

계략이 드러나면 궁지에 몰리고 정황이 드러나면 제재 당하는 것이다. 그러므로 용병을 잘하는 자는 위로는 하늘에도 숨기고 아래로는 땅에도 숨기고 중간에서는 사람에게도 숨기는 것이다.

하늘에 숨기는 것은 제재하지 못할 것이 없다. 무엇을 하늘에 숨기는 것이라고 이르는가? 혹심한 추위와 모진 더위와 질풍疾風과 폭우와 대무大霧와 명회冥晦 등이며 이에 따라서 변화하는 것이다.

무엇을 땅에 숨기는 것이라고 이르는가? 산의 언덕이나 절벽이나 울창한 숲이나 험준한 곳에 엎드려 숨어서 형체를 보이지 않는 것이다.

무엇을 사람에게 숨기는 것이라고 이르는가? 가리는 것을 앞에서 하고 바라보는 것을 뒤에서 하며 불의의 출동으로 진지의 사이에서 행동하며 발동하는 것은 우레같이 하고 빠르기는 바람이나 비와 같이 한다. 거대한 깃발은 말아 취하고 명고鳴鼓는 멈추며 들어오고 나가는 것이 형체가 없어서 그 단서를 알지도 못한다. 그러므로 앞과 뒤가 바르게 정돈되고 사방이 먹줄과 같고 들어오는 것과 나가는 것, 풀어주고 묶는 것이 서로 한계를 넘어서 능멸하지 않고 우익의 날랜 병사들이 변방을 이롭게 하고 혹은 앞에 하고 혹은 뒤에 하며 떠나고 합하고 흩어지고 집합하는 것들이 대오와 항렬을 잃지 않는다. 이것이 진지의 순행을 잘하는 것이다.

기도奇道와 정도正道에 밝고 음과 양과 형덕刑德과 오행五行과 망기望氣와 후성(候星: 별을 살피다)과 거북점과 빌미와 상서를 통한다. 이것이 천도天道에 뛰어난 것이다.

계책을 세우고 울창한 숲 속에 복병을 세우고 물이나 불을 사용해 희귀하고 괴이한 계략을 내고 북으로 군대를 소란스럽게 만들어 적군의 귀를 어지럽힌다. 나뭇가지를 끌고 땔나무를 깔아 먼지를 날리고 티끌이 일게 해 적군의 눈을 어지럽힌다. 이것이 거짓을 잘 꾸미는 것이다.

창이나 도끼는 단단하고 무겁게 하고 튼튼하게 꽂아 두어 두려워하게 하기도 어렵고 세력이나 이로움으로 능히 유인하지 못하고 죽음으로도 능히 동요시키지 못한다. 이것이 충간充斡을 잘했다고 하는 것이다.

재빠르고 날쌔고 사나우며 용감하고 적을 가볍게 여기며 빠르기는 사라져 없어지는 것같이 한다. 이것이 날쌔게 나가고 기도奇道를 잘 쓰는 것이다.

지형地形을 관찰하고 숙직을 하며 벽루壁壘를 다스리고 연기와 척후를 살피고 높은 언덕에 살며 나가는 곳에서 머무른다. 이것이 지형을 잘 이용하는 것이다.

그들의 굶주림과 목마름과 추위와 더위 먹은 것과 피로와 태만과 혼란과 두려워하는 것과 보행이 곤란한 것에 따라 선발한 졸병으로 야음을 타서 공격한다. 이것이 때에 따라 변화에 잘 응하는 것이다.

평지에서는 수레를 쓰고 험한 곳에서는 기병을 사용하고 물을 건널 때는 활을 많이 사용하고 좁은 곳에서는 쇠뇌를 사용하고 낮에는 깃발을 많이 나부끼게 하고 밤에는 불빛이 많게 한다. 어두컴컴한 때에는 북을 많이 친다. 이것이 시설을 잘 활용하는 것이다.

　무릇 이상의 여덟 가지는 하나라도 없어서는 안 되는 것이다. 그러나 싸움에서 귀하게 여기는 것은 아닌 것이다.

善用兵者 持五殺[1]以應 故能全其勝 拙者處五死[2]以貪 故動而爲人禽 兵貴謀之不測也 形之隱匿也 出於不意 不可以設備也 謀見則窮 形見 則制 故善用兵者 上隱之天 下隱之地 中隱之人 隱之天者 無不制也 何謂隱之天 大寒甚暑 疾風暴雨 大霧冥晦[3] 因此而爲變者也 何謂隱之 地 山陵邱阜 林叢險阻 可以伏匿而不見形者也 何謂隱之人 蔽之於前 望之於後 出奇行陳之間 發如雷霆 疾如風雨 擥[4]巨旗 止鳴鼓 而出入無 形 莫知其端緒者也 故前後正齊 四方如繩 出入解續 不相越淩 翼輕邊 利[5] 或前或後 離合散聚 不失行伍 此善脩行陳者也 明於奇正 賚陰陽刑 德五行 望氣候星 龜策禨祥 此善爲天道者也 設規慮 施蔚伏 見用水火 出珍怪 鼓譟軍 所以營其耳也 曳梢肆柴 揚塵起堨[6] 所以營其目者 此善 爲詐佯者也 錞鈇牢重[7] 固植而難恐 勢利不能誘 死亡不能動 此善爲充 幹[8]者也 票疾輕悍 勇敢輕敵 疾若減沒 此善用輕出奇者也 相地形 處次 舍 治壁壘 審煙斥 居高陵 舍出處 此善爲地形者也 因其飢渴凍喝 勞倦 怠亂 恐懼窘步 乘之以選卒 擊之以宵夜 此善因時應變者也 易則用車 險則用騎 涉水多弓 隘則用弩 晝則多旌 夜則多火 晦冥多鼓 此善爲設 施者也 凡此八者 不可一無也 然而非兵之貴者也

＊

1 五殺(오살) : 오행五行의 상극相克이다. 곧 목木은 토土를 이기고, 토土는
　수水를 이기고, 수水는 화火를 이기고, 화火는 금金을 이기고, 금金은 목木을
　이긴다.

2 五死(오사) : 오행의 상생相生을 뜻한다. 목생화木生火, 화생토火生土, 토생금
　土生金, 금생수金生水, 수생목水生木을 뜻한다.

3 大霧冥晦(대무명회) : 대무大霧는 짙은 안개. 명회冥晦는 어두컴컴함. 저녁.

4 攓(건) : 말아 취하다의 뜻. 건搴의 뜻과 같다.

5 翼輕邊利(익경변리) : 좌우의 날개를 가볍게 해 양쪽의 군대를 이롭게 하다.

6 曳梢肆柴揚塵起堨(예소사시양진기알) : 예소曳梢는 잡목을 끌다. 사시肆柴는
　땔나무를 벌여 놓다. 양진기알揚塵起堨은 먼지와 티끌을 날리다.

7 錞鉞牢重(순월뢰중) : 창이나 도끼를 단단하고 무겁게 하다.

8 充靭(충간) : 채워서 버팀목을 단단하게 하다. 곧 잘 버티게 하는 것.

14. 장군은 홀로 보고 홀로 알아야 한다

장군은 반드시 홀로 보고 홀로 알아야 한다.

　홀로 본다는 것은 남이 보지 못하는 것을 보는 것이다. 홀로 안다는
것은 남이 알지 못하는 것을 아는 것이다.

　남이 보지 못하는 바를 보는 것을 명明이라고 이른다. 남이 알지
못하는 것을 아는 것을 신神이라고 이른다.

　신명神明은 먼저 승리하는 것이다. 먼저 승리하는 것이란 수비하면
공격하지 못하고 싸우면 승리하지 못하며 공격하면 수비하지 못한다.

　허虛하고 실實한 것은 이것이다. 위와 아래 사이에 틈이 있고 장수와
관리가 서로를 얻지 못한다. 가진 것들이 곧지 않고 졸병들의 마음에
불복하는 것이 쌓이는 것을 이른바 허虛라고 한다.

군주는 명철하고 장군은 어질며 위와 아래가 마음을 함께하면 기운과 뜻이 함께 일어난다. 이것을 이른바 실實이라고 한다.

마치 물을 불에 붓는 것처럼 하면 대적하는 자는 함락되고 가까이한 자는 옮겨 갈 것이다.

단단한 것들과 부드러운 것들이 서로 통하지 않으면 승리는 기도奇道로 살피는 것을 허실虛實이라고 이른다.

그러므로 잘 싸우는 자는 적은 숫자에 있지 않고 잘 방어하는 자는 작은 지역에 있지 않다. 승리는 위엄을 갖춘 데 있는 것이고 패배는 기를 잃은 데 있는 것이다.

대개 충만해 있으면 싸우고 허하면 달아나고 성대하면 강해지고 쇠약해지면 패배하는 것이다.

춘추시대春秋時代에 오吳나라의 부차夫差는 국토가 사방으로 2천 리였으며 갑옷을 입은 군사가 70만 명이었는데, 남쪽에 월越나라와 싸워 회계산會稽山에서 살게 했다. 북쪽에 제齊나라와 싸워 애릉艾陵에서 깨부수었다. 서쪽에 진晉나라의 평후平侯와 대적해 황지黃池에서 사로잡았다. 이것은 백성들의 기氣의 실實을 사용한 것이다.

그 뒤에는 교만이 넘치고 욕심을 누르지 않고 멋대로 해 간언을 막아버리고 아첨을 즐겨하고 사나운 것을 두려워하고 과실이 지나쳐서 바르게 깨우치지 못했다. 이에 대신들이 원망하고 백성들도 따르지 않았다.

이때 월越나라의 왕이 3천 명의 군사를 뽑아서 간수干隧 땅에서 사로잡았다. 이것은 허虛를 제재한데 따른 것이다.

대개 기氣에 허虛와 실實이 있는 것은 마치 밝으면 반드시 어두워지는 것과 같은 것이다. 그러므로 승리한 군사들이라도 항상 실實한 것이

332

아니고 패배한 군사들이라도 항상 허虛한 것은 아니다.

뛰어난 자는 그 백성의 기를 실實하게 하고 남의 허虛를 기다리는 것이다. 능하지 못한 자는 그 백성의 기를 허虛하게 하고 남의 실實을 기다리는 것이다. 그러므로 허와 실의 기는 싸움에서 귀하게 여기는 것이다.

夫將者必獨見獨知 獨見者 見人所不見也 獨知者 知人所不知也 見人所不見 謂之明 知人所不知 謂之神 神明者 先勝者也 先勝者 守不可攻 戰不可勝 攻不可守 虛實是也 上下有隙 將吏不相得 所持不直 卒心積不服[1] 所謂虛也 主明將良 上下同心 氣意俱起 所謂實也 若以水投火 所當者陷 所薄者移 牢柔[2]不相通 而勝相奇者 虛實之謂也 故善戰者不在少 善守者不在小 勝在得威 敗在失氣 夫實則鬪 虛則走 盛則強 衰則北 吳王夫差 地方二千里 帶甲七十萬 南與越戰 棲之會稽[3] 北與齊戰 破之艾陵 西遇晉公[4] 禽之黃池 此用民氣之實也 其後驕溢縱欲 拒諫喜諛 憢悍逐過[5] 不可正喻 大臣怨懟 百姓不附 越王選卒三千人 禽之干隧 因制其虛也 夫氣之有虛實也 若明之必晦也 故勝兵者非常實也 敗兵者非常虛也 善者能實其民氣 以待人之虛也 不能者虛其民氣 以待人之實也 故虛實之氣 兵之貴者也

※

1 心積不服(심적불복): 마음에 불만이 쌓여 복종하지 않는 것. 곧 심복하지 않는 것.
2 牢柔(뇌유): 뇌牢는 단단한 것. 유柔는 부드러운 것. 곧 강강과 유유의 뜻과 같다.
3 會稽(회계): 회계산을 뜻한다.
4 晉公(진공): 진晉나라의 평후平侯이다.

5 憍悍遂過(효한수과): 효한憍悍은 사나움을 두려워하다. 수과遂過는 허물이
   이루어지다.

15. 국가에 어려움이 있게 되면…

무릇 국가에 어려움이 있게 되면 군주는 궁宮에서 장군을 부르고 조서로
써 명한다.

"국가의 운명이 장군에게 달려 있다. 지금 국가에 어려움이 있다.
원컨대 그대 장군에게 청하니 응하시오."

장군은 명을 받으면 이에 축사祝史와 태복太卜에게 명해 3일 동안
재계토록 하고 태묘太廟로 가서 신령한 거북등을 지져 좋은 날을 점치고
날을 받아 그 날에 북과 깃발을 받는다.

군주는 묘문廟門으로 들어가 서면하고 선다. 장수는 묘문으로 들어가
종종걸음으로 당하堂下에 이르러 북면하고 선다.

군주가 친히 월鉞을 들고 월의 머리쪽을 잡아 장군에게 그 자루쪽을
주면서 말한다.

"이것을 따라 위로 하늘에 이르려는 자는 장군이 제재하시오."

다시 부斧를 들고 머리쪽을 잡고 장군에게 그 자루쪽을 주면서 말한다.

"이를 따라 아래로 연못에 이르려는 자까지 장군이 제재하시오."

장군이 이미 부월斧鉞을 받았으면 대답한다.

"국가는 밖에서부터 다스릴 수가 없고 군사는 안으로부터 통솔할
수가 없습니다. 두 마음을 가지고는 군주를 섬기지 못하고 의심을
하게 되면 적과 대응하지 못합니다. 신臣은 이미 어전에서 제재를
받았습니다. 북과 깃발과 부斧와 월鉞의 위엄에 신臣은 청하신 것을

돌리지 않겠습니다. 원컨대 전하께서는 또 한 마디의 명을 신에게 내리십시오. 전하께서 만약 허락하지 않으신다면 감히 나아가지 못할 것입니다. 전하께서 만약에 허락하신다면 신은 물러나 떠나겠습니다."

이에 손톱과 귀밑머리를 깎고 명의(明衣: 喪服)를 설치하고 흉문凶門인 북문을 열고 나간다. 이에 장군의 수레를 타고 정기旌旗와 부월斧鉞을 수레에 싣고 거듭 임무를 감당하지 못하는 것처럼 한다.

그가 적군을 맞아 싸움을 벌이게 되면 반드시 죽음을 각오하고 두 마음을 가지지 않는다.

이런 까닭으로 위에는 하늘이 없고 아래에는 땅이 없으며 앞에는 적군이 없고 뒤에는 군주도 없다.

진격하는 곳에 명예를 구하지 않고 후퇴하는 곳에 죄를 피하지 않는다. 오직 백성을 보호하고 이로움이 군주에게 합치되게 하고 국가를 실實하게 할 뿐이며 이것이 최상의 장수의 도道이다.

이와 같이 하면 지혜로운 자는 사려를 다하고 용맹한 자는 전투만을 해 기운이 청운에 이르러 빠르기는 말을 달리는 것과 같다.

이런 까닭으로 군사들이 교전하지도 않았는데 적군이 두려워하게 된다.

만약에 전쟁에서 승리하고 적군이 달아나면 모두가 공로의 상을 받게 된다.

관리는 관직의 직급을 옮겨 주고 작위와 녹봉을 더해 땅을 할애하는 것을 적합하게 하는데 봉지의 밖에서 결정한다. 군졸들은 군중軍中에서 단죄한다. 국가로 돌아오게 되면 깃발을 내려놓고 부월을 반납하고 결정된 것들을 군주에게 보고해 말한다.

"군사들은 뒤에 다스릴 것들이 없습니다."

이에 흰 비단옷을 입고 관사로 나아가 군주에게 죄를 청한다. 군주는 말한다.

"용서하노라!"

이에 물러나서 재계의 복장을 한다.

크게 승리한 때에는 3년 만에 관사에서 돌아간다. 중간의 승리인 때에는 2년 만에 돌아간다. 작은 승리인 때에는 1년 만에 돌아간다.

군사를 투입하는 나라는 반드시 무도無道한 나라이다. 그러므로 싸워서 승리해도 보복당하지 않고 국토를 빼앗아도 반란이 일어나지 않는다. 백성들은 역병에 걸리지 않고 장군은 요절하지 않는다. 오곡은 풍성하게 익고 바람과 비는 제때에 적절하다.

전쟁은 나라 밖에서 승리하고 복은 나라 안에서 생겨난다. 이런 까닭으로 명예는 반드시 성취되고 뒤에 남는 피해는 없는 것이다.

凡國有難 君自宮召將 詔之曰 社稷之命在將軍 卽今國有難 願請子將 而應之 將軍受命 乃令祝史太卜齋宿三日 之太廟 鑽靈龜 卜吉日 以受 鼓旗 君入廟門 西面而立 將入廟門 趨至堂下 北面而立 主親操鉞持頭 授將軍其柄曰 從此上至天者 將軍制之 復操斧持頭授將軍其柄曰 從此 下至淵者 將軍制之 將已受斧鉞 答曰 國不可從外治也 軍不可從中御 也 二心不可以事君 疑志不可以應敵 臣旣以受制於前矣 鼓旗斧鉞之威 臣無還請 願君亦以垂一言之命於臣也 君若不許 臣不敢將 君若許之 臣辭而行 乃爪鬋[1] 設明衣[2]也 鑿凶門[3]而出 乘將軍車 載旌旗斧鉞 累若 不勝 其臨敵決戰 不顧必死 無有二心 是故無天於上 無地於下 無敵於 前 無主於後 進不求名 退不避罪 唯民是保 利合於主 國之實也 上將之 道也 如此則智者爲之慮 勇者爲之鬪 氣厲靑雲 疾如馳鶩 是故兵未交

336

接 而敵人恐懼 若戰勝敵奔 畢受功賞 吏遷官 益爵祿 割地而爲調 決於
封外 卒論斷于軍中 顧反於國 放旗以入斧鉞 報畢於君曰 軍無後治
乃縞素辟舍 請罪於君 君曰 赦之 退齋服 大勝三年反舍⁴ 中勝二年 下勝
期年 兵之所加者 必無道國也 故能戰勝而不報 取地而不反 民不疾疫
將不夭死 五穀豐昌 風雨時節 戰勝於外 福生於內 是故名必成而後無
餘害矣

※

1 爪鬋(조전): 손톱과 발톱과 귀밑머리.

2 明衣(명의): 상복을 뜻한다. 곧 어두운 곳에 있으므로 명의라고 했다.

3 凶門(흉문): 북문北門의 뜻.

4 三年反舍(삼년반사): 대승을 하면 3년 동안 있다가 옛 집으로 돌아간다.

제16권

설산훈 說山訓

산山은 도道의 근본이 되는 곳이며,
인자仁者가 거처하는 곳이다.
도道를 설명한 뜻이 쌓인 것이 산과 같으므로
'설산說山'이라고 했다.
이 때문에 제16권의 제목으로 삼은 것이다.

1. 도道란 어떤 형태인가?

백(魄: 陰神)이 혼(魂: 陽神)에게 물었다.

"도道는 무엇을 형체形體로 삼는가?"

혼魂이 말했다.

"무유無有를 형체로 삼는 것이네."

백이 말했다.

"무유는 형체가 있는 것인가?"

혼이 말했다.

"무유를 어떻게 얻어 들을 수 있겠는가?"

또 혼이 말했다.

"나는 근근이 만나고 있을 따름이네. 보려고 해도 형체가 없고 들으려 해도 소리가 없어 유명幽冥이라고 이르네. 유명은 도를 비유하는 바이지만 도道는 아니라네."

백이 말했다.

"내 알아 듣겠네. 그래서 안으로 살피면 스스로 되돌아오는 것이로군."

혼이 말했다.

"무릇 도를 얻은 자는 형체를 가히 얻어도 볼 수 없고 명예를 가히 얻어도 일컬을 수 없다네. 지금 그대의 몸에는 형체와 이름도 있네. 무슨 도에 능한 바이겠는가?"

백이 말했다.

"그대는 홀로 무슨 이유로 말을 하는가?"

"나는 장차 나의 근본으로 돌아가겠네."

백백魄이 뒤돌아보니 혼魂이 돌아가서 홀연히 보이지 않았다. 백백魄도 돌아가 스스로를 살펴 또한 무형無形으로 빠져들었다.

魄問於魂[1]曰 道何以爲體 曰 以無有爲體[2] 魄曰 無有有形乎 魂曰 無有何 得而聞也[3] 魂曰 吾直有所遇之耳 視之無形 聽之無聲 謂之幽冥 幽冥者 所以喩道 而非道也[4] 魄曰 吾聞得之矣 乃內視而自反也 魂曰 凡得道者 形不可得而見 名不可得而揚[5] 今汝已有形名矣 何道之所能乎 魄曰 言 者獨何爲者[6] 吾將反吾宗[7]矣 魄反顧魂 忽然不見 反而自存 亦以淪於無 形矣[8]

※

1 魄問於魂(백문어혼): 백魄은 사람의 음신陰神이고, 혼魂은 사람의 양신陽神
  이다.

2 無有爲體(무유위체): 무유는 있는 것이 없다. 도道는 형체가 없으므로 무유無
  有가 체體가 된다는 뜻.

3 得而聞也(득이문야): 득得은 깨닫다. 곧 깨달아 들을 것인가의 뜻.

4 喩道而非道也(유도이비도야): 도와 같은데 도는 아니라는 뜻.

5 揚(양): 칭稱과 뜻이 같다. 어떤 이는 상象이라고도 했다.

6 言者獨何爲者(언자독하위자): 언자言者는 혼魂을 가리킨다. 형체가 없는데
  그대는 홀로 무슨 이유로 말을 하는가의 뜻.

7 宗(종): 본본의 뜻과 같다. 혼魂이 무형으로 돌아가는 것.

8 淪於無形矣(윤어무형의): 무형으로 빠져들다의 뜻.

2. 작은 배움이 없다면 크게 미혹되지 않는다

사람은 조금이라도 배우지 않는다면 크게 미혹되지 않는 것이고 조금의 지혜로써 하지 않는다면 크게 어리석지도 않는 것이다.

사람은 거품이 이는 물을 거울로 삼지 않고 맑은 물로 거울을 삼는 것은 멈춰서 움직이지 않기 때문이다.

첨공詹公이 낚시질을 하면 천년 묵은 잉어라도 능히 피하지 못했다. 증자(曾子: 曾參)가 상여 수레를 붙잡자 상여 수레를 끄는 사람들이 멈추었다. 늙은 어미가 거지가 되어 길에서 노래를 부르자 그의 아들 신희申喜가 감응되었다. 그의 정신이 다다랐기 때문이다.

호파瓠巴가 비파를 타자 미혹된 물고기가 머리를 내밀고 들었다. 백아伯牙가 거문고를 타자 수레를 끄는 네 마리의 말이 머리를 들며 즐거워했다. 개자추介子推가 용龍과 사蛇의 노래를 부르자 진晉나라의 문공文公이 눈물을 흘렸다.

그러므로 옥玉이 산山에 있으면 풀과 나무를 윤택하게 하고 진주가 깊은 연못에서 자라면 언덕이 메마르지 않는 것이다.

지렁이는 근골이 강하지 않고 손톱과 이빨이 예리하지 않지만 위로는 마른 흙을 먹고 아래로는 황천黃泉의 물을 마신다. 마음을 쓰는 것이 전일하기 때문이다.

맑은 것을 밝은 것으로 삼으면 술잔의 물에도 눈동자가 보이고, 탁한 것을 어두운 것으로 삼으면 하수河水에서는 태산太山도 보지 못한다.

태양을 보는 자는 눈이 부시고 우렛소리를 듣는 자는 귀머거리처럼 된다. 사람은 하는 것이 없는 무위無爲이면 다스려지고, 하는 것이 있는 유위有爲이면 걱정하게 된다.

　무위에서 다스리면 싣는 것이 없고 하고자 하는 유위는 능히 하지 못한다. 무위에 능하지 못하면 유위에도 능하지 못하다.

　사람이 말이 없는 자는 신神이 되지만 말이 있는 자는 근심하게 된다.

　말이 없는 신神이라는 것은 처음부터 싣는 것이 없고 말이 있으면 그의 신神을 손상시키는 것이다.

　신神이란 코로 숨을 쉬는 것이며 귀로 소리를 듣는 것이다. 마침내는 그 쓰임이 없는 것을 쓰임으로 삼는 것이다.

　사물은 그 둔 바를 따라서 그 없는 바를 사용하지 않는 것이 없다. 믿지 못하겠다고 여기거든 퉁소와 피리를 살펴보라.

　생각하는 자는 잠을 자지 못한다. 생각을 하지 않으려 해도 그 안 하려는 바를 위하는 것이 있게 된다. 두 가지를 함께 잊게 되면 지극한 덕이 순일해질 것이다.

人不小學 不大迷 不小慧 不大愚 人莫鑑於沫雨[1] 而鑑於澄水者 以其休止不蕩也 詹公之釣[2] 千歲之鯉不能避 曾子攀柩車 引輴者爲之止也 老母行歌而動申喜[3] 精之至也 瓠巴鼓瑟 而淫魚出聽[4] 伯牙鼓琴 駟馬仰秣[5] 介子歌龍蛇 而文君垂泣[6] 故玉在山而草木潤 淵生珠而岸不枯 螾[7]無筋骨之强 爪牙之利 上食埃堁 下飮黃泉 用心一也 淸之爲明 杯水見眸子 濁之爲闇 河水不見太山 視日者眩 聽雷者聾 人無爲則治 有爲則傷 無爲而治者 載無也 爲者不能有也 不能無爲者 不能有爲也 人無言而神 有言者則傷 無言而神者載無 有言則傷其神之神者 鼻之所以息 耳之所以聽 終以其無用者爲用矣 物莫不因其所有 而用其所無 以爲不信 視

籟與竽[8] 念慮者不得臥[9] 止念慮 則有爲其所止矣 兩者俱忘 則至德純矣

※

1 沬雨(말우): 거품이 이는 물. 일설에는 빗물이라고 했는데 잘못인 것 같다.

2 詹公之釣(첨공지조): 첨하詹何이며 득도得道해 낚시의 달인이 되었다.

3 老母行歌而動申喜(노모행가이동신희): 신희申喜는 초楚나라 사람. 어려서 부모를 잃었는데 걸인이 부르는 노랫소리에 감응해 나가서 보니 그의 어머니였다는 이야기.

4 瓠巴鼓瑟而淫魚出聽(호파고슬이음어출청): 호파瓠巴는 초나라 사람. 비파를 잘 탔다. 그가 비파를 타면 강의 물고기들도 머리를 내밀고 들었다고 한다.

5 伯牙鼓琴駟馬仰秣(백아고금사마앙말): 백아伯牙는 거문고 연주의 달인이었다. 백아가 거문고를 타면 수레를 끄는 네 마리의 말들이 고개를 들고 즐거워한다는 이야기.

6 介子歌龍蛇而文君垂泣(개자가룡사이문군수읍): 개자介子는 개자추介子推이며 진晉나라 문공 때 신하. 문군文君은 진晉나라 문공文公. 문공인 중이重耳가 진晉나라에서 도망해 적翟에서 어려움을 당해 식량이 떨어지자 개자추가 살을 베어 먹게 했다. 문공이 귀국해 지난날의 추종자들에게만 상을 주고 개자추에게는 상을 주지 않았다. 그래서 유룡교교有龍矯矯 이실기소而失其所 유사종지有蛇從之 이담기구而啖其口 용기승운龍旣升雲 사독니처蛇獨泥處라는 노래를 지었다.

7 螾(인): 지렁이.

8 籟與竽(뇌여우): 퉁소와 피리. 퉁소는 3개의 구멍이 있는 악기. 피리는 8개의 구멍이 있는 악기.

9 念慮者不得臥(염려자부득와): 생각이 많은 자는 잠을 자지 못한다는 뜻.

3. 다스리는 것은 말로 하지 않는다

성인聖人은 죽을 때까지 다스리는 것을 언급하는 데 쓰이는 것은 그의 말이 아니다. 말한 바를 사용하는 것이다.

노래를 부르는 자는 시詩를 읊조리는 것이지만 사람들이 잘한다고 하는 것은 그 시가 아닌 것이다. 노래의 음조를 말하는 것이다.

앵무새는 말을 할 수 있지만 잘하도록 할 수는 없다. 왜냐하면 말하는 것을 따라는 하지만 말하는 방법을 터득하지는 못하기 때문이다. 그러 므로 발자취를 따르는 자는 능히 자신의 발자취를 남기지 못하는 것이다.

신사神蛇는 끊어져도 다시 이어져 원래대로 되지만 사람에게 잘리지 않도록 하지는 못한다. 신귀神龜는 원왕元王의 꿈속에 나타날 수는 있었지만 스스로 어부의 대바구니에서 벗어날 수는 없었다.

사방四方이 모두 도道의 문이고 창문이어서 아무 데서나 도를 엿볼 수가 있다. 그러므로 낚시에서 말 타는 법을 가르칠 수 있고 말 타기에서 수레 모는 법을 가르칠 수 있고 수레 몰기에서 배의 노 젓는 법을 가르칠 수 있다.

월越나라 사람들은 멀리 활 쏘는 법을 배울 때 하늘을 바라보고 화살을 쏘았는데 날아가는 것이 불과 5보五步 안에 있었지만 방법을 바꾸지 않았다. 세상이 이미 변했는데도 그 방법을 지키는 것은 비유하자면 월나라 사람이 활 쏘는 방법과 같은 것들이다.

달이 차서 보름달이 되어도 태양에게 그 광채를 빼앗기는 것은 음陰이 양陽을 올라타지 못하기 때문이다.

태양이 나오면 별들이 보이지 않는 것은 태양과 함께 빛을 다투지 못하기 때문이다. 그러므로 말(末: 끝)은 근본보다 강하지 못하고 손가락은 팔뚝보다 굵지 못한 것이다. 아래가 가볍고 위가 무거우면 반드시 쉽게 넘어진다.

한 연못에는 두 마리의 상어가 살 수 없다. 물은 안정되면 맑고 바른데 출렁이면 평정을 잃는다. 오직 출렁이지 않게 하려는데 출렁거리지 않게 하는 방법이 없기 때문이다.

강수江水와 하수河水가 모든 계곡의 장長이 되는 이유는 낮은 위치에 있기 때문이다. 오직 능히 낮은 위치에 있기 때문에 이로써 높은 위치에 있을 수 있는 것이다.

천하에는 아교와 칠만큼 서로 싫어하는 것이 없고 얼음과 숯만큼 서로 좋아하는 것이 없다. 아교와 칠은 서로를 해치는데 얼음과 숯은 서로를 자라게 한다.

담장은 무너지는 것이 서 있을 때보다 낫다. 얼음은 녹는 것이 얼어 있을 때보다 낫다. 그 근본으로 돌아가기 때문이다.

태산泰山의 모양은 외외연巍巍然히 높고 높은데 천 리의 거리에서는 흙덩이나 먼지로도 보이지 않는 것은 멀기 때문이다.

가을 깃털의 끝은 미루어 생각하기 어려운 경우에 빠진다. 이런 까닭으로 작은 것을 안으로 삼지 못하고 큰 것을 밖으로 삼지 못하는 것이다.

난초는 깊은 계곡에서 자라는데 사람이 차고 다니지 않는다고 해 향기롭지 않은 것이 아니다. 배는 강과 바다에 있는데 타는 사람이 없다고 해 뜨지 않는 것이 아니다. 군자君子가 의를 행하는데 자신을 알아주지 않는다고 여겨 그것을 멈추지는 않는다.

대개 옥玉은 윤택해 광채가 있고 그 소리는 느리면서도 화락한 것을 내어 찬란한 것이 군자와 같다. 안도 없고 밖도 없으며 흠집이나 추한

것을 숨기지 않고 가까이하면 젖어들고 바라보면 굴속으로 빨려드는
것과 같다.

거울에 비추어 눈동자를 바라보면 미세한 가을 깃털도 살필 수 있고
어두운 곳도 밝게 비춰 볼 수 있다. 그러므로 화씨和氏의 벽옥璧玉이나
수후隨侯의 구슬은 산이나 연못의 정기精氣에서 나왔다. 그것을 군자가
차면 상서로운 것이 따라 편안해지고 제후나 왕자王者가 보배로 여기면
천하를 바로잡게 되는 것이다.

聖人終身言治 所用者非其言也 用所以言也 歌者有詩 然使人善之者
非其詩也 鸚鵡能言 而不可使長 是何則 得其所言 而不得其所以言
故循迹者 非能生迹者也 神蛇能斷而復續 而不能使人勿斷也 神龜能見
夢元王 而不能自出漁者之籠[1] 四方皆道之門戶牖嚮也 在所從闚之 故
釣可以敎騎 騎可以敎御 御可以敎刺舟 越人學遠射 參天而發[2] 適在五
步之內 不易儀也 世已變矣 而守其故 譬猶越人之射也 月望日奪其光
陰不可以乘陽也 日出星不見 不能與之爭光也 故末不可以强於本 指不
可以大於臂 下輕上重 其覆必易 一淵不兩鮫[3] 水定則淸正 動則失平
故惟不動則所以無不動也 江河所以能長百谷者 能下之也 夫惟能下之
是以能上之 天下莫相憎於膠漆[4] 而莫相愛於冰炭[5] 膠漆相賊 冰炭相息
也 牆之壞 愈其立也 冰之泮 愈其凝也 以其反宗 泰山之容 巍巍然高
去之千里 不見埵堁 遠之故也 秋豪之末 淪於不測 是故小不可以爲內
者 大不可以爲外矣 蘭生幽谷 不爲莫服而不芳 舟在江海 不爲莫乘而
不浮 君子行義 不爲莫知而止休 夫玉潤澤而有光 其聲舒揚 渙乎其有
似[6]也 無內無外 不匿瑕穢 近之而濡 望之而隧 夫照鏡見眸子 微察秋豪
明照晦冥 故和氏之璧 隨侯之珠[7] 出於山淵之精 君子服之 順祥以安寧

侯王寶之 爲天下正

※

1 神龜能見夢元王而不能自出漁者之籠(신귀능견몽원왕이불능자출어자지
롱): 송나라의 원왕元王이 꿈에 신령한 거북을 보았으나 잡지는 못했다.
그런데 어부가 물고기를 잡으면서 거북을 잡아 원왕에게 바쳤다. 이에 원왕이
거북을 갈라 점을 쳤는데 이 때문에 원왕의 꿈에 나타날 수는 있지만 어부의
바구니에서는 벗어날 수 없다고 했다.

2 越人學遠射參天而發(월인학원사참천이발): 월나라 사람들이 활쏘기를 배
우는데 하늘을 향해 화살을 쏘다의 뜻.

3 鮫(교): 거대한 상어의 뜻.

4 膠漆(교칠): 아교와 칠. 일설에 아교가 칠에 들어가면 썩고 칠이 아교에
들어가도 썩는다고 함.

5 冰炭(빙탄): 얼음과 숯. 얼음이 숯을 얻으면 물이 되고 숯이 얼음을 얻으면
숯이 보존된다.

6 似(사): 군자와 같다의 뜻.

7 和氏之璧隨侯之珠(화씨지벽수후지주): 변화卞和의 벽옥과 수후의 구슬.

4. 진성자陳成子가 자연첩을 협박하다

진성자陳成子인 항(恒: 田恒)이 자연첩子淵捷을 협박했다. 송나라의
자한子罕은 원하지 않는 것을 사양하고 원하는 것을 얻었다. 공자孔子는
끈끈이로 매미를 잡는 것을 보았다. 백공승白公勝은 채찍을 거꾸로
잡아 자신의 목을 찌르게 되었다. 위衛나라의 희희가 제나라 환공에게
죄를 청했다. 증자曾子가 자하子夏를 보고 "무엇 때문에 살이 쪘는가?"라
고 물었다. 위魏나라 문후文侯가 갖옷을 뒤집어 입고 풀을 등에 진
것을 보았다. 아열兒說이 송나라 왕을 위해서 풀리지 않는 매듭을

풀어 주었다. 이러한 것들 모두는 미묘한 것들로써 관찰하고 논해야 할 것이다.

어떤 사람이 그의 딸을 시집을 보내는데 가르침을 주면서 말했다. "가거라. 가서 삼가 좋은 일을 하지 말라."

딸이 말했다.

"선행을 하지 말라고 하시면 장차 불선을 해야 합니까?"

응대해 말했다.

"선행을 해서도 안 된다고 했는데 하물며 불선不善이라고 되겠느냐?"

이러한 것은 그의 천성天性을 온전하게 하는 것이다.

감옥에 갇혀 있는 자는 하루를 길게 여긴다. 저자에서 사형을 당하는 자는 하루를 짧다고 여긴다.

하루의 길고 짧음에는 법도가 있는데 있는 곳에 따라서 짧기도 하고 처한 바에 따라서 길기도 하다면 마음속이 평정되어 있지 않기 때문이다. 그러므로 공평하지 못한 것을 공평한 것으로 삼는 자는 그 공평한 것이 공평하지 않은 것이다.

딸을 소갈병(消渴病: 당뇨병)이 있는 자에게 시집보냈다가 남편이 죽게 되면 뒤에 다시 시집보내기는 어려워진다. 그러므로 무너지는 집 아래에는 가히 앉지 않는 것이며, 기울어진 담의 옆에는 서 있지 않는 것이다.

감옥을 관장하는 자는 병이 없다. 죄가 마땅히 죽음에 해당하는 자는 살이 찌고 윤기가 난다. 고환을 제거당한 자 중에 장수를 하는 자들이 많은 것은 마음에 정욕의 번뇌가 없기 때문이다.

좋은 의사는 항상 병이 아닌 병을 치료한다. 그러므로 병이 없다. 성인은 항상 근심이 없는 근심을 다스린다. 그러므로 근심이 없다.

대개 최고의 솜씨를 가진 사람은 칼을 사용하지 않는다. 문을 잘 잠그는 자는 빗장이나 열쇠를 사용하지 않는다. 제나라의 순우곤淳于髡이 불이 날 것이라고 고했던 것들이 이와 같은 것들이다.

맑은 사람을 탁한 사람들 속에 들어가게 하면 반드시 곤욕스러워 할 것이다. 탁한 사람을 맑은 사람들 속에 들어가게 하면 반드시 뒤집어 기울일 것이다.

군자가 선을 하는 것은 마치 나무꾼이 한 조각의 나무를 보면 줍고 푸른 파를 보면 뽑는 것같이 한다.

하늘에서는 두 가지의 기인 음과 양이 간섭하면 무지개가 만들어지고, 땅에서는 두 가지의 기가 간섭하면 감추어진 것을 쏟아내게 되며, 사람에게는 두 가지의 기가 간섭하면 질병이 생긴다.

음과 양은 또한 겨울이 될 수도 없고 또한 여름이 될 수도 없다. 달은 낮을 알지 못하고 태양은 밤을 알지 못한다.

활을 잘 쏘는 자가 화살을 쏘면 맞히지 못하는 것이 없는데 화살을 쏘는 자에게는 좋은 일이지만 화살에 맞은 자에게는 좋지 않은 일이다.

낚시를 잘하는 자는 실수하는 일이 없다. 낚시하는 사람에게는 좋은 일이지만 낚시에 낚이는 고기에게는 좋지 않은 것이다. 그러므로 좋은 경우와 좋지 않은 경우가 있다.

종과 경쇠는 가까이하면 종소리가 크게 들리지만 멀리서 들으면 경쇠소리가 나타나게 된다.

사물은 진실로 가까이 있는 것이 멀리 있는 것만 같지 못한 것이 있고 멀리 있는 것이 가까이 있는 것만 같지 못한 것이 있다.

오늘날 벼는 물속에서 자라지만 급히 흐르는 여울 속에서는 자라지 못한다. 자지紫芝는 산에서는 자라지만 반석盤石 위에서는 자라지 않는다. 자석磁石은 능히 쇠를 끌어당길 수 있지만 구리에 이르러서는 통하지 않는다. 물속이 넓으면 물고기도 크고 산이 높으면 나무도 높이 자란다.

영토는 넓은데 그 덕이 박한 것은 비유하자면 도공이 그릇을 만드는 것과 같아 흙을 가늠해 이겨서 더욱 두텁게 하지 않으면 깨지는 것이 더욱 빨라진다.

陳成子恆之劫子淵捷也[1] 子罕之辭其所不欲[2] 而得其所欲 孔子之見黏蟬者[3] 白公勝之倒杖策[4]也 衛姬之請罪於桓公[5] 子見子夏曰 何肥也[6] 魏文侯見之 反被裘而負芻也[7] 兒說之爲宋王解閉結也[8] 此皆微眇可以觀論者 人有嫁其子而敎之曰 爾行矣 愼無爲善 曰 不爲善 將爲不善邪 應之曰 善且由弗爲 況不善乎 此全其天器[9]者 拘囹圄者 以日爲脩 當死市者 以日爲短 日之脩短有度也 有所在而短 有所在而脩也 則中不平也 故以不平爲平者 其平不平也 嫁女於病消者[10] 夫死則後難復處也 故沮舍之下 不可以坐 倚牆之傍 不可以立 執獄牢者無病 罪當死者肥澤 刑者多壽 心無累也 良醫者 常治無病之病 故無病 聖人者 常治無患之患 故無患也 夫至巧不用劍 善閉者不用關楗 涽于髡之告失火者[11] 此其類 以淸入濁 必困辱 以濁入淸 必覆傾 君子之於善也 猶采薪者 見一芥掇之 見靑蔥則拔之 天二氣則成虹[12] 地二氣則泄藏 人二氣則成病 陰陽不能且冬且夏 月不知晝 日不知夜 善射者發不失的 善於射矣 而不善所射 善釣者無所失 善於釣矣 而不善所釣 故有所善則不善矣 鐘之與磬也 近之則鐘音充 遠之則磬音章 物固有近不若遠 遠不若近者 今日稻生於水 而不能生於湍瀨之流 紫芝[13]生於山 而不能生於盤石之上 慈石能引鐵 及其於銅則不行也 水廣者魚大 山高者木脩 廣其地而薄其德

譬猶陶人爲器也 撲挻[14]其土而不益厚 破乃愈疾

※

1 陳成子恆之劫子淵捷也(진성자항지겁자연첩야) : 진성자陳成子 항은 전항田恆이며 전상田常이라고도 한다. 전항이 그의 군주인 제나라 간공簡公을 시해할 때 6명의 용사를 보내어 자연첩을 반란에 가담시키려고 한 일. 이때 자연첩은 "신하가 군주를 시해하는 것은 지知라고 할 수 없고, 이익을 보고 군주에게 등을 돌리는 것은 인仁이라고 할 수 없고, 싸움을 두려워해 전항과 행동을 같이하는 것은 용이라고 할 수 없다."라고 했다.

2 子罕之辭其所不欲(자한지사기소불욕) : 송나라 사람이 자한에게 옥을 바치려고 하자 자한이 "나는 탐욕하지 않는 것을 보배로 삼는데 그대는 옥을 보배로 삼았구려. 나는 이 보배를 받을 수가 없소."라고 하며 거절한 일. 뒤에 자한은 재상이 되었다.

3 孔子之見黏蟬者(공자지견점선자) : 『열자』에 나오는 이야기인데 공자가 초나라를 지나갈 때 곱사등이가 끈끈이로 매미를 잡는 것을 본 일.

4 白公勝之倒杖策(백공승지도장책) : 백공승이 채찍 끝의 바늘에 목을 찔려 피가 난 일.

5 衛姬之請罪於桓公(위희지청죄어환공) : 위희가 제나라 환공의 안색을 보고 위나라를 침공하려는 것을 알고는 환공 앞에 엎드려 죄를 청한 일.

6 子見子夏曰何肥也(자견자하왈하비야) : '정신훈'편에 자세한 내용이 있다.

7 魏文侯見之反被裘而負芻也(위문후견지반피구이부추야) : 위나라의 문후가 길을 가다가 옷의 털이 빠지는 것을 아까워 해 갖옷을 뒤집어 입고 있는 자를 보고 그 안쪽의 털이 더 상할 것이라고 했다. 그런데 다음해에 동양현에서 거둔 세금이 평상시의 열 배나 되었다. 대부들이 모두 경하하자 문후는 세금이 열 배나 됨에 백성들의 생활은 오히려 그만큼 쪼들린다는 것을 꿰뚫고 "과인을 경하할 일이 아니오."라고 했다는 고사.

8 兒說之爲宋王解閉結也(아열지위송왕해폐결야) : 아열의 제자가 2개의 폐결閉結을 풀었는데 나머지 하나는 풀리지 않을 것이라고 하며 풀지 않았다. 이에 아열의 제자는 풀리는 것만을 풀었다고 했다.

9 天器(천기): 천성天性의 뜻.

10 病消者(병소자): 소갈병이 든 자. 곧 소갈병은 지금의 당뇨병.

11 淳于髡之告失火者(순우곤지고실화자): 순우곤淳于髡은 제나라 사람이다.
순우곤이 이웃집 주인에게 굴뚝을 구부리고 나무를 때지 않아야 불이 안
날 것이라고 했는데 주인이 듣지 않다가 드디어 불이 났다. 동네 사람들의
도움으로 불을 끄자 이웃집 주인은 동네 사람들을 불러 노고를 치하했지만
순우곤은 초대하지 않았다.

12 天二氣則成虹(천이기즉성홍): 하늘에서 음과 양이 간섭하면 무지개가
만들어진다.

13 紫芝(자지): 붉은 지초. 곧 영묘한 풀의 이름.

14 撲挺(설선): 세어서 이기다. 곧 흙을 개다의 뜻.

5. 성인은 바람이 부는 데도 먼저 하지 않는다

성인聖人은 바람이 부는 데도 먼저 하지 않고 우레가 무너뜨려도 먼저
하지 않는다. 부득이해 활동한다. 그러므로 쌓이는 것이 없다.

달은 보름달이 되면 위에서부터 줄어들고 고둥이나 대합조개는 아래
에서부터 줄어들어 응한다. 기를 함께하는 것들은 서로 움직이는 것을
멀리하지 않는 것이다.

탄알을 가지고 새를 부르고 막대기를 가지고 개를 부르면 이르고자
하더라도 도리어 반대로 달아난다.

그러므로 낚싯밥이 없으면 물고기를 낚는 것이 불가능하고 비어
있는 그릇으로 짐승들을 부르는 것은 불가능한 것이다.

소의 가죽을 벗겨서 털을 뽑고 북을 만들면 삼군三軍의 군사들도
바르게 한다. 그러나 소쪽에서 계산해 보면 멍에를 메고 있는 것과

같지 못한 것이다.

흰 여우 가죽옷은 천자天子가 입고 묘당廟堂에 앉는다. 그러나 여우쪽에서 계산해 보면 연못가에서 달리는 것과 같지 못한 것이다.

양을 잃어버리고 소를 얻었다면 잃어버린 것이 이롭지 않은 것이 없다고 할 것이다. 손가락이 잘리고 머리가 잘리는 것을 면했다면 이로움이 되지 않음이 없다. 그러므로 사람의 정情이란 이로움 속에서는 큰 것을 취하려고 다투고 해로운 것 속에서는 작은 것을 취하려고 다툰다.

장군은 감히 백마白馬를 타지 않는다. 도망하는 자는 감히 밤에 횃불을 들어 올리지 않는다. 보호를 잘하는 자는 감히 물어뜯는 개를 기르지 않는다.

닭은 다가올 아침을 알고 학은 야반夜半을 알지만 솥 속에 들어가 삶아져서 도마에 오르는 것을 면하지는 못한다.

산에 사나운 짐승이 있으면 수풀의 나무는 베어지지 않게 된다. 정원에 쏘는 벌레가 있으면 명아주 잎이나 콩 잎은 그 때문에 뜯기지 않게 된다.

선비가 되어서 마을에서 거만하게 하고 묵가墨家가 되어서 조정에서 피리를 분다면 이는 행적을 없애고자 하면서 눈 속으로 달려가고 물에 빠진 이를 건지면서 젖지 않으려고 하는 것이다.

옳은 것을 행하지 않는다는 것은 그른 것을 행하는 것이다.

어두운 밤에 마시는 자는 소변을 누지 않을 수 없다. 그러므로 스스로 평정하려고 노력한다면 비록 어리석은 사람이라도 실수하는 일은 없는 것이다. 이런 까닭으로 화和에 함께하지 못하고 일을 성취한 자는 천하에는 없었다.

354

아름다운 것을 구한다고 아름다운 것이 얻어지지는 않는다. 아름다운 것을 구하지 않으면 아름다운 것이다. 추한 것을 구한다고 추한 것이 얻어지는 것은 아니다. 추하지 않은 것을 구한다면 추한 것이다. 아름다운 것을 구하지 않고 추한 것을 구하지 않으면 아름다운 것도 없고 추한 것도 없다. 이러한 것을 현동玄同이라고 이르는 것이다.

은殷나라 말기에 신도적申徒狄이 등에 돌을 지고 스스로 연못에 빠졌는데 연못에 빠진 자를 높이 여기는 것은 불가한 것이다.

장사꾼인 현고弦高는 거짓으로 정鄭나라를 보존시켰지만 거짓을 떳떳한 것으로 삼아서는 안 되는 것이다.

일에는 한 번은 응해도 따라 행하지 못할 것이 있다.

사람 중에 말이 많은 자는 마치 때까치가 지저귀는 소리와 같다. 사람 중에 말이 적은 자는 마치 기름칠하지 않은 문과 같다.

여섯 가지의 가축이 태어나 귀와 눈이 맑은 것은 상서롭지 못하다고 예언서에 나타나 있다.

백 사람이 표주박을 드는 것은 한 사람이 들고 달리는 것만 못하다. 사물에 진실로 많이 있더라도 적은 것만 못한 것이 있다. 수레를 끄는데 12명이 하면 뒤처지게 된다.

일에는 진실로 서로 기다려야 이루어지는 것이 있다. 두 사람이 함께 물에 빠지면 서로 건져 주지 못한다. 한 사람이 육지에 있으면 건져 줄 수 있다. 그러므로 같은 것은 서로 다스리지 못한다. 반드시 다른 것을 기다린 뒤에 이루어지는 것이다.

聖人不先風吹 不先雷毁 不得已而動 故無累 月盛衰於上 則蠃蛖應於下[1] 同氣相動 不可以爲遠 執彈而招鳥 揮梲而呼狗 欲致之 顧反走 故魚

不可以無餌釣也 獸不可以虛氣召也 剝牛皮鞟以爲鼓 正三軍之衆 然爲牛計者 不若服於輗也 狐白之裘 天子被之而坐廟堂 然爲狐計者 不若走於澤 亡羊而得牛 則莫不利失也 斷指而免頭 則莫不利爲也 故人之情 於利之中 則爭取大焉 於害之中 則爭取小焉 將軍不敢騎白馬 亡者不敢夜揭炬 保者[2]不敢畜噬狗 雞知將旦 鶴知夜半 而不免於鼎俎 山有猛獸 林木爲之不斬 園有螫蟲 蔾藿爲之不采 爲儒而踞[3]里閭 爲墨而朝吹竽[4] 欲滅迹而走雪中 拯溺者而欲無濡 是非所行而行所非 今夫闇飮者 非嘗不遺飮[5]也 使之自以平 則雖愚無失矣 是故不同于和 而可以成事者 天下無之矣 求美則不得美 不求美則美矣 求醜則不得醜 求不醜則有醜矣 不求美又不求醜 則無美無醜矣 是謂玄同[6] 申徒狄[7]負石自沈於淵 而溺者不可以爲抗 弦高[8]誕而存鄭 誕者不可以爲常 事有一應而不可循行 人有多言者 猶百舌之聲[9] 人有少言者 猶不脂之戶也 六畜生多耳目者不詳 識書著之 百人抗浮[10] 不若一人挈而趨 物固有衆而不若少者 引車者二六而後之 事固有相待而成者 兩人俱溺 不能相拯 一人處陸則可矣 故同不可相治[11] 必待異而後成

※

1 嬴蛻應於下(나방응어하): 고둥이나 대합조개는 밑에서부터 줄어들어 달과 응하는 것.

2 保者(보자): 보호하는 자.

3 踞(거): 거만한 것. 곧 유학자는 예를 지켜 겸손하다.

4 朝吹竽(조취우): 조정에서 피리를 불다. 곧 묵가는 음악을 싫어하는데 음악을 하는 일.

5 遺飮(유음): 마시고 실수를 한다는 뜻. 유遺는 오줌의 뜻.

6 玄同(현동): 현玄은 천天이다. 하늘은 구하는 바가 없다. 사람도 능히 구하는 바가 없으므로 동同이라고 한다.

7 申徒狄(신도적): 은殷나라 말기의 사람. 주왕의 혼란한 정치가 싫어서 스스로
  돌을 등에 지고 연못으로 뛰어들었다고 한다.

8 弦高(현고) : 정나라의 장사꾼. 진秦나라의 목공이 쳐들어올 때 거짓으로
  정백鄭伯의 명령이라고 속이고 12마리의 소를 잡아서 진나라 군사들에게
  먹이고 진秦나라 군사를 패배케 한 일.

9 百舌之聲(백설지성) : 때까치. 곧 때까치가 지저귀는 소리와 같다는 뜻.

10 抗浮(항부) : 항抗은 들다. 부浮는 표주박.

11 同不可相治(동불가상치) : 동同은 군주가 옳다고 하면 신하 또한 옳다고
  하고 군주가 그르다고 하면 신하 또한 그르다고 하는 것으로 이것은 마치
  수재를 물로 구제하는 것과 같아서 다스림이 되지 못하는 것이다.

6. 천년 된 소나무에 복령茯苓이 있다

천년을 사는 소나무 밑에는 복령茯苓이 있고 그 위에는 토사冤絲가
있다. 위에 톱풀(시초: 蓍草)의 떨기가 있으면 밑에는 거북이 엎드려
있다.

  성인聖人은 밖을 따라서 안을 알게 되고 보이는 것으로써 숨어 있는
것을 아는 것이다.

  무용武勇을 좋아한다고 협기俠氣가 있는 것은 아니다. 글을 좋아한다
고 선비는 아니다. 방술方術을 좋아한다고 의사는 아니다. 말을 좋아한
다고 마부는 아니다. 음악을 안다고 눈먼 장님은 아니다. 맛을 안다고
요리사는 아니다. 이러한 자들은 일률적으로 주관하는 이름을 얻지
못한 사람들이다.

  갑옷을 입은 자는 10보十步 이내의 싸움을 위한 것이 아니다. 1백
보 이상에서 깊고 얕음을 다투는 것이며 상처가 깊으면 오장五臟까지

이르고 얕으면 피부에서 그치게 된다.

죽음과 삶 사이의 거리는 이정里程으로 헤아릴 수 있는 것은 아니다.

초楚나라 왕의 원숭이가 도망하자 숲의 나무들이 베어졌다. 송宋나라의 군주가 연못에서 구슬을 잃어버렸는데 연못 속의 물고기가 다 죽었다. 그러므로 잘못해 진펄에 불이 나면 수풀의 나무가 걱정한다.

군주가 재목材木을 구하면 신하는 산의 나무를 해친다. 군주가 물고기를 구하면 신하는 계곡을 마르게 한다. 군주가 배의 노를 구하면 백성들은 배를 바친다. 위에서 실 같은 것을 말하면 아래에서는 굵은 실 같은 것을 말한다. 위에서 한 가지 선행을 말하면 아래에서는 두 가지 칭찬거리가 있게 된다. 위에서 세 가지를 줄이면 아래에서는 아홉 가지를 줄인다.

대부大夫인 종種은 월越나라가 강성해지는 방법은 알았으나 자신을 보존시키는 방법은 알지 못했다. 장홍萇弘은 주周나라를 보존시키는 방법은 알았으나 자신이 망하는 까닭은 알지 못했다. 먼 것은 알고 가까운 것은 알지 못한 것이다.

말의 결이 두려워 감히 타지 못하고 수레가 전복될까 두려워 감히 타지 못한다. 이로써 헛된 재앙 때문에 공적인 이로움을 막는 것이다.

부모와 형을 잘 섬기지 않는 자는 혹은 부모를 욕하는 것이다.

자식을 낳는 자는 그 자식이 반드시 효자라는 것을 보증하지 못하지만 오히려 길러서 키운다.

범씨范氏가 무너졌을 때 몰래 그의 종鐘을 등에 지고 도망하는 자가 있었다. 도망치는데 쾅 소리가 나자 남이 들을 것을 두려워해 엉겁결에 자신의 귀를 막았다. 남들이 듣는 것을 싫어하는 것은 가하지만 스스로 자신의 귀를 가린 것은 의혹된 것이다.

되〔升: 승〕가 한 섬보다 크지 못한 것은 되가 한 섬 속에 속하기 때문이다. 밤이 한 해보다 길지 않은 것은 밤이 한 해의 안에 있기 때문이다. 인의仁義가 도덕道德보다 크지 못한 것은 인의가 도덕 속에 포함되어 있기 때문이다.

바늘이 앞에 하고 실이 뒤를 따르면 장막도 만든다. 실이 앞에 하고 바늘이 뒤를 따르면 옷을 만들 수 없다. 바늘은 장막을 만들고 삼태기는 성城을 만든다. 일의 성공과 실패는 반드시 작은 것에서 말미암아 발생한다. 말은 점점 하는 것에 있는 것이다.

千年之松 下有茯苓 上有兔絲[1] 上有叢蓍[2] 下有伏龜 聖人從外知內 以見知隱也 喜武非俠也 喜文非儒也 好方非醫也 好馬非驥也 知音非瞽也 知味非庖也 此有一槩而未得主名也 被甲者非爲十步之內也 百步之外 則爭深淺 深則達五藏[3] 淺則至膚而止矣 死生相去 不可爲道里[4] 楚王亡其猨 而林木爲之殘 宋君亡其珠 池中魚爲之殫 故澤失火而林憂 上求材 臣殘木 上求魚 臣乾谷 上求楫而下致船 上言若絲 下言若綸 上有一善 下有二譽 上有三衰 下有九殺[5] 大夫種知所以强越 而不知所以存身 萇弘知周之所存 而不知身所以亡 知遠而不知近 畏馬之辟[6]也 不敢騎 懼車之覆也 不敢乘 是以虛禍距公利也 不孝弟者 或罵父母 生子者 所不能任其必孝也 然猶養而長之 范氏之敗[7] 有竊其鐘負而走者 鎗然有聲 懼人聞之 遽掩其耳 憎人聞之可也 自掩其耳悖矣 升之不能大於石也 升在石之中 夜之不能脩其歲也 夜在歲之中 仁義之不能大於道德也 仁義在道德之包 先針而後縷 可以成帷 先縷而後針 不可以成衣 針成幕 蕢成城 事之成敗 必由小生 言有漸也

※

1 茯苓上有菟絲(복령상유토사) : 복령茯苓은 한약재이며 소나무 뿌리에서 기생하는 버섯과의 덩어리. 토사菟絲는 뿌리가 없는 식물로 여라女蘿라고도 한다.

2 叢蓍(총시) : 떨기로 나는 톱풀. 점치는 데 사용한다.

3 五藏(오장) : 오장五臟.

4 道里(도리) : 이정里程의 뜻.

5 三衰下有九殺(삼최하유구쇄) : 최衰는 덜다. 감소하다. 쇄殺는 감소시키다.

6 辟(벽) : 곁의 뜻.

7 范氏之敗(범씨지패) : 범씨范氏는 범길사范吉射이며 범회范會의 원손元孫인 범앙范鞅 헌자獻子의 아들 소자昭子라고 했다. 패敗는 조간자趙簡子가 정벌해 패한 일. 그러므로 그 종을 도둑질해 간 자가 있었다. 일설에는 지백智伯이 범씨를 멸망시켰다고도 했다.

7. 염색할 때에는 파란색을 먼저 한다

물을 들이는 자는 청색을 먼저 하고 검은 색을 뒤에 하면 좋다. 검은 색을 먼저 하고 청색을 뒤에 물들이면 염색되지 않는다. 목공木工은 칠을 밑에 하고 단청을 위에 하면 좋다. 단청을 밑에 하고 칠을 위에 하면 안 되는 것이다.

모든 일이 이와 같이 먼저와 뒤, 위에 할 것과 밑에 할 것들을 살피지 않으면 안 되는 것이다.

물이 탁하면 물고기가 뻐끔거리며 헐떡이는데 정신도 혼란스러워진다. 그러므로 국가에 어진 군주가 있으면 만 리까지도 외교로 절충할 수가 있다.

중매쟁이에게 부탁해 시집을 가는데 중매쟁이를 따르지 않고도 시집을 갈 수 있다. 남으로 인해 사귀지만 남을 따르지 않고도 친해진다.

행동이 합하고 가는 곳이 같으면 1천 리라도 서로 따르지만 행동이 합하지 않고 가는 곳이 동일하지 않으면 문을 마주하고도 통하지 않는다.

바닷물은 비록 거대하지만 물에 뜬 먼지는 받아주지 않는다. 해와 달은 그 기가 아니면 응하지 않는다. 군자君子는 그의 부류가 아니면 용납하지 않는다.

사람은 손재주가 뛰어난 기술자인 수倕의 손을 사랑하지 않고 자신의 손가락을 사랑한다. 강수江水와 한수漢水의 진주를 사랑하지 않고 자신의 낚싯바늘을 아끼는 것이다.

다발로 묶은 땔나무를 귀鬼로 삼고 불과 연기를 기氣로 삼는다. 다발로 묶은 땔나무를 귀로 여기면 힘차게 달아난다. 불과 연기를 기로 여기면 돼지를 잡고 개를 삶는다. 앞서의 일이 이와 같으면 그 뒤에 하는 일과 같지 않은 것이다.

솜씨가 교묘한 사람은 척도尺度를 잘 재고 지혜로운 사람은 대비를 잘한다.

예羿는 죽을 때 도부桃部 땅에서 화살을 쏠 틈도 충분하지 않았다. 경기慶忌는 죽을 때 칼날에 찔려 죽었는데 그 빠른 박수搏手도 쓸 틈이 충분하지 않았다.

비난을 없애려는 자가 집집마다 고해 말하기를 "나는 진실로 나를 위해 아첨하지 않는다."라고 한다면 비방은 이에 더욱 더 심해질 것이다.

말로써 말을 중지시키고 일로써 일을 중지시키려고 하는 것은 비유하자면 먼지를 날리면서 먼지를 가라앉히려고 하고 땔나무를 안고 불을 끄려고 하는 것과 같다.

말을 흘려서 더러운 것을 씻으려고 하는 것은 비유하자면 검은 것으로 흰 것을 닦는 것과 같은 것이다.

10보의 거리에서 화살을 쏘면 외뿔소의 갑옷을 꿰뚫는데 3백 보의 거리에서 화살을 쏘면 노호(魯縞: 노나라의 비단)도 꿰뚫지 못한다.

기기騏驥라는 천리마는 하루에 1천 리를 달리는데 기기가 출발해 1천 리를 달리고 멍에를 벗기는 데 이르면 쓰러져 버린다.

대가大家에서 소가小家를 공략하면 포악하다고 하고 대국大國에서 소국小國을 병탄하면 현명하다고 여긴다.

작은 말은 큰 말의 종류가 아니고 소지小知는 대지大知의 종류가 아니다.

양 가죽옷을 입고 품팔이를 하는 것은 일상적인 일이지만 담비 가죽옷을 입고 삼태기를 지는 것은 매우 괴이한 일이다.

결백한 것을 오욕汚辱으로 여기는 것은 비유하자면 마치 목욕하고 변소를 푼다든가 향을 품고 돼지를 등에 지는 것과 같은 것이다.

종기를 치료하면서 성한 살과 곪은 살을 가리지 않고 함께 베어내는 것이나 농부가 새싹과 잡초를 살피지 않고 마구 뽑아내는 것이 어찌 헛된 것이 아니겠는가?

둑을 무너뜨려서 거북을 잡으려 하고 지붕을 벗겨서 너구리를 찾고 방안을 파고 쥐를 잡고 입술을 베어서라도 충치를 치료하는 것은 걸왕桀王이나 도척盜跖의 무리나 군자君子도 함께하지는 않을 것이다.

군대의 말을 죽여서 여우나 너구리를 구하고 두 마리의 자라를 구하는 데 신령스런 거북을 잃어버리고 오른팔을 절단하면서 1개의 털을 다투며 막야검鏌邪劒을 부러뜨리고 추도錐刀를 다툰다. 지혜를 쓰는 것이 이와 같으면 어찌 족히 고상하다고 하겠는가?

차라리 바늘로 백 번을 찌를지언정 칼로 한 번 찌르지 말 것이며,

차라리 무거운 것을 한 번 당길지언정 가벼운 것을 오래 들지 말아야 한다. 차라리 한 달 간 배고픈 것을 참을지언정 열흘 간 아무것도 안 먹어서는 안 된다.

1만 사람이 넘어지는 것은 한 사람이 굴에 빠지는 것보다 낫다.

남을 칭찬하고 검소한 것에 힘쓰는 자가 있었다. 그에게 일을 시켰는데 해질 무렵부터 아침까지 해도 관원에게 바칠 물건을 맞추지 못했다. 꾸짖고 나서 살펴보니 일하고 있는 이는 그의 어머니였었다. 그러므로 소인이 칭찬하는 것은 사람을 도리어 헐뜯는 것이 되는 것이다.

동쪽 집의 어머니가 죽자 그의 아들이 곡을 하는데 슬퍼하지는 않았다. 서쪽 집의 아들이 보고는 돌아와 그의 어머니에게 말하기를 "어머니께서는 무엇 때문에 빨리 죽지 않으십니까? 저는 반드시 슬프게 곡할 것입니다."라고 했다.

대개 그 어머니가 죽기를 바라는 자였다면 비록 죽었더라도 슬퍼하고 곡하지 않을 것이다. 배울 겨를이 없다고 이르는 자는 비록 여유가 있더라도 또한 능히 배우지 않는다.

속이 빈 나무가 뜨는 것을 보고 배 만드는 것을 알았고 쑥이 날아 굴러다니는 것을 보고 수레 만드는 것을 알았으며 새의 발자국을 보고 글자 만들 줄을 알았다. 같은 종류로써 취한 것이다.

의義가 아닌 것을 의로 삼고 예가 아닌 것을 예로 삼은 것은 비유하자면 마치 벌거벗고 달리며 미친 사람을 쫓는 자나 남의 재물을 도둑질해 걸인에게 주는 자나 책을 도둑질해 법률을 복사하는 것이나 쭈그리고 앉아 시詩나 서書를 외우는 것과 같은 것이다.

染者先靑而後黑則可 先黑而後靑則不可 工人下漆而上丹則可 下丹而

上漆則不可 萬事由此所先後上下 不可不審 水濁而魚噞 形勞則神亂[1]
故國有賢君 折衝萬里[2] 因媒而嫁 而不因媒而成 因人而交 不因人而親
行合趨同 千里相從 行不合 趨不同 對門不通 海水雖大 不受胔芥[3] 日月
不應非其氣 君子不容非其類也 人不愛倕之手[4] 而愛己之指 不愛江漢
之珠 而愛己之鉤 以束薪爲鬼 以火煙爲氣 以束薪爲鬼 揭而走 以火煙
爲氣 殺豚烹狗 先事如此 不如其後 巧者善度 知者善豫 羿死桃部不給
射[5] 慶忌死劍鋒不給搏[6] 滅非者戶告之曰 我實不與我詍亂 謏乃愈起
止言以言 止事以事 譬猶揚堁而弭塵 抱薪而救火 流言雪汗 譬猶以涅
拭素也 矢之於十步貫兕甲 於三百步不能入魯縞[7] 騏驥一日千里 其出
致釋駕而僵 大家攻小家則爲暴 大國幷小國則爲賢 小馬非大馬之類也
小知非大知之類也 被羊裘而賃 固其事也 貂裘而負籠 甚可怪也 以潔
白爲汙辱 譬猶沐浴而抒溷 薰燧而負彘 治疽不擇善惡醜肉而幷割之
農夫不察苗莠而幷耘之 豈不虛哉 壞塘以取龜 發屋而求狸 掘室而求鼠
割脣而治齲[8] 桀跖之徒 君子不與 殺戎馬而求狐狸 援兩鼈而失靈龜 斷
右臂而爭一毛 折鏌邪而爭錐刀 用智如此 豈足高乎 寧百刺以針 無一
刺以刀 寧一引重 無久持輕 寧一月饑 無一旬餓 萬人之蹟 愈於一人之
隧 有譽人之力偬者 春至旦 不中員呈 猶謫之 察之乃其母也 故小人之
譽人反爲損 東家母死 其子哭之不哀 西家子見之 歸謂其母曰 社[9]何愛
速死 吾必悲哭社 夫欲其母之死者 雖死亦不能悲哭矣 謂學不暇者 雖
暇亦不能學矣 見竅木浮而知爲舟 見飛蓬轉而知爲車 見鳥迹而知著書
以類取之 以非義爲義 以悲禮爲禮 譬猶倮走而追狂人 盜財而予乞者
竊簡而寫法律 蹲踞而誦詩書

※

1 神亂(신란): 몸이 피로하면 정신이 어지러워진다는 뜻.

2 折衝萬里(절충만리) : 만 리에 있는 적군과 외교상의 담판을 하다의 뜻.

3 齘芥(자개) : 물에 뜨는 먼지.

4 倕之手(수지수) : 요임금 때에 손재주가 최고였던 기술자.

5 羿死桃部不給射(예사도부불급사) : 예羿는 유궁有窮의 제후이며 명사수였
다. 제자인 봉몽逢蒙에게 살해되어 활을 잡아 보지도 못하다. 도부桃部는
땅 이름.

6 慶忌死劍鋒不給搏(경기사검봉불급박) : 경기慶忌가 요리要離에게 죽임을
당할 때 칼에 찔러서 자신의 힘을 써볼 겨를이 없었다는 뜻.

7 魯縞(노호) : 노나라에서 생산되는 얇은 비단.

8 齲(우) : 충치.

9 社(사) : 강수江水나 회수淮水 사이에서는 어머니를 사社라고 칭한다. 방언.

8. 막야도 부러지면 고기도 자르지 못한다

부러뜨려 버려두면 막야鏌邪도 고기를 자르지 못한다. 손에 잡고 놓지
않으면 말의 꼬리털로도 옥을 자른다.

성인은 중지하는 것이 없어서 올해는 지난해보다 낫고, 오늘은 어제
보다 낫다.

말이 사슴과 같은 것은 천금의 값어치인데 천금의 값어치가 나가는
사슴은 없다. 옥은 감제礛諸를 기다려야 그릇이 된다. 천금千金의 벽옥
璧玉은 있지만 작은 감제礛諸는 없다.

빛을 틈새로 받으면 한쪽 모퉁이만 비추고 빛을 창문으로 받으면
북쪽 벽을 비추고 빛을 문으로 받으면 거실 안을 비추어서 비춰 주지
않는 물건이 없다. 하물며 빛을 우주에서 받으면 어떻겠는가?

천하에는 그 앞에 밝게 깔리지 않는 것이 없다.

이러한 것으로 말미암아 살펴본다면 받는 바가 작으면 보는 바도 얕고 받는 바가 크면 비추는 것도 넓다.

강수江水는 민산岷山에서 나오고 하수河水는 곤륜산崑崙山에서 나오고 제수濟水는 왕옥산王屋山에서 나오고 영수潁水는 소실산少室山에서 나오고 한수漢水는 파총산嶓冢山에서 나오는데 나누어져 흐르고 어그러져 달려서 동해東海로 쏟아진다.

행하는 바는 달라도 돌아가는 바는 하나인 것이다.

학문에 통달한 자는 수레 굴대가 바퀴를 돌리는 가운데와 같아서 자신이 운전하지 않더라도 함께 천리에 이르러 끝마치면 다시 시작하고 다하는 것이 없는 근원으로 회전하는 것이다.

학문에 통달하지 못한 자는 미혹된 것과 같아서 동쪽과 서쪽과 남쪽과 북쪽의 방향을 알려 주면 있는 곳에서는 분명하게 깨닫지만 방향을 등지면 깨닫지 못하는데 대략의 요체를 알지 못하기 때문이다.

추위에는 추위가 발생하지 않고 열熱에서는 열熱을 발생시키지 않는다. 춥지도 않고 열도 나지 않는 것은 능히 추위와 열熱을 태어나게 한다. 그러므로 유형有形은 무형無形에서 나왔고 천지가 있지 않았으므로 천지가 생겨난 것이며 깊고 미묘하며 넓고 큰 데 이른 것이다.

비가 내릴 때는 능히 적시지 못하지만 비가 땅에서 멎기를 기다리면 능히 적시게 된다.

화살을 발사하면 능히 뚫지 못하지만 그것이 과녁에서 멈추기를 기다리면 능히 뚫을 수가 있다. 오직 머무는 것만이 모든 머무는 것을 머물게 한다.

높은 곳을 따라서 대臺를 만들고 낮은 곳으로 나아가서 연못을 만든다. 각각 그 지세에 나아가 감히 다시는 만들지 않는다.

　　성인聖人이 사물을 사용하는 데에는 붉은 실을 사용해 추구芻狗를 묶는 것같이 하고, 토룡土龍을 만들어서 기우제를 지내는 것같이 한다. 추구는 기다려서 복을 구하고 토룡은 기다려서 먹을 것을 얻는 것이다.

　　노나라 사람으로서 자신은 관冠을 잘 만들고 아내는 신을 잘 짜는 사람이 있었다. 이들이 월나라로 이사를 가서 심하게 곤궁해졌다. 그들이 잘하는 기술을 가지고 사용하지 않는 고을에서 사는 것은 비유하자면 산 위에 연蓮을 심고 우물 속에서 불을 피우고 낚싯대를 가지고 산 위로 오르고 도끼를 메고 연못 속으로 들어가는 것과 같아 구하는 바를 얻는 것이 어려운 것이었다.

　　수레를 몰고 월越나라에 이르고 뗏목을 타고 호胡로 들어가는 것은 궁하지 않으려 해도 얻지 못할 것이다.

割而舍之 鏌邪不斷肉 執而不釋 馬氂截玉 聖人無止 無以歲賢昔日愈昨也[1] 馬之似鹿者千金 天下無千金之鹿 玉待礛諸[2]而成器 有千金之璧而無錙錘[3]之礛諸 受光於隙 照一隅 受光於牖 照北壁 受光於戶 照室中無遺物 況受光於宇宙乎 天下莫不藉明於其前矣 由此觀之 所受者小則所見者淺 所受者大 則所照者博 江出岷山 河出昆侖 濟出王屋 潁出少室 漢出嶓冢 分流舛馳 注於東海 所行則異 所歸則一 通於學者 若車軸轉轂之中 不運於己 與之致千里 終而復始 轉無窮之源 不通於學者若迷惑 告之以東西南北 所居聆聆 背而不得 不知凡要 寒不能生寒熱不能生熱 不寒不熱 能生寒熱 故有形出於無形 未有天地 能生天地者也 至深微廣大矣 雨之集[4]無能霑 待其止而能有濡 矢之發無能貫 待其止而能有穿 唯止能止衆止 因高而爲臺 就下而爲池 各就其勢 不敢更爲 聖人用物 若用朱絲約芻狗[5] 若爲土龍[6]以求雨 芻狗待之而求福

土龍待之而得食⁷ 魯人身善制冠 妻善織履 往徙於越而大困窮 以其所
脩而游不用之鄕 譬若樹荷⁸山上 而畜火井中 操釣上山 揭斧入淵 欲得
所求難也 方⁹車而蹠越 乘桴而入胡 欲無窮不可得也

※

1 以歲賢昔日愈昨也(이세현석일유작야): 현賢은 승勝의 뜻이다. 유愈도 승勝
의 뜻이다. 곧 올해는 지난해보다 낫고 오늘이 어제보다 낫다는 뜻.

2 礛諸(감제): 옥을 갈 때 사용하는 숫돌.

3 錙錘(치수): 얼마 안 되는의 뜻. 곧 작은 것의 뜻.

4 集(집): 하下의 뜻과 같다.

5 芻狗(추구): 짚으로 개의 형상을 만든 것. 곧 제사 때 쓰는 제구의 하나.

6 土龍(토룡): 흙으로 만든 용. 기우제 때 쓰는 것.

7 食(식): 곡식의 뜻.

8 荷(하): 연蓮, 부거夫渠라고 한다. 줄기는 가茄, 밑동은 밀密, 뿌리는 우藕라고
하고 꽃은 부용夫容이다. 꽃이 핀 것은 함담菡萏이라 하고 열매는 연蓮이라고
한다. 연이 무성한 것을 화花라고 하고 화花의 중심을 의薏라고 한다. 유주幽州
에서는 모두 광하光荷라고 한다.

9 方(방): 출出의 뜻과 같다.

9. 초나라 왕이 흰 원숭이를 사랑하다

초나라의 왕에게 흰 원숭이가 있었는데 왕 자신이 활을 쏘려고 하면
화살을 잡고 희롱했다.

양유기養由基를 시켜서 쏘게 했다. 활을 고르고 화살을 들었을 뿐
발사하지도 않았는데 원숭이가 기둥을 껴안고 울어댔다. 먼저 중앙에
적중시킨다는 것을 알고 있었기 때문이었다.

화씨和氏의 벽옥이나 하후씨夏后氏의 황璜은 읍양揖讓하고 올리면

즐거워하지만 야밤에 사람에게 던진다면 원망을 사게 되는 것이다.

제때인가 제때가 아닌가일 뿐이다.

서시西施의 얼굴을 그림으로 그리면 아름다워도 가히 기쁘지 않고 용사인 맹분孟賁의 눈을 그려서 크게 하더라도 가히 두렵지 않게 되는 것이다. 그들의 형체가 없기 때문이다.

형제간에 재산을 서로 나누는 사람들이 있었는데 양을 헤아릴 수가 없었다. 모든 이들은 의를 일컬었다.

대개 다만 헤아릴 수 없이 많았으므로 가히 얻어 헤아릴 수가 없었을 뿐이다.

높은 곳에 오르면 사람들은 바라보고자 하고 깊은 곳에 다다르면 사람들은 엿보고자 한다. 처한 위치가 그렇게 시키는 것이다.

사술射術은 사람을 단정하게 하고 낚시질은 사람을 공손하게 한다. 일이 그렇게 시키는 것이다.

피로한 소를 죽여서 좋은 말의 죽음을 보상할 수 있을 것이라고 이르는데 그렇게 하는 사람은 없다. 소를 죽이면 반드시 망하는 운수이기 때문이다. 반드시 망하는 것으로 반드시 죽이지 않아도 되는 것을 갚는다는 것은 능히 행하지 못할 것들이다.

노나라의 계손씨季孫氏가 공가(公家: 노나라 군주)를 겁박했다. 공자가 기뻐하고 먼저 그 하는 바를 따라서 뒤에 함께 정사에 들어가 말하기를 "마음이 굽은 이를 들어 곧은 이와 함께하게 하면 무엇을 얻지 못하겠는가? 마음이 곧은 이를 들어 굽은 이와 함께하게 하면 함께 이루어가는 것이 없을 것이다."라고 했다.

이러한 것은 이른바 더러운 것을 함께해도 길을 더럽히는 것을 다르게 하는 것이다.

모든 사람이 굽어 있으면 곧은 것을 용납하지 못하고 모든 사람이 간사하면 바른 것을 용납하지 못한다. 그러므로 사람들이 많으면 이리를 잡아먹지만 이리가 많으면 사람을 잡아먹는 것이다.

사특한 것을 만들고자 하는 자는 반드시 서로 바른 것을 밝힌다. 간사한 짓을 만들고자 하는 자는 반드시 서로 곧은 것을 이룬다. 공정한 도가 서지 않고 사사로운 욕심이 용납되었다는 말은 옛날부터 지금에까지 이르러도 듣지 못했다. 이것은 선행으로써 그 더러운 것에 의지하려는 것이다.

모든 사람이 의논해 만들면 평지가 숲이 되고 날개 없는 새가 하늘을 날게 된다. 세 사람이 각각 시장에 호랑이가 나타났다고 하면 시장에서도 호랑이가 나타난 것으로 믿게 된다. 한 마을 사람들이 모두 망치를 구부렸다고 하면 사람들이 믿게 된다.

대개 수영을 하고 잠수를 하는 자들은 목욕하려고 하지 않는다. 이미 스스로 물속에서 만족하기 때문이다. 그러므로 풀을 먹고 사는 짐승은 수풀을 바꾸는 것을 걱정하지 않는다. 물에서 사는 벌레들은 물을 바꾸는 것을 걱정하지 않는다. 행동이 조금 변화하더라도 떳떳한 것을 잃지 않기 때문이다.

믿음에도 그른 것이 있고 예에도 예를 잃는 것이 있다. 미생尾生이 다리의 기둥 아래에서 죽었는데 이것은 잘못된 믿음 때문이다. 공씨(孔氏: 子思)가 개가한 어머니의 상복을 입지 않게 했는데 이것은 예를 잃은 것이다.

증자曾子는 효도로써 자신을 세웠으므로 승모勝母의 마을을 지나가지 않았다. 묵적(墨翟: 묵자)은 음악을 비난했으므로 조가朝歌의 고을에 들어가지 않았다. 증자는 청렴한 것을 세워 도천盜泉의 우물을 마시지 않았다. 이른바 뜻을 기른 것이다.

　주왕紂王이 상아로 젓가락을 만들자 기자箕子가 한탄했다. 노魯나라에서 인형을 만들어 장사를 지내자 공자孔子가 한탄했다. 그러므로 성인은 서리를 보고 얼음이 얼 것을 아는 것이다.

楚王有白蝯 王自射之 則搏矢而熙 使養由基[1]射之 始調弓矯矢 未發而蝯擁柱號矣 有先中中者[2]也 峞氏[3]之璧 夏后之璜 揖讓而進之以合歡 夜以投人則爲怨 時與不時 畫西施[4]之面 美而不可說 規孟賁[5]之目 大而不可畏 君形者亡焉 人有昆弟相分者無量 而衆稱義焉 夫惟無量 故不可得而量也 登高使人欲望 臨深使人欲闚 處使然也 射者使人端 釣者使人恭 事使然也 曰 殺罷牛可以贖良馬之死 莫之爲也 殺牛 必亡之數[6] 以必亡贖不必死 未能行之者矣 季孫氏劫公家[7] 孔子說之 先順其所爲而後與之入政 曰 擧枉與直 如何而不得 擧直與枉 勿與邃往 此所謂同汚而異塗者 衆曲不容直 衆枉不容正 故人衆則食狼 狼衆則食人 欲爲邪者 必相明正 欲爲曲者 必相達直 公道不立 私欲得容者 自古及今 未嘗聞也 此以善託其醜 衆議成林 無翼而飛 三人成市虎 一里能撓椎 夫游沒者不求沐浴 已自足其中矣 故食草之獸 不疾[8]易藪 水居之蟲 不疾易水 行小變而不失常 信有非 禮而失禮 尾生死其梁柱之下 此信之非也 孔氏不喪出母[9] 此禮之失者 曾子立孝 不過勝母之閭 墨子非樂 不入朝歌之邑 曾子立廉 不飮盜泉 所謂養志者也 紂爲象箸而箕子唏 魯以偶人葬而孔子嘆 故聖人見霜而知冰

※

1　養由基(양유기): 초楚나라 사람으로 활을 잘 쏘는 명사수였다.
2　中中者(중중자): 중앙에 적중시키다의 뜻.

3 咼氏(화씨): 화씨和氏와 같다.

4 西施(서시): 옛날의 미인.

5 孟賁(맹분): 옛날의 역사力士.

6 殺牛必亡之數(살우필망지수): 소를 죽이면 반드시 망한다는 운수. 곧 옛날
 에 소는 곡식을 재배할 때 반드시 필요했으므로 백성의 명命이었다. 그러므로
 왕법에 소를 죽이는 것을 금지시켰으며 소를 죽이는 자는 처형했다.

7 季孫氏劫公家(계손씨겁공가): 계손씨는 춘추시대 노魯나라의 세력가. 공가
 는 노나라의 군주.

8 疾(질): 환患의 뜻과 같다.

9 孔氏不喪出母(공씨불상출모): 공씨(孔氏: 공자의 집안)의 집안에서는 개가改
 嫁한 어머니의 상복을 입지 않았다는 것. 곧 공자의 손자인 자사가 아들
 백白에게 한 말.『예기』에 기록되어 있다.

10. 새는 그물의 한 코에 걸린다

새가 장차 날아올 것을 예견하고 그물을 치고 기다린다. 새를 잡는
것은 그물의 한 코이다. 그런데 지금 한 코만 있는 그물을 만들면
때마다 새를 잡지 못하게 된다.

 지금 갑옷을 입는 것은 화살이 날아오는 것을 대비한 것인데 만약
사람에게 반드시 화살이 집중되는 곳을 안다면 1개의 미늘만을 달아도
될 것이다.

 일에는 혹은 미리 헤아리지 못하는 것이 있고 사물에는 혹은 갑자기
생각하지 못하는 것들이 있다. 경계하지 않았을 때 갑자기 이르는
것이다. 그러므로 성인은 도를 길러 때를 기다리는 것이다.

 못생긴 얼룩소는 이미 뿔이 잘리고 꼬리도 잘리며 코를 뚫어 굴레를

씌우는데 새끼를 낳으면 그 새끼가 희생이 된다. 시축尸祝은 희생이 된 송아지를 하백河伯에게 던진다. 하백이 어찌 그 송아지가 못생긴 어미 소에게서 나온 것을 알고 부끄럽게 여겨 사양하고 흠향하지 않겠는가? 만 명의 군사를 얻더라도 한마디의 합당한 말을 듣는 것만 같지 못한 것이다.

수후隨侯의 구슬을 얻는 것이 일의 말미암는 바를 얻는 것만 같지 못하고, 화씨和氏의 벽옥을 얻는 것이 일의 적당한 바를 얻는 것만 같지 못한 것이다.

좋은 말을 고르는 것은 여우와 너구리를 쫓으려는 것이 아니라 장차 고라니와 사슴을 쏘아 잡으려고 하는 것이다. 칼을 예리하게 가는 것은 비단 옷을 찢기 위한 것이 아니라 장차 외뿔소나 물소를 베기 위한 것이다. 그러므로『시경』의 소아小雅 거할편의 시에는 '높은 산은 우러러보고 큰길은 가야 하네.'라고 했는데 향하는 자는 그 사람인 것이다.

탄환을 보고는 올빼미 고기 구이를 바라고 알을 보고는 새벽과 밤의 때를 알려 주기를 원하고 삼씨를 보고는 옷감이 이루어지기를 바라는 것은 비록 그 이치일 뿐인데도 또한 늦는 것을 원망하지 않으랴!

코끼리는 이빨이 빠지면 사람들이 취하는 것을 미워하지 않는다. 사람이 죽으면 그 밑에 깔았던 대자리를 버리는데 사람이 취해도 원망하지 않는다. 사람은 능히 이롭지 않은 것으로 남을 이롭게 하는 것이 좋은 것이다.

미친 자가 동쪽으로 달아나면 쫓는 자도 동쪽으로 달려간다. 동쪽으로 달리는 것은 같은데 동쪽으로 달려가는 이유는 다르다.

물에 빠진 자가 물속으로 들어가면 건지는 자도 물속으로 들어간다.

물에 들어가는 바는 같은데 물속으로 들어가는 이유는 다르다. 그러므로 성인은 죽음과 삶을 한 가지로 보는데 어리석은 사람도 또한 죽음과 삶을 한 가지로 여긴다. 성인이 죽음과 삶을 한 가지로 여기는 것은 이치를 분별해 통달하는 것이고, 어리석은 사람이 죽음과 삶을 동일시하는 것은 이익과 손해가 있는 바를 알지 못하는 것이다.

서徐나라의 언왕偃王이 인의仁義를 행하다가 국가를 멸망시켰는데 국가를 멸망시킨 것이 반드시 인의 때문만은 아니었다.

왕자 비간王者比干이 충성으로써 자신의 신체를 유지하지 못했는데 처벌을 받은 것이 반드시 충성 때문만은 아니었다. 이 때문에 추워도 떨지만 두려워하는 자도 또한 벌벌 떤다. 이것은 떤다는 명칭은 같지만 그 실상은 다른 것이다.

명월주明月珠는 대합조개에서 나오는데 주周나라의 간규簡圭는 때가 낀 돌에서 생산된다.

대채大蔡의 신귀神龜는 구학(溝壑: 도랑)에서 나온다. 만승萬乘의 주인인 천자는 머리에 몇 치 안 되는 관을 쓰고 백금百金의 수레를 탄다.

소의 가죽은 천하지만 삼군三軍의 군사들을 바르게 한다.

노래를 배우고자 하는 자들은 먼저 치음徵音과 우음羽音을 익혀서 풍風을 즐겨야 한다. 소리의 조화를 아름답게 하고자 하는 자는 반드시 먼저 양아陽阿와 채릉采菱에서 시작해야 한다. 이러한 것은 모두 배우지 않는 것들을 배워 그 배우려고 하는 것에 이르고자 하는 것들이다.

불을 비추어 매미를 잡는 자의 임무는 그 불을 밝게 하는 데 있다. 물고기를 낚는 자의 임무는 그 미끼를 향기롭게 하는 데 있다. 그 불을 밝게 하는 것은 매미를 밝은 데로 이르게 하는 것이며, 그 미끼를 향기롭게 하는 것은 유인하는 바를 이롭게 하는 것이다.

물고기를 이르게 하려는 자는 먼저 물이 흐르게 해야 하고, 새를 이르게 하려는 자는 먼저 나무를 심어야 한다.

물이 모이면 물고기가 모여들고 나무가 무성하면 새들이 모여든다. 주살로 잡기를 좋아하는 자는 먼저 큰 주살이나 작은 주살을 준비하고 물고기를 좋아하는 자는 작은 어망이나 큰 어망을 준비한다. 준비를 갖추지 않고 이익을 얻은 자는 없는 것이다.

남에게 말을 주면서 그 고삐를 풀고 남에게 수레를 주면서 수레의 가로나무대를 벗기고 보낸다면 적은 것을 아끼려다가 많은 것을 잃게 되는 것이다. 그러므로 속담에 이르기를 '쇠고깃국을 끓이는데 간을 하지 않으면 끓인 국이 소용없는 것이다.'라고 했다.

有鳥將來 張羅而待之 得鳥者 羅之一目[1]也 今爲一目之羅 則無時得鳥矣 今被甲者 以備矢之至 若使人必知所集 則懸一札[2]而已矣 事或不可前規 物或不可慮卒 然不戒而至 故聖人畜道以待時 髡屯犁牛 旣牷以牾 決鼻而羈[3] 生子而犧 尸祝齊戒 以沈諸河 河伯[4]豈羞其所從出 辭而不享哉 得萬人之兵 不如聞一言之當 得隋侯之珠 不若得事之所由 得喁氏之璧 不若得事之所適 撰良馬者 非以逐狐狸 將以射麋鹿 砥利劍者非以斬縞衣 將以斷兕犀 故高山仰止 景行行止[5] 鄉者其人 見彈而求鴞炙[6] 見卵而求晨夜 見瘤而求成布 雖其理哉 亦不病暮 象解其牙 不憎人之利之也 死而棄其招簀[7] 不怨人取之 人能以所不利利人則可 狂者東走 逐者亦東走 東走則同 所以東走則異 溺者入水 拯之者亦入水 入水則同 所以入水者則異 故聖人同死生 愚人亦同死生 聖人之同死生 通於分理 愚人之同死生 不知利害所在 徐偃王以仁義亡國 國亡者非必仁

義 比干以忠靡其體 被誅者非必忠也 故寒顫 懼者亦顫 此同名而異實
明月之珠 出於蚌蜄 周之簡圭 生於垢石⁸ 大蔡神龜 出於溝壑⁹ 萬乘之主
冠錙錘之冠 履百金之車 牛皮爲賤 正三軍之衆 欲學歌謳者 必先徵羽
樂風¹⁰ 欲美和者 必先始於陽阿采菱¹¹ 此皆學其所不學 而欲至其所欲
學者 爝蟬者務在明其火 釣魚者務在芳其餌 明其火者 所以爝而致之也
芳其餌者 所以誘而利之也 欲致魚者先通水 欲致鳥者先樹木 水積而魚
聚 木茂而鳥集 好弋者先具繳與矰¹² 好魚者先具罟與罛 未有無其具而
得其利 遺人馬而解其羈 遺人車而稅其轙¹³ 所愛者少 而所亡者多 故里
人諺曰 烹牛而不鹽¹⁴ 敗所爲也

※

1 一目(일목): 여기서는 그물눈의 한 코.

2 一札(일찰): 갑옷에 하나의 미늘.

3 髡屯犂牛旣㸹以㸹決鼻而羈(곤둔리우기과이수결비이기): 곤둔髡屯은 못생
기다. 이우犂牛는 검은 소. 과㸹는 뿔이 없는 소. 수㸹는 꼬리가 없는 소.
결비決鼻는 코를 뚫다. 기羈는 굴레를 씌우다.

4 尸祝齊戒以沈諸河伯(시축재계이침제하백): 시축尸祝은 제사를 지내
는 축관. 재계齊戒는 몸을 정결하게 하는 것. 제하諸河는 모든 하수河水.
하백河伯은 하수의 신神.

5 高山仰止景行行止(고산앙지경행행지): 『시경』의 소아 거할편에 있는 시구.

6 鴞炙(효자): 올빼미 고기 구이. 대단히 맛이 좋다고 했다.

7 招簀(초책): 죽은 자가 밑에 깔고 있던 대자리.

8 周之簡圭生於垢石(주지간규생어구석): 간규簡圭는 대규大圭이다. 간규는
때가 낀 돌에서 나온다.

9 大蔡神龜出於溝壑(대채신귀출어구학): 대채大蔡는 땅 이름. 신귀神龜는
신령스런 거북. 구학溝壑은 도랑.

10 徵羽樂風(치우락풍): 치徵는 남방의 화火의 소리이고 우羽는 북방의 수水의

음이며 오음을 뜻한다. 풍風은 위에서 백성을 교화로 변화시키고 아래에서
위를 풍자하는 것이다.

11 陽阿采菱(양아채릉) : 양아와 채릉은 악곡樂曲의 이름.

12 繳與矰(작여증) : 작繳은 굵은 실을 달고 쏘는 주살. 증矰은 작은 화살로
쏘는 주살.

13 轙(의) : 수레의 가로나무대를 얽는 것을 뜻한다.

14 烹牛而不鹽(팽우이불염) : 소고깃국을 끓이는데 간을 하지 않다.

11. 기와를 만들어 지붕을 덮다

걸왕桀王에게도 섬길 만한 것이 있었고 요임금에게도 도를 잃은 것이
있었다. 추하게 생겼다는 모모嫫母에게도 아름다운 바가 있었고 미인인
서시西施에게도 추한 바가 있었다.

그러므로 나라를 망친 법이라도 따라야 할 것이 있고 나라가 다스려진
풍속이라도 나쁜 것들이 있다.

완염琬琰의 옥玉이 더러운 진흙 속에 있는 것은 비록 청렴한 자라도
그냥 두지 않는다. 떨어진 대바구니나 깨진 시루 테가 위에 있는 것은
비록 탐욕스러운 자라도 취하지 않는다.

아름다운 것은 있는 곳이 비록 더러운 곳이라도 세상에서는 천하게
여기지 않고, 사나운 것은 비록 높고 좋은 곳에 있더라도 세상에서는
귀하게 여기지 않는 것이다.

봄철에 빌려 주고 가을철에 세금을 부과하면 백성들은 모두 기뻐한
다. 봄철에 세금을 부과하고 가을철에 빌려 주면 백성들은 모두 원망한
다. 얻는 것과 잃는 것은 같은데 기뻐하는 것과 원망하는 것이 다른
것은 그 시기가 다르기 때문이다.

물고기를 위한 덕은 물고기를 들어서 연못에 놓아 주는 것이 아니다. 원숭이를 위해 해줄 수 있는 것은 업어서 나무에 올려놓아 주는 것이 아니다. 그곳에서 멋대로 살게 하는 것이다.

담비 갖옷도 색이 섞였으면 여우 갖옷의 순수한 것만 못하다. 그러므로 사람들은 떳떳한 행동이 없는 자만큼 나쁜 이가 없는 것이다.

말을 살핀다면서 말을 알지 못하는 자가 있다. 그러나 좋은 말은 오히려 보고 즐기는 속에 있는 것이다.

지금 사람이 일부러 불을 놓으면 어떤 이는 불을 가지고 가서 더 붙이고 어떤 이는 물을 가지고 가서 불을 끄려고 한다. 두 사람이 모두 공로가 없지만 원망을 듣는 이와 칭송을 받는 이의 거리는 확실히 차이가 있는 것이다.

영郢 땅의 사람으로 지붕의 용마루감을 사려는 자가 있었다. 그는 세 아름의 나무를 구했는데 어떤 사람이 수레바퀴를 주었다. 쭈그리고 앉아서 재어 보니 크기는 비록 알맞았으나 길이가 부족했다.

위衛나라의 거백옥蘧伯玉은 덕으로 교화했고 진秦나라의 공손앙公孫鞅은 형벌로 처벌했는데 극에 이르는 바는 한결같은 것이다.

병자가 자리에 누워 있으면 의원은 침석(針石: 침이나 돌침)으로 다스리고 무당은 제사에 멥쌀이나 깔개 등을 사용하는데 구제하려는 뜻은 똑같은 것이다.

너구리의 머리는 쥐에 물린 상처를 낫게 하고 계두雞頭는 목에 난 종기를 낫게 한다. 등에는 쌓여 뭉친 피를 흩어지게 해주고 딱따구리는 나무의 벌레를 없애 준다. 이상의 종류들은 추측할 수 있는 것들이다.

기름(지방)은 자라를 죽인다. 까치의 똥은 고슴도치를 죽인다. 썩은 재에서는 파리가 생겨난다. 칠漆에 게가 나타나면 마르지 않는다.

이상의 종류들은 추측할 수 없는 것들이다.

추측할 수 있는 것과 추측할 수 없는 것은 그른 것 같으면서도 옳고 옳은 것 같으면서도 그른 것들이다. 누가 능히 그 미묘한 것들을 통달할 수 있겠는가?

桀有得事 堯有遺道[1] 嫫母有所美 西施有所醜[2] 故亡國之法 有可隨者 治國之俗 有可非者 琬琰之玉 在洿泥之中[3] 雖廉者弗釋 弊箄甑瓾 在裀茵[4]之上 雖貪者不搏 美之所在 雖汚辱 世不能賤 惡之所在 雖高隆 世不能貴 春貸秋賦 民皆欣 春賦秋貸 衆皆怨 得失同 喜怒爲別 其時異也 爲魚德者 非挈而入淵 爲蝯賜者 非負而緣木 縱之其所而已 貂裘而雜 不若狐裘而粹 故人莫惡於無常行 有相馬而失馬者 然良馬猶在相之中 今人放燒 或操火往益之 或接水往救之 兩者皆未有功 而怨德相去亦遠矣 郢人有買屋棟者 求大三圍之木 而人予車轂 跪而度之 巨雖可而脩不足 蘧伯玉以德化 公孫鞅以刑罪 所極一也 病者寢席 醫之用針石 巫之用糈藉[5] 所救鈞也 貍頭愈鼠 雞頭已瘻[6] 蝱散積血 斲木愈齲 此類之推者也 膏之殺鼈 鵲矢中蝟 爛灰生蠅 漆見蟹而不乾 此類之不推者也 推與不推 若非而是 若是而非 孰能通其微

※

1 桀有得事堯有遺道(걸유득사요유유도): 걸왕이 기와를 만들어서 지붕을 덮게 한 일은 업적이고, 요임금이 사흉四凶을 추방하고 16상十六相을 등용한 것은 도를 잃었다고 했다. 일설에 요임금이 단주丹朱에게 천하를 전하지 않아 자식을 사랑하지 않는다는 불명예를 안고 있다고 했다.

2 嫫母有所美西施有所醜(모모유소미서시유소추): 모모嫫母는 옛날의 추녀인데 정절이 있었다. 서시西施는 옛날의 미인인데 정절이 없었다.

3 琬琰之玉在洿泥之中(완염지옥재오니지중): 완염琬琰의 옥은 더러운 속에

있어도의 뜻. 완염의 옥은 아름다운 옥.

4 弊算甑㼜在衽茵(폐비증맹재염인): 폐비弊算는 떨어진 작은 대바구니. 증맹
甑㼜은 시루의 테. 염인衽茵은 떨어진 깔개.

5 糈藉(서자): 제사용 멥쌀과 깔개.

6 貍頭愈鼠雞頭已瘻(이두유서계두이루): 이두貍頭는 너구리의 머리. 일설에
는 살쾡이의 머리라고도 한다. 계두雞頭는 닭의 볏을 뜻하는데 여기서는
가시연밥이라고 했다. 누瘻는 부스럼.

12. 순백粹白의 여우는 없다

천하에는 순백의 여우가 없는데 순백의 여우 갖옷이 있는 것은 모든
여우의 하얀 털을 모았기 때문이다.

잘 배운다는 것은 제齊나라의 왕이 닭을 먹는데 반드시 그 닭의
발을 먹는 것을 수십 번을 한 뒤에야 만족하는 것과 같은 것이다.

칼은 털을 깎는 데는 편리하지만 큰 나무를 베는데 이르러서는 도끼가
아니면 자르지 못한다. 사물이란 진실로 적당하게 성취시켜 미치지
못하는 것을 자르게 하는 것이 있는 것이다.

소의 몸에서 사방으로 한 치만 살펴보면 소가 양보다 크다는 것을
알지 못한다. 몸 전체를 살펴보면 이에 그 크기가 서로 다른 것을
알 수 있는 것이다.

임신한 부인이 토끼를 보면 자식이 언청이가 되고 순록을 보면 자식이
사팔뜨기가 된다고 했다.

작은 말이 아무리 눈을 크게 떠도 큰 말이라고 하지는 않았다. 큰
말의 눈이 애꾸눈인 것을 묘마眇馬라고 이른다.

사물에는 진실로 그러한 것 같은 것과 그러하지 않은 것 같은 것들이

있다. 그러므로 손가락을 다치고도 죽는 사람이 있는가 하면 혹은 팔뚝이 절단되고도 오히려 산 사람도 있다. 종류를 가히 미루지 못할 것들이다.

예리하게 칼을 가는 자는 반드시 부드러운 숫돌을 사용한다. 종이나 경쇠를 치는 자는 반드시 젖은 나무를 쓴다. 바퀴가 강하면 바퀴살은 반드시 약하게 한다. 두 가지가 다 단단하면 서로 화합되지 않고 두 가지가 모두 강하면 서로 복종하지 않는다.

그러므로 오동나무는 동물의 뿔을 자르고 말의 꼬리털은 옥을 자른다. 중매쟁이가 거짓말을 하는 것은 속이는 것을 배운 것은 아니다. 그러나 거짓말이 만들어지면 불신이 생겨난다.

용맹을 세우는 것은 싸우는 일을 배우는 것이 아니다. 그러나 용맹이 일어나면 사양하지 않겠다는 마음이 생겨난다. 그러므로 군자君子가 옥사獄事에 들어가지 않는 것은 그 은혜를 손상시키는 것을 두려워하기 때문이고 시장에 들어가지 않는 것은 청렴을 욕되게 하는 것을 두려워하기 때문이다.

쌓아 두는 것은 가히 삼가지 않으면 안 되는 것이다.

달리는 데 손을 사용하지는 않지만 손을 묶어 놓으면 빨리 달리지를 못한다.

나는데 꼬리를 사용하지 않지만 꼬리를 구부려 놓으면 멀리 날지 못한다. 물건을 사용하는 자는 반드시 사용하지 않는 자를 기다려야 한다. 그러므로 보라고 시키는 것은 보이지 않기 때문이며 북을 울리라고 시키는 것은 북이 울지 않기 때문이다.

한 점의 저민 고기를 맛보고 한 솥의 고기 맛을 알고 깃털과 숯을 매달아 건조한지 습한지를 안다.

작은 것으로써 큰 것을 밝히는 것이다. 나뭇잎이 하나 떨어지는 것을 보고 한 해가 저물어가는 것을 안다. 병 속의 얼음으로 천하가 춥다는 것을 안다. 이런 것은 가까운 것으로써 먼 것을 논한 것이다.

세 사람이 어깨를 나란히 하면 밖으로 나가지 못하지만 한 사람씩 뒤를 따라 나가면 천하도 통과할 수가 있다.

발로 땅을 밟으면 발자국이 만들어지고 햇볕을 쬐면서 다니면 그림자가 만들어진다. 이것은 쉽고도 어려운 것들이다.

天下無粹白狐 而有粹白之裘 掇之衆白也 善學者 若齊王之食雞 必食其蹠[1] 數十而後足 刀便剃毛 至伐大木 非斧不剋[2] 物固有以剋適成不逮者 視方寸於牛 不知其大於羊 總視其體 乃知其大相去之遠 孕婦見兔而子缺脣[3] 見麋而子四目[4] 小馬大目 不可謂大馬 大馬之目眇 可謂之眇馬[5] 物固有似然而似不然者 故決指而身死 或斷臂而顧活 類不可必推 厲利劍者 必以柔砥 擊鐘磬者 必以濡木 轂强必以弱輻 兩堅不能相和 兩强不能相服 故梧桐斷角 馬氂截玉 媒但[6]者非學謾也 但成而生不信 立悝[7]者非學鬪爭也 悝立而生不讓 故君子不入獄 爲其傷恩也 不入市 爲其佐廉也 積不可不愼者也 走不以手 縛手走不能疾 飛不以尾 屈尾飛不能遠 物之用者 必待不用者 故使之見者 乃不見者也 使鼓鳴者 乃不鳴者也 嘗一臠[8]肉 知一鑊之味 懸羽與炭 而知燥溼之氣 以小明大 見一葉落 而知歲之將暮 睹瓶中之冰 而知天下之寒 以近論遠 三人比肩 不能外出戶 一人相隨 可以通天下 足蹍地而爲迹 暴行而爲影 此易而難

※

1 蹠(척): 닭 발바닥의 도톰한 살.

2 劂(극): 극剞과 같다. 단절하다.

3 缺脣(결순): 언청이.

4 四目(사목): 사팔뜨기의 뜻.

5 眇馬(묘마): 애꾸눈의 말인데 여기서는 묘한 말이라는 뜻.

6 媒但(매탄): 매妹는 중매쟁이. 탄但은 거짓말.

7 懂(근): 용맹하다.

8 一臠(일련): 썬 고기 한 점.

13. 장왕莊王이 이사里史를 처형하다

초나라의 장왕莊王이 이사里史를 처형하자 손숙오孫叔敖가 관冠을 만들고 옷을 빨았다.

　진晉나라의 문공文公이 깔았던 깔개를 버리고 검게 때가 낀 것들을 뒤로 물리치자 구범咎犯이 사양하고 돌아갔다. 그러므로 뽕나무 잎이 떨어지면 나이 많은 사람은 슬퍼하는 것이다.

　작은 솥은 날마다 사용해도 족히 귀하게 여기지 않는데 주周나라의 큰 솥은 밥을 짓지 않지만 천하게 여기지 않는다. 사물은 진실로 사용하지 않음으로써 유용해지는 것이 있다.

　땅이 평평하면 물이 흐르지 않는다. 무게가 같으면 저울이 기울어지지 않는다. 사물의 과오는 반드시 느끼는 바가 있어야 한다.

　사물에는 진실로 쓰이지 않음으로써 크게 쓰이는 경우가 있다.

　옷을 먼저 벗고 목욕을 하는 것은 옳지만 목욕하고 나서 옷을 벗는 것은 옳지 않다. 먼저 제사를 지내고 난 뒤에 잔치를 하는 것이 옳고 먼저 잔치를 한 뒤에 제사를 지낸다면 옳지 않다. 사물의 선후先後는 각각이 마땅한 바가 있는 것이다.

제삿날에 개가 새끼 낳은 것을 말하고 며느리를 얻은 저녁에 상복 이야기를 하고 술잔치가 있는 날에 묘자리 이야기를 하고 강수나 하수를 건너는데 양후陽侯의 파도 이야기를 한다.

어떤 이는 대사면령이 있을 것을 알고는 사람을 많이 죽이겠다고 하고, 어떤 이는 사면령이 있을 것을 알고는 사람을 많이 살려야겠다고 한다. 사면을 바라는 것은 같으나 이로운 것이나 해로운 것이 다른 것이다. 그러므로 혹은 불을 불어서 활활 타게도 하고 혹은 불을 불어서 꺼뜨리기도 한다. 이것은 부는 방법이 다른 것이다.

소를 삶아서 그 마을에 잔치를 열고 대접하면서 그 이웃의 어머니를 욕하면 덕의 보답이 없을 뿐만 아니라 자신도 위태로워질 것이다.

초楚나라의 문왕文王은 가슴이 우묵하게 들어갔고 재상인 포신鮑申은 꼽추였지만 함께 초나라를 다스려 성공시켰다.

정鄭나라의 비심裨諶은 성 밖으로 나가면 지혜로워져 자산子産의 사업을 성공시켰다.

주유(朱儒: 난쟁이)가 하늘 높이의 지름길을 수인(脩人: 키가 큰 사람)에게 물었다. 수인脩人이 말하기를 "알지 못하네."라고 했다. 주유가 말하기를 "그대가 비록 알지 못한다고 하더라도 오히려 나보다 가까울 것이네."라고 했다. 그러므로 모든 일은 반드시 가까운 것에 묻는 것이다.

외적外敵이 쳐들어오는데 앉은뱅이가 장님에게 알렸다. 장님이 앉은뱅이를 업고 달아나 두 사람이 모두 살았다. 그들이 서로 능한 바를 얻었기 때문이었다. 그러므로 장님에게 말하게 하고 앉은뱅이에게 달아나게 한다면 그들의 능한 것을 잃게 되는 것이다.

영郢 땅 사람으로 그의 어머니를 판 자가 있었는데 사가는 자에게 청해 말했다.

"어머니는 늙었습니다. 잘 먹여 주시고 고생하지 않게 하면 다행이겠습니다."

이것은 크게 불의를 저지르면서 하찮은 의를 위하고자 하는 것이다.

껍데기가 있는 동물이 움직일 때는 단단한 것에 의존하고, 벌 따위가 움직일 때는 독침에 의존한다. 곰이나 말곰이 움직일 때는 움켜쥐고 후려치는 것에 의존하고, 외뿔소와 소가 움직일 때는 서로 부딪치는 것에 의존한다. 사물들도 그 장점을 버리고 그 단점을 사용하는 것은 없다.

국가를 다스리는 것은 밭에 김을 매는 것과 같아서 묘苗에 해로운 것들만 제거할 따름이다.

지금 머리를 감는 자가 머리를 감을 때 머리카락이 빠지는데도 오히려 감는 것을 멈추지 않는 것은 머리카락이 없어지는 것은 적고 이로운 바는 많기 때문이다.

숫돌은 날카롭지 않지만 가히 쇠를 날카롭게 한다. 활의 도지개는 바르지 않지만 가히 활을 바르게 한다. 사물들이 진실로 바르지 않는데 바로잡을 수 있고 날카롭지 않은데 예리하게 할 수가 있다.

힘은 신속한 것을 귀하게 여기고 지혜는 민첩한 것을 귀하게 여긴다. 얻는 것이 동일한 것은 신속한 것을 최상으로 여기고 승리가 동일한 것은 더딘 것이 최하가 된다.

막아鏌邪의 검을 귀하게 여기는 것은 사물이 응하면 절단되기 때문이다. 갈고 갈아서 중지하지 않으면 소가 끄는 수레도 문지방을 끊는다.

공자孔子가 진채陳蔡의 국경에서 곤궁에 처했을 때 여섯 가지의 기예를 폐지했던 것은 의혹된 것이다. 의원이 되어도 자신의 병은 고치지 못한다고 여겨 약을 사용하지 않는 것은 일을 판단하지 못하는 것이다.

莊王誅里史 孫叔敖制冠浣衣[1] 文公棄荏席後黴黑 咎犯辭歸[2] 故桑葉落而長年悲也 鼎鎗[3]日用而不足貴 周鼎[4]不爨而不可賤 物固有以不用而爲有用者 地平則水不流 重鈞則衡不傾 物之尤 必有所感 物固有以不用爲大用者 先浑而浴則可以 浴而浑則不可 先祭而後饗則可 先饗而後祭則不可 物之先後 各有所宜也 祭之日而言狗生 取婦夕而言衰麻 置酒之日而言上冢 渡江河而言陽侯之波[5] 或曰知其且赦也 而多殺人 或曰知其且赦也 而多活人 其望赦同 所利害異 故或吹火而然 或吹火而滅 所以吹者異也 烹牛以饗其里 而罵其東家母 德不報而身見殆 文王汚膺 鮑申偏背[6] 以成楚國之治 禆諶[7]出郭而知 以成子産之事 朱儒問徑天高於脩人 脩人曰 不知 曰 子雖不知 猶近之於我 故凡問事必於近者 寇難至 矍者告盲者 盲者負而走 兩人皆活 得其所能也 故使盲者語 使矍者走 失其所也 邾人有鬻其母 爲請於買者曰 此母老矣 幸善食之而勿苦 此行大不義而欲爲小義者 介蟲之動以固 貞蟲之動以毒螫 熊羆之動以攫搏 兕牛之動以觓觸 物莫措其所脩 而用其短也 治國者若鎒田 去害苗者而已 今沐者墮髮 而猶爲之不止 以所去者少 所利者多 砥石不利 而可以利金 撥不正 而可以正弓 物固有不正而可以正 不利而可以利 力貴齊 知貴捷 得之同 遬爲上 勝之同 遲爲下 所以貴鏌邪者 以其應物而斷割也 鱗靡勿釋[8] 牛車絶轔[9] 爲孔子之窮於陳蔡而廢六藝 則惑 爲醫之不能自治其病 病而不就藥 則勃[10]矣

※

1 莊王誅~制冠浣衣(장왕주~제관완의): 초나라의 장왕이 간신인 이사里史를 처형하자 손숙오가 관을 만들고 옷을 세탁하다. 곧 손숙오가 다시 등용될 것을 예상했다는 말.

2 文公棄~咎犯辭歸(문공기~구범사귀): 문공은 진晉나라의 중이重耳. 문공이 제후가 된 후 옛날에 쓰던 깔개를 버리자 그의 외삼촌인 구범이 사직하고 돌아가다. 곧 구범은 자신이 버려질 것을 알았다는 뜻.

3 鼎鐺(정착): 작은 솥의 뜻.

4 周鼎(주정): 주周나라의 큰 솥. 곧 상징적인 솥.

5 陽侯之波(양후지파): 양후가 노해서 파도를 일으켜 강 위의 사람들을 침몰시키는 것.

6 文王汚膺鮑申傴背(문왕오응포신구배): 초나라의 문왕은 가슴이 우묵하게 파인 자였고 재상인 포신은 꼽추였다는 뜻. 구배傴背는 꼽추의 뜻.

7 裨諶(비심): 정나라의 대부. 들에 나가야 지혜가 번득였다는 사람.

8 劗靡勿釋(기마물석): 기劗는 옥편에 없는 글자. 기마劗靡는 갈고 갈다의 뜻. 물석勿釋은 중지하지 않다.

9 轔(린): 문지방.

10 勃(발): 우직하고 사리 판단을 못 하는 것.

제 17 권

설림훈 說林訓

나무가 무리지어 자라는 곳을
수풀[林]이라고 한다.
만물이 성대하게 이어져
수풀처럼 모여진 것을 설명했다.
그러므로 제목을 '설림說林'이라 했다.

1. 한 시대의 제도制度란…

한 시대의 제도를 헤아려 천하를 다스리는 것은 비유하자면 객客이 배를 타고 강의 가운데에 이르러 검劍을 빠뜨리고, 갑자기 그 배의 뱃전에 빠뜨린 곳을 새겨 두었다가 저녁때 해안에 이르면 찾는 것과 같은 것이다. 사물의 종류를 알지 못하는 것이 너무도 심한 것이다.

대개 한 모퉁이의 자취만을 따르고 하늘과 땅을 따라 유람할 줄 모른다면 의혹되는 것은 막대한 것이다.

비록 때에 합당한 바가 있더라도 그러한 것들은 족히 귀한 것이 되지 못하는 것이다. 비유하자면 마치 가뭄이 든 해의 토룡土龍이나 역병疫病이 돈 때의 추구芻狗와 같은 것은 그 당시에도 상제上帝를 위하는 것들이었다.

또 조씨曹氏의 찢겨진 베조각이라도 집게벌레에 물린 자는 귀하게 여기지만 하후씨의 황璜은 아닌 것이다.

옛날에도 없었고 지금에도 없으며 처음에도 없었고 끝에도 없었다. 하늘과 땅이 있지 않은 데에서 하늘과 땅은 태어났다. 깊고 미묘하며 넓고 큰 것에 이르는 것이다.

발로써 밟는 곳은 얕다. 그러나 밟지 않는 곳을 기다렸다가 행하는 것이다.

지혜로 아는 바는 좁다. 그러나 알지 못하는 바를 기다린 뒤에 밝아지는 것이다.

헤엄을 치는 자는 발로 물을 차고 손으로 물을 밀친다. 그 기술을 터득하지 못하고 발로 차면 찰수록 물속으로 더 깊이 빠진다.

헤엄을 능숙하게 치는 자는 손과 발로만 하지는 않는다.

새는 날아서 고향으로 돌아가고 토끼는 달려서 동굴로 돌아가고 여우는 죽을 때 머리를 굴이 있는 언덕쪽으로 향하고 한장(寒將: 물새)은 물 위에서 난다. 각각이 그가 사는 바를 그리워하는 것이다.

장님에게는 거울을 주지 않는 것이고 앉은뱅이에게는 신발을 주지 않는 것이며 월越나라 사람에게는 장보章甫를 주지 않는 것이다. 그들이 사용하지 못하기 때문이다.

망치에는 원래 자루가 있으나 스스로 치지는 못한다. 눈은 백보百步 밖을 보지만 스스로 그의 눈초리는 보지 못한다.

개와 돼지는 단지나 사발을 가리지 않고 먹으며 그의 몸을 살찌워 죽음에 이르게 한다.

봉황鳳凰은 천인千仞의 위를 높이 난다. 그러므로 성대한 군주의 덕이 없으면 이르게 하지 못한다.

달은 천하를 비추는데 섬저詹諸에게 침식당한다. 등사騰蛇는 안개 속에서 노는데 즉저(蝍蛆: 귀뚜라미)에게 위협 당한다. 까마귀의 힘은 태양을 이기는데 추례雛禮를 두려워한다. 능히 장점과 단점이 있기 때문이다.

일찍 죽은 아들보다 수를 누림이 없다면 8백 세를 산 팽조彭祖는 요절한 것이 된다.

짧은 길이의 두레박으로는 깊이 있는 물을 퍼 올리지 못한다. 그릇이 작으면 큰 것을 담지 못한다. 그의 임무가 아니기 때문이다.

以一世之度制治天下 譬猶客之乘舟 中流遺其劍 遽契其舟楗[1] 暮薄而

求之 其不知物類亦甚矣 夫隨一隅之迹² 而不知因天地以遊 惑莫大焉
雖時有所合 然而不足貴也 譬若旱歲之土龍 疾疫之芻狗 是時爲帝者³
也 曹氏之裂布 蚨者⁴貴之 然非夏后氏之璜 無古無今 無始無終 未有天
地而生天地 至深微廣大矣 足以屢者淺矣 然待所不屨而後行 智所知者
褊矣 然待所不知而後明 游者以足屨 以手拂 不得其數 愈屢愈敗⁵ 及其
能游者 非手足者矣 鳥飛反鄕 冤走歸窟 狐死首邱⁶ 寒將⁷翔水 各哀其所
生 毋貽盲者鏡 毋予躄者履 毋賞越人章甫⁸ 非其用也 椎固有柄不能自
椓 目見百步之外 不能自見其眦 狗尨不擇甌㼡⁹而食 偸肥其體 而顧近
其死 鳳皇高翔千仞之上 故莫之能致 月照天下 蝕於詹諸¹⁰ 騰蛇游霧
而殆於蝍蛆¹¹ 烏力勝日 而服於雛禮¹² 能有脩短也 莫壽於殤子 而彭祖¹³
爲夭矣 短綆不可以汲深 器小不可以盛大 非其任也

※

1 舟桅(주외): 배의 한쪽 모서리의 뜻. 각주구검刻舟求劍의 뜻. 주외는 일설에는
  배의 현판현판弦板이라고도 함.

2 一隅之迹(일우지적): 곧 배의 한쪽 모서리의 뜻.

3 帝者(제자): 상제上帝. 하느님.

4 曹氏之裂布蚨者(조씨지열포구자): 조씨曹氏는 초나라에서 베[布]를 이름
  한 것. 구자蚨者는 집게벌레에 물린 것. 조씨의 찢겨진 베조각이 집게벌레에
  물린 데 쓰인다는 뜻.

5 愈屢愈敗(유굴유패): 발로 차면 찰수록 물속으로 더 깊이 빠져든다의 뜻.

6 狐死首邱(호사수구): 여우가 죽을 때 머리를 집이 있는 쪽으로 향하고
  죽다.

7 寒將(한장): 수조水鳥. 물새.

8 章甫(장보): 관冠을 뜻한다. 월나라 사람들은 머리를 깎아서 관이 필요
  없다는 뜻.

9 甀甌(변구) : 단지와 사발.

10 詹諸(섬저) : 달에 산다는 두꺼비.

11 蜘蛆(즉저) : 귀뚜라미.

12 雛禮(추례) : 기러기를 뜻한다.

13 殤子而彭祖(상자이팽조) : 상자殤子는 젊은 나이에 죽은 자식. 팽조彭祖는
   황제黃帝 때의 신선을 공부한 사람. 8백 살까지 살았다고 전한다.

2. 지극한 말은 꾸미지 않는다

노여움은 노엽지 않은 데서 나오고, 하는 것은 하지 않는 데서 나온다.
형체가 없는 것을 보면 그 보는 바를 얻는다. 소리가 없는 것을 듣게
되면 그 듣는 바를 얻게 된다.

지극한 맛은 상쾌하지 않은 것이며, 지극한 말은 꾸미지 않는 것이다.
지극한 즐거움은 웃지 않는 것이며, 지극한 음악은 부르지 않는 것이다.
대장(大匠 : 최고의 기술자)은 깎지 않는 것이며 큰 제기는 구비하지
않는 것이며 큰 용맹은 싸우지 않는 것이다.

도道를 얻게 되면 덕이 따르게 된다. 비유하자면 황종黃鐘에 궁음宮音
을 비교하고 태주太簇에 상음商音을 가까이하는 것과 같아 음조를
고치지 않아도 되는 것이다.

기왓장을 걸고 내기를 하면 완전하게 이기고 황금을 걸고 내기를
하면 비틀거려 흔들리고 보옥을 걸고 내기를 하면 발걸음이 흐트러지게
된다.

이런 까닭으로 중요한 것이 밖에 있게 되면 안의 기가 꺾여서 위축되
는 것이다.

짐승을 쫓는 자는 눈에 태산太山도 보이지 않는다. 즐기고 탐하는

것이 밖에 있게 되면 밝은 것이 가려지는 것이다.

소리가 있는 소리를 듣는 자는 귀머거리이고, 소리가 없는 소리를 듣는 자는 총명한 사람이다. 귀머거리도 아니고 총명하지도 않다면 신명神明과 통하는 것이다.

점을 치는 자는 거북을 잡고, 점대로 점치는 자는 책(策: 점대)을 바르게 하고 술수를 묻는데 어디에 묻는 것일까?

춤을 추는 자가 절도에 따라 움직이면 앉아 있는 자는 약속하지 않았는데도 손뼉을 치며 모두가 한결같은 것은 즐거움이 동일하기 때문이다.

해는 양곡暘谷에서 나와 우연虞淵으로 들어간다. 그 움직이는 것은 알지 못하지만 잠깐 사이에 사람의 고개를 숙이게 한다.

사람들은 용을 부리는 것은 배우고 싶어 하지 않지만 모두가 말을 부리는 것은 배우고자 한다. 귀신을 다스리는 것은 배우고자 하지 않지만 모두가 사람을 다스리는 것은 배우고자 한다. 쓰이는 바가 급하기 때문이다.

문을 해체해 땔감으로 삼고 우물을 막아 절구로 삼는다. 사람들이 일을 따르는 것이 때에 따라서는 이와 같은 것들이 있다.

물과 불은 서로 싫어하지만 솥이 그 사이에 있게 되면 다섯 가지의 맛이 조화를 이룬다.

골육(骨肉: 친척)은 서로 사랑하지만 헐뜯고 해치는 사람이 이간시키면 아버지와 아들 사이라도 서로 위태로워진다.

기르는 바로써 기르는 바를 해치는 것은 비유하자면 발을 깎아 신발에 맞추고 머리를 줄여 관을 편리하게 하는 것과 같은 것이다.

창포(菖蒲: 昌羊)는 벼룩과 이를 제거하지만 등에와 그리마를 불러들인다. 이것은 작은 해충을 없애려다 큰 해로움을 이르게 하는 것이며 작은 쾌락을 욕심내어 큰 이로움을 해치는 것이다.

담이 무너지면 없는 것과 같지 못하다. 그러나 지붕이 무너진 것보다는 낫다.

벽벽璧이나 원瑗이 그릇이 되는 것은 감제(礛諸: 옥을 가는 숫돌)의 공로이다. 막야검鏌邪劍이 단번에 자르는 것은 숫돌의 힘이다. 교활한 토끼를 잡으면 사냥개는 삶아 먹힌다. 높이 나는 새가 다 잡히면 강한 쇠뇌는 창고에 보관된다.

등에와 천리마는 함께 1천 리를 달려 이르는데 등에는 날지 않으며 가진 양식도 없지만 굶주리지 않는다.

잘못해 불을 냈는데 비를 만났다. 잘못해 불을 낸 것은 불행이었으나 비를 만난 것은 다행이었다. 그러므로 재앙 속에 복이 있다고 한 것이다.

관을 판매하는 자는 백성들이 질병에 걸리기를 원하고, 곡식을 파는 자들은 한 해가 흉년이 들기를 바라는 것이다.

怒出於不怒 爲出於不爲 視於無形 則得其所見矣 聽於無聲 則得其所
聞矣 至味不嗛[1] 至言不文 至樂不笑 至音不叫 大匠不斲 大豆不具 大勇
不鬪 得道而德從之矣 譬若黃鐘之比宮 太蔟之比商 無更[2]調焉 以瓦鉆
者全 以金鉆者跋 以玉鉆者發[3] 是故所重者在外 則內爲之掘[4] 逐獸者目
不見太山 嗜慾在外 則明所蔽矣 聽有音之音者聾 聽無音之音者聰 不
聾不聽 與神明通 卜者操龜 筮者端策 以問於數 安所問之哉 舞者擧節
坐者不期而抃皆如一 所極同也 日出暘谷 入于虞淵 莫知其動 須臾之
間 俛人之頸 人莫欲學御龍 而皆欲學御馬 莫欲學治鬼 而皆欲學治人
急所用也 解門以爲薪 塞井而爲臼 人之從事 或時相似 水火相憎 鏏在

其間 五味以和 骨肉相愛 讒賊間之 而父子相危[7] 夫所以養而害所養
譬猶削足而適履 殺頭而便冠 昌羊去蚤蝨而來蛉窮[8] 除小害而致大賊
欲小快而害大利 牆之壞也 不若無也 然逾屋之覆 壁瑗成器 礛諸之功
鏌邪斷割 砥礪之力 狡兔得而獵犬烹 高鳥盡而强弩藏 虻與驥致千里而
不飛 無糗糧之資而不飢 失火而遇雨 失火則不幸 遇雨則幸也 故禍中
有福也 鬻棺者 欲民之疾病也 畜粟者 欲歲之荒饑[9]也

※

1 慊(겸): 상쾌하다. 마음에 맞다.

2 更(경): 고치다.

3 以瓦鈇者~以玉鈇者發(이와주자~이옥주자발): 『열자』의 황제편과 『장
자』의 달생편과 『여씨춘추』 유시람의 거우편에 있다.

4 掘(굴): 꺾이다. 굴하다의 뜻.

5 或(혹): 유有의 뜻과 같다.

6 錯(예): 작은 솥.

7 父子相危(부자상위): 초楚나라의 평왕平王과 진晉나라의 헌공獻公 같은
경우를 뜻한다.

8 昌羊去蚤蝨而來蛉窮(창양거조슬이래금궁): 창양昌羊은 창포. 조슬蚤蝨은
벼룩과 이. 금궁蛉窮은 등에와 그리마.

9 荒饑(황기): 크게 흉년이 든 것. 곧 곡식이 익지 않은 것.

3. 입술이 없으면 이가 시리다

물은 고요하면 잔잔하다. 잔잔하면 맑다. 맑으면 사물의 형체를 나타내
고 숨기지 않는다. 그러므로 가히 바르다고 여긴다.

개울이 마르면 골짜기의 물도 없어지고 언덕이 평평해지면 연못을

가득 채우고 입술이 없어지면 이가 시려진다. 하수河水가 깊은 것은 그 흙덩이가 산에 있기 때문이다.

또 같은 비단이라도 한 부분으로는 관冠을 만들고 한 부분으로는 버선을 만든다. 관은 머리에 쓰지만 버선은 신고 밟는다.

자신을 아는 자는 사물에 유혹당하지 않고 죽음과 삶에 밝은 사람은 위험으로 협박하지 못한다. 그러므로 헤엄을 잘 치는 자는 물을 건너는 것을 두려워하지 않는다.

친한 것에는 자신의 뼈와 살보다 친한 것이 없고 갈라져 나간 친족들이 연속되어 있다.

마음이 그 제재하는 것을 잃게 되면 이에 도리어 스스로를 해치게 된다. 하물며 소원한 타인에 있어서랴!

성인의 도道는 마치 해바라기가 태양과 함께하는 것과 같다. 비록 끝마침과 시작하는 것을 함께하는 데는 능하지 않지만 그 향하는 것은 진실한 것이다.

궁宮의 연못에 물이 고이면 넘치고 가뭄이 들면 마른다.

강수江水의 근원은 샘이 깊어서 마르지 않는다.

일산은 우산살이 없으면 햇빛을 가릴 수 없다. 수레바퀴는 바퀴살이 없으면 빨리 달릴 수 없다. 그러나 우산살이나 바퀴살을 족히 믿지 않는 것이다.

쇠〔金〕가 나무〔木〕를 이긴다는 것은 단칼에 수풀을 해치는 것은 아니다. 흙〔土〕이 물〔水〕을 이긴다는 것은 한 덩이의 흙으로 강을 메운다는 것은 아니다.

앉은뱅이가 호랑이를 보고도 달아나지 않는 것은 용감해서가 아니라 형세가 편안하지 않기 때문이다.

기울어진 것은 엎어지기가 쉽다. 의지하고 있는 것은 밀기가 쉽다. 가까이 있는 것은 돕기가 쉽다. 습하면 비가 쉽게 내린다.

쥐를 잡는 자는 기계를 작동시키고 물고기를 낚시질하는 자는 배를 띄우고 수레를 움직이면 수레는 우는 소리를 낸다.

추구芻狗는 서 있을 수는 있지만 움직이지는 못한다. 사상蛇牀은 미무蘪蕪와 비슷하지만 향기가 없다.

허유許由에게 덕이 없다고 하고 오획烏獲에게 힘이 없다고 한다면 얼굴에 노기를 띠지 않을 수 없을 것이다. 사람들은 자신의 부족한 점에 분발하지 않는 자가 없는 것이다.

토끼의 달리는 것으로 개를 시켜 말처럼 달리게 한다면 태양도 따라가고 바람도 붙좇을 것이다. 토끼가 말처럼 된다면 또한 능히 달리지 못할 것이다.

겨울철에 우레와 번개가 치며 여름철에 서리와 눈이 내린다 해도 추위와 더위의 형세는 바뀌지 않을 것이다. 작은 변화는 큰 일을 방해하지 못하는 것이다.

황제黃帝가 음과 양을 낳게 했고 상변上騈은 귀와 눈을 만들었으며 상림桑林이 팔과 손을 만들었다. 이러한 것은 여와女媧가 70회나 조화시켰던 바이다.

하루 종일 말하는데 반드시 성인聖人의 일이 있을 것이다. 백 번을 적중시키는 속에는 반드시 예羿나 봉몽逢蒙처럼 활 쏘는 재주가 있을 것이다. 그러나 세상에서는 함께 해주지 않는 것은 그 절도를 지키는 것이 그르기 때문이다.

소의 발굽이나 돼지의 두개골도 뼈이지만 세상에서는 불로 지져서 점을 치지 않는다. 길한 것과 흉한 것을 반드시 거북의 등뼈에 묻는 것은 거쳐 온 세월이 오래 되었기 때문이다.

곡식 창고가 있는 오창敖倉에 가까이하는 것은 밥을 많이 먹기 위해서가 아니다. 강수江水와 하수河水에 다다르는 자도 물을 많이 마시기 위해서가 아니다. 다만 배가 부르기만을 기약할 따름이다.

水靜則平 平則淸 淸則見物之形 弗能匿[1]也 故可以爲正 川竭而谷虛
邱夷而淵塞 脣竭而齒寒 河水之深 其壤在山 鈞之縞也 一端以爲冠
一端以爲絑 冠則戴致之 絑則躡履之 知己者不可誘以物 明於死生者
不可卻以危 故善游者不可懼以涉 親莫親於骨肉 節族之屬連[2]也 心失
其制 乃反自害 況疏遠[3]乎 聖人之於道 猶葵之與日也 雖不能與終始哉
其鄕之誠也 宮池涔則溢 旱則涸 江水之源 淵泉不能竭 蓋非橑[4] 不能蔽
日 輪非輻 不能追疾 然而橑輻未足恃也 金勝木者 非以一刃殘林也
土勝水者 非以一墣塞江也 矍者見虎而不走 非勇 勢不便也 傾者易覆
也 倚者易軵也 幾易助也 淫易雨也 設鼠[5]者機動 釣魚者泛杭 任動[6]者車
鳴也 螸狗能立而不能行 蛇牀似糜蕪而不能芳 謂許由無德 烏獲無力
莫不醜[7]於色 人莫不奮于其所不足 以兔之走使犬如馬 則逮日歸風 及
其爲馬 則又不能走矣 冬有雷電 夏有霜雪 然而寒暑之勢不易 小變不
足以妨大節 黃帝生陰陽 上駢[8]生耳目 桑林[9]生臂手 此女媧[10]所以七十
化也 終日之言 必有聖之事 百發之中 必有羿逢蒙[11]之巧 然而世不與也
其守節非也 牛蹄彘顱亦骨也 而世不灼 必問吉凶於龜者 以其歷歲久矣
近敖倉[12]者 不爲之多飯 臨江河者 不爲之多飮 期滿腹而已

＊

1 匿(닉): 逃의 뜻과 같다.
2 節族之屬連(절족지촉련): 절족節族은 마디의 친척. 곧 갈라져 나간 친척.

촉련屬連은 연속된 것.

3 疏遠(소원): 먼 타인의 뜻.

4 橑(료): 일산의 살.

5 設鼠(설서): 쥐를 잡는 자의 뜻.

6 任動(임동): 임任은 연輦의 뜻과 같다. 임동은 수레를 움직이는 것.

7 醜(추): 노怒의 뜻과 같다.

8 上騈(상변): 신神의 이름.

9 桑林(상림): 신의 이름.

10 女媧(여와): 여신女神.

11 羿逢蒙(예봉몽): 예와 봉몽은 모두 활의 명사수들.

12 敖倉(오창): 중국의 곡식 창고가 있는 곳.

4. 젖을 먹이는 개는 호랑이도 물어뜯는다

난초蘭草와 지초芝草는 꽃다운 향기 때문에 일찍이 서리를 보지 못한다
[곧 보이면 채취한다는 뜻].

고조鼓造로 국을 끓여 먹으면 병란兵亂을 물리친다고 해 5월 보름이면
수명을 다한다.

혀와 이는 어느 것이 먼저 닳는가? 창의 고달대와 칼날은 어느
것이 먼저 파손되는가? 먹줄과 화살은 어느 것이 먼저 직선을 그릴까?

지금 두렁허리와 뱀, 누에와 나방의 애벌레는 모양이 서로 비슷한데
좋아하고 싫어하는 것이 다르다.

진晉나라의 헌공이 수극垂棘의 벽옥으로 우虞나라와 괵虢나라를 얻
었다. 여융驪戎이 미녀인 여희驪姬를 진晉나라에 바쳐 진나라를 망하게
했다.

귀머거리가 노래를 하지 않는 것은 스스로 즐거움이 없기 때문이다. 장님이 보지 않는 것은 사물을 접할 수 없기 때문이다.

활 쏘는 것을 관람하는 자는 그의 일을 잊어버리고 글을 보는 자는 그가 사랑하는 것을 잊는다. 뜻이 살피는 바에 있게 되면 그 지키는 바를 잃게 되는 것이다.

옛날에 하던 바를 고치지 않는다면 추차推車는 지금에 이르러도 선거蟬蟲가 없을 것이다〔뜻이 미상이다〕.

서투른 사람에게 피리를 불게 하고 기술자에게 피리의 구멍을 막게 하면 비록 가락이 맞더라도 듣지 못할 것이다. 이는 그 주관하는 바의 형상이 없기 때문이다.

죽은 자와 같은 병에 걸린다면 좋은 의사가 되기도 어렵다. 망한 나라와 도를 함께한다면 계획을 세우기도 어렵다.

객을 위해 밥을 지으면서 자신은 명아주와 콩잎을 먹는 것은 명예를 진실로 존중하기 때문이다.

젖먹이 새끼가 있는 개가 호랑이도 물어뜯고 알을 품은 닭이 너구리에게도 달려드는 것은 보호하려는 정이 보태져 그의 힘의 능력을 헤아리지 못하기 때문이다.

그림자로 하여금 굽게 하는 것은 형체이다. 메아리로 하여금 탁하게 하는 것은 소리이다. 정이 새어 나오는 자는 속을 헤아리기가 쉽다. 꽃이 제때에 피지 않은 것은 먹지 말아야 한다.

월越나라에 가려는 사람은 혹은 배로 가거나 혹은 수레를 타고 간다. 비록 길은 다르더라도 이르는 바는 한 가지이다.

아름다운 사람은 몸이 똑같지가 않고 미인美人은 얼굴이 똑같지가 않지만 모두의 눈을 기쁘게 해준다.

배나 귤이나 대추나 밤은 맛이 똑같지 않지만 모두의 입에 맞는다.

사람 중에 훔쳐서 부자가 되는 자가 있기도 하지만 부자가 반드시 훔치는 것은 아니다. 청렴해 가난한 자가 있기도 하지만 가난하다고 반드시 청렴하지는 않다.

억새꽃은 솜과 비슷하지만 솜이 되지는 못한다. 삼씨는 베와 비슷하지 않지만 베로 삼기도 한다.

숲에서 나오는데 곧은길을 얻을 수 없고 험한 곳을 가는데 먹줄을 밟는 것처럼 갈 수는 없다.

명사수인 예羿가 활을 쏘아서 멀리 떨어져 있는 미세한 것을 명중시켰던 것은 활과 화살의 힘이 아니었다. 조보造父가 신속하게 달려서 먼 곳까지 이른 것은 고삐와 재갈의 힘이 아니었다.

바다는 그곳에서 나온 것을 받아들이므로 능히 큰 것이다. 수레바퀴는 그 지나가는 바의 곳을 다시 하므로 능히 멀리까지 한다.

양고기는 개미를 사모하지 않지만 개미가 양고기를 사모하는 것은 양고기에서 누린내가 나기 때문이다. 식초는 초파리를 사모하지 않지만 초파리는 식초를 사모한다. 한 조각의 저민 고기를 맛보면 한 솥 안의 맛을 알 수 있다. 깃털과 숯을 매달아 놓으면 건조한 것과 습한 것의 기氣를 알 수 있다. 작은 것으로써 큰 것을 보고 가까운 것으로써 멀리 있는 것을 깨우치는 것이다.

10경十頃의 방죽으로는 40경四十頃의 밭에 물을 댈 수가 있고 1경의 방죽으로는 4경四頃의 밭에 물을 댈 수가 있다. 큰 것과 작은 것의 차이가 그러한 것이다.

蘭芝以芳 未嘗見霜 鼓造辟兵[1] 壽盡五月之望 舌之與齒 孰先齧也 錞之

與刃 孰先弊也 繩之與矢 孰先直也 今鱓²之與蛇 蠶之與蠋 狀相類而愛
憎異 晉以垂棘之璧得虞虢³ 驪戎以美女亡晉國⁴ 聾者不謌 無以自樂
盲者不觀 無以接物 觀射者遺其颯⁵ 觀書者忘其愛 意有所在 則忘其所
守 古之所爲不可更 則推車至今無蟬匷⁶ 使但吹竽 使工厭竅 雖中節而
不可聽 無其君形者也 與死者同病 難爲良醫 與亡國同道 難與爲謀
爲客治飯而自藜藿 名尊於實也 乳狗⁷之噬虎也 伏雞⁸之搏狸也 恩之所
加 不量其力 使景曲者形也 使響濁者聲也 情泄者中易測 華不時者不
可食也 蹠越者或以舟 或以車 雖異路 所極一也 佳人不同體 美人不同
面 而皆說於目 梨橘棗栗 不同味 而皆調於口 人有盜而富者 富者未必
盜 有廉而貧者 貧者未必廉 藟苗類絮⁹ 而不可爲絮 膚不類布 而可以爲
布 出林者不得直道 行險者不得履繩 羿之所以射遠中微者 非弓矢也
造父之所以追速致遠者 非轡銜也 海內其所出 故能大 輪復其所過 故
能遠 羊肉不慕蟻 蟻慕於羊肉 羊肉膻也 醴酸不慕蚋 蚋慕於醴酸 嘗一
臠肉而知一鑊之味 懸羽與炭而知燥溼之氣 以小見大 以近喻遠 十頃之
陂 可以灌四十頃 而一頃之陂 可以灌四頃 大小之衰然¹⁰

※

1 鼓造辟兵(고조벽병): 고조鼓造는 올빼미. 일설에는 두꺼비라고도 했다.
  벽병辟兵은 병화兵火를 물리치다.

2 鱓(선): 두렁허리. 뱀장어와 비슷한 민물고기.

3 晉以垂棘之璧得虞虢(진이수극지벽득우괵): 자세한 내용이 '제속훈齊俗訓'
  에 기록되어 있다.

4 驪戎以美女亡晉國(여융이미녀망진국): 진晉나라의 헌공獻公이 여융국을
  멸망시키고 미녀를 취했는데 그 미녀가 진나라를 멸망하는 길로 접어들게
  했다. 곧 미녀는 진晉나라의 여희驪姬이다.

5 颯(사): 사事의 뜻과 같다. 자전字典에는 없는 글자이다.

6 推車至今無蟬匷(추거지금무선구) : 추거推車는 추거椎車이고 선구蟬匷는
  선구蟬軂이며 수레의 이름이라고 했다.

7 乳狗(유구) : 새끼에게 젖을 먹이는 개.

8 伏雞(복계) : 닭이 알을 품다. 또는 병아리를 품다의 뜻.

9 薍苗類絮(적묘류서) : 갈대꽃이 솜과 비슷하다의 뜻.

10 衰然(쇠연) : 쇠衰는 차이. 곧 차이가 그러하다의 뜻.

5. 여드름을 짜다 종기가 나게 하는 일

밝은 달의 광채로는 먼 곳까지 바라볼 수 있지만 잔글씨를 쓰는 데는
불가하고, 또 짙은 안개가 끼어 있는 아침에는 잔글씨를 쓸 수 있지만
열 자나 열여덟 자 거리의 밖을 바라보는 것도 불가하다.

그림을 그리는 자는 잔털 하나하나를 신경 쓰다가는 용모를 잃게
된다. 활을 쏘는 자는 작은 것을 겨냥하다가는 큰 것을 놓치게 된다.
쥐구멍을 막는다고 하면서 마을의 문을 무너뜨리고 작은 여드름을
짠다면서 종기를 생기게 하는 것들은, 마치 구슬에 흠이 있고 옥에
티가 있는 것을 그대로 두면 온전하지만 제거하면 망가지는 것과 같은
것이다.

덤불진 곳에 보금자리는 수풀이 무성한 곳에 있어야 안전하다. 굴이
나 구멍은 제방에 의지해야 편안하다.

왕자경기王子慶忌는 발로는 고라니와 사슴을 밟고 손으로는 외뿔소
와 호랑이를 쳐서 잡았지만 어두운 방안에 있게 되면 거북이나 자라도
잡지 못한다. 형세가 불편하기 때문이다.

탕왕은 그의 군주를 내쫓고 영화로운 명성을 얻었다. 제나라의 최저
崔杼는 그의 임금인 장공莊公을 죽이고 크게 꾸짖음을 당했다. 한 일은

같았지만 하는 방법이 달랐기 때문이다.

　여망(呂望: 태공망)은 노인들을 발분發奮시켰고, 항탁項託은 어린아이에게 긍지를 가지게 했다. 같은 부류끼리 서로 사모한 것이다.

　나뭇잎이 떨어지는 것은 바람이 흔들어대기 때문이고 물이 흐려지는 것은 물고기들이 요동치기 때문이다.

　호랑이나 표범은 무늬 때문에 화살에 맞게 되고 원숭이는 민첩하기 때문에 잠깐 사이에 잡히게 된다.

　1개의 바둑돌을 놓은 것으로는 지혜를 나타내지 못하고 한 줄의 악기줄을 타는 것으로는 슬픔을 나타내지는 못한다. 세 치의 피리라도 밑이 없으면 천하에 소리를 가득 채우지 못하고 열석+石의 자루라도 막혀 있으면 1백 말[斗]이면 족한 것이다.

　상앗대로 강을 측량하고 상앗대가 끝까지 들어갔다고 해서 물의 깊이를 측량했다고 하는 것은 의혹된 것이다.

　어부는 연못으로 달리고 나무꾼은 산으로 달리는 것은 급한 바가 존재하기 때문이다. 아침에 시장으로 갈 때에는 달려가지만 저녁 때 시장을 지나갈 때는 천천히 걷는다. 구하는 것이 없기 때문이다.

　표범 갖옷의 섞인 것은 여우 갖옷의 순수한 것과 같지 못하다. 백벽(白璧: 백옥)에 흠집이 있으면 보물로 여기지 않는다. 지극히 순결한 것의 어려운 것을 말한 것이다.

　전쟁에서 죽은 귀신은 무당을 싫어하고 도적의 무리는 개가 짖는 것을 싫어한다.

　고을에 사祉가 없으면 쉽게 기장과 고기를 만들게 되고, 나라에 직稷이 없으면 쉽게 복을 구하게 된다.

　자라는 귀가 없지만 눈으로 언뜻 보지 않는 것은 시력이 정미하기 때문이다. 장님은 볼 수 없지만 귀로 살피지 않는 것은 청력이 정미하기 때문이다.

유복자遺腹子가 그의 아버지를 생각하지 않는 것은 마음속에 아버지의 모습이 없기 때문이다. 꿈속에서 형상을 보지 못하는 것은 눈에 형상이 없기 때문이다.

살무사나 뱀에게는 다리를 만들어 주지 않았고 호랑이나 표범은 나무에 오르지 못하게 했다.

말은 기름을 먹지 않고 상호桑扈새는 곡식을 쪼아 먹지 않는데 청렴해서 그런 것은 아니다.

明月之光 可以遠望 而不可以細書 甚霧之朝 可以細書 而不可以遠望 尋常之外 畫者謹毛而失貌 射者儀小而遺大 治鼠穴而壞里閭 潰小庖[1] 而發痤疽 若珠之有纇 玉之有瑕 置之而全 去之而虧 榛巢者處林茂安也 竀穴者託垠防 便也 王子慶忌 足躡麋鹿 手搏兕虎 置之冥室之中 不能搏龜鼈 勢不便也 湯放其主而有榮名 崔杼[2]弑其君而被大謴 所爲之則同 其所以爲之則異 呂望使老者奮[3] 項託使嬰兒矜[4] 以類相慕 使葉落者風搖之 使水濁者魚撓之 虎豹之文來射 蝯狖之捷來乍 行一棊 不足以見智 彈一弦 不足以見悲 三寸之管而無當 天下弗能滿 十石而有塞 百斗而足矣 以篙測江 篙終而以水爲測 惑矣 漁者走淵 木者走山 所急者存也 朝之市則走 夕過市則步 所求者亡也 豹裘之襮 不若狐裘之粹 白璧有考 不得爲寶 言至純之難也 戰兵死之鬼憎神巫[5] 盜賊之輩醜吠狗 無鄉之社 易爲黍肉 無國之稷 易爲求福 鼈無耳而目不可以蔽 精于明也 瞽無目而耳不可以察 精于聰也 遺腹子[6]不思其父 無貌于心也 不夢見像 無形于目也 蝮蛇不可爲足 虎豹不可使緣木 馬不食脂

桑扈[7]不啄粟 非廉也

※

1 小皰(소포) : 작은 여드름.

2 崔杼(최저) : 제나라의 대부인데 장공莊公을 죽였다.

3 呂望使老者奮(여망사로자분) : 태공망은 백정 출신으로 낚시질을 하다가
  문왕을 만났다. 70세에 학문을 시작해 90세에 문왕의 스승이 되었고 무왕을
  도와 주왕을 토벌하고 제나라에 봉해졌다. 곧 노인을 발분시켰다.

4 項託使嬰兒矜(항탁사영아긍) : 항탁은 7세에 공자의 스승이 되어 어린아이
  들의 동무로서 긍지를 갖게 했다고 한다.

5 戰兵死之鬼憎神巫(전병사지귀증신무) : 전쟁에서 죽은 귀신은 신무神巫를
  싫어한다.

6 遺腹子(유복자) : 아버지가 죽을 때 어머니의 뱃속에 있던 자식. 곧 아버지가
  죽은 뒤에 태어난 자식.

7 桑扈(상호) : 청작靑雀이고 절지竊脂라고도 한다.

6. 진주는 병든 조개에서 생긴다

진秦나라에서 효새崤塞를 통하게 하자 위魏나라에서 성을 쌓았다.

굶주린 말이 마구간에 있으면 적막해 소리도 없지만 그 옆에 꼴을
던져 주면 경쟁심이 이에 생겨난다.

활을 당겨서 쏘는데 시위가 없으면 능히 화살을 발사하지 못한다.
활의 시위가 쏘는 것을 돕는 데는 백분의 일일 뿐이다.

도덕은 떳떳한 것이고 권權은 떳떳한 것이 아니다. 그러므로 관문을
따르는 것은 다시 할 수가 없고 감옥에서 도망치는 것은 두 번 다시
하지 못할 것이다.

고리는 둥근 것에 비유하지만 반드시 바퀴는 아닌 것이다. 조(條:

끈)는 억(繶: 끈)으로 여기기도 하지만 반드시 순(紃: 끈)은 아닌 것이다.

해와 달은 함께 나오지 않고 여우는 수컷 두 마리가 함께하지 않으며 신룡神龍은 짝을 하지 않으며 사나운 짐승은 무리를 짓지 않고 낚아채는 새들은 함께 날지 않는다.

먹줄을 따라 절단하면 넘치지 않고 저울에 달아서 헤아리면 차이가 나지 않는다. 표表는 세워서 바라보면 의혹되지 않는다.

나이를 줄이면 동생으로 의심받고 나이를 보태면 형으로 의심받는다. 순리를 따라 마땅한 것만을 따르는 것과 같지 못하다.

사람들은 용이 날아오르고 능히 높이 오르며 바람과 구름이 돕는다는 것을 보지는 못했다.

좀이 많아지면 나무는 부러지고 틈이 커지면 담장이 무너진다.

늘어져 있는 종류는 시기가 있어서 떨어진다. 갈라진 가지들은 때가 되면 분리되게 된다(뜻이 자세하지 않다).

얼음이 이르러도 죽지 않는 것은 그 적당함을 잃지 않은 것이다. 더위가 이르러도 더위를 먹지 않는 것은 그 적당함을 잃지 않은 것이다. 일찍이 적당하지 않았다면 그 적당한 것은 없는 것이다.

더운 물로 몸을 씻을 준비를 갖추자 서캐와 이가 서로 조문을 하고 큰 집이 이루어지자 제비와 참새가 서로 축하했다. 이것은 근심하고 기뻐하는 것이 구별된 것이다.

노魯나라의 유하혜柳下惠가 엿을 보고 말하기를 "노인을 봉양할 수 있겠다."라고 했다. 도척盜跖은 엿을 보고 말하기를 "자물쇠에 붙이겠다."라고 했다. 이것은 물건을 본 것은 똑같지만 사용하는 방법이 다른 것이다.

누에는 먹기만 하고 마시지는 않고 22일 만에 변화한다. 매미는 마시기만 하고 먹지 않고 30일 만에 죽는다.

사람이 여석礜石을 먹으면 죽는데 누에가 먹으면 굶주리지 않는다. 물고기는 파숙巴菽을 먹으면 죽는데 쥐가 먹으면 살이 찐다. 종류로써 가히 유추하지 못할 것들이다.

기와는 불에 구워 만들어 내지만 불을 가까이하면 안 된다. 대나무는 물에 의해 자라지만 물에 잠기면 안 된다.

흙덩이를 날려 먼지를 없애고자 하고 갖옷을 입고 부채질을 한다면 어찌 옷을 적당히 하는 것만 같을 것인가?

마른 대나무는 불의 기운이 있으나 송곳으로 뚫지 않으면 타지 않는다. 흙 속에는 물이 있지만 파지 않으면 샘도 없다.

대합조개나 코끼리의 병病은 사람에게는 보배로운 것이다. 사람의 병을 누가 보배라고 할 수 있겠는가?

秦通崤塞而魏築城也[1] 飢馬在廐 寂然無聲 投芻其旁 爭心乃生 引弓而射 非弦不能發矢 弦之爲射 百分之一也 道德可常 權[2]不可常 故適關不可復 亡犴[3]不可再 環可以喩員 不可以輪 絛可以爲繶 不必以紃 日月不竝出 狐不二雄 神龍不匹 猛獸不群 鷙鳥不雙[4] 循繩而斲則不過 懸衡而量則不差 植表而望則不惑 損年則嫌于弟 益年則疑于兄 不如循其理若其當 人不見龍之飛擧而能高者 風雨奉之 蠹衆則木折 隙大則牆壞 懸垂之類 有時而隊 枝格[5]之屬 有時而弛[6] 當凍而不死者 不失其適 當署而不喝[7]者 不亡其適 未嘗適 亡其適 湯沐具而蟣蝨相弔 大廈成而燕雀相賀 憂樂別也 柳下惠[8]見飴曰 可以養老 盜跖[9]見飴曰 可以黏牡 見物同而用之異 蠶食而不飮 二十二日而化 蟬飮而不食 三十日而脫 蜉蝣不食不飮 三日而死 人食礜石[10]而死 蠶食之而不飢 魚食巴菽[11]而死 鼠食

之而肥 類不可必推 瓦以火成 不可以得火 竹以水生 不可以得水 揚堁
而欲弭塵 被裘而以翼翼 豈若適衣而已哉 槁竹有火 弗鑽不熱 土中有
水 弗掘無泉 蚌象之病[12] 人之寶也 人之病 將有誰寶之者乎

※

1 秦通崤塞而魏築城也(진통효새이위축성야) : 진秦나라가 효새를 통과하자
위나라에서 성을 쌓아 대비한다는 뜻.

2 權(권) : 권도權道이다.

3 犴(안) : 감옥의 뜻.

4 鷙鳥不雙(지조불쌍) : 지조鷙鳥는 사나운 새. 곧 매나 수리의 새. 불쌍不雙은
함께 날지 않다.

5 格(격) : 가지의 뜻.

6 弛(이) : 떨어지다의 뜻.

7 暍(갈) : 더위를 먹다.

8 柳下惠(유하혜) : 노나라 사람으로 성인聖人이다. 동생은 도척盜跖이다.

9 盜跖(도척) : 노나라의 도적이며 유하혜의 동생. 당시에 도둑이 되었다.

10 礜石(여석) : 음산陰山에서 나오는데 쥐를 죽인다고 했다.

11 巴菽(파숙) : 숙두菽豆의 총칭이라 했다. 이것을 쥐가 먹으면 살이 찐다.

12 蚌象之病(방상지병) : 방蚌은 대합조개이다. 대합조개가 병이 들면 진주가
생긴다. 코끼리의 상아도 병이 들어 생기는 것이라고 했다.

7. 나국保國에서는 새나 짐승이 피하지 않는다

술을 만든 사람에게 이익이 된다고 해 술을 사먹지 않으면 목이 마르고,
수레를 만든 사람에게 이로움이 된다고 여겨 수레를 빌리지 않는다면
목적지에 도달하지 못한다.

불을 잡아서 남에게 던진다면 오히려 먼저 화상을 입는다.

이웃집의 어머니가 죽으면 가서 곡을 하지만 이웃집의 아내가 죽으면 곡을 하지 않는다. 겁박하는 바가 있을까봐 그러하는 것이다.

서방西方의 나국倮國에서 새와 짐승들이 피하지 않는 것은 함께 하나가 되었기 때문이다.

하나의 숯을 빼내어 불을 붙인 것을 주워 집으면 손가락이 문드러진다. 만석萬石을 모두 불살라도 열 걸음을 떨어져 있으면 죽지 않는다. 기氣는 같지만 쌓인 것이 다르기 때문이다.

큰 용기나 작은 용기도 이와 같은 것이 있다.

지금 여섯 자짜리 자리(깔개)가 있는데 이 자리를 깔아 놓고 넘는 것은 하찮은 재주를 가진 자도 어렵지 않은 일이다. 그러나 세워 놓고 넘게 한다면 뛰어난 재주를 가졌어도 쉽게 하지 못한다. 세의 베풀어짐이 다른 것이다.

1백 개의 매실梅實은 백 사람을 시게 만드는 데는 충분하지만 1개의 매실은 한 사람의 입맛을 시게 조화시키는 데는 부족하다.

밥을 먹다가 죽은 자가 있다고 해 천하의 사람들에게 먹지 말라고 금지시킨다거나 수레에 손상을 입은 자가 있다고 해 천하의 사람들에게 수레를 타지 못하게 금지시킨다면 잘못된 것들이다.

낚시를 하는 자는 조용히 하고 그물질을 하는 자는 배를 두드리고 가리질(가리: 통발 비슷한 고기 잡는 기구)을 하는 자는 눌러 가라앉혔다 걸리는 것은 들어 올린다. 하는 것은 다르지만 물고기를 잡는 것은 동일한 것이다.

상아를 보면 그것이 소보다 크다는 것을 안다. 호랑이의 꼬리를 보면 그것이 너구리보다 크다는 것을 안다. 한 마디만을 보고도 여러 마디를 가히 안다.

작은 나라는 큰 나라 사이에서는 싸우지 않고 두 마리의 사슴은 외뿔소가 엎드려 있는 곁에서는 싸우지 않는다.

제사를 돕는 자는 음식을 맛볼 수 있고 싸움을 말리는 자는 상처를 입는다. 상서롭지 못한 나무 그늘에서는 벼락을 맞게 된다.

어떤 이는 총(冢: 무덤)이라고 하고, 어떤 이는 농(隴: 무덤)이라고 한다. 어떤 이는 입(笠: 삿갓)이라고 하고, 어떤 이는 등(簦: 우산)이라고 한다. 머릿니도 슬蝨이라고 하고 속이 비어 있는 나무도 슬瑟이라고 하는데 이름은 같아도 실상은 다르다.

해와 달은 밝게 하고자 하는데 떠 있는 구름이 덮는다. 난초와 지초는 자라고자 하는데 가을바람이 부서뜨린다.

호랑이는 새끼가 후려갈기고 움켜쥐지 못하게 되면 번번이 죽여버린다. 무용을 무너뜨리기 때문이다.

귀뉴새龜紐璽는 어진 이가 몸에 차는 것이다. 토양이 펼쳐져 있는 밭이 있으면 부지런한 자는 부자가 된다.

물에 빠진 자에게 금과 옥을 주는 것은 여덟 자나 열여섯 자의 노끈을 주는 것만 못하다. 책을 보는데 위에 술이 있으면 아래에는 반드시 고기가 있다. 위에 해[年]가 있으면 밑에는 반드시 달[月]이 있다. 종류로써 취하는 것이다.

먼지를 뒤집어쓰면 눈을 잘 못 뜨는 것은 변하지 않는 이치이다. 문 밖으로 나가지 않았는데 흙덩이를 맞았다면 잘못된 것이다.

짐승을 잡는 백정은 콩잎국을 먹고 수레를 만드는 자는 걸어 다니고 도기陶器를 만드는 자는 잘못 만들어진 그릇을 사용하고 장인(匠人: 목수)은 협소한 집에서 산다. 만드는 자는 반드시 사용하지 않고 사용하는 자는 즐겨 만들지 않는다.

수레바퀴는 30개의 바퀴살을 세워서 각각 그 힘을 다하게 하고 서로 해치지 않게 한다. 가령 1개의 바퀴살이 홀로 들어가고 모든 바퀴살을 버린다면 어찌 능히 천 리를 이르겠는가?

밤에 걸어가는 자는 눈을 가리면 그의 손을 앞으로 해 더듬는다. 물을 건너가는 자는 말을 풀어서 배에 싣는다. 사물에는 마땅한 바가 있어서 베풀지 않는 것도 있다.

爲酒人之利 而不酤則竭 爲車人之利 而不傲則不達 握火投人 反先之熱 隣之母死 往哭之 妻死而不泣 有所劫以然[1]也 西方之俙國 鳥獸弗辟 與爲一也 一摶炭爀 掇之則爛指 萬石俱爀 去之十步而不死 同氣異積也 大勇小勇 有似於此 今有六尺之席 臥而越之 下材弗難 植而踰之 上材弗易 勢施異也 百梅足以爲百人酸 一梅不足以爲一人和 有以飯死者 而禁天下之食 有以車爲敗者 而禁天下之乘 則悖矣 釣者靜之 蘪者扣舟 罩者抑之 罞者[2]擧之 爲之異 得魚一也 見象牙乃知其大於牛 見虎尾乃知其大於狸 一節見而百節知也 小國不鬪於大國之間 兩鹿不鬪於伏兕之旁 佐祭者得嘗 救鬪者得傷 蔭不祥之木 爲雷電所撲 或謂家或謂隴 或謂笠 或謂篗 頭蝨與空木之瑟 名同實異也 日月欲明 而浮雲蓋之 蘭芝欲脩 而秋風敗之 虎有子不能搏攫者 輒殺之 爲墮武也 龜紐之璽[3] 賢者以爲佩 土壤布在田 能者以爲富 予拯溺者金玉 不若尋常之縊塞 視書上有酒者 下必有肉 上有年者 下必有月 以類而取之 蒙塵而眯 固其理也 爲其不出戶而埃之也 屠者羹藿 爲車者步行 陶者用缺盆 匠人處狹廬 爲者不必用 用者弗肯爲 轂立三十輻 各盡其力 不得相害 使一輻獨入 衆輻皆棄 豈能致千里哉 夜行者掩目而前其手 涉水者解其馬戴之舟 事有所宜 而有所不施

※

1 劫以然(겁이연): 혹 정분이 나서 우는 것으로 생각하고 겁박한다는 것이다.

2 罷者扣舟罩者抑之罣者(여자구주조자억지괘자): 그물질을 하는 사람은 배
를 두드려 물고기를 몰고 가리질을 하는 사람은 가리를 눌러서 물속으로
가라앉히고 걸리는 것은 들어 올린다는 뜻.

3 龜紐之璽(귀뉴지새): 귀뉴새龜紐璽로 거북의 형상을 새긴 인장.

8. 옛날에 만든 것이라도 나쁜 것이 있다

귤이나 유자는 고향이 있고 우거진 갈대는 떨기가 있다.

짐승은 발이 같은 것끼리 서로 따라서 놀고 새는 날개가 같은 것끼리
서로 따라서 날갯짓 한다.

밭 가운데 괸 물이라도 흘러서 바다로 들어가고 귀에다 속삭이는
말이라도 천 리까지 들린다.

전국시대 소진蘇秦이 느릿느릿 걸어가자 왜 천천히 걸어가느냐고
했고 달려가자 왜 달리느냐고 했다. 하는 것이 있으면 비난을 했고
일이 많으면 진실로 까다롭다고 했다.

가죽도 장차 보지 않거늘 털을 왜 돌아보겠는가? 머리도 두렵고
꼬리도 두려운데 몸의 전체라면 어떠하겠는가?

구주九州의 땅을 보고자 하면서 발은 천 리를 가지 않고 마음에는
정치와 교육의 근원이 없으면서 모든 백성의 위가 되려고 하는 것은
곤란한 것이다.

밝고 밝은 것은 잡히게 되고 편안하고 편안한 것들은 화살에 맞게
된다. 그러므로 크게 흰 것은 더러운 듯하고 큰 덕은 부족한 듯한
것이다.

일찍이 곡식을 심고 거두지 않았는데도 곡식이 창고에 가득하고 일찍이 뽕나무를 심어 누에를 치지 않았는데도 실이 주머니에 가득하다. 얻는 것을 도로써 하지 않으면 사용하는 것을 반드시 멋대로 하게 된다.

바다는 시체가 썩어 뼈가 흘러드는 것을 받아들이지 않고 태산太山은 소인小人을 오르지 못하게 한다. 방광(旁光＝膀胱: 胞)은 제기〔俎豆〕에 올리지 않고 얼룩말은 희생에 들어가지 못한다.

한여름에 부채를 사용해 시원하다고 여겼지만 겨울에 이르러서는 버리는 것을 알지 못하고 옷을 걷고 물을 건넌 뒤에 언덕에 올라서도 옷을 내릴 줄 알지 못한다면 가히 변화에 응하지 못하는 것이다.

산에는 수풀이 없을 수 있고 골짜기에는 바람이 없을 수 있으며 돌에는 쇠가 없을 수도 있다.

당堂에 가득히 앉아 있는 사람들의 쇠띠를 보면 각각 다르지만 띠를 둘렀다는 것은 동일하다.

진晉나라의 헌공獻公은 현명했음에도 여희驪姬에게 속았고 노魯나라의 숙손씨叔孫氏는 수우豎牛에게 속아서 굶어 죽었다.

그러므로 정나라의 대부인 정첨鄭詹이 노나라로 들어가자 『춘추』에서는 '아첨하는 사람이 왔네. 아첨하는 사람이 왔네.'라고 기록했다.

군자君子가 잔치를 열어 술을 내면 지위가 낮은 사람은 부(缶: 질장구)를 두드린다. 비록 좋게 보이는 것은 아니지만 또한 나쁘게 보이는 것도 아니다.

사람의 성품은 명주가 편안하다고 비단옷을 입는데 혹은 활쏘기를 할 때는 갑옷을 입는다. 그 불편한 것으로 이로운 것을 얻기 때문이다.

수레의 바퀴살이 바퀴통에 들어가 각각 그 파놓은 구멍을 만나게 되면 서로 통하는 것을 얻지 못한다. 이것은 마치 신하들이 각각 그의 직분을 지키며 서로 간여하지 않는 것과 같은 것이다.

일찍이 갑옷을 입고 화살을 면한 자가 갑옷을 입고 물로도 들어가고, 일찍이 병을 안고 물을 건넌 자가 다시 병을 안고 불로 뛰어든다면 가히 종류에 대응하지 못한 것이라고 이를 것이다.

군자가 백성 위에 있는 것은 마치 썩은 새끼줄로 달리는 말을 제어하는 것과 같고, 마치 살얼음을 밟고 있는데 교룡이 그 아래에 있는 것과 같으며, 마치 수풀에 들어갔는데 젖먹이는 호랑이를 만난 것과 같은 것이다.

사람을 잘 부리는 자는 마치 노래기의 발이 그 수가 많아도 서로 해치지 않는 것처럼 하고, 마치 입술이 이와 함께해 단단한 것들과 부드러운 것들이 서로 마찰해도 서로 무너지지 않는 것처럼 하는 것이다.

맑은 술의 아름다운 맛은 쟁기와 보습에서 시작되고 보불黼黻의 아름다운 것은 베틀의 북에 있는 것이다.

베의 새 것이라도 모시옷과 같지 못하고 모시의 떨어진 것은 베옷과 같지 못하다.

어떤 것은 새로 만든 것이 좋기도 하고 어떤 것은 옛날에 만든 것들이 나쁘기도 한 것이다.

橘柚有鄉 蓲葦有叢 獸同足者相從游 鳥同翼者相從翔 田中之潦 流入
於海 附耳之言[1] 聞於千里也 蘇秦步曰何故 趍曰何趍馳 有爲則議 多事
固苛[2] 皮將弗覩 毛將何顧 畏首畏尾 身凡有幾[3] 欲觀九州之士[4] 足無千
里之行 心無政敎之原 而欲爲萬民之上則難 盱盱者獲 提提者射[5] 故大
白若辱 大德若不足[6] 未嘗稼穡 粟滿倉 未嘗桑蠶 絲滿囊 得之不以道

用之必橫 海不受流胔 太山不上小人 胅光不升俎[7] 馴駁[8]不入牲 中夏用
篷快之 至冬而不知去 褰衣涉水 至陵而不知下 未可以應變 有山無林
有谷無風 有石無金 滿堂之坐 視鉤各異 於環帶一也 獻公之賢 欺於驪
姬[9] 叔孫之智 欺於豎牛[10] 故鄭詹[11]入魯 春秋曰 佞人來 佞人來 君子有酒
鄙人鼓缶 雖不見好 亦不見醜 人性便絲衣帛 或射之則被鎧甲 爲其不
便以得所便 輻之入轂 各值其鑿 不得相通 猶人臣各守其職 不得相干
嘗被甲而免射者 被而入水 嘗抱壺而度水者 抱而蒙火 可謂不知類矣
君子之居民上 若以腐索御奔馬 若躡薄冰 蛟在其下 若入林而遇乳虎
善用人者 若蚈之足 衆而不相害 若脣之與齒 堅柔相摩而不相敗 清醴[12]
之美 始於耒耜 黼黻[13]之美 在於杼軸 布之新不如紵 紵之獘不如布 或善
爲新 或惡爲故

※

1 附耳之言(부이지언) : 귀에 대고 하는 말. 곧 속삭거리는 말.

2 蘇秦步曰~多事固苛(소진보왈~다사고가) : 소진蘇秦은 전국시대에 합종
   설合縱說을 주창한 자. 보步는 서행하다. 곧 소진은 일이 많은 사람이므로
   천천히 해도 물어보고 빨리 해도 물어보는 것을 비난하고 일이 많은 것은
   까다롭다고 여긴 것.

3 幾(기) : 무엇의 뜻.

4 九州之土(구주지토) : 중국의 땅 전체를 뜻한다.

5 昐昐者獲提提者射(적적자획제제자사) : 밝고 밝은 것은 포획하고 편안하고
   편안한 것은 활로 쏜다는 뜻.

6 大白若辱大德若不足(대백약욕대덕약부족) : 『노자도덕경』 41장에 있는 문
   장과 비슷하다.

7 胅光不升俎(방광불승조) : 방광胅光은 조두(俎豆 : 제기)에 올리지 않다의
   뜻. 방광膀胱.

8 馴駁(묘박) : 얼룩말. 희생으로 쓰이지 않는 말.

9 獻公之賢欺於驪姬(헌공지현기어여희): 진晉나라의 헌공이 현명했음에도
여희에게 속아 태자 신생申生을 죽인 일.

10 叔孫之智欺於豎牛(숙손지지기어수우): 노나라의 숙손씨가 수우에게 속아
자식을 죽이고 자신은 굶어 죽은 일.『춘추좌전』소공昭公 4년 조에 있다.

11 鄭詹(정첨): 정나라의 대부.『춘추공양전』장공 17년 조에 나와 있다.

12 淸醠(청앙): 맑은 술.

13 黼黻(보불): 黼는 옛날에 예복에 자루가 없는 도끼를 수놓은 것. 黻은
반흑과 반청의 색으로 기己자 2개를 서로 반대로 해 수를 놓은 예복.

9. 보조개가 이마에 있다면 추할 것이다

보조개가 뺨에 있는 것은 좋은 것이지만 이마에 있게 된다면 추할
것이다.

수를 놓아 치마를 만든다면 마땅하겠지만 수를 놓아 관冠을 만든다면
비난할 것이다.

말의 이빨이 소의 발굽은 아니며 박달나무의 뿌리는 의나무의 가지가
아니다. 그러므로 한 가지의 근본을 보면 만물을 아는 것이다.

돌은 생길 때부터 단단하고 난초는 나면서부터 향기롭다. 이것들은
작았을 때부터 그 본성으로 하고 자라면서 더욱 왕성해졌다.

붙잡아 주고 이끌어 주는 것이나, 사양하고 양보하는 것이나, 예부터
하고 앞에 하는 것이나, 허락하고 중지시키는 것들은 함께하는 것의
서로의 거리는 천 리나 되는 것이다.

콧마루가 더러운데 그 이마에 분칠을 하고 썩은 쥐가 뜰 안에 있는데
집 안에 향을 피운다.

물에 들어가면서 젖는 것을 싫어하고 냄새가 나는 것을 품고 있으면서

향기롭기를 바라는 것은 비록 기묘한 기술을 가진 자라 하더라도 기술자가 되지는 못할 것이다.

다시 살아난 것은 수확을 하지 못하고 꽃이 크게 일찍 핀 것은 때를 기다리지 못하고 떨어진다.

불행이라고 이르지 말라. 시루는 끝까지 우물에 떨어지지 않는다. 비녀를 뽑으면 도깨비불을 부르는데 무엇에 놀랄 것이 있겠는가?

사람을 시켜 하수를 건너지 못하게 하는 것은 가하지만 하수 중앙에서 건너지 못하게 하는 것은 불가한 것이다.

호랑이의 무늬 1개만을 보고는 그의 무용을 알지 못하고 천리마의 털 1개만을 보고는 잘 달린다는 것을 알지 못한다.

수채(水蠆: 잠자리의 유충)가 잠자리가 되고, 혈혈(孑孑: 작은 벌레)은 모기가 되고, 토설(菟齧: 벌레 이름)은 내(蠻: 작은 벌레)가 된다.

사물의 하는 바는 뜻 밖에서 나오는 것이다. 알지 못하는 자들은 놀라지만 아는 자들은 괴이하게 여기지 않는다.

구리의 꽃은 푸르고 금金의 꽃은 누렇고 옥의 꽃은 희다.

마씨의 기름이 탈 때의 불빛은 공손하고 기름이 탈 때의 불빛은 윤택하다.

미묘한 것으로써 밝은 것을 알고 밖으로써 안을 아는 것이다. 코끼리 고기의 맛은 입으로 알 수가 없고 귀신의 모습은 눈에 나타나지 않고 그림자를 잡는다는 말은 마음에 형용되지 않는다.

겨울철의 얼음은 부러뜨릴 수가 있고 여름철의 나무는 묶을 수가 있다. 때는 얻기는 어렵지만 잃기는 쉬운 것이다.

나무가 바야흐로 무성할 때에는 종일토록 뜯어도 알지 못한다. 가을 바람이 서리를 내리게 하면 하루 저녁에 다 떨어진다.

열병을 앓는데 강제로 먹게 하거나 더위 먹은 것을 구제한다고 찬 것을 먹게 하거나 목매단 사람을 구제한다고 그 새끼줄을 당기거나 물에 빠진 이를 건진다고 돌을 주는 것은 구제한다는 것이 도리어 해치는 것이 되는 것이다.

말이 도망치는 것을 조심하고자 한다면 마구간의 문을 열어 놓지 않아야 한다. 미리 술자리에 나아가고자 하더라도 깔개를 품고 가서는 안 되는 것이다.

맹분孟賁 같은 용맹한 자가 쥐구멍을 찾더라도 쥐는 제때에 죽는 일이 없고 반드시 그의 손가락을 깨물 것이다. 그 세력을 잃었기 때문이다.

산에서 구름이 일게 되면 기둥의 주춧돌에 먼저 습기가 있게 되고 복령伏苓이 파내지면 토사兎絲가 죽게 된다. 한 집에서 잘못해 불똥이 튀면 1백 집이 모두 불에 탄다. 헐뜯는 지아비의 음모陰謀에 백성들의 해골이 드러난다.

곡식은 습기를 얻으면 더워지고 시루는 불을 얻으면 김이 서려 액液이 흐른다.

물속에는 불이 있고 불 속에는 물이 있다. 급박한 우렛소리가 돌을 깨는 것은 음과 양이 서로 가까이하기 때문이다.

하수河水를 끓여 목욕을 하더라도 보탬이 있는 것은 많지 않다. 빗물이 흘러 바다로 쏟아져도 비록 더 불어나지는 않지만 오히려 정지해 있는 것보다는 낫다.

1개의 그물코로는 새를 잡지 못하고 미끼가 없는 낚시로는 물고기를 낚지 못한다.

선비를 대우하는데 예가 없으면 어진 이를 얻지 못한다. 토사兎絲는 뿌리가 없어도 살고 뱀은 발이 없어도 다닌다. 물고기는 귀가 없어도 듣고 매미는 입이 없어도 운다. 그렇게 하는 것이 있기 때문이다.

魘䩉[1]在頰則好 在顙則醜 繡以爲裳則宜 以爲冠則譏 馬齒非牛蹄 檀根
非橋枝 故見其一本而萬物知 石生而堅 蘭生而芳 少自其質[2] 長而愈明
扶之與提 謝之與讓 故之與先 諾之與已也 之與矣 相去千里 汗準[3]而粉
其額 腐鼠在壇[4] 燒薰於宮 入水而憎濡 懷臭而求芳 雖善[5]者弗能爲工
再生者不穫 華大早者 不胥時落 毋曰不幸 甑終不墮井 抽簪招燐 有何
爲驚 使人無度河可 中河使無度不可 見虎一文 不知其武 見驥一毛
不知善走 水蠆爲螁 孑孑[6]爲蚤 兔䗶爲蟹[7] 物之所爲 出於不意 弗知者驚
知者不怪 銅英靑 金英黃 玉英白 麞燭捐 膏燭澤也 以微知明 以外知內
象肉之味 不知於口 鬼神之貌 不著於目 捕景之說 不形於心 冬冰可折
夏木可結 時難得而易失 木方茂盛 終日采而不知 秋風下霜 一夕而殫
病熱而强之餐 救喝而飲之寒 救經而引其索 拯溺而授之石 欲救之 反
爲惡[8] 雖欲謹亡馬 不發戶轔 雖欲豫就酒 不懷蓐 孟賁探鼠穴 鼠無時死
必噬其指 失其勢也 山雲蒸 柱礎潤 伏苓掘 兔絲死 一家失燧 百家皆燒
讒夫陰謀 百姓暴骸 粟得水溼而熱 甑得火而液[9] 水中有火 火中有水
疾雷破石 陰陽相薄 湯沐之於河 有益不多 流潦注海 雖不能益 猶愈於
已 一目之羅 不可以得鳥 無餌之釣 不可以得魚 遇士無禮 不可以得賢
兔絲無根而生 蛇無足而行 魚無耳而聽 蟬無口而鳴 有然之者也

※

1 魘䩉(엽보): 보조개. 䫥(엽), 靨(엽)과 같은 글자이다.

2 質(질): 성性의 뜻과 같다.

3 準(절): 콧마루의 뜻.

4 壇(단): 초나라 사람들이 중정中庭을 단壇이라고 했다.

5 **善**(선): 교巧의 뜻이라고 했다.

6 **孑孑**(혈혈): 잠자리 알이 부화된 것.

7 **蠑**(내): 물속에 사는 벌레 이름.

8 **惡**(악): 해害의 뜻과 같다.

9 **液**(액): 솥에 김이 서려 물이 흐르는 모양의 뜻.

10. 학鶴은 천년의 수를 누린다

학鶴은 천년의 수명을 누리며 그 놀이를 다하고 하루살이는 아침에 태어나 저녁에 죽으며 그의 즐거움을 다한다.

주왕紂王이 매백梅伯을 죽여 젓을 담그자 문왕文王과 제후들이 도모하기를 꾀했다. 걸왕桀王이 간하는 자를 처벌하자 탕왕이 사람을 시켜서 조문했다.

미쳐 날뛰는 말은 나무를 치받지 않고 미친개도 스스로 하수河水에 뛰어들지 않는다. 비록 무지한 벌레들이라 하더라도 스스로는 함정에 빠지지 않거늘 하물며 사람에 있어서랴!

곰을 귀여워해 소금을 먹게 하고 수달을 귀여워해 술을 먹인다면 비록 기르고자 하더라도 그 도는 아닌 것이다.

마음이 기뻐한다면 배를 부수어 키를 만들고 마음이 하고자 한다면 종을 부수어 큰 방울을 만드는 것이다.

관자(管子: 管仲)는 작은 치욕을 참고 큰 영광을 이루었고 소진은 온갖 거짓으로 하나의 진실을 이루었다.

과녁이 펼쳐져 있어야 활과 화살이 모여 들고 숲에 나무가 무성하면 도끼와 자귀가 들어간다. 어떤 것이 부르는 것이 아니라 형세가 이르는 바이다.

이로운 것을 기다린 뒤에 물에 빠진 자를 건진다면 사람이 또한 반드시 이로운 것 때문에 사람을 물에 빠뜨릴 것이다. 배가 가라앉기도 하고 뜨기도 한다면 어리석은 자는 발을 올리지 않을 것이다. 천리마인 기기驥驥가 몰아도 나아가지 않고 당겨도 멈추지 않는다면 군주라도 길의 이정을 취하지 못할 것이다.

나의 행동을 비난하는 자는 나와 더불어 사귀고자 하기 때문이고 나의 재물을 헐뜯는 자는 나와 함께 장사를 하고자 하기 때문이다.

물에다 물을 타면 시지 않을 것이다. 한 줄만 있는 비파를 타는 것은 가히 듣지 않을 것이다. 준마駿馬는 억눌려서 죽고 곧은 선비는 정의로써 궁해지고, 현명한 자는 조정에서 배척당하고 미녀는 궁중에서 배척당한다.

길을 가는 자가 길에서 생각하면 사는 자는 평상에서 꿈을 꾸고 자모慈母가 거리에서 읊조리면 적자適子가 형荊 땅에서 그리워한다.

붉은 고기가 매달리면 까마귀와 까치가 모이고 매와 송골매가 사나워지면 모든 새가 흩어진다. 이것은 기의 교감에 의해서 그렇게 되는 것이다.

그 음식을 먹는 자는 그 그릇을 깨뜨리지 않고 그 열매를 먹고자 하는 자는 그 가지를 꺾지 않는다. 그 근원을 막으면 말라붙게 되고 그 근본을 등지면 마르게 된다.

그림을 그리다 중지하면 통달하지 못하고 연결된 고리는 풀리지 않는 것이다. 그것을 풀려는 것은 풀지 않는 것이다.

하수河水에 다다라 물고기를 부러워하는 것은 집에 돌아가 어망을 짜는 것과 같지 못하다.

명월주明月珠는 대합에게는 질병이지만 사람에게는 이로운 것이다. 호랑이의 발톱과 코끼리의 상아는 새나 짐승에게는 이로운 것이지만 사람에게는 해로운 것이다.

평탄한 길과 좋은 말은 사람으로 하여금 달리고 싶게 한다. 술을 마시고 즐거우면 사람으로 하여금 노래 부르도록 하게 한다. 옳다고 여기면 행동한다. 그러므로 다스렸다고 하는 것이다. 그르다고 여겨도 행동한다. 그러므로 어지러워졌다고 하는 것이다.

鶴壽千歲 以極其游 蜉蝣朝生而暮死 而盡其樂 紂醢梅伯[1] 文王與諸侯 構[2]之 桀辜諫者 湯使人哭之[3] 狂馬不觸木 猘狗不自投於河 雖聾蟲[4]而不 自陷 又況人乎 愛熊而食之鹽 愛獺而飮之酒 雖欲養之 非其道 心所說 毁舟爲杕[5] 心所欲 毁鐘爲鐸[6] 管子以小辱成大榮[7] 蘇秦以百誕成一誠 質的張而弓矢集 林木茂而斧斤入 非或召之 形勢所致者也 待利而後拯 溺 人亦必以利溺人矣 舟能沈能浮 愚者不加足 騏驥驅之不進 引之不 止 人君不以取道里 訾我行者 欲與我交 訾我貨者 欲與我市 以水和水 不可食 一絃之瑟不可聽 駿馬以抑死 直士以正窮 賢者擯於朝 美女擯 於宮 行者思於道 而居者夢於牀 慈母吟於巷 適子懷於荊 赤肉懸則烏 鵲集 鷹隼鷙則衆鳥散 物之散聚 交感以然 食其食者 不毁其器 食其實 者 不折其枝 塞其源者竭 背其本者枯 交畫[8]不暢 連環[9]不解 其解之不以 解 臨河而羨魚 不如歸家織網 明月之珠 蚌之病而我之利 虎爪象牙 禽獸之利而我之害 易道良馬 使人欲馳 飮酒而樂 使人欲謌 是而行之 故謂之斷[10] 非而行之 必謂之亂

※

1 紂醢梅伯(주해매백): 매백梅伯은 주왕의 제후인 백작인데 죽임을 당한 후

시체가 젓으로 담가졌다.

2 構(구): 모謀의 뜻과 같다.

3 哭之(곡지): 조문하다. 곧 조상하다.

4 聾蟲(농충): 무지한 벌레.

5 杕(타): 배의 키.

6 鐸(탁): 큰 방울.

7 管子以小辱成大榮(관자이소욕성대영): 제齊나라의 관중管仲이 공자규公子
  糾를 돕다가 죽지 못하고 노나라의 죄수가 되어 치욕을 당하다 환공에게
  등용되어 환공을 패자가 되게 한 일.

8 交畫(교화): 그림을 그리다 중지하다의 뜻.

9 連環(연환): 고리를 잇대어 꿴 쇠사슬. 곧 연결된 것.

10 斷(단): 치治의 뜻과 같다.

11. 성인聖人은 음陰에 처한다

화살은 아무리 빨리 날아도 2리를 넘지 못한다.

걸음은 느리지만 온갖 머무르는 곳에서 쉬지 않으면 1천 리를 갈
수 있다.

성인聖人은 음陰에 처하고 보통 사람은 양陽에 처한다. 성인은 물에서
행동하는 것과 같고 보통 사람들은 서리를 밟고 행동하는 것과 같다.

다른 소리는 하나의 율律로는 듣지 못한다. 형체가 다른 것은 하나의
몸체로 합하지 못한다.

농부는 노동을 하고 군자(君子: 군주)를 길러 준다. 어리석은 자는
말을 하고 지혜로운 자는 가려서 쓴다.

무성한 숲을 놓아두고 마른 나무를 모으며 고니를 쏘지 않고 까마귀를

쏘는 자와는 함께 도모하기가 어렵다.

동쪽의 언덕은 구렁이 없고 샘의 근원은 넓지가 않다. 약간의 구렁이라도 천경千頃의 연못에 물을 댄다.

보는 것이 명백하면 처하는 것은 옥석같이 한다. 보는 것이 어두우면 계획을 보류한다.

천하의 큰일을 한 사람의 재주에만 의탁하는 것은 비유컨대 마치 천균千鈞이나 되는 무거운 것을 나무의 한 가지에만 매다는 것과 같은 것이다.

자식을 업고 담에 오르는 것을 상서롭지 못하다고 이른다. 한 사람이 떨어지면 두 사람이 다 다치기 때문이다.

큰일을 일으키기를 잘하는 자는 마치 배를 타고 슬픈 노래를 부르는데 한 사람이 창을 하면 1천 명이 화답을 하는 것과 같은 것이다.

밭을 갈지 않으면서 메기장과 조를 욕심내고 길쌈을 하지 않으면서 채색한 치마를 좋아하며 일이 없는데도 그 공로를 구하는 것은 어려운 것이다.

영화를 누리는 자는 반드시 초췌함이 있고 비단을 가지고 있는 자는 삼베나 기름 사초를 가지고 있다.

대붕大鵬이 파도를 일으킬 때에 하백河伯이 밀물이 들어오지 않게 하는 것은 그의 정성을 두려워하기 때문이다.

그러므로 한 지아비가 나가서 죽게 되면 천승千乘의 나라에서도 가벼이 여기지 못한다.

살무사와 뱀이 사람을 물었을 때 화근和堇을 붙이면 낫는다.

사물에는 본디 되풀이되는 것이 있는데 해로운 것이 도리어 이로운 것이 되기도 한다.

성인은 난세에 처하는 것을 마치 여름날의 뜨거운 뙤약볕에서 날이 저물기만을 기다리는 것처럼 한다. 해질 녘의 그림자 사이에는 참고 지내기가 더욱 쉬운 것이다.

물은 비록 평평하더라도 반드시 물결이 있고 저울은 비록 바르더라도 반드시 차이가 있다. 척尺과 촌寸이 비록 가지런하더라도 반드시 동일하지 않은 것이 있다.

곱자와 그림쇠가 아니면 모나고 둥근 것을 정하지 못하고 기준기와 먹줄이 아니면 굽고 곧은 것을 바르게 하지 못한다.

곱자와 그림쇠와 기준기와 먹줄을 사용하는 자도 또한 한 곱자와 그림쇠와 기준기와 먹줄을 가지고 있다.

배가 전복되면 헤엄을 잘 치는 자를 볼 수 있고 말이 달려야 말을 잘 모는 자를 볼 수 있다.

씹어도 맛이 없는 것은 목구멍에서 안으로 삼키지 않고 보아도 형체가 없는 것은 마음에서 생각하지 못한다.

외뿔소와 호랑이가 뒤에 있으면 수후隨侯의 구슬이 앞에 있는데도 미처 줍지를 못하는 이것은 먼저 근심을 피하고 이익으로 나아가는 것을 뒤에 하려는 것이다.

사슴을 쫓는 자는 토끼를 돌아보지 않고 천금千金의 재물을 처결하는 자는 얼마 안 되는 값어치로 다투지 않는다.

활은 먼저 고르게 하고 뒤에 굳센 것을 구한다. 말은 먼저 길들이고 뒤에 좋은 말을 구한다. 사람은 신용을 제일로 하고 뒤에 능력을 구한다.

矢疾不過二里也 步之遲 百舍[1]不休 千里可致 聖人處於陰 衆人處於陽
聖人行於水 衆人行於霜 異音者不可聽以一律 異形者不可合於一體

農夫勞而君子養焉 愚者言而智者擇焉 舍茂林而集於枯 不弋鵠而弋烏 難與有圖 寅邱²無墾 泉原不漙 尋常之壑 灌千頃之澤 見之明白 處之如 玉石 見之闇晦 必留其謀 以天下之大 託於一人之才 譬若懸千鈞之重 於木之一枝 負子而登牆 謂之不祥 爲其一人隉而兩人傷 善擧事³者 若 乘舟而悲謌 一人唱而千人和 不能耕而欲黍梁 不能織而喜采裳 無事而 求其功 難矣 有榮華者 必有憔悴 有羅紈者 必有麻蒯⁴ 鳥有沸波⁵者 河伯爲之不潮 畏其誠也 故一夫出死 千乘不輕 蝮蛇螫人 傅以和菫⁶則 愈 物故有重而害反爲利者 聖人之處亂世 若夏暴而待暮 桑楡之間⁷ 逾 易忍也 水雖平 必有波 衡雖正 必有差 尺寸雖齊 必有詭 非規矩不能定 方圓 非準繩不能正曲直 用規矩準繩者 亦有規矩準繩焉 舟覆乃見善游 馬奔乃見良御 嚼而無味者 弗能內於喉 視而無形者 不能思於心 兕虎 在於後 隨侯之珠⁸在於前 弗及掇者 先避患而後就利 逐鹿者不顧菟 決 千金之貨者 不爭銖兩之價 弓先調而後求勁 馬先馴而後求良 人先信而 後求能

✻

1 百舍(백사): 백 번 머무르다. 곧 쉬는 것을 뜻한다.

2 寅邱(인구): 동쪽의 언덕을 뜻한다. 인寅은 동쪽을 뜻함.

3 擧事(거사): 큰일을 일으키는 자.

4 麻蒯(마괴): 삼과 기름사초. 기름사초 줄기의 섬유로 자리 따위를 만든다.

5 鳥有沸波(조유불파): 조鳥는 대붕大鵬. 불파沸波는 파도를 일으킨다는 뜻.

6 和菫(화근): 야갈野葛이며 독초.

7 桑楡之間(상유지간): 해질 녘에는 아직도 뽕나무의 가지 끝에 빛이 남아 있다는 뜻. 곧 저녁때를 뜻한다.

8 隨侯之珠(수후지주): 명월주明月珠이다. 수국隨國은 한나라의 동쪽에 있던 희성姬姓의 후예. 수후가 들에 나갔다가 큰 뱀이 잘린 것을 보고 의원에게

붙여 살리게 했다. 뱀이 돌아가서 은혜에 대한 보답으로 구슬을 물고 와서
주었다. 이 때문에 수후의 구슬이라고 이름 했다.

12. 도공陶工이 새끼줄을 버리면…

도공陶工이 새끼줄을 버리면 수레를 끄는 사람이 줍는다. 백정(도살자)
이 무쇠를 버리면 대장장이는 줍는다. 느린 것과 급한 것이 다르기
때문이다.

1백 개의 별빛을 모아도 하나의 달의 광채와 같지 못하다. 10개의
창문이 열려 있어도 하나의 문짝의 밝은 것과 같지 못하다.

화살은 10보十步의 거리에서는 외뿔소의 갑옷도 꿰뚫지만 그 극점에
이르면 노魯나라의 얇은 비단도 뚫지 못한다.

태산太山이 높다하더라도 등을 돌리면 보지 못하고 가을 깃털 끝이라
도 보면 가히 살필 수가 있다.

산은 금金을 나오게 하는데 도리어 자신이 깎이고 나무는 좀을 자라게
하는데 도리어 자신이 먹히게 되고 사람은 일을 만드는데 도리어 스스로
를 해치게 된다.

솜씨 있는 대장장이도 나무를 만들 수는 없고 솜씨 있는 목공도
쇠를 깎지는 못한다. 형체의 성질이 그러하기 때문이다.

백옥白玉은 쪼지 않고 미주(美珠: 아름다운 구슬)는 꾸미지 않는 것은
본바탕에 아름다운 것이 남아 있기 때문이다.

그러므로 조금씩 걸으면서 쉬지 않으면 절름발이인 자라도 천 리를
가고 거듭 쌓는 것을 그치지 않으면 언덕을 만드는 것이다.

성城은 흙으로 만들고 나무는 밑에서부터 곧아진다. 일이 있어서

그러한 것이 아니라 인연한 바가 그렇게 시키는 것이다.

무릇 사람을 부리는 도는 마치 부싯돌로 불을 얻는 것과 같다. 더디게 하면 얻지 못하고 빨리 하면 적중하지 못하며, 바른 법도는 더디게 하고 빨리 하는 사이에 있는 것이다.

아침부터 저녁까지 살피는 자는 옮겨지는 것이고 사특한 것으로부터 곧은 것을 기준 하는 자는 이지러지게 된다.

성인聖人이 사물을 짝하는 것은 마치 거울로 형상을 살펴보고 곡진하게 그 정을 얻는 것이다.

양주(楊朱: 楊子)가 갈림길을 보고 곡을 한 것은 남쪽으로 가야 옳을 것인가 북쪽으로 가야 옳을 것인가의 판단 때문이었다.

묵적(墨翟: 묵자)이 표백한 실을 보고 울었는데 그것을 황색으로 해야 옳을 것인가 검은 색으로 해야 옳을 것인가의 판단 때문이었다.

나아가고 머무르는 것의 서로 합하는 것이 마치 종과 경쇠가 한 번 조화를 이루면 서로 떨어진 지 천년이라도 한 소리로 합치는 것과 같은 것이다.

새도 방해가 되지 않는 것은 비록 가까이 있더라도 활로 쏘지 않지만 길을 막아 방해가 되는 것은 비록 멀리 있더라도 그냥 놓아두지 않는다.

술을 사면 시고 고기를 사면 냄새가 난다. 그러나 술을 사고 고기를 사는데 푸줏간이나 술집을 떠날 수는 없다. 그러므로 물건을 구입하는 데는 반드시 가까운 곳에서 한다.

속임수로 속임수에 응대하고 거짓으로 거짓에 응대하는 것은 마치 도롱이를 입고 불을 끄고, 도랑을 훼손시키고 물을 막는 것과 같아 이에 더욱 더 많아질 것이다.

미인인 서시西施와 모장毛嬙은 얼굴의 생김새가 똑같지 않았다. 그러나 그 아름다움을 칭송하는 것은 똑같았다.

요임금과 순임금과 우임금과 탕왕은 법의 바탕을 서로 다르게 했으나 백성들의 마음을 얻은 것은 동일했다.

성인은 때에 따라 일을 일으키고 밑천을 따라 공로를 세운다.

홍수洪水가 지면 탁대擢對를 갖추고 토룡土龍을 준비한다.

임치臨淄 땅의 여인이 비단을 짜면서 길가는 사람을 생각하게 되면 조잡한 비단이 만들어지고 방안에 아름다운 모습이 있게 되면 비단 올이 조밀하지 못하게 된다.

치음徵音과 우음羽音의 운치는 시골 사람의 귀에는 들어가지 않는다. 화창한 것으로 돌려 적절하게 하면 모든 자리에서 좋다고 한다.

금고를 지나갈 때 뒷짐 지는 자는 도적의 마음을 갖지 않은 자가 드물다. 그러므로 남의 귀신을 괴롭히는 자는 사社를 지나갈 때 그 안의 나뭇가지를 흔들어댄다.

진晉나라의 양처보陽處父가 초나라를 정벌해 강江나라를 구제했다. 그러므로 다툼을 해결하는 자는 깨뜨리는 데 있지 않고 쳐서 밀쳐내는 데 있는 것이다.

큰 나무는 뿌리가 붙잡고 있다. 높은 산은 터가 붙잡고 있다. 발이 큰 자는 먼 곳을 생각하고 몸이 큰 자는 뼈마디가 성기다.

미친 자는 남을 해쳐도 원망하지 않는다. 어린아이가 노인을 놀리더라도 미워하지 않는다. 해치려는 마음이 없기 때문이다.

미생尾生의 믿음은 수우隨牛가 거짓으로 군주를 속인 것과 같지 못하다. 하물며 한 번 믿지 못하는 자에게랴!

아버지의 병환을 근심하는 자는 아들인데 치료하는 것은 의사이다.

나아가 올리는 자는 축祝이고 제사를 다스리는 자는 요리사이다.

陶人棄索 車人掇之 屠者棄銷 而鍛者拾之 所緩急異也 百星之明 不如
一月之光 十牖之開 不如一戶之明 矢之於十步 貫兕甲 及其極 不能入
魯縞 太山之高 背而弗見 秋豪之末 視之可察 山生金 反自刻 木生蠹
反自食 人生事 反自賊 巧冶不能鑄木 巧工不能斲金者 形性然也 白玉
不琢 美珠不文 質有餘也 故跬步不休 跛鼈[1]千里 累積不輟 可成邱阜
城成於土 木直於下 非有事焉 所緣使然 凡用人之道 若以燧取火 疏之
則弗得 數[2]之則弗中 正在疏數之間 從朝視夕者移 從枉準直者虧 聖人
之偶[3]物也 若以鏡視形 曲得其情 楊子見逵路[4]而哭之 爲其可以南 可以
北 墨子見練絲[5]而泣之 爲其可以黃 可以黑 趨舍之相合 猶金石之一調
相去千歲 合一音也 鳥不干防者 雖近弗射 其當道 雖遠弗釋 酤酒而酸
買肉而臭 然酤酒買肉不離屠沽之家 故求物必於近之者 以詐應詐 以譎
應譎 若披蓑[6]而救火 毀瀆而止水 乃愈益多 西施毛嬙 狀貌不可同 世稱
其好美鈞也 堯舜禹湯 法籍殊類 得民心一也 聖人者 隨時而擧事 因資
而立功 涔則具擢對[7] 旱則脩土龍 臨淄之女 織紈而思行者 爲之悖戾[8]
室有美貌 繪爲之纂繹[9] 徵羽之操 不入鄙人之耳 抮和切適 擧坐而善
過府而負手者 希不有盜心 故侮人之鬼者 過社而搖其枝 晉陽處父伐楚
以救江[10] 故解捽者不在於捔格 在於批扤 木大者根攫 山高者基扶 蹠巨
者志遠 體大者節疏 狂者傷人 莫之怨也 嬰兒詈老 莫之疾也 賊心怵
尾生之信 不如隨牛之誕[11] 而又況一不信者乎 憂父之疾者子 治之者醫
進獻者祝 治祭者庖

※

1 跬步不休跛鼈(규보불휴피별): 규보跬步는 반걸음. 피별跛鼈은 절름발이
자라.

2 數(삭): 자주 하다. 곧 빠르게 하다.

3 偶(우): 주周의 뜻과 같다.

4 逵路(규로): 갈림길.

5 練絲(연사): 표백한 실.

6 蓑(사): 도롱이.

7 擢對(탁대): 저수기貯水器라고 했다.

8 悖戾(패려): 조잡하게 짜다의 뜻.

9 纂繹(찬역): 조밀하지 못하게 짜다.

10 晉陽處父伐楚以救江(진양처보벌초이구강): 진晉나라의 양처보가 초나라를 침략해 강江나라를 구제하다.

11 隨牛之誕(수우지탄): 정鄭나라의 현고弦高이다. 진秦나라의 군사가 쳐들어오자 정백의 명령이라고 속이고 소 열두 마리를 잡아 진秦나라 군사를 대접해 대패하게 만든 일.

제 18 권

인간훈 人間訓

인간人間의 훈訓이란
인간의 일에서 길한 것과 흉한 것 속에서
득실得失의 단서를 증명하고
존망存亡의 기틀로 돌아가는 것을 뜻한다.
그러므로 '인간훈'이라고 명칭 했다.

1. 이러한 것을 마음이라고 한다

맑고 깨끗하며 편안하고 기쁜 것은 사람의 성품이다. 사표가 되고 본보기가 되는 것은 일의 제재이다.

사람의 성품을 알게 되면 스스로를 길러서 발끈하지 않고 일의 제재를 알게 되면 들고 놓는 것들의 행동거지에 의혹되지 않는다.

하나의 단서에서 출발해 마침이 없는 곳으로 흩어지며 팔극八極에 두루 해 하나의 관筦으로 거느리는 것을 '심(心: 마음)'이라고 이른다.

근본을 보고 끝을 알고 가리키는 것을 관찰하고 돌아가는 것을 본다. 하나를 잡아서 만 가지에 응하고 요체를 가져서 자세한 것을 다스린다. 이러한 것을 '술術'이라고 이른다.

거처居處해서는 하는 바를 알고 행동해서는 가는 바를 알게 된다. 일에서는 가질 바를 알고 활동하는 데는 말미암는 바를 알게 된다. 이러한 것을 '도道'라고 이른다.

도道는 앞에 두어도 낮아지지 않고 뒤에 놓아도 높아지지 않는다. 안이 얼마 되지 않아도 막히지 않고 천하에 펼쳐도 가늘어지지 않는다. 이런 까닭으로 사람으로 하여금 고상하고 현명하다고 자신을 칭찬하게 하는 것은 마음의 힘이다.

사람으로 하여금 자신을 비하하게 하고 비방하게 하는 것은 마음의 죄이다.

대개 말이 입에서 나온 것은 퍼지는 것을 남이 중지시킬 수가 없고, 행동이 가까이에서 발동한 것이라도 멀리까지 가는 것을 금지시킬 수는 없는 것이다.

일이란 것은 성취시키기는 어렵지만 무너뜨리기는 쉽다. 명예란 것은 세우기는 어렵지만 무너뜨리기는 쉽다.

천 리나 되는 제방도 땅강아지나 개미 구멍으로부터 시작해 새게 되고 8백 자나 되는 큰 집도 굴뚝의 갈라진 틈에서 튄 불똥으로 불타 버리게 된다.

요임금이 경계해 말하기를 "몹시 두려워하고 떨면서 날마다 조심한 다."라고 했다.

사람이란 산에 걸려 넘어지는 일은 없지만 개미집에 걸려 넘어지기도 한다. 그러므로 사람들은 모두 작은 해로운 것을 가볍게 여기고 하찮은 일을 쉽게 여기고 후회하는 일이 많으며 걱정이 생긴 뒤에 근심한다. 이것은 마치 병자가 이미 병이 심해진 후에 좋은 의사를 찾는 것과 같은 것이다. 비록 편작이나 유부兪跗와 같이 기묘한 의술이 있더라도 오히려 능히 살리지 못할 것이다.

재앙이 오는 것은 사람 스스로가 발생시킨 것이며 복이 오는 것도 사람 스스로가 성취시킨 것이다. 재앙이나 복은 문을 함께하고 이로운 것이나 해로운 것은 이웃이 되어 있어서 신성神聖한 사람이 아니라면 능히 구분하지 못한다.

무릇 사람들이 일을 시작함에 있어서 먼저 아는 것으로 생각을 꾀하고 헤아린 뒤에 계획을 정하지 않는 자는 없다. 그런데 어떤 자는 이익을 보고 어떤 자는 손해를 보는 것은 어리석은 것과 지혜로운 것의 차이 때문이다.

스스로 그러한 것을 깨닫고 지혜로 삼으며 존재하고 멸망하는 중요한 요체를 알아야 한다.

재앙과 복의 문호를 들어서 사용하고 어려움에 빠진 자들은 헤아릴 수가 없었다.

가령 하는 일이 옳다는 것을 알고 일을 반드시 행한다면 천하에 통달하지 못할 길은 없을 것이다. 이런 까닭으로 지려(知慮: 생각)는 재앙과 복의 문호이고, 동정(動靜: 기거동작)은 이익과 손해의 요체이다.

온갖 일의 변화와 국가의 다스려지고 어지러워지는 것들은 기다린 뒤에 이루어지는 것이다. 이런 이유로 어려운 것에 빠지지 않는 자는 성공하는 것이다. 이 때문에 가히 신중하지 않을 수 없는 것이다.

清淨恬愉 人之性也 儀表規矩 事之制也 知人之性 其自養不勃 知事之
制 其擧錯不惑 發一端 散無竟 周八極 總一筦 謂之心 見本而知末 觀指
而睹歸 執一而應萬 握要而治詳 謂之術 居知所爲 行知所之 事知所秉
動知所由 謂之道 道者置之前而不輊 錯之後而不軒 內之尋常而不塞
布之天下而不窕 是故使人高賢稱譽己者 心之力也 使人卑下誹謗己者
心之罪也 夫言出於口者 不可止於人 行發於邇者 不可禁於遠 事者難
成而易敗也 名者難立而易廢也 千里之隄 以螻螘之穴漏 百尋之屋 以
突隙之煙焚[1] 堯戒[2]曰 戰戰慄慄 日愼一日 人莫蹪於山 而蹪於蛭[3] 是故
人皆輕小害易微事以多悔 患至而後憂之 是猶病者已惓而索良醫也 雖
有扁鵲兪跗[4]之巧 猶不能生也 夫禍之來也 人自生之 福之來也 人自成
之 禍與福同門 利與害爲鄰 非神聖人 莫之能分 凡人之擧事 莫不先以
其知規慮揣度[5] 而後敢以定謀 其或利或害 此愚智之所以異也 曉自然
以爲智 知存亡之樞機 禍福之門戶 擧而用之 陷溺於難者 不可勝計也
使知所爲是者 事必可行 則天下無不達之塗矣 是故知慮者 禍福之門戶
也 動靜者 利害之樞機也 百事之變化 國家之治亂 待而後成 是故不溺

於難者成 是故不可不愼也

※

1 突隙之煙焚(돌극지연분): 굴뚝의 벌어진 틈에서 튄 불똥으로 불에 타게 되다.

2 堯戒(요계): 요임금이 경계한 말. '설원'에 내용이 있다고 했다.

3 人莫躓於山而躓於垤(인막뒤어산이뒤어질): 사람은 산에 걸려서 넘어진 적은 없지만 개미집에 걸려서 넘어지기도 한다는 뜻.

4 扁鵲兪跗(편작유부): 편작扁鵲은 춘추시대에 명의. 이름은 월인越人이고 성은 진秦이다. 유부兪跗는 황제黃帝 때의 의사.

5 規慮揣度(규려췌탁): 규려規慮는 생각을 꾀하다. 췌탁揣度은 헤아리다.

2. 천하에는 세 가지 위험이 있다

천하에는 세 가지 위험한 것이 있다.

덕德은 적은데 총애가 지극한 것이 첫 번째 위험한 것이다. 재주는 낮은데도 높은 지위에 있는 것이 두 번째 위험한 것이다. 자신에게 큰 공로가 없는데도 많은 녹봉을 받는 것이 세 번째 위험한 것이다. 이런 이유로 사물에는 혹은 덜어내서 보탬이 되는 경우가 있고 혹은 보태서 덜어지는 경우가 있다. 무엇으로써 그러한 것을 아는 것인가?

옛날에 초楚나라의 장왕莊王이 진晉나라의 군사와 하옹河雍의 사이에서 싸워 승리하고 돌아와 손숙오孫叔敖를 봉하려고 했는데 손숙오는 사양하고 받지 않았다.

손숙오는 악창이 생겨 장차 죽음에 이르게 되자 그의 아들에게 일러 말했다.

"내가 죽으면 왕께서 반드시 너를 봉할 것이다. 너는 반드시 비옥한 땅은 사양하고 모래와 자갈투성이인 유침有寢의 언덕을 받아라. 그 땅은 자갈이 많고 이름도 추악하다. 형(荊: 초)나라 사람들은 귀신을 섬기기를 좋아하고 월越나라 사람들은 귀신이 내리는 재앙이나 상서로운 것들을 믿기 때문에 사람들이 이롭게 여기지 않는다."

손숙오가 마침 죽자 장왕이 과연 그의 아들을 비옥한 땅에 봉하려고 했다. 손숙오의 아들이 사양하고 받지 않고 유침의 언덕을 청했다.

초나라의 풍속에는 공신이라도 2대를 이어 작록을 누리지 못했는데 오직 손숙오 집안만이 홀로 보존되었다. 이것을 이른바 덜어서 보탬이 된 경우라고 하는 것이다.

무엇을 보태서 덜어진 경우라고 이르는 것인가?

옛날에 진晉나라의 여공厲公이 남쪽으로는 초楚나라를 정벌했고 동쪽으로는 제齊나라를 정벌했으며 서쪽으로는 진秦나라를 정벌했고 북쪽으로는 연燕나라를 정벌했다. 군사들을 천하에 멋대로 행해 굽히는 바가 없었고 위세가 사방을 복종시키고 굴하는 바가 없었다. 드디어 제후들을 가릉(嘉陵: 땅 이름)에 규합시켜 기운이 충만하고 의지가 교만하며 음란하고 사치하는 것이 법도가 없었다. 모든 백성에게 포학하게 했다. 안으로는 보좌하는 신하가 없었고 밖으로는 제후들의 도움도 없었다. 대신들을 죽이고 아첨하는 신하들을 가까이했다.

다음 해에는 궁에서 나가 장려씨匠驪氏 집에서 놀고 있는데 난서欒書와 중행언中行偃이 여공을 겁박해 유폐시켰다. 제후들은 구하려는 자가 없었고 백성들도 슬퍼하지 않았다. 3개월 만에 죽었다.

대개 싸우면 취하고 공격하면 빼앗아 땅은 넓어지고 명성이 높아지는 것, 이것은 천하에서 원하는 바이다. 그러나 자신은 죽고 국가는 망하는 것으로 끝마친 것, 이것을 이른바 보태서 손해 본 것이라 하는 것이다.

손숙오가 모래와 자갈투성이인 유침有寢의 언덕땅을 청한 것은 여러 대 동안 빼앗기지 않으려는 것이었다.

진晉나라의 여공厲公이 제후들을 가릉에서 규합시킨 것은 자신이 장려씨의 집에서 죽게 된 원인이 되었다.

모든 사람은 모두에게 이로운 것을 이롭게 여기고 고통스런 것을 고통스럽게 여길 줄만 안다. 오직 성인聖人만이 고통스러운 것이 이로움이 된다는 것을 알고 이로운 것들이 병이 된다는 것도 알고 있다.

일 년에 두 번 열매를 맺는 나무의 뿌리는 반드시 손상되고 남의 무덤을 도굴하는 집안에는 반드시 재앙이 있다. 큰 이익을 말하는 것은 도리어 해로운 것이 되기도 한다.

장무張武는 지백智伯을 교육시켜 한韓과 위魏의 땅을 빼앗도록 했는데 진양晉陽에서 사로잡혔다. 신숙시申叔時는 장왕莊王을 가르쳐 진씨陳氏의 후사를 봉하도록 했는데 천하의 패자霸者가 되었다.

공자孔子는 『주역』을 읽는데 손괘損卦와 익괘益卦에 이르면 일찍이 분연憤然히 탄식해 말하지 않음이 없었는데 "이익이나 손해는 왕자의 일이다."라고 했다.

일이란 혹은 이롭게 하려 하는데 예기치 않게 해로워지기도 하고 혹은 해롭게 하려 하면 도리어 이로워지기도 한다.

이로운 것이나 해로운 것이 돌아오는 것은 재앙과 복의 문호이다. 그러므로 살피지 않을 수 없는 것이다.

天下有三危 少德而多寵 一危也 才下而位高 二危也 身無大功而受厚祿 三危也 故物或損之而益 或益之而損 何以知其然也 昔者楚莊王旣勝晉於河雍[1]之間 歸而封孫叔敖 辭而不受 病疽[2]將死 謂其子曰 吾則死

矣 王必封女 女必讓肥饒之地 而受沙石之間 有寢邱者[3] 其地确石而名
醜 荊人鬼 越人禨[4] 人莫之利也 孫叔敖死 王果封其子以肥饒之地 其子
辭而不受 請有寢之邱 楚國之俗 功臣二世而爵祿 惟孫叔敖獨存 此所
謂損之而益也 何謂益之而損 昔晉厲公南伐楚 東伐齊 西伐秦 北伐燕
兵橫行天下 而無所綣 威服四方 而無所詘 遂合諸侯於嘉陵 氣充志驕
淫侈無度 暴虐萬民 內無輔拂之臣 外無諸侯之助 戮殺大臣 親近導諛
明年出遊匠驪氏 欒書中行偃[5]劫而幽之 諸侯莫之救 百姓莫之哀 三月
而死 夫戰勝攻取 地廣而名尊 此天下之所願也 然而終於身死國亡 此
所謂益之而損者也 夫孫叔敖之請有寢之邱 沙石之地 所以累世不奪也
晉厲公之合諸侯於嘉陵 所以身死於匠驪氏也 衆人皆知利利而病病也
唯聖人知病之爲利 知利之爲病也 夫再實[6]之木根必傷 掘藏[7]之家必有
殃 以言大利而反爲害也 張武[8]教智伯奪韓魏之地而禽於晉陽 申叔時[9]
教莊王封陳氏之後而霸天下 孔子讀易至損益 未嘗不憤然而嘆曰 益損
者 其王者之事與 事或欲以利之 適足以害之 或欲害之 乃反以利之
利害之反 禍福之門戶 不可不察也

※

1 河雍(하옹): 담鄽의 땅.

2 病疽(병저): 악창이 생기다.

3 有寢邱者(유침구자): 유침有寢은 땅 이름. 구邱는 언덕.

4 荊人鬼越人禨(형인귀월인기): 형나라 사람들은 귀신 믿기를 좋아하고 월나
　라 사람들은 귀신이 재앙이나 상서를 내린다는 것을 믿다의 뜻.

5 匠驪氏欒書中行偃(장려씨란서중행언): 장려씨匠驪氏는 진晉나라 여공 때의
　대부. 난서欒書와 중행언中行偃도 당시 진晉나라의 대부들.

6 再實(재실): 일 년에 두 번 열매를 맺는 것.

7 掘藏(굴장): 남의 묘지를 파서 묻혀 있는 기물을 도둑질하는 일.

8 張武(장무): 지백智伯의 신하. 조양자趙襄子에게 죽임을 당했다.

9 申叔時(신숙시): 초나라 장왕의 신하.

3. 양호陽虎가 노나라를 어지럽히다

양호陽虎가 노나라를 어지럽히자 노나라의 군주가 사람을 시켜 성문을 닫고 체포하게 했다. 그를 체포하는 자에게는 후한 상을 주고 놓친 자에게는 무거운 벌을 내린다고 했다.

세 겹으로 포위를 당하자 양호가 칼을 들어서 자신의 턱을 찌르려고 했다. 문지기가 말리며 말하기를 "천하는 넓고 넓어서 찾으려 해도 찾지 못할 것입니다. 내가 그대를 내보내겠습니다."라고 했다. 양호가 이에 포위한 곳으로 달려가서 칼을 휘두르며 창을 들고 달아났다.

문지기가 탈출시켜 주자 양호는 뒤돌아보고 도리어 그를 탈출시켜 준 문지기를 낚아채 창으로 찔렀다. 창이 소매를 뚫고 겨드랑이까지 들어갔다. 탈출시켜 준 문지기가 원망하며 말했다.

"나는 진작부터 그대를 배반하지 않았습니다. 죽음을 무릅쓰고 그대를 탈출시켜 벌을 받게 되었는데 도리어 나에게 상처를 입혔습니다. 그대에게 이러한 난이 있는 것이 당연합니다."

노나라의 군주가 양호를 놓쳤다는 소식을 듣고 크게 화가 나서 양호를 탈출시킨 문지기를 문책하고자 관리를 시켜 잡아들이게 했다. 노나라의 군주는 상처를 입은 자에게는 큰상을 주고 상처가 없는 자에게는 중죄를 주었다. 이것은 이른바 해침을 당한 것이 반대로 이익이 된 것이었다.

무엇을 이롭게 하고자 했는데 도리어 손해를 본 것이라고 이르는 것인가?

초楚나라의 공왕恭王이 진晉나라 사람들과 언릉鄢陵에서 싸웠다. 싸움이 한창일 때 공왕이 부상을 당해 휴전했다.

이때 사마司馬인 자반子反이 목이 마르다며 마실 것을 요구하자 심부름 하는 양곡陽穀이 술을 가져다 올렸다. 자반의 사람됨은 평소 술을 즐겨했던 터라 한잔 마신 술을 달게 여기고 입에서 술을 끊지 못했다. 계속 마시다가 드디어는 취해서 잠이 들었다. 공왕이 다시 싸우려고 사람을 시켜 사마 자반을 불렀는데 가슴이 아프다고 사양했다.

왕이 수레를 타고 가서 살펴보려고 군막 안으로 들어갔는데 술 냄새가 진동했다. 공왕이 크게 노여워하고 말했다.

"오늘의 싸움에서 나 자신도 상처를 입었고 믿는 바는 사마 자반뿐이 었다. 사마 자반도 또한 이와 같으니 이제 초나라의 사직은 망할 것이고 우리 백성들을 인솔하지 못할 것이다. 나도 다시 싸우지 못할 것이다."

이에 군사를 해산시키고 떠나갔다. 사마 자반은 참수되는 치욕을 당했다.

본래 심부름꾼인 양곡이 술을 올렸던 것은 사마 자반에게 재앙이 되게 하려 했던 것은 아니었다. 진실로 아껴서 기분이 좋게 하려고 했던 것이다. 그러나 때마침 죽이게 된 것이다. 이러한 것을 이른바 이롭게 하려고 했던 것이 도리어 해가 된 것이라고 하는 것이다.

대개 습기로 인한 질병에 걸린 환자에게 억지로 먹게 한다거나 더위를 먹은 환자에게 찬 음식을 먹게 한다. 이러한 것은 보통 사람들이 치료법 으로 쓰는 것인데 좋은 의사들은 병이 된다고 하는 것들이다.

눈이 즐거워하고 마음도 기뻐하는 것은 어리석은 자들이 이롭다고 여기는 바이다. 그러나 도道가 있는 자들은 피하는 것들이다. 그러므로 성인은 먼저는 거역하는 것처럼 보이지만 뒤에는 합한다. 보통 사람들은 먼저는 합하는 것처럼 보이지만 뒤에는 거역하는 것이 되는 것이다.

陽虎爲亂於魯[1] 魯君令人閉城門而捕之 得者有重賞 失者有重罪[2] 圍三币 而陽虎將擧劍而伯頤[3] 門者止之曰 天下探之不窮[4] 我將出子 陽虎因赴圍而逐 揚劍提戈而走 門者出之 顧反取其出之者以戈推之 攘袪薄腋 出之者怨之曰 我非故與子反也 爲之蒙死被罪 而乃反傷我 宜矣其有此難也 魯君聞陽虎失 大怒 問所出之門 使有司拘之 以爲傷者受大賞 而不傷者被重罪 此所謂害之而反利者也 何謂欲利之而反害之 楚恭王與晉人戰於鄢陵 戰酣 恭王傷而休[5] 司馬子反渴而求飮 豎陽穀[6]奉酒而進之 子反之爲人也 嗜酒而甘之 不能絶於口 遂醉而臥 恭王欲復戰 使人召司馬子反 辭以心痛 王駕而往視之 入幄中而聞酒臭 恭王大怒曰 今日之戰 不穀[7]親傷 所恃者司馬也 而司馬又若此 是亡楚國之社稷 而不率吾衆也 不穀無與復戰矣 於是罷師而去之 斬司馬子反爲僇 故豎陽穀之進酒也 非欲禍子反也 誠愛而欲快之也 而適足以殺之 此所謂欲利之而反害之者也 夫病湿而强之食 病喝而飮之寒 此衆人之所以爲養也 而良醫之所以爲病也 悅於目 悅於心 愚者之所利也 然而有道者之所辟也 故聖人先忤而後合 衆人先合而後忤

※

1 陽虎爲亂於魯(양호위란어로): 양호陽虎는 노魯나라 계씨季氏의 가신家臣이다. 이때 양호와 계씨가 노나라의 정사를 멋대로 했다.

2 得者有重賞失者有重罪(득자유중상실자유중죄): 체포하는 자에게는 후한 상을 내리고 놓치는 자에게는 중죄를 적용한다는 뜻.

3 伯頤(백이): 박이迫頤의 뜻. 턱을 압박하다. 곧 턱을 찌르려고 하다의 뜻.

4 探之不窮(탐지불궁): 천하는 넓어서 다 찾아보지 못한다는 뜻.

5 恭王傷而休(공왕상이휴): 진나라 사람이 화살로 공왕의 눈을 쏘아 맞히다.

6 豎陽穀(수양곡): 수豎는 심부름 하는 아이. 양곡陽穀은 사람 이름.

7 不穀(불곡): 군주가 자신을 겸양해 하는 말. 나의 뜻.

4. 신하들이 피하는 것과 힘쓰는 것

공로를 세우는 것은 신하들이 힘쓰는 바이고 죄를 짓는 것은 신하들이
피하는 바이다.

그런데 어떤 사람은 공로가 있어서 의심을 받게 되고 어떤 이는
죄가 있어도 믿음이 더해지는 경우가 있다. 무엇 때문인가?

이것은 곧 공로가 있는 자는 은혜로운 의를 떠나려 하기 때문이고
죄가 있는 자는 감히 군주의 인심仁心을 잃지 않으려고 하기 때문이다.

위魏나라의 장수인 악양樂羊이 중산국中山國을 침공하는데 그의 아들
이 붙잡혀 적군의 성안에 있었다. 적군의 성안에서는 그의 아들을
매달아 악양에게 보였다. 악양이 말했다.

"군주와 신하의 의義는 자식이라도 사사롭게 이용해 얻을 수 있는
것이 아니다."

이에 더욱 압박해 공격했다. 중산국에서는 이로 말미암아 그의 아들
을 삶아 솥에 국을 끓여 그 머리와 함께 보냈다. 악양이 어루만지고
울면서 말했다.

"이는 내 아들이다."

이에 사자使者에게 감사하고 나서 꿇어앉아 그 국을 세 대접 마셨다.
사자가 돌아가서 중산국에 보고하자 중산국에서 말했다.

"이 사람은 약속에 복종하고 절개에 죽을 자이다. 가히 견디지 못할

것이다."

이에 드디어 항복했다.

악양은 위문후魏文侯를 위해 크게 영토를 확장시키는 공로가 있었으나 이후로는 날마다 신임을 받지 못했다. 이러한 것을 이른바 '공로가 있는데도 의심을 받았다.'라고 하는 것이다.

무엇을 죄가 있는데도 더욱 신임을 받는다고 이르는 것인가?

노魯나라의 맹손孟孫은 사냥에서 새끼 사슴을 잡았는데 진서파秦西巴를 시켜 가지고 돌아가서 삶으라고 했다. 그런데 새끼 사슴의 어미가 따라오면서 슬피 울자 진서파는 차마 하지 못하는 마음이 있어 풀어 주어 어미에게 돌아가게 했다.

맹손이 돌아와 새끼 사슴을 찾으며 어디에 있느냐고 물었다. 진서파가 대답했다.

"그의 어미가 따라오면서 슬피 울기에 신이 진실로 차마 할 수가 없어서 놓아 돌려보냈습니다."

맹손이 이에 화가 나서 진서파를 내쫓았다. 1년이 지난 뒤에 다시 불러들여 자식의 스승으로 삼았다. 좌우에서 말했다.

"진서파는 군君에게 죄를 지었는데 지금 아들의 스승으로 삼는 것은 어째서입니까?"

맹손이 말했다.

"대개 한 마리의 새끼 사슴도 차마 죽이지 못하고 놓아 주었는데 하물며 사람에 있어서이겠는가?"

이러한 것을 일러 '죄가 있는데도 믿음이 더해진 것이다.'라고 하는 것이다. 그러므로 나아가는 것과 물러나는 것을 가히 살피지 않을 수 없을 것이다.

이러한 것은 또 공손앙(公孫鞅: 상앙)이 진秦나라에서 죄를 저지르고 위魏나라로 달아나는 것을 얻지 못한 이유이기도 하다. 그의 공로가 크지 않았던 것이 아니었다. 그러나 발을 거듭해도 밟을 곳이 없었던 것은 지난날의 불의 때문이었다.

일에서는 혹은 빼앗았다가 도리어 주기도 하고 혹은 주었다가 도리어 빼앗기도 하는 것이다.

지백智伯이 위선자魏宣子에게 토지를 요구하자 위선자는 주지 않으려고 했다. 이에 임등任登이 말했다.

"지백의 강한 위세가 천하에 행해지고 있습니다. 토지를 요구하는데 주지 않는다면 이것은 제후가 되어 먼저 재앙을 만날 것입니다. 주는 것만 같지 못할 것입니다."

위선자가 말했다.

"땅을 요구하는 것이 그치지 않을 텐데 어찌해야 하는 것인가?"

임등이 말했다.

"땅을 주고 기쁘게 해주면 반드시 장차 다시 제후들에게 땅을 요구할 것입니다. 제후들은 반드시 귀를 쫑긋 세울 것입니다. 이때 천하의 제후들과 마음을 함께해 한마음으로 도모하면 얻는 바는 곧 내가 빼앗겼던 것만은 아닐 것입니다."

위선자가 땅을 갈라서 주었다. 지백이 한강자韓康子에게도 요구했다. 한강자도 감히 주지 않을 수가 없었다. 이에 제후들이 모두 두려워했다. 또한 조양자趙襄子에게도 땅을 요구했는데 조양자는 주지 않았다. 이에 지백이 위선자와 한강자를 거느리고 조양자를 진양晉陽에서 포위했다. 위선자와 한강자와 조양자는 서로 내통하고 공모해 지백을 사로잡고 지백의 나라를 셋으로 나누었다. 이러한 것을 이른바 '남에게 빼앗은 것을 도리어 남에게 빼앗기는 바가 된 것이다.'라고 이르는 것이다.

무엇을 주었다가 도리어 빼앗는다고 이르는 것인가?

진晉나라의 헌공獻公이 우虞나라의 길을 빌려서 괵虢나라를 정벌하고자 했다. 이에 우나라에 수극垂棘의 벽옥과 굴산屈産의 말을 보냈다. 우나라의 공작이 벽옥과 말에 현혹되어 길을 빌려 주려 했다. 이때 우나라의 궁지기宮之奇가 간해 말했다.

"옳지 않습니다. 우나라와 괵나라는 마치 수레에 바퀴가 있어서 바퀴는 수레에 의지하고 수레 또한 바퀴에 의지하는 것과 같습니다. 우나라와 괵나라는 서로 믿으면서 형세를 이어왔습니다. 만약에 길을 빌려 주면 괵나라는 아침에 망하고 우나라도 그날 저녁에 뒤를 따를 것입니다."

우공虞公이 듣지 않고 마침내 길을 빌려 주었다. 순식荀息이 괵나라를 정벌하고 드디어 승리했다. 돌아오는 길에 우나라를 정벌해 또한 함락시켰다. 이러한 것을 일러 '주었다가 도리어 빼앗는 것이다.'라고 이르는 것이다.

有功者 人臣之所務也 有罪者 人臣之所辟也 或有功而見疑 或有罪而益信 何也 則有功者離恩義 有罪者不敢失仁心也 魏將樂羊攻中山[1] 其子執在城中 城中縣其子以示樂羊 樂羊曰 君臣之義 不得以子爲私 攻之愈急 中山因烹其子 而遺之鼎羹與其首 樂羊循而泣之曰 是吾子 已爲使者跪而啜三杯 使者歸報中山曰 是伏約死節者也 不可忍也 遂降之 爲魏文侯大開地有功 自此之後 日以不信 此所謂有功而見疑者也 何謂有罪而益信 孟孫獵而得麑[2] 使秦西巴[3]持歸烹之 麑母隨之而啼 秦西巴

弗忍 縱而予之 孟孫歸 求麑安在 秦西巴對曰 其母隨而啼 臣誠弗忍
竊縱而予之 孟孫怒 逐秦西巴 居一年 取以爲子傅 左右曰 秦西巴有罪
於君 今以爲子傅何也 孟孫曰 夫一麑而不忍 又何況於人乎 此謂有罪
而益信者也 故趨舍不可不審也 此公孫鞅[4]之所以抵罪於秦 而不得入
魏也 功非不大也 然而累足無所踐者 不義之故也 事或奪之而反與之
或與之而反取之 智伯求地於魏宣子[5] 宣子弗欲與之 任登[6]曰 智伯之强
威行於天下 求地而弗與 是爲諸侯先受禍也 不若與之 宣子曰 求地不
已 爲之奈何 任登曰 與之使喜 必將復求地於諸侯 諸侯必植耳 與天下
同心而圖之 一心 所得者非直吾所亡也 魏宣子裂地而授之 又求地於韓
康子[7] 韓康子不敢不予 諸侯皆恐 又求地於趙襄子 襄子弗與 於是智伯
乃從韓魏 圍襄子於晉陽 三國通謀 禽智伯而三分其國 此所謂奪人而反
爲人所奪者也 何謂與之而反取之 晉獻公欲假道於虞以伐虢 遺虞垂棘
之璧 與屈産之乘 虞公惑於璧與馬 而欲與之道 宮之奇諫 曰 不可 夫虞
之與虢 若車之有輪 輪依於車 車亦依輪 虞之與虢 相恃而勢也 若假之
道 虢朝亡而虞夕從之矣 虞公弗聽 遂假之道 荀息伐虢 遂克之 還反伐
虞 又拔之 此所謂與之而反取者也

※

1 魏將樂羊攻中山(위장악양공중산): 악양樂羊은 위문후魏文侯의 장수. 중산
　中山은 작은 나라의 이름.

2 孟孫獵而得麑(맹손렵이득예): 맹손孟孫은 춘추시대 노魯나라의 대부. 예麑
　는 새끼 사슴.

3 秦西巴(진서파): 맹손의 가신.

4 公孫鞅(공손앙): 상앙. 당시 상앙이 진秦나라를 위해 위魏나라를 정벌하는데
　위魏의 공자앙公子卬을 속여 살해했다. 나중에 상앙이 죄가 있어 위나라로
　도망쳤으나 공자앙의 일로 위나라에서 받아 주지 않았다.

5 智伯求地於魏宣子(지백구지어위선자): 지백은 진晉나라의 대부이며 권력
가. 위선자魏宣子는 진晉나라의 대부이며 뒤에 위魏나라를 세웠다.

6 任登(임등): 위선자의 가신.

7 韓康子(한강자): 진晉나라의 대부이며 위선자魏宣子, 조양자趙襄子와 함께
진晉나라를 삼등분해 한韓나라를 세운 자.

5. 음덕陰德에는 양보陽報가 있다

성왕이 덕을 베풀고 은혜를 베푸는 것은 백성들에게 그 보답을 바라서가
아니다. 교제(郊祭: 천지에의 제사)와 망제(望祭: 일월·성신·산천에의
제사)와 체제禘祭와 상제(嘗祭: 종묘에의 제사)를 하는 것은 귀신에게
복을 바라서가 아니다.

산은 그 높은 데 이르러야 구름이 일어나고 물은 그 깊은 곳에 이르러
야 교룡이 생겨난다.

군자는 그 도道를 이루어야 복록이 돌아온다.

대개 음덕陰德이 있는 자는 반드시 양보(陽報: 나타나는 보답)가 있고,
음행陰行이 있는 자는 반드시 훤히 드러나는 명성이 있다. 옛날에는
도랑이나 제방이 정비되지 않아서 물이 백성들에게 해를 끼쳤다.

우禹임금이 용문龍門을 파고 이궐伊闕을 열고 물과 땅을 평평하게
다스렸다. 이에 백성들을 육지에 살게 했다. 이때의 백성들은 부자간에
도 친하지 않았고 오품(五品: 五倫)에 순종하지도 않았다.

설契이 군신 간의 의義와 부자父子간의 친함[親]과 부부간의 분별과
장유長幼 간의 차례를 가르쳤다.

밭과 들은 정돈되지 않았고 백성들의 먹을거리는 부족했다. 이에
후직后稷이 땅을 개간하고 풀을 베어 흙에 거름을 주고 곡식을 심는

방법을 가르쳐 백성들의 집안은 풍족해졌고 사람들도 풍족해졌다. 그러므로 세 사람의 후예들은 왕자王者가 되지 않은 자가 없었다. 그것은 음덕이 있었기 때문이었다.

주周나라의 왕실이 쇠약해지고 예의가 무너지자 공자孔子는 삼대三代의 도道로써 세상을 인도해 가르쳤다. 그 뒤에 계속 이어져 오늘날에 이르러서도 단절되지 않은 것은 공자의 숨은 선행이 있었기 때문이었다.

진秦나라의 왕 조정趙政은 천하를 아울러 삼켰는데도 망했다. 지백智伯은 토지를 빼앗고도 멸망했다. 상앙은 사지가 찢겨져 죽었다. 이사는 거열형車裂刑을 당해 죽었다.

하夏와 은殷과 주周의 삼대는 덕을 심어서 왕자가 되었고, 제나라의 환공桓公은 단절되어 가는 세대를 계승시켜서 패자가 되었다. 그러므로 메기장을 심은 자가 찰기장을 수확할 수 없고, 원한을 심은 자가 덕을 보답 받을 리는 없는 것이다.

옛날에 송宋나라 사람으로 선을 행하기를 좋아하는 자가 있었는데 3대를 거치는 동안을 게을리 하지 않았다. 그런데 집안에서 아무 까닭도 없이 검은 소가 흰 송아지를 낳았다. 이에 선생에게 물었다. 선생이 대답했다.

"이것은 길한 일이오. 귀신에게 올리시오."

일 년 후에는 그의 아버지가 아무 까닭도 없이 눈이 멀었다. 소가 또 다시 흰 송아지를 낳았다. 그 아버지가 다시 자식을 시켜서 선생에게 묻게 했다. 그 아들이 말했다.

"지난날 선생의 말씀을 들었는데 눈이 멀었습니다. 지금 또 다시 묻게 하는 데에는 무슨 뜻이 있습니까?"

그의 아버지가 말했다.

"성인聖人의 말씀은 먼저는 거역하지만 뒤에는 합하는 것이다. 그 일이 끝나지 않았으니 시험 삼아 가서 다시 물어 보아라."

그 아들이 또 다시 선생에게 물었다. 선생이 말했다.

"이것도 좋은 일이다. 다시 귀신에게 바치도록 하라."

아들이 돌아와서 그의 아버지에게 들은 대로 알렸다. 그의 아버지가 말했다.

"선생의 말씀대로 행하라."

또 일 년이 지나자 그 아들도 아무 까닭 없이 눈이 안 보였다. 그 뒤에 초楚나라가 송宋나라를 공격하고 그 성을 포위했다. 이때에는 자식들을 바꾸어서 잡아먹고 해골을 쪼개서 밥을 짓는 상황이었다. 젊은 장정들이 모두 죽었다. 늙고 병든 사람들과 아이들이 모두 성 위로 올라서 성을 굳게 지켜 함락되지 않았다.

초나라 왕이 크게 화가 나서 성을 파괴한 뒤에 성을 수비하는 모든 사람을 모두 도륙했다. 이때에 유독 이들 부자만은 눈이 보이지 않았으므로 성에 오를 수가 없었다. 군대가 물러가고 포위가 풀리자 이들 부자는 함께 눈을 떠 원래의 눈을 되찾았다.

대개 재앙과 복은 돌고 돌면서 서로 생겨나는 것이지만 그 변화하는 바를 보기는 어려운 것이다.

聖王布德施惠 非求其報於百姓也 郊望禘嘗[1] 非求福於鬼神也 山致其高而雲起焉 水致其深而蛟龍生焉 君子致其道而福祿歸焉 夫有陰德者 必有陽報 有陰行者 必有昭名 古者溝防不脩 水爲民害 禹鑿龍門 辟伊闕 平治水土 使民得陸處 百姓不親 五品不愼 契[2]敎以君臣之義 父子之親 夫妻之辨 長幼之序 田野不脩 民食不足 后稷[3]乃敎之辟地墾草 糞土

種穀 令百姓家給人足 故三后之後[4] 無不王者 有陰德也 周室衰 禮義廢
孔子以三代之道敎導於世 其後繼嗣至今不絶者 有隱行也 秦王趙政[5]
兼吞天下而亡 智伯侵地而滅 商鞅支解 李斯車裂[6] 三代種德而王 齊桓
繼絶而霸 故樹黍者不獲稷 樹怨者無報德 昔者宋人好善者 三世不解
家無故而黑牛生白犢 以問先生 先生曰 此吉祥 以饗鬼神 居一年 其父
無故而盲 牛又復生白犢 其父又復使其子以問先生 其子曰 前聽先生言
而失明 今又復問之 奈何 其父曰 聖人之言 先忤而後合 其事未究 固試
往復問之 其子又復問先生 先生曰 此吉祥也 復以饗鬼神 歸致命其父
其父曰 行先生之言也 居一年 其子又無故而盲 其後楚攻宋 圍其城[7]
當此之時 易子而食 析骸而炊 丁壯者死 老病童兒皆上城 牢守而不下
楚王大怒 城已破 諸城守者皆屠之 此獨以父子盲之故 得無乘城 軍罷
圍解 則父子俱視 夫禍福之轉而相生 其變難見也

※

1 郊望禘嘗(교망체상): 교郊는 천지天地에의 제사. 망望은 일월日月 성신星辰
  산천山川에의 제사. 체상禘嘗은 종묘에의 제사.

2 契(설): 은殷나라의 시조. 순임금 때 교육을 담당한 사람.

3 后稷(후직): 주周나라의 시조. 농사를 담당한 관리.

4 三后之後(삼후지후): 하夏, 은殷, 주周를 뜻한다.

5 趙政(조정): 진시황秦始皇이 조趙나라에서 태어났으므로 조정趙政이라고
  이름했다.

6 李斯車裂(이사거열): 이사李斯는 상채上蔡 사람이다. 진시황의 신하인데
  조고趙高의 모함으로 2세二世에 의해 거열형을 당해 죽었다.

7 楚攻宋圍其城(초공송위기성): 초楚나라의 장왕이 송나라를 8개월 동안
  포위했던 일.

6. 이것이 새옹지마塞翁之馬의 유래이다

근래에 변방 가까이에 사는 사람으로 기술이 좋은 자가 있었다. 이 사람의 집에서 말이 아무 이유도 없이 도망쳐 호胡 땅으로 들어갔다. 주위 사람들이 모두 위로했는데 그의 아버지가 말했다.

"이 일이 어찌 복이 되지 않겠는가?"

그 일이 있은 지 수개월이 지나서 그 말이 호胡 땅의 준마駿馬을 거느리고 돌아왔다. 사람들이 모두 축하를 했다. 그의 아버지가 말했다.

"이 일이 어찌 재앙이 되지 않겠는가?"

이후로 그의 집에는 좋은 말이 많아져 부자가 되었다. 그의 아들이 말 타기를 좋아했다. 그런데 말을 타다가 말에서 떨어져 넓적다리가 부러졌다. 이웃 사람들이 모두 위로했다. 그의 아버지가 말했다.

"이 일이 어찌 복이 되지 않겠는가?"

일 년이 지났는데 수많은 호인胡人들이 변방으로 쳐들어왔다. 장정들은 활을 들고 싸웠지만 변방 사람들은 10명 중에 9명은 죽었다. 그 아들은 혼자만 절름발이가 된 연고로 부자父子는 서로 보호되었다. 그러므로 복이 재앙이 되고 재앙이 복이 되는 것은, 변화라는 것은 끝이 없고 깊이라는 것은 가히 측량하지 못하는 것이다.

어떤 사람은 말도 바르고 일에도 해롭지 않은 것이 있고, 어떤 사람은 귀에도 거슬리고 마음에도 거슬리는데 진실에는 합하는 자가 있다.

고양퇴高陽魋라는 사람이 장차 집을 지으려고 목수에게 물었다. 목수가 대답했다.

"옳지 않습니다. 나무가 생나무인데 그 위에 흙을 올리면 나무는 반드시 휘어질 것입니다. 생나무에 무거운 흙을 올리면 지금은 비록 만들어지지만 뒤에는 반드시 무너질 것입니다."

고양퇴가 말했다.

"그렇지 않을 것이다. 대개 나무는 마르면 더욱 단단해지고 흙은 마르면 더욱 가벼워진다. 튼튼한 재목에다 가벼운 흙을 올리면 지금은 비록 나쁘더라도 뒤에는 반드시 좋을 것이다."

이에 목수는 할 말이 궁해져 대답하지 못했다. 다만 시키는 대로 따라 집을 지어 주었다. 처음에 지어졌을 때는 높고 장대해 그럴 듯했으나 뒤에 과연 무너졌다. 이러한 것을 이른바 '말은 옳은데 가히 사용하지 못할 것'이라고 하는 것이다.

어떤 것이 귀에서도 싫어하고 마음에서도 거역하는데 진실에는 합한다고 이르는 것인가?

전국시대에 정곽군靖郭君이 장차 설薛 땅에 성을 쌓으려 했는데 빈객들이 모두 중지하라고 말했다. 정곽군이 듣지 않았다. 또 알자謁者에게 알려 말했다.

"빈객들의 말들을 아뢰지 말라."

제나라 사람으로 정곽군을 뵙기를 청하는 자가 있었다. 그가 말했다.

"신臣이 청컨대 세 마디 말만 하겠습니다. 세 마디 말보다 더 하게 되면 삶아서 죽이십시오."

이에 정곽군이 듣고는 만나 보았다. 빈객이 달려서 나아가 재배再拜를 하고 일어나 일컬어 말했다.

"해海 대大 어魚."

곧 뒤돌아서 달려갔다. 정곽군이 멈추라고 하면서 말했다.

"그 설명을 듣고 싶네."

빈객이 말했다.

"신臣이 감히 죽음을 앞에 놓고 희롱을 할 수는 없습니다."

정곽군이 말했다.

"선생께서는 먼 길에서 이곳까지 이른 것이 아니겠습니까? 과인寡人을 위해 설명해 주시오."

이에 빈객이 말했다.

"해대어(海大魚: 바다의 큰 고기)는 그물로 능히 중지시키지 못하고 낚시에 걸려도 능히 끌어올릴 수가 없습니다. 멋대로 하다 물을 잃게 되면 땅강아지와 개미가 모두 뜻을 얻어서 활개 칠 것입니다. 대개 제나라는 군君에게는 연못입니다. 군주께서 제나라를 잃게 되면 설薛 땅이 스스로 존재할 수 있겠습니까?"

정곽군이 말했다.

"좋은 말씀입니다."

이에 정곽군이 중지시키고 설 땅에 성을 쌓지 않았다. 이것을 이른바 '귀에서도 싫어하고 마음에서도 거역했는데 사실을 얻은 것이다.'라고 하는 것이다.

설 땅에 성을 쌓지 말라고 하면서 설 땅에 성을 쌓는 것을 중지시키려는 것은 그 설명을 하는 것이 '해대어海大魚'라고 하는 것만 같지 못한 것이다. 그러므로 사물이 혹은 멀어도 가깝게 느껴지는 것이 있고 혹은 가까이 있어도 멀게 느껴지는 것이 있고 혹은 설명을 듣고 계획이 마땅하다고 해도 자신이 소원하게 하는 것이 있고 혹은 말이 쓰이지 않고 계획이 행해지지 않아도 더욱 친해지는 것이 있다. 무엇으로써 명백하게 할 것인가?

삼국三國인 한韓, 위魏, 조趙나라가 제齊나라를 정벌하는데 평륙平陸을 포위했다. 제나라의 괄자括子가 우자牛子에게 보고해 말했다.

"세 나라(韓, 魏, 趙)의 땅은 우리와 근접하지 않았는데 이웃 나라를 넘어서 평륙을 포위했습니다. 이로운 것으로도 족히 탐할 땅이 아닙니다. 그렇다면 우리에게 명성을 구하려는 것입니다. 청컨대 제나라의 후작에게 갑시다."

우자牛子가 좋은 의견이라고 여겼다. 괄자括子가 나가자 무해자無害子가 들어왔다. 우자가 괄자의 말을 무해자에게 고했다. 무해자가 말했다.

"제가 들은 바와는 다릅니다."

우자가 말했다.

"나라가 위태하면 편안하지 못하고 우환이 맺히면 풀리지 않는 것인데 무엇을 귀한 지혜라고 이르는 것입니까?"

무해자가 말했다.

"신臣은 들었습니다. 땅을 쪼개서라도 사직을 편안하게 하는 자가 있다고 했습니다. 또 자신을 죽이고 집안을 망가뜨려서 그의 국가를 보존시켜야 한다는 소리를 들었습니다. 그 군주가 나가서 국경을 지킨다는 말은 듣지 못했습니다."

우자는 무해자의 말을 듣지 않았다. 이에 괄자의 계책을 써서 세 나라의 군사들을 물리치고 평륙의 땅도 보존시켰다. 그러나 이 뒤로부터는 괄자는 날마다 소원하게 되었고 무해자는 날마다 진출하게 되었다. 그 까닭은 우환을 도모해 우환을 풀고 국가를 도모해 국가를 보존시킨 것은 괄자의 지혜에서 얻은 것이었지만 무해자의 생각은 계략에 맞지 않았고 나라에도 이익이 없었으나 마음은 군주에게 맞추어지고 의로운 행동이 있었기 때문이었다.

近塞上之人 有善術[1]者 馬無故亡而入胡 人皆弔之 其父曰 此何遽不爲福乎 居數月 其馬將胡駿馬而歸 人皆賀之 其父曰 此何遽不能爲禍乎 家富良馬 其子好騎 墮而折其髀 人皆弔之 其父曰 此何遽不爲福乎 居一年 胡人大入塞 丁壯者引弦而戰 近塞之人 死者十九 此獨以跛之 故 父子相保 故福之爲禍 禍之爲福 化不可極 深不可測也 或直於辭而 不害於事者 或虧於耳以忤於心 而合於實者 高陽魋[2]將爲室 問匠人 匠 人對曰 未可也 木尙生 加塗其上必將撓 以生材任重塗 今雖成 後必敗 高陽魋曰 不然 夫木枯則益勁 塗乾則益輕 以勁材任輕塗 今雖惡 後必 善 匠人窮於辭 無以對 受令而爲室 其始成 焞然善也 而後果敗 此所謂 直於辭而不可用者也 何謂虧於耳忤於心而合於實 靖郭君[3]將城薛 賓 客多止之 弗聽 靖郭君謂謁者曰 無爲賓通言 齊人有請見者曰 臣請道 三言而已 過三言請烹 靖郭君聞而見之 賓趨而進 再拜而興 因稱曰 海大魚 則反走 靖郭君止之曰 願聞其說 賓曰 臣不敢以死爲戱[4] 靖郭君 曰 先生不遠道而至此 爲寡人稱之 賓曰 海大魚 網弗能止也 釣弗能牽 也 蕩而失水 則螻蟻皆得志焉 今夫齊 君之淵也 君失齊則薛能自存乎 靖郭君曰 善 乃止不城薛 此所謂虧於耳忤於心 而得事實者也 夫以無 城薛止城薛 其於以行說 乃不若海大魚 故物或遠之而近 或近之而遠 或說聽計當而身疏 或言不用計不行而益親 何以明之 三國伐齊 圍平陸 括子以報於牛子[5]曰 三國之地 不接於我 踰隣國而圍平陸 利不足貪也 然則求名於我也 請以齊侯往 牛子以爲善 括子出 無害子[6]入 牛子以括 子言告無害子 無害子曰 異乎臣之所聞 牛子曰 國危而不安 患結而不 解 何謂貴智 無害子曰 臣聞之 有裂壤土以安社稷者 聞殺身破家以存 其國者 不聞出其君以爲封疆者 牛子不聽無害子之言 而用括子之計 三國之兵罷 而平陸之地存 自此之後 括子日以疏 無害子日以進 故謀

患而患解 圖國而國存 括子之智得矣 無害子之慮 無中於策謀 無益於
國 然而心調於君 有義行也

※

1 善術(선술): 좋은 기술의 뜻. 『태평어람』에는 '선도자善道者'로 되어 있다.

2 高陽魋(고양퇴): 어떤 사람은 송宋나라의 대부라고 했다.

3 靖郭君(정곽군): 제齊나라 위왕威王의 아들. 설薛 땅에 봉해졌다.

4 熙(희): 희戲의 뜻과 같다.

5 括子以報於牛子(괄자이보어우자): 괄자括子는 제나라의 신하. 우자牛子도
   제나라의 신하.

6 無害子(무해자): 제나라의 신하.

7. 만세萬歲를 위한 이로운 것이란…

지금의 사람들은 관冠을 기다려서 머리를 장식하고 신을 기다려서
땅을 걷는다. 관이나 신발은 사람에게 추울 때 따뜻하게 해주는 것도
아니고 바람을 막아 주는 것도 아니며 내리쬐는 햇빛을 가려 주는
것도 아니다. 그러나 관을 쓰고 신발을 신는 것은 스스로 의탁하는
바가 그러하기 때문이다.

대개 진晉나라의 구범咎犯이 싸워 성복城濮에서 승리를 했는데 옹계
雍季는 한 자 한 치의 작은 공로도 없었다. 그러나 옹계가 먼저 상을
받았고 구범은 뒤에 상을 받게 되었는데 그것은 옹계의 말에 귀한
가치가 있었기 때문이었다. 그런 이유로 의義란 천하가 상을 내리는
것이다.

백 마디의 말에 백 번을 합당하더라도 가려서 따르고 살펴서 행동하는
것만 같지 못한 것이다.

어떤 이는 공로가 없는데도 먼저 등용되고 어떤 이는 공로가 있는데도 뒤에 상을 받는다. 무엇으로써 밝힐 것인가?

옛날에 진晉나라의 문공文公이 초楚나라와 성복에서 싸우게 되었는데 구범에게 물었다.

"어떻게 해야 승리하겠습니까?"

구범이 대답했다.

"인의仁義의 일에는 군자君子는 충성과 믿음을 싫어하지 않는 것이며 전쟁의 진법에서는 거짓도 싫어하지 않는 것입니다. 군주께서는 위계僞計를 쓸 따름입니다."

문공이 구범을 사양하고 옹계雍季에게 묻자 옹계가 대답했다.

"숲을 불사르고 사냥을 하면 더욱 많은 짐승을 얻는 것입니다. 그러나 뒤에는 반드시 짐승이 없을 것입니다. 거짓으로 남을 대우하면 비록 많은 이로운 것이 있겠지만 뒤에는 다시 이익을 얻지 못할 것입니다. 군주께서는 바르게 하실 뿐입니다."

이에 옹계의 계책을 듣지 않고 구범의 계략을 사용해서 초나라 사람과 싸워서 크게 깨부수었다. 돌아와서 공로가 있는 자들에게 상을 주었는데 먼저 옹계에게 상을 주고 구범에게는 뒤에 상을 주었다. 좌우에서 말했다.

"성복의 싸움에서는 구범의 계략으로 승리했는데 군주께서 옹계에게 상을 먼저 주는 것은 무슨 이유입니까?"

문공이 대답했다.

"구범의 말은 한때의 권모權謀일 뿐이고 옹계의 말은 만세에 이로운 것이다. 내 어찌 한때의 권모를 먼저 하고 만세에 이로운 것을 뒤에 하겠는가?"

지백智伯이 한韓나라와 위魏나라를 거느리고 조趙나라를 정벌하여 진양晉陽을 포위했다. 이때 진수晉水를 터서 성 아래로 스며들게 했다. 성안에서는 나무를 연결하여 살며 솥을 달아매어 밥을 짓는 상황이 되었다.

조양자趙襄子가 장맹담張孟談에게 일러 말했다.

"성안에는 힘이 이미 소진되었고 양식도 궁핍하게 되었고 대부들은 병이 들었으니 어찌 해야 합니까?"

장맹담이 대답했다.

"망하면 보존되지 못하고 위태하면 편안하지 못할 것이며 지혜로운 선비도 귀하게 되지 못할 것입니다. 신臣이 청컨대 시험 삼아서 몰래 나가서 한韓나라와 위魏나라의 군주를 만나보고 약속을 하고 돌아오겠습니다."

이에 장맹담이 한나라와 위나라의 군주를 만나 뵙고 설득했다.

"신臣은 들었는데 입술이 없어지면 이가 시리게 된다고 했습니다. 지금 지백이 두 군주를 거느리고 조趙나라를 정벌하는데 조나라는 장차 멸망할 것입니다. 조나라가 망하면 군주들께서 다음 차례가 될 것입니다. 지금에 이르러 도모하지 않는다면 재앙이 장차 두 군주께 미칠 것입니다."

두 군주가 말했다.

"지백智伯의 사람됨이 거칠어서 친한 이들도 적습니다. 우리가 꾸미는 계략이 누설되면 일은 반드시 실패할 것입니다. 어떻게 해야 하겠습니까?"

장맹담이 말했다.

"말은 군주의 입에서 나와 신臣의 귀에만 들어갔을 뿐입니다. 어떤 사람이 알겠습니까? 또 정情을 함께해 서로 성취하고 이익을 함께해 서로 죽음으로 한다면 군주께서는 도모하실 수 있을 것입니다."

두 군주가 이에 장맹담과 몰래 계획을 하고 함께 약속을 했다. 장맹담이 이에 조양자에게 보고하고 그날 밤이 되자 조나라의 군사들이 제방을 수비하던 관리를 살해하고 물을 터서 지백의 군막을 덮치게 했다. 지백의 군사들이 물을 막으려고 혼란스러워지자 한나라와 위나라의 군사들이 좌우에서 공격했다. 조양자가 군사들을 이끌고 지백의 앞을 공격해 지백의 군사를 크게 깨부수고 지백을 살해하고 그의 나라를 셋으로 나누었다.

조양자가 공로가 있는 자들을 포상하는데 고혁高赫을 최고로 여겨 포상했다. 모든 신하가 청해 말했다.

"진양에서 살아남은 것은 장맹담의 공로 때문입니다. 고혁을 포상의 최고로 삼은 것은 무슨 뜻이 있습니까?"

조양자가 말했다.

"진양이 포위당했을 때 과인寡人의 나라와 사직은 위태했다. 그런데 모든 신하가 교만하고 경멸하는 마음을 가지지 않는 자가 없었다. 오직 고혁만이 군주와 신하의 예의를 잃지 않았다. 나는 이 때문에 제일 먼저로 한 것이다."

이러한 것으로 말미암아 살펴보건대 의란 사람의 큰 근본이다. 비록 전쟁에 승리하고 존재케 하고 멸망케 하는 공로가 있다 하더라도 의를 행하는 융성한 것만 같지는 못한 것이다. 그러므로 군자(君子: 老子)는 말했다.

"아름다운 말은 높은 것을 살 수 있고 아름다운 행실은 사람에게 더하는 것이 있다."

今人待冠而飾首 待履而行地 冠履之於人也 寒不能煖 風不能障 暴不
能蔽也 然而冠冠履履者 其所自託者然也 夫咎犯戰勝城濮 而雍季[1]無
尺寸之功 然而雍季先賞而咎犯後存者 其言有貴者也 故義者 天下之所
賞也 百言百當 不如擇趨而審行也 或無功而先擧 或有功而後賞 何以
明之 昔晉文公將與楚戰城濮 問於咎犯曰 爲奈何 咎犯曰 仁義之事
君子不厭忠信 戰陳之事 不厭詐僞 君其詐之而已矣 辭咎犯 問雍季
雍季對曰 焚林而獵 愈多得獸 後必無獸 以詐僞遇人 雖愈利 後無復
君其正之而已矣 於是不聽雍季之計 而用咎犯之謀 與楚人戰 大破之
還歸賞有功者 先雍季而後咎犯 左右曰 城濮之戰 咎犯之謀也 君行賞
先雍季何也 文公曰 咎犯之言 一時之權也 雍季之言 萬世之利也 吾豈
可以先一時之權 而後萬世之利也哉 智伯率韓魏二國伐趙 圍晉陽 決晉
水而灌之城下 緣木而處[2] 縣釜而炊 襄子謂張孟談曰 城中力已盡 糧食
匱乏 大夫病 爲之奈何 張孟談[3]曰 亡不能存 危不能安 無爲貴智士 臣請
試潛行 見韓魏之君而約之 乃見韓魏之君 說之曰 臣聞之 脣亡而齒寒
今智伯率二君而伐趙 趙將亡矣 趙亡則君爲之次矣 及今而不圖之 禍將
及二君 二君曰 智伯之爲人也 粗中而少親 我謀而泄 事必敗 爲之奈何
張孟談曰 言出君之口 入臣之耳 人孰知之者乎 且同情相成 同利相死
君其圖之 二君乃與張孟談陰謀 與之期 張孟談乃報襄子 至其日之夜
趙氏殺其守隄之吏 決水灌智伯 智伯軍救水而亂 韓魏翼而擊之 襄子將
卒犯其前 大敗智伯軍 殺其身而三分其國 襄子乃賞有功者 而高赫爲賞
首 群臣請曰 晉陽之存 張孟談之功也 而赫爲賞首 何也 襄子曰 晉陽之
圍也 寡人國家危 社稷殆 群臣無不有驕侮心者 唯赫不失君臣之禮 吾
是以先之 由此觀之 義者人之大本也 雖有戰勝存亡之功 不如行義之隆
故君子[4]曰 美言可以市尊 美行可以加人

※

1 雍季(옹계): 진晉나라 문공文公의 신하.

2 緣木而處(연목이처): 나무를 연결해 거처하다. 또는 나무 위에서 살다.

3 張孟談(장맹담): 조양자의 책사.

4 君子(군자): 노자老子를 뜻한다. 『노자도덕경』 61장에 있는 말.

8. 공로가 있는데도 죄를 받는 경우가 있다

어떤 이는 죄가 있는데도 상을 받기도 하고, 어떤 이는 공로가 있는데도 죄를 받는 경우가 있다.

전국시대 때 서문표西門豹가 업鄴 땅을 다스리는데 창고에는 쌓여 있는 곡식이 없었고, 금고에는 쌓여 있는 돈도 없었다. 무기 창고에는 병장기들이 없었고, 관청에는 회계를 담당하는 관리도 없었다. 사람들이 자주 그의 허물을 문후文侯에게 말했다. 문후가 몸소 업현에 가보니 과연 사람들이 말한 것과 같았다. 문후가 말했다.

"적황翟璜이 그대를 임명해 업현을 다스리도록 했는데 크게 어지러워졌다. 그대가 다스리는 도道에 능하다면 좋겠지만 능하지 못하다면 장차 그대에게 죄를 줄 것이다."

서문표가 말했다.

"신은 들었습니다. 왕자王者는 백성들을 부유하게 하고, 패자霸者들은 무력武力을 풍요롭게 하고, 망하는 나라는 창고를 가득 채운다고 했습니다. 지금의 왕께서는 패자와 왕자가 되고자 하십니다. 신이 진작부터 백성들에게 비축해두게 했습니다. 군주께서 그렇지 않다고 여기신다면 신은 청컨대 성에 올라서 북을 치고 싶습니다. 무기며 곡식들이 가히 곧 갖추어질 것입니다."

이어 성에 올라서 북을 쳤는데 한 번 북을 치자 백성들이 갑옷을 입고 활을 메고 병기와 쇠뇌를 가지고 나왔다. 두 번 치자 수레에 곡식을 싣고 이르렀다.

문후가 말했다.

"파하라."

서문표가 이에 말했다.

"백성들과의 믿음의 약속은 하루에 쌓이는 것이 아닙니다. 한 번 들어서 속이면 다시는 사용하지 못하는 것입니다. 지난날 연燕나라는 항상 위魏나라에서 쳐들어와 성을 빼앗았습니다. 신이 북쪽으로 공격해 빼앗긴 땅을 회복하기를 청합니다."

드디어 군사를 일으켜 연나라를 공격하고 땅을 회복한 뒤에 돌아왔다. 이것은 '죄가 있는데 상을 받은 것'이다.

해편解扁이 동봉東封을 다스렸다. 회계 장부를 올렸는데 세 배가 늘어났다. 관리가 상을 주기를 청했다. 문후가 말했다.

"우리의 토지가 더욱 넓어진 것도 아니고 백성들이 더욱 많아진 것도 아닌데 수입이 어찌해 세 배나 되었는가?"

관리가 대답했다.

"겨울에 나무를 베어 쌓아 두었다가 봄에 하수에 띄워 팔았습니다."

문후가 말했다.

"백성들은 봄에는 경작에 힘쓰고 여름에는 힘써 김을 매고 가을에는 수확하고 겨울에는 일이 없이 지내야 하는 것이거늘 숲의 나무를 베어 쌓아 두었다가 어깨에 메게 해 하수에 띄우는 것은, 이것은 백성들을 사용해 휴식을 하지 못하게 하는 것이며 백성들을 피폐하게 하는 것이다. 비록 세 배의 수입이 있다고 하더라도 장차 어찌 쓸 수 있겠는가?"

이것은 공로가 있는데도 죄를 받는 것이라 할 수 있다.

현명한 군주는 구차하게 얻지 않고 충성스런 신하는 구차하게 이로운 것을 꾀하지 않는다. 무엇으로 밝힐 것인가?

진晉나라의 중행목백中行穆伯이 고鼓를 공격했는데 능히 함락시키지 못했다. 궤문륜餽聞倫이 말했다.

"고鼓 땅의 색부嗇夫들을 문륜聞倫이 알고 있습니다. 청컨대 무장(武將: 武大夫)들을 피로하게 하지 않고도 고 땅을 가히 얻을 수 있을 것입니다."

중행목백이 응하지 않았다. 좌우가 말했다.

"한 자루의 창도 부러뜨리지 않고 1명의 군사도 상하지 않고 고 땅을 얻는다는데 군君은 어찌해 시켜보지 않습니까?"

중행목백이 대답했다.

"궤문륜은 사람됨이 아첨하고 인仁하지 못하다. 가령 궤문륜에게 함락시키게 한다면 나는 궤문륜을 포상하지 않을 수가 없다. 만약 포상하게 되면 이것은 아첨하는 사람을 포상하는 것이다. 아첨하는 사람이 뜻을 얻게 되면 이것으로 진晉나라의 무사들이 인仁을 버리고 뒤에는 아첨을 할 것이다. 비록 고 땅을 얻더라도 장차 어찌 사용할 수 있겠는가?"

성을 공격하는 자는 땅을 넓히고자 하는 것이다. 땅을 얻을 수 있는데 그의 계책을 취하지 않은 것은 그 근본을 보고 그 끝을 알았던 것이다.

或有罪而可賞也 或有功而可罪也 西門豹治鄴 廩無積粟 府無儲錢 庫無甲兵 官無計會 人數言其過於文侯 文侯身行其縣 果若人言 文侯曰

翟璜²任子治鄴而大亂 子能道則可³ 不能 將加誅於子 西門豹曰 臣聞王
主富民 霸主富武 亡國富庫 今王欲爲霸主者也 臣故積積於民 君以爲
不然 臣請升城鼓之 甲兵粟米 可立具也 於是乃升城而鼓之 一鼓民被
甲括矢 操兵弩而出 再鼓負輂粟而至 文侯曰 罷之 西門豹曰 與民約信
非一日之積也 一擧而欺之 後不可復用也 燕常侵魏入城 臣請北擊之以
復侵地 遂擧兵擊燕 復地而後反 此有罪而可賞者也 解扁⁴爲東封 上計
而入三倍 有司請賞之 文侯曰 吾土地非益廣也 人民非益衆也 入何以
三倍 對曰 以冬伐木而積之 於春浮之河而鬻之 文侯曰 民春以力耕
暑以强耘 秋以收斂 冬間無事 以伐林而積之 負輂而浮之河 是用民不
得休息也 民以敝矣 雖有三倍之入 將焉用之 此有功而可罪者也 賢主
不苟得 忠臣不苟利 何以明之 中行穆伯⁵攻鼓 弗能下 餽聞倫曰 鼓之嗇
夫 聞倫知之 請無罷武大夫 而鼓可得也 穆伯弗應 左右曰 不折一戟
不傷一卒 而鼓可得也 君奚爲弗使 穆伯曰 聞倫爲人 佞而不仁 若使聞
倫下之 吾可以勿賞乎 若賞之 是賞佞人 佞人得志 是使晉國之武 舍仁
而後佞 雖得鼓 將何所用之 攻城者 欲以廣地也 得地不取者 見其本而
知其末也

※

1 西門豹(서문표) : 전국시대 위魏 문후文侯의 신하.

2 翟璜(적황) : 위魏 문후文侯의 충신忠臣.

3 子能道則可(자능도즉가) : 그대가 도로 능히 하면 가하다. 곧 도로써 다시
다스리면 용서한다는 뜻.

4 解扁(해편) : 위魏나라의 신하로 동봉 땅을 다스리던 자.

5 中行穆伯(중행목백) : 진晉나라의 대부.

9. 목공穆公이 정鄭나라를 침공하다

진秦나라의 목공穆公이 맹맹孟盟을 시켜서 군사를 일으켜 정鄭나라를
습격하게 했다.

맹맹이 주周나라를 거쳐서 동쪽으로 가는데 정나라의 장사꾼인 현고
弦高와 건타蹇他가 서로 함께 모의해 말했다.

"군사의 행진이 수천 리에 이르고 자주 제후들의 땅을 넘었다. 그
형세는 반드시 정나라를 습격할 것이다. 대개 습격을 당하는 자는
방비하는 것이 없을 것이라고 여긴 것이다. 지금 보이는 그 정황을
알고 있다고 여긴다면 감히 진격하지 못할 것이다."

이에 정나라 백작의 명령이라고 속이고 소 열두 마리를 잡아서 위로했
다. 백을白乙과 맹맹孟盟과 서걸西乞 등 삼솔三率이 서로 함께 모의해
말했다.

"대개 남을 습격하는 자는 알지 못하게 해야 한다. 지금 이미 알았으니
반드시 수비를 굳게 할 것이다. 진격하면 반드시 공로가 없을 것이다."

그리고 군사를 돌려 돌아왔다. 이에 진晉나라의 선진先軫이 군사를
일으켜 진秦나라 군사를 공격했다. 이에 효산殽山에서 크게 깨부수었다.

정나라의 백작이 국가를 보존시킨 공로로 현고에게 상을 내렸다.
현고가 사양해 말했다.

"거짓된 것으로 상을 얻으면 정나라의 위신이 무너집니다. 국가를
다스리는데 신용이 없으면 이것은 풍속이 무너지는 것입니다. 한 사람
에게 상을 주어 국가의 풍속을 무너뜨리는 것을 인자仁者는 하지 않는
것입니다. 믿지 않는 것으로 두터운 상을 얻게 되는 것을 의자義者는
하지 않는 것입니다."

마침내 현고는 그의 무리를 이끌고 동이東夷로 이사 가서 죽을 때까지 돌아오지 않았다.

그러므로 인자仁者는 욕심 때문에 삶을 해치지 않고, 지자知者는 이로운 것 때문에 의를 해치지 않는 것이다. 성인聖人의 생각은 깊고, 어리석은 이의 생각은 짧다는 것이다.

충성스런 신하는 군주의 덕을 높이는 것에 힘쓰고, 아첨하는 신하는 군주의 땅을 넓히는 것에 힘쓰는 것이다. 무엇으로써 증명할 것인가?

진陳나라의 하징서夏徵舒가 그의 군주를 시해하자 초나라의 장왕莊王이 정벌했다. 진陳나라 사람들도 명령을 따랐다. 초나라의 장왕이 죄가 있는 자들을 토벌하고 군사들을 보내어 진나라를 지키게 했다. 대부들이 모두 하례를 했는데 신숙시申叔時가 제나라에 사신으로 갔다가 돌아와서도 하례를 하지 않았다. 장왕이 말했다.

"진陳나라가 무도해 과인이 구군(九軍: 六軍)을 일으켜 토벌해 횡포하고 혼란한 것을 정벌하고 죄인들을 처단했다. 이러한 것을 모든 신하가 모두 하례하는데 그대만이 홀로 하례하지 않는 것은 무엇 때문인가?"

신숙시가 말했다.

"소를 끌고 남의 전답을 지나가는데 전답의 주인이 그 사람을 죽이고 소를 빼앗는다면 죄도 있지만 벌 또한 무거운 것입니다. 지금 군왕께서는 진陳나라가 무도하다고 여겨 군사를 일으켜 공격하고 이로 인해 죄인을 처벌하고 사람들을 보내서 진나라를 지키고 있습니다. 제후들이 듣는다면 왕께서 죄인들을 처벌하기 위한 것이 아니라 진나라를 탐하기 때문이라고 할 것입니다. 대개 듣건대 군자는 의를 버리고 이익을 취하지 않는다고 했습니다."

장왕이 말했다.

"좋은 말이다."

이에 진陳나라의 수비군을 파하고 진陳나라의 후사를 세워 제후들에게 알렸다. 모두가 초나라에 조회 들었다.

이러한 것은 군주의 덕을 높이는 데 힘쓴 것이었다.

秦穆公使孟盟[1]擧兵襲鄭 過周以東 鄭之賈人弦高蹇他[2] 相與謀曰 師行數千里 數絶諸侯之地 其勢必襲鄭 凡襲國者 以爲無備也 今示以知其情 必不敢進 乃矯鄭伯之命 以十二牛勞之 三率[3]相與謀曰 凡襲人者 以爲弗知 今已知之矣 守備必固 進必無功 乃還師而反 晉先軫[4]擧兵擊之 大破之殽 鄭伯乃以存國之功賞弦高 弦高辭之曰 誕而得賞 則鄭國之信廢矣 爲國而無信 是俗敗也 賞一人而敗國俗 仁者弗爲也 以不信得厚賞 義者弗爲也 遂以其屬徙東夷 終身不反 故仁者不以欲傷生 知者不以利害義 聖人之思脩 遇人之思殁[5] 忠臣者務崇君之德 諂臣者務廣君之地 何以明之 陳夏徵舒[6]弑其君 楚莊王伐之 陳人聽令 莊王以討有罪 遣卒戍陳[7] 大夫畢賀 申叔時使於齊 反還而不賀 莊王曰 陳爲無道 寡人起九軍以討之 征暴亂 誅罪人 群臣皆賀 而子獨不賀 何也 申叔時曰 牽牛蹊人之田 田主殺其人而奪之牛 罪則有之 罰亦重矣 今君王以陳爲無道 興兵而攻 因以誅罪人 遣人戍陳 諸侯聞之 以王爲非誅罪人也 貪陳國也 蓋聞君子不棄義以取利 王曰 善 乃罷陳之戍 立陳之後 諸侯聞之 皆朝於楚 此務崇君之德者也

※

1 孟盟(맹맹): 진秦나라의 백리해百里奚의 아들.

2 弦高蹇他(현고건타): 현고弦高는 정나라의 상인. 건타蹇他는 현고 무리 중 한 사람.

3 三率(삼솔): 진秦의 백을白乙, 맹맹孟盟, 서걸西乞 등 3명의 장수.

4 先軫(선진): 진晉나라의 대부.

5 叕(철): 단短의 뜻과 같다.

6 夏徵舒(하징서): 진陳나라의 대부. 영공靈公을 시해했다.

7 戍陳(술진): 진나라를 수비하다.

10. 진晉나라의 여섯 장수들

장무張武가 지백을 위해 계책을 꾸미며 말했다.

"진晉나라의 여섯 장군 가운데 중행문자中行文子가 가장 약하고 윗사
람들과 아랫사람들의 마음이 떠났습니다. 그러므로 정벌한다면 땅을
넓힐 수 있을 것입니다."

이에 지백이 범씨范氏와 중행씨中行氏를 쳐서 멸망시켰다. 장무는
또한 지백에게 한韓과 위魏와 조趙나라에 땅을 요구하라고 가르쳐
주었다. 이에 한나라와 위나라는 토지를 떼어 주었지만 조양자는 주지
않았다.

지백은 한나라와 위나라를 이끌고 조양자를 정벌하려고 진양晉陽을
3년 동안 포위했다. 그런데 세 나라가 음모를 꾸미고 함께 계획을
세워 지백을 공격했으며 드디어는 멸망시켰다. 이러한 것은 군주가
땅을 넓히는 것에 힘쓰게 한 결과라고 할 것이다.

군주를 위해 덕을 높이려는 자는 패자가 되고 군주를 위해 토지를
넓히려고 하는 자는 멸망하게 된다. 그러므로 천승千乘의 나라에서
문덕文德을 행하는 자는 왕자가 되는데 탕왕湯王과 무왕武王이 이들이
다. 만승萬乘의 나라에서 땅을 넓히기를 좋아한 자는 망했는데 지백智伯

이 그런 자였다.

그 일이 아닌 것은 알려고 하자 말 것이며 그 명예가 아닌 것은 나아가지 말라. 까닭 없이 나타난 명성이 있거든 머물러 있지 말고 공로가 없는데도 부귀한 자는 거처居處하지 말라. 대개 남의 명예에 나아가는 자는 무너지고 남의 일을 알려고 하는 자는 무너지는 것이다.

공로가 없는데도 크게 이로운 것은 뒤에 장차 해가 되는 것이며, 비유하자면 마치 높은 나무에 인연해서 사방을 바라보는 것과 같은 것이다. 비록 유쾌하게 느낄 것이나 센 바람이 이르게 되면 일찍이 두려워하지 않을 수 없는 것이다.

근심이 자신에게 이른 연후에야 걱정하는 것은 여섯 마리의 준마로 쫓아도 능히 미치지 못할 것이다.

이런 까닭으로 충신이 군주를 섬김에는 공로를 계산해 상을 받고 구차하게 얻지 않는 것이며 능력을 쌓아 관직을 받고 작록을 탐하지 않는 것이다. 그 능력으로 할 수 있는 것만 받고 사양하지 않으며 그 능력으로 할 수 없는 것들은 주어도 기뻐하지 않는 것이다.

능히 할 수 있는 것을 사양하면 숨기는 것이고, 능히 할 수 없는 것을 하려 한다면 의혹된 것이다. 능히 할 수 없는 것을 사양하고 능히 할 수 있는 것은 받아 얻는다면 손해를 입거나 추락되는 형세는 없을 것이고 임무를 감당하지 못하는 일이 없을 것이다.

옛날에 지백은 교만했고 범씨와 중행씨를 정벌해 승리까지 했다. 또 한나라와 위나라의 군주를 겁박해 그 땅을 떼어 받았는데도 오히려 만족하지 못하고 드디어 군사를 일으켜 조나라까지 정벌하려 했다. 한나라와 위나라가 배반하자 군대는 진양성의 아래에서 패배하고 자신은 고량高梁의 동쪽에서 죽었다. 그의 머리는 술잔으로 쓰이게 되었으며 나라는 세 등분 되었고 그는 천하의 웃음거리가 되었다. 이러한 것은 만족할 줄을 알지 못했던 재앙이었다.

『노자도덕경』 44장에 '족한 것을 알면 욕되지 않고 그칠 줄을 알면 가히 써 길고 오래할 수 있다.'라고 한 것은 이러한 것을 이른 것이다.

어떤 사람은 남을 칭찬해 때마침 무너뜨릴 수도 있고 어떤 사람은 남을 헐뜯어서 도리어 성공시킬 수도 있다. 무엇으로 그러한 것들을 알 수 있는 것인가?

비무기費無忌가 형(荊: 초)나라의 평왕平王에게 아뢰었다.

"진晉나라가 패자霸者가 된 것은 제하(諸夏: 중국)에 가까이 있기 때문이고, 형나라가 더불어 경쟁할 수 없는 것은 멀리 떨어져 있기 때문입니다. 만약 초楚 왕께서 제후들을 따르게 하고자 하신다면 성보城父에 거대한 성을 쌓아 태자 건을 시켜 지키게 하는 것만 같지 못할 것입니다. 북방에서 오는 것으로부터 왕께서 스스로 그 남쪽까지 거두신다면 이것이 천하를 얻는 것입니다."

초나라 왕이 기뻐하고 이로 인해 태자 건에게 성보를 지키라 명하고 오자사伍子奢에게 보좌하라고 명했다.

일 년이 지나자 오자사는 왕의 측근에게 사람을 보내어 태자가 매우 인仁하고 또 용맹해서 능히 백성들의 마음을 얻었다고 말하게 했다. 왕이 이 사실을 비무기에게 알렸다. 비무기가 말했다.

"신도 진실로 들었습니다. 태자가 안으로는 백성들을 어루만지고 밖으로는 제후들과 맹약하며 제齊나라와 진晉나라도 돕는다고 했으니 장차는 초나라를 해칠 것입니다. 그 일들이 이미 이루어지고 있습니다."

평왕이 말했다.

"나 또한 태자를 위하는데 또 오히려 무엇을 구하겠는가?"

비무기가 말했다.

"진녀秦女의 일로 왕을 원망하고 있습니다."

평왕이 이로 인해 태자 건을 죽이고 오자사를 처형했다. 이러한 것을 이른바 '칭찬을 해 보이고 재앙을 만든 것'이라고 하는 것이다.

무엇을 남을 헐뜯어 도리어 이롭게 한다고 이르는 것인가?

당자唐子가 제齊나라 위왕威王에게 진병자陳駢子의 흉을 보았다. 위왕이 진병자를 죽이려고 하자 진병자는 그의 족속들과 함께 망명해 설薛 땅으로 도망쳤다. 맹상군孟嘗君이 듣고는 사람을 보내서 수레로 맞이하게 하고 이르자 쇠고기, 양고기, 메기장, 찰기장 등의 다섯 가지 맛의 성대한 음식으로 하루 세 끼를 대접하고 겨울에는 갖옷과 모직옷을 입게 하고 여름에는 갈포와 모시 옷을 입게 하고 외출할 때는 좋은 말이 끄는 고급 수레를 타게 했다. 맹상군이 물어 말했다.

"부자(夫子: 선생)께서는 제齊나라에서 태어났고 제나라에서 자랐으니 또한 제나라가 생각나겠지요?"

진병자가 말했다.

"신臣은 당자唐子를 생각하고 있습니다."

맹상군이 말했다.

"당자는 선생을 헐뜯은 자가 아닙니까?"

"예! 그렇습니다."

맹상군이 말했다.

"선생은 무엇을 위해 그리워합니까?"

진병자가 대답했다.

"신臣이 제나라에 살았을 때는 현미밥과 기장밥과 명아주국과 콩잎국뿐이었고 겨울에는 추위에 떨었으며 여름에는 더위에 상했습니다.

당자唐子가 신을 헐뜯었기에 이 몸이 군주에게 보내져 쇠고기와 양고기에 찰기장밥과 메기장밥을 먹고 여름에는 가벼운 옷을 입고 겨울에는 따뜻한 옷을 입으며 좋은 수레를 타고 있습니다. 신이 이 때문에 생각하는 것입니다."

이러한 것을 '남을 헐뜯어 도리어 이롭게 하는 것'이라고 이르는 것이다. 이런 이유로 헐뜯는 말과 칭찬하는 말은 살피지 않을 수 없는 것이다.

張武[1]爲智伯謀曰 晉六將軍 中行文子最弱 而上下離心 可伐以廣地 於是伐范中行[2]滅之矣 又敎智伯求地於韓魏趙 韓魏裂地而授之 趙氏不與 乃率韓魏而伐趙 圍晉陽三年 三國陰謀同計以擊智氏[3] 遂滅之 此務爲君廣地者也 夫爲君崇德者霸 爲君廣地者滅 故千乘之國 行文德者王 湯武是也 萬乘之國 好廣地者亡 智伯是也 非其事者勿仞也 非其名者勿就也 無故有顯名者勿處也 無功而富貴者勿居也 夫就人之名者廢 仞人之事者敗 無功而大利者後將爲害 譬猶緣高木而望四方也 雖愉樂哉 然而疾風至 未嘗不恐也 患及身然後憂之 六驥追之 弗能及也 是故忠臣事君也 計功而受賞 不爲苟得 積力而受官 不貪爵祿 其所能者受之勿辭也 其所不能者 與之勿喜也 辭所能則匱 欲所不能則惑 辭所不能而受所能則得 無損墮之勢 而無不勝之任矣 昔者智伯驕 伐范中行而克之 又劫韓魏之君而割其地 尚以爲未足 遂興兵伐趙 韓魏反之 軍敗晉陽之下 身死高梁之東 頭爲飮器 國分爲三 爲天下笑 此不知足之禍也 老子曰 知足不辱 知止不殆 可以脩久 此之謂也 或譽人而適足以敗之 或毁人而乃反以成之 何以知其然也 費無忌[4]復於荊平王曰 晉之所以霸者 近諸夏也 而荊之所以不能與之爭者 以其僻遠也 楚王若欲從

諸侯 不若大城城父 而令太子建守焉 以來北方 王自收其南 是得天下
也 楚王悅之 因命太子建守城父 命伍子奢⁵傅之 居一年 伍子奢遊人於
王側 言太子甚仁且勇 能得民心 王以告費無忌 無忌曰 臣固聞之 太子
內撫百姓 外約諸侯 齊晉又輔之 將以害楚 其事已構矣 王曰 爲我太子
又尙何求 曰 以秦女之事⁶怨王 王因殺太子建而誅伍子奢 此所謂見譽而
爲禍者也 何謂毀人而反利之 唐子短陳騈子⁷於齊威王 威王欲殺之 陳
騈子與其屬出亡奔薛 孟嘗君聞之 使人以車迎之 至而養以芻豢黍粱⁸
五味之膳日三至 冬日被裘罽 夏日服絺紵 出則乘牢車 駕良馬 孟嘗君
問之曰 夫子生於齊 長於齊 夫子亦何思於齊 對曰 臣思夫唐子者 孟嘗
君曰 唐子者非短子者耶 曰 是也 孟嘗君曰 子何爲思之 對曰 臣之處於
齊也 糲粢之飯 藜藿之羹 冬日則寒凍 夏日則暑傷 自唐子之短臣也
以身歸君 食芻豢 飯黎粱 服輕煖 乘牢良 臣故思之 此謂毀人而反利之
者也 是故毀譽之言 不可不審也

※

1 張武(장무): 진晉나라 사람. 지백의 참모.

2 范中行(범중행): 범씨范氏와 중행씨中行氏.

3 智氏(지씨): 지백이다.

4 費無忌(비무기): 초나라 평왕의 영신佞臣.

5 伍子奢(오자사): 오자서伍子胥의 아버지인 오사伍奢이다.

6 秦女之事(진녀지사): 초나라의 태자 건이 진秦나라에서 여자를 맞이했는데
  대단한 미인이었다. 이에 비무기가 왕에게 그 여자를 빼앗아 왕의 여자로
  삼으라고 권했다. 결국 왕이 빼앗아 태자와의 관계가 소원해졌다.

7 唐子短陳騈子(당자단진병자): 당자唐子는 제나라의 대부. 진병자陳騈子에
  관한 자세한 내용은 없다.

8 芻豢黍粱(추환서량): 추환芻豢은 소와 양으로 여기서는 성대한 음식. 서량黍

粱은 좋은 밥을 의미한다.

11. 성인은 작은 일에도 조심한다

어떤 사람은 살기를 탐했다가 도리어 죽기도 하고, 어떤 사람은 죽음을 가볍게 여겼는데 삶을 얻기도 하며, 어떤 이는 서서히 행동하는 것이 도리어 신속한 것이 되기도 한다. 무엇으로 그러한 것을 아는 것인가?

노魯나라 사람으로 아버지를 위해 제齊나라에서 원수를 갚은 자가 있었다. 원수의 배를 가르고 그의 심장을 꺼낸 본 후 앉아서 의관을 바르게 하고 일어나 옷을 바꾸어 입고 서서히 걸어 성문을 나가서 수레에 올라 말을 천천히 몰며 안색 하나 바꾸지 않았다. 마부가 말을 빨리 몰려고 하자 말리면서 말했다.

"오늘 아버지의 원수를 갚은 것은 죽으려고 한 것이지 살려고 한 것이 아니다. 지금은 일이 이미 이루어졌는데 무엇 때문에 도망치겠는가?"

추격하는 자가 말했다.

"이 사람은 절개 있는 행동을 하는 사람이니 죽이지 못하겠다."

이에 포위를 풀고 떠나갔다. 가령 옷을 입고 띠를 맬 겨를도 없고 관을 바로 쓰지도 못하고 기어서 달아나 수레에 올라서 달렸다면 반드시 스스로 천 걸음도 못 갔을 것이다.

지금 앉아서 관을 바르게 하고 일어나 옷매무새를 고치고 서서히 걸어 성문을 나가 수레에 올라 말을 천천히 가게 하고 안색 하나 바꾸지 않았다. 이러한 것은 보통 사람이라면 죽임을 당하는 것이었다. 그런데 도리어 삶을 얻었다. 이것을 이른바 '서서히 해 달리고 걷는 것을 더디게 한다.'라고 하는 것이다.

달아나는 것은 사람들이 빨리 하는 것이라고 여기고, 걷는 것은 사람들이 더디게 하는 것이라고 여기는 것이다.

지금 도리어 사람들이 더디게 여기는 바를 도리어 빠른 것으로 여기는 것이 분명하게 밝혀진 것이다.

서서히 하는 것이 빠른 것이 되고 더디게 하는 것이 신속한 것이 된다는 것을 아는 것이 있게 되면 도道에 가까이한 것이다. 그러므로 황제黃帝는 현주玄珠를 잃어버리자 이주離朱와 첩철捷剟에게 찾게 했지만 능히 찾지를 못했다. 이에 홀황忽怳에게 시킨 뒤에야 찾을 수 있었다.

성인聖人은 작은 일에도 공경하고 미세한 일에도 신중하고 움직여도 때를 잃지 않고 온갖 대상에 거듭 경계하며 재앙이 이에 불어나지 않게 한다. 복을 계획하는 것은 미치지 못하지만 재앙을 생각하는 것은 지나치게 하는 것이다.

같은 날에 서리를 맞더라도 가려진 것은 손상당하지 않는다. 어리석은 사람이라도 준비가 되어 있다면 지혜로운 사람과 공로를 함께하는 것이다.

횃불도 연기가 날리는 속에 있게 되면 손가락 하나로도 능히 끌 수가 있다. 제방의 새는 곳이 쥐구멍 만하다면 한 덩이의 흙으로 능히 막을 수가 있는 것이다. 급기야 불이 맹저孟諸를 불태우고 운대雲臺를 불태우게 되면 물은 구강九江을 터뜨리고 형주荊州를 잠기게 한다. 비록 삼군三軍의 무리가 일어난다고 하더라도 능히 구제하지 못하게 된다.

사랑을 쌓으면 복을 이루고 원망을 쌓으면 재앙을 이룬다. 마치 위험한 종기가 반드시 문드러지면 더럽히는 것이 많은 것과 같은 것이다. 제어앙諸御鞅이 제齊나라의 간공簡公에게 말했다.

"진성상陳成常과 재여宰予 두 사람은 서로를 매우 미워합니다. 신은 그들이 난을 일으켜 나라를 위태롭게 할까 두렵습니다. 군주께서 한 사람을 제거하는 것만 같지 못할 것입니다."

간공이 듣지 않았다. 이에 얼마 있다가 진성상이 정말로 재여를 궁 안에서 공격하고 간공을 조정에서 시해했다.

이러한 것은 작은 것을 조심하는 바를 알지 못한 데서 발생한 바이다.

或貪生而反死 或輕死而得生 或徐行而反疾 何以知其然也 魯人有爲父
報讐於齊者 刳其腹而見其心 坐而正冠 起而更衣 徐行而出門 上車而
步馬 顔色不變 其御欲驅 撫而止之曰 今日爲父報讐 以出死非爲生也
今事已成矣 又何去之 追者曰 此有節行之人 不可殺也 解圍而去之
使被衣不暇帶 冠不及正 蒲伏[1]而走 上車而馳 必不能自免於千步之中
矣 今坐而正冠 起而更衣 徐行而出門 上車而步馬 顔色不變 此衆人所
以爲死也 而乃反以得活 此所謂徐而馳遲於步也 夫走者人之所以爲疾
也 步者人之所以爲遲也 今反乃以人之所爲遲者反爲疾 明於分也 有知
徐之爲疾 遲之爲速者 則幾於道矣 故黃帝亡其玄珠[2] 使離朱捷剟[3]索之
而不能得之也 於是使忽怳[4]而後能得之 聖人敬小愼微 動不失時 百射
重戒 禍乃不滋 計福勿及 慮禍過之 同日被霜 蔽者不傷 愚者有備 與知
者同功 夫爝火在縹煙之中也 一指所能息也 唐漏若鼷穴 一墣之所能塞
也 及至火之燔孟諸而炎雲臺[5] 水決九江而漸荊州 雖起三軍之衆 弗能
救也 夫積愛成福 積怨成禍 若癰疽之必潰也 所浣[6]者多矣 諸御鞅復於
簡公[7]曰 陳成常宰予[8] 二子者甚相憎也 臣恐其構難而危國也 君不如去
一人 簡公不聽 居無幾何 陳成常果攻宰予於庭中 而弑簡公於朝 此不

知敬小之所生也

1 蒲伏(포복): 기어가다.

2 黃帝亡其玄珠(황제망기현주): 황제임금이 검은 구슬을 잃어버리다.

3 離朱捷剟(이주첩철): 이주離朱는 이루離婁이다. 첩철捷剟은 이익에 밝고 잘 낚아채고 잘 줍는 사람이다. 모두 황제임금의 신하들.

4 忽怳(홀황): 황제임금의 신하. 잊어버리기를 잘하는 사람.

5 孟諸而炎雲臺(맹제이염운대): 맹제孟諸는 송宋나라의 대택(大澤: 늪지대)이다. 운대雲臺는 아주 높은 누대.

6 洸(매): 더럽히다.

7 諸御鞅復於簡公(제어앙복어간공): 제어앙諸御鞅은 제나라 간공의 신하. 복復은 아뢰다.

8 陳成常宰予(진성상재여): 진성상陳成常은 제나라 간공의 신하. 재여宰予는 공자孔子의 제자이며 제나라에서 벼슬을 했다.

12. 재앙은 작은 것에서 시작된다

노나라의 계씨季氏와 후씨郈氏가 투계(鬪雞: 닭싸움)를 했다. 후씨는 자신의 닭에게 겨자를 발랐으며, 계씨는 쇠로 며느리발톱을 만들어 달았다.

계씨의 닭이 이기지 못하자 계평자季平子가 화가 나서 그로 인해 후씨의 집을 빼앗아 그곳에 자신의 집을 지었다.

이에 후소백郈昭伯이 화가 나서 노나라 소공昭公에게 헐뜯는 말을 했다.

"양공襄公의 사당에 기도를 하는데 춤추는 자는 두 사람뿐이었습니다. 그 나머지는 모두 계씨의 사당에서 춤을 추었습니다. 계씨의 무도한 것이 위를 업신여긴 지 오래 되었습니다. 처벌하지 않으면 반드시 사직을 위태롭게 할 것입니다."

소공이 이 말을 자가구子家駒에게 전했다. 자가구가 말했다.

"계씨季氏가 백성들의 마음을 얻고 맹손씨, 숙손씨, 계손씨의 세 집안이 서로 하나가 되었습니다. 그들은 덕이 두텁고 그 위세가 강한데 군주께서는 무엇을 얻으시겠습니까?"

소공이 듣지 않았다. 이에 후소백을 시켜서 군사를 이끌고 계씨를 공격하게 했다. 중손씨와 숙손씨가 함께 모의해 말했다.

"계씨가 없어지면 우리가 죽을 날도 멀지 않을 것이다."

드디어 군사를 일으켜 계씨를 구원했다. 후소백이 이기지 못하고 죽었다. 노나라의 소공昭公은 제齊나라로 달아났다.

재앙이 따라서 생겨난 바는 닭싸움에서 시작되었는데 그것이 커지자 사직이 망하는 데까지 이르렀다.

채蔡나라의 여인이 환공桓公이 탄 배를 흔들어 환공이 노여워했고 여인은 채나라로 돌아가게 되었다. 이 때문에 제나라 군사가 초나라를 크게 침략했다.

또 진성상陳成常과 재여宰予 두 사람은 원수를 맺어 그로 인해 조정에서 재여는 죽게 되었고 간공簡公도 때마침 살해되었다. 살해된 후에는 후사도 없게 되어 진씨陳氏가 대신했다. 이에 제나라의 여씨呂氏가 없게 되었다.

계씨와 후씨의 두 집안이 닭싸움을 벌이는데 계씨가 쇠며느리발톱을 만들자 후씨가 난을 일으켜 노나라의 소공이 제나라로 망명하게 된 것이다. 그러므로 군사가 머문 곳에서는 가시나무가 자란다고 했다.

재앙이 생겨나면 일찍 멸망하지 않게 해야 한다. 마치 불이 건조한 것에 붙고, 물이 습기가 있는 것을 얻는 것과 같아서 번지는 것이 더욱 커지는 것이다. 또 손가락에 악성 종기가 나서 그 통증이 온몸에 퍼지는 것이다. 그러므로 나무의 좀이 동량을 갉아서 부러뜨리고 모기와 등에가 물어서 소와 양이 날뛰는 것들은 이러한 것을 이른 것이다.

사람들은 모두가 우환을 막으려는 준비에만 힘쓰지 우환이 발생하지 않게 하는 것은 알지 못한다.

우환이 발생하지 않도록 하는 것이 우환을 구제하는 것보다 쉬운 일인데 힘쓰지 않는다면 가히 더불어 術술을 말하지 못할 것이다.

진晉나라의 공자인 중이重耳가 조曹나라를 지나가는데 조나라의 군주가 중이의 통갈비가 보고 싶어서 그에게 웃옷을 벗고 물고기를 잡도록 했다.

희부기釐負羈가 중지시키고 말했다.

"공자公子는 보통 인물이 아닙니다. 종자從者 3명이 모두 패왕霸王의 보좌입니다. 무례하게 대우하면 반드시 국가의 우환이 될 것입니다."

군주가 듣지 않았다. 이에 중이가 유랑을 끝내고 고국으로 돌아가 군사를 일으켜 조나라를 정벌하고 드디어 멸망시켰다. 조나라 군주 자신은 남의 손에 죽었고 사직은 폐허가 되었다. 재앙은 웃통을 벗기고 물고기를 잡게 한 데서 발생한 것이다.

제齊나라와 초楚나라가 조曹나라를 구원코자 했으나 보존시키지 못했다. 희부기의 말을 들었다면 망하는 근심은 없었을 것이다. 지금 우환이 발생하지 않게 하는 데 힘쓰지 않고 구제하려 한다면 비록 성스런 지혜가 있을지라도 능히 계획하지는 못할 것이다.

우환과 재앙의 원인들은 수만 가지 단서이며 방향이 없다. 이런 까닭으로 성인은 깊은 곳에 살면서 치욕스런 일들을 피하고 고요하고 편안한 상태에서 시대를 기다리는 것이다.

소인들은 재앙과 복록의 문을 알지 못하고 망령되게 활동해 그물에 걸리게 되는 것이다. 비록 곡진하게 준비한들 어떻게 족히 그 자신을 온전하게 하겠는가?

비유하자면 마치 불을 내고 연못을 파고, 갖옷을 입고 부채질을 하는 것과 같은 것이다. 또 제방에 수많은 구멍이 있는데 그 중에 1개만을 막는다면 물고기들이 어떻게 도망치지 않겠는가? 집에는 많은 문이 있는데 문 하나만을 닫는다면 도둑이 어느 곳엔들 들어오지 못하겠는가?

대개 담이 무너지는 것은 틈에서 비롯되고 검劍이 부러지는 것은 날이 빠진 부분에서 비롯된다. 성인聖人들은 살피는 것이 면밀한 것이다. 그러므로 만물이 능히 해치지 못하는 것이다.

魯季氏與郈氏鬪雞[1] 郈氏介[2]其雞 而季氏爲之金距[3] 季氏之雞不勝 季平子怒 因侵郈氏之宮而築之 郈昭伯怒 傷之魯昭公曰 禱于襄公之廟 舞者二人而已[4] 其餘盡舞於季氏 季氏之無道無上久矣 弗誅必危社稷 公以告子家駒[5] 子家駒曰 季氏之得衆 三家爲一[6] 其德厚 其威强 君胡得之 昭公弗聽 使郈昭伯將卒以攻之 仲孫氏叔孫氏相與謀曰 無季氏 死亡無日矣 遂興兵以救之 郈昭伯不勝而死 魯昭公出奔齊 故禍之所從生者 始於雞足[7] 及其大也 至於亡社稷 故蔡女蕩舟 齊師大侵楚[8] 兩人搆怨 廷殺宰予 簡公遇殺 身死無後 陳氏代之 齊乃無呂 兩家鬪雞 季氏金距 郈公作難 魯昭公出走 故師之所處 生以棘楚[9] 禍生而不蚤滅 若火之得燥 水之得溼 浸而益大 癰疽發於指 其痛遍於體 故蠹啄剖梁柱 蟁䖟走

484

牛羊 此之謂也 人皆務於救患之備 而莫能知使患無生 夫使患無生 易
於救患 而莫能加務焉 則未可與言術也 晉公子重耳過曹 曹君欲見其骿
脅 使之袒而捕魚 釐負羈止之曰 公子非常也 從者三人[10] 皆霸王之佐也
遇之無禮 必爲國憂 君弗聽 重耳反國 起師而伐曹 遂滅之 身死人手
社稷爲墟 禍生於袒而捕魚 齊楚欲救曹 不能存也 聽釐負羈之言 則無
亡患矣 今不務使患無生 患生而救之 雖有聖知 弗能爲謀耳 患禍之所
由來者 萬端無方 是故聖人深居以避辱 靜安以待時 小人不知禍福之門
戶 妄動而結羅網 雖曲爲之備 何足以全其身 譬猶失火而鑿池 被裘而
用籗也 且唐有萬穴[11] 塞其一 魚何遽無由出 室有百戶 閉其一 盜何遽無
從入 夫牆之壞也於隙 劍之折必有齧 聖人見之密 故萬物莫能傷也

※

1 魯季氏與郈氏鬪雞(노계씨여후씨투계): 계씨季氏는 계손씨季孫氏. 후씨郈氏
는 후소백郈昭伯. 투계鬪雞는 닭싸움.

2 介(개): 겨자.

3 金距(금거): 쇠며느리발톱.

4 舞者二人而已(무자이인이이): 당시에 노魯나라의 선군先君인 양공襄公은
팔일八佾로 춤을 추게 하는데 뜰에 춤추는 자 2명만 있었다. 나머지 사람들은
계씨의 집안에서 춤을 춘다는 것.

5 子家駒(자가구): 노나라의 대부.

6 三家爲一(삼가위일): 계손씨, 숙손씨, 맹손씨 등 세 집안.

7 定(정): 제題의 뜻과 같다.

8 蔡女蕩舟齊師大侵楚(채녀탕주제사대침초): 채나라의 여인〔蔡姬〕과 제나라
의 환공이 함께 배를 탔는데 채희가 배를 흔들자 환공이 두려워하면서 못
하게 하고 채희를 꾸짖자 채희가 화가 나서 채나라로 돌아갔다. 채나라에서
채희를 다시 시집보내자 제나라에서 초나라를 정벌하고 소릉召陵에 이르러
승리한 일.

9 棘楚(극초): 큰 가시나무. 초楚는 대형大荊을 뜻한다.

10 三人(삼인): 호언狐偃과 조사趙衰와 서신胥臣 등 세 사람.

11 唐有萬穴(당유만혈): 당唐은 제방. 만혈萬穴은 많은 구멍.

13. 자주子朱가 태재 자리를 떠나다

태재太宰 자주子朱가 영윤令尹 자국子國을 모시고 식사를 했다. 영윤인 자국은 국을 마시는데 뜨겁자 잔에 담겨 있는 장을 들어서 부었다. 다음날 태재인 자주가 관직을 그만두고 돌아갔다.

자주의 노복이 말했다.

"초楚나라의 태재는 쉽게 얻지 못하는 것입니다. 관직을 그만두고 떠나는 것은 무엇 때문입니까?"

자주가 말했다.

"영윤은 행동이 경솔하고 예를 소홀히 하고 있네. 그가 남을 모욕하는 것은 어렵지 않을 것이야!"

다음 해에 낭윤을 엎드려뻗치게 하고 3백 대의 태형을 쳤다.

대개 벼슬하는 자는 먼저는 피하고 끝마치는 것을 보는 것은 미묘한 것에서 시작하는 것이다.

무릇 기러기나 고니가 알에서 부화하지 않았을 때에는 한 손가락으로 찔러 쓰러뜨리기만 해도 형체가 없어지게 된다. 그러나 그것이 근골이 이미 이루어지고 날개와 깃이 이미 만들어진 다음에는 날개를 세차게 퍼덕여 칼깃을 휘날리며 떠 있는 구름을 능멸하고 등에는 푸른 하늘을 지고 가슴에는 나는 구름을 안으며 넓고 넓은 하늘 위를 빙빙 돌고 무지개 사이를 가르며 신속하게 난다. 이때는 비록 강한 쇠뇌나 예리한 주살이나 미세한 작살과 포차자蒲且子의 교묘한 기술이 있더라도 또한 능히 쏘아 맞히지 못하는 것이다.

강수江水가 민산岷山에서 처음으로 나왔을 때는 옷을 걷어 올리고 건널 수가 있다. 급기야 동정호洞庭湖를 흘러 석성石城을 달려서 단도丹徒를 지나 파도를 일으키는데 이르러서는 배를 타고 하루를 가도 능히 건너지 못한다.

이런 까닭으로 성인은 항상 무형의 밖에서 종사하고 생각을 다해 일이 성사된 안에서도 생각하는 것을 중지하지 않는 것이다. 이런 이유 때문에 우환이나 재앙이 능히 해치지 못하는 것이다.

어떤 사람이 공자에게 물었다.

"안회顔回는 어떤 사람입니까?"

"인인仁人입니다. 이 사람도 따르지 못할 것입니다."

"자공子貢은 어떤 사람입니까?"

"말을 잘하는 사람입니다. 이 사람도 자공만 같지 못합니다."

"자로子路는 어떤 사람입니까?"

"용맹한 사람입니다. 이 사람도 자로의 용맹함만 같지 못합니다."

빈객賓客이 말했다.

"세 사람이 모두 선생님보다 어진데 선생님께 부림을 당하는 것은 무엇 때문입니까?"

공자孔子가 대답했다.

"구(丘: 공자)는 인仁하지만 또한 인내하며, 말을 잘하지만 또한 어눌하기도 하고, 용맹스럽지만 또한 겁쟁이이기도 합니다. 세 사람의 능력을 나의 일도一道와 바꾸는 것을 나는 하지 않습니다."

공자는 세 가지의 베푸는 바를 안 것이었다.

진秦나라의 우결牛缺이 산 속을 지나가다가 도적을 만나 수레와 말을 빼앗기고 전대와 상자도 풀어 주고 그 옷도 벗어 주었다. 도적이 되돌아와 쳐다보았는데 우결은 두려워하는 빛이나 근심하는 기색도 없고 기뻐하며 스스로 만족해했다.

도적이 드디어 물어 말했다.

"나는 그대의 재물을 빼앗았으며 또 그대를 칼로 겁박했는데 그대의 뜻이 흔들리지 않는 것은 무엇 때문인가?"

진秦나라의 우결牛缺이 대답했다.

"수레와 말은 내 몸을 싣는 것이고 의복은 몸을 가려 주는 것이다. 성인聖人은 부양하는 것을 위해 그 부양되는 것을 해치지 않는 것이다."

도둑이 서로 쳐다보고 웃으면서 말했다.

"대개 욕심 때문에 삶을 상하지 않고 이익 때문에 몸에 폐를 끼치지 않는 자는 세상의 성인이다. 이러한 사람이 왕자를 만난다면 반드시 또 우리들 때문에 일을 만들 것이다."

되돌아와 도리어 죽였다. 이러한 것은 아는 것을 아는 데는 능했지만 모르는 것을 아는 데는 능하지 못했으며 용맹에는 능했으나 하지 못하는 용기에는 능하지 못한 것이다. 무릇 도를 둔 자는 갑자기 응대하는데 궁핍하지 않고 어려운 일을 당해도 능히 빠져 나온다. 그러므로 천하에서 귀하게 여기는 것이다.

지금 우결은 스스로 행동하는 바는 알았지만 남을 위해 행동하는 바는 알지 못했다. 그가 논하는 바는 궁구하지 못할 것들이다.

사람들이 능히 밝고 밝은 것에서 어둡고 어두운 것으로 말미암는다면 도道에 가까운 것이다.

『시경』의 대아 억편抑篇의 시에는 '사람들이 말하기를 철인哲人 중에 어리석지 않은 이 없다네.'라고 했는데 이러한 것을 이른 것이다.

太宰子朱侍飯於令尹子國[1] 令尹子國啜羹而熱 投厄漿而沃之[2] 明日 太宰子朱辭官而歸 其僕曰 楚太宰未易得也 辭官去之 何也 子朱曰 令尹輕行而簡禮 其辱人不難 明年 伏郎尹而笞之三百[3] 夫仕者先避之 見終始微矣 夫鴻鵠之未孚於卵也 一指蔑[4]之 則麋而無形矣 及至其筋骨之已就 而羽翮之旣成也 則奮翼揮瑽[5] 淩乎浮雲 背負靑天 膺摩赤霄[6] 翺翔乎忽荒之上 析惕[7]乎虹蜺之間 雖有勁弩利矰微繳 蒲且子之巧[8] 亦弗能加也 江水之始出於岷山也 可攐衣而越也 及至乎下洞庭 騖石城 經丹徒 起波濤[9] 舟杭一日不能濟也 是故聖人者 常從事於無形之外 而不留思盡慮於成事之內 是故患禍弗能傷也 人或問孔子曰 顔回何如人也 曰 仁人也 丘弗如也 子貢何如人也 曰 辯人也 丘弗如也 子路何如人也 曰 勇人也 丘弗如也 賓曰 三人皆賢夫子 而爲夫子役 何也 夫子曰 丘能仁且訒 辯且訥 勇且怯 以三子之能易丘一道 丘弗爲也 孔子知所施之也 秦牛缺[10]徑於山中 而遇盜 奪之車馬 解其橐笥 拖其衣被 盜還反顧之 無懼色憂志 驩然有以自得也 盜遂問之曰 吾奪子財貨 劫子以刀 而志不動 何也 秦牛缺曰 車馬所以載身也 衣服所以撣形也 聖人不以所養害其養 盜相視而笑曰 夫不以欲傷生 不以利累形者 世之聖人也 以此而見王者 必且以我爲事也 還反殺之 此能以知知矣 而未能以知不知也 能勇於敢而未能勇於不敢也 凡有道者 應卒而不乏 遭難而能免 故天下貴之 今知所以自行也 而未知所以爲人行也 其所論未之究者也 人能由昭昭於冥冥 則幾於道矣 詩曰 人亦有言 無哲不愚 此之謂也

※

---

1 太宰子朱侍飯於令尹子國(태재자주시반어령윤자국): 태재太宰는 초나라

의 관직. 자주子朱는 초나라의 대부. 영윤令尹은 초나라의 관직. 자국子國도
초나라의 대부.

2 巵漿而沃之(치장이옥지): 잔의 장漿을 들어서 붓다.

3 伏郞尹而笞之三百(복랑윤이태지삼백): 낭윤郞尹을 엎드려뻗친 후 곤장
3백 대를 치다. 낭윤은 낭관郞官을 주관하는 윤尹.

4 篾(멸): 무슨 글자인지 옥편에 없다. 혹 멸蔑자가 아닌가 한다.

5 瓗(혜): 칼깃. 여섯 깃촉의 강한 것.

6 赤霄(적소): 떠다니는 구름.

7 析惕(석척): 다른 본에는 상양徜徉으로 되어 있다. 빠르게 가르다의 뜻.

8 蒲且子之巧(포차자지교): 포차자蒲且子는 옛날에 활의 명수였다.

9 洞庭鶩石城經丹徒起波濤(동정무석성경단도기파도): 동정洞庭은 악양岳陽
에 있는 호수. 석성石城은 단양丹陽에 있다. 단도丹徒는 회계에 있다. 파도波濤
는 물결이 쳐 파도가 되는 것.

10 牛缺(우결): 진秦나라의 은사隱士.

14. 진秦을 멸망시킬 자는 호胡이다

일이란 어떤 이는 하게 되면 때마침 실패하는 경우가 있고 어떤 이는
방비를 해 때마침 성공을 이루는 경우도 있다. 어떻게 그러한 것을
알겠는가?

진시황秦始皇이 녹도錄圖를 녹여서 거기에 전하는 해설을 보았는데
'진秦나라를 멸망시킬 자는 호胡이다.'라고 했다. 이로 인해 군사 50만
명을 발동해 몽염蒙恬과 양옹자楊翁子를 장군으로 삼아서 만리장성을
쌓게 했다. 서쪽으로는 유사流沙에 이어지고 북쪽으로는 요수遼水에
이르며 동쪽으로는 조선朝鮮에서 끝나는데 중국의 내군內郡에서는
수레에 군량미를 실어 보내야 했다.

또 월越나라의 물소뿔과 상아와 비취翡翠와 주기珠璣 등을 이롭게 여겨 위도수尉屠睢에게 군사 50만 명을 징발해 5군五軍으로 삼아 1군一軍은 심성鐔城의 영령에 성채를 쌓게 했고, 1군은 구의九疑의 요새를 지키게 했으며, 1군은 반우番禺의 도읍에 머물게 했고, 1군은 남야南野의 경계를 지키게 했고, 1군은 여간수餘干水에 모이게 했다.

3년 동안 갑옷을 벗거나 쇠뇌를 풀지 못하게 했고 감록監祿으로 부려서 군량미를 운반하게 했다.

또 군사들에게 도랑을 파게 했고 군량미를 나르는 길을 통하게 했으며 월나라 사람들과 싸워서 서구西嘔의 군주인 역우송譯吁宋을 죽였다. 월나라 사람들이 모두 숲 속으로 들어가 새와 짐승과 함께 살며 진秦나라의 포로가 되는 것을 달가워하지 않았다. 서로 재주와 슬기가 뛰어난 사람을 두어서 장군으로 삼고 밤마다 진秦나라 사람들을 공격해 크게 깨부수었다. 위도수尉屠睢는 살해되고 엎드려져 있는 시체에서 흐르는 피가 수십만 명이었다. 이에 죄수들을 멀리 수자리로 보내서 대비케 했다.

이때에 남자는 농업에 종사할 수가 없었고 부인들은 마麻를 베어서 실을 잣지 못했다. 파리하고 약한 자들은 길에서 복역을 하고 대부大夫들은 네거리에서 세금을 걷어 들였다. 병자들은 요양을 하지 못했고 죽은 자들은 장례를 치르지도 못했다. 이에 진승陳勝이 대택大澤에서 팔을 휘두르며 일어나 크게 외쳤으며, 천하는 자리를 마는 것같이 쉽게 희戲 땅으로 이르게 되었다.

유방劉邦과 항우項羽가 의병을 일으키자 군사들이 따르고 천하를 안정시켰는데 마치 마른 고목이 부러지고 낙엽이 떨어지는 것처럼 되었으며 드디어 진秦나라는 천하를 잃게 되었다.

재앙은 오랑캐만을 대비하고 월越나라를 이로운 것으로 여긴 데 있었다.

만리장성을 쌓아서 망하는 것에 대비할 줄은 알았지만 만리장성을 쌓아서 그로 인해 망하는 바를 몰랐던 것이다.

죄수를 징발해서 월나라에 대비할 줄은 알았지만 그로 인해 어려움이 속에서 발생한다는 것은 알지 못했다.

대개 까치는 제일 먼저 그해에 바람이 많이 불 것을 알고 높은 나무를 버리고 낮은 곁가지에 집을 짓는다. 그런데 대인大人이 지나가게 되면 새끼를 꺼내고 아이들이 지나가게 되면 알을 꺼낸다. 멀리 있는 어려움은 대비할 줄 알지만 가까이 있는 우환은 잊는 것이다. 그러므로 진秦나라가 준비한 것은 까치와 같은 지혜였던 것이다.

어떤 사람은 이익을 다투다가 도리어 강압으로 하고 어떤 이는 잘 따라 듣다가도 도리어 중지시키기도 한다. 무엇으로 그러한 것을 알 것인가?

노魯나라의 애공哀公이 서쪽에 집을 증축하려는데 사관이 간쟁해 말하기를 "서쪽 집을 증축하는 것은 불길합니다."라고 했다. 애공이 낯빛을 붉히며 노여워했고 좌우에서도 자주 간했으나 듣지 않았다. 이에 그의 스승인 재절수宰折睢에게 물어 말했다.

"나는 집을 증축하고 싶은데 사관이 불길하다고 합니다. 그대의 생각은 어떠합니까?"

재절수가 대답했다.

"천하에는 세 가지의 상서롭지 못한 것이 있습니다. 서쪽 집을 증축하는 것은 이에 속하지 않습니다."

애공이 크게 기뻐하고 즐거워했다. 이윽고 다시 물었다.

"무엇을 상서롭지 못한 세 가지라고 이르는 것인가?"

재절수가 대답했다.

"예의를 행하지 않는 것이 첫 번째 상서롭지 못한 것이며, 즐기고 탐하는 것을 중지함이 없는 것이 두 번째 상서롭지 못한 것이며, 강한 간언을 듣지 않는 것이 세 번째 상서롭지 못한 것입니다."

애공이 침묵하고 깊이 생각하더니 분연히 스스로를 반성하고 드디어 서쪽의 저택을 증축하지 않았다.

대개 사관은 간쟁으로써 중지시키려고만 하고 간쟁하지 않고도 도리어 취할 수 있다는 것을 알지 못했다. 지혜로운 자는 길을 떠나도 길을 만나고 어리석은 자는 길을 지켜도 길을 잃게 된다.

예열兒說의 뛰어난 솜씨는 닫혀 얽혀진 것이라도 풀지 못하는 것이 없다. 폐결閉結은 모두 풀리는 것은 아니다. 풀리지 않는 것은 풀지 않는 것이다. 풀리지 않는 것을 푸는데 이르는 자는 가히 함께 의논할 수 있는데 이르는 것이다.

事或爲之 適足以敗之 或備之 適足以致之 何以知其然也 秦皇挾錄圖 見其傳[1]曰 亡秦者胡也 因發卒五十萬 使蒙公楊翁子[2] 將築脩城 西屬流沙 北擊遼水 東結朝鮮[3] 中國內郡輓車而餉之 又利越之犀角象齒翡翠珠璣[4] 乃使尉屠睢[5] 發卒五十萬爲五軍 一軍塞鐔城之領 一軍守九疑之塞 一軍處番禺之都 一軍守南野之界 一軍結餘干之水 三年不解甲弛弩 使監祿無以轉餉 又以卒鑿渠而通糧道 以與越人戰 殺西嘔君譯吁宋[6] 而越人皆入叢薄中 與禽獸處 莫肯爲秦虜 相置桀駿以爲將 而夜攻秦人 大破之 殺尉屠睢 伏尸流血數十萬 乃發適戍[7]以備之 當此之時 男子不得脩農畝 婦人不得剡麻考縷 羸弱服格於道 大夫箕會於衢[8] 病者不得

養 死者不得葬 於是陳勝起於大澤[9] 奮臂大呼 天下席卷而至於戲 劉項
興義 兵隨而定 若折槁振落 遂失天下 禍在備胡而利越也 欲知築脩城
以備亡 不知築脩城之所以亡也 發適戍以備越 而不知難之從中發也
夫鵲先識歲之多風也 去高木而巢扶枝 大人過之則探鷇 嬰兒過之則挑
其卵 知備遠難而忘近患 故秦之設備也 烏鵲之智也 或爭利而反强之
或聽從而反止之 何以知其然也 魯哀公欲西益宅[10] 史爭之 以爲西益宅
不祥 哀公作色而怒 左右數諫不聽 乃以問其傅宰折睢[11]曰 吾欲益宅
而史以爲不祥 子以爲何如 宰折睢曰 天下有三不祥 西益宅不與焉 哀
公大悅而喜 頃復問曰 何謂三不祥 對曰 不行禮義 一不祥也 嗜慾無止
二不祥也 不聽强諫 三不祥也 哀公默然深念 憤然自反 遂不西益宅
夫史以爭爲可以止之 而不知不爭而反取之也 智者離路而得道 愚者守
道而失路 夫兒說[12]之巧 於閉結無不解 非能閉結而盡解之也 不解不可
解也 至乎以弗解解之者 可與及言論矣

※

1 秦皇挾錄圖見其傳(진황협록도견기전): 진황秦皇은 진시황제. 녹도錄圖는
   예언서. 전傳은 해설의 뜻.

2 蒙公楊翁子(몽공양옹자): 몽공蒙公은 몽염蒙恬 장군을 가리킨다. 양옹자楊
   翁子도 장군임.

3 朝鮮(조선): 낙랑樂浪을 뜻한다.

4 犀角象齒翡翠珠璣(서각상치비취주기): 서각犀角은 물소뿔. 상치象齒는 코
   끼리의 상아. 비취翡翠는 적작赤雀과 청작靑雀. 주기珠璣는 진주나 옥 등의
   보석.

5 尉屠睢(위도수): 진나라의 장수 이름.

6 西嘔君譯吁宋(서구군역우송): 서구西嘔는 월나라. 역우송譯吁宋은 서구국
   의 군주 이름.

7 適戍(적술): 죄를 짓고 수자리하는 사람. 곧 죄수.

8 箕會於衢(기회어구): 거리에서 세금을 걷다. 기회箕會는 세금을 걷다. 구衢
   는 사거리.

9 陳勝起於大澤(진승기어대택): 진승陳勝의 자는 섭涉이다. 오광 등과 함께
   대택 땅에서 봉기했다.

10 西益宅(서익택): 서쪽에 있는 집을 증축하다.

11 其傅宰折睢(기부재절수): 기부其傅는 그의 스승이라는 뜻. 재절수宰折睢는
   스승의 이름.

12 兒說(예열): 송나라의 대부.

15. 망령된 말이 도리어 합당할 때가 있다

어떤 이는 예와 의에 밝으며 도道를 체득하여 추진해도 행해지지 않게
되고, 어떤 이는 원망을 사고 망령된 말을 해도 도리어 합당한 것이
있다. 무엇으로 밝히겠는가?

　공자가 유람을 떠나는데 말이 달아나서 농부의 작물을 뜯어 먹었다.
들에 있던 야인이 화가 나 말을 잡아 묶어 놓았다.

　자공子貢이 가서 상황을 설명하고 공손한 태도로 사과했으나 말을
되찾지 못했다. 공자가 말했다.

　"대개 사람이 알아들을 수 없는 것으로 남을 설득하는 것은 비유하자
면 들짐승에게 태뢰太牢를 대접하고 구소九韶의 음악으로 나는 새를
즐겁게 하는 것과 같은 것이다. 나의 죄이지 저 사람의 과실은 아니다."

　이에 마부에게 가서 설득하라고 했다. 마부가 이르러서 야인野人을
보고 말했다.

　"그대는 동해에서부터 밭을 갈아 서해까지 이르렀습니다. 나의 말이

도망쳐 어찌 그대의 곡식을 먹지 않을 수 있겠습니까?"

이에 야인이 크게 기뻐하고 말을 풀어서 돌려주었다.

이와 같이 방법이 없는 것이었는데도 도리어 설득되었다. 일에 이르는 바가 교묘해도 졸렬함만 같지 못할 때가 있는 것이다. 그러므로 성인은 구멍을 헤아려 장부를 바르게 끼우는 것이다.

아름다운 채릉采菱을 노래 부르고 양아陽阿를 노래하는 것을 시골 사람이 듣고는 비속한 연로延路나 양국陽局만 같지 못하다고 여긴다.

이것은 노래하는 자가 서툴러서 그런 것이 아니라 듣는 자가 다르기 때문이다. 그러므로 교차된 계획은 펴지 못하고 연결된 고리는 풀리지 않는 것이다. 사물이 통하지 않는 것을 성인은 다투지 않는 것이다.

인仁한 자는 백성들이 사모하는 바이다. 의로운 자는 모든 이들이 높이 여기는 바이다.

사람들이 사모하는 바가 되고 사람들이 높이 여기는 바를 행하는 것이다. 이것은 엄한 아버지가 자식을 교육시키는 바이고, 충신이 군주를 섬기는 바이다. 그러나 세상에 어떤 이는 사용해서 자신은 죽게 되었고 국가는 망하게 되었는데 이는 시대와 함께하지 못했기 때문이다.

옛날에 서徐나라의 언왕偃王이 인의仁義를 행하기를 좋아해 육지에서도 조회하러 오는 나라가 32개국이나 되었다.

왕손려王孫厲가 초나라의 장왕에게 일러 말했다.

"왕께서 서徐나라를 정벌하지 않으면 반드시 서나라에 조회하게 될 것입니다."

장왕이 말했다.

"언왕偃王은 도가 있는 군주로서 인을 행하는 것을 좋아하므로 가히 정벌하지 못할 것이다."

왕손려가 말했다.

"신은 들었습니다. 큰 것이 작은 것과 함께하고 강한 것이 약한 것과 함께하는 것은 마치 돌을 달걀에 던지고 호랑이가 돼지를 먹는 것과 같은데 무엇을 더 의심하겠습니까? 대개 문文을 위하면서 그 덕을 통달하지 못하고 무武를 위하면서 그 힘에 맡기지 않는다면 어지러운 것이 이보다 큰 것이 없을 것입니다."

초나라 장왕이 말했다.

"좋은 말이다."

이에 군사를 일으켜 서徐나라를 정벌하고 드디어 멸망시켰다. 이것은 인의는 알았지만 세상의 변화를 알지 못한 것이었다.

신숙申菽이나 두채杜茝는 미인들이 품고 다니는 것이다. 젖어서 냄새나는 즙이 되는 데 이르게 되면 그 향기를 보존하지 못하는 것이다.

옛날에 오제五帝는 덕을 귀하게 여겼고 삼왕三王은 의를 사용했고 오패五霸는 힘에 맡겼다.

지금 제왕의 도를 취해 오패五霸의 세상에서 베푼다는 것은 이것은 천리마를 타고 사람을 가시덤불에서 쫓고 도롱이나 삿갓을 쓰고 빙빙 도는 것으로 말미암는 것이다.

지금 서리가 내리는데 곡식을 심고 얼음이 녹는데 수확을 구해 그것을 먹고자 한다면 어려운 것이다.

그러므로 『주역』의 건괘乾卦 초구初九에 '물속에 잠겨 있는 용을 사용하지 말라.'라고 한 것은 시대가 가히 행하지 못할 것을 말한 것이다. 또 구삼九三효에는 '군자君子는 하루해가 다 가도록 쉬지 않고 노력해 저녁에 반성하는 것이니 혹 위태로운 일은 있을지라도 허물은

없을 것이다.'라고 했는데 '하루해가 다 가도록 쉬지 않는다.'라고 한
것은 양陽에서 활동한 것이다. '저녁에 반성하는 것이니 위태롭다.'라고
한 것은 음陰에서 휴식하는 것이다.

온종일 해를 따라서 활동하고 온밤을 따라서 휴식하는 것은 오직
도를 둔 자만이 행할 수 있는 것이다.

或明禮義推道體而不行 或解搆妄言[1]而反當 何以明之 孔子行遊 馬失
食農夫之稼 野人怒 取馬而繫之 子貢往說之 卑辭而不能得也 孔子曰
夫以人之所不能聽說人 譬以大牢[2]享野獸 以九韶[3]樂飛鳥也 予之罪也
非彼人之過也 乃使馬圉[4]往說之 至見野人曰 子耕於東海 至於西海 吾
馬之失 安得不食子之苗 野人大喜 解馬而與之 說若此其無方也 而反
行 事有所至 而巧不若拙 故聖人量鑿而正枘 夫歌采菱 發陽阿[5] 鄙人聽
之 不若此延路陽局[6] 非歌者拙也 聽者異也 故交畫不暢 連環不解 物之
不通者 聖人不爭也 仁者百姓之所慕也 義者衆庶之所高也 爲人之所慕
行人之所高 此嚴父之所以教子 而忠臣之所以事君也 然世或用之而身
死國亡者 不同於時也 昔徐偃王好行仁義 陸地之朝者三十二國 王孫厲[7]
謂楚莊王曰 王不伐徐 必反朝徐 王曰 偃王有道之君也 好行仁義 不可
伐 王孫厲曰 臣聞之 大之與小 强之與弱也 猶石之投卵 虎之啗豚 又何
疑焉 且夫爲文而不能達其德 爲武而不能任其力 亂莫大焉 楚王曰 善
乃擧兵而伐徐 遂滅之 知仁義而不知世變者也 申菽杜茞[8] 美人之所懷
服也 及漸之於滫[9] 則不能保其芳矣 古者五帝貴德 三王用義 五霸任力
今取帝王之道 而施之五霸之世 是由乘驥逐人於榛薄 而蓑笠盤旋[10]也
今霜降而樹穀 冰泮而求穫 欲其食則難矣 故易曰 潛龍勿用者 言時之
不可以行也 故君子終日乾乾 夕惕若厲 無咎 終日乾乾 以陽動也 夕惕

若厲 以陰息也 因日以動 因夜以息 唯有道者能行之

※

1 解搆妄言(해구망언): 원망을 사고 망령된 말을 한다.

2 大牢(대뢰): 소, 돼지, 양의 세 가지 희생. 태뢰太牢.

3 九韶(구소): 순임금의 음악.

4 馬圉(마어): 말을 기른 자.

5 歌采菱發陽阿(가채릉발양아): 채릉采菱과 양아陽阿는 모두 아름다운 곡조의
   이름.

6 延路陽局(연로양국): 연로延路와 양국陽局은 천박한 노래.

7 王孫厲(왕손려): 초나라 장왕의 산하.

8 申菽杜茞(신숙두채): 신숙과 두채는 모두 향초이다.

9 滫(수): 오물汚物.

10 蓑笠盤旋(사립반선): 도롱이와 삿갓을 쓰고 빙 돌다.

16. 의를 행하다 멸망한 서나라

서徐나라의 언왕偃王은 의를 행하다 멸망했고, 연나라의 자쾌子噲는
인을 행하다 망했다. 노나라의 애공哀公은 유儒를 좋아하다가 나라가
줄어들었고, 대代나라의 군주는 묵적墨翟을 숭상하다가 쇠잔해졌다.

   멸망하고 망하고 삭감되고 쇠잔해진 것은 사납고 어지러운 것에서
이르는 바였다.

   4명의 군주가 유독 인仁과 의義와 유儒와 묵(墨: 묵적)으로써 망한
것은 시기를 만났을 때 그 시기에 힘써야 할 것과 달랐기 때문이다.
인과 의와 유와 묵을 행하면 안 되는 것은 아니지만 그 세상이 아닌데도
사용하게 되면 포로가 되는 것이다.

대개 창이란 성을 공격할 때 사용되는 것이며, 거울이란 형상을 비추기 위한 것이다. 환관이 창을 가지면 해바라기를 베어 낼 것이고, 눈먼 소경이 거울을 얻으면 잔을 덮을 것인데 사용하는 바를 모르기 때문이다. 그러므로 선한 것과 비루한 것이 같지 않아도 비방할지 칭찬할지는 세속에 있고 나아가는 것과 머무르는 것이 같지 않아도 거역할지 따를지는 군주에게 있다.

광휼狂譎은 녹봉을 받지 않아서 처벌되었고 단간목段干木은 정승의 지위를 사양해 명성이 드러났다. 행동한 바는 동일했는데도 이해가 달라진 것은 시대가 그렇게 시켰기 때문이다. 그러므로 성인聖人이 비록 그 뜻이 있더라도 그 세상을 만나지 못하면 겨우 자신만을 용납할 수 있을 뿐인데 어떻게 공명을 이룰 수 있겠는가?

하늘이 하는 바를 알고 사람이 행하는 바를 알게 되면 세상을 맡을 수 있다. 하늘만 알고 사람을 알지 못한다면 세속과 더불어 사귈 수가 없고, 사람만 알고 하늘을 알지 못한다면 도道와 더불어 놀 수가 없다.

선표單豹는 속세를 떠나 석굴에 살면서 골짜기의 물을 마시고 실로 짠 옷이나 마로 짠 옷을 입지 않고 오곡을 먹지 않았다. 그는 70세가 되어서도 오히려 어린아이의 안색을 유지했다. 그런데 갑자기 굶주린 호랑이를 만나서 살해되어 먹히고 말았다.

장의張毅는 공손한 행동을 좋아했다. 궁실의 사당을 지나갈 때는 반드시 종종걸음을 쳤다. 마을 입구의 문에 사람들이 모여 있으면 반드시 수레에서 내렸다. 마구간의 마부의 무리에게도 모두 똑같이 예로 대우했다. 그러나 그의 수명을 마치지 못하고 속으로 열병이 들어서 죽었다. 표범이 그의 내장을 먹었고 호랑이가 그 밖의 살을 먹었다.

장의는 그의 밖을 닦았으나 질병에게 그의 속을 공격당했다. 그러므로 뜻이 곧고 정에 적당하면 단단하고 강한 것이 해치고 자신이 사물에게 사역당하면 음과 양의 먹이가 된다.

이러한 것은 모두 힘쓰는 것을 행해 조화에 희롱당한 것이다.

도를 얻은 선비는 밖은 변화해도 안은 변화하지 않는다. 밖이 변화되는 것은 남에게 들어가기 때문이며 안이 변화하지 않는 것은 그의 몸을 온전하게 하기 때문이다.

안으로는 일정한 지조가 있고 밖으로는 능히 굽히고 능히 펴서 남기도 하고 모자라기도 하고 말리기도 하고 펴지기도 하는 것들이 사물과 더불어 미루어 옮겨진다. 그러므로 만 가지를 거론해도 함정에 빠지지 않는 것이다.

성인을 귀하게 여기는 이유는 용처럼 변화에 능하기 때문이다.

지금 힘을 들여 수고하면서 한 가지 절도를 지키고 한 가지 행동을 미루어 비록 헐어서 분쇄되고 멸해 침몰되더라도 오히려 또 바꾸려고 하지 않는다. 이러한 것은 조금 좋아하는 것을 살펴서 대도大道를 요새로 삼는 것이다.

夫徐偃王爲義而滅 燕子噲[1]行仁而亡 哀公好儒而削 代君爲墨[2]而殘 滅亡削殘 暴亂之所致也 而四君獨以仁義儒墨而亡者 遭時之務異也 非仁義儒墨不行 非其世而用之 則爲之禽矣 夫戟者所以攻城也 鏡者所以照形也 宮人得戟 則以刈葵[3] 盲者得鏡 則以蓋卮 不知所施之也 故善鄙不同 誹譽在俗 趣舍不同 逆順在君 狂譎[4]不受祿而誅 段干木辭相[5]而顯 所行同也 而利害異者 時使然也 故聖人雖有其志 不遇其世 僅足以容身 何功名之可致也 知天之所爲 知人之所行 則有以任於世矣 知天而

不知人 則無以與俗交 知人而不知天 則無以與道遊 單豹[6]倍世離俗 巖
居谷飮 不衣絲麻 不食五穀 行年七十 猶有童子之顔色 卒而遇飢虎
殺而食之 張毅好恭[7] 過宮至廊廟必趨 見門閭聚衆必下 廝徒馬圉 皆與
伉禮 然不終其壽 內熱而死 豹養其內 而虎食其外 毅脩其外 而疾攻其
內 故直意適情 則堅强賊之 以身役物 則陰陽食之 此皆載務而戲乎其
調者也 得道之士 外化而內不化 外化所以入人也 內不化所以全其身也
故內有一定之操 而外能詘伸嬴縮卷舒 與物推移 故萬擧而不陷 所以貴
聖人者 以其能龍變也 今捲捲然守一節 推一行 雖以毀碎滅沈 猶且弗
易者 此察於小好 而塞於大道也

✻

1 燕子噲(연자쾌): 연燕나라의 왕 자쾌이다. 소대蘇代가 자쾌에게 나라를
넘겨주라고 설득해 마침내 정사를 제멋대로 했다. 제나라가 연나라를 정벌해
서 크게 무너뜨리자 자쾌는 죽게 되었다는 일화.

2 代君爲墨(대군위묵): 대代는 조趙나라의 별도의 나라. 군주가 묵자墨子를
좋아했다.

3 葵(규): 해바라기.

4 狂譎(광휼): 동해 사람인데 밭을 갈아 생활하며 태공太公의 녹을 사양했다.
태공이 위선하고 백성들을 혼란스럽게 한다고 여겨 살해했다.

5 段干木辭相(단간목사상): 단간목이 재상의 지위를 사양하다.

6 單豹(선표): 숨은 선비. 은사.

7 張毅好恭(장의호공): 장의가 예의를 좋아하다.

17. 당랑(사마귀)이 수레바퀴에 덤벼들다

조선맹趙宣孟이 마른 뽕나무 아래에서 굶주린 사람을 살려 주자 천하에

서는 인仁하다고 일컬었다.

형(荊: 초)나라의 차비佽非는 하수河水의 중간에서 어려움을 당했는데도 그의 지조를 잃지 않아서 천하에서는 용맹하다고 일컬었다. 이런 까닭으로 작은 행동을 보고도 대체大體를 논하는 것이다.

전자방田子方이 길에서 늙은 말을 보고는 탄식하며 걱정했다. 이에 그 마부에게 물었다.

"이것은 어찌된 말인가?"

마부가 대답했다.

"이 말은 오래 전부터 관청에서 기르던 것인데 늙어서 쓸모가 없어져 내다 파는 것입니다."

전자방이 말했다.

"젊어서는 그의 힘을 탐하고는 늙었다고 그의 몸을 버리는 일을 인仁한 자는 하지 않는 것이다."

이에 비단 한 필을 주고 바꾸었다. 파면된 무인武人들이 소문을 듣고는 마음속으로 돌아갈 바를 알게 되었다.

제齊나라의 장공莊公이 사냥을 나가는데 한 마리의 벌레가 다리를 들어 올리고 수레바퀴를 치려 하고 있었다. 마부에게 물었다.

"이것은 무슨 벌레인가?"

마부가 답했다.

"이것은 당랑(螳螂: 사마귀)이라고 하는 벌레입니다. 이 벌레는 앞으로 나아갈 줄은 알아도 뒤로 물러날 줄은 모릅니다. 제 힘을 헤아리지 않고 적을 가볍게 여기는 것입니다."

장공이 말했다.

"이것이 사람이었다면 반드시 천하에 무용을 날렸을 것이다."

수레를 돌려서 피해 갔다. 무용이 있는 자들이 소문을 듣고는 모두가 죽을 곳을 알게 되었다.

그러므로 전자방이 한 마리의 늙은 말을 측은하게 여기자 위魏나라에서 추대했고, 제나라의 장공이 한 마리의 당랑(사마귀)을 피해 가자 무용이 있는 용사들이 돌아왔다.

탕왕이 사방으로 그물 치는 것을 금지시키고 한 곳에만 그물을 치게 가르치자 40여 개의 나라가 조회에 들었다.

주周나라의 문왕文王이 죽은 사람의 유골을 장례를 치러 주자 구이九夷가 돌아왔다. 무왕武王이 더위 먹은 사람을 나무 그늘에서 쉬게 하고 왼손으로는 부축하고 오른손으로는 부채질을 해주자 천하에서 그의 덕을 품었다.

월왕越王 구천句踐은 한 차례 죄 없는 사람의 옥사를 결정하고 용연검龍淵劍으로 자신의 넓적다리를 베어 피가 발끝까지 흐르도록 해 스스로를 벌하자 전쟁에서 무사들이 필사적으로 싸우게 되었다. 그러므로 성인은 작은 것을 행동해 큰 것을 덮는 것이며 가까이 있는 것을 살펴서 멀리 있는 것까지 품는 것이다.

손숙오孫叔敖는 기사期思의 물을 터서 우루雩婁의 들에 물을 대었다. 이에 초나라의 장왕莊王은 손숙오가 영윤이 될 것이라는 것을 알았다.

자발子發이 싸움에서의 어려운 일들을 차례를 정하고 공로가 있는지 없는지를 균등하게 순서를 매기자 초나라에서는 자발이 군사를 주도하게 될 것이라는 것을 알았다.

이러한 것은 모두 하찮은 것들에 형상해 큰 이치를 통달케 한 것들이었다.

504

趙宣孟[1]活飢人於委桑之下 而天下稱仁焉 荊佽非犯河中之難 不失其守 而天下稱勇焉 是故見小行則可以論大體矣 田子方[2]見路馬於道 喟然有志焉 以問其御曰 此何馬也 其御曰 此故公家畜也 老罷而不爲用 出而鬻之 田子方曰 少而貪其力 老而棄其身 仁者不爲也 束帛以贖之 罷武聞之 知所歸心矣 齊莊公出獵 有一蟲擧足將搏其輪 問其御曰 此何蟲也 對曰 此所謂螳螂者也 其爲蟲也 知進而不知卻 不量力而輕敵 莊公曰 此爲人而必爲天下勇武矣 迴車而避之 勇武聞之知所盡死矣 故田子方隱一老馬 而魏國戴之 齊莊公避一螳螂 而勇武歸之 湯敎祝網[3]者 而四十國朝 文王葬死人之骸[4] 而九夷歸之 武王蔭暍人於樾下 左擁而右扇之 而天下懷其德 越王句踐一決獄不辜 援龍淵而切其股 血流至足 以自罰也 而戰武士必其死 故聖人行之於小 則可以覆大矣 審之於近 則可以懷遠矣 孫叔敖決期思之水 而灌雩婁之野 莊王知其可以爲令尹也 子發辯擊劇而勞佚齊[5] 楚國知其可以爲兵主也 此皆形於小微 而通於大理者也

※

1 趙宣孟(조선맹): 조돈趙盾을 말한다.

2 田子方(전자방): 위魏나라 사람.

3 湯敎祝網(탕교축망): 옛날부터 사냥할 때는 사방으로 그물을 치고 짐승을 몰아 씨를 말렸다. 이에 탕왕이 날쌘 짐승들은 빠져 나갈 수 있도록 그물을 일자로 치고 세 곳에서 몰게 가르쳤다.

4 文王葬死人之骸(문왕장사인지해): 주나라의 문왕이 영대靈臺를 수리하다가 죽은 자의 해골을 얻었다. 밤에 꿈속에 사람이 나타나 부르더니 장례를 지내달라고 했다. 이에 아침에 오대부五大夫의 예로써 장례를 치러 주었다.

5 子發辯擊劇而勞佚齊(자발변격극이로일제): 자발子發은 초나라의 장수. 격극擊劇은 싸움에서의 어려움. 변辯은 등급을 정하는 일. 노일제勞佚齊는

공로가 있는지 없는지를 균등하게 순서를 정하는 일.

18. 성인은 일을 행함에 걱정하지 않는다

성인聖人들은 사업을 거행함에 있어서는 근심을 하지 않는다. 방법만을 살필 뿐이다.

지금 1만 명이 종소리를 조율하더라도 음률에 가깝게 할 수 없지만 진실로 음을 아는 자를 얻는다면 한 사람이면 족한 것이다.

설명을 하는 자의 논리도 이와 같은 것이다. 진실로 그 술수를 얻게 되면 많은 것을 사용할 필요가 없게 된다.

수레가 능히 천 리를 굴러가는 바는 그 요체가 세 치의 비녀장〔轄〕에 있는 것이다. 사람에게 권해도 능히 부리지 못하고 사람이 금지시켜도 능히 중지되지 않는 것은 그 기인하는 바가 그 도리가 아니기 때문이다.

옛날에 위衛나라의 군주가 오吳나라의 조회에 들어오자 오나라의 왕이 그를 잡아 가두고 바다로 귀양 보내려고 했다. 설득을 하려는 자들은 수레가 연달아 가듯이 끊임없이 이어졌지만 능히 중지시키지 못했다.

노魯나라의 군주가 소문을 듣고는 매달려 있던 종과 북을 떼어 내게 하고 흰 비단옷을 입고 조회에 들었다. 공자孔子가 조회에 들어와 보고는 말했다.

"군주께서는 어찌해 근심하는 낯빛을 하고 계십니까?"

노나라의 군주가 대답했다.

"제후들은 친한 것이 없어야 하나 제후로서 친하게 하고 대부는 당이 없어야 하는데 대부로서 당을 만듭니다. 지금 위나라의 군주가

오왕吳王에게 조회를 들었는데 오나라 왕이 잡아 가두고 바다로 유배시
키려고 한답니다. 무엇 때문에 위나라 군주의 인의가 이러한 어려움을
만나는 것이오. 내가 벗어나게 하고 싶지만 할 수 없으니 어찌하면
되겠소."

공자孔子가 말했다.

"만약에 벗어나게 하고 싶으시다면 청컨대 자공을 가게 하십시오."

노나라의 군주가 자공을 불러서 장군의 인印을 주었다. 자공이 사양
해 말했다.

"귀한 것이 우환을 해결하는데 도움이 되지 않습니다. 말미암는
길에 있을 따름입니다."

이에 자공이 자신을 단속하고 출발해 오吳나라에 이르러 태재비太宰
嚭를 만났다. 태재비가 매우 기뻐하고 오나라 왕에게 추천코자 했다.
자공이 말했다.

"그대가 왕을 설득하지 못했는데 내 어찌 그대를 따르겠습니까?"

태재비가 말했다.

"그대가 어찌 제가 능하지 못한 것을 아십니까?"

자공이 말했다.

"위나라 군주가 왔을 때 위나라 백성의 절반이 말하기를 '진晉나라에
조공하는 것만 같지 못하다.'라고 했고 그 절반은 '오나라에 조회 드는
것만 같지 못하다.'라고 했습니다. 그러나 위나라의 군주는 오나라에
해골을 묻겠다고 생각했습니다. 그러므로 몸을 단정히 하고 명을 받았
습니다. 지금 그대는 위나라의 군주를 가두고 또 바다로 유배시키려고
하는데 이것은 진晉나라에 조회하겠다고 말한 자에게는 상을 주고
오吳나라에 조회하겠다고 말한 자에게는 벌을 내린 것입니다. 또 위나

라의 군주가 오면서 모든 제후가 시초나 거북껍데기로 점을 치고 있습니다. 지금 오나라에 조회 드는 것을 불리하게 여기면 모두가 마음을 진쯥나라로 옮길 것입니다. 그대가 패왕의 업을 이루고자 하더라도 또한 어렵지 않겠습니까?"

태재비가 들어가 왕에게 아뢰자 왕이 보답해 모든 관료에게 명령을 내리며 말했다.

"10일 이내에 위나라 군주의 돌아갈 예를 갖추지 못하는 자는 죽을죄에 처하겠다."

이는 자공子貢이 가히 설득하는 바를 알았다고 이를 것이다.

聖人之擧事 不加憂焉 察其所以而已矣 今萬人調鐘 不能比之律 誠得知者 一人而足矣 說者之論 亦猶此也 誠得其數 則無所用多矣 夫車之所以能轉千里者 以其要在三寸之轄 夫勸人而弗能使也 禁人而弗能止也 其所由者非理也 昔者衛君朝於吳 吳王囚之[1] 欲流之於海 說者冠蓋相望 而弗能止 魯君[2]聞之 撤鐘鼓之縣 縞素而朝 仲尼入見 曰 君胡爲有憂色 魯君曰 諸侯無親 以諸侯爲親 大夫無黨 以大夫爲黨 今衛君朝於吳王 吳王囚之 而欲流之於海 執意衛君之仁義而遭此難也 吾欲免之而不能 爲奈何 仲尼曰 若欲免之 則請子貢行 魯君召子貢 授之將軍之印 子貢辭曰 貴無益於解患 在所由之道 斂躬而行 至於吳 見太宰嚭[3] 太宰嚭甚悅之 欲薦之於王 子貢曰 子不能行說於王 奈何吾因子也 太宰嚭曰 子焉知嚭之不能也 子貢曰 衛君之來也 衛國之半曰 不若朝於晉 其半曰 不若朝於吳 然衛君以爲吳可以歸骸骨也 故束身以受命 今子受衛君而囚之 又欲流之於海 是賞言朝於晉者 而罰言朝於吳也 且衛君之來也 諸侯皆以爲蓍龜兆[4] 今朝於吳而不利 則皆移心於晉矣 子之欲成

霸王之業 不亦難乎 太宰嚭入復之於王 王報出令於百官曰 比十日而衛
君之禮不具者死 子貢可謂知所以說矣

※

1 衛君朝於吳吳王囚之(위군조어오오왕수지): 위나라 군주가 오나라에 조회
　하자 오나라에서 가두었다. 위군衛君은 위후衛侯 첩輒이다. 오왕吳王은 부차
　夫差이다.

2 魯君(노군): 노나라의 애공哀公이다.

3 太宰嚭(태재비): 오나라 왕 부차의 신하.

4 蓍龜兆(시귀조): 시초(蓍草: 톱풀, 가새풀)나 거북껍데기로 점을 치는 것.
　조兆는 조짐. 곧 점괘.

19. 거실이 크면 슬퍼진다

노나라의 애공哀公이 거실을 짓는데 너무 크게 하려 했다.

공선자公宣子가 간해 말했다.

"거실이 너무 크면 여러 사람이 함께 거처하게 될 경우 시끄러워지고
적은 수의 사람들과 함께 거처하게 되면 슬퍼집니다. 원컨대 군주께서
는 적당한 크기로 지으십시오."

애공이 말했다.

"과인寡人은 말씀해주신 바를 따르겠습니다."

하지만 거실을 증축하는 것을 중지하지 않았다. 공선자가 다시 보고
말했다.

"나라는 작은데 거실이 너무 크면 백성들이 듣고 반드시 우리의
군주를 원망할 것입니다. 제후들이 들으면 반드시 우리나라를 가벼이
여길 것입니다."

노나라의 애공이 말했다.

"말씀을 따르겠습니다."

또 거실을 증축하는 것을 중지하지 않았다. 공선자가 다시 뵙고
말했다.

"왼쪽은 소昭이고 오른쪽은 목穆입니다. 태실太室을 만들어 두 분
선군先君의 사당에 임한다면 자손에게 해가 없기를 바랄 수 있겠습니
까?"

이에 애공이 명령을 내려 공사를 중지시키고 판版을 제거해 버리게
했다.

노나라의 군주가 거실을 지으려고 했던 것은 진심이었고 공선자가
중지시키려고 했던 것은 필연이었다. 세 번의 설득에 한 번만 들어
주었던 것은 그 두 번은 그 도가 아니었기 때문이다.

하수에 가서 낚시질을 하는데 해가 지도록 피라미 같은 물고기를
한 마리도 잡지 못한 것은 강수江水나 하수河水의 물고기가 아무것도
먹지 않아서가 아니라 그 미끼는 물고기가 먹고 싶어 하는 것이 아니었
기 때문이다. 급기야 뛰어난 낚시꾼이 낚싯대를 잡아 던지기만 해도
입술을 꿰는 것은 물고기가 탐하는 것으로 낚시질을 하기 때문이다.

사물에는 어떻게 하지 못하는 것이 없지만 사람에게는 어떻게 하지
못하는 것이 있다. 납과 단사丹沙는 종류도 다르고 색도 다르다. 그러나
연鉛으로 단사를 만드는 것은 그 기술을 얻었기 때문이다. 번거롭게
문사文辭만을 일컬어도 설득에는 보탬이 되지 않는다. 다만 그 말미암
는 바를 살필 따름인 것이다.

사물의 종류는 서로 가까운 것 같지만 문을 달리하는 것이 많아서
알기가 어렵다. 그러므로 어떤 것은 같은 것이면서도 잘못된 것이

있고 혹은 같지 않으면서도 옳은 것이 있다. 혹은 그런 것 같으면서도 그렇지 않은 것이 있고 혹은 그런 것 같지가 않으면서도 그러한 것이 있다.

속담에 '솔개가 썩은 쥐를 떨어뜨리자 우씨虞氏가 망했다.'라고 했는데 무엇을 이른 것인가?

우씨虞氏는 양梁나라의 큰 부자였다. 집안에 재물이 가득한 대단한 부자였다. 돈도 헤아릴 수 없을 정도였고 재물들도 헤아릴 수 없을 정도였다. 높은 누대에 올라서 대로大路에 임해 음악을 울리고 주연을 베풀며 그 위에서 쌍륙을 즐겼다. 놀기를 좋아하는 협객들이 서로 따르며 동행했다. 누대 아래에서 쌍륙을 하던 자가 봉장을 쏘아 적중시켜 2개를 뒤집어놓고는 웃어댔다.

이때 날고 있던 솔개가 때마침 썩은 쥐를 떨어뜨려 놀이를 즐기는 협객에게 적중시켰다. 유협객들이 서로 더불어 말했다.

"우씨虞氏가 부유한 것을 즐긴 지 오래 되었어. 항상 사람들을 경멸해왔지. 우리가 침범하지 않았는데도 이렇게 썩은 쥐로 나를 욕보였어. 이와 같은데 복수하지 않는다면 서서 천하에 형세가 없을 것이네. 청컨대 그대들과 함께 한뜻으로 죽을힘을 다해 모두 무리를 이끌고 반드시 저 집을 멸망시킵시다."

이것을 비슷하면서도 그른 것이라고 이르는 것이다.

魯哀公爲室而大 公宣子[1]諫曰 室大 衆與人處則譁 少與人處則悲 願公之適 公曰 寡人聞命矣 築室不輟 公宣子復見曰 國小而室大 百姓聞之 必怨吾君 諸侯聞之 必輕吾國 魯君曰 聞命矣 築室不輟 公宣子復見曰 左昭而右穆[2] 爲大室以臨二先君之廟 得無害於子乎 公乃令罷役除版

而去之 魯君之欲爲室誠矣 公宣子止之必矣 然三說而一聽者 其二者非
其道也 夫臨河而釣 日入而不能得一鰷魚者 非江河魚不食也 所以餌之
者 非其欲也 及至良工 執竿投而攓脣吻者 能以其所欲而釣者也 夫物
無不可奈何 有人無奈何 鉛之與丹 異類殊色 而可以爲丹者 得其數也
故繁稱文辭 無益於說 審其所由而已矣 物類之相摩近而異門戶者 衆而
難識也 故或類之而非 或不類之而是 或若然而不然者 或不若然而然者
諺曰 鳶墮腐鼠 而虞氏以亡 何謂也 曰 虞氏梁之大富人³也 家充盈殷富
金錢無量 財貨無貲 升高樓 臨大路 設樂陳酒 積博⁴其上 游俠相隨而行
樓下博上者 射朋張中 反兩⁵而笑 飛鳶適墮其腐鼠而中游俠 游俠相與
言曰 虞氏富樂之日久矣 而常有輕易人之志 吾不敢侵犯 而乃辱我以腐
鼠 如此不報 無以立務⁶於天下 請與公僇力一志 悉率徒屬 而必以滅其
家 此所謂類之而非者也

✻

1 公宣子(공선자): 노魯나라의 대부이다.

2 左昭而右穆(좌소이우목): 종묘의 좌석배치를 뜻한다. 종묘의 중앙에는
   태조太祖를 모시고 좌左인 소昭에는 2대, 우右인 목穆에는 3대를 모시고
   다시 소에는 4대, 목에는 5대의 신주를 모시는 차례를 뜻한다.

3 虞氏梁之大富人(우씨양지대부인): 양梁은 당시의 진유陳留의 준의浚儀를
   뜻한다고 했다.

4 博(박): 쌍륙이나 바둑의 뜻.

5 射朋張中反兩(사붕장중반량): 붕장(朋張: 화폐)을 쏘아서 적중시켜 2개를
   뒤집다의 뜻.

6 務(무): 세勢의 뜻과 같다.

20. 같은 것이 아닌데 옳은 것이란…

무엇을 같은 종류가 아닌데 옳은 것이라고 이르는 것인가?

초楚나라의 굴건屈建이 석걸石乞에게 고했다.

"백공승白公勝이 장차 반란을 일으킬 것입니다."

석걸이 말했다.

"그렇지 않습니다. 백공승은 자신을 낮추고 선비에게 겸손해 감히 어진 이에게는 교만하지 않습니다. 그의 집에서는 열쇠의 믿음이나 자물쇠로 굳게 채우는 일이 없습니다. 큰 말로 되서 내보내고 가벼운 무게로 받아들입니다. 이에 논하는 것은 마땅하지 못합니다."

굴건이 말했다.

"이것이 배반하려는 바입니다."

3년이 지난 후 과연 백공승이 반란을 일으켜 영윤인 자초子椒와 사마자기司馬子期를 살해했다. 이러한 것을 소위 같지 않은 것인데 옳은 것이라고 하는 것이다.

무엇을 그러할 것 같은데 그러하지 않다고 이르는 것인가?

자발이 상채上蔡의 영令이 되었을 때 백성이 죄를 지어서 처벌하는 것이 마땅했다. 옥사를 판단하고 의논이 정해지자 영윤 앞에서 판결했다. 자발이 위연히 탄식하면서 애통해 하는 심정을 드러냈다. 죄인이 이미 형벌을 받았는데도 그 때의 은혜를 잊지 않았다. 이런 일이 있은 뒤에 자발이 위왕威王에게 죄를 짓고 피해 도망쳤다. 자발이 지난날 형벌을 받고 은혜를 갚고자 했던 사람에게로 갔다. 은혜를 입은 자가 자발을 성 밑의 오두막집으로 도피시켰다. 추격하는 자가 이르자 발을 구르면서 화를 내어 말했다.

"자발이 나에게 죄를 씌우고 나를 형벌에 처해 원한이 골수에 사무치고 있소. 내가 그 놈의 살점을 얻어먹는다면 아무리 먹어도 물리지 않을 것을 알겠소."

추격하는 자가 그럴 것이라고 여기고 그 안을 수색하지 않았다. 마침내 자발을 살렸다.

이러한 것이 소위 그러할 것 같은데 그러하지 않은 것이다.

무엇으로 그렇지 않은데 그런 것 같다고 이르는 것인가?

옛날에 월越나라 왕 구천句踐은 오吳나라 왕 부차夫差에게 자신을 낮추고 신하가 되기를 청했다. 그의 아내는 첩으로 삼게 했다. 또 사계절의 제사를 받들고 봄과 가을에는 공물을 바치며 사직을 맡기고 백성들의 힘을 제공하고 숨어 살면서 은폐하고 싸울 때에는 선봉이 되겠다고 했다. 예절은 매우 비루했고 언사는 매우 복종했으므로 배반하려는 마음은 있어 보이지 않았다. 그러나 정예한 군사 3천 명으로 부차夫差를 고서姑胥에서 사로잡았다. 이러한 네 가지의 계책을 살피지 않을 수 없을 것이다.

대개 일이 알기 어려운 바는 그 단서를 숨기고 자취를 감추어 사사로운 것으로 공적인 것을 세우고 사특한 것으로 바른 것에 의지해 사람의 마음을 현혹시켜 이기기 때문이다.

만약 사람이 안으로 품고 있는 바와 밖으로 나타난 것을 함께하는 것이 부절符節을 합한 것과 같게 되면 천하에서는 국가를 망치고 가정을 무너뜨리는 자가 없을 것이다.

여우가 꿩을 잡을 때는 반드시 먼저 몸을 낮추고 귀를 세워서 꿩이 오기를 기다리는데 꿩이 보고도 믿는다. 그러므로 사로잡아 얻는다.

가령 여우가 눈을 부릅뜨고 꼬리를 세워서 반드시 죽이겠다는 형세를 나타내면 꿩도 알고 놀라서 멀리 날아가 여우의 분노를 피할 것이다.
사람도 거짓으로 서로를 속이는데 그것은 새나 짐승만이 거짓된 계획을
쓰는 것은 아니다.

　사물의 종류들은 서로 같아서 그러한 것 같으면서도 외관만을 따라서
는 논하지 못할 것이 많고 알기도 어려운 것이다.

　이런 까닭으로 가히 살피지 않을 수 없는 것이다.

何謂非類而是 屈建告石乞[1]曰 白公勝將爲亂 石乞曰 不然 白公勝卑身
下士 不敢驕賢 其家無箞篅之信 關楗之固[2] 大斗斛[3]以出 輕斤兩[4]以內
而乃論之以不宜也 屈建曰 此乃所以反也 居三年 白公勝果爲亂 殺令
尹子椒司馬子期[5] 此所謂弗類而是者也 何謂若然而不然 子發爲上蔡
令[6] 民有罪當刑 獄斷論定 決於令尹前 子發喟然有悽愴之心 罪人已刑
而不忘其恩 此其後子發盤罪[7]威王而出奔 刑者遂襲恩者 恩者逃之於
城下之廬 追者至 踹足[8]而怒曰 子發視決吾罪而被吾刑 怨之憯於骨髓
使我得其肉而食之 其知厭乎 追者以爲然 而不索其內 果活子發 此所
謂若然而不然者 何爲不然而若然者 昔越王句踐 卑下吳王夫差 請身爲
臣 妻爲妾 奉四時之祭祀 而入春秋之貢職 委社稷 效民力 隱居爲蔽
而戰爲鋒行 禮甚卑 辭甚服 其離叛之心遠矣 然而甲卒三千人 以禽夫
差於姑胥 此四策者 不可不審也 夫事之所以難知者 以其竄端匿迹 立
私於公 倚邪於正 而以勝惑人之心者也 若使人之所懷於內者 與所見於
外者 若合符節 則天下無亡國敗家矣 夫狐之捕雉也 必先卑體彌耳以待
其來也 雉見而信之 故可得而禽也 使狐瞋目植睹[9] 見必殺之勢 雉亦知
驚憚遠飛 以避其怒矣 夫人僞之相欺也 非直禽獸之詐計也 物類相似
若然而不可從外論者 衆而難識矣 是故不可不察也

※

1 屈建告石乞(굴건고석걸): 굴건屈建은 초나라의 대부. 석걸石乞은 백공승의 무리.

2 筦籥之信關楗之固(관약지신관건지고): 관약筦籥은 열쇠. 관건關楗은 빗장.

3 大斗斛(대두곡): 대두大斗는 열 되들이 큰 말. 곡斛은 열 말.

4 斤兩(근량): 무게의 뜻.

5 子椒司馬子期(자초사마자기): 자초子椒는 백공승의 계부. 자기子期도 백공 승의 계부이며 초나라 대부.

6 子發爲上蔡令(자발위상채령): 자발子發은 초나라의 장군이며 당시 상채上蔡 땅의 장관이 되었다. 영令은 장관.

7 盤罪(반죄): 죄를 피하다. 반盤은 피하다의 뜻.

8 踹足(천족): 대단히 화가 나다.

9 植睹(식도): 꼬리를 세우다의 뜻.

수脩는 힘쓰는 것이다.
무務는 향하는 것이다.
곧 성인聖人이 때를 향해
관이나 기물을 돌아보지 않고
복이 남는 것도 취하지 않고
반드시 인의仁義의 도만을 사용해
모든 백성을 구제하는 것이다.
그러므로 '수무脩務'라고 하고 제19권의 제목으로 삼았다.

1. 무위無爲는 소리가 없는 것이다

어떤 사람이 말했다.

"무위無爲는 조용하고 쓸쓸해 소리가 없고 막연해 움직이지도 않는다. 이끌어도 오지 않고 밀어도 가지 않는다. 이와 같은 것은 도道를 얻은 상像이다."

나는 그렇지 않다고 생각한다. 일찍이 시험 삼아 물어 보았다.

신농씨와 요임금과 순임금과 우임금과 탕왕을 성인이라고 이를 것인가? 논하는 자가 있다면 반드시 폐하지 않을 것이다. 이상의 다섯 성인을 관찰해보면 무위無爲를 얻지 못한 것이 명백하다.

옛날의 백성들은 풀을 먹고 물을 마시고 나무 열매를 따 먹고 대합조개의 살을 먹었기 때문에 때마다 질병이나 독의 상해를 입는 일이 많았다. 이에 신농씨가 처음으로 백성들에게 오곡을 파종하는 기술을 가르쳤다. 토지를 살펴보고 건조한 땅인지 습한 땅인지, 비옥한 땅인지 돌이 많고 메마른 땅인지, 높은 땅인지 낮은 땅인지를 살펴 마땅하게 했다. 모든 풀의 맛과 우물물이 단지 쓴지를 맛보고 백성들에게 따를 것인지 피할 것인지를 알려 주었다. 이때에는 하루에도 70여 가지의 독毒과 접했다고 했다.

요임금은 효도와 사랑과 인애仁愛를 세우고 백성들을 아들이나 아우같이 대했다. 서쪽으로는 옥민沃民을 가르쳤고 동쪽으로는 흑치黑齒에 이르렀으며 북쪽으로는 유도幽都를 어루만졌고 남쪽으로는 교지交趾를 인도했다. 또 환두讙兜를 숭산崇山으로 추방했고 삼묘三苗를 삼위산

三危山으로 귀양 보냈으며 공공共工을 유주幽州로 유배시켰고 곤鯀을
우산羽山에서 처형했다.

　순임금은 집을 짓고 담을 쌓고 지붕을 이고 땅을 개간해 곡식을
심었다. 백성들이 모두 석굴을 떠나 각각 자신의 집을 갖게 되었다.
남쪽으로 삼묘三苗를 정벌하러 가는 길에 창오산蒼梧山에서 죽었다.

　우임금은 장맛비에 목욕을 하고 질풍疾風으로 머리를 빗질하고 강수
江水를 트고 하수河水를 소통시켰다. 용문龍門을 뚫고 이궐伊闕를 열고
팽려彭蠡의 제방을 닦고 네 가지의 탈 것을 타게 하고 산을 따라 나무를
표하고 물과 흙을 평평하게 다스려서 1천 8백 개의 나라를 안정시켰다.

　탕왕은 일찍 일어나고 늦게 잠을 자며 총명함을 이르게 해 세금을
가볍게 하고 백성들에게 관대하게 했다. 덕을 베풀고 은혜를 베풀어
곤궁한 자들을 구제하고 죽은 이를 조문하고 환자를 문병하고 고아와
과부들을 봉양했다. 백성들이 친하게 따르고 정령政令이 흘러 행하자
이에 군사들을 명조鳴條에서 정비하고 하夏나라를 남소南巢에서 곤란
하게 해 그 과오를 꾸짖고 걸왕桀王을 역산歷山으로 추방했다.

　이상의 5명의 성인聖人은 천하의 성대한 군주이며 몸으로 힘써 일하
고 생각을 다하며 백성을 위해 이익을 일으키고 해를 제거하는 것을
게을리 하지 않았다.

　한 잔의 술을 들고 있으면 얼굴색이 변하는 것을 알지 못하지만
한 섬의 술통을 들고 있으면 땀방울이 흐른다. 하물며 천하의 근심과
천하의 일이 가득하다면 그 무거운 것은 술통의 무게와는 거리가 먼
것이다.

　대개 성인이란 자신의 천한 것을 부끄럽게 여기지 않고 도道가 행해지
지 않는 것을 부끄럽게 여기며, 생명이 짧은 것을 조심하지 않고 백성들

이 궁색한 것을 근심한다.

　이런 까닭으로 우임금이 홍수를 다스리는데 몸소 양우하陽盱河를 해결했고, 탕왕은 가뭄이 들자 몸소 상산桑山의 숲에서 기도했다.

　성인聖人들이 백성들을 근심하는 것이 이와 같이 명백한 것이었는데 그들이 무위無爲했다고 일컬은 것이 어찌 틀린 것이 아니겠는가?

或曰 無爲者 寂然無聲 漠然不動 引之不來 推之不往 如此者乃得道之像 吾以爲不然 嘗試問之矣 若夫神農堯舜禹湯 可謂聖人乎 有論者必不能廢 以五聖觀之 則莫得無爲明矣 古者民茹草飮水 采樹木之實 食嬴蟜[1]之肉 時多疾病毒傷之害 於是神農乃始敎民播種五穀 相土地宜燥溼肥墝高下[2] 嘗百草之滋味 水泉之甘苦 令民知所辟就 當此之時 一日而遇七十毒[3] 堯立孝慈仁愛 使民如子弟 西敎沃民 東至黑齒 北撫幽都 南道交趾[4] 放讙兜於崇山 竄三苗於三危[5] 流共工於幽州 殛鯀於羽山[6] 舜作室築牆茨屋 辟地樹穀 令民皆知去巖穴 各有家室 南征三苗 道死蒼梧[7] 禹沐浴霪雨 櫛扶風[8] 決江疏河[9] 鑿龍門 闢伊闕 脩彭蠡之防 乘四載[10] 隨山栞木 平治水土 定千八百國 湯夙興夜寐 以致聰明 輕賦薄斂 以寬民氓 布德施惠 以振困窮 弔死問疾 以養孤孀 百姓親附 政令流行 乃整兵鳴條 困夏南巢 譙以其過 放之歷山 此五聖者 天下之盛王 勞形盡慮 爲民興利除害而不懈 奉一爵酒 不知於色 挈一石之尊[11] 則白汗交流 又況嬴天下之憂 而海內之事者乎 其重於尊亦遠也 且夫聖人者 不恥身之賤 而愧道之不行 不憂命之短 而憂百姓之窮 是故禹之爲水 以身解於陽盱之河[12] 湯旱以身禱於桑山之林 聖人憂民如此其明也 而稱以無爲 豈不悖哉

＊

1 蠃蛖(나방) : 고등과 대합조개.

2 肥墝高下(비요고하) : 비옥한 땅과 척박한 땅, 높은 땅과 낮은 땅.

3 七十毒(칠십독) : 70여 가지의 독. 곧 신농씨가 하루에 70여 가지의 독초를 맛보다의 뜻.

4 西教沃民~南道交趾(서교옥민~남도교지) : 옥민沃民은 서방의 나라. 흑치黑齒는 동방의 나라. 유도幽都는 음기가 모여 있는 곳. 교지交趾는 지금의 안문雁門의 북쪽에 있는 곳.

5 放讙兜於崇山~於三危(방환두어숭산~어삼위) : 방放은 추방하다. 환두讙兜는 요임금 때의 아첨하는 신하. 숭산崇山은 남극南極의 산. 삼묘三苗는 제홍씨帝鴻氏의 후예인 혼돈渾敦과 소호씨少昊氏의 후예인 궁기窮奇와 진운씨縉雲氏의 후예인 도철饕餮 등 세 종족의 후예를 뜻한다. 그러므로 삼묘라고 했다. 삼위三危는 서극西極의 산산山.

6 流共工於幽州~於羽山(유공공어유주~어우산) : 공공共工은 요임금 때의 관직 이름. 곤鯀은 우임금의 아버지. 우산羽山은 동극東極의 산.

7 蒼梧(창오) : 창오산蒼梧山.

8 霢雨櫛扶風(음우즐부풍) : 음우霢雨는 장맛비. 즐부풍櫛扶風은 질풍에 머리를 빗질하다.

9 決江疏河(결강소하) : 강수를 트고 하수를 소통시키다.

10 四載(사재) : 네 가지의 탈 것. 산에서는 삼태기를 타고 물에서는 배를 타고 육지에서는 수레를 타고 연못에서는 띠를 묶은 표를 탄다는 뜻.

11 尊(준) : 여기서는 술통을 뜻한다.

12 陽肝之河(양우지하) : 옛날에 진秦나라 땅에 있었다고 했다.

2. 성인聖人이 지위에 오르는 것은…

옛날에 제왕帝王을 세운 것은 그의 욕심을 봉양코자 하는 것이 아니었다. 성인들이 제위에 올랐던 것은 그 자신을 안락하게 하려고 한 것이 아니었다.

천하에서는 강한 자가 약한 자를 덮치고 많은 수가 적은 수를 폭압했다. 거짓으로 어리석은 이를 속이고 용맹한 이가 나약한 이를 침탈했다. 아는 것을 지니고도 서로 가르치지 않았고 재물을 쌓아두고도 서로 분배하지 않았다. 그러므로 천자天子를 세워 가지런히 하게 하고 한결같이 하게 했다.

한 사람의 총명한 것으로는 족히 천하를 두루 비추지 못했다. 이에 삼공三公과 구경九卿을 세워 바르게 돕도록 했다.

아주 멀리 있는 나라들은 풍속을 달리했다. 멀리 깊숙한 곳에 피해 있는 산간벽지의 곳은 천자의 덕을 입거나 은택을 받지 못했다. 그러므로 제후들을 세워 가르치게 했다.

이 때문에 땅은 쓰이지 않는 곳이 없었고 계절마다 응하지 않는 곳이 없었다. 관직에서는 일을 숨기는 자가 없었고 국가에서는 버려지는 이익이 없었다. 이 때문에 추우면 옷을 입고 굶주리면 먹을 수 있어서 늙고 약한 자들을 봉양했고 수고하고 피곤한 자를 휴식케 했다.

만약 포의布衣의 사람이나 도보徒步의 사람들을 살펴본다면 은殷나라의 이윤伊尹은 솥을 등에 지고 탕왕에게 벼슬을 구했다. 여망(呂望: 태공망)은 소 잡는 식칼을 휘두르고 주周나라로 들어갔다. 백리해百里奚는 이곳저곳으로 팔려 다니다가 진秦나라의 목공에게 등용되었고, 제齊나라의 관중管仲은 죄수로 포박되었다가 환공에게 등용되었다.

공자孔子는 집의 굴뚝에 검은 연기가 나질 않았고, 묵적墨翟은 자리가 따뜻해질 날이 없었다.

이 때문에 성인은 높은 산이나 넓은 하수를 문제 삼지 않았고 치욕을 무릅쓰고 세상의 군주에게 간구했다. 녹봉을 탐하고 지위를 흠모해서가 아니었다. 사업을 일으켜 천하를 이롭게 하고 모든 백성의 해로운 것을 제거하고자 했던 것이다.

대개 전해오는 글에 들리기를 '신농씨는 초췌해졌고 요임금은 수척해졌으며 순임금은 때가 끼어 얼굴이 검어졌고 우임금은 발에 못이 박혔다.'라고 했다.

이러한 것으로 말미암아 보건대 성인이 백성들을 근심하고 위로하는 것을 매우 무겁게 했다. 그러므로 천자로부터 밑으로 서민에 이르기까지 팔과 다리를 움직이지 않고 사려를 쓰지 않고 일이 다스려지고 넉넉한 것을 구했다는 것은 듣지 못했다.

땅의 형세는 물은 동쪽으로 흐르게 되어 있는데 사람이 반드시 일을 한 연후에야 빗물은 계곡을 따라 흘러가는 것을 얻는다.

곡식은 봄에 자라는데 사람이 반드시 공로를 보탠다. 그러므로 오곡이 성장하고 자라서 열매를 맺게 된다.

그 스스로 흐르는 것을 기다리고 스스로 나는 것을 기다리게 되면 곤鯀이나 우임금의 공로도 세워지지 않고 후직后稷의 지혜도 사용되지 않았을 것이다.

내가 이른 바 무위無爲와 같은 것은 사사로운 뜻이 공도公道로 들어가는 것을 얻지 못하며 즐기려는 욕심은 정술正術을 왜곡시키는 것을 얻지 못하며 이치를 따라 일을 거행하고 바탕을 따라 권력을 세워 자연의 세력으로 거짓으로 꾸며져 용납되는 것을 얻지 못하는 것이다. 일이 성취되어도 자신이 자랑하지 않고 공로가 세워져도 명예가 있지 않다. 그것을 느껴도 응대하지 못하고 공격해도 움직이지 않는다는 것을 이른 것은 아니다.

대개 불로써 우물을 말리고 회수淮水로써 산에 물을 대는 것과 같은 것이다. 이러한 것은 자신을 사용하고 자연을 위배하는 것이다. 그러므로 유위有爲라고 이를 것이다.

대개 물에서는 배를 사용하고 사막에서는 비둘기를 사용한다. 진흙에서는 썰매를 사용하고 산에서는 산태미(삼태기)를 사용한다. 여름에는 도랑으로 흐르게 하고 겨울에는 방죽에 모이게 한다. 높은 곳을 따라서 밭을 만들고 낮은 곳을 따라서 연못을 만든다. 이러한 것은 내가 말하는 유위有爲가 아닌 무위無爲가 되는 것이다.

且古之立帝王者 非以奉養其欲也 聖人踐位者 非以逸樂其身也 爲天下
强掩弱 衆暴寡 詐欺愚 勇侵怯 懷知而不以相敎 積財而不以相分 故立
天子以齊一[1]之 爲一人聰明 而不足以徧照海內 故立三公九卿以輔翼[2]
之 絶國殊俗僻遠幽閒之處[3] 不能被德承澤 故立諸侯以敎誨之 是以地
無不任 時無不應 官無隱事 國無遺利 所以衣寒食飢 養老弱而息勞倦
也 若以布衣徒步之人觀之 則伊尹負鼎而干湯[4] 呂望鼓刀而入周[5] 百里
奚轉鬻[6] 管仲束縛[7] 孔子無黔突 墨子無煖席[8] 是以聖人不高山 不廣河
蒙恥辱以干世主 非以貪祿慕位 欲事起天下利 而除萬民之害 蓋聞傳書
曰 神農憔悴 堯瘦臞 舜黴黑 禹胼胝[9] 由此觀之 則聖人之憂勞百姓甚矣
故自天子以下 至於庶人 四胑不動 思慮不用 事治求澹者 未之聞也
夫地勢水東流 人必事焉 然後水潦得谷行 禾稼春生 人必加功焉 故五
穀得遂長 聽其自流 待其自生 則鯀禹[10]之功不立 而后稷之智不用 若吾
所謂無爲者 私志不得入公道 嗜欲不得枉正術 循理而擧事 因資而立權
自然之勢 而曲故[11]不得容者 事成而身弗伐 功立而名弗有 非謂其感而
不應 攻而不動者 若夫以火㷬井 以淮灌山 此用己而背自然 故謂之有
爲 若夫水之用舟 沙之用鳩 泥之用輴 山之用蔂 夏瀆而冬陂 因高爲田

因下爲池 此非吾所謂爲之[12]

※

1 齊一(제일): 제齊는 등等의 뜻과 같다. 곧 균등해 하나 같다의 뜻.

2 輔翼(보익): 바르게 보좌하다.

3 絶國殊俗僻遠幽間之處(절국수속벽원유간지처): 절국絶國은 멀고 먼 나라. 벽원僻遠은 멀고 먼 벽지. 유간幽間은 깊숙한 곳.

4 伊尹負鼎而干湯(이윤부정이간탕): 은나라의 이윤이 유신有莘의 들에서 솥과 도마를 가지고 다섯 가지의 맛을 조화시켜서 탕왕에게 등용되기를 청한 것.

5 呂望鼓刀而入周(여망고도이입주): 여망呂望은 태공망太公望이다. 고도鼓刀는 식칼을 마음대로 휘두르다. 곧 백정이 소를 잡는 것을 뜻함. 태공망은 성은 강씨姜氏이며 사악四岳의 후예이다. 사악은 우禹의 치수治水를 보좌해 공로가 있어 강씨 성을 하사 받았다. 여망이 그의 후예로 은殷나라의 조가朝歌에서 도살을 했다. 그러므로 고도鼓刀하고 입주入周했다. 곧 은나라에서가 문왕의 태사太師가 되고 무왕을 도와 주왕을 토벌했고 성왕이 그를 제齊나라에 봉했다.

6 百里奚轉鬻(백리해전육): 백리해百里奚는 우虞나라의 신하인데 우공을 간하지 못할 것을 알고 떠나서 전전하다가 스스로 진秦나라의 목공穆公에게 팔리어 가서 재상이 되어 진나라를 일으켰다.

7 管仲束縛(관중속박): 관중管仲은 제齊나라의 공자규公子糾를 도왔으나 공자규의 난에 죽지 않고 노魯나라로 달아났다 붙잡혀 속박되어 제나라로 돌아왔는데 환공이 등용해서 패자가 되게 했다.

8 孔子無黔突墨子無煖席(공자무검돌묵자무난석): 공자는 집의 굴뚝에 검은 연기가 나지 않았다는 것은 가난했다는 뜻. 묵자는 앉은 자리가 따뜻할 날이 없었다. 곧 편안한 날이 없었다는 뜻.

9 蓋聞傳書曰~禹胼胝(개문전서왈~우변지): 개문蓋聞은 대개 듣다. 전서傳書는 전해오는 글. 신농초췌神農憔悴는 신농씨가 일을 많이 해서 얼굴이 초췌했다는 뜻. 요수구堯瘦臞는 요임금은 얼굴이 수척했다는 뜻. 순미흑舜黴

黑은 순임금은 너무 고달파서 얼굴에 기미가 끼었다는 뜻. 우변지禹胼胝는
우임금은 너무 많이 걸어서 발바닥에 못이 박혔다는 뜻.

10 鯀禹(곤우): 鯀곤은 우임금의 아버지. 禹우는 곤의 아들.

11 曲故(곡고): 거짓을 꾸미는 것.

12 非吾所謂爲之(비오소위위지): 나의 이른 바 유위有爲가 아니라 무위無爲라
는 뜻이다.

3. 행동을 달리해도 이치에 합하는 것

성인聖人은 일에 종사하면 행동을 다르게 해도 이치에 합당하고 그
기인하는 바가 길을 다르게 하더라도 돌아가는 곳은 동일하다. 그
위태한 것을 보존시키고 기울어지는 것을 안정시켜 하나같이 하고
마음에는 남을 이롭게 하고자 하는 것을 잊지 않는 것이다. 무엇으로써
밝힐 것인가?

옛날 초나라가 송나라를 공격하고자 했다. 묵자(墨子: 墨翟)가 듣고
슬퍼했다. 이에 노나라에서 10일 밤낮을 달려서 발이 누에고치처럼
부르텄는데도 쉬지 않았다. 옷을 찢어서 발을 묶고 초나라의 수도인
영郢에 이르러 초나라 왕을 알현하고 말했다.

"신이 듣건대 대왕께서 군사를 일으켜 장차 송나라를 공격한다 했습
니다. 반드시 송나라를 얻을 수 있다고 계산한 뒤에 공격하시는 것입니
까? 아니면 백성들을 괴롭게 만들고 피곤하게 만들며 병사들을 쓰러뜨
리고 사기를 꺾는다는 것을 망각하고 천하에 불의라는 오명을 짊어지고
지척咫尺의 땅도 얻지 못할 것인데도 오히려 공격하시려는 것입니까?"

왕이 대답했다.

"반드시 송나라를 얻을 수 없고 또한 불의하다면 어찌 송나라를

공격하겠는가?"

묵자가 말했다.

"신은 대왕大王께서 반드시 의를 손상시키고 송나라를 얻지 못할 것이라고 봅니다."

왕이 말했다.

"공수반公輸般은 천하에 재주 있는 선비이다. 운제(雲梯: 사다리)라는 기계를 만들어서 설치해 송宋나라를 공격하려는데 어찌 취하지 못하겠는가?"

묵자가 말했다.

"공수반에게 운제를 설치하고 공격하도록 영을 내리시고 신이 수비를 할 수 있게 해주십시오."

이에 공수반이 송나라를 공격할 기계를 설치했고 묵자는 송나라를 방어하기 위한 준비를 갖추어 두었다. 아홉 번을 공격했지만 묵자가 아홉 번 모두 물리쳤다. 능히 함락시키지 못했다. 이에 전쟁을 그만두고 송나라에 대한 공격을 철회하게 했다.

단간목段干木이 녹봉을 사양하고 집에 있는데 위魏나라의 문후文侯가 그가 사는 마을을 지나가다 수레에서 식軾을 했다. 수레를 모는 자가 말했다.

"군주께서 무엇 때문에 수레에서 식軾을 합니까?"

문후가 대답했다.

"단간목이 살고 있느니라. 이 때문에 식軾을 한 것이다."

그의 수레를 모는 자가 말했다.

"단간목은 포의布衣의 선비인데 군주께서 그 마을에 식軾을 하는 것은 너무 심하지 않습니까?"

문후가 말했다.

"단간목은 권세나 이익을 따르지 않고 군자의 도를 품어 궁항(窮巷: 가난한 사람이 사는 좁은 뒷골목)에 숨어 살면서도 명성이 천 리에 전해졌다. 과인이 식軾을 하지 않겠느냐! 단간목은 덕으로 빛났고 과인은 권세로 빛났으며, 단간목은 의義에 부자이고 과인은 재물에 부자이다. 권세는 덕의 존엄한 것과 같지 못하고 재물은 의의 존엄한 것과 같지 못하니라. 단간목은 자신을 과인과 바꾸자고 하더라도 하지 않을 것이다. 나는 날마다 근심하며 나의 그림자를 부끄러워하고 있다. 그대는 어찌해 그를 가볍게 여기는가?"

그 뒤에 진秦나라의 장수가 군사를 일으켜 위魏나라를 공격하려고 하는데 진나라의 사마유司馬庾가 간해 말했다.

"단간목은 어진 이입니다. 그의 군주가 예로써 대하는 것을 천하에서 모르는 이가 없고 제후들도 그 소문을 듣지 못한 이가 없는데 군사를 일으켜 공격한다면 의를 해치는 것입니다."

이에 진秦나라가 전쟁을 그만두고 위나라에 대한 공격을 철회했다.

묵자는 빨리 달려서 천 리를 달려 초나라와 송나라를 보존시켰고 단간목은 문을 닫고 나가지 않았어도 진秦나라와 위魏나라를 편안하게 했다. 대개 행동한 것과 거처居處한 것은 그 형세가 서로 반대되는데도 모두가 가히 국가를 보존시켰다. 이것은 이른바 '길은 다르더라도 도달점은 동일하다.'라고 하는 것이다.

지금 불을 끄는 자는 물을 길러 달려간다. 어떤 이는 항아리나 동이에 담고 어떤 이는 동이나 사발에 담는다. 모나고 둥글고 예리하고 길쭉한 것이 서로 동일하지 않고 물을 담은 용량도 각각 다르지만 불을 끈다는 것은 동일한 것이다.

그러므로 진泰나라와 초楚나라와 연燕나라와 위魏나라의 노래는 다르게 옮겨졌으나 모두 즐거워하는 것이다. 구이(九夷: 오랑캐)나 팔적(八狄: 오랑캐)이 곡哭을 하는 것도 소리는 다르지만 모두가 애통해 하는 것은 동일한 것이다.

대개 노래라는 것은 즐거움의 증거인 것이다. 곡哭이란 것은 슬픔의 증거인 것이다. 속에서 발분해 밖에서 응하는 것이다. 그러므로 느끼는 바에 달려 있는 것이다.

성인의 마음은 낮과 밤이라도 남을 이롭게 하고자 하는 것을 잊지 않는 것이다. 그 덕택이 미치는 바와 효험도 또한 큰 것이다.

聖人之從事也 殊體[1]而合于理 其所由異路而同歸 其存危定傾若一 志不忘於欲利人也 何以明之 昔者楚欲攻宋 墨子聞而悼之 自魯趨而十日十夜 足重繭而不休息 裂衣裳裹足 至於郢見楚王曰 臣聞 大王擧兵將攻宋 計必得宋而後攻之乎 亡其苦衆勞民 頓兵挫銳[2] 負天下以不義之名 而不得咫尺之地 猶且攻之乎 王曰 必不得宋 又且爲不義 曷爲攻之 墨子曰 臣見大王之必傷義而不得宋 王曰 公輸[3] 天下之巧士 作雲梯之械[4] 設以攻宋 曷爲弗取 墨子曰 令公輸設攻 臣請守之 於是公輸般設攻宋之械 墨子設守宋之備 九攻而墨子九卻之 弗能入[5] 於是乃偃兵 輟不攻宋 段干木辭祿而處家 魏文侯過其閭而軾[6]之 其僕曰 君何爲軾 文侯曰 段干木在 是以軾 其僕曰 段干木布衣之士 君軾其閭 不已甚乎 文侯曰 段干木不趨勢利 懷君子之道 隱處窮巷 聲施千里 寡人敢勿軾乎 段干木光於德 寡人光於勢 段干木富於義 寡人富於財 勢不若德尊 財不若義高 干木雖以己易寡人不爲 吾日悠悠慙于影 子何以輕之哉 其後秦將起兵伐魏 司馬庾[7]諫曰 段干木賢者 其君禮之 天下莫不知 諸侯莫

不聞 擧兵伐之 無乃妨於義乎 於是秦乃偃兵 輟不攻魏 夫墨子趺蹻[8]
而趨千里以存楚宋 段干木閭門不出以安秦魏 夫行與止也 其勢相反
而皆可以存國 此所謂異路而同歸者也 今夫救火者 汲水而趨之 或以甕
瓴 或以盆盂 其方員銳橢不同 盛水各異 其於滅火鈞也 故秦楚燕魏之
歌也 異轉而皆樂 九夷八狄[9]之哭也 殊聲而皆悲一也 夫歌者樂之徵也
哭者悲之效也 憤於中則應於外 故在所以感 夫聖人之心 日夜不忘於欲
利人 其澤之所及者 效亦大矣

※

1 殊體(수체): 수殊는 이異의 뜻과 같다. 체體는 행行의 뜻과 같다.

2 頓兵挫銳(둔병좌예): 군사를 쓰러뜨리고 사기를 꺾다의 뜻.

3 公輸(공수): 노魯나라의 공수반公輸般이며 운제雲梯를 만들었다.

4 雲梯之械(운제지계): 지금의 사다리를 뜻한다.

5 入(입): 함락하다.

6 軾(식): 높은 사람이 수레 위에서 가로나무를 잡고 절을 하는 예식.

7 司馬庚(사마유): 진秦나라의 대부.

8 趺蹻(질제): 빨리 달린다.

9 九夷八狄(구이팔적): 구이九夷는 동쪽의 아홉 종족의 오랑캐들. 팔적八狄은
  북방의 여덟 종족의 오랑캐들.

4. 학자들을 비난할 것이 많아지다

세상의 풍속이 무너져 내려 쇠약해지자 학자들을 비난하려는 일이
많아졌다.

사람의 성품은 각각의 장점과 단점이 있어서, 마치 물고기가 연못에
서 헤엄치는 것과 같고 까치의 날개에 얼룩무늬가 있는 것과 같다.

이러한 것은 자연적인 것으로 줄이지도 못하고 보태지도 못하는 것이라고 여기는데 나는 그렇지 않다고 생각한다.

대개 물고기가 물속에서 헤엄치고 까치의 날개에 얼룩무늬가 있는 것은, 마치 사람과 말이 사람과 말이 된 것처럼 근골이나 형체는 하늘에서 받은 것으로 가히 변화시키지 못하는 것이다.

이러한 것으로 논한다면 사람과 말은 서로 같지 않은 것이다.

말은 망아지일 때에는 뛰어오르고 발길질을 하며 꼬리를 들고 달린다. 이때는 사람이 능히 제재하지 못한다. 또 깨물 때는 살을 물고 뼈를 부수며 발로 걷어차면 집도 부서지고 가슴도 함몰된다. 그런데 말을 기르는 사람에게 이르면 순종한다. 또 뛰어난 말몰이꾼이 가르치고 멍에로 누르고 고삐와 재갈을 연결시키면 험한 길을 넘고 해자를 뛰어 넘는 것을 사양하지 않는다. 그러므로 그 형체는 말이 되어 말이라는 것을 변화시킬 수는 없지만 그 멍에를 씌우고 사람이 부릴 수 있는 것은 가르쳐서 만드는 것이다.

말은 무지한 동물인데도 기와 뜻이 통하는 것은 곧 가르침을 기다려서 이루어진 것이다. 하물며 사람에 있어서이겠는가!

몸이 바르고 성품이 선해 분발하면 인仁을 이루고 심사숙고해 행하면 의義가 된다. 하늘이 준 성품은 이에 기뻐하며 학문을 기다리지 않고도 도道에 합치된 자는 요임금과 순임금과 문왕文王이었다.

주색에 빠지고 지나치게 탐닉해 도道로써 가르치지 못하고 덕으로써 깨우치지 못하고 엄한 아버지도 능히 바르게 하지 못하고 어진 스승으로도 능히 교화시키지 못한 자는 단주丹朱와 상균商均이었다.

아름다운 뺨과 하얀 이와 아름다운 용모와 아름다운 골격은 연지와 분과 향수를 바르지 않아도 천성적으로 남을 기쁘게 해주는 사람은 서시西施와 양문陽文이었다.

얼굴은 못생기고 입술은 처졌으며 새가슴에 꼽추이며 비록 분을 바르고 눈썹을 그렸다 하더라도 아름답지 못한 사람은 모모嫫母와 비휴仳偟이었다.

대개 위로는 요임금이나 순임금에게 미치지 못하고 아래로는 상균商均에게 미치지 못하고 아름다움은 서시에 이르지 못하고 추한 것은 모모만 같지 않다면 이러한 것들은 교육으로써 깨우칠 수 있는 바이며 연지와 분으로 베푸는 바인 것이다.

또 아들 중에는 아버지를 시해한 자도 있다. 그러나 천하에서 그의 아들을 멀리하지 않는 것은 무엇 때문인가? 아버지를 사랑하는 자가 더 많기 때문이다.

선비들 중에는 사특하고 편벽된 자가 있는데도 선왕의 도가 폐지되지 않는 것은 어째서인가? 그 선왕의 도를 행하는 자가 많기 때문이다.

지금 학자들에게 과실이 있다고 해 학자들을 비난하는 것은 곧 한 번 배불리 먹었기 때문에 곡기를 끊고 먹지 않는 것이며, 한 번 넘어졌던 어려움 때문에 발걸음을 멈추고 걷지 않는 것과 같이 의혹된 것이다.

지금 채찍을 휘두르지 않아도 잘 달리는 좋은 말과 채찍이나 바늘 달린 채찍 두 가지를 다 사용해도 달리지 않는 노둔한 말이 있다. 이 때문에 채찍과 바늘 달린 채찍을 사용할 필요가 없다고 여기고 말을 몬다는 것은 어리석은 짓이다.

겁이 많은 지아비가 예리한 칼로 공격하면 절단되지 않고 찌르면 능히 들어가지 않는다. 급기야 용감한 무사가 이르러 팔을 걷어 올리고 주먹으로 한 번 치면 갈비뼈를 부러뜨리고 등뼈를 상하게 한다. 이와 같이 된다고 간장이나 막야 등의 명검을 버리고 맨손으로 싸운다면 잘못된 것들이다.

世俗廢衰 而非學者多 人性各有所脩短 若魚之躍 若鵲之駮 此自然者
不可損益 吾以爲不然 夫魚者躍 鵲者駮也 猶人馬之爲人馬 筋骨形體
所受於天 不可變 以此論之 則不類矣 夫馬之爲草駒[1]之時 跳躍揚蹢
翹尾而走 人不能制 齕咋[2]足以嚙肌碎骨 蹴蹛足以破盧陷匈[3] 及至圉人[4]
擾之 良御敎之 掩以衡扼 連以轡銜 則雖歷險超壍弗敢辭 故其形之爲
馬 馬不可化 其可駕御 敎之所爲也 馬聾蟲[5]也 而可以通氣志 猶待敎而
成 又況人乎 且夫身正性善 發憤而成仁 帽憑[6]而爲義 性命可說 不待學
問而合於道者 堯舜文王也 沈酗耽荒 不可敎以道 不可喩以德 嚴父弗
能正 賢師不能化者 丹朱商均[7]也 曼頰皓齒 形夸骨佳 不待脂粉芳澤而
性可說者 西施陽文[8]也 嗋腴哆喎 籧蒢戚施 雖粉白黛黑[9] 弗能爲美者
嫫母仳催[10]也 夫上不及堯舜 下不及商均 美不及西施 惡不若嫫母 此敎
訓之所諭也 而芳澤之所施 且子有弑父者 然而天下莫疏其子 何也 愛
父者衆也 儒有邪辟者 而先王之道不廢 何也 其行之者多也 今以爲學
者之有過而非學者 則是以一飽之故 絶穀不食 以一蹢之難 輟足不行
惑也 今有良馬 不待策錣[11]而行 駑馬雖兩錣之不能進 爲此不用策錣而
御 則愚矣 夫怯夫操利劍 擊則不能斷 刺則不能入 及至勇武 攘捲一擣
則摺脇傷幹[12] 爲此棄干將鏌邪 而以手戰 則悖矣

※

1 草駒(초구): 망아지. 곧 말의 새끼로 성장하지 않았을 때의 이름.

2 齕咋(흘색): 물고 깨물다.

3 破盧陷匈(파로함흉): 집을 부수고 가슴을 짓밟다.

4 圉人(어인): 말을 기르는 관리.

5 聾蟲(농충) : 무지하다의 뜻.

6 帽憑(모빙) : 생각을 가득히 쌓다. 곧 심사숙고의 뜻.

7 丹朱商均(단주상균) : 단주는 요임금의 아들. 상균은 순임금의 아들.

8 陽文(양문) : 옛날의 미인.

9 嗤膜哆㖞~雖粉白黛黑(권규차위~수분백대흑) : 권규嗤膜는 얼굴이 못생기
다. 치위哆㖞는 입술이 처져서 추하다. 거제籧蒢는 새가슴. 척시戚施는 꼽추.
분백粉白은 분. 대흑黛黑은 눈썹을 그리는 것.

10 伾催(비휴) : 옛날의 추녀.

11 策銤(책철) : 채찍과 바늘 달린 채찍.

12 攘捲一搗則摺脅傷幹(양권일도즉랍협상간) : 양권攘捲은 팔을 걷어 올리다.
일도一搗는 주먹으로 한 번 치다. 납협摺脅은 뼈(늑골)를 부러뜨리다. 상간傷
幹은 척추를 상하다.

5. 말은 풍속에도 동일한 것이다

소위 말〔言〕이란 것은 대중에게 가지런히 하고 풍속에도 동일한 것이다.

지금 구천九天의 꼭대기를 일컫지 않고 황천(黃泉: 땅 밑)의 밑만을
말한다. 이것은 양쪽 끝의 말단을 의논하는 것이니 어찌 가히 공론公論
이라고 할 수 있겠는가?

대개 귤과 유자는 겨울철에 나는데 사람들은 겨울철에는 초목이
죽는다고 말한다. 겨울철에는 죽는 것이 많기 때문이다.

냉이와 보리는 여름철에는 모두 죽는데, 사람들은 여름철에는 자란
다고 말한다. 여름철에는 자라는 것이 많기 때문이다.

강수江水와 하수河水는 굽이져 돌고 또한 때로는 남쪽이나 북쪽으로
도 흐른다. 그런데 사람들은 강수나 하수는 동쪽으로 흐른다고 한다.

섭제(攝提: 木星)와 진성(鎭星: 土星)과 해와 달은 동쪽에서 행하는데 사람들은 별과 해와 달은 서쪽으로 옮긴다고 이른다. 이것은 대체적인 것을 근본으로 삼기 때문이다.

호인胡人에게도 이로운 것을 아는 자가 있는데 사람들은 성질을 불끈 내는 놈들이라고 이른다. 월越나라 사람들 중에도 더디고 느린 자가 있는데 사람들은 재빠른 놈들이라고 이른다. 이러한 것은 대다수 가 그렇기 때문에 그렇게 말하는 것이다.

요임금은 눈썹에 여덟 가지 색채가 있었으며 9개의 구멍이 관통해 있어 공정하고 사심이 없어서 한마디의 말로 모든 백성을 다스렸다고 했다.

순임금은 눈동자가 겹으로 되어 있었는데 이를 일러 중명重明이라고 했다. 일을 만들면 규칙이 이루어지고 말을 하면 문장을 이루었다.

우임금은 귀에 3개의 구멍이 있었는데 이것을 대통大通이라고 일렀 다. 이익을 일으키고 해로운 것을 제거하고 하수를 소통시키고 강수를 소통시켰다.

문왕文王은 4개의 젖이 있었는데 이것을 대인大仁이라고 일렀다. 천하가 문왕에게 돌아가고 백성들이 친한 바가 되었다.

고요皋陶는 입이 말의 입과 같았는데 이것을 지신至信이라고 일렀다. 옥사를 판결하는 것이 명백했고 사람들의 정情을 살폈다.

우禹는 돌에서 태어났고, 설契은 알에서 태어났다. 사황史皇은 태어나 자마자 글자를 만들었고, 예羿는 왼팔이 길어서 활쏘기를 잘했다.

이상의 9명의 현자賢者들은 1천 년에 한 번 나온다. 오히려 발자취를 이어서 태어난다.

지금은 다섯 성인聖人과 같은 하늘의 도움이나 4명의 준걸들의 재능

도 없는데 학문을 버리고 본성만을 따르고자 한다. 이러한 것을 일러
'마치 배를 버리고 물 위로 걷고자 하는 것과 같은 것'이라고 한다.

순구純鉤와 어장魚腸 같은 명검도 처음 주형鑄型에 넣었을 때는 내리
쳐도 능히 절단시키지 못하고 찔러도 능히 들어가지 못했다. 급기야
숫돌로 갈아서 그 예리한 칼날을 휘두르면 물속에서는 큰 배도 자를
수가 있고 육지에서는 물소의 갑옷도 절단할 수가 있다.

밝은 거울도 처음 주형에 넣었을 때는 흐려서 형용을 볼 수 없었다.
현석玄錫으로 문지르고 백전白旃으로 문질러서 보면 수염이나 눈썹
등의 가느다란 털까지도 가히 비추어 볼 수가 있다.

학문도 사람에 따라서는 숫돌이나 주석과 같은 것이며, 배워도 이로
운 것이 없다고 말하는 사람은 논란이 잘못된 것을 사용하는 것이다.

所謂言者 齊於衆而同於俗 今不稱九天之頂 則言黃泉之底[1] 是兩末之
端議 何可以公論乎 夫橘柚冬生 而人曰冬死 死者衆 薺麥夏死 人曰夏
生 生者衆 江河之回曲 亦時有南北者 而人謂江河東流 攝提鎭星[2]日月
東行 而人謂星辰日月西移者 以大氐爲本[3] 胡人有知利者 而人謂之駤[4]
越人有重遲者 而人謂之訬 以多者名之 若夫堯眉八彩 九竅通洞[5] 而公
正無私 一言而萬民齊 舜二瞳子[6] 是謂重明 作事成法 出言成章 禹耳參
漏[7] 是謂大通 興利除害 疏河決江 文王四乳 是謂大仁 天下所歸 百姓所
親 皐陶馬喙[8] 是謂至信 決獄明白 察於人情 禹生於石 契生於卵[9] 史皇産
而能書[10] 羿左臂脩而善射 若此九賢者 千歲而一出 猶繼踵而生 今無五
聖之天奉 四俊之才難 欲棄學而循性 是謂猶釋船而欲蹠水也 夫純鉤魚
腸之始下型[11] 擊則不能斷 刺則不能入 及加之砥礪 摩其鋒鍔 則水斷龍
舟[12] 陸剸犀甲 明鏡之始下型 矇然未見形容 及其粉以玄錫 摩以白旃[13]

鬢眉微豪 可得而察 夫學亦人之砥錫也 而謂學無益者 所以論之過

＊

1 九天之頂則言黃泉之底(구천지정즉언황천지저): 구천九天은 팔방과 중앙의 총칭. 정頂은 꼭대기. 황천黃泉은 땅 속. 저底는 지극히 낮다.

2 攝提鎮星(섭제진성): 목성木星이 인인寅에 있을 때를 섭제攝提라고 한다. 진성鎮星은 토성土星.

3 大氐爲本(대저위본): 대개는 근본이 되다. 곧 대저大氐는 대개의 뜻.

4 駐(치): 성질을 불끈 내다.

5 九竅通洞(구규통동): 구규九竅는 인체에 있는 9개의 구멍. 통동通洞은 서로가 연결되어 통하다.

6 二瞳子(이동자): 눈동자가 겹으로 된 것.

7 耳參漏(이삼루): 귀에 3개의 구멍이 있다는 것.

8 馬喙(마훼): 말의 입처럼 생긴 것.

9 禹生於石契生於卵(우생어석설생어란): 우임금의 어머니인 수기脩己가 돌에 감화되어 우임금을 낳았는데 가슴을 뚫고 나왔다고 했다. 설의 어머니는 유융씨有娀氏의 딸 간적簡翟이다. 간적이 제비알을 삼키고 설을 낳았는데 등이 답답해 나왔다고 했다.

10 史皇産而能書(사황산이능서): 사황史皇은 창힐蒼頡이다. 태어나자마자 새의 발자국을 보고 글자를 만들었다. 그러므로 사황史皇이라고 한다. 어떤 이는 힐황頡皇이라고도 한다.

11 純鉤魚腸之始下型(순구어장지시하형): 순구純鉤와 어장魚腸은 모두 명검名劍의 이름이다. 하형下型은 주물에 넣어 제작하는 것을 뜻한다.

12 龍舟(용주): 큰 배.

13 白旃(백전): 흰 색의 모직물.

6. 요순도 기술자의 능력에는 미치지 못한다

지혜로운 자의 단점은 어리석은 자의 장점만 같지 못하다. 어진 이의 부족한 점은 보통 사람들의 여유 있는 것만 같지 못하다.

무엇으로써 그러하다는 것을 알겠는가?

송나라의 화가나 오吳나라의 대장장이가 모형을 새기고 조각을 하는 것들은 무늬가 어지럽고 꾸미는 것이 공교로워 곡진한 것들이 뜻밖에서 나왔다. 그 미묘한 것들은 요임금이나 순임금 같은 성인이라도 능히 미치지 못한다.

채蔡나라의 유녀幼女나 위衛나라의 소녀少女가 끈을 손질하고 기채奇彩를 섞어서 검은 바탕을 억누르고 붉은 무늬를 나타내는 기술은 우임금이나 탕왕의 지혜로도 능히 미치지 못한다.

하늘은 덮어 주고 땅은 모든 것을 실어 준다. 천지와 사방의 안을 감싸고 우주의 사이에 의탁해 음과 양에서 태어나게 된다. 혈기를 가진 정精들은 이빨을 가졌거나 뿔을 달고 있다. 앞에는 발톱을, 뒤에는 며느리발톱을 가졌다. 또는 날개가 달린 것들은 퍼덕이며 다 움켜잡는다. 기어 다니거나 꿈틀거리는 벌레들은 기쁘면 합하고 성나면 다툰다. 이로운 것을 보면 나아가고 해로운 것을 피해서 떠난다. 그 정情은 한결같다.

좋아하는 바와 미워하는 바는 사람과 더불어 다른 것이 없다. 그러나 그 발톱과 이빨이 날카롭고 근골은 비록 강하지만 사람에게 제재당하는 것을 면하지 못하는 것은 지혜를 서로 통하지 못하고 재능의 힘을 서로 하나가 되게 하지 못하기 때문이다.

각각 그 자연적인 형세만 있을 뿐 밖에서 받는 것이 없다. 그러므로 힘이 다하고 공로가 무너지는 것이다.

기러기는 바람을 따라감으로써 그들의 힘을 아끼고 갈대를 물고 날아감으로써 주살을 쏘는 것에 대비한다.

개미는 개밋둑을 만들 줄 알고 이리와 오소리는 구멍을 구부구불하게 만들고 호랑이와 표범은 무성한 풀 속에 있고 멧돼지는 풀을 깔아 깃자리를 만들고 계속 연결해 궁실을 본뜬 집을 만들어서 그늘지게 해 비를 피하고 햇빛이 비추면 빛이 가려지게 한다.

이러한 것은 또한 새와 짐승이 그들의 이로운 바에 합당한 것을 구할 줄 알기 때문이다.

지금 사람이 먼 변두리 국가에서 태어나 궁색하고 누추한 집에서 자랐는데 자라면서 형제도 없었다. 어려서 부모를 여의어 일찍이 눈으로 예절을 보지 못했고 귀로 상고의 성현의 도를 듣지 못했다. 또 홀로 집을 지키며 문 밖에 나가지 않았다면 가령 그의 성품이 비록 어리석지 않다고 하더라도 그 지혜는 반드시 적을 것이다.

옛날에 창힐蒼頡이 글자를 만들었고 황제黃帝 때의 용성容成은 역曆을 만들었다. 호조胡曹는 의복을 만들었고 후직은 농사를 짓게 했다. 의적儀狄은 술을 만들었고 해중奚仲은 수레를 만들었다.

이상의 여섯 사람들은 모두 신명神明의 도道와 성지聖智의 자취가 있었다. 그러므로 사람들은 한 가지 일을 만들어서 후세에 남겼던 것이다. 한 사람만이 혼자 겸해서 가진 것이 아니라 각자가 그의 지혜를 다 짜내고 그 통달하고자 한 바를 귀하게 여겨 드디어 천하의 쓰임이 되게끔 했던 것이다.

지금 여섯 사람으로 하여금 일을 바꾸어서 하라고 한다면 분명히 그의 지혜를 보이지 못할 것인데 무엇 때문이겠는가? 만물은 지극히 많아서 지혜로는 충분히 다 덮지 못하기 때문이다.

주周나라의 왕실 이후로는 6명의 어진 이가 없었는데도 모두가 그의 업을 닦았고, 당시의 사람은 한 사람이라도 6명 중 1명의 재주도 가진 것이 없었건만 그 6명의 어진 이의 도를 알고 있는 것은 무엇 때문이었을까? 그것은 가르침을 따라 계승되었고 지혜가 흘러 통했기 때문이다.

이러한 것으로 말미암아 본다면 학문이라는 것은 중지하지 못하는 것이 명백하다.

눈이 보이지 않는 자는 눈으로 낮과 밤을 구별하지 못하고 흰 것과 검은 것을 구별하지 못한다. 그러나 거문고를 타고 줄을 누르면서 연주하는데 참여해 줄을 타는데 움켜잡고 두드리며 연주하는 손의 빠르기가 날아오르는 듯해 1개의 현(弦: 줄)도 잃지 않는다.

가령 비파를 타보지 않은 자에게 시키면 비록 이주(離朱: 離婁)의 밝은 눈이나 확철攫掇과 같은 민첩함을 가졌더라도 오히려 능히 그의 손가락을 굽혔다 폈다 하지 못할 것이다.

왜냐하면 이것은 복습하고 차츰차츰 쌓아서 꿰뚫어 이른 바이기 때문이다. 그러므로 활은 도지개를 기다린 뒤에 능히 조절이 되고 칼은 검은 숫돌을 기다린 연후에 능히 예리해지는 것이다.

옥은 단단한 것으로는 상대할 것이 없으나 새겨서 짐승을 만들기도 하고 머리에서 꼬리까지 형상을 이루게 되는 것은 감제礛諸라는 옥을 가는 숫돌의 공로 때문이다.

知者之所短 不若愚者之所脩 賢者之所不足 不若衆人之有餘 何以知其然 夫宋畫吳冶 刻刑鏤法 亂脩曲出[1] 其爲微妙 堯舜之聖不能及 蔡之幼女 衛之稚質[2] 梱纂組 雜奇彩 抑墨質 揚赤文[3] 禹湯之智不能逮 夫天之所

覆 地之所載 包於六合之內 託於宇宙之間 陰陽之所生 血氣之精 含牙
戴角 前爪後距 奮翼攫肆 蚑行蟯動之蟲 喜而合 怒而鬪 見利而就 避害
而去 其情一也 雖所好惡 其與人無以異 然其爪牙雖利 筋骨雖彊 不免
制於人者 知不能相通 才力不能相一也 各有其自然之勢 無稟受於外
故力竭功沮 夫鴈順風以愛氣力 銜蘆而翔 以備矰弋 蝃知爲垤 貛貉爲
曲穴 虎豹有茂草 野彘有尤脊槎櫛堀虛[4] 連比以像宮室 陰以防雨 景以
蔽日 此亦鳥獸之所以知求合於其所利 今使人生於辟陋之國 長於窮櫚
漏室之下 長無兄弟 少無父母 目未嘗見禮節 耳未嘗聞先古 獨守專室
而不出門 使其性雖不愚 然其知者必寡矣 昔者蒼頡作書 容成造曆 胡
曹爲衣 后稷耕稼 儀狄作酒 奚仲爲車[5] 此六人者 皆有神明之道 聖智之
迹 故人作一事而遺後世 非能一人而獨兼有之 各悉其知 貴其所欲達
遂爲天下備 今使六子者易事 而明弗能見者何 萬物至衆 而知不足以奄
之 周室以後 無六子之賢 而皆脩其業 當世之人 無一人之才 而知其六
賢之道者何 敎順施續 而知能流通 由此觀之 學不可已[6]明矣 今夫盲者
目不能別晝夜分白黑 然而搏琴撫弦 參彈復徽 攫援摽拂 手若蔑蒙[7] 不
失一弦 使未嘗鼓瑟者 雖有離朱之明 攫掇之捷 猶不能屈伸其指 何則
服習積貫之所致 故弓待檠而後能調 劍待砥而後能利 玉堅無敵 鏤以爲
獸 首尾成形 磑諸[8]之功

※

1 宋畫吳冶刻刑鏤法亂脩曲出(송화오야각형루법란수곡출): 송화宋畫는 송
나라의 화가라는 뜻. 오야吳冶는 오나라의 대장장이라는 뜻. 각형루법刻刑鏤
法은 모형을 만들고 조각하는 것. 난수곡출亂脩曲出은 무늬가 어지럽고 장식
이 교묘한 것.

2 蔡之幼女衛之稚質(채지유녀위지치질): 채나라의 어린 딸. 위나라의 소녀.
치질稚質은 소녀의 뜻.

3 梱纂組雜奇彩抑墨質揚赤文(곤찬조잡기채억묵질양적문): 곤찬조梱纂組는 끈을 손질하다. 잡기채雜奇彩는 기이하고 고운 색깔을 섞다. 흑질墨質은 검은 바탕. 적문赤文은 붉은 문양.

4 芃脊槎櫛堀虛(구초사즐굴허): 구초芃脊는 풀을 깔아 보금자리를 만드는 것. 사즐槎櫛은 뗏목을 엮어서 빗살처럼 된 것. 굴허堀虛는 굴이 비어 있는 것. 곧 멧돼지의 보금자리가 사람의 저택처럼 길게 쭉 늘어서 있는 것을 뜻한다.

5 蒼頡作書~奚仲爲車(창힐작서~해중위차): 창힐蒼頡이 글자를 만들다. 용성容成은 역曆을 만들다. 호조胡曹는 옷을 만들다. 후직后稷은 농사일을 창안하다. 의적儀狄이 술을 만들다. 해중奚仲이 수레를 만들다. 창힐과 용성과 호조는 황제黃帝의 신하. 후직은 요임금의 신하. 의적은 우禹임금의 신하.

6 已(이): 중지하다.

7 蔑蒙(멸몽): 날아오르는 듯하다. 곧 빠른 모양.

8 礛諸(감제): 옥을 갈 때 사용하는 돌.

7. 힘쓰지 않고 성공한 사람은 없다

나무를 곧게 하는 것은 먹줄로써 알맞게 하고 그것을 휘어서 수레바퀴를 만든다. 그 굽어진 것을 그림쇠에 알맞게 하는 것은 도지개의 힘이다. 당벽唐碧은 굳고 견디는 성질이 있는 종류로 오히려 조각을 하거나 휘어서 그릇으로 만들어 쓰는 좋은 것이다.

또 하물며 마음에랴! 대개 정신은 매끄럽고 섬세해 홀연히 변화하고 사물과 함께 변해 옮겨서 구름이 일고 바람이 불어도 베풀어져 사용하는 바가 있다.

군자君子가 능히 정신이 동요하면 갈고 거울삼아 그의 재능을 연마시켜 스스로 신명을 시험한다. 사물이 넓은 것을 보고 사물의 옹패를 통하게 한다. 시작하고 마치는 단서를 관찰하고 밖이 없는 경지를 본다. 이에 속세의 밖에서 소요해 어슬렁거리며 배회하는 것이며 초연하게 홀로 서고 탁연卓然하게 속세를 떠난다. 이러한 것은 성인이 마음을 노닐게 하던 방법이었다.

이와 같이 하면 한가하게 살면서 고요히 생각하고 거문고를 타고 독서하는 것에 능하지 못하더라도 상고上古의 현대부賢大夫를 따라 관찰하고 학문을 강의하고 담론해 날마다 스스로 즐길 것이다.

또 세상사를 찾아 구분하고 흑백과 이해를 구별하며 득실을 계산해 재앙과 복록을 관찰하고 행동을 세우고 법도를 세워 법칙으로 삼으며 도의 본말本末을 궁구하고 일의 실정을 연구해 옳은 것을 세우고 그른 것을 폐지하여 후세 사람들에게 밝게 보여 준다.

죽어서는 업적이 남아 있고 살아서는 영화로운 이름이 있게 된다.

이와 같은 일들은 인재들이 능히 미칠 수 있는 것이다. 그런데 능히 이르지 못하는 것은 등한시하고 게을리 하며 많은 시간을 할애하지 않기 때문이다.

척박한 땅의 백성들이 의義로 향하는 것을 많이 가진 것은 수고롭기 때문이고, 비옥한 땅의 백성들이 재주 없는 자가 많은 것은 편안하기 때문이다.

이러한 것으로 말미암아 살펴보면 지혜를 가진 사람으로 힘쓰지 않는 자는 어리석어 학문을 좋아하는 자만 같지 못한 것이다.

군주와 공경으로부터 서인庶人에 이르기까지 스스로 힘쓰지 않고 성공한 자는 천하에 있지 않았다.

『시경』의 주송周頌 경지敬之편의 시에는 '날로 이루고 달로 나아가 학문을 이루어 빛나게 하네.'라고 한 것은 이러한 것을 이른 것이다.

木直中繩 揉以爲輪 其曲中規 檃括[1]之力 唐碧[2]堅忍之類 猶可刻鏤 揉以
成器用 又況心意乎 且夫精神滑淖纖微[3] 倏忽變化 與物推移 雲蒸風行
在所設施 君子有能精搖摩監 砥礪其才 自試神明 覽物之博 通物之壅
觀始卒之端 見無外之境 以逍遙仿佯於塵埃之外[4] 超然獨立 卓然離世
此聖人之所以游心 若此而不能間居靜思 鼓琴讀書 追觀上古及賢大夫
學問講辯 日以自娛 蘇援[5]世事 分白黑利害 籌策[6]得失 以觀禍福 設儀立
度 可以爲法則 窮道本末 究事之情 立是廢非 明示後人 死有遺業 生有
榮名 如此者 人才之所能逮 然而莫能至焉者 偸慢懈惰 多不暇日之故
夫瘠地之民 多有心者 勞也 沃地之民多不才者 饒也 由此觀之 知人無
務 不若愚而好學 自人君公卿至於庶人 不自彊而功成者 天下未之有也
詩云 日就月將 學有緝熙于光明 此之謂也

※

1 檃括(은괄): 은괄檃栝이다. 도지개. 은檃은 휜 것을 바로잡는 기구. 괄括은
　뒤틀린 것을 방형으로 바로잡는 기구.
2 唐碧(당벽): 당벽석唐碧石이다. 옥과 같아서 뚫기가 어렵다.
3 滑淖纖微(활뇨섬미): 활뇨滑淖는 매끄럽고 빠른 것. 섬미纖微는 섬세하고
　가늘다.
4 逍遙仿佯於塵埃之外(소요방양어진애지외): 소요逍遙는 거닐며 놀다. 방양
　仿佯은 이리저리 다니다. 진애지외塵埃之外는 인간 세상의 밖.
5 蘇援(소원): 소蘇는 색索의 뜻과 같다. 원援은 구별하다.
6 籌策(주책): 계략 또는 계산하다의 뜻.

8. 명성은 일에서 얻어지는 것이다

명성이란 것은 일에서 성취되는 것이고, 공로란 것은 힘써 노력하는

데서 이루어지는 것이다. 그러므로 군자는 의지를 쌓아서 바른 것에 맡기고 현명한 스승에게 나아가고 절개에 힘쓰며 고상한 것을 굳세게 해 세속을 뛰어넘는다. 무엇으로써 밝히겠는가?

옛날에 남영주南榮疇는 성인의 도道가 자기 자신에게 없는 것을 부끄럽게 여기고 서리와 이슬에 젖으며 짚신을 신고 달려 산과 개울을 넘고 가시밭길을 지나서 100일간을 달려 발에 못이 박혔어도 휴식하지 않았다. 남쪽에서 노자(老子: 老聃)를 뵙고 한마디의 가르침을 받았다.

이에 정신이 환하게 맑아지고 어리석음이 통달되어 흔연欣然히 7일 동안이나 먹지를 않았는데도 태뢰(太牢: 고량진미)를 대접받은 것과 같았다.

이 때문에 통달한 것으로 온 세상을 비췄고 명성은 후세에까지 전해졌다. 모든 하늘과 땅을 통달했고 가을의 깃털 끝도 분별해 살필 수 있었다. 명예는 대대로 계승되고 일컬어져 지금에 이르러도 중지되지 않았다.

이러한 것을 이른바 '명성은 노력해서 세운다.'라고 하는 것이다.

오吳나라와 초楚나라가 전쟁을 하는데, 초나라의 막효莫囂인 대심大心이 수레를 운전하는 자의 손을 어루만지면서 말했다.

"오늘 강한 적이 이르러 서슬이 시퍼런 칼에 찔리고 화살과 돌을 몸에 맞아 싸우다 이 몸이 죽을지라도 마침내 승리하고 백성들이 다스려져 우리의 사직을 온전하게 하는데 가까이할 수 있지 않겠느냐?"

드디어 쳐들어가 돌아오지 않고 배가 갈라지고 머리가 잘려도 수레를 돌리지 않고, 앞으로 수레를 몰아 죽어갔던 것이다.

신포서申包胥는 온힘을 다하고 사나운 적군에게 대적해 시체가 쌓여 피가 낭자한 것은 1명의 졸병의 재주에 지나지 않으며 몸을 굽히고 겸손한 말로 제후에게 구원을 구하는 것만 같지 못하다고 여겼다.

이에 식량을 등에 짊어지고 맨발로 달려 산을 넘고 물을 건너고 골짜기를 걷고 가파른 산을 오르고 깊은 계곡을 지나 냇물을 헤엄쳐 나루터와 관문을 침범하고 덩굴로 둘러싸인 곳을 밟고 모래와 돌에 넘어지며 발바닥이 벗겨지고 무릎이 드러나고 발은 부르트고 발바닥에 못이 박이며 7일 낮과 밤을 지나 진秦나라의 궁에 이르렀다.

지친 학처럼 머뭇거리며 식사도 들지 않고 낮에는 울고 밤에는 통곡을 해 얼굴은 죽은 시체 같았고 안색은 때가 끼어 먹물처럼 되었고 눈물과 콧물이 범벅이 되어 흘러내린 상태에서 진秦나라의 왕을 뵙고 말했다.

"오吳나라가 큰 돼지와 큰 뱀처럼 되어 상국(上國: 중국)을 잠식해 우선 초나라를 해치고 있습니다. 우리 주군께서는 사직을 잃고 멀고 먼 띠풀이 있는 땅으로 가 계십니다. 백성들은 뿔뿔이 흩어졌고 부부나 남녀는 편히 앉아 있을 틈이 없습니다. 이에 신하인 저를 사신으로 보내 위급함을 고하게 했습니다."

진秦나라 왕이 이에 수레 1천 대를 징발하고 보병 7만 명을 차출해 자호子虎에게 이끌게 했다. 요새를 넘어 동쪽으로 향해 오나라를 탁수濁水 위에서 공격하고 결국 크게 깨부수고 초나라를 보존케 했다.

신포서의 공로는 묘당廟堂에 보관되었고 국가의 문서에도 기록되었다. 이것이 공로는 강력하게 힘써서 이루어지는 것이라고 하는 것이다.

名可務立 功可彊成[1] 故君子積志委正 以趣明師 勵節亢高 以絶世俗 何以明之 昔者南榮疇[2]恥聖道之獨亡於己身 淬霜露 救蹻跌 跋涉山川 冒蒙荊棘 百舍重趼 不敢休息 南見老耼 受敎一言[3] 精神曉令 鈍聞條達[4] 欣然七日不食 如饗太牢 是以明照四海 名施後世 達略天地 察分秋豪

稱譽葉語 至今不休 此所謂名可彊立者 吳與楚戰 莫囂大心[5]撫其御之
手曰 今日距彊敵 犯白刃 蒙矢石 戰而身死 卒勝民治 全我社稷 可以庶
幾乎 遂入不返 決腹斷頭 不旋踵運軌而死[6] 申包胥[7]竭筋力以赴嚴敵
伏尸流血 不過一卒之才 不如約身卑辭 求救於諸侯 於是乃贏糧跣走
跋涉谷行 上峭山 赴深谿 游川水 犯津關 躝蒙籠 躡沙石 蹠達膝 曾繭重
胝 七日七夜 至於秦庭 鶴跱而不食 晝吟宵哭 面若死灰 顏色黴墨 涕液
交集 以見秦王[8] 曰 吳爲封豨脩蛇 蠶食上國 虐始於楚[9] 寡君失社稷
越在草茅 百姓離散 夫婦男女 不遑啓處 使下臣告急 秦王乃發車千乘
步卒七萬 屬之子虎[10] 踰塞而東 擊吳濁水之上 果大破之 以存楚國 烈藏
廟堂 著於憲法 此功之可彊成者也

※

1 名可務立功可彊成(명가무립공가강성): 명예는 일에서 이루어지고 공로는
  노력하는 데서 성취되다의 뜻. 무務는 사事의 뜻이고, 강彊은 면勉의 뜻이다.

2 南榮疇(남영주): 남南은 성씨. 영주榮疇는 자字이며 노나라 사람.

3 老耼受教一言(노담수교일언): 노담老耼은 노자. 한마디의 가르침을 받다.

4 鈍聞條達(둔문조달): 둔문鈍聞은 어리석은 견문. 조달條達은 통달하다.

5 莫囂大心(막효대심): 막효莫囂는 대중大衆의 뜻으로 관직 이름. 대심大心은
  초나라의 대부인 자옥子玉의 손자라고 했다.

6 不旋踵運軌而死(불선종운궤이사): 발뒤꿈치를 돌리지 않고 수레를 앞으로
  전진시켜 싸우다. 전사한 것. 곧 후퇴하지 않았다는 뜻.

7 申包胥(신포서): 초楚나라의 대부이며 오자서伍子胥의 친구이다.

8 秦王(진왕): 당시 진秦나라의 애공哀公이라고 했다.

9 蠶食上國虐始於楚(잠식상국학시어초): 상국上國은 중국을 뜻한다. 학虐은
  해害의 뜻과 같다.

10 子虎(자호): 진秦나라의 대부인 자거겸호子車鍼虎이다.

9. 백아가 거문고 현을 끊어버렸다

대개 7척七尺이 되는 인간의 형체가 마음으로는 근심을 하고 고통을 느낄 줄 알고 피부로는 병으로 말미암아 아파하고 추위나 더위를 느낄 줄 아는 것은 사람의 정이 누구나 동일한 것이다.

성인은 시기라는 것을 얻기가 어렵다는 것을 알기 때문에 힘써 나아가는 것이며 자신이 고통스럽고 형체가 피로하며 마음을 졸이고 심신이 괴로운 것도 피하지 않고 위태한 것도 회피하지 않는 것이다.

대개 들었는데 초楚나라의 자발子發이 싸울 때는 세차게 나가는 화살처럼 진격하고, 적을 맞아 싸울 때는 우레와 번개처럼 하고 물러날 때는 바람과 비처럼 한다. 진을 칠 때 원형의 진형은 그림쇠에 알맞고 사각의 진형은 곱자에 적중해 적을 부수고 진지를 함락하는 것은 능히 막아 대적하지 못한다. 늪지에서 싸우면 반드시 이기고 성을 공격하면 반드시 함락시킨다. 그러나 저 자발도 자신을 가볍게 여기고 죽음을 즐겼던 것은 아니다. 힘쓰는 것은 앞으로 전진하는 데 있고 이로운 것은 뒤로 돌렸던 것이다. 그러므로 영예가 서고 떨어지는 일이 없었다. 이러한 것을 스스로 노력해서 공로를 이룬 것이라고 하는 것이다.

이러한 까닭으로 농사를 짓는 자가 노력하지 않으면 창고가 가득 차지 못하고 관리들도 노력하지 않으면 마음이 전일하지 못하고 장군이나 재상도 노력하지 않으면 공로를 성취하지 못하는 것이다.

제후나 왕들 중에 게으른 자는 후세에 명성이 있지 않았다.

『시경』의 소아小雅 황황자화皇皇者華의 시에는 '내 말은 얼룩말, 여섯 말고삐 가지런한데 달리고 달리면서 두루 살펴 일을 꾀하며 가네.'라고 했는데 이것은 사람들이 힘쓰는 바가 있는 것을 말한 것이다.

사물에 통달한 자는 괴이한 것 때문에 놀라지 않는다. 도道를 깨우친 자는 기이한 것으로 동요되지 않는다. 언사言辭를 살피는 자는 명성으로 현혹되지 않는다. 형체를 살피는 자는 형체로써 속이지 않는다.

세속의 사람들은 많이들 옛 것만을 높이고 지금의 것들을 천시한다. 그러므로 도를 위하는 자는 반드시 신농씨神農氏나 황제黃帝에게 의탁한 뒤에 능히 설명으로 들어가는 것이다.

어지러운 세상의 어두운 군주는 그 유래된 바가 높고 멀다고 여기고 이로 인해 귀하게 여긴다.

학문을 하는 자들은 논리에 가려져서 그 듣는 것만을 높이고 서로 더불어 단정히 앉아서 칭송하고 옷깃을 바르게 하고 암송한다. 이것은 옳은 것들과 그른 것들의 명분이 밝지 않은 것을 나타내는 것이다.

대개 그림쇠나 곱자가 없으면 비록 해중奚仲이라도 모나고 둥근 것을 정하지 못하고 기준기나 먹줄이 없으면 비록 노나라의 공수반公輸般이라도 굽은 것과 곧은 것을 정하지 못한다.

이런 까닭으로 종자기鍾子期가 죽자 백아伯牙가 거문고의 줄을 끊고 거문고를 부쉈다. 세상에서 자신의 음악을 감상할 자가 없음을 알았기 때문이다. 혜시惠施가 죽자 장자(莊子: 莊周)가 언설을 중지했다. 세상에서 함께 말을 나눌 자가 없는 것을 알아챘기 때문이다. 대개 항탁項託은 7세에 공자의 스승이 되었다. 이는 공자가 항탁의 말을 들었기 때문이다.

나이 어린 사람이 마을의 장로長老에게 훈계의 말을 했다가는 머리를 얻어맞아도 충분하지 못할 것인데 어찌 능히 도를 밝힐 수 있겠는가?

夫七尺之形 心知憂愁勞苦 膚知疾痛寒暑 人情一也 聖人知時之難得

務可趣也 苦身勞形 焦心怖肝[1] 不避煩難 不違危殆 蓋聞子發[2]之戰 進如
激矢 合如雷電 解如風雨 員之中規 方之中矩 破敵陷陳 莫能壅御 澤戰
必克 攻城必下 彼非輕身而樂死 務在於前 遺利於後 故名立而不墮
此自强而成功者也 是故田者不强 困倉不盈 官御不厲 心意不精 將相
不强 功烈不成 侯王懈惰 後世無名 詩云 我馬唯騏 六轡如絲 載馳載驅
周爰諮諏 以言人之有所務也 通於物者 不可驚以怪 喩於道者 不可動
以奇 察於辭者 不可燿[3]以名 審於形者 不可遯以狀[4] 世俗之人 多尊古而
賤今 故爲道者 必託之於神農黃帝 而後能入說 亂世闇主 高遠其所從
來 因而貴之 爲學者蔽於論而尊其所聞 相與危坐[5]而稱之 正領而誦之
此見是非之分不明 夫無規矩 雖奚仲不能以定方圓 無準繩 雖魯般不能
以定曲直 是故鍾子期死 而伯牙[6]絶絃破琴 知世莫賞也 惠施死 而莊子
寢說言[7] 見世莫可爲語者也 夫項託七歲爲孔子師 孔子有以聽其言也
以年之少 爲閭丈人說 救敲[8]不給 何道之能明也

※

1 焦心怖肝(초심포간): 초심焦心은 마음을 졸이다. 포간怖肝은 간이 떨리다.

2 子發(자발): 초楚나라 위왕威王의 장수.

3 燿(료): 현眩의 뜻과 같다.

4 遯以狀(둔이상): 둔遯은 기欺의 뜻이다. 상狀은 모貌의 뜻이다.

5 危坐(위좌): 바르게 앉다.

6 鍾子期死而伯牙(종자기사이백아): 종자鍾子는 관직 이름. 기期는 인명人名.
  종자기는 음률에 통달한 사람. 백아伯牙는 초나라 사람이며 거문고의 달인.

7 惠施死而莊子寢說言(혜시사이장자침설언): 혜시惠施는 송宋나라 사람으로
  양梁나라 혜왕惠王에게 벼슬한 달변가. 장자莊子의 이름은 주周이고 송나라의
  몽현蒙縣 사람. 저서로 『장자』가 있다.

8 救敲(구추): 머리를 얻어맞는 것.

10. 임기응변의 말로 군주의 권력을 빼앗다

옛날에 사자謝子가 진秦나라의 혜왕惠王을 알현했다. 혜왕이 기뻐하면
서 당고량唐姑梁에게 물었다. 당고량이 대답했다.

"사자謝子는 산동山東의 변사辯士입니다. 진실로 임기응변의 말로
어린 군주의 권력을 빼앗았습니다."

혜왕이 이로 인해 분노를 감추고 만날 날만을 기다렸다. 그 후 다시
알현하자 맞이하고는 그의 말을 듣지 않았다. 사자의 말이 달라진
것이 아니라 들어 주는 자가 마음을 바꾸었기 때문이다.

대개 치음徵音을 우음羽音으로 삼는 것은 현絃의 죄는 아닌 것이다.
단 것을 쓰다고 하는 것은 맛의 과오는 아닌 것이다.

초나라 사람이 원숭이를 삶아서 그의 이웃 사람들을 초대했다. 이웃
사람들은 개장국(개고깃국)인 줄 알고 맛있게 먹었다. 뒤에 그것이
원숭이를 삶은 것이라는 소문을 듣고 땅에 엎드려 먹은 것들을 모두
토해냈다. 이것은 처음부터 맛을 알지 못했기 때문이다.

조趙나라의 한단邯鄲에서 악사로서 새로운 악곡을 내놓은 자가 있었
는데 이 곡을 이기李奇에게 연주케 했다. 모든 사람들이 앞을 다투어
배웠다. 뒤에 이기가 만든 것이 아니라는 것이 알려지자 모두 그 곡조를
버렸다. 이것은 처음부터 음악을 알지 못했기 때문이다.

신분이 천한 소인小人으로서 옥박玉璞을 얻은 자가 있었다. 그 모양이
좋아서 보배로 삼아 간직했다. 그런데 남에게 보이자 사람들이 돌이라
고 했다. 이로 인해 버렸다. 이것은 처음부터 옥玉을 알지 못했기
때문이다.

그러므로 알맞은 증험이 있으면 귀해지는 것은 지금이나 옛날이나

동일한 것이다. 그 설명을 듣고 옳은지 그른지를 판단하지 못하게 되면 유래된 바가 오래 된 것을 귀하게 여길 뿐이다. 이것은 화씨和氏가 아름다운 옥을 얻고 초나라의 형산荆山 아래에서 피눈물을 흘렸던 이유이기도 한 것이다.

昔者謝子¹見於秦惠王 惠王說之 以問唐姑梁² 唐姑梁曰 謝子山東辯士 固權說以取少主 惠王因藏怒而待之 後日復見 逆而弗聽也 非其說異也 所以聽者易³ 夫以徵爲羽 非絃之罪 以甘爲苦 非味之過 楚人有烹猴而 召其隣人 以爲狗羹也而甘之 後聞其猴也 據地而吐之 盡寫其食 此未 始知味者也 邯鄲師有出新曲者 託之李奇⁴ 諸人皆爭學之 後知其非也 而皆棄其曲 此未始知音者也 鄙人有得玉璞者 喜其狀 以爲寶而藏之 以示人 人以爲石也 因而棄之 此未始知玉者也 故有符於中 則貴是而 同今古 無以聽其說 則所從來者遠而貴之耳 此和氏之所以泣血於荆山 之下

※

1 謝子(사자) : 謝사는 성씨이고 子자는 함자의 통칭이다.
2 唐姑梁(당고량) : 진秦나라의 대부.
3 易(역) : 마음이 바뀐 것.
4 李奇(이기) : 옛날의 명창名唱이라고 했다.

11. 초나라 경양왕頃襄王의 검劍

지금 검劍이 있는데 혹은 무늬가 닳아 없어지고 이도 빠지고 구부러졌어 도 초나라 경양왕頃襄王의 검이라고 일컫게 되면 귀인들이 다투어 차고 다니려고 한다.

　거문고가 있는데 혹은 바르지 않고 휘어지고 약해져 소리가 새더라도 초나라 장왕莊王의 거문고라고 일컫게 되면 신분이 높은 세력가들이 다투어 타려고 한다.

　묘산苗山에서 나는 쇠로 창을 만들고 양두羊頭를 녹여 칼을 만들어 비록 물에서 큰 배를 두 도막내고 육지에서 들소 갑옷을 절단시키더라도 차고 다니지 않으려고 한다.

　산의 오동나무를 잘라서 거문고를 만들고 골짜기에서 나는 가래나무로 몸통을 만들어 비록 울림이 예리하고 청아하고 우아한 소리가 나더라도 사당師堂이나 백아伯牙가 연주하려고 하지 않는다. 하지만 사물에 통달한 사람은 그렇지 않다. 검을 몸에 차는 자는 날카로운 것을 제일로 하고 묵양검墨陽劍인지 막야검인지를 상관하지 않는다. 말을 타는 자는 천리마를 기약하고 화류驊騮인지 녹이綠耳인지를 따지지 않는다. 거문고를 타는 자는 울림이 깨끗하고 길게 울리는 것을 기약하고 남협濫脇이나 호종號鐘과 같은 이름난 거문고만을 기약하지 않는다.

　시詩와 서書를 독송하는 자는 도道를 통하고 사물에 간략한 것을 기약하고 홍범洪範이나 상송商頌만을 기약하지 않는다.

　성인聖人이 옳은 것과 그른 것을 보는 것은 마치 흰 것과 검은 것을 눈으로 분별하고 맑은 것과 탁한 것을 귀로 듣는 것처럼 한다.

　보통 사람들은 그렇지가 못하다. 마음속에 주관하는 것이 없어도 받아들이는 것을 비유하자면 마치 유복자遺腹子가 묘지를 찾아 가서 예법에 따라 곡을 하며 울더라도 마음에 와 닿는 슬픔이 없는 것과 같은 것이다.

　그러므로 쌍둥이로서 서로 닮은 자들은 오직 그 어머니만이 구별할 수가 있고, 옥과 돌이 서로 같은 것은 오직 뛰어난 기술자만이 알수 있으며, 책이 전하는 미묘한 내용은 오직 성인만이 논할 수 있는 것이다.

지금 새로운 성인의 책을 취해 공자孔子나 묵적墨翟의 책이라고하면 제자들이 구절을 세어 가리키려고 받는 자가 반드시 많을 것이다.

미인美人이란 반드시 서시西施의 유형이라고만 이야기할 수가 없고달통한 선비란 반드시 공자와 묵적의 부류라고만 하지 못한다. 효연히마음에 사물을 얻는 바가 있게 되면 진작부터 책을 만들어 뜻하는것을 깨닫게 해 지혜를 밝히는 것이다.

진실로 맑고 밝은 선비를 얻고 마음에는 현묘한 거울을 가지고 사물을조명하는 것을 명백하게 한다면 옛날이나 지금이나 마음을 바꾸지않을 것이며, 책을 터득하고 가리키는 것을 밝힌다면 비록 관 뚜껑을덮는다 하더라도 후회하지는 않을 것이다.

今劒或絶側羸文 齧缺卷鋋[1] 而稱以頃襄之劒 則貴人爭帶之 琴或撥剌枉撓 闊解漏越[2] 而稱以楚莊之琴 側室[3]爭鼓之 苗山之鋋 羊頭之銷 雖水斷龍舟 陸剸兕甲 莫之服帶 山桐之琴 澗梓之腹 雖鳴廉脩營[4] 唐牙[5]莫之鼓也 通人則不然 服劒者期於銛利 而不期於墨陽莫邪 乘馬者期於千里而不期於驊騮綠耳[6] 鼓琴者期於鳴廉脩營 而不期於濫脇號鐘[7] 誦詩書者期於通道略物 而不期於洪範商頌[8] 聖人見是非 若白墨之於目辨 淸濁之於耳聽 衆人則不然 中無主以受之 譬若遺腹子之上壟[9] 以禮哭泣之 而無所歸心 故夫孿子[10]之相似者 唯其母能知之 玉石之相類者 唯良工能識之 書傳之微者 惟聖人能論之 今取新聖人書 名之孔墨 則弟子句指而受者必衆矣 故美人者 非必西施之種 通士者 不必孔墨之類 曉

然意有所通於物 故作書以喩意. 以爲知者也. 誠得淸明之士 執玄鑑於心 照物明白 不爲古今易意. 攄書明指[11]以示之 雖闔棺[12]亦不恨矣

✳

1 絶側羸文齧缺卷銋(절측리문설결권임): 절측絶側은 단절되고 기울다. 이문 羸文은 문양이 희미하다. 설결齧缺은 이가 빠지다. 권임卷銋은 구부러지다의 뜻. 곧 칼이 형편없이 마모된 것을 뜻한다.

2 撥剌枉橈闊解漏越(발랄왕요활해루월): 발랄撥剌은 바르지 않다. 왕요枉橈 는 굽어지고 약하다. 활해闊解는 무너지다. 누월漏越은 소리가 흩어지는 모양. 곧 쓸모가 없게 된 거문고의 뜻.

3 側室(측실): 총애 받는 사람들. 곧 왕에게 총애 받는 자들.

4 鳴廉脩營(명렴수영): 명렴鳴廉은 소리가 맑다. 수영脩營은 맑고 고운 소리의 조화.

5 唐牙(당아): 사당師堂과 백아伯牙인데 모두 거문고의 달인이다.

6 驊騮綠耳(화류녹이): 화류와 녹이는 천리마의 이름.

7 濫脇號鐘(남협호종): 남협과 호종은 옛날의 이름난 거문고. 남협은 음이 서로 조화되지 않고 호종은 높은 소리가 귀에 들리지 않는다고 했다.

8 洪範商頌(홍범상송): 홍범洪範은 은殷나라 기자箕子가 주周나라 무왕武王에 게 전했다는 것으로 하夏나라의 우왕禹王이 낙수洛水의 신귀神龜의 등에서 얻었다는 천하를 다스리는 대법大法. 상송商頌은 『시경』의 상송편을 이른다.

9 上隴(상롱): 아버지의 묘지에 가다의 뜻.

10 孿子(연자): 쌍둥이 아들.

11 明指(명지): 명서明書의 뜻.

12 闔棺(합관): 관 뚜껑을 덮다. 곧 죽어서 땅에 묻히다의 뜻.

12. 쉽게 이루어지는 일은 명성이 작다

옛날에 진晉나라의 평공平公이 관리에게 종鐘을 만들게 했다. 종이 완성되자 사광師曠에게 보였다. 사광이 먼저 보고 말했다.

"종소리가 서로 조화되지 않습니다."

평공이 말했다.

"과인寡人이 공인工人에게 보였는데 공인은 모두 조화롭다고 했다. 그대가 조화롭지 못하다고 하는 것은 무슨 뜻인가?"

사광이 대답했다.

"후세에 종의 음을 알지 못하는 자라면 그만이겠으나 만약에 음을 아는 자가 있게 되면 반드시 종의 음이 조화되지 않는다는 것을 알 것입니다."

그러므로 사광이 종의 음을 잘 조화시키고자 했던 것은 후세에 음을 아는 자가 있을 것으로 여겼기 때문이다.

삼대三代와 내가 행동을 함께하고 오패(五伯: 五霸)와 내가 지혜를 가지런하게 했는데도 저들은 홀로 성지聖智의 실체가 있고 나는 아직 마을에서조차 명성이 들리지 않고 궁색한 마을에서조차 지혜로운 소문이 나지 않은 것은 왜인가?

저들은 행동을 하나로 해 절의를 세웠는데 나는 함부로 큰소리쳐 속이고 한가하게 세월을 보냈기 때문이다.

모장毛嬙이나 서시西施는 천하의 미인이다. 만약에 그들에게 썩은 쥐를 입에 물게 하고 고슴도치의 털로 옷을 입히거나 표범 갖옷을 입히고 죽은 뱀을 허리띠로 차게 하면 포의布衣에 가죽띠를 두른 사람이 지나가면서도 좌우로 눈을 흘겨보며 코를 막지 않는 자가 없을 것이다.

시험 삼아 향수를 뿌려 주고 눈썹을 바르게 하고 비녀를 꽂아 주고 귀고리를 달게 한다. 아석阿錫을 입히고 제나라의 비단옷을 둘러 주고 흰 분을 발라 주고 눈썹을 검게 칠하게 한다. 옥환玉環을 차게 하고 허리를 흔들며 걷게 하고 지초향을 풍기게 한다. 젖은 듯 눈을 내리깔고 보면서 애교어린 웃음으로 살짝 눈짓하는 눈웃음에 입은 예쁜 이가 살짝 드러나 보이며 보조개가 지게 한다. 이렇게 되면 비록 왕공王公이나 대인大人들의 의지가 강하고 행동에 지조가 있는 자라도 색을 탐하고 번민하며 그 여색을 기뻐하지 않을 자가 없을 것이다.

지금 중인中人의 재주로 어리석고 미혹된 지혜를 무릅쓰고 오욕스런 행동을 해 본업을 닦은 바도 없고 방술方術에만 힘쓴다면 어찌 얼굴을 흘겨보고 코를 막는 용모가 있지 않겠는가?

지금 북을 치고 춤을 추는 자는 몸을 감싸는 것을 고리와 같게 하고 때마침 함께 흔들고 땅에 가까이해서 잡아 돌고 의지해 용모가 움직이고 굽어 돌아 문득 아첨하는 듯 신에 의지하는 것 같다. 몸은 마치 가을의 향초가 바람을 탄 듯하고 머리털은 묶어 놓은 깃발처럼 휘날리고 빠르기는 말이 달리듯이 한다.

나무에서 곡예를 하는 자는 오동나무와 개오동나무 위로 올라가 가지에 매달려 늘어진 가지에서 긴팔원숭이처럼 자유자재로 가지를 잡고 왔다 갔다 무성한 나뭇잎 사이로 한다. 마치 용龍이 뛰어오르는 것 같고 제비가 나뭇가지에 앉아 있는 것 같다. 또 굵은 가지를 잡고 춤추며 버썩거리는 것은 용이 솟구치고 새가 모여드는 것처럼 치고 당기고 잡고 놓는 것들이 기운차게 도약하고 있다.

관람하는 자는 마음을 졸이고 발이 짜릿하지 않는 자가 없다. 저들은 처음에는 서서히 걸어 나와 미소를 지으며 옷을 갈아입고 뒤에 곡예를 준비한다.

　북을 치고 춤을 추는 자들은 본래부터 유연해 자유자재로 하게 된 것이 아니었고 나무에서 곡예를 하는 자도 절묘하고 강력한 힘이 있는 것은 아니었다. 오래도록 연습해 습관이 되어 그렇게 된 것이었다.

　이런 까닭으로 나무가 나서 자라면 그 자라는 것을 볼 수는 없지만 계절마다 자란다. 숫돌에 단단한 것을 갈면 그 줄어드는 것을 보지는 못하지만 때마다 얇아진다.

　명아주나 콩이 자라는데는 벌레가 꿈틀거리듯이 날마다 몇 차례씩 자라지만 집을 지을 때 기둥으로 쓰지는 못한다.

　편남(楩柟: 녹나무)이나 예장豫章나무가 자라는 것은 7년을 지난 뒤에야 알 수 있다. 그 때서야 관棺이나 배를 만들 수 있는 것이다.

　일이 쉽게 이루어지는 것은 명성이 작고 어렵게 이루어지는 것은 공로가 크다. 군자가 아름다운 것을 닦는 것은 비록 이로운 것이 있지 않더라도 복록이 장차 뒤에 이르는 것이 있기 때문이다.

　그러므로 『시경』 주송周頌의 경지敬之편의 시에는 '날로 이루고 달마다 나아가 학문을 닦아 빛나게 하네.'라고 한 것은 이러한 것을 이른 것이다.

昔晉平公令官爲鐘 鐘成而示師曠[1] 師曠曰 鐘音不調 平公曰 寡人以示工 工皆以爲調 而以爲不調何也 師曠曰 使後世無知音者則已 若有知音者 必知鐘之不調 故師曠之欲善調鐘也 以爲後之有知音者也 三代與我[2]同行 五伯與我齊智 彼獨有聖智之實 我曾無有閭里之聞 窮巷之知者何 彼幷身而立節 我誕謾而悠忽 今夫毛嬙西施 天下之美人 若使之銜腐鼠 蒙蝟皮 衣豹裘 帶死蛇 則布衣韋帶之人過者 莫不左右睥睨而

掩鼻 嘗試使之施芳澤 正娥眉 設笄珥 衣阿錫 曳齊紈[3] 粉白黛黑 佩玉環
揄步[4] 雜芝若籠 蒙目視 冶由笑 目流眺 口曾撓 奇牙出 靨酺搖 則雖王公
大人有嚴志頡頏之行者 無不憚悇癢心 而悅其色矣 今以中人之才 蒙愚
惑之智 被汙辱之行 無本業所脩 方術所務 焉得無有睥面掩鼻之容哉
今鼓舞者 繞身若環 曾撓摩地 扶旋猗那 動容轉曲 便媚擬神 身若秋葯
被風 髮若結旌 騁馳若鶩 木熙者[5] 擧梧檟 據句枉 蝯自縱 好茂葉 龍夭矯
燕枝拘 援豐條 舞扶疏 龍從鳥集 搏援攫肆 蔑蒙踊躍 且夫觀者莫不爲
之損心酸足 彼乃始徐行微笑 被衣脩擢 夫鼓舞者非柔縱 而木熙者非眇
勁 淹浸漬漸靡使然也 是故生木之長 莫見其益 有時而脩 砥礪礦堅
莫見其損 有時而薄 藜藋之生 蝡蝡然[6]日加數寸 不可以爲櫨棟 楩柟豫
章[7]之生也 七年而後知 故可以爲棺舟 夫事有易成者名小 難成者功大
君子脩美 雖未有利 福將在後至 故詩云 日就月將 學有緝熙於光明
此之謂也

※

1 師曠(사광): 춘추시대 진晉의 평공平公 때 악관樂官. 악성樂聖임.

2 我(아): 『회남자』의 저자의 자칭.

3 阿錫曳齊紈(아석예제환): 아석阿錫은 가는 올로 짠 베. 제환齊紈은 제나라의
  고운 비단.

4 揄步(유보): 몸을 흔들고 발동작을 하는 것.

5 木熙者(목희자): 목희자木戲者. 나무에서 재주를 부리는 자.

6 蝡蝡然(연연연): 벌레처럼 꿈틀거리는 모양.

7 楩柟豫章(편남예장): 편남은 매우 큰 녹나무. 예장도 매우 큰 나무의 뜻.

제20권

태주훈泰族訓

태泰는 옛날의 도와 지금의 도와
만물의 가르침을
하나의 이치로 나아가서
그것이 이른 바를 밝힌 것이다.
그러므로 '태주泰族'라고 제목을 정했다.
주族는 나아가다의 뜻이다.

1. 이러한 것을 신명神明이라고 한다

하늘은 해와 달을 진열시켜 놓고 별들을 줄지어 놓아 음과 양을 조절하고 사계절을 펴 놓았다. 낮에는 햇볕으로 내리쬐고 밤에는 휴식케 하고 바람으로 건조하게 하고 비와 이슬로 적시게 했다.

만물을 태어나게 해 그 기르는 바를 보이지 않아도 만물은 성장한다. 만물을 죽이는데 그 손상시키는 바를 보이지 않아도 사물들은 없어진다. 이러한 것을 '신명神明'이라고 이르는 것이며 성인과 비교되는 것이다.

그러므로 복을 일으킬 때는 그 말미암는 바가 보이지 않아도 복은 일어나고, 재앙을 제거할 때는 그 사용하는 바가 보이지 않아도 재앙은 제거되는 것이다.

멀리하면 가까워지고 당기면 멀어져서 헤아려보아도 얻지 못하고 살펴보아도 공허하지 않다. 날마다 계산해도 계산할 것이 없고 해마다 계산해도 남는 것이 있다.

대개 축축한 기운이 이르면 그 형상은 보이지 않지만 숯이 이미 습기를 먹어 무거워진다. 바람이 불면 그 형상은 보이지 않지만 나무는 이미 흔들린다. 태양이 움직일 때는 그 움직임이 보이지는 않지만 천리마가 이틀에 달릴 거리를 달리며 풀과 나무가 쓰러지고 봉화를 올린 것이 전달되지 않았어도 태양은 그 앞에 있게 된다.

그러므로 하늘이 또 바람을 불게 하려 하면 풀과 나무가 아직 흔들리지 않았는데도 새들은 이미 알고 날갯짓을 한다.

　또 비를 내리려 하면 음산한 기운이 모이기도 전에 물고기들은 이미 입을 내밀고 벌름거린다. 이것은 음과 양의 기가 서로를 움직이기 때문이다. 그러므로 추위와 더위, 건조한 것과 습기가 있는 것은 종류끼리 서로 따르고 소리와 메아리의 빠르고 늦은 것들은 소리끼리 서로 응하는 것이다.

　그러므로 『주역』의 중부中孚괘 구이九二효사에 이르기를 '우는 학鶴이 그늘에 있거늘 그 새끼가 화답하는 것이다.'라고 했다.

天設日月 列星辰 調陰陽 張四時 日以暴之 夜以息之 風以乾之 雨露以濡之 其生物也 莫見其所養而物長 其殺物也 莫見其所喪而物亡 此之謂神明 聖人象之 故其起福也 不見其所由而福起 其除禍也 不見其所以而禍除 遠之則邇 延之則疏 稽之弗得 察之不虛 日計無算 歲計有餘 夫湮之至也 莫見其形 而炭已重矣 風之至也 莫見其象 而木已動矣 日之行也 不見其移 騏驥倍日[1]而馳 草木爲之靡 縣熢未轉[2] 而日在其前 故天之且風 草木未動 而鳥已翔矣 其且雨也 陰曀未集 而魚已噞矣 以陰陽之氣相動也 故寒暑燥溼 以類相從 聲響疾徐 以音相應也 故易曰 鳴鶴在陰 其子和之

※

1 騏驥倍日(기기배일): 기기騏驥는 천리마의 이름. 배일倍日은 갑절의 날.
　곧 이틀.
2 縣熢未轉(현봉미전): 봉화를 올렸으나 전달되지 않다의 뜻.

2. 고종高宗은 3년 동안 말을 하지 않았다

은殷나라의 고종高宗은 선제先帝의 상복을 입는 3년 동안 말을 하지
않았다. 이 때문에 천하가 조용해 아무 소리도 없었다. 이에 한마디를
하자 천하가 크게 움직였다. 이것은 하늘의 뜻에 따라 말을 하기도
하고 입을 닫기도 했기 때문이었다.

　그러므로 한 번 그 근본을 움직이면 온갖 가지들이 모두 응하는
것이다. 이는 마치 봄비가 만물에 내리면 모두에게 흘러 패연沛然히
베풀어져 땅을 적셔 주지 않는 것이 없고 사물이 살아나지 않는 것이
없는 것과 같은 것이다.

　성인聖人이란 하늘의 마음을 가지고 그렇게 소리쳐 천하를 움직여
동화시키는 것이다. 그러므로 정묘한 진실은 안에서 느끼게 하고 형상
과 기운이 하늘을 움직이게 되면 상서로운 별이 나타나고 황룡黃龍이
내려오고 상서로운 봉황이 이른다. 예천(醴泉: 甘泉)이 솟아오르고
가곡嘉穀이 자라며 하수河水는 가득 차도 넘치지 않고 바다에는 파도가
일어나지 않게 된다.

　그러므로 『시경』의 주송周頌 시매時邁편의 시에서는 '모든 신들을
달래 황하와 교악嶠嶽에 이르렀네.'라고 했다.

　하늘을 거역하고 사물에 포악하게 하면 해와 달이 일식과 월식을
하는데 이른다. 오성(五星: 五行)이 질서를 잃어 사계절이 괴상한 것을
범하고 낮에는 어둡고 밤에는 밝게 된다. 산이 무너지고 시내가 마르며
겨울에 우레가 치고 여름에 서리가 내리게 된다.

　『시경』의 소아 정월正月편의 시에서는 '정월(사월)에 서리가 많이
내리니 내 마음 근심뿐이네.'라고 했는데 하늘은 사람과 서로 통하는

것이 있기 때문이다. 그러므로 나라가 위태하고 망하려면 하늘의 온갖 현상에 변화가 있게 되고, 세상이 미혹되고 혼란스러워지면 무지개가 나타난다.

모든 사물에는 서로 연결되는 것이 있고 음과 양의 기는 서로 움직여 주는 것이 있기 때문이다. 그러므로 신명神明의 일은 지혜의 꾸밈으로 되는 것이 아니며 근력으로 이루어지는 것도 아니다.

하늘과 땅이 감싸고 음과 양이 기를 토하고 비와 이슬이 적셔주며 변화시켜 만물을 생산하는 것이다.

옥돌과 벽옥과 구슬과 옥과 비취와 대모玳瑁 등은 문채가 명랑하고 윤택한 것이 흠치르르한 광택이 있는 듯해 문질러도 닳지 않고 오래 되어도 변하지 않는다.

해중奚仲도 능히 모방하지 못하고 공수반도 능히 만들지 못한다. 이러한 것을 '대교大巧'라고 이른다.

송宋나라 사람이 상아로 그 군주를 위해 닥나무 잎사귀를 만든 자가 있었는데 3년 만에 완성했다. 줄기와 가지와 뾰족한 솜털까끄라기와 광택에 이르기까지 천연 닥나무 잎사귀 속에 섞어 놓아도 가히 분별하지 못할 정도였다.

열자列子가 말했다. "가령 하늘과 땅이 3년에 1개의 잎사귀를 만든다면 만물에 잎사귀가 있는 것들은 적을 것이다."

하늘과 땅이 조화를 베푸는 것은 기를 토해내면 태어나고 바람이 불면 떨어진다. 어찌 이것이 계약하고 계약된 것이겠는가? 그러므로 모두를 가히 헤아릴 수 있는 자도 적고 셀 수 있는 자도 적은 것이다.

지극히 큰 것은 헤아려 이를 수 있는 것이 아니고 지극히 많은 것은 세어서 거느릴 수 있는 것이 아니다. 그러므로 구주九州는 경묘(頃畝:

1백 이랑)로 나타내지 못하고, 팔극八極은 이里로 말하지 못하는 것이며, 태산太山은 장척丈尺으로 나타내지 못하고, 강과 바다의 물의 양은 두곡斗斛으로 나타내지 못한다. 그러므로 대인이란 하늘과 땅과 함께해 덕을 합하고, 해와 달과 함께해 밝은 것을 합하고, 귀신과 신령한 것을 합하고, 사계절과 더불어 믿음을 합하는 것이다. 이런 이유로 성인은 하늘의 기를 품고 하늘의 뜻을 감싸고 중中을 잡아서 화和를 머금는다(포용한다). 이에 묘당에 내려가지 않아도 온 천하에 넘치게 하며 습속을 변화시키고 풍속을 바꾸어 백성들을 교화시켜 선으로 옮기게 하는 것을 마치 자신의 성품으로 능히 신화시키는 것처럼 하는 것이다.

『시경』 소아 벌목伐木편의 시에는 '신령도 이 소리 들으시면 마침내 화평하고 편안하리라.'라고 했다.

귀신이란 것은 보려고 해도 형체가 없고 들으려고 해도 소리가 없다. 그러나 하늘에 교제郊祭를 지내고 산천山川에 망제望祭를 지내고 신령에게 빌어 복을 구한다. 기우제를 지내 비를 청하고 점을 쳐서 일을 결정한다. 『시경』 대아 억抑편의 시에는 '신령께서 나타나심을 헤아려 짐작하지 못할 것이니 하물며 싫어해서야 되겠는가?'라고 했는데 이러한 것을 이른 것이다.

高宗諒闇[1] 三年不言 四海之內 寂然無聲 一言聲然大動天下 是以天心
咶噬[2]者也 故一動其本而百枝皆應 若春雨之灌萬物也 渾然而流 沛然
而施 無地而不澍 無物而不生 故聖人者 懷天心 聲然能動化天下者也
故精誠感於內 形氣動於天 則景星見 黃龍下 祥鳳至 醴泉出 嘉穀生
河不滿溢 海不溶波 故詩云 懷柔百神 及河嶠嶽 逆天暴物 則日月薄蝕

五星失行 四時干乖 晝冥宵光 山崩川涸 冬雷夏霜 詩曰 正月繁霜 我心
憂傷 天之與人 有以相通也 故國危亡而天文變 世惑亂而虹蜺見 萬物
有以相連 精祲[3]有以相蕩也 故神明之事 不可以智巧爲也 不可以筋力
致也 天地所包 陰陽所嘔 雨露所濡 化生萬物 瑤碧玉珠 翡翠玳瑁 文彩
明朗 潤澤若濡 摩而不玩 久而不渝 奚仲不能旅 魯般不能造 此之謂大
巧 宋人有以象爲其君爲楮葉者 三年而成 莖柯豪芒 鋒殺顔澤 亂之楮
葉之中而不可知也 列子[4]曰 使天地三年而成一葉 則萬物之有葉者寡
矣 夫天地之施化也 嘔之而生 吹之而落 豈此契契哉 故凡可度者小也
可數者少也 至大非度之所能及也 至衆非數之所能領也 故九州不可頃
畝也 八極[5]不可道里也 太山不可丈尺也 江海不可斗斛也 故大人者 與
天地合德 日月合明 鬼神合靈 與四時合信 故聖人懷天氣 抱天心 執中
含和 不下廟堂而衍四海 變習易俗 民化而遷善 若性諸己 能以神化也
詩云 神之聽之 終和且平 夫鬼神視之無形 聽之無聲 然而郊天望山川
禱祠而求福 雩兌而請雨 卜筮而決事 詩云 神之格思 不可度思 矧可射
思 此之謂也

※

1 高宗諒闇(고종량암): 고종高宗은 은殷나라의 임금. 양암諒闇은 군주가 선제
  先帝의 거상居喪중에 있는 것을 뜻한다.
2 呿唫(거금): 혹은 입을 벌리고 혹은 입을 다물다. 곧 혹은 이야기하고
  혹은 침묵한다는 뜻.
3 精祲(정침): 음과 양의 기.
4 列子(열자): 열어구列禦寇이며, 저서로 『열자』가 있다.
5 八極(팔극): 사방팔방의 끝.

3. 만물은 자연적으로 이루어지는 것이다

하늘은 그 높은 곳을 이루었고 땅은 그 두터운 곳을 이루었다. 달은 그 밤을 비추고 해는 그 낮을 비춘다. 음과 양은 조화하고 하늘에 진열되어 있는 별들은 빛난다. 그 도가 아니더라도 사물은 스스로 그렇게 되는 것이다. 그러므로 음이나 양이나 사계절은 만물을 생산하는 것은 아니다. 비와 이슬이 제때에 내리는 것은 돌과 나무를 기르려는 것이 아니다. 신명神明이 접하고 음과 양이 화和하면 만물이 태어난다.

높은 산이나 깊은 숲은 호랑이나 표범을 위해 있는 것이 아니다. 큰 나무나 무성한 가지는 나는 새를 위해 있는 것이 아니다. 물이 흐르는 근원이 천 리나 되고 연못의 깊이는 백인百仞이나 되어도 교룡을 위한 것은 아니다. 그 높고 높은 것을 이루고 그 광대한 것을 이루고 산에 살고 나무에 깃들이고 가지에 집을 짓고 구멍에 숨어 살고 물속에 잠기고 육지를 다니는 것 등이 각각 그 편안한 바를 얻은 것이다.

대개 큰 것이 작은 것을 낳고 많은 것이 적은 것을 낳는 것은 하늘의 도道이다. 그러므로 작은 언덕에서는 구름과 비가 만들어지지 않고 고인 물에서는 물고기와 자라가 자라지 않는 것은 작기 때문이다.

소나 말의 기가 쪄지면 서캐와 이가 생기지만 서캐와 이의 기가 쪄져도 소나 말이 태어나지는 않는다. 그러므로 조화는 밖에서 일어나는 것이지 안에서 일어나는 것은 아니다.

교룡은 연못 속에 숨어 살지만 알은 언덕에서 부화한다.

등사螣蛇의 수컷은 바람 위에서 울고 암컷은 바람 아래에서 울어 조화되어 형상을 이루는데 이것은 정精의 극치이다.

그러므로 성인은 마음을 기르는 것이 진실[誠]보다 좋은 것이 없다.

지극히 정성스러우면 능히 움직여 감화시킬 수 있는 것이다.

도道란 정성을 속에 감추고 신神을 마음에 깃들도록 해 적막하고 염담恬淡하며 고요한 것을 가슴속에 용납하여 사특한 기가 머무르는 바가 없다. 팔과 다리와 모든 마디는 털도 많고 살결도 부드럽고 중요한 기관들이 이롭게 조화되어 있다. 온갖 맥과 9개의 구멍도 가까이 따르지 않는 것이 없다. 이 신神이 있어야 할 곳에 그 자리를 얻었기 때문이다. 어떻게 마디를 어루만지고 털이나 기르겠는가?

성스런 군주가 위에 있으면 텅 빈 것처럼 형체가 없고 적연해 소리가 없으며 관청에는 일거리가 없는 듯하고 조정에는 사람이 없는 듯하다. 숨어 있는 선비도 없고 속세를 떠나는 백성도 없으며 수고롭게 사역하는 사람도 없고 원통해 하는 형벌도 없다.

그런데도 온 천하에서 윗사람의 덕을 우러르고 군주의 뜻을 본뜨지 않는 자가 없다.

이적(夷狄: 오랑캐)의 나라에서도 통역을 거듭해 온다. 이것은 집집마다 설명하고 가정마다 설명하는 것도 아니다. 그들이 성심을 미루어 천하에 베풀었을 뿐이다.

『시경』 대아 민로民勞편의 시에는 '이 나라를 사랑하며 온 세상을 편안케 할지어다.'라고 했다. 이것은 안에서는 따르고 밖으로 편안한 것이다.

주周나라의 태왕太王인 고공단보古公亶父가 빈邠 땅에 살고 있는데 적인狄人들이 공격해왔다. 그는 백성들을 다치게 하기가 싫어서 말을 채찍질해 떠났다. 백성들은 어린아이를 이끌고 노인을 부축하고 가마솥을 지고 따랐다. 양산梁山을 넘어 기주岐周에 나라를 세웠다. 이는 명령을 내려 불러들일 수 있는 것이 아니었다.

　진秦나라의 목공穆公은 자신의 말을 잡아먹는 야인野人들을 발견하자 준마고기를 먹으면 몸이 상한다고 하면서 맛있는 술을 주어 마시게 했다. 한원韓原에서 진晉나라 혜공惠公과의 싸움이 있었는데 그들이 죽을힘을 다해 보답했다. 계약서로써 꾸짖을 수 있는 것도 아니었다.

　복자천宓子賤이 단보亶父를 다스리고 있을 때 무마기巫馬期가 교화를 살펴보러 갔다. 밤중에 고기 잡는 자를 만났는데 작은 것을 잡으면 곧 놓아 주었다. 형벌로 금지할 수 있는 것이 아니었다.

　공자孔子가 노魯나라의 사구司寇가 되자 길에 버려진 것을 주워 가지 않았고, 시장에서는 부풀린 가격으로 판매하는 일이 없었다. 사냥이나 고기잡이에서는 모두 어른에게 양보하고 50세가 넘은 백발의 노인은 짐을 지지 않았다. 법으로 이룰 수 있는 것이 아니었다.

天致其高 地致其厚 月照其夜 日照其晝 陰陽化 列星朗 非其道而物自然 故陰陽四時 非生萬物也 雨露時降 非養草木也 神明接 陰陽和 而萬物生矣 故高山深林 非爲虎豹也 大木茂枝 非爲飛鳥也 流源千里 淵深百仞 非爲蛟龍也 致其高崇 成其廣大 山居木棲 巢枝穴藏 水潛陸行 各得其所寧焉 夫大生小 多生少 天之道也 故邱阜不能生雲雨 洿水不能生魚鼈者 小也 牛馬之氣蒸 生蟣蝨 蟣蝨之氣蒸 不能生牛馬 故化生於外 非生於內也 夫蛟龍伏寢於淵 而卵割於陵[1] 螣蛇雄鳴於上風 雌鳴於下風而化成形 精之至也 故聖人養心 莫善於誠 至誠而能動化矣 今夫道者 藏精於內 棲神於心 靜莫恬淡 訟繆胸中[2] 邪氣無所留滯 四枝節族 毛蒸理泄 則機樞調利 百脈九竅 莫不順比 其所居神者得其位也 豈節拊而毛脩之哉 聖主在上 廓然無形 寂然無聲 官府若無事 朝廷若無人 無隱士 無軼民[3] 無勞役 無冤刑 四海之內 莫不仰上之德 象主之指

夷狄之國 重譯而至[4] 非戶辯而家說之也 推其誠心 施之天下而已矣 詩
曰 惠此中國 以綏四方 內順而外寧矣 太王亶父處邠 狄人攻之 杖策而
去[5] 百姓攜幼扶老 負釜甑 踰梁山 而國乎岐周 非令之所能召也 秦穆公
爲野人食駿馬肉之傷也 飮之美酒 韓之戰 以其死力報 非券之所責也
宓子治亶父[6] 巫馬期往觀化焉 見夜漁者 得小卽釋之 非刑之所能禁也
孔子爲魯司寇 道不拾遺 市買不豫賈 田漁皆讓長[7] 而辯白不戴負[8] 非法
之所能致也

※

1 卵割於陵(난할어릉): 알을 언덕에서 낳아 부화되게 하다.

2 訟繆胸中(송류흉중): 송류訟繆는 용정容靜의 뜻. 곧 조용한 것을 가슴속에
  용납하다.

3 軼民(일민): 세상을 피하는 백성.

4 重譯而至(중역이지): 통역을 거듭해 이르다. 곧 멀고 먼 나라의 뜻.

5 杖策而去(장책이거): 말을 채찍질해 떠나다.

6 宓子治亶父(복자치단보): 복자천宓子賤이 단보를 다스리다. 복자천은 공자
  의 제자.

7 讓長(양장): 어른이 많이 잡게 하다의 뜻.

8 辯白不戴負(반백부대부): 머리가 흰 사람은 짐을 지지 않게 하다. 곧 노인이
  짐을 지지 않게 하는 일.

4. 3천의 군사로 하夏왕조를 무너뜨리다

화살을 멀리 쏘아 견고한 것을 꿰뚫는 것은 활이나 쇠뇌의 힘이다.
그러나 과녁에 적중하고 미세한 것을 쪼개는 것은 마음을 바르게 하는
데 있는 것이다.

좋은 일을 한 자에게 상을 주고 포악한 짓을 한 자에게 벌을 주는 것은 정치상의 명령이고 그것을 사용해 능히 행하는 것은 정성이다. 그러므로 활이나 쇠뇌는 비록 강하더라도 단독으로는 맞추지 못하고 정치상의 명령이 비록 밝더라도 단독으로는 행해지지 않는다.

반드시 군주와 신하의 정기로부터 함께해 도를 베푸는 것이다. 도를 펴서 백성들에게 미치더라도 백성들이 따르지 않는 것은 정성스런 마음이 베풀어지지 않았기 때문이다.

하늘과 땅과 사계절은 만물을 태어나게 하려는 것이 아니다. 신명神明 이 접하고 음과 양이 화락해서 만물이 태어나는 것이다.

성인이 천하를 다스리는 것은 백성들의 본성을 바꾸려는 것이 아니다. 그 가지고 있는 바를 어루만져 위안해주고 더러운 것을 씻어 내어주는 것이다. 그러므로 따르면 커지고 변화시키면 작아지는 것이다.

우임금이 용문을 뚫고 이궐伊闕을 개척하고 강수江水를 트고 하수河水의 토사를 쳐내고 수저水氐를 깊게 해 동쪽 바다로 흐르게 한 것은 물의 흐름을 따른 것이었다.

후직后稷이 풀숲을 개간하고 묵은 밭을 일구고 땅에 거름을 주고 곡식을 심고 다섯 가지의 곡식들이 각각 그 마땅한 것을 얻도록 한 것은 땅의 세력을 따른 것이었다.

은殷나라의 탕왕과 주周나라의 무왕武王이 병거(兵車: 전차) 3백 대와 갑옷 입은 군사 3천 명으로 포악한 걸桀과 주紂를 토벌해 하夏나라와 상(商: 殷)나라를 제재한 것은 백성들의 욕구에 따랐던 것이었다. 그러므로 자연적인 것을 따르는 데 능하면 천하에는 적이 없다고 했다.

대개 사물에 자연스런 것이 있은 뒤에 사람의 일들은 다스려지는 것이 있는 것이다. 그러므로 뛰어난 장인(匠人: 목공)이라도 능히 금속을 깎지는 못하고 뛰어난 대장장이라도 나무를 녹이지는 못한다. 금속의 본성은 깎여지지 않는 것이고 나무의 본성은 녹여지지 않는 것이다.

찰흙을 이겨 반죽해 그릇을 만들고 나무를 뚫어서 배를 만든다. 쇠를 녹여서 칼을 만들고 쇠를 녹여 부어서 종을 만드는 것은 그의 가능한 것에 따른 것이다.

말을 부리고 소를 부리며 닭에게 새벽을 맡게 하고 개에게 문을 지키게 하는 것은 그것들의 자연성에 따른 것이다.

백성들에게는 색을 좋아하는 본성이 있다. 그러므로 대혼大婚의 예가 있다. 백성들에게는 음식을 먹는 본성이 있다. 그러므로 대향大饗의 의誼가 있다. 백성들에게는 기뻐하고 즐기는 본성이 있다. 그러므로 종고鐘鼓와 관현筦絃의 음악이 있다. 백성들에게는 슬퍼하고 애통해 하는 본성이 있다. 그러므로 상복을 입고 곡하고 슬픔에 겨워 뛰는 절도가 있다.

이에 성왕이 법을 제정한 것은 백성들의 좋아하는 바를 따라 적절하게 꾸며 훌륭하게 만든 것이었다.

그 여색을 좋아하는 것에 따라 혼인의 예를 제정했다. 그러므로 남자와 여자의 분별이 있게 되었다. 좋아하는 음악에 따라서 아雅와 송頌의 소리를 바르게 했다. 그러므로 풍속이 음탕한 곳으로 흐르지 않게 되었다. 집안을 편안하게 하고 아내와 자식을 즐겁게 하는 것에 따라서 순종하는 것을 가르쳤다. 그러므로 아버지와 아들 사이에 친한 것이 있게 되었다. 그 벗들을 좋아하는 것에 따라서 공손한 것을 가르쳤다. 그러므로 어른과 어린이의 차례가 있게 되었다.

그러한 연후에 조회에 들고 빙문하는 법을 닦아 귀한 것과 천한 것을 밝혔다. 잔치를 열어 마시고 활쏘기 연습으로써 어른과 어린이의

구별을 분명하게 했다. 때마다 수색을 하고 군대를 정돈해 군사를
부리고 무기를 사용하는 법을 연습시켰다. 상庠과 서序에 입학시켜
인륜人倫을 닦게 했다. 이것들은 모든 사람이 본성에 둔 바이며 성인이
고안해서 성취시킨 것들이다. 그러므로 그의 본성이 없으면 가르치지
못하고 그의 본성이 있더라도 그것을 육성하지 않으면 도道가 따르지
않는 것이다.

夫矢之所以射遠貫牢者 弩力也 其所以中的剖微者 正心也 賞善罰暴者
政令也 其所以能行者 精誠也 故弩雖强 不能獨中 令雖明 不能獨行
必自精氣所以與之施道 故擄道以被民 而民弗從者 誠心弗施也 天地四
時 非生萬物也 神明接 陰陽和 而萬物生之 聖人之治天下 非易民性也
拊循其所有 而滌蕩之 故因則大 化則細矣[1] 禹鑿龍門 闢伊闕 決江濬河
東注之海 因水之流也 后稷墾草發菑 糞土樹穀 使五種各得其宜 因地
之勢也 湯武革車三百乘 甲卒三千人 討暴亂 制夏商 因民之欲也 故能
因則無敵於天下矣 夫物有以自然 而後人事有治也 故良匠不能斲金
巧冶不能鑠木 金之勢不可斲 而木之性不可鑠也 埏埴[2]而爲器 窬木而
爲舟 鑠鐵而爲刃 鑄金而爲鍾 因其可也 駕馬服牛 令雞司夜 令狗守門
因其然也 民有好色之性 故有大婚之禮[3] 有飲食之性 故有大饗[4]之誼
有喜樂之性 故有鐘鼓筦絃之音 有悲哀之性 故有衰絰哭踊[5]之節 故先
王之制法也 因民之所好而爲之節文者也 因其好色而制婚姻之禮 故男
女有別 因其喜音 而正雅頌之聲[6] 故風俗不流 因其寧家室樂妻子 敎之
以順 故父子有親 因其喜朋友而敎之以悌 故長幼有序 然後脩朝聘[7]以
明貴賤 饗飲習射以明長幼 時搜振旅[8]以習用兵也 入學庠序[9] 以脩人倫
此皆人之所有於性 而聖人之所匠成也 故無其性 不可敎訓 有其性無其

養 不能遵道

※

1 因則大化則細矣(인즉대화즉세의): 따라서 하면 반드시 커지고 변화시켜 만들고자 하면 작아진다는 뜻.

2 埏埴(연식): 찰흙을 이기다.

3 大婚之禮(대혼지례): 천자天子나 황태자의 결혼식. 여기서는 일반의 혼례를 뜻한다.

4 大饗(대향): 거대한 연회. 곧 큰 잔치.

5 衰絰哭踊(최질곡용): 최질衰絰은 상복. 곡용哭踊은 통곡하고 죽음을 슬퍼해 행하는 도약의 의식. 곧 슬픔에 겨워 뛰는 모양.

6 雅頌之聲(아송지성): 『시경』의 아雅와 송頌으로 아는 정악正樂의 노래이고 송은 조상의 공덕을 찬미한 노래. 성聲은 노래의 뜻.

7 朝聘(조빙): 조朝는 조정에서의 조회. 빙聘은 빙문하는 예.

8 時搜振旅(시수진려): 때마다 수색하고 군대를 정돈하는 것.

9 庠序(상서): 학교. 곧 향리鄕里의 학교. 은殷나라에서는 서序라고 했고, 주나라에서는 상庠이라고 했다.

5. 삼參과 오五란 무엇인가?

누에고치의 본성은 실을 뽑아내는 것이다. 그러나 여공女工이 끓는 물에 삶아 그 실마리를 뽑아내지 않으면 능히 실이 만들어지지 않는다.

알이 부화해 새끼 새가 되는데 사랑스런 어미 새가 따뜻하게 품어 거듭 덮어 주어 여러 날 동안 오래도록 품어 주지 않으면 새끼 새가 되지 못한다.

사람의 본성에는 인의의 자질이 있는데 성인이 법도를 만들어 가르쳐 인도하지 않으면 올바른 방향으로 향하지 못한다.

그러므로 선왕先王의 가르침은 그들이 기뻐하는 바를 따라 선을 권장하고 그들이 미워하는 바를 따라 간사한 것을 금지시키는 것이다. 이에 형벌을 사용하지 않아도 위엄이 행해져 물이 흐르는 것처럼 되고 정치의 명령을 간략히 해도 교화의 빛나는 것은 신이 하는 것처럼 된다. 그러므로 그의 본성을 따르면 천하는 시키는 대로 잘 순종하고 그의 본성을 거스르면 법을 내걸어도 사용되지 못하는 것이다.

옛날에 오제五帝와 삼왕三王이 정사에 임하고 교육을 시행하는 데에는 반드시 삼參과 오五를 사용했다.

무엇을 삼과 오라고 이르는 것인가?

우러러 하늘에서 상象을 취했고 엎드려 땅에서 도수度數를 취했으며 중앙에서 사람에게 법法을 취했다. 이에 명당明堂이란 조정을 세우고 명당에서 정령政令을 시행했다. 또 음과 양의 기를 조절시키고 사계절의 절도를 화평케 하고 질병의 재앙을 피하게 했다. 엎드려 땅의 이치를 관찰하고 도량度量을 제정했다.

언덕의 땅과 늪지대, 기름진 땅과 메마른 땅, 높은 것과 낮은 것의 마땅한 것들을 살펴서 사업을 일으키고 재물을 생산해 굶주리고 추위에 떠는 근심을 제거했다.

중앙에서는 사람의 덕을 상고해 예악을 제정하고 인의의 도를 행해 인륜을 다스려 사납고 어지러워지는 재앙을 제거했다.

이에 금金, 목木, 수水, 화火, 토土의 성性을 맑게 나열하고 그에 의한 아버지와 아들의 친함을 세워 가정을 이루게 했다. 맑고 탁한 오음五音과 육률六律이 서로 낳는 수치를 구별해 군주와 신하의 의를 세워 국가를 이루게 했다.

사계절의 시작하고 끝마치는 순서를 살펴서 어른과 어린아이의 예절을 세워 관직을 성취하게 했다. 이것을 삼參이라고 한다.

군신君臣의 의義와 부자父子의 친함과 부부夫婦의 변(辨: 別)과 장유長幼의 서(序: 차례)와 붕우朋友의 제(際: 교제)를 제재했다. 이것을 오五라고 한다.

이에 땅을 구획해 주州로 하고 직분을 구별해 다스리고 성을 쌓아서 살게 하고 집을 나누어 주어 다르게 했다. 재물을 나누어서 생활을 하게 하고 대학大學을 세워서 가르쳤다. 아침에는 일찍 일어나고 밤에는 늦게 자며 노력하게 했다. 이러한 것을 다스리는 강령이라고 한다.

그러나 사람을 얻으면 일으키게 되지만 사람을 잃으면 실패하게 된다.

요임금이 천하를 다스리는데 정치와 교육이 공평했고 덕으로 윤택하게 하는 것이 흡족했다.

군주의 지위에 있은 지 70여 년이었다. 이에 천하를 계승해 거느릴 사람을 구했다. 사악四岳에게 신분이 미천한 사람이라도 추천케 했다. 사악이 순舜을 요임금에게 천거했다. 요임금이 이에 2명의 딸인 아황娥皇과 여영女英을 아내로 삼게 하고 그가 집안을 다스리는 것을 관찰했다. 모든 관리를 임명하게 해 그 밖을 다스리는 법을 관찰했다.

평지의 숲과 산록의 숲으로 들어가게 해 매서운 바람과 우레와 비를 만나게 했는데도 미혹되지 않았다. 이에 9명의 아들로 하여금 따르게 했다. 소화昭華의 옥玉을 주어 천하를 전해 주었다. 생각해보면 비록 법도가 있었더라도 주(絑: 丹朱)가 능히 계승하지 못했던 것이다.

繭之性爲絲 然非得工女煮以熱湯 而抽其統紀 則不能成絲 卵之化爲雛 非慈雌嘔煖覆伏 累日積久 則不能爲雛 人之性有仁義之資 非聖人爲之

法度而教導之 則不可使鄉方 故先王之教也 因其所喜以勸善 因其所惡
以禁姦 故刑罰不用 而威行如流 政令約省 而化燿如神 故因其性則天
下聽從 拂其性則法縣而不用 昔者五帝三王之蒞政施敎 必用參五 何謂
參五 仰取象於天 俯取度於地 中取法於人 乃立明堂之朝[1] 行明堂之令
以調陰陽之氣 以和四時之節 以辟疾病之菑 俯視地理 以制度量 察陵
陸水澤肥墝高下之宜 立事生財 以除飢寒之患 中考乎人德 以制禮樂
行仁義之道 以治人倫而除暴亂之禍 乃澄[2]列金木水火土之性 故立父
子之親而成家 別清濁五音六律相生之數 以立君臣之義而成國 察四時
季孟之序 以立長幼之禮而成官 此之謂參 制君臣之義 父子之親 夫婦
之辨 長幼之序 朋友之際 此之謂五 乃裂地而州之 分職而治之 築城而
居之 割宅而異之 分財而衣食之 立大學而教誨之 夙興夜寐而勞力之
此治之綱紀也 然得其人則擧 失其人則廢 堯治天下 政敎平 德潤洽
在位七十載 乃求所屬天下之統 令四岳揚側陋[3] 四岳擧舜而薦之堯 堯
乃妻以二女 以觀其內 任以百官 以觀其外 旣入大麓[4] 烈風雷雨而不迷
乃屬以九子[5] 贈以昭華之玉[6] 而傳天下焉 以爲雖有法度 而絑[7]弗能統也

※

1 明堂之朝(명당지조): 명당明堂은 천자가 정사를 행하는 곳. 곧 12개월의
정령을 선포하는 곳.

2 澄(징): 청淸의 뜻과 같다.

3 側陋(칙루): 신분이 미천한 사람. 곧 그 사람이 사는 곳.

4 大麓(대록): 수풀이 산과 계속 이어진 것을 녹麓이라고 한다. 요임금이
순을 거대한 수풀 속으로 들여보내 큰 바람과 폭풍우를 만나게 했으나 미혹되
지 않았다는 것.

5 九子(구자): 요임금에게는 아들이 9명이나 있었다.

6 昭華之玉(소화지옥): 옥의 이름.

7 絑(주): 요임금의 아들. 단주丹朱의 이름.

6. 신농씨가 거문고를 만들다

사물은 일찍이 팽창하는 것이 있으면 느슨해지지 않은 것이 없었고
이루어지는 것이 있으면 무너지지 않은 것이 없었다. 오직 성인만이
성대해도 쇠퇴하지 않았고 가득 차도 이지러지지 않았다.

신농씨가 처음으로 거문고를 만들었는데 신神들이 붙좇았고 그것이
음란해지는데 이르자 하늘의 뜻으로 되돌아갔다.

요임금의 신하인 기夔가 처음으로 음악을 만들었는데 모두 육률에
합치했다. 오음五音을 조화시켜 팔풍八風과도 통했다. 그것이 쇠퇴하는
데 이르러서는 주색에 빠져 헤어나지 못하고 편안한 것에 빠져 정치를
돌아보지 않다가 멸망하기에 이르렀다.

창힐蒼頡이 처음으로 글자를 만들어 모든 관료를 다스려 바로잡았다.
모든 일들을 다스려 거느려서 어리석은 자라도 잊어버리는 일이 없었
다. 지혜로운 자는 기록을 멀리까지 두게 되었다. 그것이 쇠퇴하는
데 이르러서는 간사한 것을 새기고 거짓된 글을 만들어 죄가 있는
사람도 풀어 주고 죄가 없는 사람도 죽이게 되었다.

탕왕이 처음으로 새와 짐승을 기르는 공원을 만들고서는 종묘의
제수인 생육生肉과 건육乾肉의 준비물을 갖추게 했다. 군사들을 선발해
활쏘기와 수레 몰기를 연습시켜 미처 생각지도 못한 환난을 경계하게
했다. 그런데 그것이 쇠퇴하는 데 이르러서는 말을 몰아 달리고 활을
쏘는 사냥에 빠져서 백성들의 농사철을 빼앗고 백성들의 노동력을
피폐하게 만들었다.

요임금이 우禹와 설契과 후직后稷과 고요皐陶를 등용해 정치와 교육을 공평하게 했다. 간사한 것을 종식시키고 옥사와 송사를 중지시켰으며 의식을 풍족하게 했다. 어진 이는 선을 권장했고 불초不肖한 자들은 그의 덕을 사모하게 했다.

급기야 끝에 이르러서는 붕당朋黨이 서로를 추천하며 가까이하고 각각 그와 함께하는 이를 추천해 공로가 무너지고 사사로운 것으로 치달았다. 안과 밖에서 자신의 편을 서로 추천하고 간사한 이들을 추천해 조정에 있게 하자 어진 이들이 숨어 살았다. 그러므로 역易의 잘못은 점괘에 있었고, 서(書: 글자)의 잘못은 부연하는 데 있었다. 음악의 잘못은 음탕한 데 있었고, 시詩의 잘못은 편벽된 데 있었다. 예禮의 잘못은 꾸짖는 데 있었고, 춘추春秋의 잘못은 비난하는 데 있었다.

하늘과 땅의 도道는 다하게 되면 돌아오고 가득 차면 줄어든다. 청靑, 황黃, 적赤, 백白, 흑黑의 다섯 가지 색이 비록 밝더라도 계절에 따라 변색하고 무성했던 나무와 풍성했던 풀도 계절에 따라 떨어진다. 사물에는 융성한 것과 쇠락한 것이 있어 기색이 태연한 것을 얻지 못한다. 그러므로 성인은 일이 막히면 변경해 만들고 법이 무너지면 제도를 고칠 뿐 옛 것을 변화시키고 떳떳한 것을 바꾸기를 즐겨하지는 않았다.

무너지는 것을 구제하고 쇠약해지는 것을 붙잡아 음란한 것을 축출하고 잘못된 것을 구제해 하늘과 땅의 기를 조화시키고 만물의 당연한 것들을 따를 따름이었다.

성인은 하늘이 덮어 주고 땅이 실어 주고 해와 달이 비춰 주고 음과 양이 조절시켜 주는 것같이 한다. 사계절이 변화시켜 주고 만물이 동일하지 않게 하고 옛 것도 없고 새로운 것도 없고 소원한 것도 없고 친한 것도 없는 것같이 한다. 그러므로 하늘을 본받은 것이다.

하늘은 하나의 계절로써 아니 하고 땅은 하나의 이로운 것으로써 아니하고 사람은 하나의 일로써 아니한다. 이 때문에 시작하는 일은 많은 단서로써 하지 않을 수 없는 것이고 달려가는 데는 방법을 달리하지 않을 수 없는 것이다.

오행五行은 기를 다르게 하지만 모두가 적당하게 조화시킨다. 육예六藝는 과목을 다르게 하지만 모두가 도를 함께한다.

온혜(溫惠: 온순)하고 유량(柔良: 선량)한 것은 시詩의 풍風이다. 맑고 높으며 인정이 많은 것은 서書의 가르침이다. 맑고 밝으며 통달한 것은 역易의 뜻이다. 공손하고 검소하며 높이고 사양하는 것은 예禮의 행위이다. 관대하고 너그럽고 간이한 것은 음악의 교화이다. 비난하고 풍자하고 뜻을 변명하는 것은 춘추春秋의 넉넉함이다. 그러므로 역易의 과실은 귀신에게 길흉을 묻는 것이며, 음악의 과실은 즐거움이 변해 음란한 것이 이르는 것이며, 서書의 과실은 법규로 구속하는 것이며, 예禮의 과실은 존비를 어지럽히는 것이며, 춘추의 과실은 왕공王公을 헐뜯는 것이었다. 이상의 여섯 가지는 성인이 겸해 사용하고 제재하는 것이었다.

근본을 잃으면 어지러워지고 근본을 얻으면 다스려진다. 그 아름다운 것은 조화하는데 있고 그 잃는 것은 권모權謀에 있다.

물과 불과 쇠와 나무와 흙과 곡식은 물건이 다르지만 함께 맡겨진다. 그림쇠와 곱자와 저울과 저울대와 기준기와 먹줄은 형체를 다르게 하지만 함께 베풀어진다. 단청丹靑과 아교와 칠은 서로 같지 않지만 함께 쓰인다. 각각의 적당한 바가 있고 사물은 각각 마땅한 바가 있다.

수레바퀴는 둥글고, 수레는 네모졌으며, 끌채는 세로로 되어 있고, 가로나무가 가로로 놓여 있는 것은 형세를 편리하게 하기 위한 것이다.

곁말은 달리려고 하고 안쪽 말은 걸으려 하고 띠는 새 것을 싫어하지 않고 쇠띠는 옛 것을 싫어하지 않는다. 이는 처해지는 곳이 마땅하기 때문이다.

夫物未嘗有張而不弛 成而不毀者也 惟聖人能盛而不衰 盈而不虧 神農之初作琴也 以歸神 及其淫也 反其天心 慶[1]之初作樂也 皆合六律而調五音 以通八風 及其衰也 以沈湎淫康 不顧政治 至於滅亡 蒼頡之初作書 以辯治百官 領理萬事 愚者得以不忘 智者得以志遠 至其衰也 爲姦刻僞書 以解有罪 以殺不辜 湯之初作囿也 以奉宗廟鮮犧之具[2] 簡士卒習射御 以戒不虞 及至其衰也 馳騁獵射 以奪民時 罷民之力 堯之擧禹契后稷皐陶 政敎平 姦宄息 獄訟止 而衣食足 賢者勸善而不肖者懷其德 及至其末 朋黨比周[3] 各推其與 廢公趨私 內外相推擧 姦人在朝 而賢者隱處 故易之失也卦 書之失也敷 樂之失也淫 詩之失也辟 禮之失也責 春秋之失也刺 天地之道 極則反 盈則損 五色雖朗 有時而渝 茂木豐草 有時而落 物有隆殺 不得自若 故聖人事窮而更爲 法弊而改制 非樂變古易常也 將以救敗扶衰 黜淫濟非 以調天地之氣 順萬物之宜也 聖人天覆地載 日月照 陰陽調 四時化 萬物不同 無故無新 無疏無親 故能法天 天不一時 地不一利 人不一事 是以緖業不得不多端 趨行不得不殊方 五行異氣而皆適調 六藝[4]異科而皆同道 溫惠柔良者 詩之風也 淐麗敦厚者 書之敎也 淸明條達者 易之義也 恭儉尊讓者 禮之爲也 寬裕簡易者 樂之化也 刺幾[5]辯義者 春秋之靡也 故易之失鬼 樂之失淫 詩之失愚 書之失拘 禮之失忮 春秋之失訾 六者聖人兼用而財制之 失本則

亂 得本則治 其美在調 其失在權 水火金木土穀 異物而皆任 規矩權衡
準繩 異形而皆施 丹靑膠漆 不同而皆用 各有所適 物各有宜 輪圓輿方
轅從衡橫 勢施便也 驂欲馳 服欲步 帶不厭新 鉤不厭故 處地宜也

※

1 夔(기): 요堯임금의 신하이며 악관樂官을 맡았다.
2 鮮犒之具(선교지구): 선鮮은 살아 있는 짐승. 교犒는 마른 고기를 뜻한다고
  했다. 교犒는 옥편에 음이 없다고 했다.
3 比周(비주): 비比는 아첨해 사귀다. 주周는 정도로써 사귀다.
4 六藝(육예): 예禮·악樂·사射·어御·서書·수數의 여섯 기예.
5 刺幾(자기): 자기刺譏의 뜻. 헐뜯다.

7. 관저關雎의 시詩는 새에서 비롯했다

『시경』의 관저편關雎篇의 시는 새에서 발흥시켰는데, 군자들이 아름답
게 여기는 것은 그 한 쌍의 자웅雌雄이 떨어져 살지 않았기 때문이었다.
  『시경』의 녹명편鹿鳴篇의 시는 짐승에서 발흥시켰는데 군자가 크게
여기는 것은 먹을 것을 보면 서로를 불러 모으기 때문이었다.
  홍수泓水의 전쟁에서 송宋나라 군사가 무너지고 양공襄公이 사로잡
혔는데도『춘추』에서 대서특필한 것은 적군이 전열을 가다듬지 않아서
양공이 공격하지 않은 것을 취한 까닭이었다.
  송宋나라의 백희伯姬가 앉아 있는 채로 불에 타 죽었는데도『춘추』에
서 대서특필한 것은 그 예가 아니면 행동하지 않은 것을 취했기 때문이
었다. 공로가 이루어지고 일이 세워진 것들이 어찌 족히 많겠는가?
바야흐로 말한 것들을 가리켜 하나를 취했을 뿐이다.
  신선인 왕교王喬나 적송자赤松子는 속세를 버리고 모든 악의 어지러

운 것을 떠나 음양의 화기和氣를 마시고 천지의 정精을 먹으며 숨을 내쉬었다. 이에 옛 것을 내보내고 들이마시어 새로운 것을 받아 허공을 밟고 가볍게 날아 구름을 타고 안개 속에서 놀았다. 가히 성性을 길렀다고 할 수는 있지만 효자孝子라고는 이르지 못할 것이다.

주周나라의 주공周公이 관숙管叔과 채숙蔡叔을 처단해 국가를 평안하게 하고 어지러운 것을 그치게 했다. 그러나 가히 충신이라고 할 수는 있지만 형제간에 우애했다고는 이르지 못할 것이다.

은殷나라의 탕왕이 걸桀을 추방하고 주周나라의 무왕武王이 주紂를 토벌해 천하를 위해 잔악한 것을 제거하고 백성을 해치는 것을 제거했다. 그러나 가히 은혜로운 군주라고 할 수는 있겠으나 충신이라고는 이르지 못할 것이다.

악양樂羊이 중산국中山國을 공격해 함락시키지 못했는데 중산국에서 그의 아들을 삶아서 보내자 그 국물을 마시고 위엄을 보였다. 그러나 가히 뛰어난 장수라고 할 수는 있겠지만 인자한 아버지라고 이르지는 못할 것이다.

그러므로 가한 것을 가하다고 하면 불가한 것은 불가한 것이 되고 불가한 것을 불가하다고 하면 가한 것은 가한 것이 될 뿐이다.

순舜임금과 허유許由는 행동을 다르게 했지만 모두가 성인이었다. 이윤伊尹과 백이伯夷는 도道를 다르게 했지만 모두가 인인仁人이었다. 기자箕子와 왕자 비간王子比干은 달려가는 길이 달랐지만 모두가 현인賢人이었다. 그러므로 군사를 부리는 자는 혹은 날랜 자로 하기도 하고 혹은 신중한 자로 하기도 하고 혹은 탐욕스런 자로 하기도 하고 혹은 청렴한 자로 하기도 한다. 이러한 네 가지는 서로 상반되어서 하나라도 빼놓지 못할 것들이다.

날랜 자는 발동코자 할 것이고 신중한 자는 중지코자 할 것이다. 탐욕스런 자는 취하고자 할 것이고 청렴한 자는 자신에게 이롭지 않다면 가지려 하지 않는다.

그러므로 용감한 자는 나아가서 싸우게 할 수는 있지만 견고하게 지키게 하는 것은 불가하다. 신중한 자는 견고하게 지키게 할 수는 있지만 적을 섬멸시키라고 하는 것은 불가하다. 탐욕스런 자는 나아가서 취하라고 할 수는 있지만 직분을 지키라고 하는 것은 불가하다. 청렴한 자는 분수를 지키게 명령할 수는 있지만 진격해 취하라고 하는 것은 불가하다. 믿음이 있는 자에게는 약속을 지키게 할 수는 있지만 변화에 응하라고 시키는 것은 불가하다.

이상의 다섯 가지는 서로 반대되어 성인이 겸용兼用하고 제재해 사용하는 것이다.

하늘과 땅은 한 가지의 사물만을 감싸지 않고 음과 양은 한 종류만을 생산하지 않는다. 바다는 모든 빗물을 사양하지 않아서 그 거대함을 이루었고 산山은 흙이나 돌을 사양하지 않아서 그 높은 것을 이루었다.

한 모퉁이를 지키고 만방萬方을 버린다거나 한 가지의 물건만을 취하고 그 나머지를 버린다면 얻는 바는 적을 것이며 다스리는 바도 엷을 것이다.

큰 것을 다스리는 자의 도道는 작은 것을 다스리는 방법으로는 불가한 것이고, 넓은 땅을 제재하는 것은 좁은 땅을 제재하는 방법으로는 불가한 것이다. 지위가 높은 자는 일이 번잡한 방법으로는 불가하고 많은 백성들을 가르치는 것은 까다로운 방법으로 하는 것이 불가한 것이다.

關雎興於鳥 而君子美之 爲其雌雄之不乖居也 鹿鳴興於獸 君子大之
取其見食而相呼也 泓之戰 軍敗君獲[1] 而春秋大之 取其不鼓不成列也
宋伯姬坐燒而死[2] 春秋大之 取其不踰禮而行也 成功立事 豈足多哉
方指所言 而取一櫱焉爾 王喬赤松[3] 去塵埃之間 離群慝之紛[4] 吸陰陽之
和 食天地之精 呼而出故 吸而入新 蹀虛輕擧 乘雲游霧 可謂養性矣
而未可謂孝子也 周公誅管叔蔡叔 以平國弭亂 可謂忠臣也 而未可謂弟
也 湯放桀 武王伐紂 以爲天下去殘除賊 可謂惠君 而未可謂忠臣矣
樂羊攻中山未能下 中山烹其子 而食之以示威 可謂良將 而未可謂慈父
也 故可乎可 而不可乎不可 不可乎不可 而可乎可 舜許由異行而皆聖
伊尹伯夷異道而皆仁 箕子比干異趨而皆賢 故用兵者 或輕或重 或貪或
廉 此四者相反 而不可一無也 輕者欲發 重者欲止 貪者欲取 廉者不利
非其有 故勇者可令進鬪 而不可令持牢 重者可令埴固 而不可令凌敵
貪者可令進取 而不可令守職 廉者可令守分 而不可令進取 信者可令持
約 而不可令應變 五者相反 聖人兼用而財使之 夫天地不包一物 陰陽
不生一類 海不讓水潦 以成其大 山不讓土石以成其高 夫守一隅而遺萬
方 取一物而棄其餘 則所得者鮮 而所治者淺矣 治大者道不可以小 地
廣者制不可以狹 位高者事不可以煩 民衆者敎不可以苟

＊

1 泓之戰軍敗君獲(홍지전군패군획): 춘추시대 송宋나라의 양공襄公이 초楚나
라와 홍수에서 싸울 때 초나라 군사가 강을 건너 전열을 아직 정비하지
못하고 있었는데도 공격하지 않고 있다가 초나라의 군사들이 전열을 정비한
뒤에 싸워서 패배한 일. 곧 군자다운 행동을 했다고 해 공자가 『춘추』에서
크게 기록했다.

2 宋伯姬坐燒而死(송백희좌효이사): 춘추시대 송宋나라 공공共公의 부인夫人
인 백희(伯姬: 노나라 여인)는 밤에 궁에 불이 났을 때 인도하는 사람이

없어서 행동을 중지하고 그 자리에서 불에 타 죽었다. 이 일을 공자가 『춘추』
에서 크게 기록한 일.

3 王喬赤松(왕교적송) : 왕교와 적송자는 신선神仙이 된 사람들이다.

4 離群慝之紛(이군특지분) : 여기에서 特慝은 악惡의 뜻과 같다.

8. 일이 쪼개지면 다스리기가 어렵다

일이 여러 갈래로 쪼개지면 다스리기가 어렵고 법이 번거로우면 시행되
기가 어렵고 구하는 것이 많으면 채워지기가 어렵다. 한 치씩 재가면
장(丈: 열 자)에 이르렀을 때 반드시 차이가 난다. 수(銖: 兩의 24분의
1)로 저울질하면 석(石: 섬)에 이르렀을 때 반드시 과오가 있다. 한
섬으로 저울질하고 장丈으로 헤아리면 곧바로 이를 수도 있고 실수도
적다.

실을 한 올씩 뽑으면서 쌀알을 센다면 번거로워서 살피지 못한다.
그러므로 대교(大較: 대강)로 한다면 지혜롭기는 쉽지만 자세하게 분별
한다면 지혜로 여기기가 어려운 것이다. 다스리는 데 보탬이 되지
않고 번거로운 것에 보탬이 되는 것을 성인은 하지 않는 것이다.

사용하는 데 보탬이 없고 소비하는 데 보탬이 있는 것은 지혜로운
자도 행하지 않는 것이다. 그러기에 공로는 간략한 것을 싫어하지
않고 일은 생략된 것을 싫어하지 않고 구하는 것은 적은 것을 싫어하지
않는다.

공로가 간략하면 쉽게 성취되고 사업이 간략하면 다스리기가 쉽고,
구하는 것이 적으면 넉넉하기가 쉽다. 모든 이들이 쉽다고 여기는
것들은 남에게 맡기는 것도 쉽다.

공자孔子는『대대례大戴禮』소변小辨편에서 말했다.

"소소한 변론은 언어를 깨뜨리고 소소한 이익은 의義를 깨뜨리고 소소한 기예는 도道를 깨뜨리고 소소한 견문은 통달하지 못하는 것이다. 통달하려면 간단해야 한다."

하수河水는 굽이굽이 흐르므로 멀리까지 흘러가고 산은 점점 평이해지므로 높아진다. 음과 양은 하는 것이 없으므로 능히 화和하고 도는 한가로운 것으로 능히 변화하는 것이다.

한 가지의 일에 통한다면 한 가지 일을 살피고 한 가지의 기예만을 살핀다면 편벽되어 바르지 않는 설명은 할 수 있지만 광범위한 대응을 하는 것은 불가한 것이다.

여뀌나물은 길에서 자란다. 단지에는 지모가 있다. 알맞은 땔감으로 불을 때고 쌀알을 세어 가며 불을 때면 작은 것은 다스리는 것이 가하지만 큰 것은 다스리는 데는 불가한 것이다.

둥근 것을 그리는 데는 컴퍼스(그림쇠)가 알맞고 사각을 그리는 데는 곱자가 알맞다. 움직이면 짐승의 무리를 이루고 중지시키면 문채가 이루어진다. 춤을 추어 기쁘게 하는 것은 가하지만 군사로 진陳을 이루게 하는 것은 불가한 것이다.

잔을 씻어서 마시고 작爵을 씻어서 마시며 손을 씻은 뒤에 식사를 한다. 이것은 적은 사람을 기르는 데는 좋지만 많은 사람을 접대하는 것은 불가한 일이다.

제사를 지내는 데 있어서는 죽여서 가르고 삶아서 죽이며 개는 가죽을 벗기고 돼지는 털을 불태워 오미五味로 공평하게 조화시키는 자는 요리사이다. 보궤簠簋를 진열하고 술잔과 조두를 진열하고 변두籩豆를 설치하는 자는 축관이다. 바르고 밝게 해 성대한 복장을 하고 침묵해 말을 하지 않고 신령의 자리에 의지하는 자는 시동尸童이다.

요리사나 축관이 비록 능하지 못하더라도 시동이 술잔이나 조두를 대신해 놓는 월권을 하지는 않는다. 그러므로 비파를 연주하는 자는 소현小絃은 팽팽하게 하고 대현大絃은 느슨하게 한다.

일을 진행하는데 천한 자는 수고롭고 귀한 자는 편안하다.

순舜임금이 천자天子가 되어서 다섯 줄의 거문고를 타며 남풍南風의 시를 노래하며 천하를 다스렸다.

주周나라의 주공단周公旦은 술안주를 앞에서 치우지 않고 음악을 중지하지 않았는데도 사방의 오랑캐들이 복종했다.

진秦나라의 조정(趙政: 진시황)은 낮에는 옥사를 판결했고 밤에는 문서를 처리했다. 어사御史들은 줄을 이어 군현郡縣으로 가서 조사해 아뢰게 하고 지연되는 것을 독촉했다. 오령五嶺에 수자리를 두고 월越나라에 대비했고 만리장성을 쌓아서 호胡를 방비하게 했다. 그러나 간사한 것이 싹트고 도적들이 떼 지어 살며 일은 더욱 번거로워지고 어지러운 것은 더욱 더했다. 그러므로 법이란 것은 다스림을 하기 위한 도구이지 다스려지기 위한 것은 아닌 것이다. 마치 활과 화살은 적중시키기 위한 도구이지 적중이 되는 것은 아닌 것과 같은 것이다.

황제黃帝가 말하기를 "아득하고 까마득한 것은 하늘의 위엄을 따르고 원元과 더불어 기를 함께한다."라고 했다.

그러므로 기를 함께한 자는 제帝가 되고, 의를 함께한 자는 왕王이 되고, 힘을 함께한 자는 패자霸者가 되며 한 가지도 함께하지 못한 자는 망하는 것이다.

군주가 국가를 정벌할 뜻을 두면 고을의 개들이 무리지어 짖어대고 수탉이 초저녁에 울고 창고의 병기가 움직이고 병마兵馬는 놀라 동요하게 된다.

오늘날에는 원한을 풀고 전쟁을 하지 않으며 집안의 노인들은 단잠을 자고 거리에는 사람들이 모이지 않는다. 요상한 재앙이 발생하지 않고 법이 아니라도 응하며 정기가 움직이고 있다. 그러므로 말하지 않아도 믿고 베풀지 않아도 인仁하고 노여워하지 않아도 위엄이 있다. 이것은 하늘의 마음이 감동해 변화했기 때문이다.

베풀면 인仁하고 말하면 믿고 노여워하면 위엄이 있다. 이것은 정성이 감응했기 때문이다. 베풀어도 인仁하지 않고 말해도 믿지 않고 노여워해도 위엄이 서지 않는다. 이것은 외모만으로 했기 때문이다.

그러므로 도道를 두어서 거느리면 법이 비록 적더라도 족히 변화하는 것이다. 도 없이 행동하면 법이 비록 많더라도 어지러워지는 것이다.

몸을 다스리는 최상은 신神을 기르는 것이고, 그 다음은 형체를 기르는 것이다.

국가를 다스리는 최상은 변화를 기르는 것이고, 그 다음은 법을 바르게 하는 것이다. 정신이 맑아지고 뜻이 공평해지면 모든 관절이 편안해 성性의 근본이 길러지는 것이다.

피부를 윤택하게 하고 배를 채우고 기욕을 제공하는 것은 삶의 말단을 기르는 것이다.

백성들이 서로 사양하고 낮은 곳에 처하기를 다투며 이로운 것을 다투어 작은 것을 받기를 원하며 힘써 일하는데 힘든 곳으로 나아가려고 다투고 날마다 변화해 위로부터 선으로 옮기되 그러하는 바를 알지 못하는 것이다. 이것이 다스림의 최상이다.

상을 이롭게 여기고 선을 권장하며 형벌을 무서워하고 나쁜 일을 하지 않으며 법령이 위에서 바르고 백성들이 아래에서 복종한다. 이것이 다스림의 말단이다.

상고 시대에는 근본을 양성했고 말세末世에는 말단에 힘썼다. 이것이
태평 시대가 일어나지 않는 이유이다.

다스리고자 하는 군주가 세상에 나오지 않으면 가히 더불어 다스림을
일으키고자 하는 신하는 만 명에 한 명도 없는 것이다. 만 명에 한
명이라도 세상에 나오지 않는 것을 구하는 것, 이것은 천 년에 한
번도 만나지 못할 일이다.

夫事碎難治也 法煩難行也 求多難瞻也 寸而度之 至丈必差 銖而稱之
至石必過 石秤丈量 徑而寡失 簡絲數米[1] 煩而不察 故大較易爲智 曲辯
難爲慧 故無益於治 而有益於煩者 聖人不爲 無益於用 而有益於費者
智者弗行也 故功不厭約 事不厭省 求不厭寡 功約易成也 事省易治也
求寡易瞻也 衆易之 於以任人 易矣 孔子曰 小辯破言 小利破義 小藝破
道 小見不達 必簡 河以逶蛇 故能遠 山以陵遲 故能高 陰陽無爲 故能和
道以優游 故能化 夫徹於一事 察於一辭 審於一技 可以曲說而未可廣
應也 蓼菜成行 甌臾有蔂[2] 稱薪而爨 數米而炊 可以治小 而未可以治大
也 員中規 方中矩 動成獸 止成文 可以愉舞 而不可以陳軍 滌盃而食
洗爵而飲 盥而後饋 可以養少 而不可以饗衆 今夫祭者 屠割烹殺 剝狗
燒豕 調平五味者 庖也 陳簠簋[3] 列樽俎 設邊豆者 祝也 齊明盛服 淵默而
不言 神之所依者 尸也 宰祝雖不能 尸不越樽俎而代之 故張瑟者 小絃
急而大絃緩 立事者 賤者勞而貴者逸 舜爲天子 彈五絃之琴 歌南風之
詩[4] 而天下治 周公肴臑[5]不收於前 鐘鼓不解於懸 而四夷服 趙政[6]晝決獄
而夜理書 御史冠蓋[7]接於郡縣 覆稽趨留 戍五嶺以備越 築脩城以守胡
然姦邪萌生 盜賊群居 事愈煩而亂愈生 故法者 治之具也 而非所以爲

治也 而猶弓矢中之具 而非所以中也 黃帝曰 芒芒昧昧[8] 因天之威 與元同氣 故同氣者帝 同義者王 同力者霸 無一焉者亡 故人主有伐國之志 邑犬群噑[9] 雄雞夜鳴 庫兵動而戎馬[10]驚 今日解怨偃兵 家老甘臥 巷無聚人 妖菑不生 非法之應也 精氣之動也 故不言而信 不施而仁 不怒而威 是以天心動化者也 施而仁 言而信 怒而威 是以精誠感之者也 施而不仁 言而不信 怒而不威 是以外貌爲之者也 故有道以統之 法雖少 足以化矣 無道以行之 法雖衆 足以亂矣 治身 太上養神 其次養形 治國 太上養化 其次正法 神淸志平 百節皆寧 養性之本也 肥肌膚 充腸腹 供嗜慾 養生之末也 民交讓爭處卑 委利爭受寡 力事爭就勞 日化上遷善 而不知其所以然 此治之上也 利賞而勸善 畏刑而不爲非 法令正於上 而百姓服於下 此治之末也 上世養本 而下世事末 此太平之所以不起也 夫欲治之主不世出 而可與興治之臣不萬一 以萬一求不世出 此所以千歲不一會也

※

1 簡絲數米(간사수미): 실을 뽑으며 쌀알을 세다. 곧 두 가지 모두 잘 안 되고 할 수도 없다.

2 蓼菜成行甌甌有蓲(요채성행변구유시): 요채蓼菜는 여뀌나물. 성행成行은 길에 있는 것. 변구甌甌는 조그마한 단지. 시蓲는 풀 또는 지모知母라고 했다. 무슨 뜻인지 잘 이해되지 않는다.

3 簠簋(보궤): 제기의 일종. 보簠는 사각의 제기. 궤簋는 둥근 제기.

4 南風之詩(남풍지시): 태평 시대를 읊은 노래의 뜻.

5 肴臑(효노): 좋은 안주의 뜻.

6 趙政(조정): 진시황을 뜻한다.

7 冠蓋(관개): 줄을 잇다. 계속되다의 뜻.

8 芒芒昧昧(망망매매): 망망芒芒은 넓은 모양. 매매昧昧는 침침한 모양.

9 邑犬群噑(읍견군호): 마을의 개가 무리로 짖다.

10 戎馬(융마): 병마兵馬의 뜻.

9. 물의 본성은 온순하고 맑다

물의 본성本性은 온순하면서도 맑다. 깊은 산골에서 나오는 물에는 청태靑苔가 자란다. 그의 본성을 다스리지 못했기 때문이다. 그 흐르는 곳을 파서 깊게 해주고 그 무너진 곳을 쌓아서 높게 해주어 물의 형세에 따라 흐르게 하고 흐름을 타서 내려가게 하면 비록 썩고 삭은 뼈가 흘러들어 점점 흘러가는데 있더라도 능히 더럽혀지지 않는 것이다. 그것은 물의 성질이 달라서가 아니라 통하는가 통하지 않는가의 차이인 것이다.

풍속도 이와 같은 것이다. 진실로 그 선한 뜻을 터주고 그 사특한 마음을 막아 주고 그 선한 도를 열어서 그 간사한 길을 막아 함께 하나의 도를 나가게 하면 백성들의 본성이 선해지고 풍속이 아름다워지는 것이다.

의사인 편작扁鵲을 귀하게 여기는 바는 그가 병에 따라 약을 조절한 것을 귀하게 여기는 것이 아니다. 맥을 짚어 보고 혈맥의 흐름으로 질병이 생긴 원인을 알아내는 것을 귀하게 여긴 것이다.

성인聖人을 귀하게 여기는 것은 죄에 따라 형벌을 식별하는 것을 귀하게 여기는 것이 아니다. 그 어지러운 것이 일어난 원인을 알아내는 것을 귀하게 여기는 것이다.

만약 그 풍속을 닦지 않고 음란하고 사벽한 것을 방종하고 이에 형벌로만 따르게 하고 법만을 잣대로 삼는다면 법이 비록 천하에 죄

있는 자를 해친다고 하더라도 능히 금지시키지 못할 것이다.

우禹는 하나라를 창업한 왕이 되었고 걸桀은 하나라를 멸망시켰다. 탕湯은 은나라를 창업한 왕이 되었고 주紂는 은나라를 멸망시켰다. 법도가 존재하지 않은 것이 아니라 기강이 펴지지 못하고 풍속이 무너졌기 때문이다.

삼대(三代: 하, 은, 주)의 법이 없어지지 않았으나 세상이 다스려지지 않은 것은 삼대의 지혜가 없었기 때문이다. 육률(六律: 음악)이 함께 존재하는데도 능히 듣지 못하는 것은 사광師曠과 같은 귀가 없었기 때문이다.

법이 비록 존재하나 반드시 성인을 기다린 뒤에 다스려지는 것이고 음률音律이 비록 갖추어졌으나 반드시 사광과 같은 귀를 기다린 뒤에야 듣게 되는 것이다.

국가가 존재하는 바는 법이 있어서가 아니라 현인이 존재했기 때문이고, 국가가 망하는 바는 법이 없어서가 아니라 현인이 없었기 때문이다.

진晉나라의 헌공獻公이 우虞나라를 정벌하고자 하는데 우나라에는 궁지기宮之奇가 존재했다. 이에 헌공이 잠을 자도 자리가 편안하지 못했고 먹어도 맛있게 먹지 못했고 감히 군사를 보낼 수도 없었다. 보배로운 옥과 준마駿馬를 뇌물로 보냈다. 우나라의 궁지기가 간했지만 우공이 듣지 않았고 그의 말을 들어 주지도 않았다. 궁지기가 국경을 넘어서 떠나자 진晉나라의 순식荀息이 우나라를 정벌했다. 군사들이 칼에 피를 묻히지도 않았는데 전쟁이 끝났고 보배로운 옥과 준마를 이끌고 떠났다. 그러므로 수비는 성의 참호가 견고해지기를 기다리지 않고 공격은 성에 충돌시키는 무기를 기다리지 않고 함락시키는 것이다. 어진 이를 얻느냐 어진 이를 잃느냐의 차이에 있는 것이다. 그러므로 장무중臧武仲은 그의 지혜로 노로魯나라를 존속시켰으며 천하에서는 멸망시키지 못했다.

거백옥璩伯玉은 그의 인仁으로 위위衛나라를 편안케 했고 천하에서는 위태하게 만들지 못했다.

『주역』의 풍괘豊卦 상륙上六의 효사에 '그 가옥을 성대하게 하고 그 집을 덮은 것이다. 그 집 안을 엿보니 조용하고 사람도 없네.'라고 했다. '사람이 없다.'라고 한 것은 백성들이 없는 것이 아니다. 성인聖人으로서 다스려 거느릴 자가 없다는 것을 말한 것이다.

水之性 淖以淸 窮谷之汙 生以靑苔 不治其性也 掘其所流而深之 茨其所決[1]而高之 使得循勢而行 乘衰而流 雖有腐骼流漸[2] 弗能汙也 其性非異也 通之與不通也 風俗猶此也 誠決其善志 防其邪心 啓其善道 塞其姦路 與同出一道 則民性可善 而風俗可美也 所以貴扁鵲[3]者 非貴其隨病而調藥 貴其應息脈血 知病之所從生也 所以貴聖人者 非貴隨罪而鑒刑也 貴其知亂之所由起也 若不脩其風俗 而縱之淫辟 乃隨之以刑 繩之以法 法雖殘賊 天下弗能禁也 禹以夏王 桀以夏亡 湯以殷王 紂以殷亡 非法度不存也 紀綱不張 風俗壞也 三代之法不亡 而世不治者 無三代之智也 六律具存 而莫能聽者 無師曠之耳也 故法雖在 必待聖而後治 律雖具 必待耳而後聽 故國之所以存者 非以有法也 以有賢人也 其所以亡者 非以無法也 以無賢人也 晉獻公欲伐虞 宮之奇[4]存焉 爲之寢不安席 食不甘味 而不敢加兵焉 賂以寶玉駿馬 宮之奇諫而不聽 言而不用 越疆而去 苟息伐之 兵不血刃 抱寶牽馬而去 故守不待渠壍[5]而固 攻不待衝降而拔 得賢之與失賢也 故臧武仲[6]以其智存魯 而天下莫能亡也 璩伯玉[7]以其仁寧衛 而天下莫能危也 易曰 豊其屋 蔀其家 窺其

戶 閼其無人者 非無衆庶也 言無聖人以統理之也

＊

1 茨其所決(자기소결) : 그 터진 곳을 쌓다.

2 腐髊流漸(부자류점) : 부자腐髊는 썩은 뼈의 오물. 유점流漸은 물이 흐르다.
점漸은 수水의 뜻과 같다.

3 扁鵲(편작) : 춘추시대의 명의.

4 宮之奇(궁지기) : 춘추시대 우虞나라의 현신.

5 渠壍(거참) : 성의 해자.

6 臧武仲(장무중) : 노魯나라의 신하.

7 璩伯玉(거백옥) : 거백옥蘧伯玉으로 위나라의 신하.

10. 공자의 제자는 3천 명이었다

백성들이 염치가 없으면 다스릴 수가 없다. 예의를 닦지 않으면 염치가
세워지지 않는다. 백성들이 예의를 알지 못하면 법이 능히 바르게
되지 않는다.

선을 높이고 추한 것을 없애지 않는다면 예의로 향하지 않는다.

법이 없으면 다스릴 수 없다. 예의를 알지 못하면 법을 행할 수
없다. 법으로 불효자를 죽일 수는 있지만 사람들에게 공자孔子나 증자曾
子와 같은 행동을 하라고 시키지는 못한다.

법으로 도둑들을 처형시키는 것은 가능하지만 사람들에게 백이伯夷
처럼 청렴하라고 시키지는 못한다.

공자의 달통한 제자는 70여 명인데 기르는 문도는 3천 명이었다.
모두 집에 들어가서는 효도하고 밖에 나와서는 어른에게 공손했다.
말은 문장이 되었고 행동은 의표儀表가 되었다. 가르침이 이루어진

것이다.

묵자는 그 밑에서 지휘를 받아 일한 자가 1백80여 명이었다. 모두에게 불 속으로 뛰어들고 칼날을 밟고 죽음에 이르러도 발길을 돌려 뒤로 물러나지 않게 했는데 교화로 이루어진 바이다.

살갗에 문신을 하기 위해 피부를 바늘로 찔러서 상처를 내고 피를 흘리는 것은 지극히 어려운 일이다. 그러나 월越나라에서는 문신을 해 영예를 구하고자 했다.

성왕聖王이 제위에 있을 때는 좋아하는 것과 싫어하는 것을 밝혀서 보이고 꾸짖는 것과 칭찬하는 것을 다스려서 인도하고 어진 이를 가까이 해 진출시키고 불초한 이를 천히 여겨서 퇴출시킨다. 이에 상처를 입고 피를 흘리는 고통은 없고 세상에서 뛰어난 명예와 높이 나타나는 명예만이 있게 될 것이다. 백성들이 어느 누구인들 따르지 않겠는가?

옛날에는 법이 베풀어져도 범하지 않았고 형벌은 방치해 사용되지 않았다. 이는 처형할 것을 처형하지 않았던 것이 아니다. 모든 관리들은 오직 제때에 하고 모든 공적이 빛났으며 예의가 닦이고 어진 이를 얻어서 등용했다. 그러므로 천하의 뛰어난 인재를 등용해 삼공三公으로 삼았다. 한 나라의 뛰어난 인재를 구경九卿으로 삼았다. 한 현縣의 뛰어난 인재를 27명의 대부大夫로 삼았다. 한 고을의 뛰어난 인재를 81명의 원사元士로 삼았다. 그러므로 지혜가 1만 사람 중에서 뛰어난 자를 영英이라고 이르고, 1천 사람 가운데 뛰어난 자를 준俊이라고 이르고, 1백 사람 가운데 뛰어난 자를 호豪라고 이르고, 10명 가운데 뛰어난 자를 걸傑이라고 이른다.

하늘의 도에 통달하고 땅의 이치를 살피며 사람의 정에 통달하고 거대하게 백성들을 용납하는데 족하다. 덕은 멀리까지 품는데 족하고 믿음은 다른 것들을 하나로 하는데 족하다. 지혜는 변화할 줄을 아는데 족한 자를 사람의 영英이라고 한다.

덕은 교화시키는데 족하고 행동은 의를 숨기는데 족하고 인仁은 백성들을 얻는데 족하고 밝은 것은 아래를 비추어 주는데 족한 자를 사람의 준俊이라고 한다.

행동은 의표가 되는데 족하고 지혜는 혐의를 판단하는데 족하다. 청렴한 것은 재물을 나누어 주는데 족하고 신용은 약속을 지키게 하는데 족하고 일을 만드는 것을 법으로 하고 말을 하는 것을 도道로써 하는 자를 사람의 호豪라고 한다.

직분을 지켜 무너뜨리지 않고 의에 처해 가까이하지 않고 어려운 것을 보고 구차하게 빠져나가려 하지 않는다. 이로운 것을 보고 구차하게 얻으려 하지 않는 자를 사람의 걸傑이라고 한다.

영英과 준俊과 호豪와 걸傑은 크고 작은 재목으로 그의 지위에 처해 그의 마땅한 것을 얻어 근본으로 말미암아 말(末: 끝)로 흘러 무거운 것으로 가벼운 것을 제재한다. 위에서 부르짖으면 아래에서 화답하고 위에서 통하면 아래에서 따라 한다. 온 천하의 안이 하나의 마음으로 함께 돌아가 탐욕스럽고 비루한 것에 등을 돌리고 의리로 향한다. 이에 그 백성들을 교화시키는 것은 마치 바람이 풀과 나무를 흔드는 것과 같아 쓰러지지 않는 것이 없을 것이다.

지금 어리석은 자로 하여금 지혜로운 자를 가르치게 하고 불초不肖한 자로 하여금 어진 이에게 군림하게 한다면 비록 형벌을 엄하게 하더라도 백성들은 따르지 않을 것이다.

작은 것은 능히 큰 것을 제재하지 못하고 약한 것은 능히 강한 것을 부리지 못한다. 그러므로 성스런 군주는 어진 이를 등용해 공로를 세우게 하고 불초不肖한 군주는 자신과 함께하는 자를 등용하는 것이다.

주周나라의 문왕文王은 태공망太公望과 소공석召公奭을 등용해 왕이 되었다. 제齊나라의 환공桓公은 관중管仲과 습붕隰朋을 임명해 패자霸者가 되었다. 이것이 어진 이를 등용해 공로를 세우게 한 것이다.

오吳나라의 왕 부차夫差는 태재비太宰嚭를 등용해 멸망했고, 진秦나라에서는 이사李斯와 조고趙高에게 정사를 맡겨 멸망했다. 이러한 것이 함께하는 자를 등용한 것이다.

그러므로 그 등용된 바를 관찰하면 다스려진 것과 어지러워진 것을 가히 살필 수 있고 그 함께한 당黨을 살펴보면 현명한 자와 불초한 자를 논할 수 있는 것이다.

民無廉恥 不可治也 非脩禮義 廉恥不立 民不知禮義 法弗能正也 非崇善廢醜 不向禮義 無法不可以爲治也 不知禮義 不可以行法 法能殺不孝者 而不能使人爲孔曾之行 法能刑竊盜者 而不能使人爲伯夷之廉 孔子弟子七十 養徒三千人[1] 皆入孝出悌 言爲文章 行爲儀表 敎之所成也 墨子服役者百八十人[2] 皆可使赴火蹈刃 死不還踵 化之所致也 夫刻肌膚 鑱皮革 被創流血 至難也 然越爲之以求榮[3]也 聖王在上 明好惡以示之 經誹譽以導之 親賢而進之 賤不肖而退之 無被創流血之苦 而有高世尊顯之名 民孰不從 古者法設而不犯 刑錯而不用 非可刑而不刑也 百工維時 庶績咸熙[4] 禮義脩而任賢得也 故舉天下之高 以爲三公 一國之高 以爲九卿 一縣之高 以爲二十七大夫 一鄕之高 以爲八十一元士 故智過萬人者謂之英 千人者謂之俊 百人者謂之豪 十人者謂之傑 明於天道 察於地理 通於人情 大足以容衆 德足以懷遠 信足以一異 知足以知變者 人之英也 德足以敎化 行足以隱義 仁足以得衆 明足以照下者

人之俊也 行足以爲儀表 知足以決嫌疑 廉足以分財 信可使守約 作事
可法 出言可道者 人之豪也 守職而不廢 處義而不比 見難不苟免 見利
不苟得者 人之傑也 英俊豪傑 各以小大之材處其位 得其宜 由本流末
以重制輕 上唱而民和 上動而下隨 四海之內 一心同歸 背貪鄙而向義
理 其於化民也 若風之搖草木 無之而不靡 今使愚敎知 使不肖臨賢
雖嚴刑罰 民弗從也 小不能制大 弱不能使强也 故聖主者 舉賢以立功
不肖主舉其所與同 文王舉太公望召公奭⁵而王 桓公任管仲隰朋⁶而霸
此舉賢以立功也 夫差用太宰嚭而滅 秦任李斯趙高⁷而亡 此舉所與同
故觀其所舉 而治亂可見也 察其黨與 而賢不肖可論也

※

1 孔子弟子七十養徒三千人(공자제자칠십양도삼천인): 공자孔子의 제자는
득도한 사람이 70명이었고 모든 제자의 수는 3천 명이었다는 뜻. 실제 득도한
자는 72명이다.

2 墨子服役者百八十人(묵자복역자백팔십인): 묵자는 그를 따라 일을 배워
복종하는 자가 1백80명이나 되었다는 뜻.

3 越爲之以求榮(월위지이구영): 월越나라에서는 용의 문신을 하는 것을 영광
으로 여겼다.

4 百工維時庶積咸熙(백공유시서적함희): 백공百工은 모든 관리. 유시維時는
제때에 하다. 서적庶積은 모든 공적. 함희咸熙는 모두 빛나다.

5 召公奭(소공석): 주나라 문왕의 신하.

6 隰朋(습붕): 제나라의 대부이며 환공의 신하.

7 李斯趙高(이사조고): 이사李斯는 초나라의 상채上蔡 사람. 진시황秦始皇의
객경客卿이 되어 시황제를 도와 천하를 통일시키고 군현제郡縣制를 창립했다.
2세 황제 때 참소를 당해 처형되었다. 조고趙高는 진秦나라의 환관. 옥법獄法
과 사서史書에 능하고 힘이 장사였다. 시황제가 죽자 조서를 위조해 장자
부소扶蘇를 죽이고 차자인 호해胡亥를 세워 승상이 되고 이사를 모함해 살해했

다. 또다시 2세인 호해마저 죽였다. 자영子嬰을 옹립하고 다시 자영을 살해하려다 자영에게 발각되어 삼족이 멸했다.

11. 굽히는 것은 펴기 위한 것이다

성인이 굽히는 것은 펴기 위한 것이며 굽히는 것은 바르게 하기를 구한 것이다. 그러므로 비록 사벽한 길로 나가고 어두운 길로 행했더라도 장차 대도大道를 곧게 하고 대공大功을 성취하려고 하는 것이다. 마치 숲 속에서 나오려면 곧은길을 걸을 수가 없고 물에 빠진 자를 구하려면 발을 적시지 않을 수가 없는 것과 같은 것이다.

은殷나라의 이윤伊尹이 천하가 다스려지지 않는 것을 근심해 오미五味를 조화시키려고 솥과 도마를 지고 다니면서 다섯 번이나 걸왕桀王에게 나아갔고, 다섯 차례나 탕왕湯王에게 나아갔다. 장차 탁한 것을 맑게 하고 위태한 것을 편안하게 하고자 했던 것이다.

주공周公이 주周 왕실의 고굉股肱으로서 성왕成王을 보좌했는데 관숙과 채숙이 주왕의 아들인 공자公子 녹보祿父를 받들고 반란을 일으켰다. 이에 처단하고 천하를 안정시킨 것은 인연상 부득이한 것이었다.

관자(管子: 管仲)는 주 왕실이 권위가 낮고 제후들은 힘으로 정벌을 일삼아 오랑캐들이 중국을 정벌해 백성들이 편안하게 삶을 얻지 못하는 것을 근심했다. 그러므로 죄인의 신분인 치욕도 감수하고 죽지 않고 장차 있을 오랑캐들의 우환을 걱정하고 이적(夷狄: 오랑캐)의 어지러운 것을 평정하고자 했던 것이다.

공자孔子는 왕도王道를 행하고자 해 동서남북으로 70여 차례나 유세를 했으나 짝할 만한 군주가 없었다. 그러므로 위衛나라 영공의 부인인

남자南子와 미자하彌子瑕에게 부탁해 그 도를 통하고자 했다. 이것은 모두 험난한 것을 평정하고 더러운 것들을 제거하고자 해 어둡고 어두운 곳으로 말미암아 밝고 밝은 곳으로 이르게 하고 권도權道를 움직여 선善으로 통솔하고자 했던 것이다.

쫓는 자는 그가 돌아오는 것을 관찰하고 행하는 자는 그의 끝마치는 것을 살피는 것이다. 순임금이 동생인 상象을 추방하고 주공이 형을 살해한 것은 오히려 인仁하다고 여겼다.

진晉나라의 문공文公이 쌀을 심었고 증자曾子는 양羊을 매어 놓았지만 오히려 지혜롭다고 여겼다.

지금의 세상에는 더러운 것은 반드시 선에 의탁하고 스스로 해명을 하고, 사특한 것은 반드시 바른 것을 무릅쓰고 스스로 피하려고 한다.

유람하는 데는 국가를 논하지 않고, 벼슬하는 데는 관직을 가리지 않고, 행동하는 데는 더러운 것을 피하지 않으면서 그것을 '이윤지도伊尹之道'라고 이른다.

서로 갈라질 때에는 재산을 다투고 친척과 형제가 원한을 맺고 골육骨肉 간에 서로 해치면서 '주공지의周公之義'라고 이른다.

행동하는 데에는 염치가 없고 치욕을 당하고도 죽지 않으면서 '관자지추管子之趨'라고 이른다.

뇌물을 주고 권세 있는 집안에 나아가고 사사로운 것을 세우고 공적인 것을 폐지하며, 널리 친하고 용모를 취하고서 '공자지술孔子之術'이라고 이른다.

이러한 것은 군자君子나 소인小人들이 분연紛然히 뒤섞여 그것이 옳은지 그른지를 알지 못하는 것이다. 그러므로 모든 개울이 나란히 흘러도 바다로 쏟아지지 않는 것이라면 시내와 골짜기가 되지 못한다.

달려가고 발소리를 죽여 달리면서도 선을 되돌아보지 않는 자는 군자君子가 되지 못한다. 그러므로 좋은 말이란 가히 행할 곳으로 돌아가고 좋은 행실이란 인의로 돌아가는 것이다.

夫聖人之屈者 以求伸也 枉者以求直也 故雖出邪辟之道 行幽昧之塗 將欲以直大道 成大功 猶出林之中 不得直道 拯溺之人 不得不濡足也 伊尹憂天下之不治 調和五味 負鼎俎而行[1] 五就桀 五就湯 將欲以濁爲淸 以危爲寧也 周公股肱周室[2] 輔翼成王 管叔蔡叔奉公子祿父而欲爲亂 周公誅之以定天下 緣不得已也 管子憂周室之卑 諸侯之力征 夷狄伐中國 民不得寧處 故蒙恥辱而不死 將欲以憂夷狄之患 平夷狄之亂也 孔子欲行王道 東西南北 七十說而無所偶 故因衛夫人彌子瑕[3]而欲通其道 此皆欲平險除穢 由冥冥至炤炤 動於權而統於善者也 夫觀逐者於其反也 而觀行者於其終也 故舜放弟 周公殺兄 猶之爲仁也 文公樹米 曾子架羊[4] 猶之爲知也 當今之世 醜必託善以自爲解 邪必蒙正以自爲辟 遊不論國 仕不擇官 行不辟汙 曰伊尹之道也 分別爭財 親戚兄弟構怨 骨肉相賊 曰周公之義也 行無廉恥 辱而不死 曰管子之趨也 行貨賂 趣勢門 立私廢公 比周而取容 曰孔子之術也 此使君子小人 紛然淆亂 莫知其是非者也 故百川竝流 不注海者不爲川谷 趨行蹐馳 不歸善者不爲君子 故善言歸乎可行 善行歸乎仁義

※

1 負鼎俎而行(부정조이행): 은殷나라의 이윤이 솥과 도마를 지고 벼슬을 하러 다녔다는 뜻. 이윤이 70번이나 탕왕에게 유세를 했으나 등용되지 못했는데 솥과 도마를 지고 오미五味를 조화시키자 겨우 등용되었다는 뜻.

2 股肱周室(고굉주실): 주나라의 원로대신이라는 뜻.

3 衛夫人彌子瑕(위부인미자하): 위부인衛夫人은 위나라 영공의 부인 남자南
子. 미자하彌子瑕는 위나라의 총애를 받는 신하.

4 文公樹米曾子架羊(문공수미증자가양): 진晉나라의 문공이 벼가 아닌 쌀을
심었고 증자가 양을 매어 놓았다는 것. 곧 지혜롭지 못한 일을 뜻한다.

12. 다스림의 근본은 편안케 하는 데 있다

전자방田子方과 단간목段干木은 작위와 녹봉을 가볍게 여기고 그 자신
을 중하게 여겼다. 이에 그들은 욕심 때문에 생명을 손상시키지 않았고
이익 때문에 몸에 누를 끼치지 않았다.

이극李克은 고굉(股肱: 重臣)으로서 힘을 다해 모든 관리들을 다스려
거느리고 모든 백성을 화목하게 했다. 군주가 살아 있을 때는 사업을
무너뜨리지 않았고 죽은 뒤에도 군주가 걱정거리를 남기지 않게 했다.
이것은 행동은 달랐지만 선으로 돌아간 것들이다.

장의張儀와 소진蘇秦은 집은 일정한 거처가 없었고 몸에는 정해진
군주가 없었다. 그러나 합종책合縱策과 연횡책連衡策을 맺게 하고 국가
를 전복시키려는 계책으로 삼았다. 이에 홀로 천하를 어지럽혔고 제후
들을 어지럽게 흔들고 백성들이 삶을 편안하게 안주할 겨를이 없게
했다. 혹은 합종책으로 혹은 연횡책으로 하고 혹은 여러 약소국을
연합시키고 혹은 부강한 국가를 원조케 했다. 이러한 것은 행동은
달리했지만 추악한 것으로 귀착케 한 것이다.

그러므로 군자의 과실은 마치 해와 달이 일식을 하고 월식을 하는
것과 같은데 무엇이 밝은 것을 해치겠는가?

소인小人이 옳다고 하는 것은 마치 개가 대낮에만 짖고 올빼미가

밤에만 보는 것과 같은 것이다. 무엇이 선善에 보탬이 되겠는가?

지혜로운 자는 망령되게 발동하지 않고 선을 가려서 행동하고 의義를 계산해서 행동한다. 그러므로 일이 성취되면 공로에 의지하는 것이 족하고 자신이 죽더라도 명예가 일컬어지면 족하다.

비록 지혜와 능력이 있더라도 반드시 인의를 근본으로 삼은 연후에 가히 설 수 있는 것이다.

지혜와 능력이란 더딘 것과 신속한 것이 있어서 온갖 사업을 함께 시행하지만 성인이란 한결같이 인의를 표준으로 삼는 것이다. 이에 알맞은 자를 군자君子라고 이르고 알맞지 않는 자를 소인小人이라고 이른다.

군자는 비록 사망하더라도 그의 명예는 멸하지 않고 소인은 비록 세력을 얻더라도 그 죄는 제거되지 않는 것이다.

가령 사람에게 왼손으로 천하의 도판圖版을 쥐고 오른손으로 목을 찌르라고 한다면 어리석은 자라도 하지 않을 것이다. 자신이 천하보다도 귀하기 때문이다. 그러나 군주나 어버이가 난難으로 죽을 때는 죽음을 마치 집으로 돌아가는 것처럼 보는데 이것은 의義를 자신보다 중하게 여기기 때문이다.

천하는 크게 이로운 것이지만 자신에게 비교한다면 작은 것이고 자신은 중요하지만 의에 비교한다면 가벼운 것이다. 의義란 완전한 것이기 때문이다.

『시경』대아 한록편旱麓篇의 시에는 '점잖으신 군자여. 복을 구함이 사특하지 않네.'라고 했다. 이것은 신의信義를 표준으로 삼는 것을 말하고 있는 것이다.

패자霸者와 왕자王者의 사업을 이루고자 하는 자는 반드시 싸워서 이기는 자이다. 능히 싸워서 이기는 자는 반드시 강한 자이다. 능히 강한 자는 반드시 사람의 힘을 사용하는 자이다. 능히 사람의 힘을 사용하는 자는 반드시 사람의 마음을 얻는 자이다. 능히 사람의 마음을 얻는 자는 반드시 스스로를 얻는 자이다.

마음이란 몸의 근본이다. 몸이란 국가의 근본이다. 자신에게서 구하고 남에게서 잃은 자는 있지 않았다. 자신에게서 잃고 남에게 얻은 자는 있지 않았다.

다스림을 위한 근본은 힘써 백성들을 편안하게 하는 데 있다. 백성들을 편안하게 하는 근본은 사용하는 것을 만족시키는 데 있다. 사용하는 것을 만족시키는 근본은 농사의 철을 빼앗지 않는 데 있다. 농사의 철을 빼앗지 않는 근본은 일을 덜어 주는 데 있다. 일을 덜어 주는 근본은 절약해 쓰는 데 있다. 절약해 쓰는 근본은 본성으로 되돌아가는 데 있다.

그 근본을 흔들어 놓고 그 끝이 고요하고자 하고, 그 근원을 흐려 놓고 그 흐름을 맑게 하고자 하는 자는 있지 않았다.

그러므로 본성의 정情을 아는 자는 본성에 없는 것을 하는데 힘쓰지 않고 명命의 정情을 아는 자는 명命이 없는 바에 어찌할 것을 근심하지 않는 것이다.

궁실을 높이지 않는 것은 나무를 아껴서가 아니며 종鐘이나 솥[鼎]을 크게 만들지 않는 것은 쇠를 아껴서가 아니다. 다만 성性과 명命의 정을 행하면 제도가 만민의 법칙이 되기 때문이다.

田子方段干木[1]輕爵祿而重其身 不以欲傷生 不以利累形 李克[2]竭股肱之力 領理百官 輯穆萬民 使其君生無廢事 死無遺憂 此異行而歸於善

者 張儀蘇秦³ 家無常居 身無定君 約從衡之事 爲傾覆之謀 濁亂天下
撓滑諸侯 使百姓不遑啓居 或從或橫 或合衆弱 或輔富強 此異行而歸
於醜者也 故君子之過也 猶日月蝕 何害於明 小人之可也 猶狗之晝吠
鴟之夜見 何益於善 夫知者不妄發 擇善而爲之 計義而行之 故事成而
功足賴也 身死而名足稱也 雖有知能 必以仁義爲之本 然後可立也 知
能蹐馳⁴ 百事竝行 聖人一以仁義爲之準繩 中之者謂之君子 弗中者謂
之小人 君子雖死亡 其名不滅 小人雖得勢 其罪不除 使人左據天下之
圖 而右刎喉 愚者不爲也 身貴於天下也 死君親之難 視死若歸 義重於
身也 天下大利也 比之身則小 身所重也 比之義則輕 義所全也 詩曰
愷悌君子 求福不回 言以信義爲準繩也 欲成霸王之業者 必得勝者也
能得勝者 必強者也 能強者 必用人力者也 能用人力者 必得人心者也
能得人心者 必自得者也 故心者身之本也 身者國之本也 未有得己而失
人者也 未有失己而得人者也 故爲治之本 務在寧民 寧民之本 在於足
用 足用之本 在於勿奪時 勿奪時之本 在於省事 省事之本 在於節用
節用之本 在於反性 未有能搖其本而靜其末 濁其源而清其流者也 故知
性之情者 不務性之所無以爲 知命之情者 不憂命之所無奈何 故不高宮
室者 非愛木也 不大鐘鼎者 非愛金也 直行性命之情 而制度可以爲萬
民儀

※

1 田子方段干木(전자방단간목): 전자방과 단간목은 모두 전국시대 위魏나라
　　문후文侯의 신하.

2 李克(이극): 위나라 문후의 신하.

3 張儀蘇秦(장의소진): 장의와 소진은 전국시대의 변설가.

4 蹐馳(척치): 서서히 하고 빨리 하다의 뜻. 곧 지혜와 능력의 신속함과

더딤을 뜻한다.

13. 천하를 둔다는 것은 마음을 얻는 것이다

지금 눈은 다섯 가지의 색채를 기뻐하고, 입은 맛있는 음식을 씹고, 귀는 음란한 다섯 가지 소리의 음악에 빠진다. 일곱 구멍의 기능은 서로 다투어 그 성性을 해치며 날마다 사특한 욕심에 이끌리어 그의 몸을 경박하게 만든다.

몸을 조절해 능히 다스리지 못하면 천하는 어찌할 것인가? 스스로를 길러 그 절도를 얻게 되면 백성들을 길러 그 마음을 얻게 되는 것이다.

이른바 천하를 둔다는 것은 그 권력의 자리를 밟고 전적傳籍을 받고 천자라는 존호를 일컫는 것을 이른 것은 아니다. 천하의 힘을 운용해 천하의 마음을 얻는 것을 말하는 것이다.

주왕紂王의 땅은 왼쪽으로는 동해東海에, 오른쪽으로는 유사流沙에, 앞으로는 교지交趾에, 뒤로는 유도幽都에 달했으며 군사는 용관容關에서 일으켜 포수浦水에 이르렀고 군사들은 억만 하고도 만의 여유가 있었다.

그러나 모두가 화살을 거꾸로 해 쏘고 창을 옆에 놓고 싸웠다. 무왕이 왼손에는 누런 도끼를 쥐고 오른손에는 백모白旄의 깃발을 잡고 휘두르자 곧 와해되어 달아났다. 드디어 흙더미가 무너지듯 투항했다.

주왕紂王은 남면南面한 명성은 있었으나 한 사람의 덕은 없었다. 이 때문에 천하를 잃은 것이다. 그러므로 걸桀이나 주紂가 왕이 되지 못했고 탕왕湯王이나 무왕武王이 추방했다고 하지 않았다.

주周나라는 풍酆과 호鎬의 땅에 거처해 1백 리의 땅에 지나지 않았다.

그러나 목야牧野에서 주왕紂王 토벌의 뜻을 맹세하고 은나라로 쳐들어가 점거했다. 이에 성탕成湯의 사당에 알현하고 상용商容의 마을을 표表했으며 비간比干의 묘지를 봉분하고 갇혀 있던 기자箕子를 풀어주었다. 북채를 부러뜨리고 북을 찢어버리고 다섯 가지의 병기를 없앴다. 소와 말을 풀어 놓고 홀笏을 꽂고 조복을 입고 천하의 조회를 받았다.

백성들이 노래를 부르고 즐거워했으며 제후들이 새를 가지고 조회에 들었다. 이것은 백성들의 마음을 얻었기 때문이다.

오吳나라의 합려闔閭가 초나라를 정벌하는데 다섯 번을 싸워 초나라의 수도인 영郢으로 쳐들어갔다. 고부高府에 있는 곡식을 불사르고 구룡九龍의 종을 깨뜨리고 형(荊: 楚)나라의 평왕平王의 묘지를 파서 시체에 매를 치고 소왕昭王의 궁에 머물렀다. 소왕이 수隨 땅으로 달아나자 백성들과 부형들이 어린아이를 이끌고 노인을 부축하고 따랐다. 이에 서로를 인솔해 용맹스런 도둑들이 되어서 명령을 위반하면서까지 용기를 내 싸웠다. 이때에 졸병들을 인솔해 이끄는 장수도 없었는데 달려가 각자가 죽음에 이르면서까지 오나라의 군사를 물리쳐 다시 초나라의 땅을 회복했다.

초나라의 영왕靈王이 장화대章華臺를 짓고 건계乾谿 땅의 부역을 일으키자 안과 밖이 들고 일어나 시끄러워졌고 백성들이 피폐해졌다. 공자公子 기질弃疾이 백성들의 원성에 편승해 공자비公子比를 왕으로 세우자 백성들이 팔을 뿌리치고 떠났다. 영왕은 건계에서 굶주려 풀을 먹고 물을 마시며 흙덩이를 베개 삼다 죽었다.

초나라의 산천은 변하지 않았고 토지는 바뀌지 않았으며 백성들의 성품은 달라지지 않았지만 소왕昭王에게는 서로를 거느리며 따랐고 영왕에게서는 배반해서 떠났다. 소왕은 민심을 얻은 것이었고 영왕은 민심을 잃은 것이었다.

그러므로 천자가 도를 얻게 되면 수비하는 것이 사방의 오랑캐뿐이지만 천자가 도를 잃게 되면 제후까지도 수비해야 한다. 제후가 도를 얻게 되면 사방의 이웃만 수비하면 되지만 제후가 도를 잃게 되면 사방의 국경을 수비해야 한다.

탕왕은 박亳 땅의 70리에 거처했었고, 주나라의 문왕은 풍酆 땅의 1백 리에 거처했었는데도 모두 천하에 금지시키는 명령이 행해졌다.

주周나라가 쇠약해지자 융戎이 주周나라의 대부인 범백凡伯을 초구楚邱에서 공격하고 체포해 돌아갔다.

도를 얻게 되면 1백 리의 땅으로도 제후들에게 명령을 내리지만 도를 잃게 되면 천하라는 큰 지역을 가지고도 기주冀州의 융戎조차 두려워하게 된다.

그러므로 이르기를 '내가 빼앗지 못하는 것에 의지하지 말고 내가 빼앗기지 않는 것에 의지하라.'라고 했다.

가히 빼앗길 도를 행하면서 찬탈하고 시해하는 행동을 비난하는 것은 천하를 지탱하는데 보탬이 되지 않는 것이다.

今目悅五色 口嚌滋味 耳淫五聲 七竅交爭以害其性 日引邪欲而澆其身 夫調身弗能治 柰天下何 故自養得其節 則養民得其心矣 所謂有天下者 非謂其履勢位 受傳籍 稱尊號也 言運天下之力 而得天下之心 紂之地 左東海 右流沙 前交趾 後幽都 師起容關 至浦水 士億有餘萬 然皆倒矢 而射 傍戟而戰 武王左操黃鉞 右執白旄以麾之 則瓦解而走 遂土崩而 下 紂有南面之名[1] 而無一人之德 此失天下也 故桀紂不爲王 湯武不爲

放 周處酆鎬之地 方不過百里 而誓紂牧之野 入據殷國 朝成湯之廟
表商容之閭 封比干之墓 解箕子之囚 乃折枹毀鼓[2] 偃五兵 縱牛馬 搢笏[3]
而朝天下 百姓歌謳而樂之 諸侯執禽而朝之 得民心也 闔閭伐楚 五戰
入郢 燒高府之粟 破九龍之鐘[4] 鞭荊平王之墓[5] 舍昭王之宮[6] 昭王奔隨
百姓父兄 攜幼扶老而隨之 乃相率而爲致勇之寇 皆方命奮臂[7]而爲之
鬪 當此之時 無將卒以行列之 各致其死 卻吳兵 復楚地 靈王作章華之
臺 發乾谿之役[8] 外內搔動 百姓罷敝 弃疾乘民之怨而立公子比[9] 百姓放
臂而去之 餓於乾谿 食莽飮水 枕塊而死 楚國山川不變 土地不易 民性
不殊 昭王則相率而殉之 靈王則倍畔而去之 得民之與失民也 故天子得
道 守在四夷 天子失道 守在諸侯 諸侯得道 守在四鄰 諸侯失道 守在四
境 故湯處亳七十里 文王處酆百里 皆令行禁止於天下 周之衰也 戎伐
凡伯于楚邱以歸[10] 故得道則以百里之地令於諸侯 失道則以天下之大
畏於冀州[11] 故曰 無恃其不吾奪也 恃吾不可奪 行可奪之道 而非篡弒之
行 無益於持天下矣

※

1 南面之名(남면지명): 천자天子가 남면南面하고 앉아 있는 것을 뜻한다.
   곧 천자를 이름.

2 折枹毀鼓(절부훼고): 절부折枹는 북채를 꺾다. 훼고毀鼓는 북을 찢다.

3 搢笏(진홀): 조복의 대대大帶에 꽂는 것. 곧 조복을 입었다는 뜻.

4 高府之粟破九龍之鐘(고부지속파구룡지종): 고부高府는 창고의 이름. 구룡
   九龍은 초나라의 종鐘이 세워진 땅 이름.

5 鞭荊平王之墓(편형평왕지묘): 초나라 평왕의 묘에 오자서伍子胥가 아버지
   의 원수를 갚기 위해 회초리를 친 것.

6 舍昭王之宮(사소왕지궁): 오나라에서 초나라에 쳐들어가 왕의 침실이나
   대부의 집을 숙사로 쓴 것을 뜻한다.

7 方命奮臂(방명분비): 방명方命은 명령을 거역하다. 분비奮臂는 팔을 들어서
　분기하다.

8 靈王作章華之臺發乾谿之役(영왕작장화지대발건계지역): 영왕靈王은 초
　나라의 왕. 장화대章華臺는 엄청나게 큰 누대의 이름. 건계 땅에 궁전을
　새로 짓는 역사를 뜻한다.

9 公子比(공자비): 영왕의 형제이다.

10 戎伐凡伯于楚邱以歸(융벌범백우초구이귀): 융戎은 오랑캐. 범백凡伯은
　주周나라의 대부. 초구楚邱는 땅 이름.

11 冀州(기주): 땅 이름.

14. 천하보다도 크고 태산보다도 높은 것

무릇 사람이 살 수 있는 것은 의복과 음식 때문이다.

　지금 어두운 방안에 사람을 가두어 놓고 비록 고량진미를 대접하고
호화로운 비단옷을 입혀 주어도 즐거워하지 않을 것이다.

　눈으로 볼 수가 없고 귀로 들을 수가 없는데도 뚫어진 구멍으로라도
비가 떨어지는 것을 본다면 쾌연히 한탄할 것이다. 하물며 문을 열고
창문을 열어 놓고 어둡고 어두운 곳에서 밝고 밝은 것을 보는 데 있어서
랴! 또 어둡고 어두운 곳에서 밝고 밝은 것을 보기만 해도 오히려
즐겁기만 할 것인데 하물며 방을 나와서 당堂에 앉아 해와 달의 광채를
보는 데 있어서랴! 해와 달을 보는 것만으로도 무사하게 여기고 즐거운
것이거늘 하물며 태산泰山에 오르고 석봉石封을 밟으며 팔방을 바라보
고 천도天都는 일산과 같고 강수와 하수는 띠와 같은 것을 보는데
있어서 이겠는가? 또 하물며 만물이 그 사이에 있음에랴! 그 즐거움을
삼는 것이 어찌 대단하지 않겠는가?

귀머거리는 귀의 형태는 갖추고 있지만 들을 수 없다. 눈이 보이지 않는 자는 눈의 형태는 있지만 볼 수는 없다. 대개 말을 하는 것은 자기의 뜻을 남에게 통하게 하는 것이다. 듣는 것은 남이 자신과 통하는 것이다. 벙어리는 말을 하지 못하고 귀머거리는 듣지를 못한다.

이미 말을 하지 못하는 벙어리에 또한 귀까지 먹었다면 사람의 도를 통하지 못할 것이다. 그러므로 벙어리와 귀머거리의 병이 있는 자라면 비록 가산을 다 써서 없애더라도 의원을 구하고 그 비용의 허비를 돌아보지 않을 것이다. 어찌 홀로 형체에만 말하지도 못하고 듣지도 못하는 것이 있겠는가? 마음과 뜻에도 또한 있는 것이다.

손가락이 굽어 있으면 펴려고 애쓰지 않는 사람이 없건만 마음이 막히면 통하려고 하는 데는 힘쓸 줄을 모른다. 종류에 밝지 않기 때문이다.

여섯 가지 기예技藝의 넓고 높은 것을 관찰하고 도덕의 연심(淵深: 깊이)을 궁구해 위가 없는 데까지 통달하고 아래가 없는 데까지 이르게 한다. 다함이 없는 곳으로 운전하고 형태가 없는 곳까지 비상해 천하보다 넓고 태산보다도 높으며 강수나 하수보다도 부유하고 무한하게 통하게 한다. 소연昭然히 밝아 하늘과 땅 사이에 매어서 거스를 바가 없는 것을 자세히 관찰하게 한다. 어찌 거대하지 않겠는가?

사람들이 아는 것은 얕은데 사물의 변화는 끝이 없다. 예전에는 알지 못했는데 지금 알았다면 아는 것이 더욱 많아진 것은 아니다. 학문이 더해진 것일 뿐이다.

사물은 항상 보면 알게 되고 일찍이 해보았으면 능숙해진다. 근심하는 것을 따라 대비한다. 어려운 것을 범하면 편리한 바를 얻게 된다.

일대(一代: 一世)의 수명으로 1천 세의 지식이나 옛날이나 지금의 논란을 살핀다면 비록 일찍이 겪지 않았더라도 그 도리가 본디부터 갖추어지는 것은 가히 術術이 있다고 할 수 있지 않겠는가?

사람은 높은 것과 낮은 것을 알고자 하는데 알지 못할 때 기준기를 사용하라고 가르쳐 주면 기뻐한다. 가벼운 것과 무거운 것을 알고자 하는데 알지 못할 때 저울을 주면 기뻐한다. 먼 것과 가까운 것을 알고자 하는데 능하지 못할 때 금목(金目: 측량기)을 가르쳐 주면 기분 좋게 맞춘다. 또 하물며 무슨 방향이든 다하는 것이 없는 것에 응하는 것을 앎에 있어서랴!

큰 어려움을 당해도 두려워하지 않고 번거롭게 혼잡스런 것을 보아도 당황하지 않고 편안하게 스스로 얻어 즐거움으로 삼는다면 어찌 곧 한마디의 상쾌함뿐이겠는가?

凡人之所以生者 衣與食也 今囚之冥室之中 雖養之以芻豢 衣之以綺繡 不能樂也 以目之無見 耳之無聞 穿隙穴見雨零 則快然而嘆之 況開戶 發牖 從冥冥見炤炤乎 從冥冥見炤炤 猶尙肆然[1]而喜 又況出室坐堂 見 日月光乎 見日月光 曠然[2]而樂 又況登泰山 履石封 以望八荒 視天都若 蓋 江河若帶[3] 又況萬物在其間者乎 其爲樂豈不大哉 且聾者耳形具而 無能聞也 盲者目形存而無能見也 夫言者所以通己於人也 聞者所以通 人於己也 瘖者不言 聾者不聞 旣瘖且聾 人道不通 故有瘖聾之病者 雖破家求醫 不顧其費 豈獨形骸有瘖聾哉 心志亦有之 夫指之拘也 莫 不事申也 心之塞也 莫知務通也 不明於類也 夫觀六藝之廣崇 窮道德 之淵深 達乎無上 至乎無下 運乎無極 翔乎無形 廣於四海 崇於太山 富於江河 曠然而通 昭然而明 天地之間 無所繫戾 其所以監觀 豈不大 哉 人之所知者淺 而物變無窮 曩[4]不知而今知之 非知益多也 問學之所 加也 夫物常見則識之 嘗爲則能之 故因其患則造其備 犯其難則得其便

夫以一世之壽⁵ 而觀千歲之知 今古之論 雖未嘗更也 其道理素具 可不
謂有術乎 人欲知高下而不能 敎之用管準則說 欲知輕重而無以 予之以
權衡則喜 欲知遠近而不能 敎之以金目則快射⁶ 又況知應無方而不窮
哉 犯大難而不懼 見煩繆而不惑 晏然⁷自得 其爲樂也 豈直一說之快哉

※

1 肆然(사연) : 돌연히의 뜻.

2 曠然(광연) : 일이 없는 모양.

3 天都若蓋江河若帶(천도약개강하약대) : 천도(天都 : 하늘)는 모두 일산과
  같고 강수와 하수는 옷의 띠와 같다는 뜻.

4 曩(낭) : 접때, 이전의 뜻.

5 一世之壽(일세지수) : 본래 1세는 30년인데 여기서는 평생의 뜻. 곧 평생의
  수명.

6 金目則快射(금목즉쾌사) : 금목金目은 심목深目이며 원근을 바라보는 것으로
  활의 조준기에 가깝다. 쾌사快射는 기분 좋게 맞추다의 뜻.

7 晏然(안연) : 마음이 편안하고 침착하다.

15. 도道에서는 형체가 있는 것이 태어난다

도道에서는 형체가 있는 것들이 모두 태어난다. 그 어버이가 되어서는
또한 친하게 하는 것이다. 곡식을 먹고 기氣를 먹는 자들은 모두 받는다.
그 군주가 되어서는 또한 은혜로운 것이다. 모든 지혜를 가진 자들이
모두 배운다. 그 스승이 되어서는 또한 박식한 것이다.

　활을 쏘는 자가 화살을 여러 번 쏘아도 적중시키지 못했는데 남이
쏘는 방법을 가르쳐 주면 기뻐한다. 또 하물며 법칙을 터득시켜 줌에
있어서랴!

사람들은 배움이 자신에게 유익하다는 것을 알지 못하는 자가 없다. 그러나 능하지 못한 자는 즐겁게 장난을 치면서 남을 해치는 것이다.

사람들은 무용無用한 것으로 유용한 것을 해치는 것들이 많다. 그러므로 지혜가 넓지도 못하고 날마다 부족한 것이다.

망루를 쌓고 연못을 파는 것처럼 힘써 밭을 갈면 전야田野는 반드시 개간될 것이다. 토산土山을 쌓는 높이로 제방을 닦게 되면 물의 사용이 반드시 풍족해질 것이다.

개와 말이나 기러기를 먹이고 기르는 비용으로 선비들을 기른다면 명예가 반드시 영화로울 것이다.

사냥을 즐기고 쌍륙과 바둑을 즐기는 날에 시詩를 외우고 글을 읽는다면 듣고 아는 것들이 반드시 넓어질 것이다. 그러므로 학문을 하지 않은 것과 학문을 한 것의 차이는 마치 벙어리와 귀머거리를 일반 사람과 비교하는 것과 같은 것이다.

무릇 학자는 하늘이나 사람의 분수에 밝고 다스리고 어지러워지는 근본에 통하고 마음을 맑게 하고 뜻을 맑게 해 보존시켜 그 끝마침과 시작을 볼 수 있다면 가히 '지략(知略: 앎의 길)'이라고 이를 것이다.

하늘이 하는 바는 새와 짐승과 풀과 나무이고, 사람이 하는 바는 예의와 제도이며 궁실을 얽어서 만들고 배와 수레를 제작해 만드는 것이다.

다스림의 근본이 되는 바는 인의이고 끝이 되는 바는 법도이다.

보통 사람들이 살아가는 삶에 종사하는 바는 근본이고, 사람이 죽는 것에 종사하는 바는 끝〔末〕이다. 근본과 끝은 하나의 몸이다. 근본과 끝을 아끼는 것은 하나의 본성이다. 근본을 먼저 하고 끝을 뒤에 하는 자를 군자라고 이른다. 끝으로써 근본을 해치는 자를 소인이라고 이른다. 군자와 소인은 성性이 다른 것이 아니라 먼저 하고 뒤에 하는 데 있을 따름이다. 풀과 나무는 굵은 것이 근본이 되고 가는 것이 말末: 끝이 된다. 새와 짐승의 성性은 큰 것이 머리가 되고 작은 것이 꼬리가 된다. 끝[末]이 근본보다 크면 꺾이고 꼬리가 허리보다 굵으면 흔들리지 않는다. 그러므로 입으로 먹으면 모든 마디가 살이 찌고 그 근본에 물을 주면 가지와 잎사귀가 아름다워지는 것은 하늘과 땅의 본성本性이다.

하늘과 땅이 만물을 생산하는 데에는 근본과 끝이 있다. 만물을 기르는 데는 먼저 하고 뒤에 하는 것이 있다.

사람이 다스리는 것에도 어찌 끝과 시작이 없겠는가? 그러므로 인의란 것은 다스림의 근본이다. 지금 일에서 그 근본을 닦는 것을 알지 못하고 그 말단을 다스리는 것에 힘쓴다면 이것은 뿌리를 버리고 가지에 물을 주는 것이다.

또 법이 생긴 것은 인의를 보좌하기 위해서였다. 지금 법을 무겁게 하고 의義를 버린다면 이것은 그 관이나 신발만을 귀하게 여기고 그 머리와 발을 잊은 것이다. 그러므로 인의는 터(기초)를 두텁게 하기 위한 것이다.

그 터를 두텁게 하지 않고 그 넓이만을 확장하면 훼손되고, 그 터를 넓히지 않고 그 높이만을 더하면 무너진다.

진秦나라의 시황제始皇帝인 조정趙政은 그 덕을 넓히지 않고 그 높이만을 쌓았다. 그러므로 멸망했다. 지백智伯은 인의를 행하지 않고 땅을 넓히는 데에만 힘썼다. 그러므로 멸망했다.

『국어國語』에서 '상량(上梁: 마룻대)의 나무를 큰 것으로 하지 않으면 무게를 이기지 못한다. 무거운 것은 나라와 같은 것이 없고 상량(마룻대)

은 덕과 같은 것이 없다.'라고 했다.

국가의 군주가 백성을 둔 것은 마치 성에 터전이 있고 나무에 뿌리가 있는 것과 같다. 나무의 뿌리가 깊으면 근본이 견고해진다. 터가 아름다우면 위에서는 편안해 한다.

夫道有形者皆生焉 其爲親亦戚矣 享穀食氣者皆受焉 其爲君亦惠矣
諸有智者皆學焉 其爲師亦博矣 射者數發不中 人敎之以儀則喜矣 又況
生儀者乎 人莫不知學之有益於己也 然而不能者 嬉戲[1]害人也 人皆多
以無用害有用 故智不博而日不足 以鑿觀池[2]之力耕 則田野必辟矣 以
積土山之高脩隄防 則水用必足矣 以食狗馬鴻雁之費養士 則名譽必榮
矣 以弋獵博弈之日誦詩讀書 聞識必博矣 故不學之與學也 猶瘖聾之比
於人也 凡學者能明於天人之分 通于治亂之本 澄心淸意以存之 見其終
始 可謂知略矣 天之所爲 禽獸草木 人之所爲 禮節制度 構而爲宮室
制而爲舟輿是也 治之所以爲本者仁義也 所以爲末者法度也 凡人之所
以事生者本也 其所以事死者末也 本末一體也 其兩愛之一性也 先本後
末 謂之君子 以末害本 謂之小人 君子與小人之性非異也 所在先後而
已矣 草木洪者爲本 而殺者爲末 禽獸之性 大者爲首 而小者爲尾 末大
於本則折 尾大於要則不掉矣 故食其口而百節肥 灌其本而枝葉美 天地
之性也 天地之生物也有本末 其養物也有先後 人之於治也 豈得無終始
哉 故仁義者治之本也 今不知事脩其本 而務治其末 是釋其根而灌其枝
也 且法之生也 以輔仁義 今重法而棄義 是貴其冠履而忘其頭足也 故
仁義者爲厚基者也 不益其厚而張其廣者毁 不廣其基而增其高者覆 趙
政不增其德而累其高 故滅 智伯不行仁義而務廣地 故亡 其國語[3]曰 不
大其棟 不能任重 重莫若國 棟莫若德 國主之有民也 猶城之有基 木之

有根 根深則本固 基美則上寧

1 嬉戲(회희): 즐기는 오락의 뜻.
2 觀池(관지): 관觀은 전망대. 지池는 연못.
3 國語(국어): 책 이름. 노魯나라 좌구명左丘明이 지은 저서라고 함.

16. 오제五帝와 삼왕三王의 도

오제五帝와 삼왕三王의 도道는 천하의 기강紀綱이었고 다스림의 표준이
었다. 지금 상앙商鞅의 계색啓塞이나 신자申子의 삼부三符나 한비韓非의
고분孤憤이나 장의와 소진의 합종책과 연횡책은 모두가 주워서 취한
권도權道이며 하나의 술책일 뿐이다. 다스림의 큰 근본이거나 사업에
떳떳한 것들로서 널리 듣고 대대로 전할 것들은 아닌 것이다.

자낭子囊은 패배해서 초나라를 온전하게 했는데 패배한 것을 떳떳한
것으로 삼을 수는 없는 것이다.

정鄭나라의 장사꾼인 현고弦高는 거짓말로 정나라를 보존시켰는데
거짓을 떳떳한 것으로 삼을 수는 없는 것이다.

『시경』의 아雅와 송頌의 음악은 모두 시문에서 발동해 정에 근본했다.
그러므로 군주와 신하가 화목했고, 아버지와 아들이 친했다. 그래서
순임금의 음악인 소韶와 우임금의 음악인 하夏는 음악 소리가 쇠와
돌을 적시고 풀과 나무를 윤택하게 했다.

지금 원망하는 생각의 소리를 취해 관악기와 현악기로 연주한다면
그 음악을 듣는 자는 음란하지 않으면 슬플 것이다. 음란하면 남자와
여자의 분별이 어지러워지고 슬퍼지면 원망하는 기운을 느낄 것이다.

어찌 즐겁다고 이를 것인가?

조趙나라의 왕 천遷이 진秦나라에 멸망당해 방릉房陵으로 유배되어 고향을 생각하며 산수가山水歌를 만들었다. 이에 듣는 자가 눈물을 흘리지 않는 이가 없었다.

형가荊軻가 진시황을 찔러 죽이기 위해 서쪽으로 가는데 고점리高漸離와 송의宋意가 축을 두드리며 역수易水 위에서 노래를 불렀다. 이에 듣는 자가 눈을 부릅뜨다가 눈초리가 찢어지고 머리털이 곤두서서 관을 뚫을 정도였다고 했다.

이러한 노래를 음악으로 삼아 종묘에서 부르게 한다면 어찌 옛날의 음악이라고 하겠는가? 그러므로 변면(弁冕: 관)과 노여(輅輿: 수레)는 사용은 하지만 좋아하지는 않는 것이다. 태갱太羹은 간을 맞추면 먹기는 하지만 즐겨하지는 않는 것이다.

주현朱弦이나 누월漏越의 노래는 한 번 부르면 세 번을 탄식하면서 듣기는 하지만 상쾌해 하지는 않는다. 그러므로 소리가 없는 것은 듣는 것을 바르게 할 수 있고 맛이 없는 것은 맛을 바르게 할 수 있는 것이다.

개 짖는 소리는 귀를 맑게 하고 알맞게 맞춰진 맛은 입을 유쾌하게 하지만 귀하게 여기는 것은 아니다. 그러므로 사업이 도덕에 근본하지 않는 것은 의표로 삼지 못한다. 말이 선왕先王의 도에 합치하지 않는 것은 도道로 삼지 못한다. 음音이 아송雅頌에 조화되지 않는 것은 음악으로 삼지 못한다. 그러므로 상앙, 신자, 한비, 소진, 장의 등 5명의 말은 편의적인 말로 주워듣고 취한 것들이다. 천하에 통용되는 의義는 아닌 것이다.

五帝三王之道 天下之綱紀 治之儀表也 今商鞅之啓塞[1] 申子之三符[2]
韓非之孤憤[3] 張儀蘇秦之從衡 皆掇取之權 一切之術[4]也 非治之大本
事之恒常 可博聞而世傳者也 子囊北而全楚[5] 北不可以爲庸 弦高誕而
存鄭 誕不可以爲常 今夫雅頌之聲 皆發於詞 本於情 故君臣以睦 父子
以親 故韶夏之樂也 聲浸乎金石 潤乎草木 今取怨思之聲 施之於絃管
聞其音者 不淫則悲 淫則亂男女之辨 悲則感怨思之氣 豈所謂樂哉 趙
王遷流於房陵[6] 思故鄕作爲山水之謳[7] 聞者莫不殞涕 荊軻西刺秦王 高
漸離宋意爲擊筑而歌於易水之上[8] 聞者莫不瞋目裂眦 髮植穿冠 因以
此聲爲樂而入宗廟 豈古之所謂樂哉 故弁冕輅輿[9] 可服而不可好也 太
羹之和[10] 可食而不可嗜也 朱弦漏越[11] 一唱而三嘆 可聽而不可快也 故
無聲者 正其可聽者也 其無味者 正其足味者也 吠聲淸於耳 兼味快於
口 非其貴也 故事不本於道德者 不可以爲儀 言不合乎先王者 不可以
爲道 音不調乎雅頌者 不可以爲樂 故五子之言 所以便說掇取也 非天
下之通義也

※

1 商鞅之啓塞(상앙지계색): 상앙이 이익으로 열고 금지법으로 담은 저서
  편명. 곧 상앙의 신법을 뜻한다.

2 申子之三符(신자지삼부): 신자申子는 신불해申不害이다. 신불해가 한韓나라
  를 다스리면서 삼부험三符驗의 술술術을 둔 것.

3 韓非之孤憤(한비지고분): 한비가 세상에 용납 받지 못한 것을 분개한 것.
  곧『한비자』에 고분孤憤편이 있다.

4 張儀蘇秦之從衡～一切之術(장의소진지종형~일체지술): 장의의 연횡책
  連衡策과 소진의 합종책合縱策이 모두 주워들고 취한 것으로 하나의 술수라는
  것. 곧 별 볼일 없는 것이라는 뜻.

5 子囊北而全楚(자낭패이전초): 자낭子囊은 초나라의 대부. 오나라와의 싸움

에서 패배하고 유언으로 영郢에 성을 쌓게 해 초나라를 보전시킨 것.

6 趙王遷流於房陵(조왕천류어방릉): 진秦나라에서 조나라를 멸망시키고 조
　나라의 왕王 천을 한중漢中의 방릉으로 유배시킨 일.

7 山水之謳(산수지구): 산수곡山水曲의 뜻. 곧 음악 이름.

8 荊軻西刺秦王~易水之上(형가서자진왕~역수지상): 형가荊軻는 연燕나라
　사람으로 연나라 태자 단丹의 식객. 태자 단이 진시황을 원망하고 형가에게
　가서 진시황을 찔러 죽이라고 했다. 이에 고점리高漸離와 송의宋意가 역수
　위에서 태자 단의 객을 위해 축筑을 연주했다. 고점리와 송의는 연나라의
　악사. 축은 거문고와 비슷한 악기로 21현으로 되어 있다. 역수易水는 연나라
　에 있는 강 이름. 형가는 자객이다.

9 弁冕輅輿(변면로여): 변면弁冕은 관冠을 뜻한다. 노여輅輿는 수레.

10 太羹之和(태갱지화): 태갱太羹은 제사에 쓰는 국. 큰 솥에 넣고 끓인 국.
　화和는 간을 맞춘 것.

11 朱弦漏越(주현루월): 주현朱弦은 누인 실. 표백한 실. 누월漏越은 거문고와
　비파에 구멍을 뚫어 소리를 부드럽게 하는 것이라 했다.

17. 태어나는 것을 보고 돌아갈 곳을 안다

성왕聖王이 정사를 베풀고 교육을 시행할 때에는 반드시 그 끝마치고
다시 시작하는 것을 살펴서 법을 만들고 표준을 세워서 반드시 근본과
종말을 찾는 것이다. 구차스럽게 한 가지 일로 하나의 사물만을 대비하
지 않을 따름이다.

　그 이루는 것을 살피고 그 공로를 생각하며 그 근원을 관찰하고
그 흐름을 알게 된다. 그러므로 널리 베풀어도 다하지 않는 것이다.
더욱 오래 되어도 때 묻지 않는 것이다.

　물은 산에서 흘러나와서 바다로 들어간다. 곡식은 밭에서 자라나서

창고에 저장된다. 성인은 그것들이 태어나는 것을 보고 그것들이 돌아갈 곳을 알게 된다. 그러므로 순임금은 황금을 몹시 험한 산 속에 깊이 감추었는데 그것은 욕심이 많고 비루한 마음을 막기 위한 것이었다.

의적儀狄이 술을 만들어 우임금에게 바쳤는데 우임금이 마셔보고 감미롭게 여겼다. 결국은 의적을 소원하게 대하고 맛좋은 술을 끊었는데 술에 빠지는 행동을 막기 위한 것이었다.

사연師涓이 진晉나라의 평공平公을 위해 조가朝歌와 북비北鄙의 음악을 연주했다. 이때 사광師曠이 말하기를 "이것은 나라를 망칠 음악이다."라고 하고 크게 한숨을 쉬고 중지시켰다. 지나치게 사특한 바람을 막고자 했던 것이었다. 그러므로 백성들이 글을 알면서 덕이 쇠약해졌고 수數를 알게 되면서 두터운 인심이 쇠약해졌으며 증서(證書: 어음)를 알면서 신용이 약해졌고 기계를 알면서 물품의 질이 나빠졌다.

교묘한 수단의 속임수가 가슴속에 감추어지면 순백純白이 갖추어지지 않고 신령스런 덕이 온전하지 못하게 된다.

거문고는 울리지 않아도 25개의 현(絃: 줄)은 각각이 그의 소리로써 응하고, 수레의 굴대는 이어지지 않지만 30개의 수레 바퀴살은 각각 그의 힘으로 회전한다.

현絃은 느림과 급함, 작은 것과 큰 것이 있은 연후에 곡조가 이루어지고 수레는 애쓰는 것과 편안한 것과 움직이는 것과 정지하는 것이 있은 뒤에 멀리까지 이른다.

가령 소리가 있는 것은 더불어 소리가 없는 것이다. 능히 천 리를 이를 수 있는 것은 이에 움직이지 않는 것이다. 그러므로 위와 아래가 도를 달리하면 다스려지고 도를 함께하면 어지러워진다. 지위가 높고 도가 큰 자는 따르게 되고 일이 크고 도가 작은 자는 흉해진다. 그러므로 작은 쾌락은 의를 해치고 작은 은혜는 도를 해치며 작은 변설은 다스림을 해치고 까다롭게 삭감하는 것은 덕을 상하게 한다.

큰 정치는 험난하지 않다. 그러므로 백성들이 도道를 쉽게 한다. 지극한 다스림은 관대하고 부드럽다. 그러므로 아래에서는 서로 해치지 않는다. 지극한 충성은 다시 소박해진다. 그러므로 백성들이 정을 숨기지 않는다.

상앙商鞅이 진秦나라를 위해 서로 연좌시키는 법을 세우자 백성들이 원망했다. 오기吳起가 초楚나라를 위해 작록爵祿을 감소시키는 법령을 만들자 공신들이 배반했다.

상앙이 법을 세운 것이나 오기가 군사를 사용한 것은 천하에 좋은 것이었다. 그러나 상앙의 법이 진秦나라를 망하게 한 것은 말단 관리가 하는 행적만을 살피고 다스려지고 어지러워지는 근본을 알지 못했기 때문이다. 오기가 군사를 사용해 초나라를 약하게 만든 것은 진지를 설치하는 병법만을 익히고 조정에서 싸우는 권도權道를 알지 못했기 때문이다.

진晉나라 헌공獻公이 여驪나라를 정벌하고 그의 딸을 얻은 것은 불선不善한 것은 아니었다. 그러나 사소史蘇에게 점을 치게 하자 사소가 탄식했다. 그는 4세 동안 재앙을 입을 것을 보았기 때문이다.

오나라 왕 부차夫差가 제齊나라를 애릉艾陵에서 깨부수고 황지黃池에서 진晉나라와 싸워서 승리한 것은 승리하지 않은 것이 아니었다. 그런데도 오자서吳子胥가 걱정했던 것은 반드시 부차가 월越나라에 잡힐 것을 보았기 때문이다.

제齊나라의 소백小白이 거莒나라로 달아나고 진晉나라의 중이重耳: 문공가 조曹나라로 달아난 것은 곤궁하지 않은 것이 아니었다. 하지만

포숙아鮑叔牙와 구범咎犯이 소백과 중이를 따라서 보좌한 것은 함께
패자霸子에 이를 것을 알았기 때문이다.

월越나라의 구천句踐이 회계산會稽山에서 숨죽이고 살면서 정사를
닦는데 위태하지 않게 하고 계획을 중지하지 않은 것은 재앙이 복이
된다는 것을 알았기 때문이다.

조양자趙襄子가 두 번이나 승리하고도 근심스런 안색을 한 것은
복이 재앙이 된다는 것을 알았기 때문이다.

그러므로 제나라의 환공은 문양汶陽의 밭을 잃었으나 패자가 되었고,
지백智伯은 삼진三晉의 땅을 겸했으나 멸망했다.

성인은 거듭 밀폐된 안에서도 재앙과 복록을 보고 아홉 번이나 굴곡진
밖의 근심도 생각하는 것이다.

聖王之設政施教也 必察其終始 其縣法立儀 必原其本末 不苟以一事備
一物而已矣 見其造而思其功 觀其源而知其流 故博施而不竭 彌久而不
垢 夫水出於山而入于海 稼生于田而藏於倉 聖人見其所生 則知其所歸
矣 故舜深藏黃金於嶄巖之山 所以塞貪鄙之心也 儀狄爲酒 禹飮而甘之
遂疏儀狄而絶旨酒 所以遏流湎之行也 師涓爲平公鼓朝歌北鄙之音[1]
師曠曰 此亡國之樂也 太息而撫之 所以防淫辟之風也 故民知書而德衰
知數而厚衰 知券契而信衰 知械機而實衰也 巧詐藏于胸中 則純白不備
而神德不全矣 琴不鳴而二十五絃各以其聲應 軸不連而三十輻各以其
力旋 絃有緩急小大 然後成曲 車有勞逸動靜 而後能致遠 使有聲者
乃無聲者也 能致千里者 乃不動者也 故上下異道則治 同道則亂 位高
而道大者從 事大而道小者凶 故小快害義 小慧害道 小辯害治 苛削傷
德 大政不險 故民易道 至治寬裕 故下不相賊 至忠復素 故民無匿情

商鞅爲秦立相坐之法²而百姓怨矣　吳起爲楚減爵祿之令³而功臣畔矣
商鞅之立法也　吳起之用兵也　天下之善者也　然商鞅之法亡秦　察於刀筆
之跡⁴而不知治亂之本也　吳起以兵弱楚　習於行陳之事　而不知廟戰之
權⁵也　晉獻公之伐驪　得其女　非不善也　然而史蘇嘆之⁶見其四世之被禍
也　吳王夫差破齊艾陵　勝晉黃池　非不捷也⁷而子胥憂之　見其必禽於越
也　小白奔莒⁸重耳奔曹　非不困也　而鮑叔咎犯⁹隨而輔之　知其可與至於
霸也　句踐棲於會稽　脩政不殆　謀慮不休　知禍之爲福也　襄子再勝而有
憂色　畏福之爲禍也　故齊桓公亡汶陽之田而霸　智伯兼三晉之地而亡
聖人見禍福於重閉之內　而慮患於九拂之外¹⁰者也

※

1 師涓爲平公鼓朝歌北鄙之音(사연위평공고조가북비지음) : 위衛나라의 영
공靈公이 복수濮水 위에서 유숙하는데 거문고 소리가 들리자 사연을 불러서
복사하라고 했다. 사연師延이 주왕紂王을 위해 만든 조가朝歌와 북비北鄙의
음악이라고 했다. 이에 위나라의 영공이 새로운 노래라고 진晉나라의 평공에
게 보내자 평공이 사광에게 물었다. 사광은 "이는 주紂를 위해 사연師延이
만들어 주왕에게 올린 것입니다. 주왕이 망하자 사연은 동쪽으로 달아나
복수에 투신해 죽었습니다. 이 음악은 반드시 복상濮上의 음악일 것입니다."
라고 말했다.

2 相坐之法(상좌지법) : 서로 연좌시키는 법. 곧 한 집안에 죄가 있을 경우
세 집안을 연좌시키는 법.

3 減爵祿之令(감작록지령) : 작위와 녹봉을 삭감시키는 법령.

4 刀筆之跡(도필지적) : 말단 관리가 기록하고 쓰는 법이라는 뜻.

5 廟戰之權(묘전지권) : 조정 안에서 임시방편으로 쓰는 권도權道.

6 史蘇嘆之(사소탄지) : 진晉나라의 헌공獻公이 여희驪姬를 얻고 사소史蘇에게
점을 치게 하자 사소가 말하기를 "뼈가 치아를 물고 있으니 재앙이 될 것입니
다."라고 했다.

7 捷也(첩야) : 이기다의 뜻.

8 小白奔莒(소백분거) : 소백小白은 제나라의 환공이다. 당시 공자의 난 때 거莒나라로 달아났었다.

9 鮑叔咎犯(포숙구범) : 포숙鮑叔은 포숙아鮑叔牙로 제나라 환공의 신하. 구범 咎犯은 진나라 문공의 외삼촌.

10 九拂之外(구불지외) : 아홉 번이나 굽이진 곳. 곧 아주 안전한 곳의 뜻.

18. 사람을 사랑하는 것보다 큰 것은 없다

한 해에 두 번 치는 누에는 두 번 수확하므로 이롭지 않은 것이 아니다. 그러나 왕이 법으로 이것을 금지하는 것은 뽕나무에 해로움이 되기 때문이다.

이離는 벼보다 먼저 익는데도 농부들은 뽑아 버린다. 이것은 작은 이익 때문에 큰 수확을 손상시키지 않기 위해서이다.

집안의 노인은 밥을 다르게 해 먹으며 그릇을 다르게 해 대접받는다. 며느리는 신발을 벗고 맨발로 당堂에 올라서 꿇어 앉아 국을 떠서 올린다. 시간이 허비되지 않은 것이 아니다. 그러나 생략하지 않는 것은 의義를 해치기 때문이다.

중매쟁이를 기다려서 언약을 하고 빙례聘禮와 납폐納幣를 하고 부인에게 장가를 들고 인끈을 띠고 관을 쓰고 손수 아내를 맞이하는 일은 번거롭지 않은 것이 아니다. 그러나 쉽게 하지 않는 것은 음란한 것을 방지하기 위해서이다.

백성들에게 거처하는 바를 서로 엿보게 하고 죄가 있으면 서로 발각하도록 하는 것은 간사한 것들을 들추는 것으로 수습되지 않는 것이 아니다. 그러나 화목하는 마음을 손상시키고 원수의 원한을 맺는 것이다. 그러므로 일에서 하나의 구멍을 뚫은 것이 있게 되면 1백 개의 틈새가 생기고 한 그루의 나무를 심었는데 1만 개의 잎사귀가 돋아난다.

또 구멍을 뚫은 것들이 편리함이 되지 못할 때도 있고 열어 놓은 것들이 쓰러지기도 하고 심은 나무가 이롭지 못할 때도 있고 돋아난 잎사귀들이 더러움이 될 때도 있다.

어리석은 사람은 작은 이익에 현혹되어 큰 해악을 망각하기도 한다.

창포는 벼룩과 이를 쫓지만 사람들이 방석으로 쓰지 않는 것은 그것이 영궁蛉窮을 불러들이기 때문이다.

살쾡이는 쥐를 잡지만 정원에서 벗어나지 못하게 하는 것은 닭을 잡기 때문이다. 그러므로 일에는 작은 것에 이익이 있으면 큰 것에 손해가 있고, 여기에서 얻으면 저기에는 아무것도 없는 것이 있다. 그러므로 바둑을 두는 자는 2개의 돌을 잡아 길이 궁해지기도 하고 혹은 1개의 돌을 두어 승리를 얻기도 한다.

부정한 이익은 행동으로 삼지 못할 것이고, 슬기 있는 꾀는 법으로 삼지 못할 것이다. 그러므로 인지仁知는 인재人材의 아름다운 것들이다.

이른바 인仁이란 사람을 사랑하는 것이다. 이른바 지知란 사람을 아는 것이다. 사람을 사랑하면 처참한 형벌이 없는 것이다. 사람을 알게 되면 어지러운 정치는 없는 것이다. 다스림이 조리를 따라 말미암게 되면 어그러지는 일이 없다. 형벌이 침범해 넘치지 않게 되면 포학한 행동이 없다.

위에는 번거롭고 어지러운 다스림이 없게 되고 아래에는 원망하는 마음이 없게 되면 온갖 잔악한 것이 없어지고 중화中和가 일어난다. 이것은 삼대三代가 번창한 바이다. 그러므로 『서경書經』의 우서虞書 고요모皐陶謨편에서 '능히 명철하고 또 은혜로우면 백성들이 우러러볼 것인데 어찌 환두讙兜를 근심할 것이며 어찌 유묘有苗를 내쫓을 것입니까?'라고 했다.

지백智伯은 남보다 뛰어난 다섯 가지의 재주를 가졌지만 그의 몸은 남의 손에 죽는 것을 벗어나지 못했는데 사람을 사랑하지 않았기 때문이다. 제齊나라의 왕 건建은 남보다 뛰어난 세 가지 기능을 가지고 있었으나 자신은 진秦나라의 포로가 되었는데 어진 이를 알지 못했기 때문이다. 그러므로 인仁은 사람을 사랑하는 것보다 더 큰 것이 없고 지知는 사람을 아는 것보다 더 큰 것이 없다. 두 가지가 확립되지 않으면 비록 밝고 지혜롭고 빠르고 교묘하고 극진히 노력하고 온힘을 다하더라도 어지러움에서 벗어나지는 못하는 것이다.

原蠶一歲再收[1] 非不利也 然而王法禁之者 爲其殘桑也 離先稻熟 而農夫耨之[2] 不以小利傷大穫也 家老異飯而食 殊器而享 子婦跣而上堂 跪而斟羹 非不費也 然而不可省者 爲其害義也 待媒而結言 聘納而取婦 紱絻而親迎 非不煩也 然而不可易者 所以防淫也 使民居處相司[3] 有罪相覺 於以擧姦 非不掇也 然而傷和睦之心 而構仇讎之怨 故事有鑿一孔而生百隙 樹一物而生萬葉者 所鑿不足以爲便 而所開足以爲敗 所樹不足以爲利 而所生足以爲濊 愚者惑於小利而忘其大害 昌羊去蚤蝨而人弗庠者 爲其來蛉窮也 貍執鼠而不可脫於庭者 爲搏雞也 故事有利於小而害於大 得於此而亡於彼者 故行棊者 或食兩而路窮[4] 或予蹄而取勝 偸利不可以爲行 而智術不可以爲法 故仁知 人材之美者也 所謂仁者愛人也 所謂知者知人也 愛人則無虐刑矣 知人則無亂政矣 治由文理則無悖謬之事矣 刑不侵濫 則無暴虐之行矣 上無煩亂之治 下無怨望之心 則百殘除而中和作矣 此三代之所昌 故書曰 能哲且惠 黎民懷之

何憂讙兜 何遷有苗 智伯有五過人之材[5] 而不免於身死人手者 不愛人
也 齊王建有三過人之巧[6] 而身虜於秦者 不知賢也 故仁莫大於愛人 知
莫大於知人 二者不立 雖察慧捷巧 劬祿疾力[7] 不免於亂也

※

1 原蠶一歲再收(원잠일세재수): 원原은 재再의 뜻과 같다. 누에를 1년에 두
  번 길러 두 번 고치를 얻는 일을 뜻한다.

2 離先稻熟而農夫耨之(이선도숙이농부누지): 이離는 벼와 비슷한 풀인데
  빨리 자란다. 또 곡식의 성장을 방해해 가려 뽑아 준다는 것.

3 司(사): 엿보다의 뜻.

4 食兩而路窮(식량이로궁): 2개의 바둑알을 잡고도 길이 궁해지다의 뜻.

5 五過人之材(오과인지재): 다섯 가지의 뛰어난 재주. 곧 수염이 장대하고
  아름다운 것, 활을 잘 쏘고 수레를 잘 모는 것, 재주와 기술을 다 갖춘
  것, 공격하는 문장이나 슬기로운 달변, 굳세고 과감한 것의 다섯 가지.

6 三過人之巧(삼과인지교): 힘은 강한 것을 끌고 달리면 제일 먼저 달리고
  능력이 뛰어나고 고상함이 뛰어난 것의 세 가지 기교가 있다.

7 劬祿疾力(구록질력): 구록劬祿은 지극히 노력하다. 질력疾力은 힘을 다하다.

크게 도道를 밝힌다는 뜻의 저서인
『회남자』20권으로 만들어
그 대체적인 것들을
요략要略해 놓은 것이다.
곧 그 중요한 것들을 세고 그 가리키는 바를 밝히고
그 미묘한 것들을 차례를 정하고
그 대체大體를 논론論했다.
그러므로 '요략要略'이라고 권명을 정했다.

1. 『회남자』를 만들고 평을 하다

저술해 책을 만들어 논한다는 것은 도덕으로 기강을 삼고 인사人事로써 경위(經緯: 순서를 바르게 삼다)를 삼는 것이다.

위로는 하늘에 상고하고 아래로는 땅에 헤아리고 중앙에서는 모든 이치에 통달하게 한다. 이렇게 되면 비록 현묘(玄妙: 심오한 작용)의 일상적인 것들을 끌어당기지는 못했다고 하더라도 대개는 족히 끝마침과 시작을 관찰하는 것이다.

모든 요체와 대략은 순진하고 소박한 것을 구분하고 대종(大宗: 일의 근본)을 분산시키지 않고 말해 사람들이 흐릿하고 흐릿하게 여겨 능히 알지 못할까 두려워했다.

그러므로 하는 말이 많고 하는 설명이 넓어서 또한 사람들이 근본을 떠나 말末로 나아갈까 두렵기도 했다.

이런 까닭으로 도道를 말하고 일을 말하지 않게 되면 세상과 함께 부침浮沈하는 것이 없을 것이다. 일을 말하고 도를 말하지 않게 되면 조화로운 것과 함께 놀고 쉬는 것이 없을 것이다. 이에 20편을 저술했다. 그 편명은 다음과 같다.

원도原道, 숙진俶眞, 천문天文, 지형墜形, 시칙時則, 남명覽冥, 정신精神, 본경本經, 주술主術, 무칭繆稱, 제속齊俗, 도응道應, 범론氾論, 전언詮言, 병략兵略, 설산說山, 설림說林, 인간人間, 수무脩務, 태주泰族이다.

夫作爲書論者 所以紀綱道德 經緯人事 上考之天 下揆之地 中通諸理
雖未能抽引玄妙之中才[1] 繁然[2]足以觀終始矣 總要擧凡[3] 而語不剖判純
樸 靡散大宗[4] 懼爲人之惛惛然弗能知也 故多爲之辭 博爲之說 又恐人
之離本就末也 故言道而不言事 則無以與世浮沈 言事而不言道 則無以
與化游息 故著二十篇 有原道 有俶眞 有天文 有墜形 有時則 有覽冥
有精神 有本經 有主術 有繆稱 有齊俗 有道應 有氾論 有詮言 有兵略
有說山 有說林 有人間 有脩務 有泰族也

※

1 抽引玄妙之中才(추인현묘지중재): 추인抽引은 이끌어 내다. 현묘玄妙는
  현묘한 이치. 중재中才는 일반적인 재주.

2 繁然(번연): 대강의 뜻.

3 總要擧凡(총요거범): 총요總要는 대요大要의 뜻. 거범擧凡은 대략大略의
  뜻.

4 剖判純樸靡散大宗(부판순박미산대종): 부판剖判은 가르다. 나누다. 순박純
  樸은 순진하고 소박하다. 미산靡散은 쓰러뜨려 흩어지게 하다. 대종大宗은
  사본事本이다.

2. 원도原道, 슉진俶眞, 천문天文, 지형墜形

원도原道편은 육합(六合: 天地東西南北)의 범위 안에서 혼돈된 만물을
태일太一의 용(容: 氣)으로 본뜨고 요명窈冥의 깊이를 측량해 허무虛無
의 도진(道畛: 본바탕)에서 배회하게 했다.

이에 작은 것에 의지해 큰 것을 바탕으로 하고 검약한 것을 지켜서
넓은 것을 다스렸다. 사람으로 하여금 먼저 하고 뒤에 하는 재앙과
복과 동정動靜의 이로운 것과 해로운 것을 알게 했다. 진실로 그 뜻이

통하게 하고 호연하게 대체적인 것을 볼 수 있게 했다.

한 마디를 해 깨닫게 하고자 한다면 하늘을 높이고 진실을 보존할 것이다. 두 마디를 해 통하게 하고자 한다면 사물을 천하게 여기고 자신을 귀하게 여길 것이다. 세 마디를 해 도를 궁구하게 하고자 한다면 외물에서 정情으로 돌아가 그의 대체적인 가리킴을 가질 것이다. 이에 안으로 다섯 장기臟器를 흡족하게 하고 꺼칠한 피부를 적셔주게 하고 법칙을 실천해 함께 몸을 마쳐서 모든 방위에 응대하고 온갖 변화에 가까이해 살피는 것이다. 이것은 마치 구슬을 손바닥 안에서 굴려 스스로 즐기는 것과 같은 것이다.

숙진俶眞편은 마침과 시작의 변화를 끝까지 쫓고 유有와 무無의 정묘한 것을 두루 감싸고 풍부하게 해 만물의 변화를 서로 나누고 죽고 사는 형태를 한 가지로 합했다. 사람으로 하여금 사물을 잊고 자신에게로 돌아와 인의의 사이를 살피고 동일하고 서로 다른 이치를 통달시켰다. 이에 지덕至德으로 거느리는 것을 관찰하고 변화의 단서를 알아 현묘의 속에 설명해 합하게 하고 조화造化의 어머니를 통해 돌게 한 것이다.

천문天文편은 음과 양의 기氣를 화목하게 하고 해와 달의 광채를 다스리고 열고 닫는 시절을 조절하고 별들의 운행을 나열했다. 거역하고 순종하는 변화를 알고 꺼리고 싫어하는 재앙을 피하고 계절의 운행에 응하는 것을 따르고 오신(五神: 五星)의 떳떳한 것을 본받게 했다. 이에 사람으로 하여금 하늘을 우러러 이어 받들고 그 떳떳한 것들을 어지럽히지 않게 한 것이다.

지형(地形: 墜形)편은 남쪽과 북쪽의 길이를 다하고 동쪽과 서쪽의 넓이를 다하며 산과 언덕의 형상을 경계 삼고 시내와 계곡의 살 곳들을 구획했다. 만물의 주인을 밝히고 동식물의 많은 것들을 알고 산과 연못의 숫자를 진열하고 멀고 가까운 도로를 재었다. 이에 사람으로 하여금 두루 준비케 하고 통해 돌게 해 사물에도 동요하지 않고 괴이한 것들에도 놀라지 않게 한 것이다.

시칙時則편은 위로는 하늘의 운수를 따르고 아래로는 땅의 힘을 다한다. 법도에 의지해 마땅한 것을 행하고 사람의 법칙과 합해 12절기(十二節: 12개월)를 본받아 법칙으로 삼았다. 끝마치면 다시 시작해 다함이 없는 데까지 회전했다. 관습에 따라 본받고 의지해 재앙과 복을 알게 했고 취하고 버리고 열고 닫는 것들이 각각 용기龍忌를 두게 했다. 호령을 발동하고 명령을 시행해 계절에 따라 기약하는 것들을 가르쳤다. 이에 군주로 하여금 일에 따르는 것을 알게 한 것이다.

남명覽冥편은 지극히 정밀한 것이 구천九天으로 통하고 지극히 미묘한 것이 무형無形을 거느리고 순수한 것이 지극히 맑은 것으로 들어가고 밝고 밝은 것이 어둡고 어두운 곳을 통하는 것을 말한 것이다. 이에 비로소 사물을 잡아 종류를 이끌어 비교해 취하고 그것을 수습해 사물의 종류들을 차츰차츰 생각해 사물의 뜻을 깨닫게 했다. 형상을 본뜬 것들은 이에 군색해져 막힌 곳을 개통시키고 도랑이 막힌 곳들을 터서 사람의 뜻하는 것으로 이끌어 무극無極으로 매단 것이다. 이에 사물의 종류들의 느낌과 기를 함께한 응대와 음과 양이 합치하고 형체의 한계의 조짐을 밝혀 사람으로 하여금 멀리 관찰하고 넓게 살피라고 한 것이다.

原道者 盧牟[1]六合 混沌萬物 象太一之容[2] 測窈冥之深 以翔虛無之軫[3] 託小以苞大 守約以治廣 使人知先後之禍福 動靜之利害 誠通其志 浩然可以大觀矣 欲一言而寤[4] 則尊天而保眞 欲再言而通 則賤物而貴身

欲參言而究 則外物而反情 執其大指 以內洽[5]五藏 瀸濇肌膚 被服法則 而與之終身 所以應待萬方 覽耦[6]百變也 若轉丸掌中 足以自樂也 俶眞者 窮逐終始之化 嬴坪[7]有無之精 離別萬物之變 合同死生之形 使人遺物反己 審仁義之間 通同異之理 觀至德之統 知變化之紀 說符玄妙之中 通迴造化之母也[8] 天文者 所以和陰陽之氣 理日月之光 節開塞之時 列星辰之行 知逆順之變 避忌諱之殃 順時運之應 法五神之常 使人有以仰天承順 而不亂其常者也 地形者 所以窮南北之脩 極東西之廣 經山陵之形 區川谷之居 明萬物之主 知生類之衆 列山淵之數 規遠近之路 使人通迴周備 不可動以物 不可驚以怪者也 時則者 所以上因天時 下盡地方 據度行當 合諸人則 形十二節 以爲法式 終而復始[9] 轉於無極 因循倣依 以知禍福 操舍開塞 各有龍忌[10] 發號施令 以時敎期 使君人者 知所以從事 覽冥者 所以言至精之通九天也 至微之淪無形也 純粹之入至清也 昭昭之通冥冥也 乃始攬物引類 覽取撟掇[11] 浸想宵類[12] 物之可以喩意象形者 乃以穿通窘滯 決瀆壅塞 引人之意 繫之無極 乃以明物類之感 同氣之應 陰陽之合 形埒之朕 所以令人遠觀博見者也

※

1 盧牟(노모): 규모規模와 같은 뜻.

2 太一之容(태일지용): 북극北極의 기氣가 합해 일체가 되는 것이다.

3 軫(진): 도진道畛. 곧 도의 터.

4 寤(오): 각覺의 뜻과 같다.

5 洽(흡): 윤택하다.

6 耦(우): 가깝다.

7 嬴坪(영날): 영嬴은 두르다. 날坪은 날埒의 뜻이며 미번靡煩이라고 했다.

8 造化之母也(조화지모야): 원기元氣이며 태일신太一神이다.

9 終而復始(종이부시): 끝마치고 다시 시작하다. 곧 한 해가 1월에서 12월까지

마치면 다시 1월에서 시작하는 것.

10 龍忌(용기): 용의 날은 불 때는 것을 싫어한다. 곧 금기禁忌이다.

11 撟掇(교철): 수습하다.

12 浸想宵類(침상소류): 침상浸想은 차츰차츰 생각하다. 소류宵類는 만물의 종류의 뜻.

3. 정신精神, 본경本經, 주술主術, 무칭繆稱

정신精神편은 사람이 말미암아 태어나는 바에 근본 해 그 형태와 구규九竅를 깨달아 상을 취하는 것을 하늘과 합해 함께하게 했다. 그 혈기는 뇌정雷霆과 풍우風雨와 함께 비교하고 그 기쁨과 노여움은 낮과 밤과 추위와 더위와 함께 아울러 밝혀서 죽음과 삶의 분수를 살피게 했다. 동일하고 상이한 자취를 구별하고 동정動靜의 기틀을 조절해 그 성명性命의 본원으로 되돌아가게 했다. 이에 사람으로 하여금 그의 정신을 아껴 길러서 그의 혼백魂魄을 어루만져 진정시켜 사물로써 자신을 바꾸지 않고 굳게 허무虛無한 저택(마음)을 지키게 한 것이다.

본경本經편은 대성인大聖人의 덕을 밝히고 유초(維初: 태초)의 도를 통해 쇠약한 세상에서 옛날과 지금의 변화를 대강 기술했다. 또 앞선 세상의 융성했던 것들을 칭송해 말세末世의 잘못된 정치를 폄하했다. 이에 사람으로 하여금 귀와 눈의 총명함과 정신의 감동을 몰아내고 흘러 달아나는 관점을 중지시키고 성性을 기르는 조화를 조절하게 하고 제왕의 지조를 나누고 작은 것과 큰 것의 차이를 나열한 것이다.

주술主術편은 군주의 일이며 일을 함에 따라 임명하고 감독해 모든 신하들을 질책했다. 또 각각의 그 능력을 다하게 하기 위한 것이다.

권세를 가지고 모든 신하들을 제재하고 명성을 이끌고 실적을 책해 참오(參伍: 뒤섞임)로써 상고하는 것을 밝혔다. 이에 군주로 하여금 술수를 가지고 요체를 가져서 기뻐하는 것과 노여워하는 것에 망령되지 않게 하기 위한 것이다. 그 술수는 곧 곧은 것을 베풀어서 사특한 것을 바르게 하고 사사로운 것을 밖으로 하는 것이다. 또 공정한 것을 세워서 모든 관료들이 통달해 수레의 바퀴살처럼 군주에게 모여 각각 그의 업무에 힘써서 사람들이 그의 공로를 이루는 것이다. 이것이 주술主術 을 밝힌 것이다.

무칭繆稱편은 도덕의 논論을 깨어 부수고 인의仁義의 분수를 차례대 로 해 인간의 일을 대략 섞어서 신명의 덕에 함께 묶었다. 또 현상을 빌려서 짝하는 것을 취해 서로 비유시켜 짧은 것을 잘라서 절도로 삼아 작은 도구에 응하게 했다. 이에 자세히 공격하는 논란을 설명해 느끼는 것에 따라 다하지 않게 했다.

精神者 所以原本人之所由生 而曉寤其形骸九竅 取象與天合同 其血氣 與雷霆風雨比類 其喜怒與晝宵¹寒暑竝明 審死生之分 別同異之跡 節 動靜之機 以反其性命之宗 所以使人愛養其精神 撫靜其魂魄 不以物易 己 而堅守虛無之宅者也 本經者 所以明大聖之德 通維初之道 埒略衰 世古今之變 以褒先世之隆盛 而貶末世之曲政也 所以使人黜耳目之聰 明 精神之感動 樽流遁²之觀 節養性之和 分帝王之操 列小大之差者也 主術者 君人之事也 所以因作任督責 使群臣各盡其能也 明攝權操柄 以制群下 提³名責實 考之參伍 所以使人主秉數持要 不妄喜怒也 其數 直施而正邪 外私而立公 使百官條通而輻輳 各務其業 人致其功 此主 術之明也 繆稱者 破碎道德之論 差次仁義之分 略雜人間之事 總同乎

神明之德 假象取耦 以相譬喩 斷短爲節 以應小具 所以曲說攻論 應感
而不匱者也

※

1 宵(소): 밤의 뜻.
2 樽流遁(준류둔): 준樽은 지止의 뜻과 같다. 유둔流遁은 피산披散의 뜻.
3 提(제): 설挈의 뜻과 같다.

4. 제속齊俗, 도응道應, 범론氾論, 전언詮言, 병략兵略

제속齊俗편은 모든 생명체의 단점과 장점을 일체시키고 구이九夷의
풍기風氣를 한 가지로 하고 옛날과 지금의 논란을 통달하고 만물의
이치를 꿰뚫어 예의의 마땅한 것을 제재하고 인사人事의 끝마침과
시작을 분석한 것이다.

　도응道應편은 이미 이루어진 일의 종적을 조사하고 지나간 흔적들을
쫓아 살펴 재앙과 복과 이익과 손해의 반복을 살폈다. 또 노자老子와
장자莊子의 술수를 상고하고 증험해 얻고 잃는 형세에 합치하게 했다.

　범론氾論편은 찢어지고 터진 사이를 바늘에 실을 꿰어서 꿰매고
잘못되어 어긋난 틈을 쐐기로 막는 것이다. 지름길을 접해 사특한
것을 곧게 하고 근본의 질박한 것을 미루어 얻고 잃는 변화와 이로운
일과 병폐되는 일의 상반되는 것을 조짐으로 살폈다. 이에 사람으로
하여금 세력과 이익에 망령되이 빠지지 않게 하고 사업의 상태에 유혹되
지 않게 했다. 태양의 운행에 부합시켜 시세時勢의 변화도 겸해 헤아려
변화와 함께해 미루어 옮기는 것이다.

　전언詮言편은 인사人事가 가리키는 것을 비유하고 다스리고 어지러

워지는 본체를 깨우쳐 풀이했다. 미언微言의 묘한 것을 순서대로 가리고 지극한 이치의 문체를 설명하고 과실의 흠집을 보충해 합쳤다.

병략兵略편은 싸워서 승리해 공로를 취하는 술수와 형세로 기회를 타는 세력과 거짓으로 속이는 변화를 밝혔다. 이에 따라 순종하는 도道를 체득하고 뒤를 유지하려는 논論을 가지게 한 것이다. 전쟁의 진지에서 다투는 것이 도가 아니라는 것을 분별해 행하지 말라고 알려 주고 공격해 빼앗고 굳건하게 지키는 것이 덕이 아니면 강해지지 않는다는 것을 알려 준 것이다. 진실로 그러한 뜻을 밝혀 진퇴하고 좌우에서 실수가 없고 위태한 것을 공격하고 형세를 타는 것을 바탕으로 삼고 맑고 고요한 것을 떳떳한 것으로 삼아 실질적인 것을 피하고 허한 곳으로 나아가는 것은 마치 모든 양들을 모는 것과 같은 것이다. 이러한 것은 군사에 대해 말한 것이다.

齊俗者 所以一群生之短脩 同九夷之風氣 通古今之論 貫萬物之理 財制禮義之宜 挈[1]畫人事之終始者也 道應者 攬掇遂事之蹤 追觀往古之跡 察禍福利害之反 考驗乎老莊之術 而以合得失之勢者也 氾論者 所以箴縷綜緩[2]之間 攕捭呪齲[3]之郄也 接徑直施[4] 以推本樸 而兆見得失之變 利病之反 所以使人不妄沒於勢利 不誘惑於事態 有符曒晄[5] 兼稽時勢之變 而與化推移者也 詮言者 所以譬類人事之指 解喻治亂之體也 差擇微言之眇 詮以至理之文 而補縫過失之闕者也 兵略者 所以明戰勝攻取之數 形機之勢 詐諼之變 體因循之道 操持後[6]之論也 所以知戰陣分爭之非道不行也 知攻取堅守之非德不强也 誠明其意 進退左右無所失 擊危乘勢以爲資 淸靜以爲常 避實就虛 若驅群羊 此所以言兵也

⁂

1 擘(벽) : 분分의 뜻과 같다.

2 箴縷綵緩(잠루채살) : 잠루箴縷는 바느질하다. 채살綵緩은 터진 곳. 곧 터진
   곳을 바느질하다.

3 攕捭呪䪼(섬설아우) : 섬설攕捭은 쐐기로 막다. 아우呪䪼는 착오錯誤.

4 施(이) : 사벽한 것.

5 曬睍(엄예) : 해가 기울다. 곧 해가 운행되는 것을 뜻한다.

6 持後(지후) : 감히 주인이 되고 객이 되지 않는다는 것을 뜻한다. 곧 최고의
   지도자는 뒤에서 무리들을 몬다는 뜻.

5. 설산說山, 설림說林, 인간人間, 수무脩務, 태주泰族

설산說山편과 설림說林편은 온갖 사업의 막힌 것들을 구멍을 파서
뚫어 주고 만물의 막힌 것들을 통행시키고 닫힌 것들을 관통시켜 주는
것이다. 비유를 빌려 상象을 취하고 종류를 다르게 하고 형상을 다르게
해 사람의 마음을 다스려 게을러져 잗다란 것을 묶어 벗어난 것을
막고 둥글게 감아 일을 밝히고 일의 조짐으로 삼았다.

　인간人間편은 재앙과 복의 변화를 관찰하고 이로운 것과 해로운
것의 상반되는 것을 살피고 얻은 것과 잃는 것의 자취를 깊이 연구하고
끝마치고 시작하는 장소를 표준 해 세운 것이다. 모든 일들의 미묘한
것들을 분별하고 존망存亡의 기틀을 펴 진열해 사람으로 하여금 재앙이
복이 되고 망하는 것이 얻는 것이 되고 성공이 실패가 되고 이익이
해가 된다는 것을 알게 한 것이다. 진실로 지극한 뜻을 깨닫게 되면
세속의 사이에서 기거하는데 기울어지는 것이 있을지라도 헐뜯고 해치
며 독충에게 쏘인 독에 상처 입는 일은 없을 것이다.

　수무脩務편은 사람을 위한 도에는 넓지도 못하고 의미를 음미해야

하는 의논도 깊지 못하다. 그 문사文辭를 보면 도리어 청정淸靜한 것을 떳떳하게 여긴다. 염담恬淡을 근본으로 삼으면 게을리 학문을 나누고 욕심에 방종하고 정情에 적당하게 해 욕심이 스스로 안락한 것에 침투해 대도大道를 막게 한다. 미친 자는 근심이 없고 성인도 근심이 없다. 성인이 근심이 없는 것은 덕 때문에 화락한 것이고, 미친 자가 근심이 없는 것은 재앙과 복을 알지 못하기 때문이다. 그러므로 성인은 통달해 무위無爲이고, 미친 자는 막혀서 무위인 것은 동일하다. 그 무위가 동일하지만 그 무위가 되는 까닭은 다르다. 그러므로 근거 없는 칭찬이나 근거가 없는 소문을 듣더라도 학자들로 하여금 힘쓰고 힘써 서로 가까이하게끔 한 것이다.

태주泰族편은 팔극(八極: 八方)을 가로지르고 높고 높은 곳에 이르러 위로는 해와 달과 별의 세 가지의 광채를 밝히고 아래로는 물과 흙을 화락하게 했다. 또 고금古今의 도를 총괄하고 윤리의 질서를 다스려 만방萬方의 가리키는 것을 총괄하고 하나의 근본으로 귀착시켜 가로와 세로의 도道를 다스리고 왕사王事를 기강으로 삼게 했다. 이에 심술心術에 근본하고 성정을 다스려 맑고 평화로운 신령을 머물게 하고 신명의 정精을 맑게 통하게 해 하늘과 더불어 화합해 서로 감싸는데 이르게 했다.

오제五帝와 삼왕三王을 거울삼아 하늘의 기를 감싸고 하늘의 마음을 가슴에 안아 중中을 잡고 화락한 것을 머금어 덕이 안에서 형상하게 했다. 하늘과 땅이 엉기고 음과 양이 일어나 움직여 사계절이 차례하고 흐르는 것들이 장소를 바르게 해 편안케 하면 이에 편안해지고 밀치면 이에 행해진다. 이에 만물을 도야하고 모든 생명체를 놀려 변화시켜 부르면 화답하고 움직이면 따른다. 천하의 안이 한마음으로 함께 돌아간다. 그러므로 상서로운 별이 나타나고 상서로운 바람이 이른다. 황룡黃龍이 내려오고 봉황이 나무에 집을 지으며 기린이 교야郊野에 머문다.

그러나 덕이 안으로 형상하지 못하고 그 법제만을 행하고 제도만을 전용하면 신기(神祇: 귀신)가 응하지 않고 복과 상서가 돌아오지 않는다. 이에 천하가 손님으로 조회하지 않고 억조의 백성들이 교화되지 않는다. 그러므로 덕이 안에 형상하게 되면 대본大本이 다스려지는 것이다. 이러한 것을 큰 공적을 크게 아뢴다고 해 태주泰族라고 하는 것이다.

說山說林者 所以竅窕穿鑿百事之壅遏 而通行貫扃萬物之窒塞者也 假譬取象 異類殊形 以領理人之意 解墮結紕 説捍搏囷[1] 而以明事埒[2]事者也 人間者 所以觀禍福之變 察利害之反 鑽脈得失之跡 標擧終始之壇也 分別百事之微 敷陳存亡之機 使人知禍之爲福 亡之爲得 成之爲敗 利之爲害也 誠喻至意 則有以傾側偃仰世俗之間 而無傷乎讒賊螫毒者也 脩務者 所以爲人之於道未淹 昧論未深 見其文辭 反之以淸静爲常 恬淡爲本 則懈墮分學 縱欲適情 欲以偸自佚 而塞於大道也 今夫狂者無憂 聖人亦無憂 聖人無憂 和以德也 狂者無憂 不知禍福也 故通而無爲也 與塞而無爲也同 其無爲則同 其所以無爲則異 故爲之浮稱流說其所以能聽 所以使學者孳孳以自幾[3]也 泰族者 橫八極 致高崇 上明三光 下和水土 經古今之道 治倫理之序 總萬方之指 而歸之一本 以經緯治道 紀綱王事 乃原心術 理性情 以館[4]淸平之靈 澄徹神明之精 以與天和相嬰薄 所以覽五帝三王 懷天氣 抱天心 執中含和 德形於內 以莙凝天地 發起陰陽 序四時 正流方 綏之斯寧 推之斯行 乃以陶冶萬物 遊化群

生 唱而和 動而隨 四海之內 一心同歸 故景星見 祥風至 黃龍下 鳳巢列
樹 麟止郊野 德不內形 而行其法籍 專用制度 神祇弗應 福祥不歸 四海
不賓 兆民弗化 故德形於內 治之大本 此鴻烈之泰族[6]也

※

1 說捍搏囷(탈한박균): 탈說은 탈脫의 뜻과 같다. 한捍은 막다. 박균搏囷은
   둥글게 감다. 또는 둥글게 돌리다.

2 垺(날): 조짐兆朕의 뜻.

3 幾(기): 서기庶幾의 뜻. 가까움. 희망함. 바라건대.

4 館(관): 사숙의 뜻과 같다. 머무르다.

5 澄徹(징철): 맑게 통하게 하다.

6 鴻烈之泰族(홍렬지태주): 홍렬鴻烈은 큰 공로이다. 태주泰族는 크게 아뢰다
   의 뜻.

6. 책을 가까이하는 자란…

무릇 책을 가까이하는 자는 도道를 엿보고 막힌 것을 열어 바라건대
후세에 행동거지와 취사取舍의 적당한 것을 알게 한다. 또 밖으로는
사물과 접촉하되 현혹되지 않는다. 안으로는 신神에 처해 기氣를 기르
고 잔치에서 지극히 화락한 것을 누리고 자신이 스스로 즐겨 하늘과
땅에서 받는 것이다. 그러므로 도道를 말하더라도 끝과 시작을 밝히지
않으면 본받아 의지하는 바를 알지 못한다. 끝과 시작을 말하더라도
하늘과 땅과 봄, 여름, 가을, 겨울을 밝히지 못하면 피하고 숨기는
바를 알지 못한다. 하늘과 땅과 봄, 여름, 가을, 겨울을 말하더라도
비유할 것을 인용하고 종류를 이끌어 말하지 않게 되면 정미精微한
것을 알지 못한다.

지극한 정精을 말하고 사람의 신기神氣에 근원하지 않게 되면 삶을 기르는 기틀을 알지 못한다. 인정에 근원하고 대성大聖의 덕을 말하지 않게 되면 오행五行의 어긋나는 차도를 알지 못한다.

제왕의 도道를 말하고 군주의 일을 말하지 않게 되면 작은 것들과 큰 것들의 쇠함을 알지 못한다. 군주의 일을 말하고 비유하는 것을 일컫지 않게 되면 동정動靜의 마땅한 것을 알지 못한다. 비유해 일컫는 것을 말해도 풍속의 변화를 말하지 않게 되면 합동하는 대지大指를 알지 못한다. 풍속의 변화를 말하고 지나간 일을 말하지 않게 되면 도덕의 응하는 것을 알지 못한다. 도덕을 알고 세상의 자세한 것들을 알지 못하게 되면 모든 방향에 대응할 수가 없다.

범론汎論을 알더라도 전언詮言을 알지 못하면 한가한 것이 없게 된다. 책과 글을 통해서 군사의 지휘를 알지 못하면 졸병들을 응대할 수가 없게 된다. 이미 대체적인 것들을 아는데도 비유하는 것을 알지 못한다면 분명한 일들을 추진하지 못한다. 공도公道를 알더라도 인간을 알지 못하면 재앙과 복에 응하는 것이 없게 된다. 인간을 알고도 수무脩務를 알지 못하면 학자에게 힘쓰도록 권장할 수가 없다.

강강强强하고자 해 그 언사를 생략하고 그 요체를 거느려 곡진하게 행동하고 구별해 들어가지 않게 되면 도덕의 뜻을 다하지 못하게 된다. 그러므로 20편의 책을 지어 천지天地의 이치를 궁구했으며 인간의 일을 접하게 했고 제왕의 도를 완비하게 했다.

그 말에는 작은 것도 있고 큰 것도 있으며 미세한 것도 있고 거친 것도 있어서 가리키는 뜻이 권卷마다 다르고 각각의 말을 위해 있다. 이제 오로지 도만 말한다면 있지 않는 곳이 없다. 그러나 근본을 얻을 수 있고 말末: 끝을 알 수 있는 자는 오직 성인뿐이다.

지금의 배우는 자는 성인聖人의 재주가 없어서 자세한 설명을 하지 않으면 죽을 때까지 혼명混溟의 속에 넘어져서 밝고 밝은 술術을 깨닫는 것을 알지 못할 것이다.

지금 『주역』의 건곤乾坤은 족히 도道를 궁구해 뜻이 통하는 것이다. 팔괘八卦는 길흉을 알아서 재앙과 복을 아는 것이다. 그러나 복희씨伏羲氏가 64괘의 변화를 만들고 주周나라의 문왕文王이 6효六爻를 더해 숙청淑淸의 도를 근본적으로 헤아려 만물의 조상을 찾으러 달려가는 것이다.

오음五音의 수치는 궁宮과 상商과 각角과 치徵와 우羽에 불과하다. 그러나 다섯 줄의 거문고는 탈 수가 없다. 반드시 가는 줄과 굵은 줄의 화합이 있은 뒤에 곡조를 이루는 것이다.

지금 용의 머리를 그리는데 관찰하는 자가 그것이 무슨 짐승인지를 알지 못하지만 그 형태가 갖추어지면 의심하지 않는다.

지금 도를 말한 것은 많고 사물을 말한 것은 적고, 술術을 말한 것은 넓고 사업을 말한 것은 얇다. 이것을 미루어서 논한다면 가히 말을 할 수가 없는 것은, 배우는 것을 위하고자 하는 자는 진실로 말하지 않아도 이루고자 할 뿐이다.

도道를 논함이 지극히 깊다. 그러므로 많이 설명해 그 정을 폈다. 만물은 지극히 많다. 그러므로 널리 설명해 그 뜻을 통하게 했다.

언사가 단권壇卷하고 연만連漫해 어지러운 것을 묶어 멀리까지 늘어뜨려 지극한 뜻을 세탁해 씻어 내어 엉겨 다한 것을 막힘에 이르지 않게 해 꽉 잡아서 흩어지지 않게 한 것이다.

凡屬書者[1] 所以窺道開塞 庶後世使知擧錯取舍之宜適 外與物接而不

眩 內有以處神養氣 宴煬至和 而已自樂 所受乎天地者也 故言道而不
明終始 則不知所倣依 言終始而不明天地四時 則不知所避諱 言天地四
時而不引譬援類 則不知精微 言至精而不原人之神氣 則不知養生之機
原人情而不言大聖之德 則不知五行之差 言帝道 而不言君事 則不知小
大之衰 言君事而不爲稱喩 則不知動靜之宜 言稱喩而不言俗變 則不知
合同大指已 言俗變而不言往事 則不知道德之應 知道德而不知世曲
則無以耦萬方 知氾論而不知詮言 則無以從容² 通書文而不知兵指 則
無以應卒 已知大略而不知譬喩 則無以推明事 知公道而不知人間 則無
以應禍福 知人間而不知脩務 則無以使學者勸力 欲强省其辭 覽總其要
弗曲行區入 則不足以窮道德之意 故著書二十篇 則天地之理究矣 人間
之事接矣 帝王之道備矣 其言有小有巨 有微有粗 指奏卷異 各有爲語
今專言道 則無不在焉 然而能得本知末者 其唯聖人也 今學者無聖人之
才 而不爲詳說 則終身顚頓乎混溟之中 而不知覺寤乎昭明之術矣 今易
之乾坤 足以窮道通意也 八卦可以識吉凶知禍福矣 然而伏羲爲之六十
四變³ 周室增以六爻⁴ 所以原測淑淸之道 而攡逐萬物之祖也 夫五音之
數 不過宮商角徵羽 然而五弦之琴不可鼓也 必有細大駕和 而後可以成
曲 今畫龍首 觀者不知其何獸也 具其形則不疑矣 今謂之道則多 謂之
物則少 謂之術則博 謂之事則淺 推之以論 則無可言者 所以爲學者
固欲致之不言而已也 夫道論至深 故多爲之辭 以抒其情 萬物至衆 故
博爲之說 以通其意 辭雖壇卷連漫 絞紛遠緩⁵ 所以洮汰滌蕩至意 使之
無凝竭底滯 捲握⁶而不散也

※

1 屬書者(촉서자): 이 저서를 가까이하는 자의 뜻.
2 從容(종용): 한가한 모양.

3 伏羲爲之六十四變(복희위지육십사변): 복희씨伏羲氏가 팔괘八卦가 여덟 번의 변화를 일으키도록 해 64괘六十四卦를 창안해 그 상상象을 제시했다.

4 周室增以六爻(주실증이육효): 주실周室은 주周나라의 문왕文王. 문왕이 6효六爻의 효사를 만들었다고 한다.

5 壇卷連漫絞紛遠緩(단권련만교분원완): 단권壇卷은 평탄한 곳에서 마는 것. 연만連漫은 널리 펼쳐 있는 것. 교분絞紛은 어지러운 것을 매다. 곧 묶어 놓다. 원완遠緩은 멀리까지 늘어져 있는 것.

6 凝竭底滯捲握(응갈저체권악): 응갈凝竭은 엉기다. 응결하다. 저체底滯는 막힘에 이르다. 권악捲握은 꽉 잡다의 뜻.

7.『회남자』20편을 통달한다면…

강수江水나 하수河水에 썩어 있는 것들은 이루 다 셀 수가 없다. 그러나 제사를 지내는 자가 강수나 하수의 물을 길어 쓰는 것은 크기 때문이다. 한 잔의 술 속에 파리가 잠기면 필부匹夫도 마시려 하지 않는데 이것은 작기 때문이다.

진실로 20편의 논論을 통달한다면 대체를 보고 요점을 얻어 구야九野를 통달할 것이다. 또 10문十門을 경과하고 하늘과 땅을 밖으로 여기고 산과 개울을 아울러 가서 1세一世의 사이에서 소요逍遙하고 만물의 형체를 맡아 다스려도 또한 여유가 있을 것이다.

이와 같은 사람은 해와 달이 이르더라도 빛을 더하지 않고 만물을 윤택하게 하더라도 소모되지 않고 아름답게 씻어서 족히 볼 수 있을 것이다. 멀고 넓고 광대한 곳에서 가히 놀 수 있을 것이다.

주周나라의 문왕 때에 주紂가 천자가 되었다. 세금을 징수하는 것들이 법도가 없었고 살육이 그치지 않았다. 오락만을 즐기고 주색에 빠져 궁 안은 시장을 이루었다.

포락炮烙의 형벌을 만들고 간하는 자의 가슴을 쪼개고 임신부의 배를 가르자 천하가 한마음으로 고통스러워했다.

문왕의 집안은 4대 동안 선善을 쌓고 덕을 닦고 의를 행하며 기주岐周 사이에서 살았다. 당시에 땅이 사방으로 1백 리에 지나지 않았으나 천하에 2분의 1이 거의 귀화했다.

문왕이 비약卑弱한 것으로 강하고 사나운 것들을 제재하고 천하를 위해 잔인한 것을 제거하고 적을 제거해 왕도를 성취하려고 했다. 그러므로 태공망이 계책을 만들어냈던 것이다.

문왕이 왕업을 마치지 못하자 무왕武王이 문왕의 업적을 계승해 태공망의 계책을 사용하고 적은 군사를 모두 찾아 몸에 갑옷을 두르고 무도한 주紂를 정벌하고 불의를 토벌코자 했다. 군사들과 목야牧野에서 맹세하고 천자의 자리에 올랐다. 천하가 안정되지 못하고 집합하지 않았다. 무왕이 문왕의 밝은 덕을 밝히고자 해 이적夷狄들에게 각각 뇌물을 가지고 조공을 바치라고 했으나 멀고 먼 곳들은 능히 이르지 않았다. 그러므로 3년간 문왕의 상복을 입고 문왕의 유해를 궁중의 동서東西 두 기둥 사이에 안치하고 먼 지방의 제후들을 기다렸다.

무왕이 즉위한 지 3년 만에 붕어崩御했다. 성왕成王이 강보襁褓에 싸여 있어서 능히 일을 처리하지 못했다. 채숙蔡叔과 관숙管叔이 주紂의 형의 아들인 공자公子 녹보祿父를 도와 난亂을 일으켰다.

주공周公이 문왕의 업적을 계승하고 천하의 정사를 가지고 주나라 왕실의 고굉의 신하가 되어 성왕을 보좌했는데 다투는 도道가 중지되지 않고 신하가 군주를 위협하는 것들을 두려워했다. 그러므로 군마軍馬를 화산華山에 풀어 놓고 소는 도림桃林에 이르게 하고 북을 찢고 북채를 꺾고 조복을 입고 홀笏을 차고 조회토록 했다. 왕실을 편안하고 고요하게 하고 제후들을 진압해 어루만졌다. 성왕成王이 이미 장성했으므로 정사를 맡게 하고 주공은 노魯나라에 봉함을 받았다. 이 때문에 나쁜 풍속이 좋은 방향으로 바뀌었다.

공자孔子는 성왕成王과 강왕康王의 도道를 닦고 주공의 가르침을 기술해 70여 명의 제자들을 가르치고 그의 의관을 몸에 걸치게 하고 그의 전적典籍들을 닦게 했다.

그러므로 유자儒者들의 학문이 탄생했다. 묵자는 유자儒者들의 학문을 배우고 공자孔子의 학술을 받았다. 그런데 유자儒者들의 예가 더욱 번잡하고 요란해 간단하지 않았다. 후하게 지내는 장사는 재물만 낭비해 백성들이 가난해졌다. 3년 상喪의 상복은 삶을 해치고 사업을 해쳤다. 그래서 주周나라의 도를 반대하고 하夏나라의 정사를 사용했다. 우禹임금 때에는 천하에 대홍수가 있자 우임금이 몸소 흙을 나르는 도구들을 가지고 백성들의 앞에 섰다. 황하黃河를 깎아내고 아홉 갈래의 물줄기로 이르게 했다. 강수를 파서 아홉 갈래의 물길을 통하게 했다. 5개의 호수湖水를 열어 동해를 안정시켰다.

이때에 옷에 불똥이 튀어도 털지 못했고 젖어도 닦을 여유가 없었다. 언덕에서 죽은 자는 언덕에 장례를 치르고 늪지에서 죽은 자는 늪지에 장사를 치렀다. 그러므로 재물을 절약하고 장사를 간략하게 지내고 복장을 간편하게 해 살았다.

夫江河之腐胔不可勝數 然祭者汲焉 大也 一盃酒白蠅漬其中 匹夫弗嘗者 小也 誠通乎二十篇之論 睹凡得要 以通九野 徑十門¹ 外天地 捭山川 其於逍遙一世之間 宰匠萬物之形 亦優游矣 若然者 挾日月而不桃 潤

萬物而不秏 曼兮洸兮 足以覽矣 藐兮浩兮 曠曠兮可以游矣 文王之時
紂爲天子 賦斂無度 殺戮無止 康梁沈湎[2] 宮中成市 作爲炮烙之刑 刳諫
者 剔孕婦 天下同心而苦之 文王四世纍善[3] 脩德行義 處岐周之間 地方
不過百里 天下二垂歸之 文王欲以卑弱制强暴 以爲天下去殘除賊而成
王道 故太公之謀生焉 文王業之而不卒 武王繼文王之業 用太公之謀
悉索薄賦[4] 躬擐甲冑 以伐無道 而討不義 誓師牧野 以踐天子之位 天下
未定 海內未輯 武王欲昭文王之令德 使夷狄各以其賄來貢 遼遠未能至
故治三年之喪 殯文王於兩楹之間 以俟遠方 武王立三年而崩 成王在襁
褓之中 未能用事 蔡叔管叔 輔公子祿父[5] 而欲爲亂 周公繼文王之業
持天子之政 以股肱周室 輔翼成王 懼爭道之不塞 臣下之危上也 故縱
馬華山 放牛桃林 敗鼓折枹 搢笏而朝 以寧靜王室 鎭撫諸侯 成王旣壯
能從政事 周公受封於魯 以此移風易俗 孔子脩成康之道 述周公之訓
以敎七十子 使服其衣冠 脩其篇籍 故儒者之學生焉 墨子學儒者之業
受孔子之術 以爲其禮煩擾而不說[6] 厚葬靡財而貧民 服傷生而害事 故
背周道而用夏政 禹之時 天下大水 禹身執虆垂 以爲民先 剔河而道九
岐[7] 鑿江而通九路[8] 辟五湖 而定東海 當此之時 燒不暇撌 濡不給扢
死陵者葬陵 死澤者葬澤 故節財薄葬閑服生焉

※

1 通九野徑十門(통구야경십문): 구야九野는 팔방八方과 중앙中央의 토토土土를
뜻한다. 십문十門은 팔방의 문과 상하上下의 문을 뜻한다.

2 康梁沈湎(강랑침면): 강랑康梁은 오락을 즐기다. 침면沈湎은 주색에 빠지다.

3 四世纍善(사세루선): 태왕太王과 왕계王季와 문왕文王과 무왕武王의 4대를
뜻한다.

4 薄賦(박부): 소병少兵의 뜻이라 했다.

5 公子祿父(공자록보): 주왕紂王의 형의 아들인데 주周나라에서 은殷나라의
  후예로 봉하고 관숙과 채숙에게 감독하게 했다.

6 說(세): 간단하다.

7 九岐(구기): 아홉 갈래의 물줄기.

8 九路(구로): 아홉 갈래의 물길. 구기九岐와 같다.

8. 관자管子의 책이 전해지고 있다

제나라 환공 때에는 천자天子가 미천하고 연약해 제후들이 정벌하는
데 힘썼다. 남쪽의 오랑캐들과 북쪽의 오랑캐들이 교대로 중국中國을
정벌해 또한 중국이 한 가닥의 실처럼 끊어지지 않고 명맥만 유지했다.

제나라의 땅은 동쪽으로는 바다를 등지고 북쪽으로는 하수河水를
장벽으로 해 땅은 좁고 전답도 적었지만 백성들 중에는 교묘하고 슬기로
운 자들이 많았다.

제나라의 환공이 중국의 근심을 걱정하고 이적夷狄들의 난亂을 괴로
워했다. 이에 멸망한 후예를 존속시키고 끊어진 세대를 계승시켜 천자
의 지위를 높이고 문왕과 무왕의 공업을 넓히려고 했다. 그러므로
『관자管子』라는 책이 만들어졌다.

제나라의 경공景公은 안으로는 음악과 여색을 좋아했고 밖으로는
개와 말의 놀이를 좋아했다. 또 한 번 사냥을 나가면 활을 쏘며 돌아오는
것을 잊고 여색을 좋아하는 데에 분별이 없었다.

노침路寢의 누대를 만들 때는 쇠를 모아서 큰 종을 만들게 했는데
뜰아래에서 그것을 치자 들의 꿩들이 모두 울었다. 하루아침에 3천
종의 곡식을 상으로 하사하기도 했다. 양구거梁邱據와 자가쾌子家噲는

좌우에서 인도했다. 그러므로 안자晏子의 간하는 책이 만들어졌다.

말세末世에는 6국六國의 제후들이 계곡을 달리하고 골짜기를 다르게 해 물을 건너고 산을 넘어 각각 스스로 그 경계 안을 다스렸다. 그 나누어진 땅을 지키고 그 권력을 장악하고 그 정령을 멋대로 해 아래에 는 방백方伯이 없었고 위로는 천자가 없었다. 힘으로 정벌하고 권력을 다투어 이긴 자가 숭상되었고 나라를 연대해 믿고 의지했다. 거듭 약속하는데 이르고 신의의 부절을 쪼개고 먼 곳과 원조를 맺어 그 국가를 지키고 그 사직을 유지했다. 그러므로 합종책과 연횡책과 장단 의 술책이 태어났다.

신자申子는 한韓나라의 소공昭公과 희공釐公의 보좌였다. 한韓나라 는 진晉나라에서 국가가 나누어졌다.

땅은 메마르고 백성들은 험악하며 대국大國의 사이에 끼어 있었으나 진晉나라의 옛 예의가 사라지지 않았다. 이에 한韓나라의 신법新法이 거듭 나왔다. 선군先君의 영이 거두어지지 않았는데도 뒤의 군주의 명령이 또 내려졌다.

새 것과 옛 것이 서로 상반되고 앞과 뒤가 서로 어긋나고 모든 관료들 이 배반해 어지럽혀 사용할 바를 알지 못했다. 그러므로 형명刑名의 서적이 만들어졌다.

진秦나라의 풍속이 탐욕스럽고 강력해 의를 생각하는 것이 적었다. 이로운 것만을 좇아 가히 형벌로써 위협할 수는 있었어도 교화로 선하게 하는 것이 불가했다. 상으로 권장할 수는 있었지만 명예로 힘쓰게 하는 것은 불가했다. 험준한 지형에 갇혀서 하수가 띠처럼 둘러싸고 사방이 막혀서 견고했다. 지형은 편리했고 저축은 넉넉하고 부유했다.

진秦나라의 효공孝公이 호랑이와 이리 같은 세력으로 제후들을 병탄

하려고 했다. 그러므로 상앙商鞅의 법이 생겨났다.

유씨(劉氏: 劉安)의 서적은 하늘과 땅의 상象을 관찰하고 옛날과 지금의 일을 통했다. 또 일을 저울질해 제도를 세우고 형태를 헤아려 마땅함을 베풀게 했다. 이에 도道의 마음에 근원하고 삼왕三王의 풍風과 합치시켜 광대한 곳에 노닐게 했다.

현묘한 속에서 정진해 자세하게 보면 그 연못 속의 더러운 것들을 버리고 그 숙정淑靜을 짐작해 천하를 거느리게 했다. 만물의 이치를 다스리고 변화에 응하며 다른 종류와도 통하게 했다. 한 자취의 길만을 따르고 한 모퉁이의 가리키는 것만을 지키지 않게 했다. 또 이끌리는 사물에 얽매여 세상과 더불어 변해 옮기지 않게 했다. 그러므로 얼마 안 되는 곳에 두더라도 막히지 않고 천하에 펴더라도 느슨해지지 않을 것이다.

齊桓公之時 天子卑弱 諸侯力征 南夷北狄 交伐中國 中國之不絕如綫[1]
齊國之地 東負海而北障河 地狹田少 而民多智巧 桓公憂中國之患 苦
夷狄之亂 欲以存亡繼絕 崇天子之位 廣文武之業 故管子之書生焉 齊
景公內好聲色 外好狗馬 獵射亡歸 好色無辨 作爲路寢之臺 族鑄大鐘[2]
撞之庭下 郊雉皆呴[3] 一朝用三千鐘贛[4] 梁邱據子家噲[5]導於左右 故晏子
之諫生焉 晚世之時 六國諸侯 谿異谷別 水絕山隔 各自治其境內 守其
分地 握其權柄 擅其政令 下無方伯 上無天子 力征爭權 勝者爲右 恃連
與國 約重致 剖信符 結遠援 以守其國家 持其社稷 故縱橫脩短生焉
申子者 韓昭釐之佐 韓晉別國也 地墽民險 而介於大國之間 晉國之故
禮未滅 韓國之新法重出 先君之令未收 後君之令又下 新故相反 前後
相繆 百官背亂 不知所用 故刑名之書生焉 秦國之俗 貪狼强力 寡義而

趨利 可威以刑 而不可化以善 可勸以賞 而不可厲以名 被險而帶河
四塞以爲固 地利形便 畜積殷富 孝公欲以虎狼之勢 而呑諸侯 故商鞅
之法生焉 若劉氏⁶之書 觀天地之象 通古今之事 權事而立制 度形而施
宜 原道之心 合三王之風 以儲與扈冶⁷ 玄眇之中 精搖靡覽⁸ 棄其畛挈⁹
斟其淑靜 以統天下 理萬物 應變化 通殊類 非循一迹之路 守一隅之指
拘繫牽連之物 而不與世推移也 故置之尋常而不塞 布之天下而不窕¹⁰

※

1 綫(선): 실오라기.

2 路寢之臺族鑄大鐘(노침지대주주대종): 노침路寢은 제후의 침소. 대臺는
 누대. 주族는 모으다. 대종大鐘은 거대한 종鐘.

3 郊雉皆响(교치개후): 들의 꿩들이 모두 울다. 대종의 소리가 우렛소리와
 같아서 꿩들이 응해 울다의 뜻.

4 贛(공): 하사하다.

5 梁邱據子家噲(양구거자가쾌): 양구거와 자가쾌는 모두 제나라 경공景公의
 신하.

6 劉氏(유씨): 유씨는 한漢나라의 유안劉安이며 이 책의 저자이다.

7 儲與扈冶(저여호야): 저여儲與는 섭업攝業의 뜻. 호야扈冶는 광대하다.

8 精搖靡覽(정요미람): 정요精搖는 정진精進의 뜻. 미靡는 소소小의 뜻과 같다.

9 畛挈(진설): 택탁澤濁의 뜻이라 했다.

10 窕(요): 완완緩의 뜻과 같다.

원문 자구 색인原文字句索引

672

690

738

740

752

762

768

772

이준영李俊寧

동양문화사상연구소 소장.

어릴 때부터 노사蘆沙 학맥인 일재逸齋 정홍채鄭弘采 선생 문하[月山 書堂]에서 경전經典을 배우고 연구하였다. 자는 도문道文, 호는 지한 止漢이다.

해역서로 『대학大學』, 『시경詩經』, 『십팔사략十八史略』, 『주역周易』, 『묵자墨子』, 『중용中庸』, 『주례周禮』, 『법언法言』 등 다수가 있다.

《동양학총서 63》 **회남자淮南子·하**

초판 1쇄 발행 2015년 8월 7일 | 초판 2쇄 발행 2020년 6월 30일
편찬 유안 | 해역 이준영 | 펴낸이 김시열
펴낸곳 도서출판 자유문고
　　　서울시 성북구 동소문로 67-1 성심빌딩 3층
　　　전화 (02) 2637-8988 | 팩스 (02) 2676-9759
ISBN 978-89-7030-090-0 04150　값 30,000원
ISBN 978-89-7030-000-9 (세트)
http://cafe.daum.net/jayumungo